四川省繁荣发展哲学社会科学2004年重点课题
重修《四川通史》编委会

名誉主任：
　　陶武先　王少雄　黄新初
顾　　问：
　　杨析综　何郝炬　章玉钧　陈　文　殷建中　贾松青
主　　任：
　　侯水平　郑晓幸　张邦凯
副 主 任：
　　孙成民　罗　鸣　贾大泉　陈世松　罗韵希
委　　员：（以姓氏笔画为序）
　　王　炎　王　素　王庭科　向宝云　孙成民　吴康零
　　张邦凯　李绍明　李敬洵　陈世松　林　向　罗　鸣
　　罗开玉　罗韵希　郑晓幸　侯水平　段　渝　胡昭曦
　　贾大泉　隗瀛涛　温贤美　解　伟　谭继和

主　　编：
　　贾大泉　陈世松
副 主 编：
　　吴康零

卷一　先秦　　　　　　　段　渝　著
卷二　秦汉三国　　　　　罗开玉　著
卷三　两晋南北朝隋唐　　李敬洵　著
卷四　五代两宋　　　　　贾大泉　主编
卷五　元明　　　　　　　陈世松　主编
卷六　清　　　　　　　　吴康零　主编
卷七　民国　　　　　　　贾大泉　主编

主　编　贾大泉　陈世松
副主编　吴康零

本卷主编　贾大泉
撰稿　贾大泉　吴康零　张学君　张莉红
　　　陈世松　张　力　周　琪

民国
卷七

四川通史
SI CHUAN TONG SHI

四川人民出版社

图书在版编目（CIP）数据

四川通史. 卷七, 民国 / 贾大泉, 陈世松主编；贾大泉分册主编. —2版. —成都：四川人民出版社，2018.12
ISBN 978-7-220-11028-3

Ⅰ.①四… Ⅱ.①贾… ②陈… Ⅲ.①四川－地方史－民国 Ⅳ.①K297.1

中国版本图书馆CIP数据核字（2018）第232053号

SICHUAN TONGSHI
四川通史（卷七 民国）
贾大泉 主编

责任编辑	徐 英 张 鹏 何昌宇
封面设计	敬人书籍设计
技术设计	杨 潮
责任校对	何秀兰
责任印制	祝 健
部分图片	罗韵希 帅初阳 武 韵
摄影作者	黄晓帆 帅黎明 胡翠兰

出版发行	四川人民出版社（成都市槐树街2号）
网　　址	http://www.scpph.com
E-mail	scrmcbs@sina.com
新浪微博	@四川人民出版社
微信公众号	四川人民出版社
发行部业务电话	(028) 86259624 86259453
防盗版举报电话	(028) 86259624
照　　排	四川胜翔数码印务设计有限公司
印　　刷	成都东江印务有限公司
成品尺寸	170mm×230mm
印　　张	44.5
字　　数	726千
插　　页	10
版　　次	2018年12月第2版
印　　次	2018年12月第1次印刷
书　　号	ISBN 978-7-220-11028-3
定　　价	1280.00元（全套共七卷）

■版权所有·侵权必究

本书若出现印装质量问题，请与我社发行部联系调换
电话：(028) 86259453

红军在通江的石刻标语:"赤化全川"

蔡锷将军在泸州市永宁河东岸石壁上题写的"护国岩"三字

冯玉祥将军题写的夔门石刻:"踏出夔巫,打走倭寇"

中共中央南方局和八路军驻重庆办事处大楼

1945年重庆谈判期间的毛泽东与蒋介石

成都"川军抗日阵亡将士纪念碑"("无名英雄铜像")

重庆歌乐山革命烈士陵园

大邑刘氏庄园(老公馆)

抗战时期大后方的文化中心之一——宜宾李庄古镇

藏传佛教格鲁派寺院——甘孜白利寺

华西协合大学（今四川大学华西医学院）校园内中西合璧建筑风格的钟楼

陶行知在合川市草街古圣寺创办的育才学校旧址

张大千临摹的敦煌壁画《西夏水月观音》

四川美丰银行股票

蒋兆和的《流民图》（局部）

目 录

前　言 ……………………………………………………………………（ 1 ）
第一章　民国初年的四川政局 …………………………………………（ 1 ）
　第一节　民国四川新政权的建立及其改革措施 ………………………（ 1 ）
　　一、成渝军政府合并与四川政令军令统一 …………………………（ 1 ）
　　二、民国初年的川政改革与社会变迁 ………………………………（ 7 ）
　第二节　捍卫共和民主的斗争 …………………………………………（13）
　　一、尹昌衡西征平叛与胡景伊攫取四川政权 ………………………（13）
　　二、四川的二次革命 …………………………………………………（17）
　　三、四川的护国战争 …………………………………………………（20）
　　四、四川的护法战争 …………………………………………………（23）
第二章　从军阀割据到川政统一 ………………………………………（26）
　第一节　防区制的形成 …………………………………………………（26）
　　一、防区制的形成及特点 ……………………………………………（26）
　　二、防区制形成的原因 ………………………………………………（29）
　第二节　四川的军阀战争和自治运动 …………………………………（30）
　　一、四川军阀战争的类型 ……………………………………………（30）
　　二、军阀战争中的川省自治运动 ……………………………………（37）
　第三节　蒋介石势力入川与川政统一 …………………………………（40）
　　一、20世纪30年代前后国内和四川局势的变化 ……………………（40）

· 1 ·

二、参谋团入川与川政的统一 …………………………………………（42）
三、川政统一后四川社会秩序的好转 …………………………………（51）
四、刘湘政治立场的转变 ………………………………………………（55）

第三章 抗战前中共在川革命活动 ……………………………………（57）

第一节 中共四川党组织的建立及早期革命活动 ……………………（57）
一、马克思主义在四川的传播和中共四川党组织的建立 ……………（57）
二、国共合作领导的革命运动 …………………………………………（59）
三、国共分裂后，中共四川党组织领导的武装起义 …………………（66）

第二节 川陕革命根据地的创建 ………………………………………（68）
一、川陕革命根据地的建立 ……………………………………………（68）
二、红军反军阀围剿，根据地与红军大发展 …………………………（69）
三、川陕革命根据地的兴衰 ……………………………………………（73）
四、红四方面军撤出川陕根据地 ………………………………………（78）
五、川陕革命根据地的地位和作用 ……………………………………（80）

第三节 四川在红军长征中的地位和作用 ……………………………（84）
一、四川人民对红军长征的贡献 ………………………………………（84）
二、红军长征过四川的革命影响 ………………………………………（89）

第四章 四川——抗日复兴的中心基地 ………………………………（92）

第一节 国民政府迁都重庆 ……………………………………………（93）
一、迁都重庆的原因 ……………………………………………………（93）
二、国民政府迁都重庆 …………………………………………………（95）
三、民生公司在迁都重庆中的贡献 ……………………………………（97）

第二节 四川成为抗日复兴的中心基地 ………………………………（99）
一、蒋介石兼理川政，四川成为抗日复兴基地的政治中心 …………（99）
二、沦陷区工矿企业迁川，四川成为抗日复兴基地的经济中心 ……（101）
三、经济飞跃发展，四川成为抗日复兴基地的财政金融中心 ………（103）
四、文化机构和大专院校迁川，四川成为抗日复兴基地的文化中心
　　………………………………………………………………………（104）

第三节 复兴基地的伟大历史作用 ……………………………………（105）
一、复兴基地保证了抗战的胜利 ………………………………………（105）

二、复兴基地有力地支援了远东战场的反日战争 …………………… (105)
　　三、废除不平等条约和收复国土 ………………………………………… (108)
第五章　抵抗日机轰炸的特殊战场 ………………………………………… (109)
　第一节　日机对四川的轰炸 ………………………………………………… (110)
　　一、日机轰炸四川的地区 ………………………………………………… (110)
　　二、日机对重庆、成都和重要城市的轰炸 …………………………… (116)
　　三、大轰炸激起四川人民的抗日义愤 ………………………………… (123)
　第二节　抵抗空袭的措施 …………………………………………………… (126)
　　一、成立防空司令部 ……………………………………………………… (126)
　　二、成立防护团 …………………………………………………………… (127)
　　三、疏散人口 ……………………………………………………………… (127)
　　四、加强防空建设 ………………………………………………………… (129)
　第三节　对日空战 …………………………………………………………… (137)
　　一、抗战前期的对日空战 ………………………………………………… (137)
　　二、抗战后期对日机的反攻战 …………………………………………… (141)
第六章　抗战时期在重庆的中共中央南方局 ……………………………… (145)
　第一节　南方局的成立 ……………………………………………………… (146)
　　一、国共合作的建立 ……………………………………………………… (146)
　　二、南方局的成立 ………………………………………………………… (146)
　第二节　坚持团结抗战，反对分裂投降 …………………………………… (148)
　　一、反对汪精卫叛国降日 ………………………………………………… (148)
　　二、反对蒋介石反共、分裂抗日统一战线 …………………………… (150)
　　三、巩固抗日民族复兴基地，发动和组织群众支援抗战 …………… (154)
　第三节　团结抗日爱国、民主力量，巩固抗日民族统一战线 ………… (157)
　　一、团结国民党内抗日爱国、民主力量 ……………………………… (157)
　　二、团结中间党派 ………………………………………………………… (158)
　　三、团结四川地方实力派 ………………………………………………… (160)
　　四、团结知识分子 ………………………………………………………… (162)
　　五、团结民族资本家 ……………………………………………………… (163)
　第四节　促进民主党派的成立，推动民主宪政运动的发展 …………… (164)

一、促进民主党派的成立 ································ (164)
　　二、推动民主运动的发展 ································ (167)
第五节　中共在重庆登上国际外交舞台 ···················· (170)
　　一、成立外事机构，加强国际联系 ···················· (170)
　　二、加强对美外交，争取建立友好关系 ················ (173)
第六节　巩固和发展四川党组织 ·························· (177)
　　一、巩固和发展四川党组织 ·························· (177)
　　二、健全地下党秘密工作的策略方针 ·················· (179)

第七章　四川对抗日战争的贡献 ···························· (182)
第一节　川军出川抗战 ·································· (182)
　　一、救亡运动的高涨与川军的觉醒 ···················· (182)
　　二、川军出川抗日 ·································· (185)
第二节　四川对抗战的支援和贡献 ························ (198)
　　一、抗战的兵源、财源、粮食和物资基地 ·············· (198)
　　二、欢迎工矿学校内迁、安置入川同胞 ················ (204)
第三节　抗战丰碑，永垂史册 ···························· (209)

第八章　内战爆发和国民政府在四川统治的终结 ·············· (214)
第一节　抗战胜利后的中国时局 ·························· (214)
　　一、全国人民欢呼胜利，盼望和平民主建国 ············ (214)
　　二、国共两党的矛盾成为国内主要矛盾 ················ (215)
第二节　重庆谈判及其破裂 ······························ (217)
　　一、重庆谈判和停战协定的签订 ······················ (217)
　　二、政治协商会议召开 ······························ (219)
　　三、四川人民争取民主和平的斗争 ···················· (221)
　　四、国民党撕毁政协协议，内战爆发 ·················· (223)
　　五、国民党政权危机加深 ···························· (225)
第三节　国民党政权在四川统治的终结 ···················· (227)
　　一、国民政府还都南京后，对四川的统治措施 ·········· (227)
　　二、四川经济破落，人民极端困苦 ···················· (228)
　　三、四川第二反蒋战场的开辟 ························ (230)

四、解放军进军四川和蒋介石再次迁都四川梦想的破灭 …………（236）
　　五、刘、邓、潘起义，蒋介石飞逃台湾 ………………………（238）

第九章　民国四川政治、司法和军事制度 ……………………………（240）
　第一节　四川的行政区划 …………………………………………（240）
　第二节　四川的议会制度 …………………………………………（243）
　　一、省级议会制度 …………………………………………………（243）
　　二、县级议会制度 …………………………………………………（247）
　　三、基层议会 ………………………………………………………（248）
　第三节　四川的行政机构和官制的变化 …………………………（249）
　　一、省级行政机构及官制 …………………………………………（249）
　　二、县级行政机构 …………………………………………………（252）
　　三、基层行政机构 …………………………………………………（252）
　第四节　四川的司法制度及机构 …………………………………（254）
　　一、四川的审判制度及机关 ………………………………………（254）
　　二、检察制度与律师制度 …………………………………………（257）
　第五节　四川的警察制度与机构 …………………………………（259）
　第六节　四川地方军事机构、武装组织与兵役制度 ……………（261）
　　一、四川地方军事机构和部队 ……………………………………（261）
　　二、四川的地方武装 ………………………………………………（262）
　　三、四川的兵役制度和机构 ………………………………………（264）

第十章　西康建省与治康措施 …………………………………………（267）
　第一节　西康省的建立 ……………………………………………（268）
　　一、西康建省缘起 …………………………………………………（268）
　　二、刘文辉主持筹建西康省 ………………………………………（269）
　　三、西康建省及其意义 ……………………………………………（274）
　第二节　民国时期的治康措施 ……………………………………（277）
　　一、刘文辉治理西康的方针政策 …………………………………（277）
　　二、西康省的政权机构及重要政治组织 …………………………（281）
　　三、西康的经济开发 ………………………………………………（285）
　　四、西康的文教建设 ………………………………………………（290）

第十一章 民国时期四川少数民族 (297)

第一节 民国四川少数民族概述 (297)
一、四川少数民族的构成与分布 (297)
二、四川各少数民族状况 (299)

第二节 民国时期对四川少数民族的治理 (318)
一、民国时期民族观念的新变化 (318)
二、民国时期对西康藏区的治理 (322)
三、民国时期对川西北藏羌地区的治理 (325)
四、民国时期对川西南彝族等少数民族地区的治理 (328)

第三节 有关"川藏纠纷"与"康人治康"重大事件 (333)
一、"类乌齐事件"与"大白事件" (333)
二、格桑泽仁与"巴安事变" (337)
三、"诺那事变"与红军对诺那的统战工作 (340)
四、甘孜"班辕事变" (342)

第十二章 四川农业和农村经济的重要变化与曲折发展 (345)

第一节 耕织结合的传统农业开始解体 (345)
一、洋纱开始取代土纱，农户转向加工织造 (345)
二、城乡场镇市场的发展与农副产品流通领域的扩大 (347)
三、农副产品的商品化进程 (349)

第二节 土地关系的变化与农村生存危机 (354)
一、政局变化导致地权转移 (354)
二、租佃关系的重要变化 (358)
三、农村高利贷的猖獗 (362)

第三节 农、林、畜牧改进与科研机构 (364)
一、中央系统的农、林、畜牧改进与科研机构 (364)
二、省属系统的农、林、蚕桑、畜牧改进与科研机构 (367)

第四节 抗战前后国民政府对四川地区的农业和农村经济政策 (370)
一、减租退押政策的实施 (370)
二、合作金库的建立 (370)
三、农村信用合作社 (371)

四、粮食统购统销政策的实施 …………………………………………（373）
第五节　农田水利建设 ………………………………………………………（374）
一、都江堰灌区的岁修与改建 …………………………………………（374）
二、抗战时期，大规模兴修农田水利工程 ……………………………（376）
三、1946~1949年，再度兴修四川农田水利工程 ……………………（377）

第十三章　四川工业的近代化进程 …………………………………………（379）
第一节　抗战以前四川工业的发展 …………………………………………（380）
一、军阀混战中艰难跋涉的四川工业 …………………………………（380）
二、抗战前四川工业的基本状况 ………………………………………（381）
三、四川军阀的投资活动 ………………………………………………（386）
四、国家垄断资本的投资活动 …………………………………………（390）
第二节　抗战时期四川工业的快速发展 ……………………………………（391）
一、四川工业的发展机遇 ………………………………………………（391）
二、四川工业的迅猛发展 ………………………………………………（396）
三、国家垄断资本对民营企业的蚕食鲸吞 ……………………………（400）
四、抗战后期四川工业发展的衰退 ……………………………………（401）
第三节　抗战结束后四川工业的衰退 ………………………………………（404）
一、内迁工厂复员与四川工业的衰退 …………………………………（404）
二、恶性通货膨胀对四川工业的致命打击 ……………………………（404）
三、战后美货对四川工业品市场的冲击 ………………………………（405）
四、四川工业的全面崩溃 ………………………………………………（407）

第十四章　四川商业、外贸的发展 …………………………………………（408）
第一节　四川商业的发展 ……………………………………………………（408）
一、重庆城市新式商业 …………………………………………………（408）
二、民国时期成都的商业 ………………………………………………（416）
第二节　四川对外贸易的发展 ………………………………………………（422）
一、进出口贸易概况 ……………………………………………………（422）
二、进出口贸易机构及其购销活动 ……………………………………（423）
三、进出口贸易中的土货市场 …………………………………………（425）
四、洋行、外商公司与买办 ……………………………………………（428）

目录

第十五章　四川交通运输和通信设施的改善 (431)

第一节　公路交通 (431)

一、省内公路 (431)

二、省际公路的建设 (434)

第二节　水路运输 (438)

一、木船运输 (438)

二、川江轮船航运业 (442)

第三节　铁路与航空交通建设 (446)

一、成渝铁路建设 (446)

二、航空运输线的开辟 (448)

第四节　战时交通运输业的发展 (449)

第五节　通信设施建设（邮政、电信） (450)

一、邮政管理与邮政事务的发展 (450)

二、电信机构与电信业务的发展 (453)

第十六章　四川财政与金融 (457)

第一节　抗战以前四川财政收支情况 (458)

一、抗战以前的财政收入 (458)

二、抗战以前的财政支出 (463)

第二节　抗战以后四川的财政收入与财政支出 (465)

一、抗战以后四川的财政收入 (465)

二、抗战以后四川的财政支出 (472)

第三节　民国时期的四川金融状况 (473)

一、抗战以前的四川金融状况 (473)

二、抗战以后的四川金融状况 (486)

第十七章　四川人口的消长与天灾、饥荒和瘟疫 (493)

第一节　四川的人口状况 (493)

一、抗战以前，四川人口的缓慢增长 (493)

二、抗战以后，重庆市和四川地区的人口波动 (497)

第二节　天灾、饥荒和瘟疫对人口的影响 (502)

一、天灾 (502)

二、人祸 ……………………………………………………………… (512)
　　三、瘟疫 ……………………………………………………………… (515)

第十八章　多元社会思潮的激荡 ……………………………………… (518)
第一节　多元社会思潮的滥觞 …………………………………… (518)
　　一、民主共和思潮深入人心 ………………………………………… (518)
　　二、反传统思潮下的逆流 …………………………………………… (521)
　　三、留法勤工俭学运动高潮迭起 …………………………………… (528)
　　四、马克思主义思想广泛传播 ……………………………………… (534)
第二节　多元学术思潮的交融 …………………………………… (539)
　　一、郭沫若的中西文化互释 ………………………………………… (539)
　　二、兼收并蓄学术思想的传播 ……………………………………… (542)

第十九章　史学与方志 …………………………………………………… (544)
第一节　四川史学的更新 ………………………………………… (544)
　　一、由经入史的杰出学者蒙文通 …………………………………… (544)
　　二、马克思主义史学的开创者郭沫若 ……………………………… (548)
　　三、风格各异的蜀中史家 …………………………………………… (550)
　　四、四川史学风气的巨变 …………………………………………… (553)
　　五、华西史学的特点及贡献 ………………………………………… (557)
第二节　四川方志的编修 ………………………………………… (559)
　　一、重修《四川通志》艰难搁浅 …………………………………… (560)
　　二、县志编修高潮迭起 ……………………………………………… (561)
　　三、探索创新的力作 ………………………………………………… (566)

第二十章　文学与艺术 …………………………………………………… (569)
第一节　文学 ……………………………………………………… (569)
　　一、小说 ……………………………………………………………… (569)
　　二、诗歌 ……………………………………………………………… (575)
　　三、散文 ……………………………………………………………… (582)
　　四、战时文学创作的繁盛 …………………………………………… (587)
第二节　艺术 ……………………………………………………… (590)
　　一、戏剧 ……………………………………………………………… (590)

二、音乐 ………………………………………………………… (597)
　　三、电影 ………………………………………………………… (599)
　　四、美术 ………………………………………………………… (600)
　　五、建筑 ………………………………………………………… (605)

第二十一章　教育与文化事业 ……………………………………… (608)
　第一节　教育事业 ………………………………………………… (608)
　　一、抗战前四川教育概况 ………………………………………… (608)
　　二、抗战时期高校内迁四川 ……………………………………… (613)
　　三、抗战时期四川教育大发展概况 ……………………………… (618)
　　四、著名的教育家 ………………………………………………… (624)
　第二节　新闻报刊业 ……………………………………………… (628)
　　一、新闻报刊 ……………………………………………………… (628)
　　二、图书出版 ……………………………………………………… (632)
　第三节　公共文化事业 …………………………………………… (634)
　　一、图书馆 ………………………………………………………… (634)
　　二、博物馆 ………………………………………………………… (636)
　　三、学术社团机构 ………………………………………………… (638)
　　四、城市公园 ……………………………………………………… (640)

第二十二章　宗教 …………………………………………………… (644)
　第一节　道教 ……………………………………………………… (644)
　　一、民国四川道教一般状况 ……………………………………… (644)
　　二、青城山常道观主持彭椿仙 …………………………………… (647)
　　三、道教在四川少数民族地区的传播 …………………………… (647)
　第二节　佛教 ……………………………………………………… (649)
　　一、四川省佛教总会的成立 ……………………………………… (649)
　　二、重庆成为大后方佛教的中心 ………………………………… (650)
　　三、太虚法师与汉藏教理院 ……………………………………… (651)
　　四、康区藏传佛教 ………………………………………………… (653)
　第三节　伊斯兰教 ………………………………………………… (654)
　第四节　天主教 …………………………………………………… (656)

一、抗战前天主教"中国化"措施 ………………………………… (656)
　　二、抗战时和抗战后的四川天主教 ……………………………… (657)
第五节　基督教 …………………………………………………………… (658)
　　一、民国初期基督教在川情况 …………………………………… (658)
　　二、四川基督教自立运动 ………………………………………… (658)
　　三、抗战中的四川基督教 ………………………………………… (660)

第二十三章　社会风尚与民俗文化 ………………………………………… (662)
第一节　社会风尚的变迁 ………………………………………………… (662)
　　一、社会风尚变迁的过程 ………………………………………… (662)
　　二、社会风尚变迁的特点 ………………………………………… (666)
第二节　民俗文化的变迁 ………………………………………………… (670)
　　一、衣冠服饰习俗的变迁 ………………………………………… (670)
　　二、婚姻生活习俗的变迁 ………………………………………… (677)
　　三、文化娱乐习俗的变迁 ………………………………………… (681)

大事年表 ……………………………………………………………………… (689)
后　记 ………………………………………………………………………… (694)

前　言

　　民国时期，是我国历史上由古代封建的农耕社会向近代民主的工商社会过渡的转型期。就全国而言，在这个伟大的社会转型时代，新生事物方生方长，难以在短期内成熟；旧事物难离难弃，却不改其没落命运。就四川而言，辛亥革命后，四川也开始进入由古代社会向近代社会的发展历程。与封建社会相比，在政治、经济、文化和思想领域都发生了深刻的变化。

　　民国时期，四川人民经历了少有的暗淡灾难的岁月。辛亥革命后的相当一段时间，在军阀统治下，四川人民饱受军阀、土豪劣绅残酷压迫剥削，过着兵荒马乱、匪盗横行、食不果腹、住不安居的苦难生活。1935年川政统一后，日本帝国主义侵略中国，四川又饱受日机轰炸之灾，承受支援前方抗战之苦。抗战胜利之后，国民政府发动内战，使四川人民陷入战乱的深渊，在其反动统治下，四川人民又进入黑暗的年代。可以说，民国时期，四川人民虽未遭受沦陷区人民被日本侵略者直接蹂躏之灾，但也同样是在战乱中度过的。战乱给四川人民带来灾难和痛苦，也使四川人民经受了考验，增强了意志，唤醒了觉悟，从而不怕牺牲地去从事反帝反封建的斗争，争取民主、自由的幸福美好生活，推动着四川历史的前进。

　　民国时期，随着几千年的封建专制统治的被推翻，四川人民解除封建主义思想的束缚，迎来了思想上的大解放。新文化运动和五四运动的爆发，使四川同全国一样，随着西方民主、自由、平等、博爱、人权等观念意识的传入，兴起了可与西方文艺复兴相媲美的启蒙运动；西方各种政治思想、经济思想、学术思想与我国各种传统社会思想相汇聚、碰撞，出现了自春秋、战国诸子百家争鸣中断以来，在政治学术领域里再一次的百家争鸣局面。这种启蒙运动和百家争鸣的局面，由于旧势力的阻碍和破坏，持续的时间虽然不长，但却冲破了封建一元化文化的藩篱，出现了中西文化兼容并蓄的多元文化。这是历史的一个很大进步。

民国时期，近代民主共和的政治制度逐渐深入人心，新旧专制在四川丧失了群众基础。无论是在军阀统治时期，还是国民政府入主四川，国民党一党专政时期，都不得不借用西方资产阶级政治体系的外壳，使其政治制度具有民主共和的形态。尽管民国时期四川的民主共和制度一直未能真正建立起来，但民主共和政体的外壳为各种政治势力提供了一定的活动空间和舞台，各民主党派相继在四川建立，出现了政党林立、在野党和执政党并存的局面。在共产党的领导和推动下，民主宪政运动蓬勃开展，一党专制政治开始动摇，多元化民主政治出现一线曙光，同样是四川历史的一大进步。

民国时期，四川的社会经济文化亦加快了向近代化的转型。特别是抗战时期，四川成为抗日复兴的中心基地，沿海和沦陷区大批优秀人才和现代工商企业、大中学校、科研文化机构内迁四川，四川的经济文化得到飞跃发展，初步建立起了近代经济和文化体系，为四川历史向现代化前进奠定了基础。

抗日战争时期，重庆成为中国的临时首都，四川成为抗日民族复兴的中心基地。300多万四川儿女在前线不怕牺牲，浴血奋战；5000多万四川人民在后方抵抗日机的轰炸，加紧生产，忍饥挨饿，成为全国出兵、出力、出钱、出物支援前线最多的省份。中国人民最终赢得了抗日战争的胜利，洗刷了百年国耻，废除了与列强签订的不平等条约，收复了台湾，跻身于世界四大国之列。民国时期是历史上四川人民对我们国家、我们民族作出牺牲最大和贡献最大的时期。

民国时期也是四川与全国政治和社会发展联系最为密切，影响最为深远的时期。蒋介石领导的国民党全国政权，从1928年在南京建立，到1938年迁都重庆坚持抗战，1945年取得胜利，其威望和声誉达到了极盛的顶峰。又以1945年的"重庆谈判"为分水岭，从顶峰走向败亡。最终在1949年企图迁都重庆，反共复国梦想的破灭，蒋介石从成都仓皇飞逃台湾，结束了对大陆的统治。历史造化，使蒋介石领导的民国政府从极盛的顶峰到败亡的大戏，都是在四川开幕和谢幕的。

民国时期，四川人民为中国共产党的发展壮大作出了巨大贡献。川陕革命根据地是全国第二大革命根据地。它的建立在四川播下革命的种子，架起了中国工农红军由江西向陕北转移的桥梁。四川人民支援了红军胜利完成二万五千里长征，到达延安，重新建立起中国人民打败日本侵略和推翻国民党统治，建立中华人民共和国的革命基地。而抗日战争期间，中共南方局在重庆艰苦卓绝的工作，则维护了抗日民族统一战线，争取团结了各民主党派和爱国民主力量，为夺取抗日战争的胜利和其后中国人民解放战争的胜利作出了重要贡献。

总之，民国四川史时间虽短，但内容却十分丰富而又错综复杂。1994年出版的《四川通史》，是将民国史分割为两个阶段，1919年五四运动以前划入近代史，五四运动以后为民国史，这种划分显然不能反映民国四川历史的全貌。这次重新编写《四川通史》，将民国史单独列卷，成为我省第一部民国四川史的学术著作。要将民国四川史的内容全面、完整、准确地介绍给读者，本身就是一项十分艰巨的任务。2007年4月，我受命主持《四川通史·民国卷》的重新撰编工作，有赖编写组吴康零、张学君、张莉红、陈世松、张力、周琦等同仁的共同努力，经过艰辛耕耘，终于在一年内完成了撰写工作。但由于我长期从事古代史，主要是宋代四川历史的研究，对民国史接触较少，水平较低，虽竭尽全力，力求提高书稿质量，但呈献给读者的这部民国四川史的错误和不够完善之处必定不少，尚希读者和学界同仁批评指正。

古人有言，温故而知新，但愿呈献给读者的这卷民国四川史，能为读者了解民国四川历史，把握现在，思考未来起到一点作用。如此，我们也就聊可自慰了。

贾 大 泉
2008年3月20日

第一章 民国初年的四川政局

1911年爆发的辛亥革命,结束了统治中国两千多年的封建君主专制制度,建立了资产阶级民主共和国。从此,中国历史掀开了新的篇章。然而,辛亥革命并没有完成反帝反封建的历史任务,中国人民仍需在黑暗中继续苦斗。民国初年,具有光荣传统的四川人民,为捍卫辛亥革命的成果、反对帝制复辟和军阀独裁统治又开始了新的战斗。

第一节 民国四川新政权的建立及其改革措施

一、成渝军政府合并与四川政令军令统一

1911年10月10日武昌起义爆发,全国各省纷纷响应,相继宣布独立。在此情况下,建立统一的中央政权已成为革命的首要任务。12月29日,已宣布独立的17省代表在南京召开临时会议,公举孙中山先生为中华民国临时大总统。四川代表黄复生、李肇甫、熊成章(均为同盟会员)参加了会议。1912年1月1日,孙中山在南京宣誓就任临时大总统,宣告中华民国临时政府成立。1月2日,孙中山通告各省改用阳历,以中华民国为纪年,1912年即为中华民国元年。

第一章 民国初年的四川政局

当孙中山先生在南京宣告中华民国临时政府成立之时，四川在反清革命中建立的两个具有省级意义的政权组织——重庆蜀军政府和成都大汉四川军政府均表示接受南京临时政府领导，并分别举行了庆祝活动。但是，在一段时间内，这两个军政府却处于峙立状态，大致川东南各地听命于重庆蜀军政府，川西北各地听命于成都大汉四川军政府。

由重庆革命党人策动的重庆独立，于1911年11月22日建立蜀军政府，公举同盟会员张培爵（1876～1915年）任都督，同盟会员、新军起义排长夏之时（1887～1951年）任副都督。蜀军政府是辛亥革命在四川建立的具有代表性的资产阶级革命政权。军政府明确宣布"以谋求中华民国之统一与廓清全蜀为宗旨"①，表明它决心为推进全国的革命统一而斗争，并担起了"廓清全蜀"，领导全川革命独立的重任。

图1-1 辛亥秋保路死事纪念碑

图1-2 张培爵

由四川立宪派策动的成都独立，于1911年11月27日建立了大汉四川军政府。根据11月22日官绅签订的《四川独立条约》之规定，前四川总督赵尔丰交出政权军权，由原四川咨议局议长、立宪派人蒲殿俊（1875～1934年）任都督，原清军第十七镇统制朱庆澜任副都督。由于成都是四川省会，成都独立也就标志着清王朝在四川统治的结束。成都独立是以和平方式实现的政权更替，是立宪派与封建旧势力妥协的产物。这样的政权，不可能有多大

---

① 《蜀军政府政治纲领》第1条，转引自戴执礼《四川保路运动史料汇纂》（下），（台北）中央研究院近代史研究所史料丛刊（23），1994年，第1809页。

第一章 民国初年的四川政局

建树,也无多大威信可言。当时,成都新旧势力尖锐对立,社会秩序混乱不堪,由此埋下了后来发生"成都兵变"的祸根。12月8日"成都兵变"发生时,同盟会员、陆军部长尹昌衡(1884～1952年)从东较场脱险出城,单骑奔赴凤凰山军营,召集革命党人率部入城弹压乱兵;立宪派人、安抚局长罗纶(1876～1930年)则坐镇军政府内,号召同志军首领率队入城维持秩序。暴乱事件很快就被平息下去。12月9日,支持平叛的军官、士绅和同盟会员在军政府召开会议,决定改组大汉四川军政府,推举尹昌衡任都督,罗纶任副都督。改组后的大汉四川军政府,建立起了以同盟

图1-3 尹昌衡、罗纶

会员为主体,并有立宪派、士绅和军界实力派参加的联合政权。这个联合政权,基本上适应了当时革命斗争的环境和需要。由于前清四川总督赵尔丰仍拥兵盘踞于督署之中,复辟之心不死,引起人们强烈愤慨。12月22日,尹昌衡派兵包围旧督署,将赵尔丰抓获,押至皇城明远楼侧,历数其罪,然后枭首游街示众,一时大快人心。

成都独立比重庆独立晚5天。成都独立的消息传到重庆时,蜀军政府认为成都独立是一场政治骗局,立即发表文章,对立宪派与赵尔丰签订的《四川独立条约》逐条加以批驳,指责成都独立是"赵尔丰独立"、"乃官绅一气之独立"[①]。同时,决定组织西征军讨伐成都,诛杀赵尔丰。西征军正在进军途中,成都兵变发生,大汉四川军政府改组。尹昌衡擒斩赵尔丰后,蜀军政府认为大患已除,与成都政权不复存在根本分歧,遂决定停止西征。此后,两个军政府的合并便提上了议程。

---

① 戴执礼:《四川保路运动史料汇纂》(下),(台北)中央研究院近代史研究所史料丛刊(23),1994年,第1869～1874页。

成渝军政府的合并是大势所趋，人心所向。首先，四川作为一个统一的行政区划由来已久，深入人心，"重庆同盟会党人多以成都为全川省会，渝城则属军事重镇，应当服从已形成的政治中心——成都。有人甚至还以'脚杆硬不过大腿'为喻，以说明重庆之应合并于成都"①。第二，蜀军政府初建时，曾电邀滇军入川援助独立。滇军入川后，擅自在川南一带委派官吏，霸占盐场，滥杀同志军领袖和哥老会首领。云南都督蔡锷来电，承认蜀军都督为四川都督，不承认大汉四川军政府，并指责尹昌衡在军政府内普设"公口"，自称大汉公龙头大哥，诋毁大汉四川军政府为"哥老政府"，还主张派兵进攻成都。蜀军政府对滇军制造成、渝对立的意图逐渐有所警惕，认为应以全川大局为重，不可轻启兵端。张培爵说："会党诚足诟病，然吾人以大局为重，岂为位置而革命者，如此必大扰乱。"② 在此情况下，两军政府同感对峙下去，"必受外省欺凌"，于是加快合并步伐。第三，从当时全国形势看，清王朝还未被推翻，大批清军南下，企图扑灭革命，局势万分危急，"非亟图合一，厚集兵力财力，不能援救邻省，直捣虏府"③。第四，从全川形势看，两个军政府峙立，必然造成政令不统一，财政无法整理，并将在财政、利权等问题上发生冲突，不利于四川革命事业的发展。可见，成渝两个军政府的合并统一，乃是关系全川甚至全国革命成败的大事。

开初，尹昌衡曾打算以武力统一全川，后经董修武、张治祥等以大义劝止。此后，成渝双方均致力于合并，各自迈出了切实的步伐。成都方面，通令取消哥老会"公口"，并向川西、川北、上川南、下川南和川边派出宣慰使，以此接洽各地军政府，整理民政财政。重庆方面也采取相同措施，派出北路、中路、南路和下川东安抚使。与此同时，双方电函相商，专使往来，各就情形，提出条件。经大汉四川军政府全权大使张治祥与蜀军政府全权委员朱之洪在荣昌安富镇"公同议决"，于1912年1月27日拟就《协议合并草约》11款。其中，大汉四川军政府提议6款，议决者如下：（1）暂认成都为政治中枢；（2）承认重庆应设重镇，领兵一镇，直隶全省军政府……（3）认定成渝两都督为全省正副

---

① 《辛亥革命回忆录》第3集，中华书局1962年版，第96页。
② 《辛亥四川革命纪事》，《四川辛亥革命史料》（上），四川人民出版社1981年版，第466页。
③ 戴执礼：《四川保路运动史料汇纂》（下），（台北）中央研究院近代史研究所史料丛刊（23），1994年，第2035页。

都督,惟须两军政府合并所成立之各处部院职员票举定正副,以免彼此谦让;(4)两处副都督将来拟代以重庆主领重镇之任,或枢密院长或军事参议院长……(5)各部长次官及各职员,宜合两地人材组织之,特须由两都督斟酌调用;(6)两军政府所派安抚、宣慰使,应彼此速将合并之事知会,使互相联络,以接到地为职务终了地……蜀军政府提议5款,议决者如下:(1)大汉四川军政府应改为"中华民国蜀军政府",以符各省通例;(2)都督印文应定为"中华民国军政府蜀军都督之印文",各道府厅州县印文,应改为蜀军政府各种关防,以昭划一;(3)重庆既设重镇,领兵一镇,其不足之兵与械,于条约宣布之日,应即由成都陆续补充;(4)蜀军政府与鄂滇各军所订合同,成渝合并后应继续承认有效;(5)提议西藏为全国之西藏。① 此《协议合并草约》后经双方签字盖印生效。2月中旬,蜀军政府都督张培爵离渝赴蓉,途中,致电南京临时政府大总统孙中山,主动推举尹昌衡为正都督,自己愿为副都督。3月11日,尹昌衡、张培爵在成都正式就任中华民国四川都督府正副都督,罗纶任军事参议院院长,夏之时任重庆镇抚府总长。同日,致电孙中山、黎元洪正副总统,报告成渝军政府从兹合并,"全川统一"。电文中特别就两军政府合并后的"名称及印文"作了说明:"合并条约内订明称为蜀军政府。而成都于3月3日举行民国统一庆典时,已将大汉四川军政府名称改为中华民国四川都督府,并改铸令印,文曰:'中华民国军政府四川大都督之印',当日起用。现经两地职员协议,恐政府屡易名称,淆乱民间观望,现已决定即仍成都改定之名,不再更易。"② 这就是说,成渝军政府合并后的四川政权称为"中华民国四川都督府"。

四川都督府的组织机构除军事参议院外,还设有总政务处和军事巡警总监部。总政务处总理董修武,副总理谢持。下设10部:即政务部,部长邵从恩;财政部,部长董修武(兼);教育部,部长沈宗元;司法部,部长龙灵;实业部,部长王伯涵;交通部,部长郭开文;盐务部,部长邓孝可;外交部,部长杨庶堪(未到职)、副部长杨少泉(筌);参谋部,部长王祺昌;军务部,部长

---

① 《临时政府公报》第24号,民国元年2月28日。
② 戴执礼:《四川保路运动史料汇纂》(下),(台北)中央研究院近代史研究所史料丛刊(23),1994年,第2036页。

周骏。军事巡警总监杨维。① 都督府各部门的主官中，同盟会员占大多数，也有立宪派士绅和军界实力派代表，大体上反映了四川资产阶级革命中各派政治势力的地位和作用。成渝军政府顺利合并与四川都督府的建立，表现了四川革命党人识大体、顾大局的精神，是四川资产阶级民主革命取得的成果。

民国四川都督府建立时，推举重庆蜀军政府副都督夏之时任重庆镇抚府总长。重庆镇抚府《组织大纲》规定，镇抚府直隶四川都督府，设有秘书厅、审计厅、政务处及议会、司法裁判所等机构。政务处下设军政、民政、财政、司法、交涉、交通、学务、实业、盐务9个分司，相当于四川都督府的分府，不仅管辖范围宽（蜀军政府所辖50多个州县基本仍属重庆镇抚府管辖），而且权力大，四川都督府"所有政令、文告，应交由镇抚府转饬区内各地方遵照"②。但夏之时却致电张培爵，以自己"能薄才短，建设实难"，请求辞职留学深造，"如3月30日以前不派总长来渝接事，则轻舟一舸，不辞而去"③。于是，尹昌衡任命四川陆军军团长胡景伊（1878～1950年）到重庆接任镇抚府总长。在胡景伊未到之时，暂由夏之时代理。3月22日，夏之时通电全国及四川都督，依照成渝军政府合并协议，重庆镇抚府应领兵一师（镇），于是任命同盟会员、蜀军④总司令熊克武（1885～1970年）为重庆镇抚府师长，统率镇抚府所属军队。此时，旅居上海、南京的革命党人又推举黄复生（1883～1948年）接替夏之时任重庆镇抚府总长，并请大总统简任。得此消息，张培爵、但懋辛等急电夏之时并请转电沪、宁革命党人，说明胡景伊已在赴任途中，为避免"同室操戈"，请接受胡景伊担任总长。4月4日，胡景伊在重庆通电就职视事。张培爵等认

---

① 参见隗瀛涛主编：《四川近代史》，四川人民出版社1990年版，第730页；戴执礼：《四川保路运动史料汇纂》（下），（台北）中央研究院近代史研究所史料丛刊（23），1994年，第2039页。
② 戴执礼：《四川保路运动史料汇纂》（下），（台北）中央研究院近代史研究所史料丛刊（23），1994年，第2047页。
③ 戴执礼：《四川保路运动史料汇纂》（下），（台北）中央研究院近代史研究所史料丛刊（23），1994年，第2045、2053页。有人以夏之时的辞职电文有"统一之局实已大定"等语，认为夏之时辞职有"功成身退"思想。
④ 1911年11月，旅沪川籍同盟会员熊克武、黄复生等根据孙中山命令，接收川汉铁路公司存沪股款，筹建"蜀军"，后在南京设立司令部，准备参加北伐。旋因南北议和，蜀军总司令熊克武奉命率部归川，在巫山、夔府、云阳、万县一带清匪、扩军。蜀军一部抵渝后，熊克武在涪州通电各省都督，在重庆设立蜀军司令部。

为，重庆"镇抚府一日不取消，四川人民心理终有成、渝分治之疑"①。于是特派都督府政务处副总理谢持（1876～1939年）兼程赴渝，磋商撤销镇抚府事宜②。适川南总司令宋辑先通电全国，"力请取消镇抚府，以求四川统一之实"③。后经镇抚府总长胡景伊召集镇抚府各职员、各标营军官、各法团代表开会反复讨论，并"当众表决"，提出撤销条件八条，请四川都督府认可。其主要内容是：以渝中现有军队与熊克武所带军队编为川军第5师（镇），同受四川都督府节制；川东南置宣慰使，按临各属；重庆设府知事，执行政务；除留外交公司办理重庆交涉外，各机关均撤销等。1912年6月8日，胡景伊通电全国及成都尹、张都督，宣布取消重庆镇抚府，"以促全川统一之进行"④。由此可见，成、渝军政府合并后，四川的政令、军令直到重庆镇抚府撤销才实现暂时的统一。

二、民国初年的川政改革与社会变迁

辛亥革命赶走了清朝皇帝，建立了中华民国。尽管后来北洋军阀袁世凯集团窃据了共和国的政权，"中华民国"名不副实，但民国的建立毕竟是中国历史上破天荒的大事，它使中国人民在政治上思想上获得了一次大解放。从此，民主共和潮流激荡神州大地，任何反动势力企图实行专制独裁，都必将遭到舆论的谴责和全国各族人民的反对。

然而，新政权的建立并非一帆风顺，而是充满了尖锐激烈的斗争。在变革大潮中，一些前清余孽和个人野心家混入革命队伍，妄图"再燃满清之死灰"。对这些人的骚动叛乱行为，新政权采取严厉措施予以打击。蜀军政府成立后，先是挫败了前清水道警察总办吴以刚（克勤）及谋主陶家琦的叛乱阴谋，"遂处

---

① 张培爵：《蜀军政府始末》，转引自戴执礼《四川保路运动史料汇纂》（下），（台北）中央研究院近代史研究所史料丛刊（23），1994年，第2071页。

② 向楚：《四川党人革命大事记》亦载："4月30日，成都军政府派政务处副理谢持赴渝劳熊克武师，商胡景伊召集大会，议决取消重庆镇政府。"

③ 张培爵：《蜀军政府始末》，转引自戴执礼《四川保路运动史料汇纂》（下），（台北）中央研究院近代史研究所史料丛刊（23），1994年，第2071页。

④ 戴执礼：《四川保路运动史料汇纂》（下），（台北）中央研究院近代史研究所史料丛刊（23），1994年，第2060页。

二人枪毙之罪，以为破坏民国者戒"①。随后又粉碎了蜀军总司令林绍泉（畏生）、汤维烈、舒伯渊等人制造的叛乱事件②，维护了蜀军政府的权威。在成都，革命党人和保路同志军平定"成都兵变"后，改组了四川军政府，擒斩了盘踞督署妄图复辟的赵尔丰，派兵征讨并生擒赵尔丰的心腹傅嵩炑，和平解决了成都满城问题，从而稳定了军心民心。军政府发布告示，严禁烧杀和奸劫，"无论本籍、客籍及外国人，仇杀者斩！""放火及奸淫劫者斩！"③军政府还通告全川伯叔兄弟，"总期吾蜀七千万生灵，速离水火，重登衽席，汉、满、回、蒙，无诈无虞，发扬中华民国之威灵，东亚和平，庶几可保"④。通过这些措施，恢复稳定了社会秩序，为民国初年的改革创造了条件。

民初的改革与社会变迁主要表现在以下几个方面：

（1）编遣保路武装，统一军队编制。保路同志军在推翻清朝四川政权和平定"成都兵变"中作出了重大贡献，但同志军是通过会党仓促组织起来的，其基本成员是贫苦农民和城市平民，不仅装备简陋，而且缺少军事训练，组织纪律性差。特别是革命"胜利"后，同志军的分散性、破坏性就明显暴露出来。开初，四川军政府都督尹昌衡等企图借用哥老会来笼络、控制同志军，于是挂出"大汉公"招牌，自称"大汉公"龙头大哥，遍拜码头，身披红花。军政部长周骏也挂出"大陆公"的牌子。一时间，成都"大街小巷，公口林立"。然而，一二十万同志军驻扎省城内外，不仅每天必需的粮食和生活用品难于解决，而且纪律涣散，抢劫奸淫事件时有发生，四川军政府也因此被人指责为"哥老会政府"。在成、渝军政府合并时，尹昌衡等决定撤销"公口"，由巡警总监部告示限日取消，如有不遵者严行拿办。同时决定编遣同志军，首先从各路同志军中选出一万多人编为四川陆军第二镇，由参加反清革命的前陆军第十七镇管带（营长）彭光烈（1883～1956年）任统制官，一些著名同志军首领如张捷先、李树勋、张达三、孙泽沛、吴庆熙、侯国治等，则分任第二镇参谋长或标统等

---

① 张培爵：《蜀军政府始末》，转引自戴执礼：《四川保路运动史料汇纂》（下），（台北）中央研究院近代史研究所史料丛刊（23），1994年，第2066页。

② 参见吴玉章（永珊）：《辛亥革命》，人民出版社1963年版，第137～139页；戴执礼：《四川保路运动史料汇纂》（下），（台北）中央研究院近代史研究所史料丛刊（23），1994年，第2066页。

③ 《军政府告示》，《四川辛亥革命史料》（上），四川人民出版社1981年版，第606页。

④ 《通告全川伯叔兄弟文》，《四川辛亥革命史料》（上），四川人民出版社1981年版，第613页。

职。对到省而未改编成军的同志军武装，则"慰遣回籍"，就地编为"保安义勇队"或"义勇队后备队"，以捍卫桑梓。张达三和张捷先"对川西同志军发出'功成不受赏，长揖归田庐'的号召，其他各路同志军，亦闻风响应，政府未费一钱，数十万同志军，均克日散归田里，而绝哗变之事"①。在编遣同志军的同时，四川军政府为了增强震慑力量，并对付蜀军政府和入川滇军，对所能控制和利用的武装力量进行整编和扩编：将原清军第十七镇改编为四川陆军第一镇，由原清军管带宋学皋任统制官；将原清军巡防军溃散部队收编为四川陆军第三镇，由同盟会员孙兆鸾任统制官；将参加云南"重九起义"后以援川名义入川的刘存厚部扩编为四川陆军第四镇，由刘存厚任统制官。不久，根据南京临时政府大总统孙中山改革军制、废镇改师的命令，将四川陆军第一镇至第四镇改为师的编制，由周骏、彭光烈、孙兆鸾、刘存厚分任第一师至第四师师长。重庆镇抚府撤销时，又将原蜀军政府所属第一师改为四川陆军第五师，由熊克武任师长兼重庆镇守使。至此，全川军队统一编制，共有五个师的兵力。

（2）推行地方自治，设立城镇乡会。新政权对地方政治体制的改革，涉及行政、立法、司法以及用人制度、政区建置等各个方面，其中较为重要的措施是推行地方自治。此项改革始于清末，但城镇乡自治会的普遍设立，则在民国初年。四川军政府成立后，民政部就通饬各属整理城镇乡自治会，指出"地方自治，为共和立宪基础"，"凡厅、州、县会及城镇乡会，已经成立者，务须妥为整理；未经成立者，亦须斟酌开办，俾自治一律观成，共谋幸福"②。在新政权的推动下，各县或整理、或新设了县议事会和县参事会。县议事会是本县最高立法机关，"得自行集会、开会、闭会，但必先知会本县官府"③。议员名额视该县人口多少而定，皆"依法选举，以符地方自治制度"④。县议事会的职权，主要是对地方行政实行监督和咨询。在众多的县级议事会中，自贡地方临时议事会是四川辛亥革命中颇具代表性的成果。1911年12月，自流井、贡井

---

① 王蕴滋：《同盟会与川西哥老会》，《四川文史资料集粹》第1卷，四川人民出版社1996年版，第255页。

② 《民政部通饬各属整理城镇乡自治会札文》，《四川辛亥革命史料》（上），四川人民出版社1981年版，第601页。

③ 民国《荥经县志》卷8，"新政法"。

④ 民国《华阳县志》卷3，"法团"。

两场绅商,在同志军大起义的推动下宣布"独立",选举产生了由60人组成的自贡地方临时议事会。由清朝进士、盐商陈湘涛任议长,留日学生、盐商王恩溥任副议长。他们仿照西方资产阶级国家三权分立的政权组织形式,在议事会成立之后逐步形成了比较完整的立法、司法、行政机构。作为立法机构的议事会,在成立后的一个月内,就议决了有关政治、经济、军事、社会治安等方面的提案50余项,并交由它建立的行政机关或司法机关贯彻执行。1912年7月,临时议事会选举议员出席了在成都召开的四川省临时议会。1913年,自贡地方议事会正式成立,直到1914年由省明令撤销①。自贡地方议事会存在了两年多的时间,主要代表资产阶级的利益和愿望,显示了自贡盐业资本家通过参政议政来创造有利于资本主义发展的社会环境的进取精神,这是四川其他县级议事会所不能比拟的。

(3)裁减病民苛捐,促进工商发展。民国初年,为安定民心,恢复生产,发展经济,四川军政府宣布"一切病民旧法概行废除"。财政部通告,罢革免征"一切新旧厘金及盐课加价等项","百货厘金业已全栽",糖捐"酌减一半,以纾商力"②。盐政部通告:"所有从前官运办法,累商病民,亟应破除一切烦重,厘税亦应加裁大减,以与吾民更始,造福全川。"③通告宣布:破除从前行盐引岸,实行就场征税,一税之后,任其所之;从前按引征收之课税羡截及杂捐名目,悉予支除。据民国《剑阁县续志》载,新政权建立后,"罢免清末苛细杂捐十数款,民情遂定,秩序渐复"④。通过这些措施,在一定程度上减轻了人民的负担,安定了人心,促进了生产的恢复和工商业的发展。

(4)推广新式教育,灌输文明智识。民国四川新政权建立后,认为教育"不可一日或废","若不亟亟灌输以文明之智识,内何足以参议政治?外何足与世界竞争?"⑤军政府根据1912年1月南京临时政府颁布的《中华民国教育部普通教育暂行办法》,明令改学堂为学校,小学废止读经,中学废止文实分科制;

---

① 参见自贡市档案馆编:《自贡地方议事会时期档案资料选编》;《自贡文史资料选辑》1~5辑合刊本,第167~172页。
② 《财政部通告》,《四川辛亥革命史料》(上),四川人民出版社1981年版,第610~611页。
③ 《盐政部通告》,《四川辛亥革命史料》(上),四川人民出版社1981年版,第611页。
④ 民国《剑阁县续志》卷3,"事纪"。
⑤ 《学务部通告》,《四川辛亥革命史料》(上),四川人民出版社1981年版,第612页。

各种教科书务必合乎共和民国宗旨，清朝学部颁行的教科书一律禁用。1912年9月，教育部根据著名教育家蔡元培主持召开的全国临时教育会议的决议，公布了新的教育宗旨："注重道德教育，以实利教育、军国民教育辅之，更以美感教育完成其德。"① 四川都督府和教育部门大力宣传和贯彻新教育宗旨，进一步推动了四川教育的改革和新式教育的发展。据统计，1913年，全省学校数达14190所，学生数达341197人，超过了清季的最高数量。

（5）提倡言论自由，准许结会结社。民国初年，军政府颁布《报律》和《结会结社律》，

图1—4　四川独立新报

开放舆论，准许依法结会结社。于是，社会各界创办报纸、刊物如雨后春笋。当时，成都出版的报刊就有数十种之多，如《都督府政报》、《四川独立新报》、《四川民报》、《四川公报》、《蜀风报》、《大汉国民报》、《共和日报》、《女界报》、《西蜀新闻》等等。这些报刊多数是以宣传民主政治、批判封建专制、提倡自由平等为宗旨，对启迪民智发挥了重要作用。1912年，"四川报界公会"在成都成立，报馆及记者、编辑均可入会。军政府还发布告示，严禁殴辱报馆："照得言论自由，本系报馆天职。有时议论失当，或者记载不实。果然报馆无理，惩戒自有报律。轻则勒令更正，重则告官处置。动则辱骂殴打，殊非文明面目。特此早告军民，切勿违法任意。有理反成无理，严办决不姑息。"② 民国初年，由于"集会结社载在约法"，四川不仅建立了社会党、共和党、国民党等政党组织，清末出现的"教育会"、"商会"、"农会"、"工会"等团体也更加活跃，而且各种民间社团如"同乡会"、"校友会"、"天足会"、"道教会"、"佛教会"、"文艺会"、"砺学会"、"体育会"、"慈善会"等也纷纷建立，并开展了各种活动。康芷林等川剧艺人于1912年2月在成都组织的演出团体"三庆会"，以

---

① 《教育杂志》第4卷第7号，"法令"，1912年10月10日版。
② 《严禁殴辱报馆》，《四川辛亥革命史料》（上），四川人民出版社1981年版，第603页。

“脱专压之习，集同业之力，精研艺事，改良戏曲”[①]为宗旨，丰富了民众的文化生活，促进了川剧事业的发展。1913年，另一川剧艺人团体“教育会”在成都成立。该会以大量编演“时装戏”而独树一帜，所演《重庆独立》、《祭邹容》、《黄兴挂帅》等，贴近生活，针砭时弊，产生了轰动效应。

(6) 扫除陋习污俗，树立文明风气。民国初年的民主共和潮流，对封建主义的陈规陋习形成了猛烈冲击。军政府下令，男子一律剪发，“痛扫污俗”；示谕各街首人禁止赌博，“倘再违犯，定将该首人并究”[②]；民政部行文各厅、州、县，禁止私种烟苗（鸦片）及私开烟馆。当时，主张男女平等的呼声日高。1912年6月，《女界报》在成都创刊，吴虞夫人曾兰在其撰写的发刊词《女界缘起》中，猛烈抨击封建伦理道德，提倡“光复神圣之女权”。据民国《巴县志》载：“男子解垂辫，女子倡天足，则自晚清入民国，至今辫发缠足之习已无存。冠履不能不变者，势也。”[③]民国元年以后，百姓见官不再下跪，也不再称知县为“大老爷”。法庭审案，“原被两造与证人等立而不跪”[④]。官场上及社交中，也改行鞠躬礼或握手礼。

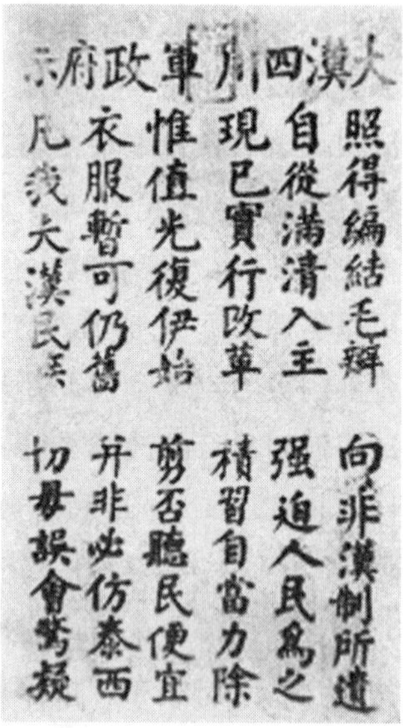

大漢四川軍政府示

照得編結毛辮　向非漢制所遺
自從滿清入主　強迫人民爲之
現已實行改革　積習自當力除
惟值光復伊始　剪否聽民便宜
衣服暫可仍舊　并非必仿泰西
凡我大漢民兵　切毋誤會驚疑

图1—5　大汉四川军政府的剪辫布告

然而，民初的改革并未持续、深入下去，不少改革措施随着辛亥革命的成果被篡夺而很快夭折，刚刚挣脱封建专制主义束缚的社会生产力又被套上了新的枷锁。尽管如此，四川社会已经深深地烙上了民国的印记，四川的近代化仍将在艰难中缓慢前行。

---

① 参见《四川省志·大事纪述》（中册），四川科学技术出版社1999年版，第2、16页。

② 《示谕各街首人禁止赌博》，《四川辛亥革命史料》（上），四川人民出版社1981年版，第604页。

③ 民国《巴县志》卷5，“礼俗”。

④ 民国《合川县志》卷25，“政法”。

第二节 捍卫共和民主的斗争

一、尹昌衡西征平叛与胡景伊攫取四川政权

辛亥革命爆发，全国政局动荡。民国建立伊始，无力顾及西南边事。清朝驻藏军队，军纪败坏，发生内讧。于是，英国政府乘机唆使其在西藏的代理人与逃亡印度的达赖集团取得联系，组织一万多人的藏军，从1912年3月开始攻击和驱逐清朝驻藏官员和驻藏川军，发动武装叛乱，史称"壬子事变"[①]。1912年5月，十三世达赖从印度返回西藏，在英国政府怂恿下图谋"西藏独立"。他们无视民国政府"五族共和"的主张，宣布要将在藏汉人"驱逐净尽"，扬言打箭炉（今康定）以西，皆为藏地，并派兵占领昌都各县，攻陷理塘，围攻巴塘，逼近打箭炉。此时，川边藏区一时失去控制，各地土司纷纷复辟，并与西藏分裂集团拉上了关系。一些喇嘛也在达赖集团的鼓动下起兵叛乱，攻击当地防军。西藏危急、川边危急的警报频传。

西藏、川边的局势引起全国上下的高度警惕。各界纷纷通电谴责西藏分裂势力破坏国家统一和民族团结的行为。四川都督尹昌衡、江西都督李烈钧、云南都督蔡锷迭次致电北京政府，请求出兵平叛。尹昌衡主动请缨，愿领一镇（师）精兵，"亲冒矢石，以定边乱，恢复西藏"。袁世凯在北京就任民国临时大总统后，亦授权外交部，重申"西藏是中华

图1-6 尹昌衡西征出发图

---

① 1912年为阴历壬子年。

民国的领土"。1912年6月14日，袁世凯任命尹昌衡为西征军总司令，率领川军及原边军入藏平叛，同时令滇督蔡锷派兵协助。

1912年7月，尹昌衡率领川军健儿从成都东较场誓师出发，经雅安进抵康定。西征军共有8个团的兵力，约5000余人。总司令部设康定，下辖参谋、秘书、军务、政务4处。尹昌衡将先期到达康定的兵力分为南、北两路。南路由朱森林带领，直逼川边重镇理塘；北路由刘瑞麟带领，日趋百里，驰赴西藏咽喉昌都。两路川军精兵快骑，兼程西进，沿途放出风来，谓尹都督率师10万亲征，"边藏诸部落以为彼能诛赵大臣（赵尔丰）于成都，畏之如虎，皆惊而溃遁，故势如破竹"。西征军开战不及3月，平定了巴塘、理塘、昌都等地。与此同时，蔡锷派出的滇军也收复了盐井等地，与川军会师于澜沧江畔。尹昌衡曾电呈北京政府，提出乘胜远征，"直捣拉萨"，认为"巩固共和，在此一举"①。

这时，英国政府慌了手脚，急忙供给西藏军费4万镑，折成枪械运藏，并借口"保护"英商利益，派兵进驻江孜，为藏军声援。9月7日，英国驻华公使朱尔典向北京政府发出"抗议"照会，以中国军队如不停止西进，英国政府就"不承认中华民国"相威胁。迫于英国政府的压力，袁世凯一再下令尹昌衡停止西进。9月24日，国务院电令尹昌衡"先行肃清川边，万勿越境深入，致启外衅"②。于是，尹昌衡设川边镇抚府于康定，此后派兵平定了乡城等地，稳定了川边局势。1913年6月，成立"川边特别行政区"，尹昌衡改任川边经略使。

尹昌衡西征平叛，是民国初年关系国家统一、巩固边防和民族团结的一件大事，不仅有力地打击了西藏分裂势力的嚣张气焰，而且基本稳定了川边政局，巩固了清末川边改土归流的成果，应是功不可没。然而，尹昌衡奉命西征时，却违反都督离职应由副都督代理的原则，推荐胡景伊担任护理都督，对后来的四川政局造成了严重危害，从而受到人们的责难，他自己也悔之晚矣。

胡景伊，字文澜，巴县人，四川第一批官费留日学生，专习军事，回国后被川督锡良委任为四川陆军武备学堂监学兼教习，尹昌衡、刘存厚、周骏等人

---

① 《西藏六十年大事记》，转引自张云侠编、王辅仁校注的《康藏大事纪年》，重庆出版社1986年版，第361~362页。

② 《国务院电尹昌衡将士奋勇传令嘉奖肃清川边万勿越境深入》（9月24日），《民元藏事电稿·藏乱始末见闻记四种》，第70~71页。

均由他选拔赴日学习军事，民初川军将领多为其学生。1907年随锡良赴滇，任督练处参议官兼云南陆军小学总办及云南讲武堂总办。后调广西，任新军协统。辛亥革命中，广西新军中的革命党人推举他任广西都督。他"惧祸"弃职到上海"观望"，后到重庆，被蜀军政府委任为"联络北伐全权代表"，到自流井与滇军签订联合北伐条约。1912年2月签约后，他并未返重庆复命，而是径赴成都，被他的学生尹昌衡委任为四川陆军军团长兼军事参议院副院长。成渝军政府合并后，夏之时请求辞去重庆镇抚府总长职务，尹、张正副都督又委任胡景伊接替夏之时兼任重庆镇抚府总长，直至镇抚府撤销。尹昌衡西征前，从个人及小集团利益出发，竭力推荐胡景伊为四川护理都督。6月27日，尹昌衡、张培爵通电北京袁世凯大总统及各省都督，谓尹昌衡西征在即，决定将本省军事委托胡景伊专管，民政由副都督张培爵专任，"均负全责，共保治安"①。7月12日，袁世凯任命胡景伊为四川护理都督，同时改任副都督张培爵为四川民政长，实行"军民分治"。

胡景伊在担任护理都督之前，似乎尚未与袁世凯集团直接拉上关系，在川人面前摆出一副拥护共和的样子。他在兼任重庆镇抚府总长时，还在会上指责袁世凯任用多人"皆清时腐败官员"，甚至有名誉堕地者亦任用之，"不知是何居心"②。他主张，民政长由议会公举，总统委任，都督亦要由议会弹劾等等。可是当他担任护理都督后，就撕下伪装，卖力投靠袁世凯。他派遣心腹胡忠亮携巨款赴京，通过袁世凯的亲信参谋部次长陈宧向袁世凯输诚效忠，并贿赂诸要员。不久，袁世凯任命胡景伊为陆军中将加陆军上将衔，将胡收为己党。1912年9月，北京政府以"询边防民事"为由，调张培爵进京③，解除其民政长职务，由胡景伊兼任民政长。从此，胡景伊独揽四川军民两政大权，攫取了四川辛亥革命的成果。

胡景伊以北洋军阀袁世凯为后台，在四川大搞党同伐异。他倚第一师师长

---

① 戴执礼：《四川保路运动史料汇纂》（下），（台北）中央研究院近代史研究所史料丛刊（23），1994年，第2060页。
② 戴执礼：《四川保路运动史料汇纂》（下），（台北）中央研究院近代史研究所史料丛刊（23），1994年，第2058页。
③ 张培爵进京后，曾任总统府顾问官，后愤然辞职，抱病避居天津以织袜为生。因参加"二次革命"，支持反袁组织"血光团"，于1915年初被袁世凯逮捕，杀害于北京。

第一章 民国初年的四川政局

周骏、第四师师长刘存厚等军界人物为党羽,破坏民主政治,排挤迫害革命党人。同盟会员、《蜀报》主笔朱池山,因著文触怒了胡景伊,被胡下令逮捕,于1912年11月斩首于皇城摩诃池畔。胡景伊又迫使同盟会员、都督府财务司长董修武和同盟会员、全省巡警总监杨维辞职,改组民政长公署,排除异己,安插亲信。胡景伊还扣发西征军饷械,刁难驻渝熊克武川军第五师。为搜刮民脂民膏,滥发军用银票,滥铸当100、当200减色铜圆。民初四川军政府"罢革一切新旧厘金及盐课加价",胡景伊掌权后又开始征收。

胡景伊的倒行逆施,激起四川各界的强烈不满。当1913年6月袁世凯实授胡景伊任四川都督、尹昌衡任川边经略使时,四川国民党人便与民主党合作,通过省议会,开展了一场"迎尹拒胡"斗争。他们派人与尹昌衡联络,促其返回成都复任四川都督。省议会议长胡骏亦召集议会,转电北京,要求尹昌衡回任。当尹昌衡从川边率领卫队返回成都时,胡景伊却调集军队,在皇城架起大炮,四门戒备,欲以武力阻止尹昌衡入城。这时的尹昌衡,除了怪胡景伊"太不讲信用,对不住朋友"①外,别无办法,只能绕道驻扎于北门外的昭觉寺,并在武侯祠接受成都各界的欢迎。7月8日,四川各法团联合会印发传单,宣布胡景伊十大罪状:(一)蹂躏议会;(二)破坏法律;(三)超过预算;(四)卖官殃民;(五)养盗肆劫;(六)贿买报馆;(七)引狼入室;(八)运动实缺;(九)陷害西军;(十)滥用私人②。然而,袁世凯政府却不顾川人反对,于7月11日强行实授胡景伊为四川都督,任尹昌衡为川边经略使,并严令尹昌衡速往川边视事。又因"各方反胡甚烈",乃改任尹昌衡为"川边都督",加以"调和"。7月15日,胡景伊正式就任四川都督,革命党人发动的"迎尹拒胡"斗争流产。尹昌衡回任无望,又怕遭胡景伊暗算,便率部返回川边。1913年11月,袁世凯以"议决边务"为由,将尹昌衡调进北京软禁,旋罗织罪名,将尹逮捕,于1915年10月判刑9年,直至袁世凯死后才由担任大总统的黎元洪特赦免刑出狱③。

---

① 陈宜武:《煊赫一时的风云人物尹昌衡》,《四川文史资料集粹》,四川人民出版社1996年版,第1卷第336页。

② 周开庆编:《民国川事纪要》(上),(台北)四川文献研究社1974年版,第61页。

③ 尹昌衡出狱后,返回成都,在"止园"读书作诗,1952年去世,有《止园丛书》13册留世。

二、四川的二次革命

中华民国建立后，袁世凯利用"南北议和"，逼迫清帝退位，保证"永不使君主政体再行于中国"，从而窃取了中华民国临时大总统的职位。以孙中山为首的资产阶级革命派为了约束袁世凯的权力，于1912年3月11日颁布了一部具有资产阶级共和国宪法性质的《中华民国临时约法》，按照西方资产阶级的民主制度和"三权分立"原则，规定了国家的权力、政权组织形式和人民的权利等，体现了当时资产阶级民主主义的要求，带有革命性和民主性。此时，袁世凯初登大位，竭力标榜自己"忠于共和"、"忠于约法"，以骗取国人的信任。1912年秋，袁世凯政府先后公布国会议员和省议员选举法，预定于1913年春成立国会和各省议会。于是在中国政坛上，一度出现了以"政党政治"、"议会政治"为表现形式的民主共和热潮。

当时，许多革命党人对袁世凯寄予希望，并不认为袁世凯上台就是辛亥革命失败。不少同盟会员由南京到北京做官，内阁10个部长中有4个是同盟会员；临时参议院130个议员中，同盟会员有40多人。同盟会领袖人物之一的宋教仁，特别醉心于议会政治，主张改组同盟会，扩大其组织，以求在将来正式国会中占多数议席，以实现自己组织内阁。1912年8月，同盟会联合几个小党，改组为国民党，仍奉孙中山为领袖，以宋教仁代理事长。

早在1912年5月，袁世凯为了在临时参议院中与同盟会相对抗，指使其党羽统一党与黎元洪，在上海成立共和党，由黎元洪任理事长，张謇、程德全、章炳麟等为理事，实际上是袁世凯的御用政党。当共和党与国民党在临时参议院中对峙之时，梁启超、汤化龙等人于1912年8月成立了民主党，企图成为中国第三大党。四川的蒲殿俊、罗纶等立宪派人物成为民主党的重要骨干。1913年，民主党与共和党合并，成立进步党，在国会中与国民党对立，为袁世凯效劳。

在1913年初的国会选举中，"国民党在众议院596个席位中得269席，在参议院274个席位中得123席，占压倒优势，成为国会中的第一大党"①。正当宋教仁踌躇满志要筹组责任内阁之时，厉行独裁的袁世凯派人雇买凶手，于

---

① 朱汉国、杨群主编《中华民国史》，四川人民出版社2006年版，第1册第42页。

1913年3月20日将宋教仁刺杀于上海火车站，制造了震惊全国的"宋案"。

"宋案"真相大白后，孙中山从日本回到上海，力主兴兵讨袁，进行"二次革命"。但黄兴等人认为力量不足，主张"法律解决"。两种意见分歧，未能形成全党决策。4月，袁世凯未经国会批准，与五国银行团签订2500万英镑的"善后大借款"合同，以全国盐税收入作抵押，引起国民党人的不满。江西、广东、安徽、湖南4都督联名通电反对。四川护理都督胡景伊则跳出来为袁世凯辩护，还唆使都督府参谋张毅领衔，以川军第一、二、三、四师师长暨各师全体军官名义发出"寒电"，说什么"裁判宋案，职在法庭；外债是否失权，国会政府自有解决"，还威胁说："若竟河汉斯言，同人等即不能举庄严璀璨之中华，坐听奸人断送。"① 袁世凯通过大借款获得军费支持后，决心发动内战，消灭南方国民党力量。6月，袁世凯下令免除江西李烈钧、广东胡汉民、安徽柏文蔚的都督职务，3都督被迫下野。孙中山愤懑万分，决心冒险起兵。在孙中山的动员下，李烈钧于7月8日回到江西湖口，成立讨袁军，宣布江西独立，"二次革命"正式爆发。7月15日，黄兴在南京起兵响应，随后安徽、上海、广东、福建、湖南、重庆等地相继宣布独立，加入了讨袁行列。由于"二次革命"发生的1913年，岁在癸丑，故又称"癸丑之役"，又因为主战场在江西（简称赣）、南京（简称宁）两省、市，亦称为"赣宁之役"。

四川在响应"二次革命"之前，也曾出现"政党政治"、"议会政治"热潮。1912年8月，共和党四川支部在成都成立，胡景伊等5人任常务干事，军政要员周骏、刘存厚、陈廷杰等均为共和党人。9月，国民党四川支部成立，同盟会员张治祥、董修武任正副支部长。1913年春，民主党四川支部在成都成立，原立宪派人物胡骏、邵从恩任正副支部长，同年6月改为进步党四川支部（四川的共和党未并入进步党）。此外，四川还有社会党四川支部，该党赞成共和，但在民初四川政坛上影响不大。

1913年春，四川各政党开展竞选活动，争夺省议会权力。由于有同盟会所具有光荣的革命历史和在群众中的广泛影响，在选出的第一届省议会的140名议员中，国民党占74名，35名众议员中国民党占17名。国民党籍议员既然占

---

① 赖建侯：《胡景伊投靠袁世凯镇压"二次革命"》，《四川文史资料集粹》，四川人民出版社1996年版，第1卷第363页。

了多数，按常理是可以选出自己提名的议长的。但由于胡景伊采取威胁、收买等手段，在2月26日的议长选举中共和党和国民党的候选人各占54票，民主党候选人只有10票，均未超过半数，未能当选。胡景伊为阻止国民党候选人当选议长，与民主党暗中达成协议。在3月1日重新选举议长时，胡景伊派兵包围会场，以兵力威胁议员，强迫投票，于是民主党人胡骏以64票当选议长。以后又选出共和党人朱大镛、国民党人唐宗尧为副议长。

胡骏当选议长后，因事事受制于共和党而十分不满，便逐渐与胡景伊发生矛盾，在省议会中形成了国民党、民主党与共和党对立的局面。1913年6月中旬，胡景伊向省议会提交省行政公署预决算案，要求省议会通过。胡骏因其预决案收入无确数，支出差额50余万元，与编制不符，遂召集议员进行审查，使该案未获通过。6月下旬，省议会又作出"迎尹拒胡"决议，请尹昌衡回任四川都督，并知会胡景伊移交都督印信。袁世凯于1913年7月强行发表胡景伊实授四川都督，任尹昌衡为川边经略使。胡骏见此情况，怕胡景伊下毒手，遂和邵从恩悄然离川。国民党籍副议长唐宗尧也逃出成都。从此，四川省议会完全被胡景伊与共和党操纵、控制。

当袁世凯以"除暴安良"名义向国民党开刀时，胡景伊亦在成都向国民党人举起屠刀，查封国民党省党部，逮捕国民党《四川民报》总编辑谭创之，杀害革命党人张捷先、李俊侠等人，国民党的省议员纷纷逃往重庆避难。胡景伊密电袁世凯，准备编遣国民党人熊克武率领的川军第五师。消息传到重庆，第五师官兵义愤填膺。在南方"二次革命"的鼓舞下，8月4日，熊克武等在重庆宣布独立，建立四川讨袁军总司令部。熊克武任讨袁军总司令，杨庶堪任民政总长，但懋辛任参谋长。是日，发表《誓师文》和《告四川省军界同胞书》，声讨袁世凯"蔑我纲宪，叛我民国"，痛斥胡景伊"助纣为虐，毒害川民"，宣称"目前直接讨胡，即所以间接讨袁"，由此拉开了四川"二次革命"的战幕。8月7日，熊克武发布讨胡景伊檄文说："我四川当同志会时代，不惜流血千里，伏尸数万，除此专横强暴之赵尔丰。故四川改革，其受祸较他省为尤烈。乃去一专横之赵尔丰，又来一专横之胡景伊，其火烈水深，又较满清为尤甚。"檄文号召"全川七千万父老子弟亟起而共讨之，勿甘受其不法专横之压制，苟安畏葸而不前也"①。接着，荣县、保宁、绵阳、广汉、中江、酉阳、开江以及川边等地，均有国民党人和反袁志士起兵声援。

四川"二次革命"武装部队编为4个支队。整个战略计划是集中兵力，攻打泸州，消灭胡景伊的第一师周骏所部，然后进取成都。当四川讨袁战争兴起之时，全国各地的"二次革命"均已相继失败，袁世凯便调动川、滇、黔、鄂、陕5省部队会合兜剿。四川讨袁军处于极为不利的境地，但仍取得了局部性的胜利。至9月上旬，讨袁军西达资州，北抵顺庆，南围泸州，泸州守军师长周骏逃往纳溪，待攻下泸州即可会师西指成都。正在这时，胜局突然转为败局。陕军张钫师进抵夔府，滇军叶荃部进至宜宾，黔军黄毓成旅攻占綦江，直达重庆南岸黄桷垭，川军王陵基支队攻占合川后，进至重庆附近青木关，重庆岌岌可危。熊克武急调攻打泸州的吕超率第一支队主力回援重庆，并令水师余际唐部还守江口，但已来不及了。熊克武、杨庶堪见大势已去，于9月11日、12日先后离开重庆东下出川去上海。黔军黄毓成旅、川军王陵基支队先后进入重庆，熊克武讨袁军土崩瓦解，响应讨袁的各地义军亦被镇压。

"二次革命"是一场保卫辛亥革命成果的战斗，是辛亥革命后"共和"与"专制"矛盾激化的产物。四川革命党人的斗争，以"直接讨胡、间接讨袁"为特征，是全国"癸丑之役"的重要组成部分，表现了革命党人不畏强权的战斗精神。这次斗争，虽说称为"二次革命"，但只是少数国民党人的单纯军事行动，没有广大人民群众参加，其意义和影响是不能与辛亥革命相提并论的。"二次革命"以革命党人的失败而结束，革命武装被迫解散，此后，袁世凯及其在四川的爪牙加快了专制统治的步伐。

三、四川的护国战争

袁世凯镇压"二次革命"后，加快了复辟帝制的步伐。1913年10月，在袁世凯的胁迫下，国会勉强选举他为正式大总统，为他实行专制独裁披上了"合法"外衣。袁世凯就任正式大总统后，立即向国会开刀。11月，下令解散国民党，并撤销国民党议员资格，使国会因不足法定人数而无法开会。1914年，下令解散国会，废除《临时约法》，另颁《中华民国约法》（俗称袁记《约

---

① 四川省文史研究馆编：《四川军阀史料》，四川人民出版社1981年版，第1辑第163~167页。

第一章 民国初年的四川政局

法》),把自己变成终身总统,并加紧导演"帝制自为"丑剧。

在四川,胡景伊秉承袁世凯的旨意,大肆镇压国民党人。1913年8月,胡景伊发布《查禁乱党令》,称倡导"二次革命"的国民党为"乱党",以作为镇压四川反袁势力的依据。胡景伊开列四川各界反袁人士1000余名,呈报袁世凯请予抄家或处以极刑,经袁批准者竟有108人之多。四川陆军速成学堂学生,因参加"二次革命"被捕处死者就有数十人。胡景伊残害革命党人的手段极其残酷,除捕杀本人外,还株连子孙。有的殷实之家,只要不阿附他们,多被指陷为革命党人而被抄家、逮捕,甚至被杀害。袁世凯以胡景伊镇压反袁力量有功,给予了授勋奖赏。

1914年6月,袁世凯为推行帝制做准备,下令"裁撤各省都督,于京师建将军府,并设将军诸名号,有督理各省军政者,就所驻省份开府建衙"。于是,胡景伊由四川都督改授成武将军,督理四川军务。胡景伊窃喜从此可以长保权位。殊不知在袁世凯眼里,胡景伊毕竟不是北洋系的人物,所领川军4个师,也非北洋军系。胡在四川不得人心,既统治不了四川,更震慑不住西南①。于是袁世凯派遣他的心腹参谋部次长陈宧②会办四川军务,于1915年率北洋军3个混成旅入川。接着任命陈宧为四川巡按使。6月,袁世凯调胡景伊入京,任参政院参政闲职。同月,任命陈宧为成武将军,督理四川军务。陈宧执掌四川军政大权后,以整编川军为名,排除异己,安插北洋军将领担任川军要职,以加强对川军的控制。陈宧将全省划片分区,实行"大清乡",残酷杀害反袁志士和无辜群众。11月,陈宧按照袁世凯的旨意,在成都将军署导演了所谓"表决国体"的国民代表会议。在军警的严密控制、监督下,会议投票结果,"一致赞成帝制"。于是,陈宧致电袁世凯,请其早日称帝。

在袁世凯筹划称帝期间,流亡日本的孙中山,吸取"二次革命"教训,集合国民党中的激进派,于1914年7月在日本组建中华革命党。在日本的川籍党人如谢持、杨庶堪、龙光等均为中华革命党成员。中华革命党举起反对袁世凯称帝的旗帜,曾任命卢师谛、石青阳等人回川兴兵讨袁。另一部分国民党人如

---

① 参见马宣伟:《护国运动的故事》,巴蜀书社2005年版,第2~3页。
② 陈宧(1870~1943年)字二庵,湖北安陆县人。湖北武备学堂毕业,入日本士官学校,后在袁世凯麾下任虎威营管带。1903年由袁推荐,入川任帮统训练新军,后任三十三混成协协统兼武备学堂、陆军小学堂会办。1907年随锡良调云南、东三省。辛亥革命后,受袁宠信,任参谋部次长。

第一章 民国初年的四川政局

黄兴、李烈钧、熊克武、但懋辛等，因与孙中山在建党问题上发生分歧而未加入中华革命党。欧洲战争爆发后，他们于1914年8月在东京成立了"欧事研究会"。此后，李烈钧、熊克武、但懋辛等先后回国，转赴云南，策动起义。袁世凯在国内加快复辟帝制，引起包括原立宪派梁启超等在内的全国人民的激烈反对。以梁启超为首的进步党人，原来是拥护袁世凯的，现在也加入了反袁行列。1915年11月，原云南都督蔡锷与他的老师梁启超商定行动计划后，摆脱袁世凯的监视，离开北京，绕道日本，返回云南，与各派反袁力量合作，组织策划了反对复辟帝制的斗争。

1915年12月12日，袁世凯公然申令接受"推戴"，复辟帝制，下令改1916年为中华帝国洪宪元年，并定于1916年元旦举行登基大典。袁世凯的倒行逆施，激起全国人民的强烈反对。一场反对袁世凯复辟帝制、捍卫民主共和制度的革命战争旋即在全国轰轰烈烈兴起。

12月25日，蔡锷、李烈钧、唐继尧等首先在昆明通电起义，宣布云南独立，组织"护国军"①，讨伐袁世凯。护国军共有3个军：第一军总司令蔡锷，率主力进军四川；第二军总司令李烈钧，出兵两广；第三军总司令由云南都督唐继尧兼任，坐镇云南，居中策应。由于"护国军"首先举起讨袁大旗，这场战争便称为"护国战争"，也称为"护国运动"。

四川是护国军战略进攻的重点，也是护国战争的主战场。护国军第一军第一梯团梯团长刘云峰于1915年12月20日率部从昆明出发经昭通、盐津入川，沿途势如破竹，于1916年1月21日顺利夺取了叙府。此时，袁世凯和陈宧急调北洋军和附袁川军总计15000余人围攻叙府。护国军与四路围攻叙府之袁军血战8昼夜，至2月6日击败袁军。3月2日，北洋军冯玉祥旅反攻叙府，护国军退守横江，不久又返回叙府。蔡锷亲率第一军第二、三梯团，于1916年1月16日离开昆明，取道毕节入川，击退北洋军，进迫永宁（今叙永）。驻永宁的川军第二师师长刘存厚立即响应护国军起义，配合蔡锷率领的护国军作战，由永宁移师纳溪，出兵攻占江安、南溪，并北渡长江直逼泸州。在蔡锷率领下，

---

① 据陈旭麓、方诗铭、魏建猷主编的《中国近代史词典》载，蔡锷潜返昆明，策动讨袁，在护国寺召开动员大会，原定组织"共和军"讨袁，为避免与"共和党"之名雷同，即就护国寺取名"护国军"。

滇、川护国军与北洋军曹锟第三师、张敬尧第七师、李长泰第八师和川军周骏第一师激战于泸、纳之间。时任护国军支队长的朱德，在纳溪棉花坡激战中率部英勇杀敌，战功卓著。此时，护国军右翼军总司令戴戡率领黔军经松坎取綦江，直逼重庆，阻北洋军后援。熊克武随云南护国军回川后，收编原川军第五师及其他部队，组成一支队伍，与护国军并肩战斗。护国军总部委任熊克武为护国军四川招讨军司令。

护国战争兴起，在四川各地引起广泛的响应。原为孙中山任命的中华革命军总司令卢师谛，改任四川护国军第四师师长率部讨袁。吕超在宜宾组成护国反袁部队。王蕴滋在金堂誓师起义，成立四川讨袁军，出兵占领三台。刘伯承在涪陵起义，称护国军第一支队，袭击驻丰都的北洋军。川军第二混成旅旅长钟体道在南充宣布独立，自任讨袁总司令。石青阳起兵于酉阳，攻占秀山、黔江、彭水等地。郑启与谭诗在广安宣布独立，称川北护国军。颜德基在开县起兵响应护国，截击北洋军于开县、梁山等地。萧德明在大竹宣布独立。董毅公等人起义于越西。这些起义打击和牵制了入川北洋军和附袁川军，有力地支持了护国军在泸州、纳溪、宜宾等地的战斗。

1916年3月中旬，护国军大举反攻，北洋军和附袁川军溃败。3月22日，袁世凯被迫正式公布取消帝制命令、废除洪宪年号，仍以本年为民国5年，自称大总统。袁世凯的83天皇帝梦倏然幻灭。陈宧迫于全国反袁大势，于5月22日宣布四川独立。6月6日，袁世凯在举国讨袁、众叛亲离中忧惧而死。6月25日，陈宧退离成都，由北道出川。7月6日，黎元洪令各省军政长官改称督军、省长，并任命蔡锷为四川督军兼省长①，四川的护国战争胜利结束。

袁世凯的死亡加速了全国护国战争胜利的到来。6月7日，黎元洪就任中华民国大总统。29日，黎宣布遵守1912年的《临时约法》，继续召集国会，恢复国务院，至此，参加护国战争的各派政治力量认为"护国战争"任务已胜利完成。7月，西南各省相继取消独立，护国战争结束。

四、四川的护法战争

护国战争结束后，民国政权落入北洋军阀手中。1917年7月1日，张勋在

---

① 由于蔡锷喉疾加剧，请假就医，由罗佩金任护理四川督军兼省长。1916年11月8日，蔡锷在日本福冈大学医院病逝，年仅34岁。

北京导演了一出复辟清朝帝制的丑剧。不到半个月,张勋被赶出北京,中央政权仍被北洋军阀掌握。1917年7月中旬,孙中山为反对北洋军阀"破坏约法,迫散国会",从上海到广州。同年8月25日,孙中山在广州召开非常国会。9月1日成立护法军政府,孙中山被推举为海陆军大元帅。孙中山明确宣布,军政府的职责是"攘除奸凶,恢复约法",号召各省起兵讨伐破坏约法的北洋军阀政府。在孙中山的号召下,护法运动在各省迅速兴起。

10月12日,黄复生、卢师谛、石青阳等在四川组织军队,拥护护法。广州军政府任命黄复生为四川国民军总司令、卢师谛为副司令、石青阳为川东招讨使。11月18日,改任黄复生、卢师谛为四川靖国联军总、副司令。12月3日,川、滇、黔联军攻克重庆。北洋军阀政府任命的长江上游总司令兼四川查办使吴光新和四川督军周道刚率队逃遁。北洋军阀政府为巩固其在四川的统治,于12月8日任命刘存厚为四川督军。12月13日,川军第五师师长兼重庆镇守使熊克武正式通电拥护护法军政府。12月24日,熊克武在重庆召集顾品珍、赵又新、王文华等川、滇、黔各军将领举行会议。会上,大家一致拥护孙中山的护法主张,并决定组成三省靖国军总司令部,推唐继尧为总司令、熊克武为四川靖国各军总司令。1918年1月9日,熊克武通电正式就职,明确表示要"糜躯报国","矢心护法",决定首先讨伐"甘心附北毁约"的四川军阀刘存厚。

图1-7 1913年8月4日,国民党人熊克武等在重庆起兵响应二次革命,宣布重庆独立。熊克武任四川讨袁军总司令,杨庶堪任民政总长。图为杨庶堪之《癸丑遇难纪事二百韵》长诗手稿(局部)

靖国联军分三路进攻成都。东路由滇军顾品珍、赵又新两部负责,中路由黔军袁祖铭、王天培所部负责,北路由但懋辛所部吕超、喻培棣负责。刘存厚纠集川军第一、二、三师分路抗拒。靖国联军发起猛烈进攻,东路靖国军连下永川、荣昌、隆昌、内江,川军第一师向资中退走。中路靖国军和北路靖国军联合出击,相继攻占合川、遂宁、乐至、简阳等地,兵锋直指成都。这时,靖国军石青阳部已攻下顺庆。萧德明、陈凤石在潼南起兵响应靖国军。2月18日,川军旅长刘湘、陈能芳、刘成勋等人通电护法,拥护熊克武为四川靖国各军总司令。刘存厚处于军事上孤立、政治上被动的境地,加之内部分化,被迫于2月19日率部退出成都。2月20日,靖国军吕超、袁祖铭及萧德明、颜德基、石青阳等部先后进入成都。当天,熊克武通电以四川靖国各军总司令名义总揽川省军民两政。3月8日,广州大元帅府发表熊克武为四川督军、杨庶堪为四川省长。6月10日,熊克武军攻克广元,刘存厚败退陕南,旋设四川督军署于汉中。至此,四川护法战争结束。

在广州护法军政府成立后,湖南、四川、安徽、陕西、浙江、湖北、山东、福建、河南、贵州、云南、广西等省纷纷组织护法军、靖国军、自主军,响应护法,但各地互不统率,缺乏统一的领导和相互支援,未能形成强大的武装力量。特别是与北洋军阀对立的西南军阀,虽然表面上拥护护法,但实质上是反对孙中山和军政府的。1918年滇系军阀唐继尧、桂系军阀陆荣廷与政学系联合,反对孙中山的护法战争,5月20日,广州非常国会选举孙中山、唐绍仪、伍廷芳、唐继尧、林葆怿、陆荣廷、岑春煊等7人为军政府总裁,并举岑春煊为主席总裁,剥夺了孙中山权力。21日,孙中山发布辞职临行通电,乘船离开广州,宣告护法运动的失败。但军政府仍然存在。直到1920年下半年孙中山发动讨桂战争后,岑春煊等才宣布取消军政府①。

---

① 《东方杂志》第17卷第22页。

第二章 从军阀割据到川政统一

孙中山领导的护法战争失败后，我国实际上进入军阀统治时期。其后又形成南北两军政府。直到1928年，国民政府北伐胜利，统治中国16年的北洋军阀政府覆灭，国民党领导的国民政府宣布"完成统一"，全国范围内的军阀统治才基本结束。在这个大的政治军事背景下，四川也曾经历了军阀割据时期，并形成了军阀防区制。直到1933年经过"二刘"大战，刘湘统一全川，四川的军阀战争才宣告结束。1935年国民政府中央势力入川，改组四川省政府，废除防区制，才完成了川政的统一。四川军阀战争和军阀统治时间之长在全国是少有的，而军阀防区制的统治形式，则是四川军阀割据的一大特点。

第一节 防区制的形成

一、防区制的形成及特点

防区制萌发于1916年滇军罗佩金督川之时，形成于1918年熊克武主持川政期间。

1916年护国战争结束后，滇、黔军滞留川境。自蔡锷离川赴日本就医后，滇军总参谋长罗佩金、黔军总司令戴戡掌握了四川军政大权。时暂署四川督军罗佩金擅自提"盐款数百万元，不列为省库收入，并将滇、黔军驻地税收扩充滇、黔军饷，不经财政厅分配，又任川军就地自谋，遂启防区之渐"①。次年2月17日，暂署四川省长戴戡应暂署四川督军罗佩金之请，公布"驻防外县军队就近拨领薪饷办法"，规定除省军领饷仍报省公署直接核发外，所有驻防外县军队饷款，均准就近在驻防地方各公署及征收机关如数拨领，并厘定规则和单据样式。此为第一次用政府公文形式把"就地划饷"制度化，也是划拨防区、截留税收成为定制的开端。

罗佩金、戴戡的"就地划饷"实施方案公布后仅两月，就连续爆发了"刘罗"、"刘戴"之战，是为四川军阀战争开始的标志。经过"刘罗"、"刘戴"两次军阀混战，防区割据制逐渐成形。刘存厚在逐走罗佩金、戴戡之后，曾以第一军司令部名义命令省财政厅于1917年10月4日发布《各军队饷款即就各该防区较近征局划拨税款文》，再次肯定了"就地划饷"的原则并加以具体化外，第一次于政府公文之中使用"防区"之名。后因刘存厚在护法战争中被靖国军击败出走，这个文件施行不久即被废止。

护法战争后，熊克武主持川政，四川军阀势力进一步扩张，促使防区割据制最终形成。1918年5月22日，熊克武召开靖国军军事会议，决定将川军整编为6个师，2个独立旅，1个援鄂司令部。以但懋辛为第一师师长，刘湘为第二师师长，石青阳为第三师师长（后石任援陕第一路总司令，由向传义接任第三师师长），刘成勋为第四师师长，吕超为第五师师长，颜德基为第六师师长，向传义为独立第一旅旅长，陈洪范为独立第二旅旅长，舒荣衢为援鄂第一路司令。为解除川、滇两军的战争状态，熊克武将刘湘部队从资中调往荣县，并将资中、资阳、简阳等地让与滇军，以恢复滇军原有驻地。参加军事会议的将领各有所图，同床异梦。滇军将领顾品珍不赞成"划分川、滇、黔的界限"。刘湘及其他四川将领则强调"军令政令的统一"。熊克武直接掌握的兵力，虽经护国、护法战争有所扩充，但其力量尚不足以控制整个川局。而滇督唐继尧图川的野心迅速暴露，想将四川的兵工厂、造币厂以及盐税归其掌握。当时滇、黔驻川部队达3万余人，占据川东、川南富庶之区26县，四川当局的军令政令无法行之于滇、黔军所辖区域内，滇、黔军驻防区形同独立王国。四川靖国军各军将领也不完全俯首听命。在此状况下，熊克武为保持川局的暂时稳定，只好

---

① 傅渊希：《四川内战年表》，《四川文史资料选辑》第37辑，第25～26页。

第二章 从军阀割据到川政统一

承认军阀割据的既成事实,让主客各军暂驻原地不动。1918年7月,熊克武以四川靖国各军总司令名义发布"四川靖国各军卫戍及清乡剿匪区域表",将川军划分为11个区域,就地分防卫戍,而滇、黔军驻地则完全没有变动。这样,四川防区割据制便经熊克武以四川当局的名义加以确认而初步形成。

1919年2月,熊克武正式就任督军。为谋求军令政令的统一,熊克武规定各师军官,均由督军委派;各县各项税收,均需报缴督署,统筹开支。川军第四师师长刘成勋表示服从,按规定将所属军官名册上报请加以委任。可是,滇军将领顾品珍却仍然把持独吞盐款,擅自撤换、委任知县,拒不执行熊克武的命令,川军各师亦相率效尤,渐成尾大不掉之势。熊克武又迫于滇、黔军及川军内部"倒熊派"的压力,为了解决军费问题,遂决定主客军就防地划饷。1919年4月,熊克武明令公布"四川靖国各军驻防区域表",将原来"卫戍区域"的名称,改为"驻防区域"。从此,"防区"作为军阀割据地的特有名称便固定下来了。此表的公布,标志着四川军阀防区割据局面的形成。其后,在川各军便在自己的防区内,改"就地划饷"为"就地筹饷"。

防区割据制既是四川军阀特有的一种统治形式,又是各军阀反对全川统一免遭其他军阀兼并,保持和扩充地盘、实力的一种割据手段。它的存在有其自身的合理性和必然性。建立防区制的目的,是暂时承认各派军阀据地称雄的既成事实和既得利益,平衡和协调各派军阀之间的关系,避免战争,稳定四川政局。

防区制建立后,各派军阀表面上承认四川省级政权的领导,但实际上各个防区成为军阀统治的独立王国。在各个防区内,"举凡官吏之任用,制度之废置,行政之设施,赋税之征收,皆以部队长官发布命令行之,无论省府或中央政府之法令,不得此部队长官许可,皆不得有效通行于区内"[1]。防区驻军首领实际上成了独霸一方的土皇帝。在防区内军阀成了一切政治、军事、财政的独裁者。他们凭借武装力量,勾结地主豪绅,残酷压迫、剥削人民。吕平登在《四川农村经济》一书中指出,"川省军阀,各守防区,不相连属,各防区中之民、财两权,多秘而不宣,使人如堕入五里雾中"[2]。

---

[1] 邱翥双:《论四川军团之病民》,载《复兴月刊》三卷,六、七期合刊。
[2] 吕平登:《四川农村经济》,商务印书馆1936年版,第11~12页。

防区是军阀靠兵力通过战争夺得地盘建立起来的,各个军阀又通过战争来实现防区的再分配。随着战争的胜负和实力的消长,防区的归属也就时有更易。所以,防区割据制在军阀战争中形成,它形成后又加剧了军阀间的战争。

二、防区制形成的原因

袁世凯死后,统治中国的北洋军阀分裂成直、皖、奉三系。北洋军阀之外,还有山西的晋系、云南的滇系、广西的桂系军阀,这样就造成中央权力削弱,地方权力增强的局面。袁世凯死后的历届大总统都因缺乏强有力的军事实力,而处于一种无权状态。各地军阀名义上虽承认中央政府,实际上却各行其是,不容许中央政府对其统治区内政治、军事、经济进行干预。而各地军阀为了争夺地盘,扩大势力,就必然进行军阀之间的战争。在这种大的政治环境下,盘踞在四川的军阀也进行了军阀战争。四川军阀战争的结果是在四川境内形成了军阀防区制,这是四川军阀战争的一大特点。形成这个特点的原因是多方面的。

首先,自给自足的自然经济是军阀割据的经济基础,这在四川更为突出。就全国而言,帝国主义势力的存在是军阀割据的一个重要原因,但四川军阀割据的原因略有不同。四川地处内陆,帝国主义在川势力相对薄弱,各派军阀受帝国主义势力支配和影响极小,封闭的自然经济,使军阀与地主阶级紧密结合起来,对农民进行残酷剥削,以得到兵力、财力和物力支持。天府之国的四川,地大物博,物产丰富。境内山岳连绵,雄关险隘众多,交通不便。各个军阀部队,无论驻防平原或山区,都能据地筹粮筹饷,招兵买马,拥兵自重,均能在川割据一方。

第二,四川的军阀是几个互不相统属的小军阀,其他省的军阀则是盘踞一省或数省的大军阀。因此,四川军阀战争的结果,是在省内形成了几股割据势力,并在此基础上形成了一省之内的防区制。其他省大军阀之间战争的结果则形成了一省或数省的割据势力。如袁世凯死后,直系军阀冯国璋占据了直隶、江苏、江西、湖北等省;皖系军阀段祺瑞占据了安徽、浙江、上海、福建、山东、陕西、甘肃等省市;奉系军阀张作霖占据了奉天、吉林、黑龙江等东北三省。此外,还有晋系军阀阎锡山占据了山西省;滇系军阀唐继尧占据了云南、贵州和四川部分地区;桂系军阀陆荣廷占据了两广,势力直达湖南。这些大军阀的"防区"是一省或数省。在一省之内没有防区制存在的条件和必要。这是四川存在军阀防区制的最根本的原因。

第三，滇、黔军阀部队滞留四川，割据称雄，霸占一方，则是促进四川军阀防区制形成的重要的外在因素。

第二节 四川的军阀战争和自治运动

一、四川军阀战争的类型

四川大规模的军阀战争始于1917年"刘罗之战"，结束于1933年"二刘大战"，长达16年之久，大小军阀战争400余次。四川军阀战争如此频繁与滇黔军入据四川以及南北政府策动密切相关。就其军阀战争的性质和类型而言，大致可分为三类。一是四川军阀反对外省军阀入据四川割地称雄的战争；二是四川军阀分别支持南北政府而引起的军阀战争；三是四川军阀内部争夺四川统治权的战争。

（一）川军反对外省军阀入据四川的战争

1. 川军反对滇、黔军阀占据成都的战争

护国战争胜利后，滇军、黔军均驻扎在川南泸州、宜宾、自贡、资阳一带富庶之区和重庆、綦江等地，割地称雄，拒绝撤回原省。在成都则有刘存厚所部川军和滇、黔军共驻一城。刘部川军驻西较场、北较场、骡马市、西御街及西北近郊一带。黔军驻督院街及东南市区各街。滇军驻皇城为中心的城区和东较场及东门外一带。1916年8月13日，北京政府任命滇军参谋长罗佩金暂署四川督军，黔军司令戴戡暂署四川省长，川军第二师师长刘存厚为四川陆军军长。罗佩金为控制四川，利用权力，在裁军工作中，"强滇弱川"，大量扩充滇军，裁撤川军。1917年4月14日罗佩金下令裁川军第四师为一个旅，撤销陈泽霈师长职务，任命第七旅旅长卢师谛为新旅长。15日，罗佩金用武力将该师缴械遣散，并扣押师长陈泽霈和参谋长周绍芝。于是刘存厚与罗佩金的矛盾激化。这时戴戡与刘存厚相约倒罗，并许事后给刘以会办军务之职，划全川三分之二的县为刘的防区。刘存厚本有北京政府国务总理段祺瑞为后台，有川军第三师师长钟体道的全力支持，此时又有戴戡的暗助，加之四川军民对滇黔军都很愤恨，有民意支持，遂决定寻机与罗佩金统率的滇军开战，史称"刘罗之战"。

1917年4月15日，滇军两个连押送所缴的川军第四师的枪械回成都，路过西较场时，被刘部川军赖心辉炮团劫去，双方发生武装冲突。当晚滇军兵分三路从东较场、皇城和城外向刘部川军进攻。19日双方以皇城为中心展开激战。黔军保持中立，作壁上观。滇军为防川军进攻皇城，纵火将皇城周围的贡院街、永靖街等处民房烧毁，以扫清视野障碍，扩大射击角度。刘存厚借机派兵伪装滇军，伙同地痞流氓趁火抢劫，居民生命财产遭到很大损失。大火烧至深夜，燃烧到后子门附近，东御河和西御河沿街、东御街、西御街、三桥北街等处，都成一片焦土。川滇军死亡数百人，滇军被迫退回东较场。这时驻南充的川军第三师钟体道部主力，于4月中旬东进增援成都川军，在资阳一带击溃滇军顾品珍师，占领资阳，致使成都的滇军孤军无援而被川军击败。4月下旬，罗佩金退出成都，往驻资中、宜宾、自流井、富顺一带。这次"刘罗"成都之战，据不完全统计，川滇军死亡数百人，民众死亡6000余人，伤5000余人，被抢劫者1194户，烧毁民房3000余间，财产损失47万余元，给四川人民造成了深重的灾难。

"刘罗"之战结束后，刘存厚部亦退往成都外北凤凰山。北京政府任命戴戡兼任督军、省长、军务会办三职。戴戡踌躇满志，而刘存厚求官不得，反而被褫革四川陆军军长职务。于是，刘、戴矛盾日趋激烈，战事不可避免。1917年7月5日，刘、戴之战爆发，成都巷战再起，刘存厚之川军与戴戡之黔军激战十余日，焚烧民房30余间，死伤居民6000余人，公私财产损失无数。17日，黔军战败，由成都南门溃退，戴戡自戕于仁寿秦皇寺。入川黔军至此瓦解。

2. 川滇军川南争夺战

滇、黔军与刘存厚所部川军先后争夺成都之战失败后，丧失了所控制的四川军政大权。早就欲图霸西南的大军阀滇督唐继尧不甘失败，借护法战争之名组织靖国军，自任总司令，派出大批滇军入川，于1917年7月16日发出通电，声讨刘存厚犯上作乱，对其进行讨伐。7月中旬，滇军以罗佩金为第一、二军总指挥，分三路由宜宾、自流井、资中向成都进发，攻击刘存厚部川军。贵州军阀刘显世为与戴戡报仇，也派黔军第一师师长王文华率旅长雁宾、团长袁祖铭等部进入綦江、江津，伺机出击。滇黔两军兵力共约4万人。这时已任川军军长的刘存厚看到滇黔军又配合侵川，且滇军来势更凶，不击败滇军，两次成都巷战的胜利果实就不可保,川军各部还有被消灭的危险,于是在成都打出"川人治川"的旗号,纠合川军一、二、三师,决心先打滇军,后击黔军,计划分三路出动,分别合击据守在资、内、叙、泸一带的滇军。从7月到11月下旬,经过激烈、反复的争夺战,川军攻占了泸州、宜宾,把滇军赶出了川南地区,刘存厚等部川军暂告胜利。

3. "倒熊"与驱滇、黔军的战争

在护法战争中,1918年3月,南方军政府委任熊克武为四川督军、杨庶堪为四川省长后,熊克武掌握军政大权,杨庶堪虽为省长亦受熊挟制。川军石青阳、卢师谛、颜德基、黄复生等也因权力地位关系对熊不满,已有依靠滇督、川滇黔靖国军总司令唐继尧反对熊克武之意。

护法战争结束后,1918年9月17日晚,唐继尧召集四川督军熊克武、省长杨庶堪、黔军总司令王文华等人在重庆行辕开会,抛出《滇、川、黔三省同盟计划书》(即所谓《准备北伐案》)。规定四川的资中、内江、宜宾、泸州、自流井和威远、会理、宁远以及重庆、綦江、万县、酉阳、秀山等属约占全省总面积三分之二的川南和川东南富庶地区,划为滇黔军防地,四川的盐税、关税和烟酒税收入,概充联军军饷(实为滇黔军所有)。熊克武拒不接受,会议不欢而散。唐继尧回滇后,即加紧策划,联络川军中的反熊军阀倒熊。

此时,熊克武亦积极活动,争取川军各部联合驱逐滇军。1919年2月22日,熊克武召开高级军官会议,统一川军编制,提出"川省内政,川人自主"的政治主张,合力讨伐唐继尧。

1920年5月11日,川、滇、黔靖国联军总司令唐继尧通电讨熊。21日,熊克武亦发布《率师申讨唐继尧祸川电》,举兵讨唐。川、滇、黔军阀大规模的战争全面爆发。

战争前期,滇黔军队和倒熊川军取得胜利。1920年7月中旬熊克武各部撤离成都,退保川北保宁。此时川北疫病流行,追兵伤亡也重,未敢深入,双方暂时休战。

1920年7月18日,吕超率部进占成都。次日通电暂摄川滇黔联军副总司令暨川军总司令职。任命向传义(未随熊克武撤离成都)、卢师谛、石青阳分别为第一、二、三军军长。吕超上台后,滇黔军首领以胜利者自居,要吕超兑现唐继尧曾要熊克武答应的瓜分四川的方案,吕超也不答应。倒熊的吕超等部川军与滇、黔军的矛盾便日益加剧,这又为熊克武、刘湘等部的反攻,创造了有利条件。

熊克武退到川北后,与早被赶到陕南汉中,仍受到北京政府支持的刘存厚联合组成靖川军,由刘存厚任总司令,刘湘任前敌总指挥,发起靖川之役。刘存厚率领田颂尧、唐廷牧、张邦本、赖心辉等师、旅,从西路攻成都,熊克武、刘湘率部队从东路攻重庆。1920年9月上旬,靖川军进占成都,刘存厚在成都北郊昭觉寺恢复其督军公署。吕超所部向简阳、乐至败退。滇军和刘存厚部、刘湘部、杨森部在龙泉驿、大面铺一带展开大决战,滇军溃退。滇军败退至泸县,大部被消灭,第二军军长赵又新被击毙。余部由第一军军长顾品珍率领经纳溪退回云南。10月中旬,靖川军熊克武部和刘湘部攻下重庆。省长杨庶堪通电辞职。熊克武在重庆亦设四川督军公署。刘湘随即派兵东下,攻涪陵、万县,黔军经綦江败回贵州。

4. 刘湘、杨森联军驱逐黔军之战

1923年直系军阀吴佩孚认为当时是控制四川,进而武力统一西南的大好时机,于是调遣部队四路攻川,委任贵州袁祖铭为黔边援军总司令,率一师由毕节入四川叙府。黔军因而再次入川参与四川的军阀战争,而四川军阀在内部战争中,也往往寻求黔军支持,以打击对方。1923年,黔军参加杨森反对刘湘、熊克武的战争。杨森战胜之后,占据兵工厂,大量制造枪械弹药,并将所部扩大为五个师,积极进行军事部署,于1925年企图武力统一四川。杨森所为使驻重庆地区的刘湘和黔军袁祖铭受到威胁,于是刘湘联合黔军袁祖铭共同倒杨,答应事成之后,每月给袁祖铭40万元军饷,并拨成都兵工厂新枪5000支支援袁祖铭打回贵州,赶走滇军。在川黔联军的攻击下,杨森兵败,离开四川,东下宜昌,投靠吴佩孚。

1925年12月,刘湘在善后分赃会上,拒绝兑现曾答应给袁祖铭的军饷和枪支。袁即气愤回渝,调动黔军进攻刘湘的驻渝部队,并扣留重庆城防司令鲜英。刘湘部亦立即反击,战争于是爆发。此时,吴佩孚见川中形势有变,遂令杨森回川,招集部队,企图东山再起。刘湘为了对付袁祖铭,也拉拢杨森共同讨袁。在刘湘和杨森联军的攻击下,黔军连续失利,遂于1926年5月,自重庆经綦江退回贵州,重庆即为刘湘、杨森占领。从此,侵扰四川10年的滇黔军完全撤离四川。

(二) 支持南北政府引起的军阀战争

袁世凯死后，北洋军阀政府统治了中国。1917年9月，在广州召开了国会非常会议，选举了孙中山为中华民国军政府海陆军大元帅，建立与北京段祺瑞政府相对抗的南方政府，并号召进行"护法运动"。在四川军阀中刘存厚是依北的，熊克武则是依南的。1917年12月北京政府任命刘存厚为四川督军。1918年3月8日，广州大元帅府又任命熊克武为督军。在"护法战争"中，熊克武联合滇黔军，打败了北军和附北的川军。刘存厚率残部逃到陕南，仍以四川督军身份，在汉中设立行署，接受北京政府号令。1920年5月滇、黔军联络部分川军倒熊，熊便联合汉中刘存厚共击滇、黔军。刘存厚攻入成都，便在成都恢复四川督军公署，发号施令。10月30日，熊克武到重庆，亦正式设立督军公署，履行职务。这样，省内就形成了分属南北两政府的相互对峙的两个督军署。当滇、黔军战败退出四川之后，熊、刘矛盾立即凸显。

正当熊、刘对峙之时，南北局势发生变化，南方军政府被岑春煊解散，以孙中山为首的军政府一时尚未组成，熊克武失去凭依。熊为摆脱政治上的被动地位，联合川军将领提出"川人自治"，反对北京政府任官授勋。而刘存厚则兴高采烈，认为依靠北京政府就能统一四川。为扩大势力，刘存厚大肆收编团队土匪，委任各路司令、师、旅长等多人，造成兵匪不分，社会秩序混乱的局面，人民不堪其扰。刘部官兵军纪废弛，经常聚众滋事，横行霸道。在成都一个月内即发生两次在少城公园寻衅闹事，毒打学生的事件。各校学生在学联领导下，结队到刘存厚驻地北较场示威，要求惩凶、道歉，并高呼"裁兵废督"，彻夜不退。刘存厚不予接见答复，学联遂派代表到重庆向熊克武、刘湘请愿，并通电全国，揭露刘存厚暴行。熊克武、刘湘遂乘势出兵讨伐刘存厚。

1921年2月18日，熊克武所属的第一军与刘湘的第二军、刘成勋的第三军联名通电，宣布刘存厚自居督军、扩充军队、倾心北廷、阻挠川省自治等罪名，分兵三路向刘存厚进攻。3月21日，刘存厚孤立无援，退出成都，尔后重回陕南，再度开始其流亡生涯。

(三) 四川军阀争夺四川统治权的战争

在四川军阀战争中，以四川内部军阀之间争夺地盘、争夺对四川统治权的战争最为频繁。

1. 1922年熊克武的第一军与刘湘的第二军之战

在四川军阀部队中，熊克武的第一军系，是由原蜀军第五师发展起来的。部队将领不少是同盟会员和国民党员，孙中山与他们有直接或间接的联系。在南北两政权对峙中属南而不属北。刘湘的第二军系，是由老一师发展演变而来的，政治上属北而不属南。刘湘联合熊克武、刘成勋驱逐刘存厚之后，就任川军总司令兼省长之职，便密图以武力统一四川，引起川军第一军系和其他军阀的不满。刘湘被迫于1922年5月14日通电辞去总司令兼省长职，而将第二军军长职交给第九师师长杨森接任。7月，第一、二军在忠县、合川一带发生激战。熊克武的第一军联合刘成勋的第三军击败刘湘的第二军。刘湘被迫下野，仅率手枪营，自重庆取水路潜回大邑县老家。同年8月杨森兵败逃往宜昌，第一、二军之战，以第二军的失败告终。

2. 杨森统一全川之战

1924年5月27日，北京政府特派杨森督理四川军务善后事宜，在直系军阀吴佩孚的支持下，决心武力统一四川，直接威胁各军生存。杨森自1925年4月12日发动进攻起，到6月7日攻占合江止，在为时两个月的战争中，消灭了陈洪范，击败了刘成勋、刘文辉、赖心辉，瓦解了陈国栋，占有72个县，通过招降纳叛，扩编部队，所部增至19个师又12个混成旅，达到胜利的顶峰，其以武力统一四川的野心愈加增强。刘湘联络黔军袁祖铭和四川各派军阀组成联军共同反杨，杨森部队在联军攻击下，节节败退。杨森于10月通电刘、袁自动解除兵权，请求保护其离开四川。11月4日杨森到达汉口投靠吴佩孚。

3. 二刘之战

杨森战败之后，四川军阀仍然争战不止。1926年北伐战争开始，并接连取得胜利，四川军阀纷纷易帜，脱离北洋军阀政府，改名国民革命军，但他们并不出川参加北伐，依然一方面阻止外省军队入川，一方面据守四川争当四川王。经过多年争战，到1931年，形成以下几个较大的军阀。

（1）二十一军军长、四川善后督办刘湘驻重庆，据有下川东等地46县和鄂西18县，总兵力105500人。

（2）二十四军军长、四川省主席、川康边防总指挥刘文辉驻成都，据有川、康81县，总兵力113000人。

（3）二十八军军长邓锡侯驻成都，据有川西14县，甘南13县，总兵力42000人。

(4) 二十九军军长田颂尧驻三台,据有川西、川北 26 县,总兵力 53000 人。

(5) 二十军军长杨森驻广安,据有 5 县,总兵力 17000 人。

(6) 四川边防军总司令李家钰,借驻杨森防地营山,有兵力 15000 人。

(7) 二十三师师长罗泽州,借驻刘湘防地武胜,有兵力 7000 人。

(8) 川陕边防总司令刘存厚,据有宣汉等 4 县,总兵力 17000 人。

成都由刘文辉、邓锡侯、田颂尧合驻。

在这些军阀中,刘文辉军队最多,地盘大且富饶,占有自贡和五通桥盐场。刘湘兵力与刘文辉旗鼓相当,控制了四川出口要津,有购买军械弹药之便,又能控制各军的军火转运。所以各军都无力与二刘抗衡。

刘文辉与刘湘是叔侄关系,刘湘虽属侄辈,但约长刘文辉 6 岁,刘文辉初入行武,刘湘已列将位。刘文辉的壮大与刘湘的扶持分不开,刘文辉对刘湘的帮助亦不少。他们在军阀战争求生存求发展的过程中,互相依赖,成为四川压倒群雄的两大军阀势力。刘湘和刘文辉都想统一四川,甚至问鼎中原或雄踞西南,权力和野心摧毁和吞噬了亲情,"一山不容二虎"、"一川(四川)不容二流(二刘)",既是大势所趋,也是时人共识。刘湘和刘文辉争权斗争只能拼个你死我活、兵戎相见。

就二刘的实力而论,他们不相上下,谁也吃不了谁。但就客观形势而言则大大有利于刘湘而不利于刘文辉。一是刘湘得到蒋介石的暗中支持。在蒋削平各派军阀,完成武力统一中国过程中,刘湘一直站在蒋介石一边。刘文辉在蒋介石与唐生智的战争,以及蒋、冯、阎的中原大战中,都站在了反蒋一边。这就决定了二刘之战,蒋必定支持刘湘而限制刘文辉。二是四川军阀内部,杨森、李家钰、罗泽洲早已投靠刘湘,以求保护,欲乘二刘战争争回被刘文辉侵占的防地。邓锡侯、田颂尧与刘文辉三人同属"保定系"(毕业于保定军官学校),是同学关系。1925 年以后三人同驻成都,曾设"三军联合办事处",挟保定系自重。但刘文辉为扩大势力,总挖同盟者的墙脚,欲兼而并之,致使邓、田感到岌岌可危,乃欲联合刘湘对付刘文辉。在大战前刘文辉已陷入了孤立境地,刘湘在军事上和政治上都占有压倒优势。

战争从 1932 年 10 月 1 日开始。战争初期刘文辉部节节败退,但 12 月的荣(县)威(远)战役,刘湘全线失利,战事向有利刘文辉方向发展。这时刘湘一面向刘文辉请和，一面请邓锡侯、田颂尧即速出兵，以免同归于尽，同时加紧对刘文辉部将的分化拉拢。邓、田见二刘已两败俱伤，坐收渔利的时机已到，很快向仁寿、双流、温江、崇庆等地进攻。刘文辉只得与刘湘讲和停战，回师对付邓、田，战争重新向有利刘湘方面转化。1933年5月25日，刘湘、邓锡侯在乐至召开"安川会议"，决定联合进攻刘文辉。从6月起，刘湘、田颂尧、邓锡侯从南、北、西三面向刘文辉部夹击进攻。7月，刘文辉败退出成都，部队土崩瓦解。8月，退守雅安，联军进攻不止，刘文辉率残部又退至汉源。

这时，蒋介石有意保留刘文辉残部以牵制刘湘，电令停火，而四川军阀内部，特别是保定系军阀也并不愿见到刘文辉彻底完蛋而唇亡齿寒，加之刘文辉的大哥、刘氏宗族族长刘升廷去刘湘处以"家族情谊"游说，要刘湘念"叔侄之情"，将雅安、天全、芦山、宝兴、名山、洪雅等县划作刘文辉防地。于是，刘文辉得以再度回驻雅安。

二刘之战，从1932年10月起，历时近一年，战地遍及川西、川北和川南数十县，纵横千余里，动用兵力20万，川内大小军阀几乎全部卷入。仅二刘两军就死伤官兵6万左右，耗资5000万元。它是四川400多次军阀战争中规模最大、时间最长的一次。战争结束，刘湘成为四川的霸主，但军阀统治并未结束。直到1935年后国民政府统一川政，废除防区制，四川的军阀统治才最后终结。

军阀战争给人民带来极大的灾难。战争使社会动荡，到处兵荒马乱，人民生命财产得不到保障，不少人冤死战祸之中。而军阀为了扩大势力，拉伕拉丁，补充兵源，增加赋税，补充财源，使农民流离失所，农村经济受到严重破坏。兵灾匪祸使城乡人民生活在水深火热之中。1924年某师驻长寿，"凡驻有该军地方，周围十里以外，不特男子逃亡，而人烟亦已断绝，满目凄凉"①。连军阀刘成勋也承认"川人迭经兵祸，痛苦已深"。②

二、军阀战争中的川省自治运动

在北洋军阀统治时期，1920年至1923年间，南方不少省份曾兴起联省自治运动，以反对北洋军阀的统治。各省的自治运动最先由湖南督军谭延闿提出，

---

① 《长寿三十万农民对兵祸的呼吁》，成都《国民公报》，1924年6月27日。
② 《刘主任筹备员禹九先生演说》，《四川筹备省宪周刊》第1号，1922年10月7日。

要求"湘人治湘",废除督军,本省制定宪法,民选省长管理本省事务。其后,四川、两广、贵州、浙江、安徽、陕西等省纷纷响应,提出了各省自治的主张。

四川省的自治运动,是1920年12月11日由川军将领刘湘、但懋辛、刘存厚等21人电请四川督军熊克武、川军总司令刘成勋联衔致电全国,宣布四川自治开始的。16日,熊克武复电完全赞成川省自治。30日,熊克武通电解除督军职务,并要"各师旅长官仍旧督率所部,维持地方,保固疆域,尊崇自治,促进统一"。① 但刘存厚素来依靠北洋军阀以求发展,从而诿词否定。1921年1月8日,刘湘、但懋辛联名宣布四川自治,发表宣言,提出"在中华民国合法统一政府成立前,川省完全自治。""对于各省,继续维持亲睦之谊,永不许外省军队侵入本省境内"② 等主张。反对北洋军阀政府统治四川和外省军队入侵四川,是四川军阀提出"川省自治"的主要目的。

1921年2月10日,由国民党人所控制的四川议会宣告"川省自治"的四点内容:"(一)四川省于中华民国合法政府未成立以前,完全独立自治,不加入南北政争,无论何种官吏,亦不受南北政府任命。(二)废除督军及类似督军之制度。(三)实行裁兵。全川至多军费不超过四年之预算。(四)民选省长,以为实现民治之初步。"③ 这是四川国民党系军阀、官僚的政治主张,也反映了民众的利益和要求。因此各界有许多人士赞成四川自治,在重庆成立了自治期成会。在吴玉章的领导和推动下,自治期成会于1921年4月3日,在重庆成立了有100多名县代表参加的自治联合会。吴玉章被选为主席。由吴玉章拟定的《全川自治联合会成立通电》共有12项主张:

"(一)创立联省制度,实行职业的全民政治。(二)主张男女平权,实行直接的普通选举。(三)废除现有军制,实行划一地编练民军。(四)扫除司法弊害,实行切实保障人权。(五)力谋教育普及,实行免费的强迫教育。(六)制定累进税章,实行公平的分配负担。(七)力图发展实业,实行协社的平民银行。(八)组织各种协社,实行经济的互相扶助。(九)减少无业游民,实行相应的强迫劳动。(十)制定保工法律,实行公共的保险救济。(十一)成立劳动

---

① 《四川军阀史料》第3辑,四川人民出版社1985年版,第187页。
② 《四川军阀史料》第3辑,四川人民出版社1985年版,第191页。
③ 《四川军阀史料》第3辑,四川人民出版社1985年版,第193页。

机关,实行工农改良补助。(十二)组织职业团体,实行坚牢的职业组合。"①这12项主张,宣传了民主主义思想,是四川人民反对军阀、争取民主的武器,得到了各阶层民众的拥护,自治呼声弥漫全川。四川军阀刘湘此时与北洋军阀勾结更加紧密,正准备发动战争夺取四川霸权,"自治"成了他争霸之障碍。于是,他抛弃"自治"旗号,镇压自治运动,下令通缉吴玉章,自治运动因之一度消沉。

1922年7月,熊克武的第一军与刘湘的第二军之战,以刘湘失败告终。国民党系军阀在四川取得了军事上、政治上的巨大优势。在熊克武支持下,7月12日,第三军军长刘成勋当上了川军总司令兼管军民两政,并宣布四川自治,筹备制定省宪法。四川自治运动,从此再度活跃起来。

1922年8月9日,四川省议会制定了《四川省宪法会议组织法》及《四川宪政投票法》,并设立省宪法会议筹备处,推刘成勋、向楚(仙樵)、萧德明(静轩)、曾保森(子玉)、但懋辛、邓锡侯、石青阳七人为筹备员。9月9日,四川省宪法会议筹备处正式成立,互推刘成勋为筹备主任。11月2日,四川省议会选举刘成勋为四川省省长。

1923年1月10日,省宪法起草委员会召开了成立大会。起草委员除谢无量未返川外,吴玉章等12人经过一个月的时间,草拟了《四川省宪法草案》、《第一届议员选举法草案》、《第一届省长选举法草案》、《法案编制法草案》四个文件。2月10日,省宪法起草委员会将此四项文件交四川省宪法会议筹备处,并全文发表于《四川筹备省宪周刊》第19、20两号。起草委员会随即于2月21日举行闭会礼,宣布闭会。

《四川省宪法草案》系以资产阶级联邦共和国自治邦(州)宪法为蓝本,参照湖南、广东、江西、湖北、江苏等省的宪法、自治法及其草案,吸收了国内"联省自治"鼓吹者论著的要点和省内的一些人士的意见、建议编写而成。共13章159条。这部宪法反映了资产阶级民主主义思想。按照《四川省宪法会议组织法》之规定,还必须组成省宪法审查委员会,审查宪法草案。按规定:"每县教育会、农会、工会、商会各选代表四人,会同参议会组织选举会,选出审

----

① 《全川自治联合会成立通电》,成都《国民公报》,1921年4月10日。

查员一人。"① 到1923年3月，省宪审查员选举大体就绪。3月10日，四川省宪法审查会在成都铁路公司第一次举行集会。但此时四川军阀混战又起，喧闹了几年的四川自治运动，来不及进行宪法审查和总投票就宣告流产了。

《四川省宪法草案》主张建立联邦式的资产阶级共和国制度。这种主张在清末资产阶级立宪派和革命派仿效美国联邦制度，开展有关地方自治的探讨，解决中央与地方、国宪与省宪的关系时就已提出。四川同盟会所办的《广益丛报》、《四川》，立宪派人办的《渝报》、《蜀学报》、《蜀报》都曾参加过讨论。辛亥革命以后关于地方自治的舆论更加活跃。北洋军阀统治时期的五四新文化运动前后，有关联邦制的理论对工会、农会、商会、学生联合会等社团的影响更深，要求废除督军，民选省长，本省自理本省成为一种有广泛影响的社会思潮。在四川积极参加自治运动者，其中不乏寻求救国救民道路的先进分子。他们对联省自治的研究，无疑是对建立民主政治的有益探索。但是，由军阀们提出的"川人治川"的自治运动，则是假借民主共和之名行军人封建专制之实。军阀们的"自治"主张无论出发点和目的，都与寻求救国救民的先进分子和人民要求截然不同。军阀们的"自治"只不过是利用民意，对抗和打击政敌，巩固和扩大自身军人专政势力，并非要实行真正的民主自治，使人民群众享受民主、自由、平等的权利。因此，当"自治"这个招牌，对他们统治有用时，他们就举起来；对他们的统治不利时，就抛弃它。在军阀统治的时代，地方分权自治是根本无法实现的。

第三节 蒋介石势力入川与川政统一

一、20世纪30年代前后国内和四川局势的变化

20世纪30年代前后，中国和四川的局势发生了剧烈变化。

1. 五四运动后，随着马克思主义的传播，1921年成立了中国共产党。1924年在孙中山主持下，改组了国民党，实现了第一次国共合作。国共合作建立之后，1925年至1926年春，广州国民政府经过2年的斗争，实现了两广的

---

① 《四川省宪法会议组织法》，《四川筹备省宪周刊》第1号，1922年9月30日。

统一。1926年6月5日，国民政府任命蒋介石为国民革命军北伐总司令，7月9日，国民革命军在广州誓师，北伐战争正式开始。

在国共两党的共同努力下，北伐战争取得节节胜利。1926年8月直系军阀吴佩孚败退武昌。1927年1月广州国民政府迁都武汉。3月北伐军进入南京。4月18日，蒋介石在南京成立国民政府。5月南京国民政府下令继续北伐。1928年6月3日，张作霖率部退出北京赴奉天。至此，统治民国历时16年的北洋军阀政府宣告覆灭。国民党领导的南京国民政府成为中国的中央政府。当月15日国民政府发表对外宣言，宣称"统一告成"。

2. 蒋介石北伐的成功，大大地提高了他的军事实力和在国民党中的地位。随后，他先后击败了包括汪精卫在内的各个反蒋派别，确立了他在国民党内的政治统治地位。同时，通过分化瓦解和军事打击，蒋介石于1929年打败了李宗仁、白崇禧桂系军阀。1930年又在中原大战中打败冯玉祥、阎锡山联军。反蒋军事集团被严重削弱。全国各派军阀或纷纷归顺蒋介石，或表面上服从蒋介石的指挥。蒋介石在政治上和军事上的胜利，使他成为国民政府和国民党的独裁者。

3. 自1931年"九一八"事变开始，日本逐步加速了灭亡中国的步伐。1932年建立伪"满洲国"，使东北成为日本的殖民地。1933年日军又侵占了热河，中国的民族危机加深，激起了全国抗日救亡运动高涨。而蒋介石则制定了"攘外必先安内"的反动政策，从1930年至1934年在削平各路军阀的反蒋割据行动的同时，对中国共产党在江西建立的中央苏区，先后进行了五次围剿，迫使红军退出江西，进行长征，到达湘黔，正式向川黔转移。

4. 在四川内部，红一方面军长征即将进入四川。而在此前的1932年由张国焘、徐向前领导的红四方面军在川北通、南、巴建立的川陕革命根据地，对四川的军阀统治造成了致命威胁。早在1933年1月，四川军阀就对川陕革命根据地进行三路围攻，以失败告终。1933年7月，蒋介石又任命刘湘为四川"剿匪"总司令，组织四川军阀对川陕革命根据地进行六路围攻。历时十个多月，到1934年9月底，又被红军彻底粉碎。四川的军阀统治，因围攻红军遭受惨败，出现了严重的危机。

上述时局的变化，一方面迫使四川军阀改变了历来反对外来势力，包括民国政府中央势力入川的主张，改而请求蒋介石有条件地入川协助消灭共产党的武装力量。另一方面蒋介石在击败国民党内部反蒋政治派别和全国反蒋军阀派系、确立了他在中国的独裁统治地位之后，也有能力腾出手来，完成直接统治四川的使命。蒋介石势力入川是当时中国和四川时局发展的必然结果。

二、参谋团入川与川政的统一

因六路围攻红军遭受惨败，以致财竭兵溃，一筹莫展的刘湘，1934年11月，不得不去南京向蒋介石求援。此举正合蒋介石急欲图川之意。蒋介石图川的主要目的：一是继续执行他"攘外必先安内"的政策。他深恐红一方面军由黔入川，同红四方面军会合，造成第二个江西，故必须尽快控制四川，以便追剿和消灭红军。二是借追剿红军之机，乘势统一西南。三是在日本加速侵略中国，民族危机不断加深的情况下，全国人民要求停止内战，一致对外的呼声日益高涨，蒋介石不得不顺应民意，从对日妥协转向对日抗战。他考虑到中日军事力量对比悬殊，确定了长期抗战，把四川作为抗日复兴基地的方针（见后）。因此，在刘湘向蒋介石求援时，双方很快谈妥了合作条件：蒋介石任命刘湘为四川省主席兼四川"剿匪"总司令，统一四川军政，打破防区；四川各军军费和武器弹药由南京国民政府发给；同意刘湘发行巨额公债，以解决财政困难。刘湘则开放四川门户，同意蒋介石派参谋团和中央军入川。

1935年1月12日，参谋团、别动队带着"剿共"图川的任务入驻重庆。参谋团的全称是"国民政府军事委员会委员长行营参谋团"，1934年在南昌开始筹建，1935年1月入驻重庆，当年11月改组为"重庆行营"。

参谋团有一个庞大的组织机构，相继设有主任办公厅，第一、二、三处，政训处，军法处，交通处，运输处，边政委员会，铁肩总队，别动队，川黔三省公路监理处等。这些机构的设置，反映出参谋团入川既有剿共图川的目的，也有把四川和西南建成抗日大后方的意图。

参谋团的队伍庞大，成员多系蒋介石的亲信、智囊和官僚政客，且成员文化水平较高，多是留学生、大学生，中学生极少；能量大，经验多。在人事安排上，主要领导由蒋介石外籍亲信担任，并大量启用川籍亲信担任要职。如参谋团主任贺国光，湖北人，早年就读四川陆军速成学堂，与四川军阀刘湘、杨森、潘文华、王缵绪、唐式遵等是同学。后入北平陆军大学，历任旅长、师长、军长，入川前是蒋介石"南昌行营"参谋长兼第一厅厅长，主管军事。副主任杨吉辉，四川资阳人，陆军大学毕业，与贺国光先后同学，又是刘湘的忠实高级幕僚，曾任刘湘第二十一军参谋长等要职。政训处处长兼别动总队队长康泽，四川安岳人；副处长叶维，四川华阳人，黄埔军校第四期政治科毕业，系"复兴社"骨干分子。边政委员会常委李璜，四川成都人；沈重宇，四川内江人①。这种人事安排，既能忠实地执行蒋介石的命令，又能减少阻力，达到利用川人图川的目的。

参谋团是代表蒋介石发布命令、指挥监督川军的全权机关，职权很大。《入川参谋团组织大纲》规定：（1）参谋团主任主持团务，处理"剿匪"一切事宜，并协助四川"剿匪"总司令刘湘行使职权。蒋介石未在行营时，拟定作战命令，交刘湘执行；（2）政治训练人员，分赴各部队担任政治训练事宜；（3）高级参谋除筹议攸关"剿匪"诸事宜外，还轮流担任督察员，督察各路军作战，并负责情报工作……从这些规定可以看出，参谋团主任贺国光实际上凌驾于"剿总"刘湘之上。军阀刘湘和川军各部都必须服从参谋团的指挥监督，为其控制，大大失去了原来的权力。

图2-1 参谋团主任贺国光

随参谋团入川的，还有由康泽领导的别动队，在总队之下设有3个支队，共约2000多人，分布在成、渝、自贡、宜宾、泸州、万县等地，安置在各级军政机关和部队，以政工、特务等手段，监督、控制各机关和部队。参谋团和别动队的工作，互相交叉，联系配合。参谋团代表蒋介石发号施令，从行政领导的角度指挥川军、省政府和各民众团体，公开进行反共活动；而别动队则将魔爪伸入川军各部、各政府机关及四川各个角落，宣传蒋介石及其

图2-2 康泽，字兆民，安岳县人，黄埔3期毕业，蒋介石亲信。1935年随参谋团入川，任政训处处长兼别动总队长等职

----

① 见行营参谋团办公厅编《国民政府军事委员长行营参谋团职员录》，1935年。

独裁专制思想，保证实现蒋介石的意图，其方式有时公开活动，有时秘密进行。参谋团和别动队虽然分工不同，但都由蒋介石总领导，其目的都是为了入川"督剿"红军，统一四川军政，削弱军阀权力，结束防区制，使四川"中央化"。

参谋团和别动队入川后，凭借蒋介石赋予它的巨大权力、庞大的组织机构、成员的高文化水平和活动能力，忠实地执行蒋介石"剿共"、图川的旨意，取得了很大的成功。

（一）督促指挥川军"围剿"工农红军

1935年1月17日，即参谋团抵达重庆的第五天，就通电四川各路军总、副指挥加紧剿共，令各军加强防范，"倘有疏忽或不努力，被'匪'冲破防线，定按照中央颁定江西'剿匪'条例，军法从事"。① 同日，贵州军阀第二十五军副军长兼川南边防司令侯之坦，因红军神速进入遵义，而放弃防务，携带家眷、行李及鸦片逃至重庆，被参谋团扣押。1月26日，参谋团命令驻川北中央军胡宗南部坚守昭化、广元；川军第一路邓锡侯部抽调10个团兵力于绵阳，第二路田颂尧部集10个团兵力于三台，由邓锡侯驻绵阳指挥；第三路李家钰部向仪陇，第四路杨森部向茶坝场，第五路唐式遵部沿巴河右岸向巴中，各路同时出击，进扰红四方面军后方。川军各路遵令执行。3月2日，蒋介石飞抵重庆，传令各军："本委员长已进驻重庆，凡我驻川各军，概由本委员长统一指挥，如无本委员长命令，不得擅自进退。"② 此后，参谋团即在蒋介石的直接指挥下，调动川军对川陕革命根据地进行全面进攻，红四方面军为策应中央红军北上，于3月28日，发起强渡嘉陵江战役，田颂尧军大败。贺国光与刘湘共议后，急电蒋介石请求查办田颂尧，将田所部交副军长孙震率领。侯之坦在重庆被扣押，田颂尧被解职以后，又严令川军杨森、刘文辉等部固守金沙江、大渡河等防线，堵击中央红军。参谋团虽然指挥督促四川军阀进攻川陕革命根据地得手，但英勇善战的红一方面军和红四方面军分头摆脱了各路军阀的围攻，于1935年6月中旬在川西懋功会师，然后北上。

---

① 见《国闻周报》第12卷第5期《一周国内外大事述要》。
② 胡羽高编：《"共匪"西窜记》第365页，转引自王庭科《红军长征研究》，四川省社会科学院出版社1986年版，第182页。

（二）改组四川省政府，废除防区制

1934年12月国民政府行政院会议决定改组四川省政府，免去刘文辉省主席和郭昌明、张铮、向传义、邓锡侯、田颂尧、杨森、稽祖佑、林辉等人的省政府委员职务，任命刘湘、甘绩镛、刘航琛、杨全宇、郭昌明、邓汉祥、谢培筠为四川省政府委员。刘湘兼四川省政府主席，甘绩镛兼四川省民政厅厅长，刘航琛兼四川省财政厅厅长……①1935年2月9日，国民政府又任命刘湘兼四川全省保安司令。至此，刘湘既是四川省政府主席，又是全省"剿匪"总司令、保安司令，集全省军政大权于一身。蒋介石如此抬举刘湘，意在利用刘湘统一四川。

图2-3 刘湘，字甫澄，大邑县人。辛亥革命后历任营长、团长、旅长、师长等职。1920年参加驱逐滇黔军之役，任第二军军长，次年任川军总司令兼四川省长。北伐易帜，被委为国民革命军第二十一军军长。"二刘"之战，击退刘文辉，成为川中第一枭雄。图为1934年的刘湘

1935年2月10日，刘湘在重庆正式就任四川省政府主席职，当日即以第二十一军军长名义，训令所部防区各县县长，将往昔代管之一切政务，完全交归四川省政府，并声明"以后一切之政治设施统由四川省政府秉承中央之法令切实奉行"，以示带头结束防区制。刘湘带头交出防区，促使军阀邓锡侯、田颂尧、杨森、罗泽洲、李家钰等，也从2月15日至18日先后致电刘湘，表示拥护省政府，交出其防区内的各县政权。刘湘均一一复电嘉许。2月20日，蒋介石也致电省主席刘湘及邓锡侯等军阀："今值该省府改组成立，各军将领已先后宣言打破防区，交还政权……殊堪嘉慰。"②

四川省政府接管原军阀防区各县政权后，为安抚各军和稳定社会秩序，对各军原委各县县长和征收局长一律留用，并在1935年4月至5月对全部县、局长分批进行易地调动。这样使各派军阀和地方政府完全脱离了关系，由此结束

---

① 周开庆编：《民国川事纪要》（上），（台北）四川文献研究社1974年版，第558页。
② 周开庆编：《民国川事纪要》（上），（台北）四川文献研究社1974年版，第570页。

了近20年的军阀防区制，使省政得到了统一。蒋介石为了完全控制重庆，令刘湘于同年7月9日，将四川省政府由重庆迁驻成都，13日正式在新址办公。省主席刘湘也就被参谋团从他的老巢重庆"挤"了出来。

(三) 整编川军，实行军队中央化

川政统一后，蒋介石决定整编川军，统一四川军队，使之中央化。1935年6月5日，蒋介石在成都行辕召开川军将领会议，宣布说：川军只有经过裁减、整编、点验，而且至少要裁一半，才能得到中央承认，照中央军一样发饷。

6月25日，行营参谋团着手整顿川军。第一期整军从6月25日开始，到10月中旬结束。其任务是核实名额，裁汰老弱，约计平均缩减员额三分之一。将原有川军350个团，减为200个团左右。到9月6日，经过点验的川军各部，有编余中级军官1000余人，下级官佐约5000人。对被裁减的军官，选择学识优良者，送到"峨眉山军官训练团"（蒋介石任团长）集中训练，灌输拥蒋反共教育，以备将来任用。同时，将川军营团以上军官和一些编余军官，送入中央军校成都分校受训，使他们毕业后作为蒋介石的"学生"，派到川军部队任带兵官，控制川军。10月20日，川军第一期整编结束。各部队不再使用国民革命军番号，将川军纳入全国陆军系列统一番号，命名为：陆军第二十军，军长杨森；陆军第二十一军，军长唐式遵；陆军二十三军，军长潘文华；陆军第二十四军，军长刘文辉；陆军第四十一军（原二十九军）军长孙震；陆军第四十四军，军长王缵绪；陆军第四十五军（原二十八军），军长邓锡侯；陆军第一○四师（原新编第六师），师长李家钰；四川善后督办公署直辖部队（3个师6个旅）。

这次压缩整编对川军许多部队都有较大裁减，唯独刘湘的部队不但未减少，反而增加。刘湘所部原只有第二十一军，整编后却扩编为第二十一军、第二十三军、第四十四军，共3个军和督办公署的若干直辖部队，这就引起了其他各军的不满。蒋介石对这次整编未达到裁减川军三分之一的目的，也很不满意，决定再次整顿川军，并令参谋团采取措施，分化瓦解川军，以作再次整军的准备。

1935年11月1日，蒋介石把参谋团改建为重庆行营，管辖川、黔、滇、康四省，职权比参谋团更大，对四川的统治也更强。1936年1月31日，国民政府命令第二十军杨森部直接归重庆行营指挥，使这支川军最早实现了中央化。接着，2月25日，国民政府授予刘文辉、杨森、邓锡侯等人为陆军中将，王铭章、许绍宗、郭勋祺等人为陆军少将，剥夺了四川军阀头目对将官军衔的授予权,将这项权力转移到蒋介石国民政府手中。它不但削弱了四川军阀头目们对自己军队的控制力,而且使一部分将领逐渐倾向国民党中央和蒋介石,以便加官晋爵,引起川军各部进一步分化。至此,国民政府中央当局认为再次整编川军时机成熟。

第二次整军会议于1937年7月6日在重庆召开。事前,6月28日,蒋介石电令重庆行营发表川康军事整理委员会人选:派何应钦为军事整理委员会主任委员,顾祝同、刘湘为副主任委员,贺国光、刘文辉、邓锡侯、杨森、孙震、范绍增、唐式遵等19人为委员。整军会议召开第二天,"七·七"卢沟桥事变爆发,全国掀起抗日高潮,不少川军长官也请缨抗战,主持开会的何应钦见群情激愤,中日大战已不可避免,遂将会议于9日匆匆结束。会议通过了各军及独立师旅整编案、军费支配案、人事处理案、川康整军实施步骤与日期案等。

图2-4 1936年2月,蒋介石为使川军"中央化",以国民政府名义授予刘文辉、杨森、邓锡侯等人为陆军中将。图为被称为"川军三雄"的邓锡侯(左)、杨森(中)、刘文辉(右)之合影

议决:川军各部缩减十分之二;团以上军官由国民政府有关部门直接委派;川军的军饷每月由国民政府军政部派员点名发放;整编期限为1个月。这样,川军的用人权、财经权等都统一于中央,完成了川军的中央化,四川军阀从此只作为地方实力派存在。川军各首脑尤其是刘湘对此都表示不满,但不敢公开反对,害怕与蒋介石弄僵关系而难以生存。

8月10日,编制完毕。编制情况见表2-1:

整编后,多数川军在数量上有所减少,但刘湘的部队仍没有多大损伤。刘部原有十多万人,改编后仍保留11个甲种师、7个独立旅,共60团。另编1个独立团交重庆警备部指挥,多余部队再编入各专区保安团,共18个团,这样就有70多个团了[①]。

---

① 见匡珊吉、杨光彦主编:《四川军阀史》,四川人民出版社1991年版,第468~469页。

表2-1 第二次川康整军后川军编制表

川康绥靖公署直辖部队3个军2个独立师7个独立旅所辖	二十一军（3个师）军长唐式遵，副军长范绍增	一四五师师长饶国华，一六四师师长范绍增，一六二师师长彭诚孚
	二十三军（3个师）军长潘文华	一四七师师长杨国桢，一四八师师长陈万仞，一四六师师长张邦本
	四四军（3个师）军长王缵绪	一四九师师长郭昌明，一五〇师师长廖震，一六三师师长陈兰亭
	2个独立师	一六一师师长许绍宗，一四四师师长郭勋祺
	7个独立旅	十一旅旅长邓国璋，十二旅旅长范南轩，十三旅旅长田钟毅，十四旅旅长周绍轩，十五旅旅长杨亮基，十六旅旅长刘树成，十七旅旅长刘若弼
二十四军（2个师1个独立团）军长刘文辉，副军长陈光藻	一三七师师长刘元瑭。辖2旅	
	一三八师师长唐英。辖2旅	
	独立团团长刘元琮	
四十一军（3个师1个独立团）军长孙震，副军长董宋珩	一二二师师长王铭章。辖2旅	
	一二三师师长曾宪栋。辖2旅	
	一二四师师长孙震（兼）。辖2旅	
	独立团团长余大经	
四十五军（3个师2个独立旅）军长邓锡侯，副军长马毓智	一二五师师长陈鼎勋。辖2旅	
	一二六师师长刁世杰。辖2旅	
	一二七师师长陈离。辖2旅	
	独立一旅旅长谢无圻	
	独立二旅旅长杨晒轩	
四十七军（2个师）军长李家钰	一〇四师师长李家钰（兼）	
	一七八师师长李青廷	

（四）统一四川财政、货币，稳定金融

在防区制时期，各防区为筹措军政费用，搜刮民脂民膏，巧立名目，擅收赋税，自办银行，滥发货币，消耗无度，财源枯竭。这种财政不统一、金融十分紊乱的状况，使社会生产难以为继，人民生活困苦不堪。蒋介石也深深懂得，要彻底打破四川的防区制，统一四川，使之中央化，就必须控制和统一四川财政，稳定四川金融。

统一四川财政货币,稳定金融主要采取了以下措施:

1. 为解决四川财政特殊困难,蒋介石批准四川发行公债和金融库券。这是1934年11月,刘湘赴南京乞援时,蒋介石允诺的。因此,1935年6月30日,国民政府公布《民国二十四年四川善后公债条例》11条,准许四川发行公债7000万元(国币),规定用于"督导四川'剿匪',办理善后建设事业及整理债务"。7月12日,国民政府立法院又通过"中央发行民国二十四年整理四川金融库券3000万元案",库券条例11条,规定此款用于整理四川金融①。

2. 严格执行统一的财政规章制度。蒋介石把他曾在鄂、豫、皖三省剿共时制定的《整理县地方财政章程》及有关办法,移植于四川,于1935年7月14日,明令颁布《剿匪区内整理县地方财政章程》及各关系法规合订本,饬四川省政府通令各县,恪切办理。该章程的要旨是:(1)统一各项公款机关:凡全县之教育、国防、自治、慈善各款,及其他一切具有之公款公产收支事宜,统归县政府设立之财务委员会办理,实行统收统支,一洗以往机关歧出,自收自支,散漫无稽之弊。(2)厉行预决算制度。(3)划分支付与经管之权责:县长综收付之柄,而一切现款之出纳悉由县财委会经管;而县预算之是否适当,是否核实,其审核之责,又属于县财委会;同时县财委会经管之现款,县长仍得加以监督,随时检查。蒋介石认为,用这些规章制度治理四川各县地方财政之紊乱,实为最佳对症药②。

3. 成立四川省财政整理和监理机构,统筹整理财政,改革税制,统一田赋,并监督施行。1935年7月13日,成立四川省政府财政整理委员会,由行营和省政府的财政负责人、企业家、银行家和社会名流学者组成,刘湘任委员长。

7月21日,省财政整理委员会开会,通过了对各县市财政之整理及监督计划。主要有两项:一是"确定县市收支预算",要求自1935年度起,由省政府视各县市财力及事业之需要,规定收支原则,饬令各县市造具预算,呈报核准,由征收局统收分拨,以期减少烦苛,款不虚糜。二是"统一整理各县财政收支"。要求根据有关章程规定,在各县设置财政委员会及县金库,分别办理各县

---

① 周开庆编:《民国川事纪要》(上),(台北)四川文献研究社1974年版,第592页、593页。
② 周开庆编:《民国川事纪要》(上),(台北)四川文献研究社1974年版,第593~594页。

第二章 从军阀割据到川政统一

财政之审核及收入支出保管事项,决与经收机关立于相互监督之地位①。这样,使以前财政紊乱不清之弊,逐渐消除,有力促进了财政的统一。

为了监督整理四川财政,蒋介石还于1935年7月15日电令成立"军事委员会委员长行营驻川财政监理处",委财政部四川财政特派员关吉玉兼任处长,四川省财政厅厅长刘航琛兼任副处长。四川一切重大财政措施和年度预算必须经行营财政监理处审核同意。同日,蒋介石又电令中央银行重庆分行经理奚某,称:"四川所有国省两税收入,自7月16日起,应悉数解存该分行,以备支拨。"②

整理财政的有关通令、规定、办法贯彻执行后,1935年底四川财政的统一已初见成效。在田赋方面,过去,一年有预征七八次,甚至十多次的,自1935年3月1日起,已改为每年只征收一次,在军事未经整理就绪前,暂照一年田赋数目,附征三倍临时军费,此外不得再有预征借征之事③。财政统一后,也减轻了人民的负担。

4. 在重庆、成都建立中央银行分行,万县建立办事处发行国币,收销地钞,统一货币。过去各防区自行制造钱币,在全省或各自防区内通行,造成四川货币复杂,金融紊乱。据1935年四川省财政厅调查,四川共发行地方钞票3300余万元,银铜杂币7000万元,货币种类共34种④。为了统一货币,稳定金融,1935年9月10日,蒋介石以行营名义发布《收销四川地钞及收兑四川杂币办法》,规定有六条,要点是:自9月15日起,所有四川境内一切公私交易,均以代表国币之中央本钞为本位,地钞停止使用;凡持有地钞之军民人等,准以地钞10元,调换中央本钞8元,无论票额大小,均照此推算。自9月20日起,随时向中央银行重庆分行、成都分行、万县办事处,及中央银行所委托之其他银行、钱庄,分别就地调换,限11月20日调换完毕,逾期不换者作废。

四川市面上所有之银币,其成色重量与银本位币条例相合者,得以1元兑换中央钞1元。其余杂币概照财政部所颁收兑杂色银料简则,各依其所含纯银实数,换给中央本票。9月17日,蒋介石还批准中央银行重庆分行和成都分

---

① 周开庆编:《民国川事纪要》(上),(台北)四川文献研究社1974年版,第593、596页。
② 周开庆编:《民国川事纪要》(上),(台北)四川文献研究社1974年版,第595页。
③ 周开庆编:《民国川事纪要》(上),(台北)四川文献研究社1974年版,第592页。
④ 吕平登:《四川农村经济》,商务印书馆1936年版,第25、43页。

行，发行印有四川地名的 1 元券及 2 角和 1 角的辅币券新钞票。此钞与印有上海地名本钞同样行使，可以随时兑换申钞，以便军民，而利市面①。

蒋介石八折收回地钞的命令一出，持地钞者要求政府十足收回，群众哗然，市场立陷混乱。在蒋介石和四川省政府的强硬压制下，不久，收销地钞风潮即告平息，法币很快在四川通行。四川的货币统一了，金融也渐趋稳定。

综上所述，自蒋介石势力入川，四川省政府改组后，经过中央和省政府的多方努力，采取有效措施，统一了全省的行政、军政和财政，四川也由南京国民政府在实际上统一起来了，从而彻底结束了祸害四川近 20 年的军阀防区割据制度，有利于四川社会经济的发展；而且统一后的四川，为后来抗日复兴基地的建立奠定了基础。

三、川政统一后四川社会秩序的好转

防区制时期，四川战乱不休，兵连祸接，社会动荡不安，老百姓整天在兵荒马乱中生活，痛苦不堪，天府之国竟沦为人间地狱。为了改变这种状况，川政统一后，改组后的四川省政府，采取了一系列措施，稳定和改善四川的社会秩序。

(一) 禁止鸦片烟

1840 年鸦片战争后，清政府虽也曾多次严厉禁烟，但是清末和民国时期四川仍是全国盛产鸦片烟和受烟毒之害最深的省份之一，又是云、贵两省鸦片烟土外销的转口要道。鸦片烟的丰厚税收，曾是四川各级政府和军阀的重要财源。军阀防区制时期，军阀把鸦片烟税作为特税征收，对鸦片烟的种、运、销非但不予禁止，反而参与经营，因此烟毒更泛滥成灾。1935 年春，国民党中央制订 6 年禁烟计划，规定自 1935 年起，至 1940 年止，6 年之中把烟禁绝。1935 年 2 月，四川省政府成立时，全省所有禁烟事务全由民政厅第二科兼办，县市政府由第一科兼办，四川省善后督办公署禁烟处负责征收烟税。1935 年 7 月 18 日，蒋介石面谕刘湘，严禁川省各军造运吗啡毒品，如有违故，一经查出，不问官佐阶级大小，一律枪决。刘湘遵谕分令各军照行②。1935 年 9 月 1 日，四川省

---

① 周开庆编：《民国川事纪要》(上)，(台北) 四川文献研究社 1974 年版，第 600~601 页。
② 周开庆编：《民国川事纪要》(上)，(台北) 四川文献研究社 1974 年版，第 595 页。

又成立禁烟委员会，由省民政厅长兼任主任委员，负责办理发给烟民执照、征收照费等。

1936年7月四川省禁烟总局正式成立，负责办理全省禁烟事宜。划全省为12区，每区各设区禁烟局，各县设分局，区局长由总局委派，县分局长由县长兼任。1937年又成立四川省戒烟经费保管委员会（1938年7月改组为四川省禁烟及戒烟经费收支委员会）。1938年省禁烟总局及各分局撤销，由禁烟督察处成立川康分处，并在全川产烟地及要冲之处成立禁烟事务所31所，办理禁售禁运事宜。禁烟督察处还在川设缉私专员办公处5处，负责缉私之责。省政府民政厅则增设禁烟科，专办全省禁种禁吸事宜，各县（市）政府分期成立禁烟室（1939年改为禁烟科），办理县（市）禁烟事务。1939年12月，四川禁烟督办公署在禁烟警察处川康分处及所属机关撤销后，将民政厅禁烟科并入督办公署，鸦片烟的种、运、吸、售及肃清存土均由禁烟督办公署统一办理。1940年四川奉令提前禁绝鸦片烟，遂划全川为东南西北4区，每区成立禁烟协办署，就近督促各县办理禁政，又在雷、马、屏、峨和松、理、懋、茂、靖两边区增设禁烟监察处，委托川康期成会办理。同年3月禁烟期满，凡呈报烟民戒绝之县，禁烟科、禁烟委员会及戒烟院均裁撤，戒烟院改为卫生院，戒烟院科未完事宜由县（市）政府民政科办理，烟民调验及补戒事项由卫生院兼办。

四川省6年禁种计划把全省148县分为禁种县份和暂种县份两类。第一年限令138县不准种烟，为禁种县份。指令长寿、宣汉、邻水、大竹、丰都、涪陵、垫江、开江、开县、梁山（今梁平）10县种烟，为暂种县份。此后每过一年减少2县，到第2年只准8县种烟，第3年只准6县种烟，依次到第6年完全禁种。1937年四川省政府又修改6年禁烟计划，改为4年禁绝，即从1935年秋季起到1939年春季禁绝，全省再不准种烟了。

当时查禁种烟的办法有：下种前查，下种时查，烟苗出土时查，边远县份还曾使用过武装查禁。

四川省政府的禁烟措施取得了一些成绩，如鸦片烟的产量，据官方报告已逐年下降：1935年产烟38万担，1936年产烟36万担，1937年产烟26万担，1938年产烟22万担，1939年无产烟数字。另外，6年禁绝计划期满时，全省已没有公开种烟县份。省政府取消了征收烟税机构，把禁烟事务交给基层行政机关办理。全省烟民最后登记的有37万人。

尽管如此，川西北的松潘、茂县、理番（今理县）、汶川、懋功（今小金县）、靖边（今理县）等县直到1949年都未禁绝过鸦片。当地禁烟官员虽曾装腔作势地查禁过，甚至动用武力铲烟，但多遭到地方恶势力纠集种烟户反对、武力抗铲，结果禁烟官员的禁令不行，损兵折将，也就不了了之；甚至，有的官员收受贿赂，闭口不谈禁烟，致使烟匪遍地，烟毒仍泛滥成灾。另外，四川全省产烟量虽有减少，但云南、贵州、西康

图2—5 军阀统治时期，四川烟毒泛滥，鸦片种植普遍，吸食者众多。川政统一后，虽严禁鸦片种、吸、运、销，但烟祸仍无法根除。图为种植鸦片的田地

的烟土却大量运入四川，吸食者仍然很多。不少军阀、达官贵人、绅商始终吸食鸦片烟，有的高官还特许吸烟，百姓中偷种鸦片者也无人过问。国民政府基层行政机关亦有掩护运、售、吸鸦片烟者。军政要员私运、私售鸦片烟之事，也时有发生①。但这毕竟与四川省禁烟前，全省范围内烟毒烟匪严重泛滥的情况有所不同。改组后的四川省政府开展的禁烟工作，对于减少烟毒烟匪为害人民、改善四川社会治安秩序是起了积极作用的。

（二）收缴民团枪支，取缔哥老会

防区制时期，各县都有民团组织，不少民团被地主豪绅掌握而成为地主武装。四川各地过去从民团中产生了不少大、小团阀，多属土豪劣绅之辈。团阀作恶有时甚于兵、匪，故有民谚云"兵如梳，匪如篦，民团犹如刀子剃"，充分反映了人民对民团的愤恨。省政府下令收缴民团的枪支，改为保安部队，选优汰劣，加强领导，组织军训，是对地方武装的改造，大大有利于社会治安秩序的好转。

四川的哥老会，是一个人员庞杂的帮会组织。它被革命人士掌握时，能起革命作用，被坏人和土匪头子掌握时则会起破坏作用。在防区制时期，哥老会和一些军阀、团阀勾结起来，干尽坏事，无恶不作。一些地方军政官吏不仅不

---

① 参见《四川省志·政务志》，方志出版社2000年版，第83～85页。

第二章 从军阀割据到川政统一

取缔它，反而与之朋比为奸，有的竟还参加哥老会组织，以便于向人民进行敲诈勒索，而土匪也多混迹于哥老会中，为害民众。所以四川省政府在收缴团枪之后，为了维持社会治安，又于1935年10月发文下令取缔哥老会。《省政府惩治哥老会缔盟结社暂行条例》规定，自公布之日起，各县县政府应立即将各地哥老会一律解散，其中首领还需出具结据，缴销名册，有底金的，应提作各县救济事业基金；不遵令解散或再缔盟结社者，处以一年以下有期徒刑或300元以下罚金；暴力抗拒解散的，按刑法各条治罪。还命各地设密告箱，以便人民检举揭发。于是哥老会销声匿迹，社会安宁了许多，一切政令都较前能够贯彻施行①。

此外，省政府还先后举办了四川省政府县政人员训练所、四川省政府账务人员训练所、四川省政府保甲干部人员训练班、四川省政府社会军事人员训练班、四川省政府统计人员训练班、四川省政府农村合作指导人员训练所、四川省政府区员训练班，提高这些人员的素质，整顿吏治。在这7种训练所（班）中，刘湘最重视的是县政人员训练所。本来省政府刚成立时，蒋介石就有意要行营办县政人员训练所。刘湘深知办所的重要性，就向蒋争得由省政府主办，刘湘任训练所主任，省政府秘书长邓汉祥主持其事。县政人员训练所每3月为一期，共办3期，受训人员共1017人，许多人受训结业后即被委任为县长、县政府秘书、科长及区长等职。刘湘此举主要旨意不尽在于培植县政干部人才，而更在于通过这些他培养出来的、忠于他的"学生"，牢固地掌握各级地方政权，以防止蒋介石所派人员渗透到地方，挖他的墙脚②。

省政府还成立了四川公路局，策划修建全川公路。时逢蒋介石1935年入川考察，为了追剿红军和建设四川为抗日复兴基地，蒋介石指令刘湘加紧修筑川陕、川黔、川湘、川康公路，于是省政府动员组织全川人力、物力和财力加紧修路。到1937年抗战爆发时，前3条公路基本上都已修成通车，不久，川康公路也修通了，极大地改善了四川的交通运输，支援了抗战。

总之，川政统一后，与防区制时期相比，四川出现了一些积极进步的变化。

---

① 后来蒋介石欲收袍哥为己用，大力发展各地哥老帮会组织，哥老会又遍布全川。
② 参见乔诚、杨绥云：《刘湘》，华夏出版社1987年版，第175~176页。

四、刘湘政治立场的转变

刘湘是四川军阀中支持蒋介石、镇压四川革命运动的急先锋。他在蒋介石支持下，完成了川政统一，当了四川的霸主，却与蒋介石产生了控制与反控制的矛盾。从1931年"九一八"事变到1935年华北事变，中国面临亡国灭种之祸。在四川人民和川军将领积极主张抗日的浪潮和共产党不计前嫌、争取刘湘抗日的情况下，刘湘从支持蒋介石的立场转变为联共、抗日、防蒋的立场。

1935年，中国共产党确立了抗日民族统一战线方针，加紧对刘湘的统一战线工作。1936年，党中央就通过冯玉祥先后派高兴亚、郭春亚、郭春涛、汪导余、李荫枫、郭秉毅等人，到刘湘部任军事教官或高级顾问，转达冯玉祥的意见：必须抗日，只有高举抗日的旗帜才能团结一切反蒋力量；现在四川的心脏已被蒋的势力（参谋团、别动队）插进了，敌人应该是"蒋"，而不是"共"，而共产党的主要目标是"蒋"，不是你刘湘，应与共产党交朋友①。1937年，中共中央派李一氓与张曙时两次来川会见刘湘，转交毛泽东给刘湘的亲笔信。接着，罗世文作为中共中央代表来川与刘湘联系②。这些工作对刘湘起了很大的作用，设立了与延安直接联系的秘密电台。1937年，刘湘派出川康绥靖公署顾问王干青两次去延安，与中共建立了较为密切的联系③。1936年刘湘还通过冯雪峰、王昆仑等人秘密资助中共6万元巨款④，至此，刘湘从反共走向了联共抗日的道路。

刘湘走向抗日道路的第一件事是反对日本在成都设领事馆。成都不是通商口岸，依约是不许外国人设领事馆的。但在1901年后，英、法、德、日等国都违反国际法，非法在成都设领。1931年"九一八"事变后，日本领事馆受到成都市民多次冲击，于10月被迫闭馆溜走。1936年6月，日方单方决定恢复驻成都日本领事馆，委任岩井英一为领事。8月23日，岩井英一派四个日本人以商人、记者身份，秘密潜入成都试探，进驻大川饭店。刘湘立即发动群众和策动中央系中央军校学生、三青团干部训练班学员，成都大、中学校学生举行游

---

① 见高兴亚：《冯玉祥与刘湘的秘密往来》，《文史资料选辑》第44辑。
② 见李洪、胡卡里：《抗战前后党对刘湘的统战工作》，《四川党史资料研究》1985年第10期。
③ 见邓汉祥：《刘湘与蒋介石的勾心斗角》，《文史资料选辑》第5辑。
④ 见田一平：《以刘湘为中心的反蒋秘密组织"武德励进会"》，《四川文史资料选辑》第33辑。

行，反对日本帝国主义在成都设领事馆。8月24日，示威群众冲进大川饭店，暴打四名日本人，其中两人受伤后被警察救出送医院抢救，两人逃至街上被群众打死。这就是惊动中外的"大川饭店"事件。事后，刘湘将华阳县狱内早已判处死刑的烟毒犯作为"肇事首犯"公开枪决，并将中央军校和三青团干部训练班学员冲击大川饭店的照片呈报国民政府。日方和蒋介石都无可奈何。在中国政府付给死者及伤者费后，此事草草了结。

1937年7月，何应钦在重庆召开第二次川康整军会议期间，卢沟桥事变爆发，川军将领纷纷请缨，愿率所部出川抗日，会议

图2-6　1936年8月24日，成都民众为抗议日本在蓉设立领事馆而引发"大川饭店"事件。图为成都市民在骡马市街大川饭店大门张贴的抗议书

被迫草草收场。10日，刘湘返回成都，致电蒋介石，吁请一致抗日。14日，刘湘通电全国各省军政首长，主张全国总动员，上下同心同德，在全国统一部署下，共赴国难。25日，刘湘召集川军各军长筹商整军抗日。他命令各军、师长，于3日内驰赴原防，整军待命出川抗日。

刘湘防蒋，主要是对抗蒋介石"攘外必先安内"的政策，主张"攘外才能安内"，团结一致，共同抗日；也是防止蒋介石蚕食四川地方实力派势力。为此，他组织"武德励进会"稳固部属，免遭老蒋"挖墙脚"，同时建立特务队，专门刺探参谋团和别动队的情报，对抗蒋介石分化川军。1936年，刘湘还与桂系李宗仁签订协议，共同对付蒋介石。

刘湘政治立场的转变，对于川军出川抗战和推动全国抗日战争起了重要作用。

第三章　抗战前中共在川革命活动

随着马克思主义的传播和中国共产党的成立，四川具有共产主义思想的先进分子，亦在四川建立了共产党和社会主义青年团。大革命时期，中共四川党组织遵照中共中央的指示，积极地参加第一次国共合作，推动四川革命事业的发展。第一次国共合作破裂后，中共四川党组织发动了多次武装起义，反对四川军阀和国民党的反动统治。川陕革命根据地的建立，更是大大地推动了四川革命事业的发展。在红军长征过四川的途中，中共四川党组织动员组织四川人民对支援红军长征作出了重要贡献，使中共中央和工农红军胜利到达陕北，完成了史无前例的战略转移。

第一节　中共四川党组织的建立及早期革命活动

一、马克思主义在四川的传播和中共四川党组织的建立

辛亥革命后，专制力量被削弱，思想文化的发展有了一个相对自由、宽松的环境。在这样的环境里，西方的各种思想文化涌进中国，一度出现了自春秋战国以来，从未有过的思想文化上的"百家争鸣"的局面，催发了在中国近代化进程中，具有深远历史意义的新文化运动。1915年9月，陈独秀在上海创办《青年》杂志（1916年9月改称《新青年》），标志着新文化运动的开始。

第三章 抗战前中共在川革命活动

1919年爆发的五四运动，是新文化运动的一个高峰。

五四运动以后，伴随着马克思主义日益广泛的传播，新文化运动阵营发生严重的分裂。以陈独秀、李大钊为代表的一部分激进的民主主义知识分子走上了马克思主义道路，他们在共产国际的帮助下，于1921年建立了中国共产党。

图3-1 五四运动爆发的消息传到四川，成都、重庆等地学生纷纷走上街头，声援北京学生的爱国行动。图为重庆学生声援"五四"游行

随着马克思主义在四川的广泛传播和工人运动的发展，一些具有共产主义思想的先进知识分子和共产党员，如王右木、杨闇公、恽代英、萧楚女等，从1920年起，物色运动中涌现的积极分子，先后在成都、泸州、重庆、万县等地筹建了社会主义青年团。

图3-2 王右木，江油县人。四川马克思主义先驱，中共四川党、团组织的主要创始人

1922年10月，成都、重庆分别成立了团的地方执行委员会。1923年8月，王右木被选为团成都地委书记。同月，王去上海向中共中央汇报工作，旋即经中共中央批准直接加入中国共产党，并接受了党中央关于在四川建立党组织和开展国共合作的指示。10月，王右木回成都，即从团员中选拔童庸生等几个优秀分子吸收入党，秘密组织了四川最早的共产党组织——中共成都独立小组，由王右木任书记，直属党中央领导。接着，恽代英、杨闇公、萧楚女等共产党员在泸州、重庆等地从社会主义青年团员中发展优秀分子加入共产党组织。

1925年前后，四川各地的共产党组织得到迅速发展。綦江建立了四川第一个中共县委，彭县、泸

第三章　抗战前中共在川革命活动

州、万县、达县、荣县、营山、忠县、邻水、江油、温江、青神、绵竹、华阳、新都等地，都有党团员在活动，有的县建有共产党的基层组织。这时，建立共产党四川地方组织的条件已经成熟。

1926年2月，杨闇公（既是共产党员又是国民党员）在广州参加了国民党第二次全国代表大会后，转赴上海，向中共中央汇报四川共产党组织的发展工作。中共中央批准四川正式建立党的重庆地方执行委员会，以杨闇公为书记。杨闇公于2月24日回重庆后即正式宣布建立中共重庆地委，杨闇公任书记，冉钧任组织委员，吴玉章任宣传委员（后因吴玉章留国民党中央工作，改由钟梦侠接任）。此后，省内各地的党组织均由重庆地委领导。中共重庆地委建立时，全省只有19名党员，到10月，党员总数已增至168人，是全国发展最快的地区之一。① 1926年12月5日的《中央局报告》中指出："重庆地委——四川现在泸州、綦江、顺庆、成都均有我们党的组织，而皆属于重庆地委。"② 中共重庆地委实际上是中共四川省委。

图3-3　杨闇公，谱名尚述，四川潼南县（今属重庆市）人。1924年与吴玉章等在成都组织中国青年共产党（始称C·Y，后称Y·C，最后定名为中国Y·C团），同年加入中国共产党。1926年2月，中共重庆地方执行委员会成立，杨闇公任书记

二、国共合作领导的革命运动

（一）第一次国共合作在四川的形成

1923年8月，直属中共中央领导的中共成都独立小组书记王右木，按照中共中央关于在四川实行国共合作的指示，自己带头并动员共产党员、社青团员加入国民党，同年11月，他担任了国民党四川总支部的宣传科副科长。这是四川国共两党在组织上合作之始。1924年1月，在共产国际和中国共产党的帮助下，孙中山在广州召开中国国民党第一次代表大会，确定了"联俄、联共、扶

---

① 陈石平、石英：《中共重庆地委与泸州顺庆起义》，载《重庆文史资料》第25辑。
② 《中共中央政治报告选辑》（1922~1926），中共中央党校出版社1981年版，第126页。

助农工"三大政策，承认共产党员和社会主义青年团员以个人身份加入国民党。

1925年8月，吴玉章由广州国民党中央党部任命为四川党务筹备员，派回重庆整顿国民党组织，更进一步得到了重庆共产党组织和社青团组织的合作与支持。这时共产党人杨闇公、冉钧、张锡畴等都已加入国民党。吴玉章便委派已加入国民党的一些共产党员和社青团员到各地去帮助国民党发展党员，建立县党部。1926年2月，中共重庆地委

图3-4 重庆莲花池国民党左派省党部旧址

正式成立后，又陆续派出冉钧、刘成辉、程秉渊等共产党员到国民党莲花池省党部兼任各部干事，帮助开展工作。这时全川已有20个县建立了国民党县党部。中共重庆地委又通过国民党莲花池省党部陆续派出20多名共产党员和社青团员（都已入国民党）到尚无国民党组织的地方去筹建县市党部，指导党务工作。到1926年11月，四川国民党已建有108个区党部，882个区分部，党员发展到2万多人[①]。这是四川国共两党在组织上加强合作的结果。

1926年11月25日至12月4日，国民党四川省第一次代表大会在重庆隆重召开。这次大会是四川的共产党和国民党（左派）合作筹备召开的。参加会议的各市县代表和特别代表共80人，其中共产党员和共青团员占56％，国民党左派占30％[②]。在四川的主要共产党人杨闇公、朱玉阶（朱德）、刘伯承（明昭）、陈仲宏（陈毅）、冉钧等，都以国民党员身份参加了大会。大会的主旨是高举孙中山"联俄、联共、扶助农工"的旗帜，进一步发动和组织群众进行国

---

① 参见罗人庆：《大革命洪流中的重庆》，中共重庆市委党史工委编《大革命时期的重庆》，1984年印。

② 邓寿明：《国民党四川省第一次代表大会参加人员政治情况调查》，《四川现代革命史研究资料》，1981年第11期。

民革命，支援北伐战争，反击右派的进攻，促进大革命的胜利。大会听取了李筱亭、邓劼刚的党务报告，杨闇公的政治报告和工运、农运报告，刘伯承的军事报告，明确了以后的工作任务和奋斗方向。最后，大会选举了杨闇公、刘伯承、朱玉阶、邓劼刚、李筱亭、熊子俊、刘公潜、吴基时（前4位是共产党员，后4位是国民党左派）8人为新执委，正式成立了国民党四川省党部。这标志着第一次国共合作在四川已正式形成。

图3—5 国民党四川省第一次代表大会会刊

（二）国共合作领导的四川大革命运动

1. 反帝反封建的群众运动不断高涨

在国共第一次合作的推动下，大革命运动迅猛发展，反帝反封建的群众运动不断高涨。

四川早期的共产党和社会主义青年团组织建立后，就积极投入反帝反封建的运动，领导群众开展了反对军阀制造低劣钱币和日轮"德阳丸"偷运劣币的斗争，以及声援上海"五卅"惨案的群众运动。

自1926年春，中共重庆地委正式成立后，设立了工农运动委员会，并通过国共合作的形式，在全省广泛发动组建工会和农会，进一步掀起了工农运动的高潮。1926年8月20日，重庆各工会和其他各界团体共300多个，成立了"国民革命军北伐四川国民后援会"，号召全川民众"团结起来"，"誓作北伐军的后盾"。到1926年冬，在中共重庆地委和国民党莲花池省党部指导下活动的工人已达3万～4万人[①]。从1925年秋天开始的农民运动，也逐渐发展起来。到1926年6月，全省已有16个区农会，63个乡农会，6685名会员[②]。到1927年6月，全省有6个县农会，59个区农会，334个乡农会，会员33200人，乡农会数和会员数都比一年前增加约5倍[③]。农会组织广大农民群众，开展打倒军阀、列强，打倒土豪劣绅，反对苛捐杂税，支援北伐的斗争，影响很大。

---

① 杨闇公：《工人运动报告》，中共重庆市委党史工委编《大革命时期的重庆》，1984年印。
② 杨闇公：《农民运动报告》，中共重庆市委党史工委编《大革命时期的重庆》，1984年印。
③ 参见《第一次国内革命战争时期的农民运动》，人民出版社1953年版，第19页。

1926年8月29日英国太古公司轮船"万流"号在云阳江面故意浪沉杨森军队的3艘木船,淹死官兵56人,损失枪支56支,子弹5000余发,盐款8.5万元银圆。杨森遂派兵将"万流"号扣留,以便办理交涉。但英国军舰上的英军又赶来将扣留"万流"号的杨森部士兵缴械打伤。这时正在万县杨森部做统战工作的共产党人朱德、陈毅,主张杨森要以民族尊严为重,不失国格。杨森遂派兵将停在万县港的太古公司轮船"万县"号和"万通"号扣留,并致电英国驻重庆领事馆交涉。英领事卢思德赶到万县,要求杨森无条件先放船,遭拒绝后,他通知英国政府从宜昌、重庆调来两艘军舰和早已停泊在万县港的英舰"苛克捷夫"号会合,准备轰击万县城。这时杨森也顺从军民之请,为正当防卫计,对英军作了相当警戒。9月5日,英国军舰炮轰万县城,并轰击扣押英轮"万通"号和"万县"号的中国军人。炮击时间长达2小时以上,3艘英舰共发炮300余发,还发射了国际禁用的硫黄弹100余发。早已做好戒备的万县驻军,立即自卫还击,炮击英舰;由于英舰的炮弹击中了法国教堂真原堂,停泊于万县港的法国军舰也开炮还击英舰,帮助中国军队赶走了英舰。这次英舰炮击万县,使我国军民生命财产损失巨大,计军民死亡604人,伤398人,财产损失达2000多万元,酿成"九五"惨案。

"九五"惨案发生后,9月6日,朱德即委托陈毅赴重庆向中共重庆地委和国民党莲花池省党部汇报情况并请求支持。9月8日中共发起在重庆成立了"万县惨案四川国民雪耻会",发动抗英斗争。在中共重庆地委和中共中央的号召下,四川和全国各地群众纷纷集会,成立"九五"惨案"后援会"、"雪耻会",掀起了反对帝国主义的怒潮。

2. 川军纷纷易帜,支持国民革命

大革命运动开始前后,川军的主要部队有刘湘、

图3-6 1926年9月5日,英国军舰炮击万县,制造了震惊中外的"九五"惨案。图为被英舰炮弹击毁的万县真原堂

刘文辉、杨森、邓锡侯、刘成勋、赖心辉、田颂尧、刘存厚等部，共8支，共约20万人枪①。自1924年支持孙中山的川军熊克武部败退出川后，上述川军各部都倒向直系军阀控制的北京政府，挂五色旗。为了推动大革命运动，策动川军脱离北洋政府，倒戈易帜，转向北伐军，为北伐胜利创造条件，中共中央和中共重庆地委都先后派党员朱德、吴玉章、陈毅、杨闇公、童庸生、何绍先等，到川军各部做兵运工作，争取他们参加国民革命。

共产党对川军的工作很快取得成效。如军阀刘湘已派代表到国民党莲花池省党部"输诚"，表示愿意合作，并取消了对共产党人吴玉章、杨闇公、童庸生的通缉令；刘文辉撤销了封闭"叙府学联"和"后援会"的命令，还请吴玉章去当成都大学校长；黄慕颜、何光烈、秦汉三、杜伯乾等师旅长，还请共产党派吴玉章、童庸生等去部队做政治训练工作；杨森也表示欢迎朱德任该军党代表，支持国民革命。到1926年7月，北伐战争开始前后，川军各部已开始背离北京政府而转向广东革命政府了。

1926年9月，北伐军攻占汉口，四川人民受到鼓舞，打倒列强和军阀的群众怒潮高涨。四川军阀惊恐不安，感到再不投身"革命"就混不下去了，于是竞相派代表去汉口向北伐军"输诚"，请求给予国民革命军名义。广东国民政府为了牵制吴佩孚在湖北的部队，防止川军附北威胁到北伐军的侧翼，即以国民革命军总司令蒋介石的名义，从1926年下半年到1927年春，先后任命杨森为国民革命军二十军军长、刘湘为二十一军军长、赖心辉为二十二军军长、刘成勋为二十三军军长、刘文辉为二十四军军长、邓锡侯为二十八军军长、田颂尧为二十九军军长，1927年7月还任命刘存厚为新编第十五师师长。各军阀接受委任后，先后通电宣誓就职，部队易帜，改挂青天白日满地红旗。

杨森接受委任后，曾一度以两面手法欺骗国民政府，一方面表示"输诚"，支持北伐；另一方面又暗中支持吴佩孚，并不顾党代表朱德的批评和严斥，于1926年9月底率部进占宜昌、沙市，配合吴佩孚所部袭击武汉，但终被北伐军打得惨败而回，杨森才被迫向党代表和国民党莲花池省党部悔过，请求国民政府宽大处理，并表示愿立即就任军长职，通电支持北伐。

---

① 参见《四川军队调查表》，中央档案馆、四川档案馆编印《四川革命历史文件汇编》（1926~1927）。

第三章 抗战前中共在川革命活动

总的说来，共产党进行的一系列兵运工作，在国共合作推动下，促使四川各军阀部队易帜为国民革命军，壮大了革命的声势，对北伐军歼灭北洋军阀吴佩孚、孙传芳等部起了积极作用。

3. 泸州、顺庆起义和"三·三一"惨案

1926年下半年，中共重庆地委，根据同年7月12日中央第三次执委扩大会议在《军事运动决议案》中，关于"……应该参加武装斗争的工作"，"摧毁反动的军阀势力"的指示精神①，并为了分化瓦解四川军阀势力，创建共产党领导的"一系列军队，策应北伐战争"，"造成自己的一种局面"②，决定以国民党莲花池省党部的名义，用国共合作的形式，组织领导四川"左派军队"发动泸州、顺庆（今南充）起义。同年9月，中共重庆地委书记杨闇公，以国民党莲花池省党部名义，约集川军共产党员和国民党左派旅长黄慕颜（共产党员）、秦汉三（共产党员）、郭勋祺、杜伯乾、袁品文、陈兰亭、皮光泽等在重庆召开秘密军事会议，商讨"响应北伐，会师武汉"事项。随后，杨闇公又秘密召集驻防顺庆的秦汉三、杜伯乾，驻防合川的黄慕颜和驻防泸州的袁品文、陈兰亭、皮光泽等旅长开会，部署起义事项，决定成立国民革命军川军各路指挥部，由刘伯承任总指挥，黄慕颜为副总指挥，其他几位与会者分别任各路司令，要求严守秘密，待命行动。11月中旬，由杨闇公、刘伯承、朱德组成的中共重庆地委军委会，又研究审查了起义的计划及准备工作，并加强对起义工作的领导。

12月1日，陈兰亭、袁品文等旅长首先在泸州发动了起义。3日，秦汉三、杜伯乾旅在顺庆起义，黄慕颜旅在合川响应。刘伯承急到顺庆指挥起义。由于泸州的起义队伍拖延了时间，未能按预定计划同顺庆的起义队伍汇合，因此在四川军阀的围攻中，顺庆的起义首先失败。1927年1月下旬，刘伯承又转赴泸州指挥起义队伍战斗。起义军和泸州人民团结奋战，多次打垮了四川军阀部队的围攻。

蒋介石和四川军阀刘湘等，对泸州、顺庆起义部队，痛恨已极。1927年2月初，蒋介石即派吕超、向育仁、戴弁、杨引之等，以及一批黄埔毕业的军人

---

① 中央档案馆编《中共中央文件选编》第2册，中央党校出版社1983年版，第157页。
② 《中共中央听童（庸生）同志报告后的结论》，1925年9月10日，中共四川省委党史工委编：《泸顺起义》，四川省社会科学院出版社1986年版，第43页。

入川,以国民党右派作基础,勾结刘湘等军阀,准备首先在四川实行反革命屠杀,以配合他的整个反革命计划。刘湘已完全倒向蒋介石,他说:"军人以服从为天职,我服从总司令的命令。"① 于是蒋介石密电刘湘:"限两周内消灭川境(革命)力量。"② 刘湘旋即加紧策划镇压革命的活动。

1927年3月23日,北伐军兵临南京城下,北洋军阀部队眼看守城无望,便准备渡江撤退,南京城里一些兵痞、流氓趁乱进行抢劫。次日,北伐军先头部队进城,骚乱继续发生,停泊在下关的英、美、日、法、意等国军舰以保护侨民和领事馆为由,炮轰南京,打死打伤我国军民2000多人,造成"南京惨案"。消息传来,中共重庆地委和重庆左派国民党莲花池省党部,拟定于3月31日,在重庆通远门附近的打枪坝举行抗议英美帝国主义暴行的群众大会。

刘湘得知将举行抗议英美暴行大会的消息后,即召集会议,作出了残酷镇压的决定:由重庆卫戍司令王陵基及第七师师长蓝文彬派兵处理会场问题,由唐式遵、潘文华等师长派兵警戒场外和全市,由南岸团阀申文英、曹爕阳派团丁、便衣到会场,负责破坏会场。3月30日晚上,中共重庆地委书记杨闇公,召集会议研究形势与对策时,已得知刘湘可能镇压的消息,并估计可能性最大的是封锁会场,不能开会,最严重的是一些党的负责人和干部不能在重庆立足,或可能牺牲几个干部。为维护已通知了召开大会的信义,并申张民气,杨闇公等仍决定如期召开大会。并决定派童子军、工人纠察队和商团加强警戒。共产党、社青团地委的领导干部都作了牺牲的准备。

3月31日上午,重庆市总工会、农民协会、学生联合会、妇女联合会、商民协会等革命团体和市民共2万余人,汇集打枪坝参加大会。上午11时许,当大会主席漆南薰宣布大会开始时,预先混进会场的便衣士兵、特务、团丁,即开枪、挥刀、举棒杀向革命人士和群众,会场大乱。当时出口被封锁,很多人争相跳城墙逃跑。

大屠杀持续到下午2时,被打死和跳墙摔死者130余人,受伤者上千人。重庆国民党左派、市党部执委漆南薰被砍头、肢解而死,陈宣三被当场杀死。嗣后一周内,中共重庆地委主要负责人冉钧、杨闇公先后被捕遇害。军阀刘湘

---

① 四川文史研究馆编:《四川军阀史料》第4辑,四川人民出版社1985年版,第74页。
② 匡珊吉、杨光彦:《四川军阀史》,四川人民出版社1991年版,第229页。

制造的"三三一"惨案,使四川的革命力量受到很大损失。实际上"三三一"惨案也是蒋介石1927年发动上海"四一二"政变的预演。

"三三一"惨案后,刘湘在蒋介石密令和支持下,纠集刘文辉、邓锡侯、杨森、刘成勋、赖心辉等军阀部队28个团,近10万人的兵力,分数路围攻只有数千起义军坚守的泸州城。5月中旬,武汉国民政府任命泸州、顺庆起义军为"国民革命军暂编第十五军",任命刘伯承为该军军长,黄慕颜为副军长。然终因寡不敌众,内部动摇,泸州起义于5月底失败。

泸州、顺庆起义是中国共产党力图掌握武装的一次勇敢尝试,是其领导的一次大规模武装起义,促进了一些川军部队参加国民革命。蒋介石指使四川军阀制造"三三一"惨案和镇压泸州、顺庆起义,标志着四川的国共合作结束,国共分裂已经形成。四川的革命力量受到很大打击,革命形势急转直下。特别是自蒋介石1927年"四一二"反共政变后,白色恐怖笼罩全川;1927年7月15日,汪精卫武汉国民政府又实行分共,蒋汪合流,加紧反共,镇压革命运动,四川的大革命运动就此失败,四川仍然受各派军阀割据统治。

三、国共分裂后,中共四川党组织领导的武装起义

1927年下半年,国共分裂后,中共四川各级组织传达贯彻"八七"会议精神,从1928年上半年到1935年,共领导武装起义69次①,其中规模和影响较大的武装起义有:

1929年4月27日,在川东共产党组织和共产党人王维舟等发动下,李家俊领导1000多农民在万源县固军坝发动起义,组成四川第一路红军游击队,李家俊任司令,转战于城口、万源边境,建立游击根据地,成立农协会,多次打败军阀刘存厚部队的围攻。1930年7月,在敌重兵围剿下,起义失败。

1929年6月29日,川军第二十八军第七混成旅代理旅长、共产党员旷继勋,经中共四川省委批准,率领全旅官兵3000多人,在邻近遂宁边境的蓬溪县大石桥乡牛角沟举行起义,组成四川工农红军第一路,由旷继勋任总指挥,省委负责人罗世文任党代表,转战蓬溪、西充、南部、渠县、梁平、达县一带,

---

① 中共四川党史工委编:《土地革命战争时期四川党领导的武装斗争》(上),四川大学出版社1987年版,第3页和下册的附录。

曾一度攻占蓬溪县城和南部县的新政，分别建立了苏维埃政府。7月底，起义军在梁平县虎城场被军阀刘湘、田颂尧、刘存厚等部队包围打散，起义失败。

1929年冬，中共四川省委军委书记李鸣珂等，在涪陵县罗云坝组建了农民游击队，并于1930年3月发动驻涪陵的川军郭汝栋部赵启明（共产党员）连起义，进入罗云坝，与农民武装合编为四川工农红军第二路游击队，李鸣珂任总指挥，苟良歌任党代表，赵启明任前敌总指挥，在涪陵、丰都、武隆边境以栗子寨、太平坝为中心建立游击根据地。到8月被敌打败，赵启明率余部参加四川第三路红军。

1930年7月底，中共四川省行动委员会，为贯彻"立三路线"，决定调集农民游击队东征，"会师武汉"，遂将梁平的虎城、太平、龙沙和达县的南岳，开江的广福等乡的农民游击队，调集于忠县的黄钦坝举行大会，改编为四川工农红军第三路游击队，共1000多人枪，总指挥李光华，副总指挥王维舟。8月初，游击队经石宝寨过长江，在石柱县的西界沱会合赵启明率领的二路红军余部后继续东进，于8月中旬在西乐坪被敌军陈兰亭部击溃。余部回到梁平、达县边境百里槽等地，在王维舟、蔡奎领导下，重新组建为川东游击军。

1930年10月25日，根据省行动委员会的决定，在共产党员廖恩波、刘连波、徐昭俊的发动和领导下，驻广汉的第二十八军第二混成旅3000多人进行"兵变"，组成红二十六军第一路。起义军于当晚攻占广汉县城，26日宣布成立苏维埃政府，旋即转进绵竹，被敌击溃。

1932年11月25日，在中共南充中心县委的领导下，共产党员覃文（谭德武）、罗南辉发动了南部县升钟寺地区的农民起义，组成川北工农红军游击队，攻占了乡公所，震动川北，但很快被军阀田颂尧部队击溃。

中共四川地下党组织领导的上述武装起义，鼓舞了四川人民的革命斗志。由于当时全党受瞿秋白、李立三、王明"左"倾路线的影响，四川党组织又缺乏武装斗争的经验，盲目执行"左"倾冒险的方针政策，在敌强我弱的客观形势下，这些武装起义大都归于失败。唯梁达中心县委和王维舟领导的川东游击军，经过艰苦曲折斗争，不断发展壮大，于1933年10月加入了创建川陕革命根据地的红四方面军，改编为红三十三军。

第二节 川陕革命根据地的创建

一、川陕革命根据地的建立

1932年10月,红四方面军主力红十师、十一师、十二师、七十三师和部分少共国际师,共约2万人,在中共鄂豫皖苏区中央分局书记兼军委主席张国焘和红四方面军政委陈昌浩、总指挥徐向前率领下,冲破蒋介石国民党军第四次围剿,从鄂豫皖革命根据地撤出,辗转西征。在西征途中,张国焘将鄂豫皖苏区军事委员会改为西北革命军事委员会,仍由其任主席。红四方面军粉碎了敌人的围追堵截,于12月中旬到达陕西西乡、城固地区。此时正值四川军阀"二刘"大战期间,驻防川北的军阀田颂尧部队的主力已调到成都附近参加军阀战争,只留下一个团的兵力和当地团防守备通江、南江、巴中地区。此时,红四方面军经长途转战,已十分疲惫,只剩下约1.6万人,正欲寻找合适的地方建立

图3-7 张国焘

图3-8 红四方面军总指挥部旧址纪念馆

根据地。得知川北敌人力量空虚后，便乘机翻越大巴山，进入川北。守敌不堪一击，红军于1932年12月25日解放通江县城。12月29日，在通江县城成立了以红十师师长旷继勋为主席的川陕省临时革命委员会，作为川陕省苏维埃政府正式成立前的最高政权机关，发动群众打土豪、分田地。正是"打土豪、分田地"这个简单而朴素的口号和政策，使穷苦农民欢天喜地，迎接红军，支援红军作战。1933年1月23日，红

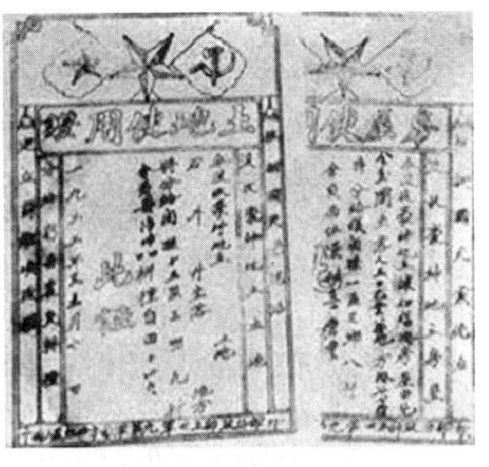

图3-9　川陕省苏维埃政府发给农民的土地使用证

四方面军解放巴中县城，2月1日解放南江县城。至此，川北的通、南、巴地区大部分已获解放。

红军一到通、南、巴，川北共产党地下组织领导的游击队和农民自卫武装都积极配合红军同敌人作斗争。曾活动于南江县北部桃园寺一带的、接受过军阀田颂尧部队招安的土著武装任玮章旅3000余人，在共产党员张逸民的策动下，于1933年1月举行起义，配合红军战斗。不久，这支队伍被改编为红四方面军独立师，由任玮章任师长，张逸民任参谋长，红军派去的刘杞任政治委员。

1933年2月7日，川陕省第一次党员代表大会在通江县城召开。选举产生了中共川陕省委，袁克服任省委书记。2月中旬又在通江县城召开了川陕省第一次工农兵代表大会，选举产生了川陕省苏维埃政府（又称工农民主政府），熊国炳任主席。中共川陕省委和川陕省苏维埃政府的成立，标志着川陕革命根据地的正式建立。

二、红军反军阀围剿，根据地与红军大发展

（一）红军反军阀"三路围攻"战役

红四方面军进入川北建立革命根据地，使国民党政府和四川军阀十分恐慌。1933年1月27日，蒋介石就委任军阀田颂尧为"川陕边区剿匪督办"，并拨100万发子弹、20万元军费支持田围剿红军。田颂尧得令后，于2月中旬，指

第三章 抗战前中共在川革命活动

挥所属第二十九军38个团、近6万人的兵力，在刘湘、邓锡侯、杨森、刘存厚等军阀派出部分兵力的配合下，对川陕革命根据地发动了"三路围攻"。

为了迎战来犯之敌，红四方面军总部决定：采取"收紧阵地，诱敌深入"的方针，在逐步收紧阵地的运动战中，节节抗击敌人，消灭其有生力量，待机反击。1933年3～4月，红军逐步撤离南江、巴中、通江县城，最后退到通江北部方圆百里的空山坝，引诱敌人进入红军的口袋阵。

从5月15日起，红军在总指挥徐向前的领导下发起反攻，连克通江、南江、巴中三座县城，进逼仪陇、苍溪、广元。至6月15日彻底粉碎了敌人的

图3-10 红四方面军总指挥徐向前

"三路围攻"，先后共歼敌2万余人，缴枪8000余支、炮50余门。反"三路围攻"后，川陕革命根据地面积扩大一倍以上。军阀田颂尧的部队损失近半，被迫辞去"川陕剿匪督办"之职，其余部退守嘉陵江沿岸。刘存厚也因损兵折将，弃城失地，被蒋介石撤职查办。"驻在万县、重庆之外国教士、牧师、领事纷纷逃往宜昌、上海，""一些资产阶级已在暗暗地把动产向沪、汉输送……在那短短的一段时期中，从川省汇出的钱，就有一千五百余万元"。①

1933年6月底，为适应新的形势，红四方面军决定扩编和训练红军，把原有的4个师扩编为4个军。至此，红四方面军已由入川时的约1.5万人，发展到4万余人，声威大震。

（二）红军发动三次进攻战役

1933年7月，军阀刘湘和刘文辉争夺四川霸权的"二刘"之战正烈。红四方面军为扩大川陕根据地，便利用这次军阀混战之机，从8月至10月，发动了仪（陇）南（部）、营（山）渠（县）、宣（汉）达（县）三次进攻战役。

8月12日，仪南战役开始。红军经过半个月的战斗，共歼敌田颂尧部3000余人，缴枪千余支，解放了仪陇全县，控制了广元、昭化、苍溪、阆中、南部等县的嘉陵江东岸广大地区和陕南宁强的一部分地区。新解放的南部县产盐区

---

① 《国民公报》，1935年3月11日。

很快恢复了生产，保证了根据地军民的食盐供应，打击了敌人的经济封锁。

9月22日夜，红军又发动了营渠战役，历时十余天，共歼敌杨森部千余人，俘虏2000余人，缴获长短枪2500余支，解放了营山县城及营山、渠县大部及蓬安县嘉陵江以东的广大地区，根据地向南扩展百余里。

10月16日夜，发动了宣达战役，对盘踞宣汉、达县、万源、城口的军阀刘存厚部展开猛烈进攻。川东游击军配合了这次战役行动。宣达战役历时11天，解放了宣汉、绥定（今达州市）、万源三座县城，共歼敌6个团，俘敌官兵4000余人，缴获军用物资无数。单在绥定就缴获了刘存厚多年积存下来的6000支枪、百多万发子弹、百多万元大洋、20万匹棉布、2万多套棉衣，以及兵工厂、纺织厂、被服厂、造币厂的全套机器设备和原材料。红军和苏维埃政府组织群众，把战利品运到通江后方去，建立了红军的兵工厂、被服厂、造币厂等，生产了大量的军需和民用产品，为后来反"六路围攻"和根据地的巩固、发展打下了良好的物质基础。

在宣达战役中，红四方面军和川东游击军胜利会师，并于1933年10月底在宣汉县城举行了有4万多人参加的胜利会师庆祝大会。会上宣布川东游击军正式改编为中国工农红军第四方面军第三十三军，由川东游击军总指挥王维舟任军长，梁（山）达（县）中心县委书记杨克明任政委。至此，红四方面军已发展到5个军、8万余人。加上地方赤卫军、游击队等，川陕根据地已拥有约10万人的武装力量。

三次进攻战役胜利后，川陕根据地的领域已扩大到东起城口近郊，西到嘉陵江东岸，北至陕南的宁强、镇巴，南抵营山、渠县，总面积42000平方公里，人口

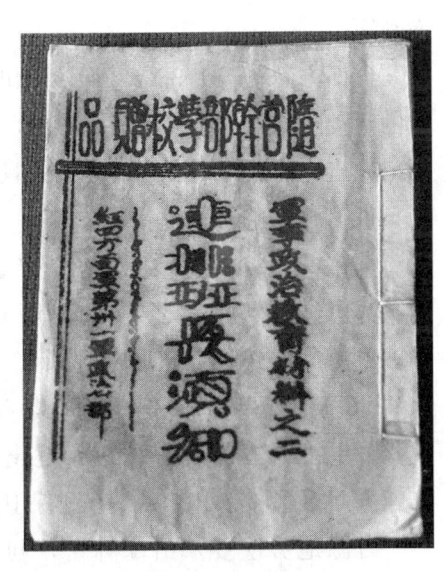

图3-11 川陕革命根据地博物馆藏
——红军连长、排长、班长须知

约600万的一大片区域。根据地共建立了23个县和1个市的苏维埃政权。在新解放的区域内，共产党和苏维埃政府领导农民普遍进行了土地革命运动，促进了农业生产的恢复和发展。这是川陕革命根据地的鼎盛时期。

（三）红军反军阀"六路围攻"战役

红四方面军和川陕革命根据地的迅猛发展，震撼了四川军阀的统治基础。1933年9月，刘湘打败刘文辉后，马上就调集兵力来对付红军。10月6日，刘湘在成都就任蒋介石早在7月4日就已下令委任他的"四川剿匪总司令"职。蒋还以200万元军费、万余支枪和500万发子弹支援刘湘"剿共"。

刘湘纠集四川大小军阀约110个团（最多时增到140个团）共20多万人的兵力，在刘湘指挥下，由邓锡侯、田颂尧、李家钰、杨森、王陵基、刘存厚等军阀对川陕革命根据地发动了"六路围攻"。

刘湘的"六路围攻"于1933年10月底开始发动。他狂妄宣称，要在3个月内全部肃清川陕边区的红军，气焰十分嚣张。

为了粉碎敌人的"六路围攻"，红四方面军决定仍采取"收紧阵地，诱敌深入"的方针迎击敌人。在总指挥徐向前、副总指挥王树声的指挥下，分别钳制第一、二、三、四路敌军，另以三十一军两个团置于通江和旺苍北部，监视陕南敌军。

红四方面军于1933年12月中旬开始收紧阵地，诱敌深入。红军在收紧阵地的运动防御战中，大量消灭敌人，先后抗击了敌人三次总攻。到1934年6月下旬，已毙伤敌军3.6万余人，并且拉长了敌人的战线，为红军反攻创造了有利条件。

但是，刘湘并不甘心失败，接着又调集更多的兵力向红军发起第四次总攻，重点是要在东线夺取万源。敌人向万源城南到通江一线进攻的兵力共50余团。万源已是红军收紧阵地的最后一线，如果丢失万源就有被敌人挤出川北的危险。红四方面军总部决定打一场万源保卫战。

万源地势险要，山高林密，利于红军坚守。在总指挥徐向前的指挥下，红军在甑子坪、大面山、孔家山、南天门、火嵌子山、鹰龙山、云雾山构筑了一条长约400华里的半圆形坚固防御阵地。红军多次打垮了敌人在飞机掩护下的轮番攻击。1934年8月6~7日，是敌人进攻的高峰。敌

图3-12　红军用过的迫击炮

调集全部残破主力约 26 个团,第七次猛攻万源之青山、大面山、玄祖殿、香炉山、甑子坪等地。红军与敌激战三天两夜,经过大小十余次出击将敌全线击退,追敌十余里。8 月 8 日,红四方面军总部宣告:"乘胜反攻的时机业已成熟了!"至此,红四方面军在东线万源保卫战中,获得了胜利,歼敌 3000 余人,迫使敌军纷纷向西逃窜。

红军在东线反攻胜利后,徐向前又迅速指挥红军主力向西线进行反攻。西线敌人见东路已溃败,军心动摇,红军稍一进击,就全线败退。红军乘胜向各路敌军追击,一直追到嘉陵江边,彻底粉碎了刘湘的"六路围攻"。

反"六路围攻",从 1933 年 11 月至 1934 年 9 月,历时整整 10 个月,共歼敌 6 万余人,俘敌 2 万余人,缴枪 3 万余支、炮百余门,击落敌机 1 架,基本上恢复了根据地鼎盛时期的规模,并增加了部分新区。

三、川陕革命根据地的兴衰

(一)川陕革命根据地的建设成就

1. 土地革命和农业的发展成就。川陕苏维埃政府成立后,即开展了"打土豪、分田地"的工作,极大地调动了农民的积极性。这是根据地农业发展的重要原因。为了发展农业,苏维埃政府采取了加强宣传,动员农民积极参加农业生产,协助农民解决生产中的实际困难,扩大粮食的播种面积,兴修水利,改善农业生产条件,发展多种经营,各行各业支援农业,武装保卫等措施,使农业生产得到发展,保证了红军 8 万余人的正规部队连同地方队伍、机关、工厂、学校共 10 万余人的粮食供给。

2. 工业的发展成就。在红军到达通、南、巴前,这个地区还基本没有机器生产,有几个小钢铁厂也是土法生产。工业主要是手工作坊和家庭手工业,生产小型家具、酒类、火柴、衣服、鞋袜、食油等。红军到达通、南、巴后,主要是发展军需工业。早在鄂豫皖根据地时,就有一些随营兵工厂,专门为红军修配枪支。红四方面军入川

图 3-13 巴中玉山赤卫军舂火药用的石碓窝

后，这些兵工厂迁至通江城南建立生产基地。除此之外，在南江、巴中、万源等县，红军还先后办有小型兵工厂。"没有机器，就土法上马，土盘红炉起家，不能造新的就七拼八凑翻旧的，慢慢地大家摸索着制造手榴弹和子弹"。[①] 1933年10月，红军打下绥定后，缴获了军阀刘存厚许多工厂的机器设备和原材料，将这批材料运到通江后方苦草坝、德汉城等地，建起了根据地的兵工厂、纺织厂、被服厂、造币厂、火药厂等，更促进了根据地工业生产的发展。新办的兵工厂有工人1400余名，各种机床138台；被服厂有很多缝纫机，1500多名工人，规模相当大。当时的民用工厂主要有：分布在南部、通江、巴中的食盐、硝盐厂，旺苍的煤矿，通江、万源、南江的铁厂、铧厂，通江、巴中、仪陇、旺苍、宣汉、达县等地的纺织厂等。此外，在各县还有竹木工厂、草鞋厂、织布厂等。总计有工人近两万人，以手工业工人为主。这些工厂的产品支援了革命战争，改善了人民的生活。

3. 交通运输业的成就。川陕根据地内山路崎岖，过去交通运输主要靠人力肩挑背抬。这种人被称为"背二哥"。1933年后，苏维埃政府在南江、苍溪、巴中等地先后办起了几个规模较大的船厂，所造木船长一丈余，宽四五尺，适宜在根据地几条河中运输。为了支援革命战争和运输大批的军用和民用物资，苏维埃政府还动员群众组成运输队，以通江为中心，在通往各地的主要交通线上，每隔30~50里设置交通站和招待处，促进了交通事业的发展。在开辟运输河道上，成绩更突出。1933年8月以后，省苏维埃水利交通科，先后发动50多万石工和技工，历时3个月，疏通了巴中到江口、江口到苦草坝共300多里长的河道，使舟楫畅通，便利了军民运输，也减少了巴河下游的水患。

4. 金融业的成就。建立了川陕省工农银行，有职工600余人；工农银行在制造苏维埃货币，统一币制，疏通苏区金融流通渠道，实行对工农的低息和无息借贷，帮助合作社发展等方面，起到了积极的作用。工农银行有两个造币厂，一个造银圆和

图3-14 苏维埃政府发行的货币

---

① 林超、温贤美主编：《川陕根据地史》，四川省社会科学院出版社1988年3月版，第233页。

铜圆，另一个造纸币与布币（用细布印的票子）。造币厂造的银圆，是用红军缴获敌人和没收地主老财的银锭、元宝、银首饰等作原料造成的。银质成色比四川军阀造的银圆还好，很受群众欢迎，在赤区与白区的贸易中起了很大作用。

图3—15　通江县城对面山壁红军石刻标语

5. 宣传、文教卫生事业的成就。川陕根据地的宣传文化工作很有特点。石刻标语、对联是很普遍的一种宣传形式。远在十几里外都能望见的"赤化全川"巨幅石刻标语，是宣传中的杰作。它刻在通江县红云岩顶部，每个字约高一丈五尺、宽一丈，笔画深处约一尺，大的笔画槽里可以睡下一个人。这是1933年2月川陕省委宣传部组织50多个石工用时1个月才錾刻成的。它是川北保留至今的4000多件红军石刻中最大的一幅。其他还有：《劳动法令（草案）》、《中华苏维埃宪法大纲》、《中国共产党十大政纲》等石刻文献和"斧头劈开新世界，镰刀割断旧乾坤"、"工农专政，无产独裁"等石刻对联。所有这些石刻文字，在当时的宣传工作中起了重要的作用，保留至今，已成为重要的革命文物。

中共川陕省委机关报《共产党》、西北革命军事委员会机关报《赤化全川》、川陕省苏维埃政府机关报《苏维埃》（1933年9月前是《川北穷人》）、红四方面军总政治部机关报《红军》，都是用蜡纸刻写油印的。报纸在教育组织群众、支援红军战争、巩固和建设根据地中起了重要的作用。

在教育事业上的成就。在各县、区、乡普遍设立了列宁小学，在有的县城和重要场镇办了中学、专科学校和工农中学。还在巴中县城和清江渡各办了一所贫民学校（相当于列宁小学），由学校供给学生伙食，使困难家庭的子女能够读书。为培养军事人才，红军办有彭杨学校（以革命烈士彭湃、杨殷的姓氏命名的）。为培训干部，川陕省委办有党校，川陕省苏维埃政府办有苏维埃学校，在这两个学校授课的教师有从苏联、法国、日本留学回国的曾中生、廖承志（当时名何柳华）、罗世文、傅钟、吴永康等人。党校和苏维埃学校对培训革命干部起了很大的作用。

卫生事业的突出成绩是卓有成效地开展了禁烟运动。在军阀的强迫下，通、南、巴地区约1/3的耕地种上了鸦片。"据不甚精确的统计，成年男子90%以上吸鸦片，壮丁几乎找不到没烟瘾的，连十三岁的小孩子也不少染上了这种嗜好，成年妇女吸烟者约占70%"。① 一些人为抽烟，卖掉了房屋、田产，甚至连儿子、老婆也典当出去换烟来抽。为了杜绝烟毒泛滥，省苏维埃政府禁烟局采取办禁烟院、配发禁烟药丸等办法，经过1933年一年的努力，就使通、南、巴一带70%的人戒掉了吸鸦片的恶习，从而增进了人民的健康，提高了劳动能力，节约了社会财富，并为红军准备了身体合格的兵员。

6. 商业上的成就主要是创办了国营商业。苏维埃政府通过没收地主豪绅以及逃跑到白区的商人的钱财物资作基础，设立了经济公社、工农饭店、国营药店等国营商业。其中经济公社负责供应红军及人民群众的生活必需品，经销的商品主要是盐、布、油、粮、小农具及中药。同时还负责组织收购根据地的银耳、黑木耳、中药材、山货、茶叶、生漆等土特产以及大烟等外销出去，换回白区的食盐、布匹、西药、油印机、电话机、枪支弹药等，支持革命战争，反对敌人的经济封锁。

图3—16 红军宣传禁种鸦片烟的石刻标语

川陕革命根据地建设中的成就，是根据地在敌人包围中能够存在两年多的一个重要原因。

（二）川陕革命根据地经济建设中的失误

川陕革命根据地存在的两年多的时间里，一直受到敌人的连年围剿、封锁和破坏，经济建设难以正常进行，再加上"左"倾政策严重干扰了根据地经济建设，加深了经济建设的失误，使根据地的经济由发达走向衰败。川陕革命根据地在经济建设中的失误，主要表现在以下几个方面。

1. 农业方面。在土改中实行"地主不分田地、房屋，富农分坏田、坏房

---

① 张国焘：《我的回忆》，现代史料编刊社1980年版，第158页。

屋"、"肉体上消灭地主，经济上消灭富农的政策"①。同时把"地主豪绅家属集中起来，在苏维埃政权监督之下做工，开荒都行，不能分一寸土地、一口粮食给他们"。很多地方把地主富农子女赶到荒山住岩洞、破草房，强迫编成劳动生产队、苦工队，进行惩罚性劳动。造成川陕地区的富农、地主联合争取中农积极参加"还乡团"的后果。更为严重的是把发展生产富裕起来的中农当成"新富农"来打击。"中农有几斗米，喂五条猪，就被称为富农并被没收"②。这样就造成农业生产萧条，根据地流失的劳动力达60%，田地荒芜达70%，一些人家不敢扫地，觉得灰尘愈厚愈好，愈穷愈光荣，肥猪少了、家禽少了③。根据地农业生产出现倒退现象。

2. 工商业方面。川陕革命根据地刚建立时，虽然也贴出布告允许私人工商企业营业，但在实施过程中实际上是限制、打击甚至没收私营工商企业，以便过渡到"社会主义经济"。如通江县毛浴镇在1931年川陕革命根据地建立前有私营工商户59家，经过"左"倾政策的惩罚，没收私人商店作坊即达52家。其他如通江、巴中、仪陇等县的民生工厂均全部没收。乡村中的手工工场作坊亦关门④。造成市场萧条，日用生活品紧缺，物价昂贵，工农银行发行的纸币、布币贬值，信用下降。

3. 财政方面。川陕苏区本来就极为贫困，供给10万红军所需已十分困难。而苏维埃政府机构又相当庞大，省级政府经常有2000余人在食堂吃饭，县级政府也有300余人，区级政府数十人，乡级政府也有十余人。另外还要给这些干部发工资⑤。这给根据地财政带来沉重负担。部队和政府机关还普遍存在大吃大喝的浪费现象，更加剧了财政困难，影响了红军的战时供给。

由于上述经济建设中的失误，从1934年下半年起，根据地就出现了严重的物资匮乏，经济凋敝，甚至到了民穷财尽的地步。这是红四方面军被迫撤出川陕根据地的经济原因。

---

① 杜中等编：《川陕革命根据地财政经济史料选编》，四川省社会科学院出版社1987年版，第114页。
② 川陕革命根据地历史研究会编：《川陕革命根据地历史文献选编》（上），四川人民出版社1980年版，第226~227页。
③ 彭通湖主编：《四川近代经济史》，西南财经大学出版社2000年版，第375页。
④ 彭通湖主编：《四川近代经济史》，西南财经大学出版社2000年版，第377页。
⑤ 彭通湖主编：《四川近代经济史》，西南财经大学出版社2000年版，第367页。

四、红四方面军撤出川陕根据地

（一）红四方面军撤出川陕革命根据地

1934年9月，红四方面军粉碎了军阀刘湘发动的"六路围攻"后，刘湘被迫辞去"四川剿匪总司令"本兼各职。蒋介石为稳定四川局势，于1934年9月16日电促刘湘"克日复职"，又于10月4日飞到西安策划"川陕会剿"，企图抽调驻甘肃、陕南、鄂西的一部分兵力，配合四川军阀"会剿"川陕根据地。

面对敌人策划的"川陕会剿"，西北革命军事委员会决定坚决消灭川敌之进攻，击破"川陕会剿"①。

1935年1月，蒋介石正加紧部署"川陕会剿"，调其嫡系部队胡宗南部丁德隆旅接替了广元、昭化地区川军的防务，上官云相指挥的四十七师和五十四师也进抵川东奉节、万县；肖之楚、容景芳等部队进驻鄂西白河、竹山一带；北线陕军驻汉中；蒋介石又派以贺国光为首的"参谋团"入川，监督川军"进剿"。四川各军阀部队也在进行调动，加紧准备"会剿"。上述各方面的敌人已形成对川陕根据地的包围之势。但由于川军在"六路围攻"中惨败，部队恢复甚慢，内部矛盾重重，蒋介石又在集中主力对付正在长征中的中央红军，因此，"川陕会剿"一时尚难展开。

1935年1月22日，红四方面军总部接到了中共中央政治局和中央军委的电示："为选择优良条件，争取更大发展前途计，决定我野战军（即中央红军——引者）转入川西，拟从泸州上游渡江。""为使四方面军与野战军乘蒋敌尚未完全入川实施'围剿'以前，密切地协同作战，我们建议，你们应以群众武装与独立师团向东线积极活动，钳制刘（湘）敌，应集中红军全力向西线进攻。""故你们宜迅速集结部队，完成进攻准备，于最近时期实行向嘉陵江以西进攻"②。于是，当天红四方面军总部决定：抓住敌人一时尚难展开"会剿"的这一有利时机，发动广元、昭化战役，从嘉陵江上游这两处江面不宽的地方打过江去，以控制嘉陵江两岸，进而可图川西平原、陕南和甘南，发展川陕甘根据地，并伺机策应中央红军和已由豫西进入陕南商县一带的红二十五军。

---

① 林超、温贤美：《川陕革命根据地历史长编》，四川人民出版社1982年版，第302页。
② 解放军政治学院党史教研室编印《中共党史参考资料》第七册，第171页。

1935年1月24日，红四方面军包围广元和昭化两城。但因敌人坚城固守，久攻不下，遂于月底撤广昭之围，转而于2月3日进攻宁强，又发动了陕南战役。

陕南战役的目的是先向北虚晃一枪，以迷惑、调动嘉陵江防线上的川军往北挪动，然后按中央电令所示在苍溪、阆中、南部之间选择敌人薄弱环节，西渡嘉陵江，进而向川甘边发展，攻打胡宗南部，并策应长征中的中央红军。

陕南战役历时半个多月，红四方面军调集四军、九军、三十军共约12个团的兵力，先后攻占阳平关、宁强和沔县等地，前锋直抵汉中近郊。总共歼敌约4个团，俘敌团长以下4000余人，缴获轻重机枪70余挺，步枪5000余支。红军突然入陕，声东击西，使敌人调动了嘉陵江防线上的兵力，向北推进，往援昭化、剑阁。田颂尧二十九军之防线由五六百里延伸至八九百里，预备队也用完了。苍溪下游约百里之地，只有陈继善旅四个营的兵力防守，最为薄弱。红四方面军于2月20日返回川北，准备强渡嘉陵江。

西北革命军事委员会决定由徐向前率主力分别由苍溪和阆中渡江。张国焘和陈昌浩留在后方主持工作，三十三军留下保卫后方。

战斗从1935年3月28日夜开始。经过24天的战斗，红军攻占了阆中、南部、剑阁、昭化、梓潼、平武、彰明、北川等8座县城和青川、中坝等重镇，控制了东起嘉陵江、西至北川、南起梓潼、北抵青川，纵横两三百里的广大地区。建立了苏维埃政权，共歼敌12个团约1万余人，打破了敌人的"川陕会剿"。其后，张国焘在刘湘等部向平昌、通江等地进攻时，率领后方党政机关和红军部队从东向西撤过了嘉陵江。至此，川陕革命根据的军队和机关后勤人员约10万人，全部撤离。在撤退中，提出对敌人实行"坚壁清野"，焚烧不少公私房屋和粮食。

（二）红四方面军撤出川陕革命根据地的原因

红四方面军撤出川陕革命根据地，是由多方面的原因造成的。

首先，是优势敌人的联合压迫。刘湘"六路围攻"失败后，与蒋介石相互勾结，达成妥协，同意蒋介石的参谋团入川，统一了川政，废除了防区制，结束了各路军阀为保存自身实力，各自为战，互不协调，利于红军各个击破的局面。同时蒋介石正积极筹划调动中央军协同四川军阀对红军发动新的进攻。红军面对的敌人更为强大，必须主动转移，才能避免被敌人消灭。

第二，在川陕革命根据地内部，经济上已经陷入民穷财尽的困境，难以支撑反击敌人更大规模的进攻。当时张国焘也认识到这一严重情况。1934年11月中旬，红四方面军在巴中县清江渡召开军事工作会议，徐向前也提出了建立川陕甘根据地的计划，不惜以大的代价夺取甘南的文（县）、武（都）、成（成县）、康（康县）与川陕苏区连成一片，通过战争来补充弹药武器、兵源和粮食，在新的地区求得生存和发展。

第三，策应中央红军的战略需要。从1935年1月中央电令红四方面全力西渡嘉陵江，配合中央红军作战之日起，红四方面军就把粉碎蒋介石"川陕会剿"计划和策应中央红军的战略任务结合起来。强渡嘉陵江战役的主要意图就在这里。正如徐向前元帅所指出："整个说来，红四方面军撤出川陕根据地，有它的复杂原因。优势敌人的压迫，长年战争和'左'的政策造成的困难，策应中央红军的紧迫战略需要，凑到了一起，在这个意义上说，是历史的必然。"①

红四方面军撤出川陕革命根据地后，四川军阀的部队就占领了川陕根据地。由于主客观的种种原因，红四方面军未能实现原订向川甘边扩大根据地的计划。红四方面军在徐向前的指挥下，于1935年4月中下旬待留守后方的红军完全撤过嘉陵江后，便从中坝、青川、平武等地转而进行长征，并于5月中旬从茂县派出红三十军政委李先念率一支劲旅向懋功（今小金）方向疾进，迎接长征中的中央红军。

红四方面军撤离川陕革命根据地时，留下刘子才、赵明恩率领红军300余人，组成巴山游击队。在川陕边区与敌人坚持斗争5年多，于1940年4月被敌人打散。

五、川陕革命根据地的地位和作用

川陕革命根据地从1932年12月底到1935年4月，虽然只存在两年零五个月的时间，但它发展成为当时仅次于中央革命根据地的全国第二大革命根据地；成为取得打败敌人多次围剿胜利之后，为保存实力主动撤离的根据地；成为红军长征时期，提供兵力最多，物力、财力最多的根据地。它在整个革命斗争中的地位是很重要的，所起的作用也是很大的。

---

① 徐向前：《历史的回顾》（中册），解放军出版社1985年版，第405～410页。

1. 川陕根据地的建立"在遥远的中国西北部,开展了广泛的群众革命斗争,把苏维埃的种子广播到革命形势比较落后的区域中去了"①,促进了西北革命运动的发展。共产党所领导的几次著名的起义和较大的革命斗争,大多发生在东南各省,西北的革命形势相对说来比较落后,这是中国革命发展的不平衡性。红四方面军远征川陕,曾打到西安附近和周至、宝鸡一带,促进了当地的革命运动。红四方面军还在陕南帮助建立了红二十九军和马儿岩根据地,发展了陕南的革命形势。川陕根据地的建立和发展,更推动了四川和陕西两省党的活动和群众的革命斗争。例如:中共川陕省委和四川、陕西的党组织,都互派有交

图 3—17 巴中将帅碑林红四方面军纪念碑上镌刻的红四方面军战斗历程路线图

通联络,传递文件,交流情况,促进了白区党的工作的发展。当时苍溪三磊石、嘉陵江西岸、川东,陕南安康和川滇边古宋等地的农民和白军士兵起义,以及川西19县的抗捐军大同盟就是在这种影响下发生的。

2. 川陕根据地的建立和发展,有力地配合了中央革命根据地和湘鄂川黔革命根据地的斗争。

中央革命根据地、湘鄂川黔革命根据地和川陕革命根据地,是红军三大主力部队分别创建的,在战略上互相策应,互相支持,给敌人以很大威胁。

川陕根据地和红四方面军的发展壮大,抗击和牵制了四川、陕南、甘南军阀的主要兵力和蒋军胡宗南、肖之楚、上官云相等部,有力地配合了中央根据地的第四、第五次反"围剿"斗争。正因为红四方面军粉碎了四川军阀的"六

---

① 中国现代史资料编辑委员会1957年编印《苏维埃中国》,第249页。

路围攻",击溃了军阀刘湘的主力王陵基、唐式遵、范绍增、陈兰亭等部,使刘湘无力顾及川东,从而造成机会,使红二、六军团得以于1934年冬向川黔边的酉阳、秀山、印江、松桃一带发展,并于10月28日在四川酉阳的南腰界召开了胜利会师大会,随即建立了湘鄂川黔根据地。

3. 支持并掩护了中央红军和红二、六军团,红二十五军的长征。

红四方面军为了打破"川陕会剿",策应中央红军长征,于1935年1月22日发动了广昭战役。这次战役正好呼应了中央红军攻占贵州的桐梓、松坎等地。

1935年3月28日夜,红四方面军发动强渡嘉陵江的战役,随即占领嘉陵江和涪江之间的中坝、剑阁、北川、平武等大片地区,打破了敌人的"川陕会剿",总共抗击和牵制了参加"会剿"的敌军183个团①,这就使敌人再无力加强金沙江和川康边境一带的防务,从而有效地

图3-18 小金达维红军会师桥

配合了中央红军由川黔边境转进云南,巧渡金沙江,向四川会理北进。

4月底,为策应中央红军北上,红四方面主动西进,发起土门战役,夺取北川河谷。这是红四方面军西进迎接中央红军的唯一通道。为确保北川河谷的畅通,又坚守千佛山阵地,与川军主力激战、对峙了73天,吸引牵制了川军89个团、14万兵力,从而有效地策应了中央红军强渡大渡河,挥师北上。②

1935年5月,红四方面军派红三十军政委李先念率一支劲旅前往懋功接应红一方面军。红一、四方面军于6月胜利会师。四方面军给了一方面军以粮食、衣服、装备等支援,补充了一方面军长征中的消耗。1935年8月,中共中央指出:"一、四方面军会合后,大大增强了苏维埃革命的武装力量,展开了苏维埃

---

① 据蒋介石行营"参谋团"各路参加"会剿"兵力的资料。
② 这一段是王庭科先生审稿时补写的近两年才发掘研究的成果。谨表谢意。

革命伟大胜利的前途。"①

1936年6月，从川陕革命根据地发展壮大起来的红四方面军长征转战到甘孜地区，为迎接红二、六军团做好了准备。7月2日，红二、六军团在甘孜和四方面军会师。会师后按党中央指示，红二、六军团改为红二方面军。四方面军给二方面军送去了许多粮食和牛羊，从物资和装备上充实了二方面军。这时，经朱德、任弼时、贺龙等的斗争，张国焘接受了党中央北上的方针，红二、四方面军遂一起北上。

红四方面军策应红二十五军长征也是陕南战役的目的之一。红二十五军从1934年11月开始长征后，1935年2月由鄂西的郧西地区进入陕南商县一带。当时红四方面军发动陕南战役，打垮了陕军孙蔚如部队，策应红二十五军胜利攻占宁陕、佛坪等县。红二十五军前锋进到汉中附近，一度建立了游击根据地，不久，即辗转长征到达陕北。

川陕根据地和红四方面军在当时革命斗争中所起的作用，正如徐向前在《巴山烽火》一书的序言中所指出："红军进行战略大转移，如果没有川陕根据地的桥梁和连接作用，将会增加更多的困难，造成更大的损失。那时，中央红军撤出了江西，陕北根据地很小，四方面军在川陕的存在，它所积蓄的革命力量，对于一、二方面军的长征，对于全国的革命，是个很大的支持和掩护。当然，中央红军、二方面军和其他苏区的斗争，对于四方面军和川陕根据地同样是很大的支持和掩护。"②

除川陕革命根据地外，1934年7月贺龙领导的红三军建立了黔东革命根据地，有区苏维埃政权14个，乡苏维埃政权30多个。同年10月，任弼时等率红六军团在四川酉阳与贺龙部会师，组成红二、六军团，有部队约8000人。在川、黔军两路夹攻下，红二、六军团留下部分部队坚持游击战争，主力则转进湘西。11月26日，红二、六军团在湘西大庸县永定镇建立了湘鄂川黔革命根据地，辖有利川、咸丰、黔江、石柱等。1935年11月，在军阀围剿下，红二、六军团放弃了湘鄂川黔根据地，实行战略大转移。其后在甘孜与红四方面军会

---

① 《中央关于一、四方面军会合后的政治形势与任务的决议》（沙窝会议），中共中央档案馆编：《中共中央文件选集》（1934~1935），中共中央党校出版社1991年版，第528页。

② 徐向前：《巴山烽火》序言，四川人民出版社1981年版。

合,北上甘陕。

第三节 四川在红军长征中的地位和作用

一、四川人民对红军长征的贡献

四川是红军长征中停留时间最长的地区。红军长征从1934年10月中央红军（红一方面军）撤离中央苏区开始,到1936年10月三大主力红军会师甘肃静宁、会宁结束,前后历时二年。而红军长征在四川,如果从1935年1月中央红军一渡赤水进入四川算起,到1936年8月红二、四方面军过草地北上时止,历时共一年零八个月;如果从1935年5月中央红军巧渡金沙江入川算起,也是一年零四个月。由于长征中红军在四川停留时间最长,因而四川在红军长征中的地位和作用也更突出,四川人民对红军长征的贡献也更大。具体表现在以下几个方面：

1. 红军长征在四川活动的地域最广,在四川召开决定红军大政方针和战略行动方向的会议最多。

中央红军于1935年1月至3月四渡赤水,曾往返于川南古蔺、叙永地区。中央红军主力于1935年5月3日至9日从川滇边境的皎平渡渡过金沙江,进入四川会理地区。5月12日在会理召开了中共中央政治局扩大会议,决定继续北上,到川西与红四方面军会合。红军稍事休整后,即沿西（昌）会（理）大道北上,占领德昌,绕道西昌,经泸沽、冕宁、越西,通过彝族区,直指大渡河。右翼纵队红九军团在5月7日也由东川（今会泽）以西的树节渡过金沙江,经四川的新街和宁南、普格县境,至西昌以北的礼州与主力会合,5月25日中央红军强渡大渡河,飞夺泸定桥,到达泸定城。6月,中共中央在泸定召开会议,决定派陈云、潘汉年、夏采晞3人秘密赴上海,恢复被敌人破坏了的党组织。而后继续北上,进占天全,前锋进至宝兴县的大硗碛,翻越夹金山,于懋功达维镇,同前来迎接的红四方面军先遣队胜利会师。

1935年春,活动于川陕苏区的红四方面军兵分数路,西进岷江地区,先后占领茂县、威州（今汶川）、理番（今理县）,以及松潘、平武以南的镇江关、片口等地。其中一部由岷江地区兼程西进,攻占懋功,占领达维镇,与中央红

图 3-19　泸定铁索桥

军会师。

红一、四方面军会师后,战斗力大大加强,活动于地域辽阔的大、小金川流域及其周围的川西北地区。6月26日,中共中央政治局在懋功的两河口召开会议,作出了《关于一、四方面军会合后战略方针的决定》,决定集中主力向北进攻。中央红军主力北上卓克基,经马塘、康猫寺到达松潘以西的毛儿盖地区。但张国焘反对北上,主张南下天全、芦山,向西康发展,拖延了四方面军的北上行动。直到7月21日,中共中央政治局在芦花(今黑水县城)召开会议,批评了张国焘的错误后,他才将四方面军主力向毛儿盖集中。同年8月,中共中央在毛儿盖召开会议,决定将一、四方面军混合编组成左、右两路军北上。右路军从毛儿盖出发,过草地,到达巴西、阿西地区;左路军从卓克基出发,过草地,到达阿坝地区。而后中央红军主力(红一、三军团)北出甘南,到达陕北,胜利结束长征。

图 3-20　运送红军战士强渡大渡河的四个老船工(左起:韦崇德、张子云、龚万才、帅士高)

第三章 抗战前中共在川革命活动

1935年9月,张国焘左路红军(红四方面军和红一方面军五、九军团)南下,发起"绥崇丹懋战役",攻克绥靖、崇化、丹巴、懋功等地。接着又发起"天芦名雅邛大战役",占领了以天全、芦山、宝兴

图3-21 小金两河口红军长征会议遗址

为中心的邛崃山以西、大渡河以东、青衣江以北、懋功以南的川康边广大地区,前锋直逼邛崃。但在百丈关一战,红军受挫,被迫撤出川康边地区,经懋功向西北转移,退至道孚、炉霍、瞻化(今新龙)、甘孜等地,控制了东起懋功,西迄甘孜,北连草地,南达瞻化和泰宁的广大地区。

当中央红军主力到达陕北,胜利结束长征以后,活动于湘鄂川黔根据地的红二、六军团开始了战略转移的长征。红二、六军团转战至云南境内渡过金沙江,到达中甸,而后左纵队红二军团经四川的得荣、巴塘、白玉,到达绒坝岔与红四方面军一部会合;右纵队红六军团经四川的稻城,至理化(今理塘)以南的甲洼与红四方面军另一部会合。1936年7月初,红二、六军团齐集甘孜,与红四方面军胜利会师后,分左、中、右三路纵队,先后过草地,经包座地区北上。

从上述可见,红一、二、四方面军长征在四川的活动地域辽阔,纵横数千里,足迹所至70余县。而长征中三大红军主力也先后在四川胜利会师。红一、四方面军会师于懋功,红二、四方面军会师于甘孜。

此外,长征中反对张国焘右倾分裂主义的斗争也发生在四川。1935年8月毛儿盖会议后,张国焘率红四方面军和分属左路军的红一方面军的五、九军团,南下川康边境,分裂红军,继而又在四川理番县(即理县)卓木碉(今马尔康县足木脚)另立"中央",分裂党。经过中共中央和广大红军指战员对张国焘分裂主义的斗争,1936年6月,张国焘在四川甘孜被迫取消第二"中央",同意

中央北上方针。7月初从甘孜等地出发北上。7月底到8月初,红二、四方面军通过雪山草地,经包座、班右进入甘南。10月在甘肃会宁、静宁地区,红一、二、四方面军终于胜利大会师。

2. 四川人民提供粮食和兵源,支援红军长征过境。

中央红军长征进入川西南彝族聚居区后,红军先遣队负责人刘伯承和彝族沽基家支头人果基约达(原称小叶丹)歃血为盟,结拜为兄弟,受到彝民热情欢迎。果基约达等彝族头人,派彝民热情为红军当向导,并派彝族武装护送红军过境,使红军从安顺场

图3—22 建立在冕宁彝海结盟原址上的彝海结盟纪念碑雕像(从左到右分别是小叶丹、刘伯承、聂荣臻以及结盟见证人沙马尔格)

顺利渡过天险大渡河,避免了蒋介石在大渡河畔围歼消灭红军,重演"石达开第二"的厄运。红四方面军长征经过甘孜时,受到了藏族人民的甘孜波巴革命政府和白利寺喇嘛格达活佛等僧俗民众的热情欢迎和后勤支援。格达活佛还在白利寺办医院,收容伤病和流落的红军,给他们治好伤病后,又护送其归队,继续长征。

三大主力红军长征在四川,十几万人马要消耗大量粮食,这些粮食都是四川提供的。红军长征中建立的不少苏维埃政权,在提供粮食方面起到了巨大作用。红四方面军开始长征时,由川陕省苏维埃政府副主席余洪远负责后勤和筹粮工作,仅在江油一县就筹集粮食900余万斤。

红四方面军南下后,仅绥靖、崇化两县苏维埃政权就为红军筹集到4000石粮食。丹巴县格勒得沙政府曾协助红五军筹集粮食50万斤,食盐4000多斤。红一、四方面军会师北上时,黑水县瓦钵区苏维埃政府和游击队组织300多人的运输队,将粮食、伤病员运送至维古和芦花[①]。据有关资料统计:红军长征

---

① 中共四川省委党史工作委员会编《红军长征在四川》,四川省社会科学院出版社1986年版,第437、438页。

过境期间,"川西北各族人民先后共支援牛、羊、马、猪等各类牲畜总头数约20万头,粮食约1000多万斤"。①

长征中,四川各族青年有许多人参加了红军。如中央红军进入川南时,共产党地下组织就组建了川南红军游击队,配合红军战斗。红军离开时,至少有上千人加入红军队伍。仅据四川阿坝州20世纪90年代不完全的调查统计,全州各县当年参加红军的人数在5000人以上,茂县和金川就有1000人参加②。在天全、芦山、宝兴、荥经、雅安、名山6县,苏维埃机构动员参加红军的各族青年达4000多人,相当于3个团的兵力③。另外,广元有273人,剑阁1300人,旺苍12000人,青川900人,梓潼1000人,平武1100人,江油6000人,绵阳340人,北川1500人,普格34人,冕宁190人,喜德42人,越西800人,甘洛39人,古蔺800人,叙永804人,在长征中参加了红军④。据估计,长征中红军有数万英烈血洒征途,而四川先后有10多万人参加红军,⑤ 这就大大补充了红军的兵员。

正是四川人民提供了大量粮食、兵源和后勤的支援,三大主力红军才得以顺利经过四川,实现在陕甘胜利会师。

3. 四川在红军战略转移中起了重要的桥梁作用。

红军原活动于南方,四川成为红军由南方到北方进行战略转移的"桥梁"。中央红军进入四川后,在四川人民的支援下,巧渡金沙江,飞夺泸定桥,爬雪山,过草地,胜利到达陕甘,把领导中国革命的大本营安放到了陕北。红二、六军团也由湘黔经云南,进入川西北,过四川这座"桥",长征到陕甘。红四方面军原也是南方的红军,1932年冬由湖北实行战略转移到川北,建立川陕苏区。随后也经过川西北,过了四川这座"桥"才长征到达陕甘。总之,红军三大主力在长征中,一起走上四川这座"桥",一起进入川西北,便跳出了几十万敌军围追堵截的圈子,取得了主动权,实现了战略转移的目标,红军三大主力

---

① 朱成源主编:《长征在雪山草地》,四川民族出版社1986年版,第254页。
② 朱成源主编:《长征在雪山草地》,四川民族出版社1986年版,第256页。
③ 中共四川省委党史工作委员会编:《红军长征在四川》,四川省社会科学院出版社1986年出版,第444页。
④ 中共四川省委党史工作委员会编:《红军长征在四川》,四川省社会科学院出版社1986年版,第447页。
⑤ 《四川日报》,2006年10月23日,第7版。

得以会师陕甘。

二、红军长征过四川的革命影响

1. 红军长征，经过四川西部民族地区，对当地一些落后的社会制度实行了一些变革。如红一方面军解放越西、冕宁县城后，就废除了反动政府把彝族各家支头人（或其妻子、子女）关进监狱作为人质，以便控制彝族首领的"轮班坐质"制度。红军释放了"人质"和其他反抗官府、拖欠捐税的彝族群众，并烧毁了"人质"文书档案。又如，红军在川西北和康北盛行"政教合一"制度的藏族地区，在宣传信教自由的同时，又努力实行政教分离的政策。明确规定："活佛大喇嘛只许传教，无权过问政治，一切政权归苏维埃或人民革命政府"。"群众有信仰喇嘛教的自由，反对强迫信教，强迫当喇嘛"。"喇嘛寺应设法转变成为番族人民革命和文化教育的机关"①。再如红军在川西北藏族地区17个县的部分地区也实行了土地革命，改革落后的土地占有制度。所有这些社会制度的变革，都为新中国成立后对民族地区进行民主改革，积累了经验。

2. 红军长征，贯彻执行了党的民族和宗教政策，促进了各民族的平等与团结。1935年5月，红一方面军到达四川彝族聚居区时，红军总司令朱德就发出布告："中国工农红军，解放弱小民族；一切彝汉平民，都是兄弟骨肉。"红四方面军在《告川西藏彝民族书》和《告回番民众》布告中，都强调贯彻执行党的民族和宗教政策。1936年4月，红四方面军政委陈昌浩在甘孜地区还发布了保护喇嘛寺的布告："查白利喇嘛寺，联合红军，共同兴番灭蒋，应予保护。任何部队，不得侵犯，违者严办。"② 红军切实执行民族平等、信教自由、保护寺庙的政策，得到了各族人民的欢迎、信任和支持。而且刘伯承在彝海与果基约达的结盟，朱德在甘孜与格达活佛的亲切交谈，这些红军高级将领的典范事迹与动人故事，更示范性地促进了民族平等与团结。

3. 红军长征，帮助建立的革命政权实施发展经济的有关政策。在四川西部民族地区宣传和实行的关于工商业方面的主要政策有："对工人主张实行八小时工作制，增加工钱"，"大家来成立合作社，贩卖布匹盐巴粮食，使赤区穷人个

---

① 红四方面军战史编委会编：《中国工农红军第四方面军战史资料选编》（长征时期），第36页。
② 周锡银：《红军长征时期党的民族政策》，四川民族出版社1985年版，第102、130页。

个不愁吃穿"，"公买公卖不苟且，打倒土豪救穷人"，"废除一切苛捐杂税，发展工商业"，"保护中小商人利益"，"商人无论大小在服从苏维埃法令下可自由营业"。① 1935年11月，红四方面军在泸定帮助建立的中共四川省委，对红军和地方财经工作的8条规定中，有"提倡群众办合作社"，"提倡开设各种工厂"等。根据上述工商业政策精神，红军和革命政权，组织群众发展工业和副业生产，开办合作社和"国家商店"，取得了显著成绩。如在天全、芦山等地办起了手工业生产的盐厂、铁木工厂、茶厂。盐厂是红军请技师在天全县新打的盐井，安装8口大锅熬盐，每天可产雪花盐约800斤，群众称为"红军盐厂"。在川西北大、小金川地区，红军和革命政权开办有熬盐、制硝、烧锻、修造农具、烧炭、制革、纺毛、编织等厂和作坊，产品由各地苏维埃政权或合作社收购，供给军需民用。此外，还开办有炸弹炸药厂、军械军备修理厂、制鞋厂、服装厂、发电厂、制币厂、"国家商店"、"国家药店"、合作社等②。这些工厂、作坊、商店、合作社等在封闭落后的民族地区生产和交换商品，促进了当地经济的发展。

在更为封闭落后的康北甘孜、道孚地区，红军帮助建立的波巴革命政府，也很重视发展经济。1936年4月，道孚县波巴第一次人民代表大会所通过的12个条例中，关于经济方面的就有8个。这些条例中较重要的规定有："最高地租不得超过四六分成的比例"，"鼓励买卖，不论资本大小一律保护"，"成立公行，中介贸易，反对卖假货或故意操纵市场，盘剥乡民老少。设置公称、公斗，反对大斗小称"，"奖励对外贸易，输出特产，输入茶叶、布匹"，"废除乌拉制度（即差役制度，包括人役和畜役——引者），但可自由雇请租赁牛骡马，价钱由各级地方政府酌量当地实际情形规定"，"保护桥梁道路"，"设立马站"，"制造木船皮船"，发展交通事业。"外来资本投资经营各种生产事业或开发富源，在平等互利订约之下，准许自由营业，并给以便利和保护"，"人民合资合力开办毡子厂、削皮厂、铁铺，开采金矿、药山等，政府特别保护，免税并予奖

---

① 周锡银：《红军长征时期党的民族政策》，四川民族出版社1985年版，第104、110、153、159页。

② 阿坝藏族羌族自治州党史工委编：《长征在雪山草地》，四川民族出版社1986年版，第246页。这里所称的"国家商店"，指红军公营性质的商店，早在川陕苏区就有了。

励"①。这些由红军帮助制定的关于发展工商业的条例规定，虽因红军很快北上撤走，波巴革命政府被敌人摧垮，而未能付诸实施，但所起的宣传作用却是深远的。

4. 红军长征，广泛宣传革命道理和共产党的主张，唤起了西部各族人民的觉醒，播下了革命的种子。

长期居住在四川西部万重关山中的草地上的人们，被奴隶制、封建农奴制意识形态和宿命论观点所禁锢，只知道求山神保佑，从寺庙和佛经中去寻找"极乐世界"，却不知外部世界的变化，不懂得革命道理。红军长征在四川民族地区，结合当地实际情况，深入浅出地宣传革命道理，令各族人民振聋发聩。

红军宣传的革命道理，很快在四川少数民族地区人民中引起了空前的思想解放，唤起了他们的革命觉悟，纷纷参加苏维埃政府号召的活动，有许多青年报名参加了红军。红军在四川少数民族地区播下的革命种子，后来有不少人茁壮成长为栋梁之材，如天宝（藏名桑吉悦希）等很多人成了省州县各级的领导干部。

---

① 参见《近代史研究》，1988年第1期，第250~251页。

第四章　四川——抗日复兴的中心基地

　　四川素称天府之国，在经济上，境内物产丰富，是我国重要的粮仓；在军事上，境内四周大山环抱，进可以攻，退可以守，北出剑门，直达中原，东出夔门而抵东南。自古就是促进全国统一的重要基地。鸦片战争以后，外国资本侵入中国，东南及中原地区近代工商业发展较快，四川地处内陆，经济相对落后，但在西南西北各省区中，仍然是人口最多、经济实力最强的地区。抗日战争爆发以后，中日的军事实力悬殊，必须坚持长期抗战，才能打败日本帝国主义。为此，以蒋介石为首的国民政府，决定以西南、西北为抗日战争的大后方，迁都重庆，把南依滇、黔，北靠陕、甘的四川作为抗日复兴的中心基地。在抗日战争全面爆发后的两三年间，全国的政要人物、科技精英、文化精英云集四川；沦陷区和东南沿海的工厂、企业、高等院校也纷纷内迁。在四川人民和迁川同胞的共同努力下，四川被建设成为全国抗日复兴基地的政治中心、经济中心和文化中心。全国人民依靠这个民族复兴中心基地，长期坚持抗战，在世界反法西斯战争中作出了重要贡献，赢得国际社会的尊重，一洗百年国耻，废除了列强加给中国的不平等条约；夺取了抗战的最后胜利，收复了被日本侵占的领土，跻身世界大国之列，完成了复兴中心基地的历史作用。

第四章 四川——抗日复兴的中心基地

第一节 国民政府迁都重庆

一、迁都重庆的原因

从1931年九一八事变开始，日本先是侵占了东三省，接着又占热河、察哈尔两省，并不断向内地渗透，激起了全国军民团结一致与日寇决一死战的决心。

1937年7月7日卢沟桥事变爆发，同月底，日军占领平津，并企图占领整个华北。8月7日，蒋介石在南京召开中国国防最高会议，参加会议的有国民政府中央要员和地方军政大员，以及共产党代表、红军总司令朱德等人。这些地方实力派首领和中共红军领导人，绝大多数都曾与蒋介石打过仗，不同程度与蒋为敌，如今在国家民族生死存亡之际，捐弃前嫌，携起手来，共赴国难，这是前所未有的。会议表决通过，全国一致，对日作战。随着"八一三"淞沪战争爆发，中华民族开始了全面抗日的战争。11月16日晚，蒋介石在国防最高会议上正式宣布了国民政府迁都重庆的决定。当晚，中华民国元首、国民政府主席林森率随从10余人离南京赴渝，于26日到达重庆，受到四川当局和民众10万余人的热烈欢迎。同时，国民政府在南京各军政机关也开始逐步向重庆、武汉、长沙等地转移。

蒋介石决定迁都重庆，首先是要粉碎日军妄图胁迫中国，在南京作城下之盟，达到速战速决，迫使中国屈服的梦想。其次是要以四川为抗战基地的核心，以陕甘为左翼，云贵为右翼，组织全国力量，长期抗战，夺取抗日战争的最后胜利。这个战略思路，战争爆发之前几年就在蒋介石头脑中形成了。

早在民国初年，蒋介石上书国父孙中山论述革命根据地时就认为：在中国各省中，能作革命根据地的第一是广东，其次就是四川。"因为四川人口众多，物产丰富，都在各省之上，而四川同胞的天性，富于民族感情，一贯忠于主义，勇于革新"。① 九一八事变后，日本在满洲的所作所为已经使蒋介石隐约地意识到对日决战，或迟或早，是不可避免的。中国要坚持长期抗战，必须有一个战时国家与政府的根据地。广东地处沿海，易受日军攻击，四川自然成了最理想

---

① 周开庆：《四川与对日抗战》，(台北)商务印书馆1971年版，第13页。

的地方。只是由于四川军阀联合抵制中央势力入川，加之西南其他各省也不稳定，阻碍着他的计划的实施。

1934年10月，江西革命根据地的中央红军在五次反"围剿"中失利，被迫开始长征。中央红军去湘西会合红二、六军团被阻后转向进入贵州，欲进入四川与川陕革命根据地的红四方面军会合，这实际上为蒋介石控制西南提供了机会。蒋介石施行"一石二鸟"之计，电令西南各地方军阀调兵围追堵截红军，企图让军阀与红军在战争中两败俱伤，以达到控制四川和西南的目的。但四川等地的军阀很快就识破了他的用心，不愿与红军拼个你死我活，在发现红军有很强的战斗力后，更是不愿恋战，甚至与红军暗自达成默契，让开通道，只希望红军走得越快越好。直到1934年底，刘湘六路围攻川陕革命根据地失败之后，跑到南京向蒋介石求援，双方达成蒋介石派参谋团和少量中央军入川，帮助刘湘完成川政统一的协议，才打开了蒋介石控制四川的突破口。

1935年3月，蒋介石打着督导"剿匪"的公开旗帜，怀着追剿红军、统一川政、寻觅抗战最后根据地的三重目的，率其高级幕僚陈诚、顾祝同等飞抵重庆，开始了长达半年之久的西南之行和策定四川为抗日根据地的历程。3月4日，即在他抵达重庆的第三天，就在国民党四川省党部特派员办事处作了《四川应作为民族复兴之根据地》的讲演。同年8月11日，蒋介石在峨眉山军官训练团发表讲演，更明确指出："辛亥革命之花，既由四川开始，亦要由四川收革命最后成功之果"，"只要大家发扬我们中华民族5000年历史的光荣，以川滇黔为中华民国复兴的根据地……我敢说，我们本部18省，哪怕失掉了15省，只要川滇黔三省能巩固无恙，一定可以战胜任何强敌，收复一切失地，复兴国家。"① 蒋介石还在另一次讲演中说："四川远处西陲，形势天成，估计当时敌人的实力，决不能深入到四川来……因此本人仍认为四川为抗战唯一的根据地。"② 其后，蒋介石在多次的讲演中，都强调了四川作为抗日民族复兴基地的重要性和必然性。1936年，蒋介石把"四川作为总根据地"的构想，正式以公文的形式写进了中国参谋本部拟定的《国防计划大纲草案》。

1937年8月7日晨，四川省主席刘湘乘机离蓉赴南京参加最高国防会议，

---

① 周开庆：《四川对日抗战》，（台北）商务印书馆1971年版，第12页。
② 周开庆：《四川对日抗战》，（台北）商务印书馆1971年版，第14页。

成都各军和各界代表万余人到机场欢送。刘湘行前发表谈话指出："今日之局势，除抗战外，别无他途。四川为国家后防要地，今后长期抗战，四川即应负长期支持之巨责，所有人力、物力，无一不可贡献国家。"① 当晚，在国防会议上，刘湘更是慷慨陈词，力主抗战。并说：四川可出兵 30 万，供给壮丁 500 万和粮食若干万石，以备抗战之需②。刘湘代表四川人民对抗战的坚决支持，对国民党中央决策迁都重庆起了相当大的推动作用。

蒋介石迁都重庆的决定，表明了中国政府坚持长期抗日的决心，得到中国人民以及世界爱好和平的国家和人民的热烈欢迎和支持。在国际上，从 1938 年 1 月起，原驻南京的苏、美、英、法、比等 20 多个国家的大使馆，都先后迁驻重庆，表示支持中国对日抗战。在国内，国民政府发表迁都宣言的第二天，《大公报》就发表评论说："国府所在地临时迁移，这就在事实上表明持久抗战，到底不屈"，"我们恭读宣言全文及国府移驻办法，惟有感激钦佩，认为非常适当。"③ 11 月 21 日四川省主席刘湘代表全川民众致电国民政府主席林森表示"谨率 7000 万人，翘首欢迎"④。中国共产党更是积极支持国民政府迁都重庆。1940 年 9 月 6 日，国民政府明定重庆为陪都，此前一天，即 9 月 5 日，中共中央致电指示在重庆的周恩来，向国民党当局提出"八路军以三分之一开赴湖北担负保卫重庆的任务"⑤，以表示支持国民政府长期抗战。

二、国民政府迁都重庆

从 1937 年 8 月国民政府决定迁都重庆，到 1938 年 12 月，国民政府正式在重庆办公止，历时一年有余。其间 1937 年 12 月南京失守，国民政府移驻武汉，1938 年 10 月，武汉失守，蒋介石和国民政府留在武汉的机构才全部迁到重庆。国民政府不直接迁都重庆而要暂时移驻武汉，除了因武汉便于指挥华东、华南和中原抗战，观察战势变化之外，蒋介石要在四川创造国都驻地良好、稳定、安全的政治、军事、经济环境，是更重要的原因。

---

① 《国民公报》，1937 年 8 月 8 日。
② 邓汉祥：《刘湘与蒋介石的勾心斗角》，《文史资料选辑》第 5 辑。
③ 《大公报》，1937 年 11 月 21 日。
④ 周开庆：《四川与日抗战》，（台北）商务印书馆 1971 年版，第 69 页。
⑤ 《周恩来年谱》，人民出版社、中央文献出版社 1989 年版，第 460 页。

第四章 四川——抗日复兴的中心基地

在1935年以前，四川一直处于军阀控制之下。1935年参谋团入川帮助刘湘统一川政，蒋介石中央势力才开始进入四川，染指川政事务。但刘湘统一川政，结束军阀割据，集军、政、民、财权于一身，并未能使蒋介石直接控制四川。相反，四川军事实力派大都团结在刘湘旗下，反对蒋介石"攘外必先安内"剥夺四川军事实力派的势力的政策。

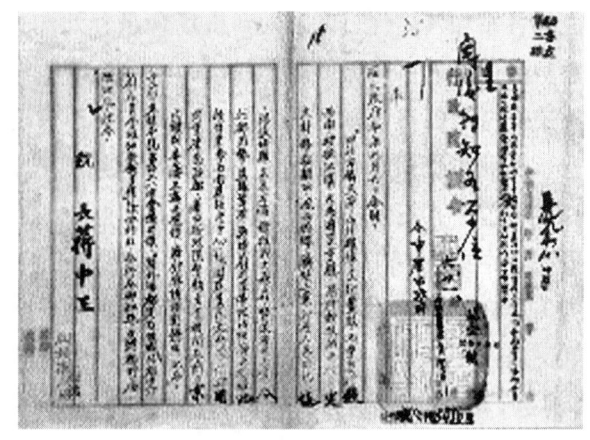

图4-1 行政院转发国民政府定重庆为陪都的训令

这在一定程度上为蒋介石直接控制四川带来困难。加之，桂、滇和中原等地军事实力派反蒋暗流仍然存在。在四川军事实力派的势力尚未大大削弱和国民党中央势力在川尚未巩固前，蒋介石是不愿仓促迁都贸然入川，从而可能使自己陷入"强龙难斗地头蛇"的困境。同时，四川的现代工业特别是军事工业落后，必须把华东和沿海工业迁入四川，才能为在四川坚持长期抗日奠定经济基础。因此，蒋介石在宣布迁都重庆后，积极采取措施，在军事、政治上削弱四川军事实力派的势力，为迁都重庆奠定基础。

如前所述，自参谋团和别动队入川后，其成员就分配渗透到四川的军政部门任职，以加强中央势力，削弱地方势力。更为重要的是整编裁减四川军队，把将军以上军官的授衔权收归中央，把裁减的中下级军官组织到峨眉山军官训练团接受一个党、一个主义、一个领袖的教育，使其忠于蒋介石，以此在军事上分化瓦解四川军事实力派，实现四川军队的中央化。在决定迁都重庆后，蒋介石乘机利用川军官兵请缨出川抗日的热情，将川军大量调至抗日前线，并违背出川川军由四川将领统一指挥的约定，出川后就将川军分调各个战场，兵与将分，大大削弱了川军将领的实力。至此，蒋介石认为已达到军事上政治上控制四川的目的。

1938年1月20日刘湘病死武汉之后，川军已是群龙无首。蒋介石认为控制四川的机会到了。但是，他操之过急，低估了四川军事实力派的力量。刘湘死后三天，蒋介石连下几道命令，撤销刘湘第七战区司令长官、川康绥靖主任和四川省主席等职务，同时任命张群为四川省主席。此举遭到川康实力派的强烈反对。刘湘留守四川的部将认为，刘湘新故，蒋介石既不派员来成都慰唁，也不与四川有关人员商洽，即命张群主川，是对四川趁火打劫，意图宰割。于是，由刘湘部将彭焕章领衔，率留守四川的17名师长，联名电请蒋介石收回成命，拒绝张群主持川政，同时组织人员在全城遍贴反张标语，举行示威游行。

成都的强烈反应使蒋介石大为震惊，也使他认识到川事非常棘手。蒋介石考虑到四川已成为抗日的复兴基地，若是动荡不安，国民政府就无法在四川立足，而当时形势又不允许他对四川军事实力派用兵。于是他改变策略，复电安抚四川将领，满足要求，令四川省政府秘书长邓汉祥照旧代理主持川政。同时，又保留川康绥靖公署，任命钟体乾为主任，还派傅常、刘航琛、卢作孚从武汉回成都疏通。形势稍缓和后，蒋介石乃任命张群为重庆行辕主任，并拟委派重庆行辕主任顾祝同为四川省主席，但同样遭到川军将领的强烈拒绝。代理保安司令王陵基得到消息后，声言顾祝同如敢飞成都，当以大炮在机场欢迎。蒋介石无奈，只得同意由四川将领自荐一人为四川省主席。

为了安定四川，蒋介石又采取封官许愿的办法收买分化川军将领。1938年3月，蒋介石以国民政府名义委邓锡侯为川康绥靖公署主任，潘文华为第二十八集团军总司令，王缵绪为第二十九集团军总司令，提升王陵基为第三十集团军总司令，刘文辉为重庆行辕副主任，后又暗许刘文辉为西康省主席。蒋对川军实力派人物的安抚，使四川局势逐渐稳定下来。

川军将领经过幕前幕后的酝酿磋商，平衡各方利益，推荐出王缵绪任四川省主席。蒋介石于4月任命王缵绪为四川省代主席，8月正式为四川省主席。至此，四川局势稳定下来，同年10月，武汉失守，国民政府顺利地由武汉迁至重庆，于12月1日正式办公。1939年5月，国民政府改重庆为直辖市，1940年9月，又将重庆定为陪都。重庆为中国战时首都后，市区不断扩大，人口从战前的40多万增加到60多万。1946年已近125万，成为世界著名的国际都市。

三、民生公司在迁都重庆中的贡献

在国民政府由武汉移驻重庆的过程中，民生公司作出了重要贡献。

民生公司是重庆市合川人卢作孚于1926年创建，经营长江内河航运业务的

第四章 四川——抗日复兴的中心基地

企业。经过惨淡经营，发展成为拥有140多艘江海轮船和8000多职工的庞大企业。1937年8月抗战全面爆发后，他出任国民政府交通部常务次长兼全国水陆联合运输管理处处长。

1938年秋，国民政府迁往重庆，几十万人员和大量物资途经宜昌转移入川，被称为"宜昌大撤退"——后来被喻为"中国的敦刻尔克大撤退"。各种需转移的器材、物资，在宜昌堆积如山。这些物资几乎全部是中国的兵器工业、航空工业、重工业的主要设备和材料。10月23日晚，卢作孚临危受命，赶赴宜昌，紧急宣布："一定要保证40天内把宜昌的物资和人员运完。"当时民生公司担负了转运物资90%以上的运输任务。

图4-2 爱国实业家卢作孚先生

20多艘轮船，850多只木船，不停地在峡江上穿梭，卢作孚则冒着敌机轰炸的危险，日夜来回奔波在各个码头指挥运输工作。"宜昌大撤退"在1938年12月12日枯水期前基本完成。1940年6月宜昌陷落前，堆积在宜昌的9万吨器材，三四十万难民全部撤离。在"宜昌大撤退"中民生公司有116人献出了生命，61人伤残，16只船被炸沉。其中最大的轮船"民元"号被敌机击毁，主力舱船"民风"号装卸炮弹不慎沉没，"蜀和"号在青滩触礁沉没。

1937年至1938年几次大战役后，民生公司将大量伤员运回四川。1938年抢运入川伤兵即达1万多人。抗战初期，经宜昌由民生公司抢运入川的机关、团体、工厂、医院等单位的人员，共约6.4万多人。其中抢运入川的学校有复旦大学、中央大学、金陵大学、武汉大学、山东大学、航空机械学校、中央陆军学校、中国戏剧学校等数十所。

为抢救难童，战时儿童保育会等先后组织难童入川，由民生公司轮船免费运送至重庆，分送各地保育院。

据资料记载，自1937年至1940年宜昌沦陷的三年时间，民生公司抢运国民政府内迁人员、公私营工厂的机器设备、商家财物，共计100万吨以上，逃难群众150万人左右。

民生公司还将四川的兵源和粮食运往前线。抗战开始仅一年的时间内，民生公司抢运到前线的作战部队共 30 余万人，4600 多吨弹药。而四川支援前线的粮食，基本上也是由民生公司源源不断运到前方的。

民生公司对抗日战争作出的卓越贡献，受到国民政府嘉奖，卢作孚获一等一级奖章。毛泽东也称赞他是中国"四个不能忘记的实业家之一"。可惜的是 1952 年"三反五反"运动中卢作孚受到不公正对待而自杀。

第二节 四川成为抗日复兴的中心基地

一、蒋介石兼理川政，四川成为抗日复兴基地的政治中心

国民政府迁都重庆后，全国的政要人物、社会活动家、外国使团和国际友人，齐聚重庆，四川成为抗战的政治中心。但国民政府迁都重庆的初期，四川的政局并不十分稳定，蒋介石国民党中央统治集团与四川地方实力派继续进行着控制与反控制的斗争。

王缵绪任四川省主席后，被蒋介石收买过去，同康泽合作，向蒋介石密报四川地方军人反蒋活动材料，引起川军将领的公愤。于是，刘文辉、邓锡侯、潘文华等策动其部属谢德培、杨晒轩、彭焕章等 7 个师长（当时川军留川共 9 个师），于 1939 年 8 月联名致电蒋介石，揭发王缵绪挑拨中央与地方关系、滥用职权、卖官鬻爵、任用亲信、树立党羽等十大罪状，要求速撤王的省主席职务，并且调遣部分军队集结成都，剑拔弩张，形势严峻。蒋介石又不得不撤免了王的省主席职务。他深感川事棘手，便自己兼任四川省主席。行辕主任贺国光兼省政

图 4-3 抗战时期蒋介石和夫人宋美龄在重庆

府秘书长,他不在成都时,由贺代行省主席职务。至此,四川地方实力派亦只得表示拥护,四川政局得以安定下来。

蒋介石在1939年9月兼任四川省主席后,便于10月3日亲临成都处理川政,17日返回重庆。12月初亲手制定了《四川省施政纲要》,内容包括治安与剿匪、禁烟、地方自治、吏治、财政金融、地政、卫生、经济建设和教育,共9项23条。这些措施的执行,改善了四川的政治环境,加强了蒋介石对四川的统治。

蒋介石在兼理川政期间,另一项重要施政措施是推行新县制,加强保甲制度。1939年,国民政府公布了《县各级组织纲要》,蒋介石令四川省率先实施,以树全国改革县政之先声。四川省政府随后颁布了《县各级组织纲要实施计划》,规定县为地方自治单位,区为县政府的辅助机关,县以下各乡(镇)建立保甲制度。县长必须是国民党员,乡(镇)长、保长必须经训练及格者才能充任。乡(镇)、保长兼各该级民兵队队长和乡(镇)中心小学、国民学校校长,并实行保甲连坐法。为此,各地举办了行政干部、兵役干部、民运干部训练班。蒋介石在1940年5月1日,还亲自出席了四川省训练团地方干部训练班第一期的开学典礼,并发表讲话。通过新县制的实行,使乡(镇)、保长成为党、政、文、武一体的统治者,地方行政体系发生了很大变化,逐渐与国民党中央党政体系相适应。国民政府从而加强了对四川各级政权的控制,地方实力派势力大大削弱,实现了四川各级政权的中央化。

在蒋介石兼理四川省主席期间,张群也积极拉拢川康人士。在组织经济建设委员会、川康兴业公司,开发川康的活动中,张群逐渐取得了川军首领的信任。1940年11月,蒋介石在直接主持川政已逾一年后,四川局势渐趋平稳。于是,蒋介石致电刘文辉、邓锡侯、潘文华,说明自己处理国内国际公务繁忙,实难再兼川省主席,拟命张群继任,希望他们协助张群,得到川康实力派赞同。同时11月15日,国民政府正式任命张群为四川省政府主席,调贺国光为宪兵司令兼重庆市卫戍司令。四川中央

图4-4 1940年11月,蒋介石任命张群为成都行辕主任兼四川省主席。图为张群

化，经过曲折的历程，终于实现，使四川成为抗日复兴基地的政治中心。

二、沦陷区工矿企业迁川，四川成为抗日复兴基地的经济中心

早在抗战爆发前夕，国民政府已有以川、滇、黔为中华民族复兴基地的设想。为了在后方筹建工业基地，战前国民政府资源委员会已派出大批技术专家对四川、云南、贵州、甘肃、西康、青海等省的矿产、水利资源进行了实地勘察，为四川的重工业建设提供了重要的依据。抗日战争爆发后，国民政府为了保存实力，长期坚持抗战，下令沿海和可能被日军侵占地区的工矿企业迁入内地；爱国的企业家也急切希望自己的企业能迁内地，继续生产，支援抗日战争；四川省行政当局更是热忱欢迎，制定了一系列优惠政策，帮助解决内迁企业迁川后继续生产的种种困难。在这种形势下，从1937年开始，特别是1938年武汉失守后，形成了沦陷区和沿海工矿企业迁川的高潮。到1940年，华东和华中的254家工厂迁入四川，随工厂迁入的技术工人达8000余人[①]。这就大大地推动了四川工业的发展。1938年至1941年成为四川工业发展的黄金时期。据1942年统计，四川已有新式钢铁企业44家，为抗战前夕的22倍，其中战时新建的约占80%以上[②]。其他如兵器、化学、冶金、机械、电力等工业部门都形成了一定的规模和相当的生产能力，工业的技术取得空前的进步。交通运输、公路建设为适应抗战的需要，更是取得飞跃发展。在抗战时期，四川建设成为大后方经济最发达的地区，成为抗日复兴基地的经济中心。

在四川经济发展中，兵器工业的发展，对坚持长期抗战，夺取抗日战争的最后胜利，更是起了极其重要的作用。

抗战以前，四川兵器工业十分落后，基本上只能生产步枪和手榴弹。抗战爆发后，国民政府下令全国兵器工业内迁。到1940年底，兵工署直属的16个兵工企业，都全部内迁。其中除迁昆明1家、贵州2家、湖南1家外，其余12家都迁入四川。在迁川12家兵工企业中，除1家在泸县，其余11家兵工企业全部落户重庆地区。重庆成为我国抗战时期军事工业基地，供应抗日战争正面

---

① 四川省档案馆编：《抗日战争时期四川省各类情况统计》，西南交通大学出版社2005年版，第57页。

② 陆大钺：《抗日战争时期我国兵工企业内迁述论》，《四川抗战档案研究》，西南交通大学出版社2005年版，第19页。

第四章 四川——抗日复兴的中心基地

图 4—5 1938 年重庆 21 兵工厂职工呈献的爱国枪炮

战场作战武器。

在太平洋战争爆发前，我国基本上是独立对日作战。前方的作战武器，大部分靠本国兵工企业供给。据兵工署外勤司《（民国）三十六年度械弹补充损耗数与抗战各年平均补充损耗数比较表》记载，抗战八年正面战场作战部队平均每月损耗步枪 8368 枝，轻机枪 515 挺，重机枪 119 挺，迫击炮 59 门，枪弹 17811666 粒，迫击炮弹 62997 颗。而在这八年中，后方各兵工厂平均每年生产步枪 5675 枝，占损耗数的 68%；轻机枪 444 挺，占损耗数的 86%；重机枪 195 挺，占损耗数的 164%；迫击炮 144 门，占损耗数的 244%；枪弹 11151648 粒，占损耗数的 63%；迫击炮弹 62411 颗，占损耗数的 99%[①]。如果不是四川军工企业供应前方作战武器，在 1942 年前国际通道基本被封锁，外援常规武器很少进入中国的情况下，正面战场将不战自溃。

---

① 原件藏中国第二历史博物馆。转引自陆大钺《抗日战争时期我国兵工企业内迁述论》，《四川抗战档案研究》，西南交通大学出版社 2005 年版，第 18 页。

三、经济飞跃发展，四川成为抗日复兴基地的财政金融中心

抗战时期，随着大批企业内迁入川和战时军需的促进，四川经济得到飞跃式的空前发展。经济发展促进了财政收入增加。在1942年四川财政改革后，县市级财政成为地方自治财政系统，上升为省财政的中坚，支撑着地方政府的开支。省级财政则并入国家财政，承担协助中央开发四川经济，支援抗战的重任。抗战八年，国家支出14640亿元（法币），四川就负担了约4400亿元，占国家财政总支出的30%以上，成为国家财政的重要支柱。

在金融业方面，抗战以前，上海是全国最大最重要的金融中心。中央银行、中国银行、交通银行、农业银行四家国有银行的总部都在上海。有数十家银行的总部和一百家支行设在上海。上海银行数量居全国之首。国民政府迁都重庆以后，中央、中国、交通、农业四行总部与邮政储金汇业局、中央信托局也随之迁至重庆。随着中央金融机构迁至重庆，其他商业银行和沦陷区的省市地方银行也纷纷迁来四川。其中江苏、安徽、湖南、湖北、河北、河南、陕西、甘肃、广东、广西、福建、云南、西康等省的地方银行都在重庆设行。至此，重庆代替上海成为全国的金融中心。

中央等四银行迁至重庆后，在四川设分支行67所。与此同时，四川省银行也在全省普设分支行处，加上其他私营金融机构的发展，逐步形成了一个遍布全川大中城市和县市的金融网。据统计，1945年，全川有公私银行868家[①]，高居各省之首。

重庆和四川金融中心地位的确立，对推动四川经济建设，支持抗日战争起到了积极作用。各类金融机构遵循国民政府战时经济金融的政策，积极开展融资活动，支持工商业的发展。中央、中国、交通、农业四行联合组成贴放委员会，共同分担对工商业的贷款任务，支持迁川工厂的重建和恢复生产，发展四川的工矿、交通、商贸等事业和川盐、粮食等的生产运销。四川省银行也逐年增加贷款，积极扶持本省物产的生产和运销。私营银行中的川盐银行则发放贷款扶持川盐的生产和运销。川康、美丰、建业等商业银行，也都贷款支持四川

---

① 四川省档案馆编：《抗战时期四川省各类情况统计》，西南交通大学出版社2005年版，第115页。

地方特产的生产和运销。此外，国家银行、省市地方银行和私营商业银行还投资工矿、交通运输、公用仓储、保险、商贸、房地产、文化出版事业，推动四川社会经济的发展，改变四川的经济结构，增强四川的经济实力，对支援抗日战争起了重要作用。

四、文化机构和大专院校迁川，四川成为抗日复兴基地的文化中心

国民政府迁都重庆后，中央科研、文化机构和全国许多高等院校纷纷迁川，国内知名作家、学者和科学家亦汇集于此，四川成为全国的文化中心。

来川的自然科学家和技术人员，为满足战时军需民用产品的需求，积极改良和发明新产品。据国民政府经济部《抗战六年来我国工业技术之进步》的报告中说，自民国成立到1937年的20多年间，我国核准的专利权共257项，而1938~1943年的6年中，核准的专利权即达338项[1]，使四川的工业技术得到空前发展。

来川的社会科学家，积极开展社会学、民族学、考古学、历史学、经济学等社会科学的研究，把四川的社会科学研究推向空前的繁荣阶段。文学艺术家和新闻工作者，更是把抗战作为创作和宣传的主题，面向社会、面向群众，提

图4—6　宜宾李庄同济大学旧址

---

[1] 马振犊、戚霞：《中国第二历史档案馆有关抗战时期四川省档案的综述》，《四川抗战档案研究》，西南交通大学出版社2005年版，第6页。

倡大众化、通俗化，对提高和鼓舞民众的抗日精神、爱国精神起了极其重要的作用。而全国近半数高等院校的迁入，加上原有的高校，使一时四川的高校多达 57 所，居全国之首，为抗战的需要和以后中国建设培养了大量的高级人才。

第三节　复兴基地的伟大历史作用

一、复兴基地保证了抗战的胜利

面对日军的优势兵力，国民政府迁都重庆，四川成为抗日民族复兴基地。沦陷区的现代工矿企业、金融机构、机关学校和全国的政治家、军事家、科学家、文学家、外交家纷纷迁入四川，为我国保存了抗战的人力、物力、财力资源，促进了四川和大后方社会经济的发展，从而为坚持长期抗战，赢得战争的最后胜利奠定了坚实的基础。所以，自从国民政府迁都重庆后，中日战争就进入相持阶段。日军飞机在空中连续四五年对重庆、成都等四川大中城市狂轰滥炸，但炸不垮国民政府，日军长达 7 年的地面进攻，始终不能侵占四川一寸土地。四川这个抗日复兴基地岿然不动，依靠大后方的人力、物力、财力资源有力地支援正面战场的对日作战，同时也支援了敌后战场的发展和壮大，为我国人民最后战胜日本提供了可靠保证，并赢得国际反法西斯主义的国家和人民的尊重。

二、复兴基地有力地支援了远东战场的反日战争

1941 年 12 月 8 日，日本空军偷袭了珍珠港，美国太平洋舰队几乎全军覆灭，40 余艘舰艇被炸沉，188 架飞机爆炸起火，4500 名官兵伤亡。同日，日军入侵泰国，直逼马来西亚，英国最新式、最具威力的"威尔士亲王"号战舰和"无敌"号巡洋舰也被日本击沉在马来西亚沿海。美、英在中国天津、上海、广州的租界，被侵华日军强占。一贯对日本侵略中国袖手旁观的美英政府被迫对日宣战，太平洋战争爆发了。从此，中国的抗日战争引起了国际社会的重视，并走出孤军奋战的困境。

面对共同的敌人，蒋介石抓住机遇，在当天召开了国民党中常会特别会议，"决定对德意日宣战，并向美国建议成立中、美、英、苏、荷、澳等国军事同

第四章 四川——抗日复兴的中心基地

盟,由美国作领导"[1]。并特别强调各国协同作战,决不单独媾和。为了配合美、英行动,联合打击日本,12月9日下午,国民政府正式对日宣战,废除与日本、德国、意大利之间的一切条约和协定,主动结束了中日间战而不宣的关系。当天,美国总统罗斯福致电蒋介石,对中国坚持四年抗日战争表示敬意,并呼吁共同对日作战。

为了早日促成太平洋地区反法西斯军事同盟的实现,中国政府向美国政府建议尽快成立联合指挥部,确定远东军事战略计划,签订军事同盟协定。12月31日,罗斯福致电蒋介石建议成立中国战区,在蒋介石领导下,由中、美、英三国政府组成联合作战参谋部,指挥在中国、安南(越南)及泰国境内的联合国家军队对日作战。

1942年元旦,由美、苏、英、中领衔的26国共同在华盛顿发表《联合国家宣言》,正式结成世界反法西斯统一战线,约定加盟诸国各尽其兵力资源以打击共同的敌人,不得与任何敌人单独媾和。中国在《联合国家宣言》签名序列中荣列领衔的前四位,成为"四强"之一。

同年1月3日,蒋介石被正式推举为中国战区最高统帅。1月29日,美国史迪威将军被任命为中国战区统帅部参谋长。从此,中国的抗日战争被世界各国承认是世界反法西斯战争的重要组成部分;中国开始以大国的身份出现在国际政治舞台;四川这个抗日复兴中心基地,不仅承担中国境内对日作战的任务,还承担远东战区对日作战的使命。

缅甸的战略地位十分重要。中缅公路是美国援助物资运往中国的唯一通道。如果缅甸失守,中国因失去补给而可能被击垮,日本将从中国战场抽出几十个兵团南进和西进,占领澳大利亚、印度,并与德国在中东会师,瓜分埃及,切断经过地中海的所有交通线,使盟

图4-7 1942年初开赴缅甸作战的中国远征军

---

[1] 苗建寅主编:《中国国民党史》,西安交通大学出版社1990年版,第355页。

第四章 四川——抗日复兴的中心基地

国的欧洲战场和远东战场都处于不利地位。所以，中国战区最高统帅部成立后，就把中国军队出征缅甸，保卫缅甸提到日程上来。中国为此做好了充分的准备。

1942年1月20日，日本第十五军越过泰缅边境，侵入缅甸。英国被迫不断电请蒋介石出兵增援。2月14日，蒋介石派出"中国远征军第一路军"，下辖3个精锐军，由史迪威任总指挥，指挥中英军队对日作战。这是本世纪以来中国人第一次应人之请派兵出国救援，而且是应了号称大国的英国之请求。

中国远征军第六十六军新三十八师在师长孙立人的指挥下，在仁安羌经过两昼夜激战，击溃日军。"毙敌1200多人，收复仁安羌，救出陷入绝境的包括英军总司令亚历山大上将在内的7000余英军和100余辆轻重汽车，1000余匹战马以及被俘的英军、记者和美国传教士500余人。"不少英国官兵高呼"中国万岁"，"美英政府特向新三十八师师长孙立人颁发'帝国司令'勋章及'丰功'勋章，团长孙继光及营长多人也获勋章"①。

仁安羌大捷轰动了英伦三岛，提高了中国在反法西斯战争中的地位。但由于史迪威的指挥失误，和英军一贯弃阵逃跑，第一次远征缅甸以失败告终，近10万精锐部队损失过半。孙立人一部则被迫退至印度，中缅交通被切断，到1942年开辟"驼峰"航线，才打破了日本对中国的封锁。

1944年，四川知识青年从军，再次远征缅甸。当年，日军在中国发动豫湘桂三大战役企图打通从中国到越南的"大陆交通线"，这是中国正面战场的东线战场，出兵缅甸打通中缅交通线，则是西线战场。面对两个战场，蒋介石深感兵力不足。1944年8月27日，蒋介石在国民参政会三届三次会议上，以"一寸山河一寸血，十万青年十万军"为号召，鼓励青年从军。10月14日，他又下达紧急手令："3月内发动10万知识青年从军，必须如期如数完成！"当时四川知识青年为了抗日救国，纷纷投笔从戎，报名参军。据记载，"征集的人员以大中学生为主，也有个别大学教授，机关公务员。两期知识青年从军，全国共登记15万人，四川就有4万以上，居全国第一"，"这些应征青年后组编为青年远征军，共9个师番号"②。

入缅作战，始于1943年10月中国驻印军与美军联合开始反攻缅北。1944

---

① 江涛：《抗战时期的蒋介石》，华文出版社2005年4月版，第253页。
② 郑光路：《川人大抗战》，四川人民出版社2005年1月版，第416页。

第四章 四川——抗日复兴的中心基地

年6月下旬，驻印英军占领缅北重镇孟拱，控制了整个战局。为策应驻印军在缅北作战，中国远征军于1944年5月由云南西渡怒江攻击日军。1945年元月28日中国驻印军和中国远征军在缅甸边陲芒市会师，隆重庆祝收复缅甸和中印公路通车。远征缅甸胜利结束。

中国远征军的胜利和中印公路通车，使美国援华物资源源不断进入中国境内，中国正面战场由防御进入反攻阶段。

三、废除不平等条约和收复国土

太平洋战争爆发，中国对德、意、日宣战，同时宣布所有一切条约和协定一律废止。中国与德、意、日之间的不平等条约自行废除，为中国废除其余不平等条约带来了契机。《联合国家宣言》的发表，中国跻身世界第四大国，更为废除不平等条约制造了条件。于是，在重庆的国民政府把废除不平等条约提上议事日程。1942年4月23日，宋美龄在《纽约时报》上发表《如是我观》一文，提出取消外国在华种种特权，由此开始了中、美、英之间关于废约的谈判。在四川的中国新闻界也抨击英国殖民主义，要求立即废除不平等条约。宋美龄于4月至5月在美国著文"谴责英国在远东作战不力却继续以帝国主义的态度对待中国。她要求那些以抗战名义到中国的英国驻华大使馆的一些'大班'们滚回英国"[1]。宋美龄的言论在美国引起巨大反响，罗斯福决定在废约问题上作出让步。1943年1月11日"中美平等新约"在华盛顿签字，"中英平等新约"在重庆签字。随后，中国又与比利时、挪威、加拿大、瑞典、荷兰、法国、瑞士、丹麦、葡萄牙等国签订了类似条约。百年来列强加给中国的不平等条约基本废除了。

从1945年开始，中国的正面战场和中国共产党领导的敌后战场已转入反攻阶段。欧洲战场胜利结束，同盟国军队集中力量向日本侵略者发动毁灭性的反攻。8月15日，日本宣布无条件投降，抗日战争胜利结束，被日本侵占半个世纪之久的台湾、澎湖列岛重新回归祖国。

至此，四川确定抗日民族复兴中心基地的历史地位。

---

[1] 江涛：《抗战时期的蒋介石》，华文出版社2005年版，第336页。

第五章 抵抗日机轰炸的特殊战场

中国的八年抗日战争中,四川没有一寸土地被日军侵占,四川人民没有同日本侵略者开展地面战争,但在空中同日本侵略者展开了激烈战争。这就是四川人民抗击日机轰炸的战争。

四川人民反日机轰炸的战争,是中国抗日的特殊战争。这场战争,保卫了指挥中国抗日战争统帅部国民政府的安全,保卫了陪都和四川这个抗日复兴基地的安全,保障了四川战时经济文化的正常进行和发展。这场战争,日本侵略者用空中轰炸的方式取消了前线与后方、交战人员与和平居民的界限,野蛮地、残酷地、毫无人性地有计划、有步骤地用重型炸弹、燃烧弹甚至毒气弹,针对四川的非军事设施、和平居民的建筑实行狂轰滥炸,使四川人民吃尽了日本侵略者的苦头,也空前地激发了四川人民的民族精神、爱国精神。四川人民在国民政府的领导和友好国家的支援下,不惜倾家荡产,流血牺牲,加强防空建设夺取了制空权,赢得了反日空战的最后胜利。

四川人民反日机轰炸的战争,为中国人民坚持长期抗战,争取最后胜利,提供了物质和精神的保障,是四川人民为抗日战争所作出的重要贡献之一。

第五章 抵抗日机轰炸的特殊战场

第一节 日机对四川的轰炸

一、日机轰炸四川的地区

国民政府迁都重庆，日本企图速战速决灭亡中国的梦想破灭，战争进入了相持阶段。日本无力攻入四川这个抗日大后方。1938年12月8日国民党副总裁汪精卫经越南叛逃投日后，日本军方便于1938年12月发布了《大陆命第241号命令》，认为开展"制空进攻战"，就能"摧毁敌人的抗战企图"。日本军方认为空袭四川，势必造成中国大后方的经济破产，民众惧战情绪增长，国民政府瓦解，迫使中国政府对日投降。据民国四川省政府统计处汇核统计，1938年至1944年的7年间，除1942年四川未遭轰炸外，其余6年都遭到日本飞机的大轰炸。现按地区将日机轰炸四川的情况列表于后。

表 5-1　四川省各地被日机轰炸情况表[①]

地区	年度	突袭次数	敌机架次	投弹（枚）	死亡人数	受伤人数	损毁房数（幢）	备注
重庆市	1938	2	22					因重庆雾大被迫返航
	1939	34	865	1897	5247	4196	4757	
	1940	80	4722	10587	4419	5411	6952	
	1941	81	3495	8893	2448	4448	5793	
	1942	2						
	1943	9	348	151	21	18	99	
	1944	2						
合计	7年	210	9552	21531	12116	14073	17601	

---

① 重庆市的数据见周勇主编：《重庆通史》，重庆出版社2002年8月版，第908～909页。其余各县市数据是依据《日机空袭四川损害统计》整理，载四川省档案馆编：《川魂·四川抗战档案史料选编》，第160～180页；陈应明、廖新华编著：《浴血长空——中国空军抗日战史》，航空工业出版社2006年1月版，第144页。

续表

地区	年度	突袭次数	敌机架次	投弹（枚）	死亡人数	受伤人数	损毁房数（幢）	备注
成都市	1938	2	35	199	3	6	9	
	1939	3	54	284	284	542	4773	另2批架次不明
	1940	9	210	717	403	647	2367	其中40人为伤亡数，均列入受伤数
	1941	4	210	527	793	913	1653	
	1944	1						轰炸机场
合计	5年	19	509	1727	1483	2108	8793	
梁山（梁平）	1939	6	133	1981	68	74	1057	另9批架次不明
	1940	8	168	1344	47	62	533	
	1941	9	155	1017	28	112	172	
	1943	3	79	171	15	20	38	
	1944	8	不详	364	12	14	5	
合计	5年	34	535	4877	170	282	1805	
万县（万州）	1939	7	114	308	571	518	701	1批架次不明
	1940	8	149	724	465	546	1452	1批架次不明
	1941	10	259	627	271	310	1319	
	1943	4	104	322	100	154	1729	
	1944	1	3	14	1	1	2	
合计	5年	30	629	1995	1408	1529	5203	
巫山县	1939	3	9	167	127	86	449	4批架次不明
	1940	2	22	102	45	83	46	
	1941	8	51	284	51	46	357	
合计	3年	13	82	553	223	215	852	
奉节	1939	7	27	444	754	1428	876	1次损房过半，27架投弹数不明，6次敌机数不明
	1940	2	1	10		19	13	1批架次不明
	1941	6	55	350	119	285	2066	
合计	3年	15	83	804	873	1732	2955	

续表

地区	年度	突袭次数	敌机架次	投弹（枚）	死亡人数	受伤人数	损毁房数（幢）	备注
忠县	1939	1		4				
	1940	1	1	1	4	3	8	
	1941	5	35	219	13	28	162	
合计	3年	7	36	224	17	31	170	
遂宁	1939	3		400	3	4	1	
	1940	3	116	1180	31	46	36	
	1941	2	12	15			30	
合计	3年	8	128	1195	34	50	67	
宜宾	1939	2	54	400	6	4	10	
	1940	2	不详	310	14	28	44	
	1941	2	54	300	49	53	167	
合计	3年	6	108	1010	69	85	221	
泸县	1939	3	50	218	312	487	3335	
	1940	3	88	89	335	337	4	1批架次不明
	1941	1	18	100	12	46	54	
合计	3年	7	156	407	659	870	3393	
自贡	1939	1	17	110	27	80	170	
	1940	2	161	394	165	298	372	
	1941	4	177	881	212	243	1728	
合计	3年	7	355	1385	404	621	2270	
云阳	1939	1	1	1				
	1941	3	30	156	76	137	108	
合计	2年	4	31	157	76	137	108	
秀山	1939	1	6	若干	18	31	1260	
	1940	1		1				
合计	2年	2	6	1	18	31	1260	
南川	1939	2	40	174	164	163	838	
	1940	2	34	266	23	79	925	

续表

地区	年度	突袭次数	敌机架次	投弹（枚）	死亡人数	受伤人数	损毁房数（幢）	备　注
合计	2年	4	74	440	187	242	1763	
开县	1940	3	4	5	11	7	15	2批架次不明
	1941	2	25	212	28	100	42	
合计	2年	5	29	217	39	107	57	
乐山	1939	1	36	100	838	380	3000	
	1941	1	7	46	11	30	100	
合计	2年	2	43	146	849	410	3100	
南充	1940	2	36	313	457	254	402	1批架次不明
	1941	1	27	28	17	17	7	
合计	2年	3	63	341	474	271	409	
达县	1939	1	不详	1				
	1940	2	36	56	81	140	84	1批架次不明
合计	2年	3	36	57	81	140	84	
德阳	1940	1		1				
	1944	1		8				
合计	2年	2		9				
温江	1939	1	27	210	6			
	1940	1	不详	30				
	1944		不详	8				
合计	3年	2	27	248	6			
三台	1940	1	27	95	87	127	573	
	1941	1	27	20	10	29	168	
合计	2年	2	54	115	97	156	741	
富顺	1940	1	?	6			2	
	1941	1	18	23	6	6	6	
合计	2年	2	18	29	6	6	8	
安岳	1940	1	?	1				
苍溪	1941	1	27	9	8	5	2	

续表

地区	年度	突袭次数	敌机架次	投弹（枚）	死亡人数	受伤人数	损毁房数（幢）	备注
广安	1940	3	53	329	78	215	608	1批架次不明
渠县	1940	2	36	378	29	133	5488	1批架次不明
阆中	1941	3	90	439	217	309	1107	
剑阁	1944	1	不详	7				
南部	1941	1	9	9	1	3		
邻水	1940	3	不详	12	1			
綦江	1940	2	90	279	160	260	320	
铜梁	1940	2	72	347	30	67	1438	
大竹	1940	1	不详	2	3	1	4	
璧山	1940	1	36	119	40	56	82	
永川	1940	1	26	136	147	257	1826	
华阳	1944	1		6				
郫县	1944	1		20				
彰明	1944	1		9				
中江	1944	1		7				
绵竹	1944	1		7				
武胜	1939	2	不详	11				
夹江	1944	1		12				
安岳	1944	1	不详	6				
内江	1941	2	18	69	87	165	1281	
松潘	1941	1	36	105	198	497	245	
绵阳	1941	1	27	10		5		
梓潼	1941	1	8	4		2		
隆昌	1940	1	54	若干	157	195	637	
简阳	1941	1	27	4	1	4		
巫溪	1941	1	7	35	4	9	20	
涪陵	1940	9	30	123	329	240	3426	6批架次不明
合川	1940	2	99	530	799	404	4089	1批架次不明

续表

地区	年度	突袭次数	敌机架次	投弹（枚）	死亡人数	受伤人数	损毁房数（幢）	备注
江津	1940	2	54	187				
荣县	1940	2	36	6				
崇庆	1941	1	3		2			
新都	1939	1	不详	1				
新津	1941	1			2	3	5	
双流	1941	1	4	1	2			
纳溪	1941	1	26	1		1	5	
总计		449	14196	40693	21593	25839	71436	

　　这里需要特别指出的是，表中所列各项数据，都低于实际的真实数据。据四川省政府统计处1945年初步汇核统计，6年中四川"遭受敌机轰炸的负伤人数共有26000余人，死亡人数共有22500余人"；成都、万县的死亡人数"在1500至10000人"，奉节的死亡人数"在1000人至1500人"……都超过了表中所列的伤亡人数。由于种种原因，要弄清日机轰炸所造成损失的准确

图5-1　1939年8月19日，日军对四川乐山进行大轰炸，使乐山民众生命财产遭受巨大损失。2007年1月24日，乐山大轰炸受害者原告代表团控诉日本政府民间赔偿案在东京开庭。乐山大轰炸受害者81岁的罗保清、73岁的吴绍武、70岁的赵树信出庭声泪俱下地控诉了乐山大轰炸使他们失去了至爱的亲人。图为开庭前原告团成员和支持者在街头作宣传

数据，已相当困难。我们不惜篇幅把它罗列出来，目的是向世人提供起码的具体史实，铭记这一段灾难的历史，以史为鉴。

　　据民国四川省政府统计处汇核统计资料记载，日机轰炸四川伤亡人员的直接经济损失："负伤的人在各年负伤时所需医药费用计共需2420万元。若依三

十四年（1945年）成都市物价指数折算此项医药费，应该是38亿7360万元。至于死亡的人在各年死时所需的埋葬费，计共需5044万元。若照三十四年成都市物价指数折算，应该是107亿3201万元。这两种损失总共是146亿561万元。"此外，被炸毁的房屋共有233200余间，衣服共有246000余件，牲畜共有2100余只，粮食共有24700余市石，田园共有80余亩，树木共有18200余株，人力车共有60余辆，板车80余辆，汽车60余辆，木船3500余艘，汽船13艘，什物共975900余件，现金共有77298000余元⋯⋯以上人口伤亡所用医药费与埋葬费以及各种财产损失，若依三十四年（1945年）物价指数折算，计共损失1500亿6473万元。而且"这只是限于各县市已呈报之材料加以统计的结果，至于曾经遭受轰炸尚未呈报抗战损失的县分如新繁、荣县、荣昌、眉山、夹江、屏山、江安、中江等以及本省各项公有财产直接间接损失尚未计算在内，所以本省实际上所遭受的抗战损失总数，尚不止此"。①

日本对四川轰炸地区之广，给四川人民造成的损失之大，由此可见一斑。

二、日机对重庆、成都和重要城市的轰炸

（一）日机对重庆的轰炸

重庆是战时的首都，国民政府驻地，全国的政治、经济、文化中心，是全国抗战的统帅部所在地。日本侵略者认为炸垮了重庆，国民政府就会瓦解，中国就会向日本投降。从前面所列《四川省各地被日机轰炸情况表》中可以看出，抗战期间，重庆被日机轰炸共210次，占全省遭受空袭总次数449次的46.77%；日军向重庆出动飞机9552架次，占向全省出动飞机14196架次的67.29%；日机在重庆投弹21531枚，占在全省投弹40693枚的52.91%；重庆死亡人数12116人，占全省死亡人数21593人的56.11%；受伤14073人，占全省受伤25839人的54.46%；损毁房屋17601幢，占全省损毁房屋71436幢的24.64%，成为日机轰炸的重中之重。

1939年，日本空袭重庆34次，出机865架次，投弹1897枚，炸毁房屋4700余幢，炸死6278人、炸伤4196人。最为惨烈的是"五三"、"五四"大轰炸。

---

① 转引自李仕根：《四川抗战档案研究》，西南交通大学出版社2005年8月版，第180～182页。

1939年5月3日中午，27架日机从武汉起飞侵入重庆市中区，狂掷燃烧弹和炸弹，从两江汇合的朝天门到中央公园两侧约两公里的繁华街道成为火海，市中区27条主要街道有19条成为废墟，大火蔓延至夜不息，千余名无辜市民死伤在敌机之下①。

图5-2 肆虐重庆上空的日本飞机

5月4日下午6时，27架日机再次对重庆狂轰滥炸，市区国泰电影院200余名观众被炸。驻渝的英、法、德国大使馆亦遭轰炸，造成一名外国人和20名中国人死亡。全市37家银行有24家被烧毁。

日机"五三"、"五四"两天大轰炸，炸死5247人。炸毁

图5-3 日机轰炸重庆，市区一片火海

建筑物4889幢，大火持续燃烧整整三日不灭②。英国《泰晤士报》5月9日发表了题为《重庆之屠杀》的社论，对日机的轰炸进行了谴责：

"日机向重庆人口最密集的住宅区投弹，死者几乎全为平民。而死者之中，大部分是因焚烧而毙命。如此大规模之屠杀，实为前所仅见。"③。

1940年，日本为尽快结束战争，对四川的战略轰炸达到了高潮。这一年，重庆遭到日机空袭80次，飞机4722架次，投弹1万余枚，毁房6900余幢，炸

---

① 唐守荣主编：《抗战时期重庆的防空》，重庆出版社1995年8月版，第23页。
② 陈应明、廖新华编著：《浴血长空——中国空军抗日战史》，航空工业出版社2006年1月版，第196页。另据重庆市档案馆所存的国民政府重庆防空司令部调查统计，日机"五三"、"五四"两次轰炸，炸死3991人，伤2323人，损失建筑物846幢、4025间，见唐守荣主编：《抗战时期重庆的防空》，重庆出版社1995年8月版，第24页。
③ 唐守荣主编：《抗战时期重庆的防空》，重庆出版社1995年8月版，第28页。

第五章 抵抗日机轰炸的特殊战场

死、炸伤近万人。

这一年，日本制订了"101号作战"计划，陆军和海军的空军部队共投入297架飞机以山西运城、湖北汉口为基地，对重庆、成都等地进行轰炸。"101号作战"计划，预定从5月中旬起约3个月内彻底打垮中国人民的抵抗意志。5月18~19日，日机轰炸了重庆附近的白市驿机场和梁山机场。20日，日机70架侵入重庆上空进行大规模轰炸，使自来水设施被严重破坏，救火工作无法进行，大火蔓延，连续烧了七八天，半壁山城几近毁灭。5月28日，日机又集中轰炸重庆的文教机构，北碚的复旦大学、沙坪坝的重庆大学大部分校舍被炸毁，9名师生被炸死。法国人开办的直元堂圣母院及其附设的难民收容所也遭到轰炸，炸死烧死难民100多人。此外，还"误炸"了停泊在长江上的美国船只"西塞娜"号。

6月14日，日本向各国发出通告，公然要求各国驻华使馆和侨民迁至他们划定的弹子石以南龙门浩一带的"安全区"，以便放手轰炸重庆。5~6月，日机轰炸重庆20余天，7~8月，日本出动更加密集的机群轰炸重庆市区及周边县城。8月19日，日机出动143架，20日又投入141架，轰炸重庆，创造了轰炸重庆以来使用飞机轰炸的最高纪录。从19日到20日，重庆市区共遭到4次大的轰炸。西部商业区、郊区、江北均遭到毁灭性的打击破坏，38处起火，殃及2000多户居民及商店，死伤逾千，巴县县城仅残存五分之一的建筑未倒。

是年8月，日本将进攻目标转向越南。8月23日，日军80架飞机对重庆市区进行了"101号作战"的最后一次大轰炸，但对重庆郊区和其他地区的空袭则延续到9月4日，至此，长达110天的"101号作战"才结束。据日方统计，"101号作战"，陆海军对重庆空中攻击达37天，投入飞机2023架次，投弹10021枚，计1405吨，① 重庆遭受重大损失。

1941年，日本共空袭重庆81次，出动飞机3495架次，投弹8893枚，炸死2448人，炸伤4448人，损毁房屋5793幢。这一年，日机的轰炸造成了震惊中外的"大隧道惨案"。大隧道是当时市民公用的防空设施，由3段隧道组成，发生惨案的地段位于市中心较场口，全长2.5公里，隧道内高宽各2米多。6月5

---

① 日本防卫厅防卫研究所编：《中国事变陆军作战史》，第3卷第二分册，第40页，转引自《抗战时期重庆的防空》，重庆出版社1995年8月版，第48页。

日下午6时许,疏散到市郊的市民刚刚回城,空袭警报突然响起,近万名市民扶老携幼涌入大隧道内避难,大大超过了隧道容量。防空洞内空气越来越污浊,很多人憋不住了,宁愿被炸死,也不愿活受罪,拼命往外挤。由于闸门是由里向外关闭的,汹涌而来的人群,人踩人地堵住了闸门。人群欲出无路,欲退不能,洞内不断传来救命的惨叫声。防护团员和宪警迅速劈开闸门,洞内有的人挤到门口就倒在地上再也爬不起来,后面的人亦相继一排排仆倒他人身上,通道被堵塞,更多的人窒息死亡!由于敌机的轮番轰炸使救援工作不能正常进行,死者几乎都因缺氧而死。

隧道内究竟死了多少人至今仍是个谜。有资料说"一夜之间因窒息挤压而惨死市民近万人"[1],而据大隧道惨案审查委员会公布的官方数字为992人窒息而死,重伤151人[2],专事惨案赈恤的当事人欧阳平说,死者不会上1000人[3]。据当时埋尸体的工人说,用了20辆卡车,一天一夜才将尸体运完。

图5-4 较场口"六五"大隧道惨案情景

以此计算,死亡人数在12000人以上。其中运往朝天门的尸体,就有4000多具[4]。

惨案发生后,重庆民怨沸腾、舆论哗然,指责主管当局管理疏忽,难辞其咎。蒋介石亦深感震惊,带领市长吴国桢、卫戍司令刘峙亲临现场视察。视察之后,蒋介石下令防空司令刘峙、副司令刘伯翰、重庆市市长吴国桢,着即革职留任。并下令组织"大隧道惨案"审查委员会和防空洞管理委员会,处理善

---

[1] 中国人民政治协商会议四川省重庆市委员会编《重庆抗战纪事》,重庆出版社1985年8月版,第183页。
[2] 《中央日报》,1941年7月3日。
[3] 欧阳平:《大隧道惨案调查赈恤亲历记》,载《红岩春秋》,1995年第3期。
[4] 陈应明、廖新华编著:《浴血长空——中国空军抗日战史》,航空工业出版社2006年1月版,第201页。

后事宜，加强防空工作。

这一年，由于日本大本营准备全力投入太平洋战争，为了在对美英开战前从中国战场上解脱，日本大本营决定集中在华航空兵力大部，对中国内陆作最后一次毁灭性的打击，"用空中力量迫使蒋政权投降"。对华作战的舰队司令崎田繁太郎在1941年4月8日日记中写道："为迅速处理日、中事变，亟须积极作战，给敌人以彻底打击，使之屈服……为此，重庆攻击——要用航空兵力重创敌人。"① 为此，日本制订了"102号作战"计划，调集飞机180架以上，对重庆和四川进行轰炸，并把重庆作为战略轰炸的重点，轰炸的目标包括居民区、军政机关、工厂、学校、外国使馆。从8月7日起，日军更是对重庆城区进行昼夜不停的"疲劳轰炸"。城区的商店民宅大部被毁，国民政府礼堂，长江中的美舰"图图拉"号，美、英、苏驻华使馆亦遭轰炸。8月初至中旬，日机连日突袭，每隔6小时持续轰炸重庆，是疲劳轰炸时间最长的一次，警报长达7昼夜之久，出动飞机5000架次以上，空袭时间长达150小时。

8月30日，蒋介石在黄山官邸召开各战区司令、参谋长军事会议。日本海军战略轰炸机队指挥官远藤三郎少将从意大利驻华外交官处获得黄山蒋介石官邸的确切位置，亲自率机轰炸黄山，两名卫士当场炸死，4人负伤，参会者躲进防空洞内，幸免被炸。

从这年9月起，日本要全力发动太平洋战争，已无力继续实施大规模的空中攻击。1942年由于美国的援助增多，使在抗战初期遭受重创的中国空军得以恢复，且较前更为强大。中国空军逐步取得制空权，日机对四川的空袭大大减少，1942年日机对重庆空袭2次，未投炸弹。1943年日机空袭重庆9次，投弹151枚、死伤数十人。此后，日本对重庆和四川的轰炸基本结束。

（二）日机对成都的轰炸

省城成都，是日军轰炸四川的另一重要目标。成都遭受日机轰炸的强度仅次于重庆，所受损失亦居四川第二位。抗战期间，成都被日机轰炸五年，被轰炸19次，低于梁山的34次、万县的30次；日军出动飞机509架次，低于梁山的535架次、万县的629次；投弹1727枚，低于梁山的4877枚、万县的1995

---

① 陈应明、廖新华编著：《浴血长空——中国空军抗日战史》，航空工业出版社2006年1月版，第210页。

枚。但成都死亡1483人、受伤2108人、损毁房屋8793幢,都超过梁山、万县和其他各县市。

1938年11月8日,日机18架首次轰炸成都,在外北、外南机场投弹百余枚。

1939年,日机分别于5月8日、6月11日、10月3日、11月4日前后四次轰炸成都,其中以6月11日的轰炸最为惨烈。这天傍晚7时30分,27架日机窜入市区上空投掷炸弹及燃烧弹100余枚,东大街、东御街、提督街、顺城街一带119条街道被烧毁,西东大街等16条街巷烧成一片焦土。炸死226人,受伤432人,损毁房屋4700余间[①]。

1940年日本"101号作战",成都成为日机重点战略轰炸地区。5月、7月、10月三个月,成都又遭日机轰炸。5月18、19日两天,日机18架次连续空袭成都,各次投弹100余枚,炸死34人,炸伤43人。7月24日午后,日机36架轰炸成都,投弹138枚,伤亡近200人,炸毁房屋638幢,44条街道被烧或被炸。10月,日机数次轰炸成都。10月4日,日重型轰炸机36架,在26架驱逐机掩护下,于9时左右轰炸市区,从北较场炸到新东门城墙,投弹近100枚,炸死105人,伤225人。10月5日,日机36架,再次轰炸成都市区,炸死34人,炸伤57人,损房60幢。10月12日午后,日机29架,重点轰炸了西城区,投炸弹和燃烧弹近100枚,皇城周围一带许多街道和平安桥天主教堂、马道街法国圣修医院均被炸,共炸死124人,炸伤177人,毁房588幢。10月27日,日机21架,轰炸了少城公园(今人民公园)及其附近和皇城一带,投弹近100枚,毁民房440间,炸死26人,炸伤29人。少城公园博物馆全部炸毁,文物字画荡然无存。

1941年,日本制订了"102号作战计划",成都又成为日机战略轰炸的重点。5月18、19两日,日机21架次轰炸成都市区。7月27日轰炸最为惨烈。这天日机分4批,北自山西运城起飞,东自武汉起飞,每批27架,共108架,对成都连续4次轰炸。在成都市区和市郊投弹426枚、燃烧弹20枚。日军的丧心病狂,达到空袭以来的最高点。北较场军校、少城公园、旧皇城、南较场、

---

① 车百灵:《日机轰炸成都纪实》,李仕根:《四川抗战档案研究》,西南交通大学出版社2005年8月版,第16页。

第五章 抵抗日机轰炸的特殊战场

西较场及附近三洞桥、四座碾、锦江两岸被炸,被烧街道 82 条。城市西南角完全笼罩在黑色的烟雾中,炸死市民 575 人,炸伤 2194 人,炸毁房屋 3500 余间。8 月 31 日,日机 27 架,又轰炸了成都[①]。

1941 年 12 月太平洋战争爆发,日空军无余力顾及四川,加之成都防空力量加强,1942 年、1943 年成都没有受到空袭,直到 1944 年 10 月 27 日和 12 月 18 日,才有数架日机侵入成都上空投弹。

(三) 日机对四川其他重要市县的轰炸

抗战时期,日机除对重庆、成都进行战略轰炸外,对四川 60 余市县也进行了狂轰滥炸。由于篇幅的限制,仅就几个重要城市被日机轰炸的情况简述于后。

1. 日机对乐山的轰炸。乐山是川南重镇。1939 年 8 月 19 日,日机 4 批 36 架次向乐山城区约一平方公里的闹市,投炸弹数十枚,燃烧弹百多枚,被炸毁的街巷 27 条,占全城面积四分之三。乐山最繁华的商业区和住宅区,3 小时内化为灰烬。嘉乐纸厂、嘉裕碱厂、嘉裕电器公司等停产,百业萧条,地方经济元气尽丧。这次轰炸炸死 4000 多人,重伤 1000 多人。被炸 2050 户,3500 幢房屋被毁,万人无家可归。县政府召集人伕掏挖死尸,无人认领的,抬到德胜门外和西湖塘边,挖大坑埋葬。死尸太多,好几天都没埋完[②]。

大轰炸带来的深重灾难和创伤,乐山人民至今难忘!2002 年,乐山人民在乐山城区建"8·19"空难纪念碑,警醒后人,不忘国耻[③]。

2. 日机对南充的轰炸。南充是川北重镇,嘉陵江水上交通要道。抗战时期城区人口仅 3 万多,既无重兵把守,更无防空设施。从 1940 年 5 月至 1941 年 7 月,日军三次飞临南充上空,对毫无空防的和平居民疯狂扫射,野蛮轰炸。日机前后对南充的三次轰炸,共出动飞机 81 架、投弹 341 枚,炸死炸伤平民 2000 余人,炸毁房屋 800 余幢,各种物资损失不计其数。昔日繁华的闹市区,在遭受日机轰炸后,萧条破败,十分凄惨。直到 1949 年,一些被炸街道依然断壁残

---

① 参见李仕根:《四川抗战档案研究》,西南交通大学出版社 2005 年 8 月版,第 165 页;《川魂·四川抗战档案史料选编》,西南交通大学出版社 2005 年 8 月版,第 173~178 页。

② 参见胡同如、张盛隆:《记 1939 年日机轰炸乐山》,载《四川文史资料》第 32 辑,四川人民出版社 1979 年 1 月版。

③ 《成都商报》,2002 年 7 月 23 日。

垣，路断人稀①。

3. 日机对宜宾的轰炸。宜宾素有"万里长江第一城"之称。从1940年至1944年遭日机空袭共10次：在市区上空窜扰4次，在市区和菜坝机场投弹6次。损失最大的是1941年8月11日的第6次轰炸。这一天日机共27架侵入市区，投弹百余枚（有十余枚未爆炸）。市区被炸街道有39条，炸死100多人，炸伤100多人，烧毁房屋20多间，炸毁房屋150多间②。

4. 日机对万县的轰炸。万县地处长江岸边，是四川东部进出口的重要门户，日机从汉口起飞，轰炸重庆等地，必须经过万县，因此万县成为日机重点轰炸的城市之一。根据《日机空袭四川损害》资料统计，5年中，万县被炸30次，日本出动飞机629架次，投弹1995枚，炸死1408人，炸伤1529人，损毁房屋5203幢。

5. 日机对梁山（今梁平）的轰炸。梁山是川东的偏僻小县。这里有军用机场，担负阻击日机入侵西南领空，并出机轰炸敌占区军事设施的任务，苏联志愿飞行队飞机亦在此停降。抗日战争期间，它是国民党空军第三总站的驻地，又是美国战略航空部队的秘密基地。加上当年日机从武汉起飞轰炸重庆必经梁平，因此成为日机空袭的重要目标，被炸之惨，仅次于重庆、成都两地。根据《日机空袭四川损害统计》，日机对梁山轰炸了5年，空袭34次，出动飞机535架次以上，投弹4877枚，炸死170人，炸伤282人，损毁房屋1805幢。更为可恶的是，日军还投掷细菌弹，受细菌感染死亡123人。2002年梁平县还挖出尚未爆炸的细菌弹③。

三、大轰炸激起四川人民的抗日义愤

日本侵略者对四川大规模的野蛮的残酷的毫无人性的狂轰滥炸，没有炸垮中国政府，也没炸垮四川人民，反而激发了四川人民报仇雪恨，团结一致，誓死打败日本侵略者的坚强意志。

许许多多的文化人以笔代枪，反抗日军的轰炸。郭沫若领导的国民政府军

---

① 侯文伟：《日本飞机对南充城区的三次野蛮轰炸》，载李仕根：《四川抗战档案研究》，西南交通大学出版社2005年8月版，第171~172页。
② 李国章：《日机轰炸宜宾纪实》，载《四川文史资料》第32辑，四川人民出版社1979年1月版。
③ 谢世廉主编：《川渝大轰炸》，西南交通大学出版社2005年8月版，第171页。

第五章 抵抗日机轰炸的特殊战场

委会第三厅的美术家,在1939年"五三"、"五四"敌机轰炸的间隙,在闹市的断墙残壁上,画壁画,刷标语:"看,是谁杀死我们的父老兄弟姊妹!""看,是谁炸毁了我们的国家!""团结抗战,抗战到底!"

著名剧作家宋之的写道:"当埋葬我们的孩子们,我们的妈妈时,我们和他们、活的人和死的人、跳跃的心脏和停跳的心脏,只有一线相连——共同的仇恨!

……面对着恶魔,最善良的心也晓得应该怎样做:打死它或被它吃掉!"[1]

著名实业家、重庆自来水公司总经理胡子昂在集会上发誓:"敌人企图以狂轰滥炸毁灭重庆,纯属梦想……敌人纵能将自来水公司全部炸毁,亦不能断绝吾市民之水源。"重庆电力公司总经理刘元琛表示:"在任何情况下,国防工业与生产工业之水电供应,绝不辍断一日!"[2] 重庆工商界名流汪雪松、温少鹤、康心如也宣告:"所属银行钱庄,坚决留在市区,照常营业!"

1940年3月底,宋氏三姐妹结伴由香港飞赴重庆。三姐妹视察了防空设施、"伤兵之友"医院、儿童保育院、新生活运动妇女指导委员会及中国工业合作协会所属工厂,会见了中外各界人士,并前往重庆中央人民广播电台,经由NBC广播网向全美发表演讲。《新华日报》发表

图5—5　1939年,宋氏三姐妹(右起宋庆龄、宋美龄、宋蔼龄)一起视察重庆大轰炸后的街市

评论指出:"重庆的,以至全国的妇女界在孙夫人和蒋夫人的领导下,一定能够获得进一步的团结。"[3]

面对日机轰炸,《新华日报》还代表中国共产党人发出誓言:"我们决不会

---

[1] 转引自张弓:《国民政府重庆陪都史》,西南师大出版社1993年9月版,第555页。
[2] 《新华日报》,1940年8月30日。
[3] 参见郑光路:《川人大抗战》,四川人民出版社2005年1月版,第346~348页。

在敌寇残暴的轰炸面前消沉屈服！敌机能够破坏我们的财物，摧毁我们的肉体，消灭城市的繁华，却绝对毁灭不了我们坚持团结抗敌的决心。现在，没有任何的外力，能够一丝一毫动摇我们抗战和胜利的信心。"①

《中央日报》也报道说："宗教的热忱，爱国的情绪，同仇敌忾的心理，只有因轰炸而表现而提高而加强！民族的一切美德，平时蕴藏着的，借轰炸而全盘烘托出来！同生死，共患难，无分男女，无分贫贱的民族团结力，借敌人的炸弹而锤炼成钢般的坚实。……抗战的意志，这不是轰炸可以消灭的！"②

抗战时期在重庆和中国人民一道反对日本侵略者的德国友人王安娜，在她后来写的《中国——我的第二故乡》一书中，生动地描写了日机轰炸重庆，鼓舞和激励了中国人民团结抗日的情景："在这里生活着各种各样的人……不论贫富，也无分地位，大家都在防空洞里过着同样战时生活，彼此互助友爱，这是平时难以想象的。共渡大难，共尝艰辛，使外国的外交官和四川省的居民，使来自沿海地区的知识分子和目不识丁的农民、苦力，使来自各国的保守政治家和中国共产党人，走到一起了。"日机的轰炸"起了使中国坚如磐石，团结一致的作用，它比千次政治议论更有效地防止了抗日民族统一战线内部细微的隙缝所能导致的无可挽回的分裂"③。

1941年，埃德加·斯诺在其发表的《为亚洲而战》一书中谈到日机对四川内地特别是对重庆的轰炸时

图5-6 一位代人写信的老先生写了数条激昂的标语，贴于身后墙上，以表达他对日本侵略者的愤慨

说：日机几年来轰炸，不仅没有毁灭首都的民气，反而激起了反侵略的浪潮。轰炸所造成的死亡，激起了劫后余生者深深的狂怒和厌恶。他们对侵略者有一种特别切身的憎恨！你如果没有钻过地洞，没有伏在田野上躲过直插而下来的

---

① 《新华日报》，1940年8月26日。
② 《中央日报》，1940年6月18日。
③ 王安娜：《中国——我的第二故乡》，生活·读书·新知三联书店1980年5月版，第196页。

第五章 抵抗日机轰炸的特殊战场

轰炸机,没有见过母亲找寻她儿子的尸体和破碎头颅的悲哀,没有闻过被烧死的学童的气味,你决不能完全了解这种憎恨!轰炸所造成的破坏,在中国人的脑子里唤醒了一种重建中国的决心。①

正是日本的大轰炸使当时四川的人民上至元戎,下至黎庶,不分职业、不分男女、不分老少、不分民族、不分信仰,融为一个整体,同仇敌忾,誓死与暴日抗争。1941年,重庆"大隧道惨案"发生后,蒋介石发布了《告全国同胞书》,强烈谴责日本侵略者的残暴罪行:"血债遍地,火光连天,惨毒之状,罄竹难尽!"他以最高领袖的身份号召全国军民:"倍增团结,誓死雪耻,亲爱精诚,共报国仇!"②

大轰炸使从未遭受日军地面战争、刀枪杀戮之苦的四川人民,在日机惨无人道的狂轰滥炸面前,遭受了与沦陷区人民一样的家破人亡之灾。它更加激发了四川人民报仇雪恨的抗日热情,掀起了四川人民的抗日高潮。每当空袭警报解除,各界人士立即返回岗位,加倍工作,努力生产;掩埋亲人尸体,擦干眼泪誓死巩固抗日复兴基地,支援前线,打败日本侵略者。

第二节　抵抗空袭的措施

一、成立防空司令部

抗战时期,中国空军力量薄弱,面对当时世界空军大国日本的强大轰袭,中国只能采取消极防御的方针,保护人民生命财产,积蓄力量,长期抗战,准备反攻,争取最后胜利。

1938年6月,奉国民政府军事委员会命令,成立了四川防空司令部,归国民政府军事委员会防空总监部指挥。成立重庆防空司令部,由国民政府军事委员会直接指挥。其后,在一些市县都相继建立了防空指挥部。

四川省防空司令部下设军防科,负责办理积极防空工作。因缺乏高射武器,

---

① 埃德加·斯诺:《斯诺文集》,新华出版社1984年8月版,第128页。
② 《重庆陪都第一届防空节纪念特刊》,第3~10页,转引自唐守荣主编:《抗战时期重庆的防空》,重庆出版社1995年8月版,第142页。

积极防空只能交空军负责,军防科只负责与空军联络。空防科,负责全川各地防空情报网,按日机空袭线路设置对空监视哨。民联科,负责办理消极防空工作,并监督指导各地防护团。四川省防空司令部属军事性质机构,各地防空组织皆归其统一指挥。

二、成立防护团

防护团负责日机空袭时疏散、防范、抢救、善后工作,省内各地都建有防护团。防护团下设有专门的防空机构,如救护大队、防护大队、消防大队、拆卸大队、防毒大队等,空袭期间随时待命。每次空袭时,只要接到空袭情报,警报拉响后,防护团就迅速出动,在街头巷尾帮助行人疏散。警报解除后,又积极进行救护工作。

基层防护团队员都是一般市民。他们中的许多人,纯属义务性质的民兵,不计报酬,不顾生命危险,表现出崇高的自我牺牲精神。他们冒着生命危险在火海中救死扶伤,救火救灾,出生入死,奋不顾身,与前方战士毫无差别。尤其令人感动的是,重庆罗汉寺、华岩寺的青壮年僧人响应太虚大法师"愿全世界佛教徒速起共灭此恶魔"的呼吁,组成"僧伽救护队"。他们脱下袈裟,身着短衣,临时拿起担架跑到救护前线,投入救护工作。在成都,四川佛教协会本着慈悲救世宗旨,自动组织"僧伽训练班"参加防护团行列。天主教徒救护中队队员,也多次参加救护,这充分体现了各界人士共赴国难的精神。

三、疏散人口

由于城区防空力量薄弱,政府被迫向郊区疏散人口,以减少城区目标和人员的伤亡。重庆和成都都先后颁布了人口疏散的实施办法。重庆市疏散人口,指定分向长江、嘉陵江上下游及成渝、川黔公路两旁、各县县城及附近地带。成都市疏散人口,则规定以市区为中心,距城50里为半径之圆周内各乡镇,均划为避难区域,供疏散人口迁入。凡经划定的避难区域,均可由成都市的疏散市民自由选择迁往。

成都作为省会,颁布了《在省各机关团体学校疏散办法》,规定:"凡不固定设于省会者,应尽量向附省各县迁移,省城各机关、团体、学校,应尽量向城外适当地点迁移,以距城区20至80里为度;不能迁移的机关、团体、学校,

第五章 抵抗日机轰炸的特殊战场

应多觅地点分散办公，或作临时迁移之准备；各部队除有特殊任务及负责治安责任不能离城外，应尽量迁至四乡。"根据规定，到1940年底，成都市原有人口50余万，已疏散者达三分之二。原市内机关140所，除少数军警机关必须留市区外，其余均疏散至疏散区办公；原住市内学校64所已全部疏散；市区各银行、工厂和商店存货都疏散至市郊，只在城内设办事处、营业处。在四川省沿公路的23个市县，原有人口85.94万人，已疏散41.2万人；原有机关544所，已疏散523所，原有学校276所，已疏散174所；原有银行钱庄119个，已疏散64个，工商企业37533家，已疏散17176家①。

对疏散的民众，政府当局还给予交通便利。《重庆市疏散人口办法》规定，交通机关要协助市政府征集公私停驶的汽车，专作运输疏散人口之用；行驶成渝、川黔公路之空车，要搭运无力购票的被疏散人员；民生公司应设法增加轮船班次；沿江各县木船，应调集至重庆，运送疏散人口；由水路疏散的穷困人户，政府还给予救济，购买船票。"五三"、"五四"大轰炸后，蒋介石命令紧急疏散人口。5月5日，政府各机关的汽车，一律供疏散人员之用。甚至军事委员会委员长蒋介石和国民政府主席林森的专车，也都用来疏散民众，贴上了"输送难民专车"的标志②。而蒋夫人则亲自指挥疏散妇孺③。在5日至7日3天内，疏散市区人口25万人④。

疏散人口到达迁移地点后，由所在地县政府救济委员会代租居所、介绍职业。当地的一些公共建筑，如寺庙、祠堂等由各地政府登记，供疏散群众居住。中央、省政府、地方政府还拨款修建了一些贫民住宅，为贫苦群众提供疏散住宅。

疏散城市人口，大大减少了日机轰炸的伤亡和损失。此外，当局还进行灯火管制，组织和动员挖防空洞，也减少了日机轰炸可能造成的人员和财产的损失。这些都为保存四川的人力物力，坚持长期抗战起到了积极作用。

---

① 李仕根：《四川抗战档案研究》，西南交通大学出版社2005年11月版，第169页。
② 陆诒：《敌机轰炸了重庆》，载重庆战时刊物《群众》第2卷，第24、25期，1939年6月11日。
③ 上海《东方杂志》第36卷12号，第54页。
④ 周勇主编：《重庆：一个内陆城市的崛起》，重庆出版社1989年8月版，第7章。

四、加强防空建设

消极防空只能减少人员伤亡和财产的损失,积极防空才能消灭进犯之敌,夺取反空袭战争的最后胜利。为了从消极防御逐步转入积极防御,夺取对日空战的胜利,国民政府采取了如下措施。

(一) 建立电讯技术研究室

1940年初,国民政府获得美国援助的大量电讯器材,成立了技术研究室。研究室下设五个工作站,分防各战区,侦察日机活动情报,从而使重庆防空指挥部门从破译的日军密码电报中,掌握了敌机动向。这样,防空当局就能及时发布不同的空袭警报,指挥居民躲进防空洞或疏散至安全地带,躲避日机的轰炸,大大减少了人员伤亡。

1940年8月成立的军事委员会技术研究室第六电讯工作队,对重庆的防空工作贡献极大。电讯工作队用看不见、摸不着的无线电波,在武汉到重庆700公里的空中筑起了一道保护千万人生命的无形屏障。

随着对日本空军电讯防空业务逐步走上正轨和技术水平的提高,防空当局基本已能侦察掌握日机出击的航线、飞机数量、轰炸地点等敌机活动的第一手资料。这既为消极防御减少了损失,又为我机截击日机、开展积极防御创造了条件。

(二) 加强空军建设

国民政府的空军建设历史很短。抗战爆发前夕,才有一支集各省实力派航空力量组成的杂牌空军,组成驱逐、轰炸、侦察三个司令部。抗战爆发时,中国空军有战斗机170架,侦察机148架,轰炸机99架,飞行员668人[①]。当南京沦陷时,中国空军只剩下几十架勉强能作战的飞机了。

由于中国航空工业十分落后,为发展中国空军,国民政府只得向苏、美、英等国求援,贷款购买飞机。抗战前期,美、英等国为了自身利益,害怕得罪日本,拒绝向中国提供飞机,只有苏联伸出了援助之手。1937年8月,中国与苏联签订了《中苏互不侵犯条约》,奠定了苏联援华抗日的政治基础。1939年9

---

① 日本防卫厅防卫研究所战史室著,天津市政协编译委员会译:《日本海军在中国作战》,中华书局1991年1月版。

月初，苏联运来战斗机 37 架，轰炸机 54 架，以及大量大炮和弹药①。从 1937 年至 1941 年，中国利用苏联贷款，向苏联购买飞机 1235 架及大量枪弹②。1941 年 1 月底，苏联最后一批援华物资抵达哈密，计有 SB 轰炸机 100 架，E—16 驱逐机 75 架，153 式驱逐机 75 架……③

与此同时，苏联还帮助修建中苏公路，开办飞机装备厂。航空公司设立哈密—阿拉木图定期航班，以衔接哈密—重庆航线，同时开辟迪化—重庆、迪化—石河子专程航班。飞机装备厂至 1940 年 9 月完成一期工程，10 月开始部分生产，到 1942 年 6 月其生产能力达到年产飞机 450 架。

苏联还帮助中国训练飞行员，仅伊犁航校至 1940 年就培训了中国飞行员 328 名。此外，还有大批中国受训人员被选到苏联国内受训。至 1939 年，经苏联训练的飞行员 1045 人，领航员 81 人，报务员 198 人，航空机械师 8354 人④。

在苏联的帮助下，中国终于建立起有一定规模的空军队伍。

淞沪战役后，中国空军几乎丧失作战能力。在中国急需空军作战人员之时，苏联应国民政府之请，果断地派遣空军志愿人员参战，支援中国的抗日战争。1937 年 11 月，苏联航空志愿队成立，参加中国抗战。至 1939 年，苏联志愿航空队有战斗机、轰炸机各四个大队。1937～1941 年先后在中国参加战斗的飞行人员就有 700 多人。武汉失守以后，苏联航空军志愿队 20～30 架飞机西移四川重庆、成都、梁山等地，承担协助中国空军保卫陪都和四川的重任，并在成都中国空军士兵学校培训中国飞行人员。"1940 年，根据国民党官方统计，抗战 40 个月，986 架日军飞机被击落或炸毁，这当中，苏联志愿空军起了很大作用。"⑤ 包括空军大队长库里申科和歼击机大队长拉赫曼诺夫在内的 200 多名苏联飞行员在与日机作战中为中国的抗战事业不幸壮烈牺牲，长眠在中国的土地上。中华人民共和国成立后，1958 年在万县西山公园内树立了库里申科半身塑像，1957 年在重庆鹅岭公园亦建有苏军烈士墓碑，缅怀为中国抗日战争英勇献身的苏联飞行员。

---

① 江涛：《抗战时期的蒋介石》，华文出版社 2005 年 4 月版，第 117 页。
② 张宪文等：《中华民国史》第 3 卷，南京大学出版社 2006 年 1 月版，第 58 页。
③ 张宪文等：《中华民国史》第 3 卷，南京大学出版社 2006 年 1 月版，第 195 页。
④ 朱汉国、杨群主编：《中华民国史》第一册，四川人民出版社 2006 年 1 月版，第 403 页。
⑤ 张宪文等：《中华民国史》第三卷，南京大学出版社 2000 年 1 月版，第 58 页。

第五章 抵抗日机轰炸的特殊战场

1938年10月，武汉会战结束后，中国空军损失严重，只有飞机135架，后经补充，共有飞机215架。至1940年有驱逐机及轰炸机160架，用于保卫陪都及重要空军基地①。据日方1940年5月估计，"中国方面的空军力量，估计有轰炸机110架，战斗机约120架"，"为防日机进攻，把战斗机集中在四川省内的机场"。日军还对中国空军配备作了如下判断②：

	战斗机队	轰炸机队	
成都	第一线机约50架	重轰约30架	轻轰约45架
重庆	第一线机约30架		
宜宾			轻轰约10架
兰州	总计约20架	重轰数架	轻轰约20架
昆明	第一线机约20架		

从当时日方的判断，中国空军的绝大部分都驻扎在四川地区，负担保卫四川和向日军前沿阵地发动空袭的任务。据日方称，自1940年4月初以来，中方飞机活动趋向积极，从4月3日袭击岳阳以后到5月28日，曾先后7次袭击了华中日军前线。这表明中国空军部队，尽管遭受日军空军的不断打击，但在国民政府加强空军建设，军民共同努力和苏联空军大力支援下，经过曲折而艰难的历程，已经具备了一定的战斗能力与日本空军抗衡。

1940年夏，日军为彻底摧毁中国空军的作战能力，击垮中国人民的作战意志，制订了代号为"101"的陆海空军联合攻击计划。集结飞机共297架，对重庆、成都及其附近的中方空军、机场及潜在的军事、政治重要设施进行攻击。日军经过三个多月的战略轰炸，并在后期投入当时世界上最先进的零式战机参战，再次使中国空军遭受沉重损失。

1941年4月13日苏联与日本签订了《日苏中立条约》，"日本尊重蒙古人民共和国领土完整与不可侵犯"，"苏联尊重'满洲国'领土之完整与不可侵犯"。1941年6月22日，苏德战争爆发，在华苏联飞机及飞行员陆续回国。苏

---

① 唐守荣主编：《抗战时期重庆的防空》，重庆出版社1995年8月版，第104页。
② 四川省档案馆编：《日军101号作战执行情况报告》，《川魂·四川抗战档案史料选编》，西南交通大学出版社2005年8月版，第53页。

第五章 抵抗日机轰炸的特殊战场

联对华援助随之全部中止。中国的空军建设再次面临严峻的考验。

但是，中国在战时空军建设中，除向苏联争取援助之外，也向美、英等国争取援助。1940年9月27日，德、意、日三个法西斯国家签订《柏林协定》，结成军事同盟。三国承认德、意在欧洲和非洲的利益，日本在亚洲和太平洋地区建立东亚新秩序。日本夺取英法在远东的利益，也威胁着美国的利益。于是，美、英由对日妥协转向援华抗日。1940年，汪伪政权建立后，罗斯福宣布将对华贷款1亿美元。此后，美国租借援助成为中国军火补给的主要来源。1940年11月9日，蒋介石向美、英两国政府提交了一份中、英、美之间作战方案；希望美国借款2亿～3亿美元，以信用贷款方式提供给中国战斗机500～1000架，在1940年内先交200～300架。美、英两国中任何一国与日本开战时，中国陆军全部参战，中国全部空军场所，联军亦可使用。这项建议虽未得到美国同意，但促使罗斯福更加关注对华援助。他指示国务院、财政部和陆海军各部门寻找可行途径，尽可能向中国提供军事援助。他本人还同蒋介石的空军顾问陈纳德商谈了各种秘密的空战计划。

1941年3月31日，宋子文向美国正式提出帮助中国建立拥有1000架飞机的现代化的空军，由美国提供飞机，训练飞行员，帮助训练并装备陆军30个师。4月26日罗斯福复电称，已批准4500万美元对华援助，包括铁路、交通、卡车、汽车、兵工器材等，飞机和其他项目正在研究中。不久，罗斯福批准了美国预备役航空官兵可志愿加入陈纳德的美国志愿航空队（俗称"飞虎队"），作为中国军队的基本单位之一来华参战。这标志着美国空军人员以非官方的形式直接加入了中国抗战①。中国的空军建设在苏联停止援华之后，再次走出了困境，继续前进。7月23日，罗斯福批准了蒋介石、陈纳德的要求：美国向中国提供500架飞机的装备和人员。

1941年12月7日，日本偷袭珍珠港，太平洋战争爆发，中国抗战的国际

---

① 飞虎队是中国政府购买100架P-40战斗机，高薪聘用近300名飞行员、地勤人员，由陈纳德组建和训练的一支小型现代化空军。1941年12月20日正式参战，1942年7月4日，美国政府将飞虎队纳入美国陆军编制，改编为美国第10航空队驻华特遣队，脱离了中国空军序列。在它存在的半年时间里，经大小上百次的空战共击毁日机299架，而自己在空战中仅损失12架。它的一只虎爪保护中国大后方城市免遭日机轰炸，另一只虎爪把日军挡在怒江南岸无法进入中国，所以，飞虎队一直受到中国人民的敬仰。

环境发生了根本性的转折,中、美、英三国结成同盟对日共同作战。1942年由于史迪威将军的错误指挥,缅甸被日军占领,断绝了中国的对外通道。中、美、英三国决定开辟驼峰航线,运入中国所需要的飞机等武器,运出美国所需的矿产战略物资。驼峰航线西起印度萨姆邦,东到云南昆明,航程1100多公里,途中要飞越喜马拉雅山脉南段,平均海拔5000米,最高7000米,当时被称为"空中禁区"。3年中,中美共损失飞机468架。驼峰航线开通,打破了日本对中国的封锁,在1942~1945年之间成为中国战场的"空中生命线",对中国最后战胜日本作出了重要贡献。

1942年,陈纳德率领的美国志愿航空队第四中队进驻白市驿机场,增强了重庆的航空力量。

根据"租借法案"的军援,1941~1945年美国陆续援助中国飞机约1400架,另在1943年美国空军有250多架进驻川西,参与对日作战[1]。从此,中国空军由弱变强,为最后取得对日空战胜利奠定了坚实基础。

(三)修建机场

抗战初期,四川的机场数量少,设施简陋,非常不适应现代化飞机使用。以重庆市机场为例,菜园坝机场地处长江滩中,只有枯水季节才能使用;九龙坡机场,飞机起飞就要插入长江江中,很不安全;白市驿机场地处二山峡谷之间,天气不好雾锁上空,起降很困难。为了适应空军建设,抗击日机轰炸的需要,国民政府加快了机场建设的步伐。抗战时期四川在重庆、成都、梁山、宜宾、南充、铜梁、犍为、西昌、理塘、甘孜、松潘、泸州、泸县、三台、新津、双流、华阳、广汉、彭山、邛崃等市县,新建和扩建机场33个。这些机场都是军用机场,其中以重庆、成都、梁山三地的机场,在军事上的作用最大。重庆的机场,担负着保卫陪都安全的重任;成都地区的机场,担负着保护省城和抗战后期轰炸日军在华军事设施及日本本土的任务;梁山机场担负着拦击日机由武汉起飞轰炸重庆的任务。

新建和扩建机场主要由四川民工义务承担。理塘和甘孜在1942年修建的军用机场,就征了3000名藏民参与修建。泸州从1938年起修建的一批机场都是征发民工义务修筑的。其中合江县先后6次征发民工23660人次,参与修筑了4

---

[1] 杨家声主编:《四川省志·外事志》,巴蜀书社2001年1月版,第308页。

第五章 抵抗日机轰炸的特殊战场

个军用机场。1945年2月，国民政府军事工程委员会电令征调泸县、富顺、隆昌民工4.6万人，修建泸县蓝田坝机场。3月10日，组成四川省泸县特种工程委员会。17日破土兴工，民工4.3万人，编成12个大队。4月18日，又征调合江、叙永、江津、荣昌县民工4万人，总计8.6万人赶工修建，5月底，建成2200×60米跑道一条，400×13米和800×13米平行推机道各一条，47×47米停机坪一座，停机堡（俗称机窝）13个和一道400×1×6的排水沟。到6月1日，机场剪彩通航①。

在修建机场中，规模最大、战略意义最大的是1943年在川西修建的供美国B-29轰炸机和战斗机使用的机场。这项建设机场的工程是因开罗会议作出美国空军B-29轰炸机从中国基地出发轰炸日本的决议而启动的。美国向中国派出了技术工程人员，为建造机场提供技术指导，并把机

图5-7 川西民工修建可供B-29重型轰炸机起降的机场，55个民工拉着石磙碾压飞机跑道

场地址选定在成都周边的县上。这项工程关系能否获得美援，关系到夺取抗战的最后胜利，关系到太平洋战争的全局，国民政府和蒋介石对此十分重视。交通部长曾养甫和四川省主席张群都到实地进行考察。

1943年12月28日，张群亲自主持召开四川省有关部门和各县长会议，布置征调民工等事宜，并成立四川特种工程征工总处，故该工程代号为"特种工程"。特种工程下设工程征工总处，由省民政厅长担任处长，负责征调民工。特种工程的工期短、工程量大、质量要求高，征工人数包括成都附近四个行政督察区的华阳、温江、郫县、崇庆、新津、双流、新都、仁寿、简阳、眉山、丹棱、夹江、邛崃、蒲江、大邑、名山、绵阳、广汉、德阳、什邡、金堂等29个

---

① 赵永康：《泸州在抗日战争中的贡献与牺牲》；李仕根：《四川抗战档案研究》，西南交通大学出版社2005年11月版，第209页。

县。前期征调民工32万人，后期达到55万人。

特种工程修建的机场是停降当时最先进的、号称"超级空中堡垒"的B-29重型轰炸机，体长近30米，高8.4米，翼展近43米，时速500公里，能在11000米高空行驶近5600公里，携带炸弹4吨。P-51型驱逐机，也是当时战斗力最强的机种，能与日本最新式的零式飞机抗衡。按美方的要求，B-29轰炸机跑道长2600米，宽60米，厚1米；P-51型驱逐机跑道长2200米，宽40米，厚40厘米。另外还要修建12个航空燃料库，24个弹药库，8个无线电通信所，4个能容纳35架B-29轰炸机的机库，8个发动机配备所、指挥所，以及兵营宿舍等。按要求，飞机跑道两旁有许多停机坪，全由滑翔道连接。为了隐蔽飞机，停机坪均卷成拱桥式洞口，洞顶覆盖泥土，种上花草，供飞机停歇洞内隐蔽。

修建一个轰炸机场所需石料超过10万立方米；一个战斗机场亦需9.3万多立方米。以彭山修建机场为例，所需砂石量，相当于取尽新津至眉山岷江两岸长50公里河滩的鹅卵石。为此当年都江堰推迟放水10天，以便下游各地采集砂石。当时没有机械设备，所需砂石全靠民工手挖肩担，夯实跑道要用10吨重的大石滚压，需几百人同时用人力牵拉，几公里外都能听到拉石磙的号子声。民工每天工作12小时以上，伙食极差，不少民工为此献出了宝贵的生命。

1944年5月中旬工程完工，共修建了4个轰炸机场，5个战斗机场。5月18日首批B-29轰炸机试飞降落，正式投入使用。

此外，在1944年夏，还调集了4万多民工扩建梁山机场，供B-29轰炸机使用①。

这些机场的修建，四川农民功不可没。他们用汗水甚至生命为中国空军的战略反击创造了条件。

（四）献机运动

1940年，中国空军遭受日本"101"计划的攻击，损失惨重，于是四川和全国人民掀起了轰轰烈烈的献机运动。

献机运动是1939年3月从中国空军出版社建议将义卖金捐款购买"义卖

---

① 李泽民：《川西抗战"特种工程"》，李仕根：《四川抗战档案研究》，西南交通大学出版社2005年11月版；杨家声主编《四川省志·外事志》，巴蜀书社2001年1月版，第208~209页。

号"贡献国家,充实国防开始的。当月重庆各界总计献金170余万元。1940年12月21日《中央日报》发表了《献机救国》的社论,倡言"献机救国,也是保家乡"。之后,献机热潮首先在重庆展开。

图5-8 成都机场献机仪式现场

重庆儿童率先响应,节省零用钱、游艺募捐,发起筹献"中国儿童号"飞机。市戏剧界筹献"剧人号"飞机。伤兵从抚恤金中筹献"荣誉号"飞机。军人发起筹献"新军人号"飞机。市11中学生筹献"中学生号"飞机。北平志城中学四川分校学生向全川发起献"中学生号"飞机。国立12中发起献"青年号"飞机运动,共筹现款5080元;国立第九中学学生均来自沦陷区,学生们于1941年3月1日集资1.3万元。4月,中央银行国库局全体员工为激励空军志气,发起"击落敌机一架献金一角运动"。1941年2月,重庆北碚民众献"北碚号"滑翔机1架。

1943年,陪都妇女界庆祝"三八节",举行献机活动,当日筹款100万元,各地妇女纷纷响应,捐募268万元,计献飞机13架。4月,重庆举行国民兵团第二次献金典礼,共献飞机10架。

献机运动很快在四川各地开展。1941年6月20日,成都共募得献机专款150万元,其中民众节衣缩食捐款20万元,一架飞机以"民众号"命名。成都市献"四川青年号"滑翔机1架。市民朱炳献机9架,计捐款135万元。

1940年冬,合川县组成"合川号"飞机募捐委员会,1941年春,合川献机募捐达30万元,共献飞机3架。5月,宣汉捐款献金委员会将募得的8万元,汇给航建协会四川分会。渠县范南煊(原国民党军师长)将在重庆的一份价值20万元的产业卖掉,购买飞机一架献给政府。富顺盐场响应"一元献金"运动,捐献飞机4架,计80万元。

1942年,自贡盐业工人捐献"盐工号"和"盐船号"飞机2架。

1943年,重庆青年举行劝募飞机活动,重庆、璧山、江津、綦江、丰都、涪陵、广安等县市合献"中国青年号"飞机1架、滑翔机20架。

1940年，中国航空建设协会四川分会发起献机100架运动。1941年确定配额，由各县捐款购买，限5月底完成。1943年又发起"一元献金"运动，购得飞机30架，并在重庆珊瑚坝举行献机命名典礼。

献机运动加强了国民政府的空军建设。

第三节　对日空战

一、抗战前期的对日空战

抗战初期，中国空军飞机少，机型落后，无力与来犯日军开展空战，每遇日机来川空袭，中国飞机就立刻起飞躲藏，同老百姓一样"跑警报"。随着苏联志愿队由汉口撤退至重庆、成都等地同中国空军共同担负防空任务，中国飞机才逐步开始与来犯日机的空中战争。

1939年1月15日，日轰炸机29架、侦察机3架四犯重庆时，中国空军终于首次出动12架战斗机迎战，地面高射炮也协同向日机猛烈射击，击落1架，坠于南岸大兴场，4架日机中弹受伤返航。这是中日空军首次在四川交战。

1939年5月3日，日本26架中型机自武汉起飞，轰炸重庆，驻重庆广阳坝机场的中国空军第四大队25架战斗机起飞迎敌，驻成都的第五大队12架飞机也前来参战。击落敌机7架，所余敌机中也多数中弹受伤。我方第四大队第二十一中队副队长张明、第二十四中队飞行员张哲在攻击敌机时被击落牺牲。6月11日，日机轰炸重庆，我方第四大队大队长郑少愚率领15架飞机拦截敌机，郑少愚所驾飞机中弹迫降，第二十三中队分队长、中国空军"四大天王"之一的梁添成驾机被日机击中，于涪陵附近坠毁，为国捐躯。7月6日，日机30架空袭重庆，中苏空军不顾机场缺乏夜航设施的困难起飞迎战，苏联志愿队伊－16战斗机大队长科基那基击落日机1架，但苏联飞行员帕达依采夫在空战中阵亡。8月30日夜，日机18架分两批袭击重庆，被我方空军击落2架，但我方第四大队飞行员李志强被敌击落，阵亡于巴县南坪坝。8月28日，敌机突袭重庆，被我方击落1架。9月3日，日机再次来袭，被击落2架。

1939年，对日空战中，中国空军作战85次，出袭轰炸30次，击落日机30

第五章 抵抗日机轰炸的特殊战场

架,地面炸毁日机 100 架,我方损失飞机 54 架,牺牲飞行员 374 名①。

1940 年 5 月 28 日,日本开始实施"101 号作战"计划,对重庆进行连续不断的轰炸,但却遭到重庆有史以来最顽强的抵抗。由苏联航空志愿人员驾驶涂上国民政府空军徽记的苏制伊-15、伊-16 战斗机,在重庆上空与日机展开了激烈的空战。此外,由美国训练的中国飞行员驾驶的美制霍克式战斗机也参加了重庆保卫战。当时重庆的报纸作了大量报道。《新华日报》说:"我空军用闪电战术同日机作战。以猛虎扑羊的队形穿入敌阵。"② 6 月 6 日,日机 76 架轰炸重庆白市驿机场,我飞机 15 架起飞拦截,击伤敌机 19 架,7 名机组人员负伤。次日,日机再袭重庆,被我空军击落包括敌空中指挥官小谷雄少佐在内的 2 架敌机。11 日、12 日、14 日、16 日,日机空袭重庆,又被我驻渝空军总共击落 11 架③。

图 5-9 乐以琴,四川芦山县人。1937 年 8 月 14 日驾机首次对日空战,击毁日机 4 架,加上后来空战共击毁日机 8 架,被誉为"空中赵子龙"、"江南大地之钢盔"。同年 12 月 3 日在空战中英勇牺牲

为了改变在空战中的不利地位,日军联合空袭部队迅速从国内调来一批刚刚研制出来的最新式的零式战斗机进驻武汉基地。这种飞机续航能力强、机动性极好、火力强大,在二战时曾煊赫一时,其性能超过了当时世界上最先进的重力战机,日机重新取得了空战中绝对优势的地位。

1940 年 9 月 13 日,日本 36 架轰炸机,在 30 架驱逐机的掩护下空袭重庆。中国空军第四大队大队长郑少愚为总领,率同 F-16 式飞机 34 架,分四个编队迎击来犯敌机。经过激战之后,日机狼狈窜到璧山县附近,被郑少愚为首的中国空中伏兵挡住去路。4 架日机被击落,激烈空战延续 20 分钟,敌机返航油量告乏,狼狈逃去,中国空军又英勇击落日机共 6 架。但日机有零式战斗机 13

---

① 陈应明、廖新华编著:《浴血长空——中国空军抗日战史》,航空工业出版社 2006 年 1 月版,第 196~197 页。

② 谢世廉主编《川渝大轰炸》,西南交通大学出版社 2005 年 8 月版,第 71~72 页。

③ 陈应明、廖新华编著:《浴血长空——中国空军抗日战史》,航空工业出版社 2006 年 1 月版,第 199 页。

架,击落中方战斗机 27 架,这是中国空军损失最大的一次①。

日本的"101 作战"计划中,日机也遭到中国空军的沉重打击。据日方统计,日方损失为:"战死者:陆军 35 人,海军 54 人;下落不明者:陆军 6 人,海军 16 人;负伤者:陆军 20 人,海军 29 人;飞机中弹架数:陆军 75 架,海军 312 架;击毁飞机架数:陆军 8 架(内司侦 3 驾),海军 8 架。"②

按照我方的记录,1940 年我方进行空战 61 次,击落敌机 32 架,而被日方击落、击毁 29 架,损伤 64 架。年初我国有作战飞机 160 余架,其中战斗机 112 架。到 1940 年底,中国空军仅剩下各种飞机 65 架,飞行员阵亡 14 人,失踪 4 人③。已很难抵抗日本空军的进攻了。

在成都,1938 年 11 月 8 日,日机 18 架轰炸机首次轰炸成都。驻防成都的中国空军 10 余架奋勇迎战,2 架敌机受伤④。

1939 年 6 月 11 日,日机 27 架袭击成都,被我空军在市东南上空击落 3 架,击伤数架,自己无损失⑤。

10 月 3 日,中苏空军联合对日本武汉机场进行大规模攻击,苏联志愿航空队 9 架轰炸机从成都太平寺机场起飞,奇袭汉口王家墩机场。机场停放的百多架日机,毫无戒备,被炸成一片火海。包括多名高级将校在内的日本官兵被炸身亡,40 多架飞机被炸毁,油库和航空器材的一部分也被炸毁。而苏联

图 5—10　中国空军和苏联志愿航空队的空中编队

---

① 郑光路:《川人大抗战》,四川人民出版社 2005 年 1 月版,第 376～377 页。
② 《日军 101 号作战执行情况报告书》,载四川省档案馆编《川魂·四川抗战档案史料选编》,西南交通大学出版社 2005 年 8 月版。
③ 陈应明、廖新华编著:《浴血长空——中国空军抗日战史》,航空工业出版社 2006 年 1 月版,第 201 页。
④ 谢世廉主编:《川渝大轰炸》,西南交通大学出版社 2005 年 8 月版,第 108～109 页。
⑤ 谢世廉主编:《川渝大轰炸》,西南交通大学出版社 2005 年 8 月版,第 122 页。

第五章 抵抗日机轰炸的特殊战场

飞机仅1架受伤,9架飞机全部安全返航。

10月14日,苏联志愿航空队20架轰炸机分两批出击武汉王家墩机场。据事后中央社报道:我方炸毁日本轰炸机66架,战斗机37架,容量5万加仑汽油库1座,炸毁弹药3万余箱,救护车3

图5—11　1940年3月,重庆军民搬运被中国空军击落的日军侦察机残骸

辆,汽车40余辆,炸死敌军飞行员60余人及陆海军官兵300多人。而据日方的战史记录,也称"这是事变以来发生的最大损失"。志愿队轰炸机返航时,空中击落追击日机3架,自己损失飞机2架,其余凯旋①。

这两次轰炸,使日军驻武汉的航空兵力受到很大损失,日军便罄尽驻武汉的海军航空队所有的远程轰炸机,空袭成都进行报复。11月4日,日机54架九六式重型轰炸机分两批从山西运城和湖北武汉起飞轰炸成都。这时,成都空军已装备了一个大队的苏制先进驱逐机。中国空军从北郊凤凰山机场起飞,英勇地向敌机群迎击。在成都地区及其附近空域击落敌机7架,击伤敌机18架(我方损失2架),残余敌机逃窜回汉口途中,又遭到重庆白市驿机场和梁山机场我方驱逐机拦击,被击落几架,敌机被歼过半。之后,日机半年不敢轰炸成都。在这次空战中,号称"轰炸之王"的奥田大佐的座机被击毁,残骸及七八具尸体散落在简阳观音桥的山坡上。这是中国空军击落的日机最高指挥官。另一架被击落日机残骸坠在中江境内,几天后两架敌机残骸运来省城,在少城公园展览。吃够"跑警报"苦头的成都民众络绎不绝前往参观,人人拍手称快。

1940年5月后,日军实施"101作战"计划,更是对成都的市区和机场进行了多次轰炸,给人民的生命财产造成极大损失。直到1941年3月14日,日军12架零式战机护航10架轰炸机肆无忌惮侵入市空,中国空军五大队的31架

---

① 陈应明、廖新华编著:《浴血长空——中国空军抗日战史》,航空工业出版社2006年1月版,第206~207页。

飞机迎战，在激烈的空战中，我损失16架，第五大队正副大队长黄新瑞、岑泽鎏等8名飞行员牺牲。5月25日，敌机来袭，第五大队17架飞机飞向陕西避敌，在空中被日机击落2架，剩余15架飞机因油尽降落天水机场，全部被日机炸毁。7月1日第五大队被撤销番号，改称"无名大队"。所有队员被迫在军服左胸前佩戴红色"耻"字布条，以示惩戒。这是抗战以来，中国空军的又一次重大损失。

1941年这一年里，日机8次对成都市区和附近机场进行狂轰滥炸。8月11日，日机两次袭击成都，并低空攻击太平寺、凤凰山机场。在温江附近与我"无名大队"4架飞机和第四大队的1架飞机发生空战。中国空军击落敌机1架，而自己亦被击落4架。机场上7架飞机被炸毁。"无名大队"副大队长等多名飞行员被敌机击落阵亡[①]。

1941年6月，苏德战争爆发，在华苏联飞行员陆续回国，中国空军作战更艰难了。

二、抗战后期对日机的反攻战

从1940年中国空军与日本零式飞机作战大败以后到1941年12月20日，美国志愿航空队参战之前，中国空军能够作战的飞机不足百架，听到警报便飞离机场。这是中国空军历史上最黑暗的日子。1941年12月8日，日本偷袭珍珠港，太平洋战争爆发，日本空军绝大部分力量用于防御美国空军的攻击，1942年，日本空军已无力对四川发动空袭，而中国空军建设却得到加强。1943年，日本已夹起尾巴，除少量侵扰外，对四川的大规模空袭已基本结束。相反，中国空军在美

图5—12　美国援华飞虎队战机

---

① 郑光路：《川人大抗战》，四川人民出版社2005年1月版，第387页。

第五章 抵抗日机轰炸的特殊战场

国空军参与对日共同作战下，在1942年已成为令日方胆寒的战斗力量了。

1941年12月下旬，日军大规模进攻长沙，史称"第三次长沙会战"。中国空军第二大队9架轰炸机，于1942年1月8日，从成都太平寺机场飞抵长沙以北上空轰炸日军，配合地面部队反击，在返航中又击落1架日机。

1942年1月22日，中国空军第二大队副队长邵瑞麟，从成都太平寺基地起飞，率27架轰炸机、15架驱逐机，在飞虎队中队长桑德尔率领的9架P－40型战斗机的护航下，共同袭击日本河内机场。邵瑞麟担任这次战略轰炸总指挥，对机场数十架日机，低空投弹轰炸，倾泻炸弹20余吨，敌机葬身火海。邵瑞麟返航途中被日军密集机枪击中，壮烈牺牲，被誉为"抗日空军英雄"[1]。

1月24日，美国志愿航空队第三中队10架战斗机再次护航我轰炸机18架出击越南，轰炸日军机场[2]。

10月27日，中国空军第二大队9架攻击机在第四大队12架战斗机掩护下，由成都起飞经安康轰炸了日本陆军航空队位于运城的重要设施，炸毁敌侦察机1架及机场跑道和多处建筑。

11月2日，中国空军第二大队4架攻击机夜袭了武汉江汉关日军油库及机场。

11月22日，中国空军第一、二大队出动轰炸机、攻击机，轰炸了湖北沙市的敌军机场、码头及船舶。此后，第二、四大队空军频繁出击日军各处的基地。

总的说来，1942年是中国空军在美国帮助下处于恢复训练的阶段。随着美国援华飞机的到来，在美国和印度受训的飞行人员归来，美国陆军航空队驻华特遣队的成立，中美空军联合作战，中国空军由保卫大城市转变为配合陆军作战，出击轰炸日军后方防线。从1943年起，中国空军主动出击已多于被动迎战。中国的天空已不是日本侵略者横行的地方了。

1943年1月10日，第四大队战斗机从梁山机场起飞，轰炸了湖北荆门日陆军航空第四十四战队基地，炸毁敌机3架及若干机库、营房。但我有2架飞

---

[1] 参见郑光路：《川人大抗战》，四川人民出版社2005年1月版，第380~381页。
[2] 陈应明、廖新华编著：《浴血长空——中国空军抗日战史》，航空工业出版社2006年1月版，第247页。

机被击落，2 名飞行员阵亡。

5月鄂西大捷中，中、美空军共出动53次，战斗机326架次，轰炸机82架次，击落敌机41架，炸毁敌机6架，炸沉炸伤舰船23艘，击毙敌官兵157人，击伤238人，击毙军马207匹，击伤74匹。它标志在美国支援下的中国空军开始由防御转入反攻。

梁山机场位于川东门户，中国空军常在此痛击日机，使日机入川容易出川难。1943年6月9日，中国空军中队长周志开未带保险伞就单机起飞迎敌，在敌众我寡的情势下，先后击落敌轰炸机3架，击伤数架，创下单机攻击敌机机群最光荣的空战纪录。事后，蒋介石亲自接见他并授予"青天白日勋章"①。

1943年3月，美国空军特遣队由大队级别扩编为航空队级别，编序为第十四航空队，负责中国方面的空中作战，陈纳德任第十四航队司令，并晋升为陆军少将。5月，陈纳德由美返华，在新津机场制订了利用川西各基地空袭日军在东北、华北、华东、台湾及日本本土的军事设施和工业中心的计划。截至1944年圣诞节，美军常驻川西大机场的各类飞机在250架以上，各种军事人员8000余名。美军先后驻在四川的成都、温江、新津、彭山、广汉、邛崃、崇庆、双流、酉阳、三台、广元、阆中、遂宁、南充、隆昌、泸州、宜宾、重庆、大足、江津、南川、灌县、梁山、万县、铜梁、开江等地。

1943年10月，在桂林（后迁重庆白市驿）成立了中美航空混合联队司令部。混合联队各级设有中、美两方指挥官。美国人员仅为中国人员的四分之一，联队属于中国空军序列，飞机涂中国空军标志，但作战直接归第十四航空队指挥，也可根据中国空军命令配合中国空军作战。

第十四航空队和中美航空混合联队的建立，大大加强了中国的空军力量。他们与中国其他空军部队一起夺回了中国的制空权。

1944年川西"特种工程"修建的机场竣工。美国空军的运输机、战斗机、歼击机和B-29重型轰炸机共270架，以及飞行人员、地勤人员7000多人和各种军用物资运来成都，开始了美国空军同中国空军共同对日本的大规模空袭。

1944年6月开始，中美空军以50多万川西民工修建的B-29重型轰炸机机场为前方基地，出动B-29轰炸机轰炸日本本土和其他重要目标。到1945年6

---

① 郑光路：《川人大抗战》，四川人民出版社2005年1月版，第380~381页。

月，共出击10余次，对日本本土、我国东北和台湾等地进行了大规模轰炸，使日本九州的八幡钢铁厂（日本的钢铁中心）、长畸造船厂等重工业基地遭受毁灭性打击，日本在鞍山的钢铁厂产量减少四分之三，日本在台湾的冈山机场和飞机制造厂遭受严重损失。从成都机场起飞，以B-29轰炸机为主的对日本本土不间断的战略轰炸，使日本朝野震惊，中国人民大受鼓舞。它使日本无论在前方战场还是在自己本土的上空都无法抵挡盟军日益猛烈的空中打击。日本的装备和物资生产、部队训练和备战受到巨大打击，陷于恶性循环之中，加速了日本的投降。

最大快人心的是对日军汉口空军基地的轰炸。日本汉口空军基地，自从抗战开始以来，6年间不断用燃烧弹轰炸重庆、成都和四川各地的空军基地。1944年12月18日，美国二十航空队94架B-29重型轰炸机，在十四航空队中美混合的战斗机的掩护下出袭汉口，并"以其人之道还治其人之身"，第一次使用燃烧弹火攻城市。日战机在匆忙中起飞，被我护航机一网打尽。B-29顺利投下500吨以上的燃烧弹，炸毁了日军数十万吨的补给品和船坞、仓库，大火整整烧了3天，大量粮食、弹药、药品等补给物资付之一炬。

1945年1月5日，中美混合联队再次袭击武汉王家墩、徐家棚、南湖3个日军机场，炸毁机库4个，击毁击落日机多架。此后接连几天，数十架从成都起飞的美军轰炸机在大批战斗机护航下飞临汉口，投掷燃烧弹，长江两岸5公里内地区一片火海，日本租界也完全变成废墟。日本侵略者终于尝到了炸弹从天而降、建筑物熊熊燃烧、尸横遍地的滋味了。

此后，中、美空军还频繁从四川等地出动飞机轰炸南京、上海、山西运城等日本在华军事设施，日本空军已毫无招架之力。

以四川为基地的反日机空袭的战争，终于取得了最后的胜利。

第六章　抗战时期在重庆的中共中央南方局

1938年10月，日寇进逼武汉，中共驻武汉代表周恩来等与中共的机关报《新华日报》西迁重庆。八路军驻渝办事处也在此时成立。1939年1月，根据中共中央决定在重庆成立了以周恩来为书记的秘密机关——中共中央南方局，负责领导以重庆为中心的国统区及部分沦陷区的中共党的工作。

国民政府迁都重庆以后，国内各党派、社会各阶层的政治力量和外国使馆、国际友人都相继集中重庆。重庆成了战时国内各种政治力量和国际势力活动的重要政治舞台，同时也是国共合作巩固发展抗日民族统一战线的重要政治舞台。中共中央南方局以重庆为基地，高举抗日民族统一战线的旗帜，组织领导四川和大后方人民坚持国共合作，正确处理了与国民党错综复杂的关系，大力加强对民主党派、地方实力派和工商界、文化教育界等爱国人士的工作，团结一切可以团结的力量，坚持抗战，共赴国难，巩固了抗日民族统一战线，为推动四川和大后方抗日民主运动作出了重要贡献。同时，加强与国际友人的联系，使中共的外交工作走上国际舞台，并巩固发展壮大了四川的共产党组织，隐蔽和培养了大批干部。

第一节 南方局的成立

一、国共合作的建立

随着民族危机日益加深,在共产党的推动和全国人民停止内战、团结抗日的压力下,国共两党经过多次艰难的谈判,于1937年9月22日,由国民党中央通讯社发表了《中共中央为公布国共合作宣言》;次日,蒋介石发表谈话,实际上承认了中国共产党的合法地位,第二次国共合作正式形成。合作的要旨是:(1)国民党承认共产党的合法地位。(2)共产党承认孙中山先生的三民主义为中国今日之必需,愿为其彻底实现而奋斗。(3)共产党将其领导的红军改编为国民革命军第八路军(后改为十八集团军),朱德任总司令,彭德怀任副总司令,下辖3个师共4.5万人,另保安部队1万人;南方八省红军游击队1万余人改编为国民革命军陆军新编第四军,叶挺任军长,项英任副军长;改编后的八路军和新四军由国民政府发给军饷。八路军开赴华北前线对日作战,新四军在南方敌后对日作战;改编后的八路军和新四军的副排长以上军官由共产党自行委派,国民政府只向八路军总部及3个师各派一名联络参谋。(4)共产党领导的陕甘宁苏维埃政府改为陕甘宁边区政府,林伯渠任主席。(5)国民党不允许共产党在国统区建立组织开展活动,只允许八路军和新四军在国统区建立办事处与国民政府军事委员会、参谋总部、军令部等部门互通情报,协商需要解决的问题和共产党中央的代表在国民政府所在地参与国共合作、抗战建国等问题。

从上述双方合作的条件内容可以看出,第二次国共合作,是在民族危机空前严重的形势下形成的抗日民族统一战线,主要是军事上的抗日合作,两党都保持了各自的独立性和信仰;合作双方虽然力量悬殊,但都有各自的军队和政权;它没有固定的合作组织形式和长期的共同纲领,遇事只能双方协商解决。这就决定了合作关系很复杂,必然存在着严重的矛盾和斗争。但第二次国共合作的建立,奠定了举国一致、全民抗战的基础。

二、南方局的成立

随着日军攻陷南京、武汉,国民政府迁都重庆,中共中央代表团和两地办事机构以及中共《新华日报》亦迁至重庆。1938年中共中央六届六中全会决定,在国民党统治中心建立秘密机构南方局,统一领导八路军办事处、《新华日报》、《群众》周刊、中共中央代表团和国统区党的工作。1939年1月,中共中央任命周恩来、博古、凯丰、张文彬、徐特立、吴玉章、叶剑英、廖承志、吴克坚、邓颖超、高文华、董必武等人组成南方局,周恩来为书记,周、博、凯、吴、董为常委[①]。南方局设立多个内部机构开展工作,并直接领导包括长江以南国统区和沦陷区、港澳地区和海外的党组织,并设派出机构,实行分区就地领导。在重庆则领导中共驻重庆代表团、十八集团军办事处、《新华日报》、《群众》周刊等公开组织,开展抗日统一战线工作。它的内部机构设在第十八集团军驻重庆办事处内。最初办公地点在机房街70号。1939年"五三"、"五四"大轰炸中机房街被炸毁,迁往红岩嘴13号,部分机构则设在曾家岩50号国民革命军事委员会政治部副主任周恩来住处(周公馆)内。南方局从1939年1月成立,到1946年5月中共代表团东迁南京,在重庆共存续八年。1944年11月,因南方局主要领导成员均先后离开重庆,中共中央决定成立工作委员会,主持南方局工作。1945年12月,中共中央派

图6-1 红岩村——中共中央南方局八路军驻重庆办事处

图6-2 南方局在重庆的主要工作地点是红岩、曾家岩和新华日报社。重庆近郊的红岩嘴13号既是公开的第十八集团军驻重庆办事处(八路军办事处),同时又是秘密的中共中央南方局机关。曾家岩对外称"周公馆",周恩来等南方局领导经常在这里办公和住宿

---

① 南方局党史资料征集小组编《南方局党史资料》(一),重庆出版社1990年6月版,第10页。

出以周恩来为团长的代表团出席政治协商会议，同时恢复南方局（暂名重庆局）。因此，除周恩来担任过南方局书记外，博古（代理）、董必武、王若飞亦曾担任过南方局书记。

第二节 坚持团结抗战，反对分裂投降

一、反对汪精卫叛国降日

国共合作抗日，使日本速战速决、灭亡中国的梦想破产。国民政府迁都重庆，战争进入相持阶段。日本面对中国决定坚持长期抗战，结束战争遥遥无期的情况，于是改变策略，从军事进攻改为政治诱降。日本公开发布信息，鼓励国民党内亲日派叛国降日。汪精卫是抗战必败的亡国论者，又是国民党元老、副总裁、国民参政会议长，地位和声望高，自然成为日本的首选人物。经过长期的秘密勾结，1938年12月18日，汪精卫率陈璧君、周佛海、陶希圣、曾鸿鸣等潜离重庆，经昆明逃到河内。随后，国民党中央执委、四川省党部主任陈公博等也从成都绕道香港飞到河内公开降敌。

日本政府得知汪精卫出逃河内的消息，即于12月22日，发表了首相近卫文麿的第三次对华声明，宣称日本愿意和"中国的同感忧虑及有卓识之士"合作，根据"相互善邻友好，共同防共和经济提携"的原则，同新生的中国调整关系。29日，汪精卫响应近卫声明，向重庆国民政府发出"艳电"，劝说国民政府与日本谈判，恢复和平，共同防共。

汪伪集团叛国投敌，激起了全国人民的无比愤怒。鉴于事态的严重，蒋介石在1939年元旦，召开了国民党中执委常委紧急会议，决定永远开除汪精卫党籍，并撤销一切职务。重庆《新华日报》在元月2日发表了《汪精卫叛国》的社论，声讨汪精卫叛国降日罪行。为了支持国民党内反对汪伪集团和亲日派的降日斗争，1月25日，周恩来在《关于国共两党关系问题给蒋介石的复信》中还特别说明："中共六中全会特决定不再在国民党及国民党军队中发展党员"，"中共绝无排挤或推翻国民党之意图"，并且希望国民党在蒋介石"领导之下，

突飞猛进,必然日益巩固其政权之领导"。① 以此坚定蒋介石反对汪精卫集团和国民党内投降派的决心和信心。

同时,南方局通过公开的合法组织和中共地下党,组织四川和大后方的人民纷纷集会或发表声明,愤怒讨伐汪精卫投敌叛国的无耻行径。中华民族解放行动委员会在重庆发表讨汪声明,指出:"国民党讨汪执行党纪后,国民政府须严申国法,下令缉汪,并缉办潜于各地的附汪分子,以其除恶务尽。"元月4日,张澜、黄炎培、梁漱溟、冷遹、江恒源等也在重庆发表讨汪宣言。4月20日,重庆市总工会召开有46个行业工会参加的成立大会,大会通电声讨汪精卫投敌,并举行游行示威。游行队伍一路高呼"反对汪精卫"、"反对'李精卫'"、"反对投降"、"抗战到底"等口号,矛头直指公开的、暗藏的汉奸卖国贼。

在成都,1939年1月以后,《大声周刊》连续登载了《十种汉奸》、《汪先生"还跳火坑"吗?》等文章,刻画和揭露了汪精卫的种种汉奸丑态和叛国行径。5月7日,成都各界民众万余人在少城公园举行反汪大会,驳斥国民党内投降派"曲线救国"的汉奸理论。

自贡、泸州、宜宾等地也召开了反汪集会。

1939年5月6日,汪精卫逃到上海,受日本宪兵保护。5月31日汪精卫赴日本进行卖国交易,换取日本支持,成立了伪国民政府。针对这一事态,1939年5月28日《中共中央关于与国民党共同进行反汪运动给南方局的指示》中,指示南方局"在反对汪派汉奸斗争中,我们应更亲密的加强与一切主战爱国的进步分子及国民党群众的联系。与他们一起动员群众共同进行反对一切投降派及反共分子的斗争,以达到巩固国共合作和巩固及扩大抗日民族统一战线的目的","必须向蒋及国民党中坚决主战的军政人员公开说明汪在国民党内及政府中还有不少同情分子……防止他们倒蒋反共的一切阴谋"②。南方局根据中央指示,团结国民党内主战派和爱国力量,共同掀起了更广泛、更深入的反汪精卫、反汉奸、反投降运动。从1940年1月起,《新华日报》连续发表了许多讨汪社论、文章、电文,报道各地讨汪实况,揭露汪贼卖国罪行,号召广大人民群众开展反对汪贼和一切妥协投降分子的斗争。重庆的《大公报》、《新蜀报》、《商

---

① 南方局党史资料征集小组编《南方局党史资料》(三),重庆出版社1990年6月版,第9~10页。
② 南方局党史资料征集小组编《南方局党史资料》(三),重庆出版社1990年6月版,第15页。

第六章　抗战时期在重庆的中共中央南方局

务报》等 10 家报社，以及成都的《华西日报》、《新新新闻》等 14 家报社，还有《合川日报》等，都刊登了大量反汪电文和文章，谴责汪逆降日卖国罪行。许多社会团体也发出反汪通电，呼吁一心一德、抗战到底，争取最后胜利……

1939 年 6 月 8 日，重庆国民政府命令通缉汪精卫；9 月 15 日，一届四次国民参政会通电全国声讨汪精卫。1940 年 3 月 30 日，汪精卫在南京举行"还都典礼"，成立伪国民政府。同日，重庆国民政府下令通缉汪伪政府主要成员，并照会各国驻华使节，宣布日本扶持的南京组织完全无效。

图 6-3　南方局设在重庆的《新华日报》旧址

南方局在四川组织的反对汪精卫投敌叛国的斗争，是一场反对抗日统一战线内部投降派的斗争。经过重庆国民政府、国民党、共产党及民主党派和爱国群众共同对汪伪集团的坚决斗争，汪伪政权虽然在南京成立了，但十分孤立，就连在重庆的汪精卫派的人也没有一个人脱离重庆国民政府追随汪精卫当汉奸。国民党内部的投降派也更为孤立。重庆国民政府和抗日民族统一战线不但没有分化、瓦解，反而得到巩固。

二、反对蒋介石反共、分裂抗日统一战线

国民政府迁都重庆，抗日战争进入相持阶段，中国内部的局势特别是国民党与共产党的力量对比都发生了较大变化。

国民政府迁都重庆，在大后方人民的保护之下，国民党内的各级官员，有了一个安定的环境，腐化堕落风气日益滋长。当时四川就流行着"前方吃紧，

后方紧吃"的顺口溜。党、政、军各部门贪污贿赂成风,重庆成了达官贵人享乐腐化的乐园。揭露官场卑鄙龌龊的《厚黑学》一书,得以风靡流行,就是对国民党政权腐败行为深恶痛绝的生动表现。这在政治上引起了人民群众强烈不满,要求民主、要求改革、要求废除一党专政的呼声日益高涨;在军事上,由于前方士兵待遇极差,官兵矛盾加深,战斗力削弱,在日军进攻面前,几乎屡战屡败,只能防御,无力进攻。共产党方面,则是清正廉洁,军民一致,官兵一致,有福共享,有难同当,团结抗日。在政治上,遵循三民主义,进行民主改革,建立民主政权,在陕甘宁边区和敌后根据地,得到人民群众的热烈拥护;在军事上,敌后战场对日作战节节胜利。到1940年底,八路军、新四军和华南游击队发展到50万人,还有大量的地方武装和民兵,共产党员发展到80万人。在华北、华中和华南创建了晋察冀、晋鲁豫、晋冀豫、晋绥、鄂豫边、山东、皖东北、皖东、皖中、皖南、苏南、苏中、苏北、豫皖苏、东江、琼崖等16个抗日根据地,加上陕甘宁边区,共产党领导的抗日根据地人口约达1亿①。面对共产党在政治上军事上的日益壮大和国民党在政治上军事上的日益不振,蒋介石惶恐不安。

　　共产党和国民党在建党宗旨和信仰上存在严重分歧。这种分歧造成了第一次国共合作失败,蒋介石发动"四一二"政变,爆发了国共之间长达十年的你死我活的内战。国民党要消灭共产党,共产党要推翻国民党。国共第二次合作,是在民族危机空前加深的情况下,为挽救国家民族灭亡的抗日合作。共产党承认三民主义为今日的建国纲领,但并未放弃党的宗旨和信仰,放弃对自己政府和军队的领导权,以避免被国民党吞掉。它的目的是通过合作,打败日本侵略者,建立民主的中国。蒋介石领导的国民党也未放弃它的宗旨、信仰和取消共产党的夙愿。它的目的是通过合作既要打败日本侵略者,又要通过合作来"溶化"共产党,实现一党独裁专政。1938年12月,蒋介石在同陈绍禹、周恩来谈判国共两党组成一个大党时就说:"我的责任是将共产党合并(于)国民党成一个组织,国民党名义可以取消;我过去打你们,也是为保存共产党革命分子合并于国民党。此事乃我的生死问题,此目的如达不到,我死了心也不安,抗

---

① 朱汉国、杨群主编:《中华民国史》第一册,四川人民出版社2006年1月版,第376页。

战胜利也没有什么意义。所以，我的这个意见，至死也不变的。"① 既然蒋介石把取消共产党看得比"抗战胜利"更有"意义"，他要在国共合作抗日中制造反共事件就在所难免了。

1939年1月，在重庆召开的国民党五届五中全会上，蒋介石在他的报告和讲话中，一再强调"对中共是要斗争的，不要怕它"，"现在要谈溶共——不是容共，它如能取消共产主义我们就容纳它"②。会议根据蒋介石的报告，确定了"溶共、防共、限共、反共"的政策，并设立专门的"防共委员会"。

为了巩固抗日统一战线，夺取抗战的最后胜利，南方局负责人周恩来、叶剑英等，在中共中央领导下，以斗争求团结，在重庆同国民党开展了反分裂抗日统一战线的斗争。

1939年12月至1940年3月，国民党掀起了第一次反共高潮。国民党军队在陕甘宁边区、太行山区和山西等地进攻共产党领导的八路军和其他人民军队，受到八路军的有力回击，粉碎了国民党顽固派的军事进攻。1940年3月，蒋介石在全国军以上参谋长会议上反诬八路军"游而不击"，"袭击友军"，"破坏抗战"，"制造摩擦"。叶剑英据理力争，戳破谎言，揭穿了蒋介石借此再次制造反共军事摩擦的阴谋。同时为了团结抗战，共产党建议两党进行谈判，共商抗日救国大计。

在成都，1940年3月因粮食供给紧张，发生"抢米事件"。国民党借此诬蔑共产党发动春荒暴动，查封了《新华日报》成都分销处，逮捕了中共川康特委负责人罗世文、车耀先，送往集中营监禁。朱亚凡、洪希宗、唐介舟被杀害。事件发生后，南方局常委叶剑英和《新华日报》社长潘梓年，立即向国民党当局提出抗议。南方局还指示川康特委以中共成都市委名义起草宣言，在成都、重庆、西安等地散发，揭露事实真相，迫使国民党当局同意《新华日报》成都分销处恢复营业。

国民党的第一次反共高潮被击溃之后，1940年下半年又开始筹划第二次反共高潮，在1941年1月6日制造了围歼奉命北移的新四军军部及9000余人的震惊中外的"皖南事变"。"审判"军长叶挺，撤销新四军番号，把第二次反共

---

① 南方局党史资料征集小组编：《南方局党史资料》（三），重庆出版社1990年6月版，第4页。
② 转引自周勇主编：《重庆通史》第3卷，重庆出版社2002年1月版，第889页。

高潮推向顶峰。

"皖南事变"发生后,"中共中央认为'蒋介石似有与我党破裂决心',数次急电周恩来、叶剑英、董必武、邓颖超等迅速撤回延安"①。南方局全面分析了当时的形势,周恩来反复向中共中央陈述"国民党尚不敢全面反共,在经过我们斗争之后,国共两党可能继续维持合作抗日关系"②。建议仍然留在重庆,得到中共中央同意。这一重大决策,保存了中国共产党在国统区工作的指挥中心和国共联系的主渠道,对继续直接同国民党中央当局打交道,维护国共合作,巩固发展国统区党组织,团结各方面抗日民主力量,巩固与扩大抗日民族统一战线都起了重要作用。

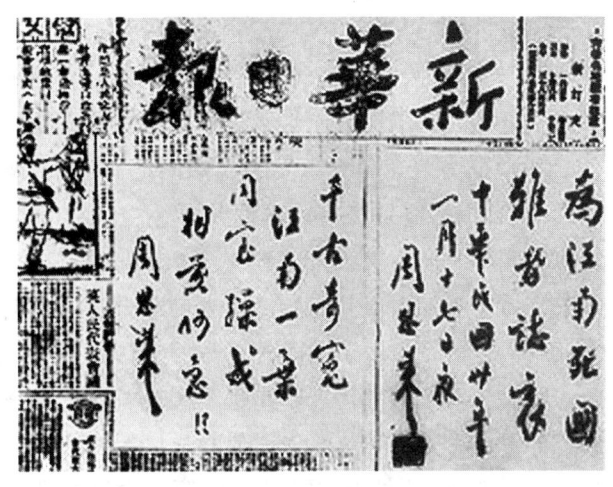

图6-4 为揭露国民党顽固派制造"皖南事变",周恩来在重庆《新华日报》上发表题词

为打退这次反共高潮,周恩来、叶剑英一连数天同国民党当局紧急交涉,抗议蒋介石集团消灭人民抗日武装的罪行,提出惩办凶手、恢复新四军编制、释放被捕干部等12条善后处理办法。与此同时,通过《新华日报》等舆论阵地和各种渠道,广泛向国内外各界人士揭露"皖南事变"真相,宣传中共的立场和主张,在国内引起巨大反响。1月20日,宋庆龄、柳亚子、何香凝、彭泽民致电蒋介石及国民党中央,谴责蒋介石反共分裂,破坏团结抗日的政策;国内各界人士纷纷抨击国民党当局的反共行为。美国华人领袖司徒美堂、南洋华侨陈嘉庚也通电呼吁国共团结抗战。美、英、苏政府也表示反对中国发生内战。蒋介石集团也无力进一步发动军事进攻,同时也需要八路军、新四军在敌后战场牵制日军,减轻正面战场的压力。在各种政治、军事、国际因素的共同作用下,蒋介石不得不从现实出发,于3月6日,在国民参政会上被迫表示"以后

---

① 南方局党史资料征集小组编:《南方局党史资料》(三),重庆出版社1990年6月版,第6页。
② 南方局党史资料征集小组编:《南方局党史资料》(三),重庆出版社1990年6月版,第6页。

决无剿共的军事"。会后，蒋介石又多次邀见周恩来，表示缓和两党关系。至此，共产党有理、有利、有节的斗争，使蒋介石掀起的第二次反共高潮，以军事进攻开始，政治失败而告终，国共合作的抗日局面得以继续保持。

1943年3月，蒋介石发表《中国之命运》，诬蔑共产党领导的军队是"军阀"，抗日根据地是"封建割据"。5月，共产国际宣布解散，国民党借此大做文章，叫嚷共产主义已经破产，要求解散共产党。7月，调集大军，准备闪击延安，掀起第三次反共高潮。南方局配合边区的自卫反击，在国民党统治区内发动政治攻势，争取了国内外各方面对国民党的反共活动施加压力。周恩来会晤美国总统罗斯福的代表，递送了国民党制造摩擦的材料。美英政府出于自身利益的考虑，指示美英驻华大使警告国民党不得发动内战，如果反共，将停止援助。在各方面的共同压力之下，第三次反共高潮"胎死腹中"。1943年9月，国民党五届十一中全会不得不声明要用政治方法解决中共问题。国共关系再次趋向缓和。国共合作抗日的局面一直维持到抗战的最后胜利。

三、巩固抗日民族复兴基地，发动和组织群众支援抗战

中共中央对国民政府迁都重庆，把四川作为抗日民族复兴的中心基地，是十分拥护的。

1937年9月5日，中共中央致电周恩来，指出目前时局甚为紧急，我党应有保卫重庆、保卫西南的积极主张。在军事上应提出八路军以三分之一开赴湖北，担任保卫重庆的任务①。坚决支持国民政府在四川长期抗日。

1938年12月，汪精卫潜离重庆，经昆明逃到河内，叛国降日，并企图拉拢西南某些地方势力脱离蒋介石，破坏抗日大后方的巩固和团结。在此紧要关头，1939年1月25日，周恩来就公开表示共产党支持蒋介石领导国民党和国民政府。这对防止汪伪降日引起抗日复兴基地的分裂起了重要作用。

1939年7月在抗日两周年之际，中共中央发表对时局的宣言，公开提出"拥护蒋委员长，拥护国民政府！抗战到底！拥护三民主义，拥护国共合作，精诚团结"的口号。同年8月4日，周恩来在中央政治局会议上的报告中也提出"对蒋及国民党的关系"，原则是"拥护蒋领导全国抗战"，"承认国民党在全国

---

① 南方局党史资料征集小组编：《南方局党史资料》（一），重庆出版社1990年6月版，第105页。

军队、政权中的领导地位","在困难时援助他,在蛮横时拒绝他……"①

1944年,国内要求民主宪政、组织联合政府的运动高涨,抗日复兴基地大后方的地方实力派对蒋介石独裁专政强烈不满。同年6月,南方局负责人董必武、王若飞等了解到川、康、滇、粤、桂西南地方实力派,有拥护李济深为中心,对重庆采取马蹄形包围,希望西北来一个军事发动,西南在双十节有一个大发动的想法。南方局领导人立即劝他们"不要妄为,要在法令中抓住有利于实行地方自治的东西,放手去做,要使自己比中央更民主进步"②,从而避免了抗日统一战线和抗日民族复兴基地的分裂,巩固了抗日民族复兴基地。

1944年,日军发动豫、湘、桂战役,打通大陆交通线,占领了贵州省的独山,西南危急,重庆震惊。1945年1月,《新华日报》提出了"知识青年到农村去"的口号。1945年春节前后至8月份,仅南方局青年组直接秘密组织去农村工作的青年积极分子即有160多人。这些人分布在川东、川北、川中的25个县区农村,贵州、铜仁、遵义、湖北竹山、三斗坪和云南陆良等地③,组织农民建立武装组织,保卫民族复兴基地。

此外,南方局领导人还多次联络四川实力派刘文辉、潘文华等,鼓励他们坚持抗战,巩固四川抗日复兴基地。

与此同时,南方局还组织发动四川各界群众支援抗日战争,巩固抗日复兴基地。

抗战时期四川川东地区是战时工业最发达的地区,集中了大批的产业工人。据1943年统计,单是军工工人就有4万余人,航运工人1.2万余人。其中又以重庆的产业工人为最多,总数达20余万人。中共川东特委在南方局领导下,在工人中积极进行抗战动员,发展党的组织,动员工人"拥护政府每一抗战号召,帮助政府完成每一抗战动员","巩固抗战基础"④。1939年9月5日,《新华日报》刊登了川东舵工水手1322人的《致国民参政会第四届会议书》,指出物价上涨,工人日益穷困,工人尽力抗战作出牺牲,而一些民族败类却到处破坏团

---

① 南方局党史资料征集小组编:《南方局党史资料》(一),重庆出版社1990年6月版,第3页。
② 南方局党史资料征集小组编:《南方局党史资料》(一),重庆出版社1990年6月版,第231页。
③ 南方局党史资料征集小组编:《南方局党史资料》(五),重庆出版社1990年6月版,第19页。
④ 南方局党史资料征集小组编:《南方局党史资料》(五),重庆出版社1990年6月版,第86~87页。

结统一,提出:(1)要求改善生活,解除工人后顾之忧,以使之为抗战出力;(2)坚决拥护抗战到底的国策,坚决反对直接间接破坏统一与团结的行为①。在1939年5月1日,重庆1万多工人,举行"五一"纪念大会并游行,南方局领导人在《新华日报》撰写文章,号召广大工人群众参加抗日救亡活动②。1940年4月30日,《新华日报》又发表《献给重庆总工会》的社论,强调必须改善工人生活,加强抗战党派及工人的团结,消除地域和行帮观念,发动工人增加战时生产,支援抗战③。

南方局在四川对发展民族工业建立复兴基地的经济基础亦十分重视。1939年1月25日,中共代表、国民政府军委会政治部副部长周恩来,中共代表、国民参政员董必武、邓颖超视察胡厥文等开办的冶金厂,并为该厂题词。周恩来题:"供给前方生产,是国防工业第一要义。"董必武题:"在极艰难的条件下奠定新中国工业的基础。"邓颖超题:"合作奋斗,发扬生产。"鼓励该厂为抗战生产军用品,发展民族工业④。

1940年初,《新华日报》创办了自然科学副刊,宣传科学知识。在敌机轰炸重庆期间,连续发表《工业建设防空》、《毒气空袭防空》等文章,宣传防空知识,号召科学工作者在民族革命的旗帜下团结起来,用科学知识为民族解放作出贡献⑤。

南方局还同各界爱国妇女组建妇女组织,发动妇女学习文化,努力生产,到前线参加战时救护队,在后方募捐,慰问伤兵等抗日活动。1939年纪念"三八"妇女节大会上,邓颖超在重庆4000多人的大会上发表讲话,"指出只有把妇女的伟大力量组织到民族的抗战中,才能获得抗战胜利、民族的解放"⑥。特别是在中共党员和爱国民主人士的共同努力下,建立了"战区内迁妇女辅导院",招收有一定文化程度的妇女,帮助她们寻亲找友,辅导她们学习,提高文化水平以便就业。到1945年抗战胜利后解散时,先后共收容战区内迁妇女

---

① 南方局党史资料征集小组编:《南方局党史资料》(五),重庆出版社1990年6月版,第585页。
② 南方局党史资料征集小组编:《南方局党史资料》(五),重庆出版社1990年6月版,第583页。
③ 南方局党史资料征集小组编:《南方局党史资料》(五),重庆出版社1990年6月版,第589页。
④ 南方局党史资料征集小组编:《南方局党史资料》(一),重庆出版社1990年6月版,第42~43页。
⑤ 南方局党史资料征集小组编:《南方局党史资料》(六),重庆出版社1990年6月版,第26页。
⑥ 南方局党史资料征集小组编:《南方局党史资料》(五),重庆出版社1990年6月版,第581页。

2000多人①。

在文化界,更是利用周恩来担任国民政府军事委员、政治部副部长和郭沫若担任第三厅厅长之有利条件,组织爱国文艺人士,以笔作武器宣传抗日,唤醒四川民众觉悟,投身抗日运动。电影、话剧、文艺、音乐、木刻、漫画、作品都以抗战为题材,在重庆、成都等形成了"抗战文艺"高潮,有力地推动了四川的抗日战争,巩固大后方抗日复兴基地。

总之,南方局在重庆期间的卓越工作,不仅巩固了抗日民族统一战线,而且也为巩固四川抗日民族复兴基地作出了重要贡献。

第三节 团结抗日爱国、民主力量,巩固抗日民族统一战线

一、团结国民党内抗日爱国、民主力量

共产党与国民党的合作是抗日民族统一战线的核心和基础。南方局把团结移居四川的国民党内抗日民主人士的工作放在第一位。国民党内除投降派、顽固派外,还有很多人是主张团结抗战的进步爱国人士。周恩来、董必武等都同他们做朋友,增进信任。对国民党内元老中主张抗战、反对内战的于右任等,周恩来、董必武都亲自到寓所拜访,商谈国事,解释中共抗日政策,希望他们运用其影响,做坚持团结抗战的工作。对积极抗战、反对蒋介石独裁统治的冯玉祥、李济深、朱学范等国民党中的民主派,周恩来等则经常同他们座谈,商谈国事和讨论加强国共合作的办法。还派送了一批干部到他们身边协助工作,通过他们推进抗日民主事业,保护进步活动。1941年11月14日,冯玉祥六十寿辰之际,《新华日报》出专刊祝贺,周恩来撰文高度评价他的革命活动。即使对国民党谈判代表张冲,周恩来也与他建立了良好关系。张冲在"皖南事变"后积极调停国共关系。1941年11月病逝,周恩来出席了追悼会,送了"安危谁与共、风雨忆同舟"的挽联,并在致悼词中说:"追悼怀南(张冲别号),当继其志,加强团结,共御外侮。"这件事在国民党上层人士中产生了很好的

---

① 南方局党史资料征集小组编:《南方局党史资料》(五),重庆出版社1990年6月版,第595页。

影响。

在国民党内,一贯坚持革命、坚持孙中山"三大政策"的国民党元老宋庆龄、何香凝、柳亚子、谭平山等,在抗战期间,继续同中国共产党风雨同舟,患难与共,坚决主张团结抗战到底,反对顽固派的倒行逆施。周恩来等则引之为同志、知己,十分尊重,经常征询他们的意见,依靠他们开展各方面的工作。宋庆龄在香港创办的"保卫中国同盟",向全世界和海外华侨广泛宣传中国共产党团结抗战的主张,并在人力、财力上支援八路军、新四军的抗日武装斗争。

二、团结中间党派

中间党派是介于共产党与国民党之间的政治派别,主要有长期在国外从事抗日反蒋活动的李济深、陈铭枢领导的"中华民族革命同盟",黄琪翔、章伯钧领导的"中华民族解放行动委员会"(第三党)、沈钧儒、章乃器、邹韬奋等领导的"全国各界救国会",以及中国国家社会党,中国青年党,中国致公党,中华职业教育社,乡村建设派等党派和团体。这些中间党派都随国民政府迁都重庆来到四川,他们的情况不尽相同,除少数人陆续倒向国民党外,绝大多数都主张抗日、爱国、民主,反对国民党一党专政。

抗日战争爆发后,在全国人民的要求下,国民党对抗战比较积极,采取了一些团结各党派共同抗日的措施。国民党释放了救国会领导人沈钧儒、章乃器、邹韬奋等"七君子",并邀请他们去南京共商抗日大计。在国外从事反蒋活动的李济深、陈铭枢、黄琪翔、章伯钧等也陆续回国共赴国难,参加抗战。国民党为了表示团结各党派抗日,1937年8月底在南京设立了国防最高会议参议会,讨论如何动员各方面力量进行抗战。参议员由国民党、共产党、青年党、国社党、第三党、救国会、职教社、乡建派等各方面推荐,国民党最高当局具名邀请。其中包括共产党领导人毛泽东、周恩来,救国会的邹韬奋、沈钧儒,青年党的左舜生、李璜,乡村建设派的晏阳初、梁漱溟,教育界的黄炎培、胡适、张伯苓等人。此外,还有国民党元老,军事、外交方面的代表。9月,以国共合作为基础的抗日民族统一战线正式形成。1938年,国民政府移迁武汉,7月,在参议会的基础上成立了全国民意咨询性质的国民参政会,标志着各党派的抗日民族统一战线有了进一步发展。

中间党派在抗战初期是拥蒋抗日的。他们拥护国民党的《抗战建国纲领》,

在全国范围内动员人民支持抗战和争取民主方面做了很多工作。

他们创办报刊、书店,宣传抗日。救国会在全国办了多种抗日报刊,如《抗战》、《全民周刊》、《救亡日报》、《大众报》等,其中由《全民周刊》和《抗战》合并后创办的《全民抗战》在全国影响很大,深受读者欢迎。第三党的《前进日报》和《抗战行动》半月刊,国家社会党的《再生》杂志,青年党的《新中国日报》和《国论》杂志,职教社的《国讯》杂志,都积极宣传抗日和民主思想。邹韬奋等人创办的生活书店,在前方和后方都有发行网,出版发行《抗日民族统一战线教程》、《儿童抗战故事》、《战时读书》等抗日书刊,对推动抗日运动起了很大作用。

他们组织抗日团体,支援抗战;兴办学校培养抗日人才。救国会和中国共产党合作组织了"中国青年救国团",第三党组织了"青年抗敌救国团"、"黎明抗敌剧团"等团体支援抗战。救国会、中华职业教育社和乡村建设派在大后方创办了不少学校,培养抗日人才。

他们中的一些成员还直接和敌作战。淞沪战役爆发后,第三党领导人黄琪翔被任命为第八集团军副总司令、总司令,指挥上海抗战。第三党的很多党员也投身战场。李旭东、季方等人还组织了抗日游击队。救国会、乡建派、致公党的部分成员也纷纷参加抗战,有的还参加了八路军和新四军。

他们发动募捐,慰问将士,救济灾民,支援抗战;批判汪精卫集团的亡国论、曲线救国论,声讨汪伪集团的卖国罪行,巩固了抗日民族统一战线。

他们反对以党治国的国民党一党专政和特务统治,争取建立民主制度,掀起民主宪政运动。

中间党派争取政治民主,反对蒋介石集团一党专政的独裁统治的行为引起了国民政府的不满,因此国民政府迁都重庆,抗日战争进入相持阶段后,在进行消极抗战、积极反共的同时,对中间党派和民主人士也进行压制、打击和迫害。1940年5月,何应钦在国防最高会议上造谣污蔑救国会领导人沈钧儒、邹韬奋、沙千里等企图在重庆组织暴动,命令军警特务监视沈钧儒等的行动。邹韬奋创办的生活书店,在全国各地56处分支书店都遭到国民党特务的骚扰、捣毁,在皖南事变后仅剩下重庆一处。邹韬奋被迫出走香港。从事抗日救亡活动的救国会组织和人员也遭到种种迫害。1940年12月,国民党改组国民参政会,取消了张申府、章伯钧、杜重远、章乃器等参政员资格。蒋介石的倒行逆施,促进了中间党派和爱国民主人士的觉醒，丢掉对国民党顽固派的幻想，接受中国共产党团结抗日、民主建国的主张。他们为了团结抗战，促进民主，并争取自身的生存和发展，痛感有加强自身团结，并与共产党更加密切配合的必要。这为共产党提供了团结中间派绝佳的客观有利条件。

南方局成立后，十分重视加强对中间党派的团结工作。1939年9月，在一届四次国民参政会议期间，中共参政员与参政会中的中间党派、团体和无党派人士之间进一步加强了联系和配合。会前，董必武与他们多次会商提案；会议期间，经过共同努力，使会议通过了请政府明令定期召集国民大会，制定宪法实施宪政，以及声讨汪精卫叛国投敌等议案。1939年10月，董必武又积极帮助沈钧儒、邹韬奋、张澜、黄炎培、梁漱溟、章伯钧、罗隆基以及青年党、民社党负责人发起组织"统一建国同志会"，将参政会中热心爱国，拥护团结抗战，主张民主宪政的人士初步组织起来。1940年7月，周恩来返回延安，向中央政治局汇报南方局工作，提出了扶持进步团体，照顾小党派利益，进行民主运动，要求各党派的合法地位的意见，得到中共中央的赞成。此后加强对中间党派的团结工作，更得到广泛深入的发展。在国民参政会中，中共参政员经常同中间党派参政员联合提案，或参加联署，支持中间党派的意见，加强互相之间的团结合作。

三、团结四川地方实力派

四川地方实力派的前身是四川军阀。蒋介石势力入川以后，对原有四川军阀部队进行了整编，划入国民政府军事序列，其军队首领，丧失对自己部队的绝对控制权而成为地方实力派。

川军首领在日军大举入侵中国后，对蒋介石"攘外必先安内"政策和入川并吞、剥夺他们的利益十分不满，开始实行联共、抗日、防蒋的政策。抗日战争全面爆发以后，大部分川军在其首领的率领下开赴前线浴血抗日。有的川军将领还血洒疆场，为国捐躯。留在四川的川军将领仍然控制着自己的部队，其代表人物有刘文辉、潘文华、邓锡侯等人。他们在四川政坛上仍然具有举足轻重的地位。

为了争取团结四川的地方实力派支持中国共产党的抗日主张，1938年夏天，中共中央派董必武、林伯渠去武汉路过成都时，应刘文辉之邀，在其寓所

第六章 抗战时期在重庆的中共中央南方局

同他交换了有关抗日战争等问题的看法。南方局成立后，1939年5月，董必武、林伯渠在重庆曾家岩潘文华寓所会见了从成都赶到重庆的刘文辉，向他阐述了共产党坚持团结、抗战、进步，反对分裂、妥协、倒退的主张，并对国内和国际形势作了深刻分析，增强了刘文辉对抗战胜利的信心。1942年2月，南方局书记周恩来在重庆机房街和成银行经理吴晋航家里，单独会见了刘文辉，向他分析了国内外形势，鼓励他坚持抗战，坚持团结，坚持进步，反对蒋介石的独裁专制，并希望西南地方的民主力量同共产党相互配合。周恩来还表示，中国共产党愿意在政治上给地方民主力量以支持。这次会见使中共和刘文辉的关系进一步密切。同年6月，经双方商定，中共派王少春为电台台长，带领报务员秦惠芳（王妻），常驻刘文辉的军部所在地雅安，在国民党特务严密监视的险恶环境里，建立起直接同延安通信的秘密电台，每天同延安联系，由王少春向刘文辉转达党中央的有关方针政策和解放区的胜利消息；同时也向党中央报告川康的军政动态。这个电台从抗日战争一直工作到1949年雅安解放。1943年，当蒋介石向刘文辉步步紧逼时，王若飞先后两次会晤刘的代表，给予鼓励和支持。后来刘还秘密参加了民盟，保护民盟的同志，并在经费上给予资助。

1938年1月，刘湘在汉口病逝后，其嫡系将领潘文华成为刘湘所部的首领。潘虽已升任第28集团军总司令，但实力不强，部队有被蒋介石瓦解的危险。潘文华长期坐镇成都。刘湘的旧部56军和独立17、18两个师都受他领导。成都的警备司令是他属下的旅长。所以潘文华仍是川西举足轻重的一支地方势力。为了自存自保，他对蒋介石常常伺机消灭异己的做法持高度的警惕性和戒心。南方局十分重视同潘文华的统战工作，先后派了张友渔、田一平、徐淡庐等到潘文华部队做工作，向潘文华指出，要能自保，必须坚持抗战，坚持民主。田一平还在潘文华部队中的"武德励进促进会"里开展工作，广交朋友，发展共产党员，建立党支部，推动了潘文华部队中统战工作的发展。1943年春节后，周恩来听了田一平汇报对潘文华部的统战工作情况后，指出，四川是抗战的大后方，要加强川康大团结的工作。在潘文华部队要利用"武德励进促进会"的影响去开展工作。很多旧军人，用一大套政治理论去宣传，作用不大，要用爱国主义去启发，激励他们的爱国心，使他们坚持抗战立场。要尽力鼓励四川人团结，广泛利用各种关系开展工作，这是对四川工作的总方针。根据周恩来的指示，南方局进一步加强了对潘文华部队的工作，并派徐淡庐利用他与潘文

华家有亲戚关系,深入做潘文华及其下属部队的工作。徐淡庐向他们宣传共产党的方针政策,分析抗战形势,鼓励他们反对蒋介石排斥异己的阴谋,并向潘文华指出:川军要自存,本身要加强团结,还必须高举抗战到底的旗帜,才能赢得人心,否则自身就站不住脚。

南方局对川军将领邓锡侯,也做了不少工作。1944年,国民党军队在湘桂战役发生大溃退时,邓锡侯派人到重庆向周恩来请教时局问题。周恩来给来人详细分析了形势,让其转告邓,并热情地鼓励邓,希望他抗战到底。

对地方势力的团结工作,促使他们坚持抗战,在国共摩擦中保持中立,并在一定条件和一定程度上参加了反对蒋介石独裁的斗争。

四、团结知识分子

知识分子是对国家大事最敏感最关心的一个群体。抗战时期,全国著名的知识分子和各种专门技术人才从沦陷区云集四川的重庆、成都等地,他们中的绝大多数都是爱国分子,是一支主张坚持抗战和民主建国的重要力量。以周恩来为首的南方局十分重视团结知识分子的工作。南方局内设有"文委"、"文化组"等工作部门,专门对知识分子开展统战工作;还通过第三厅联系文化、教育、科技、卫生各界知识分子,与他们座谈抗日、团结、民主救国大道理,倾听他们的意见,帮助他们解决困难,使一大批顶尖学者、名人如邹韬奋、陶行知、马寅初、洪深、翦伯赞、邓初民、侯外庐、沈志远等,成为周恩来等人的好朋友。在文学艺术、科技、社会科学诸领域开展的统战工作,使在四川或外地工作的数百名专家学者都拥护共产党抗日主张,都为抗日民族统一战线的扩大尽心尽力。

南方局文化组还通过各种座谈会、演出、聚餐、祝寿、追悼会等形式,把各界知识分子团结起来。如在分别庆祝郭沫若50大寿、洪深50大寿和沈钧儒70大寿的会上,到会人士谈抗战、谈团结、谈民主,从而揭露了当局破坏抗战、破坏团结,搞专制独裁的行为,提高了大家的认识。

南方局对专家学者的工作和生活更是关怀备至。如郭沫若的剧作《屈原》,从创作到演出都受到周恩来的亲切关怀和指导。该剧上演之前,周恩来就同郭沫若一起研究修改剧本;剧本写好后,周恩来又关照有关同志帮助组织好演出;上演以后,周恩来又组织南方局文委的有关干部写剧评。每篇剧评,周恩来都要动笔修改、补充,才送出发表。因此,《屈原》一剧的写作和演出都很成功。它生动地影射了蒋介石的专制独裁,提高了群众的觉悟,成为国统区推动民主运动的一次有力战斗。再如,著名戏剧家洪深,因生活极端困难,于1941年2月5日服药自杀,郭沫若闻讯后,急借医生驰往抢救,幸得脱险。周恩来得知此事后,亦即派员前往慰问,并在经济上予以资助。重庆大学商学院院长、著名经济学家马寅初,因公开演讲和发表文章抨击蒋介石的战时经济政策,怒斥蒋介石"不是民族英雄,而是家庭英雄"而被捕入狱。1941年3月,马寅初过60岁生日时,仍被关在狱中。为抗议国民党当局逮捕他,也为了向他祝寿、慰问他,南方局支持重大商学院师生掀起一场对马寅初的"祝寿运动"。30日举行祝寿大会,中共代表潘梓年带去两副寿联祝贺。一副是周恩来、董必武、邓颖超联名赠送的:"桃李增华坐帐无鹤,琴书作伴支床有龟。"另一副是《新华日报》赠送的:"不屈不淫征气性,敢言敢怒见精神。"两副对联给了马寅初以很大的安慰和鼓舞,也使"祝寿运动"产生了很大的影响。国民党政府迫于舆论的压力,不得不于1942年8月将马寅初释放,但仍将他软禁在歌乐山家中,直到1944年才让他回到重庆商学院任教。

五、团结民族资本家

当日本帝国主义大举侵略中国的时候,民族资本家同样感到有国破家亡财产毁的危险,他们从切身利益出发,赞成中国共产党坚决抗日的主张、反对日本帝国主义的侵略。为了团结民族资本家抗日,南方局除派有专人负责做他们的工作外,周恩来等南方局领导人还多次同四川的民族资本家康心之、余名钰、吴晋航、卢作孚等谈话。1942年周恩来参观余名钰的渝鑫钢铁厂时,给该厂题词:"没有重工业,便没有民族工业的基础,更谈不上国防工业。渝鑫钢铁厂的生产已为民族工

图6-5 中国民主政团同盟成立地:重庆上清寺鲜英(字特生)公馆——鲜宅,亦称"特园"

业打下了初步基础。"为团结民族资本家，周恩来等还多次邀请他们举行座谈会。国民党军在湘桂战役溃败后，由王若飞出面，在重庆上清寺特园邀集30多位民族资本家开会，分析国内国际局势，坚定抗战必胜的信心。1944年冬天，由周恩来和王若飞出面，又在特园邀集民族资本家开座谈会。这次出席的人更多，有刘鸿生、吴蕴初、胡子昂、胡厥文、李烛尘、章乃器、余名钰、吴羹梅、颜跃秋以及陶桂林、胡西园等40多人。周恩来在会上突出讲了爱国主义，强调抗战要坚持到底，民族要独立，国家要富强，工业家要为国家作出贡献。刘鸿生、李烛尘和章乃器一一发表了很坦率的意见，增进了彼此之间的了解和信任。

第四节 促进民主党派的成立，推动民主宪政运动的发展

一、促进民主党派的成立

国民政府迁都重庆以后，以蒋介石为首的国民党统治集团日益腐化，消极抗战，积极反共，独裁统治和特务统治日益强化。国内中间党派、各界知识分子和工商界、地方实力派中主张抗日民主的先进分子都遭受到国民党的排挤、迫害和镇压。这使他们丢掉了幻想，认识了蒋介石的真实面目，开始了从拥蒋到反蒋的转变。南方局加强了对中间党派、知识分子、工商界人士、地方实力派的团结工作，使他们逐步接受了坚决抗战、民主建国的主张。他们认识到为了实现争取抗战胜利和民主建国的政治主张和维护自身的利益，有必要成立自己的党派组织，成为共产党的盟友，共同反对蒋介石集团的独裁统治。于是，在南方局的支持、促进下，从1940年起，中国政坛上一些新的党派组织应运而生。

（一）中国民主同盟的成立

早在1939年10月，董必武就帮助国民参政会中的中间党派负责人把中间党派联合起来，组建了"统一建国同志会"。"皖南事变"后，原组建"统一建国同志会"的党派，认为该组织过于松散，已不适应形势变化的需要，决定将其改组成为一个第三者性质的政治团体，团结中间党派进行争民主、反独裁的活动。他们专门征求了周恩来等南方局负责人意见。得到支持后，1941年3月

19日,"统一建国同志会"的各党派,在重庆秘密召开了将其改组为"中国民主政团同盟"的成立大会,通过了政纲、宣言,产生了中央领导机构,推选黄炎培为主席(不久由张澜担任),左舜生为秘书长,章伯钧为组织部长,罗隆基为宣传部长。同年10月10日,它在香港创办的机关报《光明报》正式宣布"中国民主政团同盟"已在重庆成立,并发表了成立宣言和政纲,引起了国内外的重视。在此后的斗争实践中,同盟内部的进步力量不断增长,政治倾向逐步"左"倾。在1944年9月的全国代表大会上,由政团同盟改组为以个人为基础的民主同盟(简称民盟)。社会上许多有影响的学者、教授、文艺家和广大知识分子都纷纷参加民盟。到1945年10月民盟已发展到3000人,在全国各地建立了许多支部,在活动中与群众性的斗争结合起来,反对独裁统治,成为中国共产党反对国民党的重要同盟军。

(二)中国民主革命同盟的成立

"皖南事变"后,为了有组织地开展对国民党上层人士的工作。周恩来提议由一部分共产党员、爱国进步人士、国民党民主派以及一些在国民党政府中担任高级幕僚的进步人士,组建一个秘密团体,配合南方局贯彻抗日民族统一战线政策。经王昆仑、王炳南、许家驹、屈武等筹划酝酿,1941年夏,在重庆秘密成立了"中国民族大众同盟",一年后改称"中国民主革命同盟"。嗣后,为了与李济深、何香凝等人于1948年1月在香港成立的"中国国民党革命委员会"(简称"民革")相区别,中国民主革命同盟一般通称为"小民革"。

中国民主革命同盟是有中共党员参加的共产党的外围组织和不公开的秘密政治团体,有严密的组织。在重庆、成都、西安、北平、上海都建立了组织,分别开展工作。盟员由初期的几十人,到1949年宣布结束发展到200多人。同盟成立后,从政治见解到具体斗争行动始终与共产党保持一致,在具体政策和做法上处处同共产党紧密配合。同盟的任务是从国民党内部进行反内战、反独裁的斗争;特别是利用成员在国民党内的地位,争取国民党内政治倾向进步的上层人士,分化瓦解国民党;经常把国民党的重要政治、军事和内部派系斗争情况向共产党反映;甚至利用在国民党内的地位,在国民党的会议上同蒋介石展开面对面的斗争。周恩来多次参加同盟核心成员的会议,每次从延安返回重庆,都要把中共中央的方针、政策、计划,先于一般党员而向同盟核心成员交底。它是中国共产党与各民主党派之间的重要桥梁之一①。同盟的活动，对于巩固发展统一战线，坚持抗战、团结、进步，壮大进步力量，团结争取中间力量，孤立顽固派，动摇国民党的独裁统治，都发挥了重要作用。它的不少成员后来成为一些民主党派的重要骨干。

（三）三民主义同志联合会（简称"民联"）的成立

1943年2月，国民党上层民主分子谭平山、王昆仑、陈铭枢、郭春涛、朱蕴山等，在周恩来、董必武关怀支持下，在重庆发起组织时事座谈会，团结联系国民党上层人士，批评国民党的反动政策。该会最初定名为"中国国民党民主同志联合会"，1944年改名"三民主义同志联合会"，并以"民联"名义秘密吸收会员，开展活动，推动国民党内民主派的联合，后来成为中国国民党革命委员会的重要组成部分。

（四）中国国民党民主促进会（简称"民促"）的成立

1944年，李济深同国民党左派元老何香凝、柳亚子及蔡廷锴等人在广西筹建"国民党民主促进会"，后因形势紧张，直到抗战胜利前都未能正式成立。1946年1月，李济深到重庆参加国民党六届二中全会，委托蔡廷锴等人组织筹备，到1946年4月才在广州秘密成立。它是继民联之后，国民党内建立的又一个民主派组织，其成员后来成为民革的重要组成部分。

（五）中国民主建国会（简称"民建"）的成立

抗战胜利前夕，在周恩来的支持下，黄炎培、胡厥文、李烛尘、章乃器、施复亮、胡子昂等民族工商界的主要代表及其知识分子就开始筹建"中国民主建国会"，1945年11月28日在重庆组建筹备会，12月16日正式成立。民建成立后，团结广大工商界进步人士，积极开展反内战、反独裁的活动。

（六）中国人民救国会（简称"救国会"）的成立

抗战胜利后，为适应新的斗争形势和任务的需要，沈钧儒、史良、陶行知等人，决定将抗战时期的救国会改组为"中国人民救国会"。1945年12月在重庆正式成立，通过了纲领和章程，以建立一个独立、自由、平等的人民共和国，进而走向社会主义为政治目标。

---

① 南方局党史资料征集小组编：《南方局党史资料》（三），重庆出版社1990年6月版，第195页。

（七）九三学社的成立

1944年下半年，在重庆从事民主运动的教授、科技界知名人士许德珩、褚辅成、税西恒、黄国璋、何鲁等人组织"民主科学座谈会"，又称为"民主科学社"，宗旨是发扬五四运动民主与科学的精神。1945年9月3日，日本签字投降，民主科学座谈会的成员集会，决定改名"九三座谈会"，并组织筹备会。1946年5月4日，九三学社在重庆正式成立。

图6-6　1945年9月3日，九三学社在重庆正式成立。图为九三学社成立大会会址

它是以我国文教界、科技界知识分子为主的一个民主党派，从筹建到成立都得到周恩来、毛泽东的支持和帮助。

这些新建的民主党派，加上1945年12月由马叙伦等人组建的中国民主促进会，以及原有的第三党（农工民主党）、青年党、国家社会党、共产党、国民党，在抗战胜利前后，致使中国政坛上出现党派林立，执政党和在野党并存的局面。这是中国政治多元化、民主化和政治民主前进的重要里程，自辛亥革命推翻封建王朝后，在中国大地上出现的一丝政治民主的曙光。它为蒋介石的国民党一党专制独裁统治，敲响了丧钟。

二、推动民主运动的发展

新的民主党派是在抗日民主运动发展的基础上建立的，新的民主党派的建立又大大推动了抗日民主运动的发展。抗战时期的民主运动的目标，主要是团结抗日，废除蒋介石集团一党专政的独裁统治。主要内容是实施宪政和争取建立各党派共同执政的联合政府；主要的斗争阵地，一是国民参政会，二是在大后方的重庆、成都等大城市开展抗日爱国民主运动。

国民参政会虽是一个民意咨询机构，没有任何实际的权力，但有提案权、审议权、询问权、调查权，参政员可在会场内自由发表言论，公开议事，具有现代民主政治的色彩。所以，参政会自然地成为各党派开展民主运动的阵地。

1939年9月9日至18日，在重庆召开的一届四次国民参政会议，各党首次提出了实行民主宪政的主张。中共参议员向会议提出了《请政府明令保障各抗日党派合法地位案》，中国青年党、国家社会党、第三党参政员联合提出了《请结束党治、立施宪政，以安定人心、发扬民主而利抗战案》。会议经过激烈争论，国民党和其他党派的参政员各作让步，通过了《请政府明令定期召开国民大会、制定宪法、实施宪政》的决议案。会后，蒋介石被迫组成包括董必武在内的19人的宪政期成会。同年11月，国民党召开五届六中全会，接受参政会决议，定于1941年11月12日召开国民大会，制定宪法。在这一重大胜利的基础上，各党派在全国范围内掀起了第一次民主宪政运动的高潮。

1939年10月1日，参政员沈钧儒、张澜、章伯钧、左舜生、张君劢、王造时等人共同发起，在重庆市银行公会，邀请各界著名人士举行宪政座谈会。受其影响，重庆、成都等城市的青年和妇女团体都召开了宪政座谈会，讨论宪政与抗战、宪政与建国、宪政与青年、宪政与妇女等的关系，并把宪政运动推向全国各地，要求制定一部真正民主的宪法，实施宪政，结束独裁专政。

1941年，国民党发动了第二次反共高潮，压制了第一次民主宪政运动，引起了国内外进步势力不满。1943年下半年，国际反法西斯战争节节胜利，中共领导的抗日根据地也渡过难关进入新的发展阶段，而国民党统治区则由于蒋介石的独裁统治和经济掠夺，引起各阶层人民强烈不满。1943年8月16日，周恩来在延安作了《论中国的法西斯主义——新专制主义》的报告，号召反对国民党的专制独裁统治。南方局根据报告精神，积极动员国统区的进步力量开展反对中国法西斯的宣传运动。于是，一个开放党禁、实施宪政的第二次民主宪政运动高涨起来，并得到国际社会的同情。

国民党为了摆脱内外交困的局面，在1943年9月召开的五届十中全会上，通过了"战争结束一年内，即召开国民大会、颁布宪法、实施宪政"的决议。11月，国防最高会议在重庆成立了宪政实施协进会，由各党派和无党派人士组成，负责修改宪法草案。

与此同时，各党派也努力行动起来，投入第二次宪政运动。从1943年冬至

1944年春，各民主党派和进步人士先后在成都、重庆、昆明、桂林等地就宪政问题组织团体，创办刊物，举行集会，抨击国民党专制独裁统治，提出各种自由的具体要求。1944年3月1日，中共中央发出《关于宪政问题的指示》，决定"我党参加宪政运动，以期吸引一切可能的民主分子于自己的周围，达到战胜日寇与建立民主国家之目的"。同月12日，周恩来在延安作了《宪政与团结问题》的讲演，明确提出实行宪政的三个先决条件：保障人民的民主自由，开放党禁，实行地方自治①，为宪政运动指明了方向。

1944年9月，林伯渠在国民参政会上提出组织联合政府的主张，将宪政运动和抗日民族统一战线，推向一个新的历程，在国内外引起了强烈反响。9月24日，重庆各民主党派和各界代表董必武、张澜、冯玉祥、沈钧儒、黄炎培、邵力子等500多人集会，愤怒抨击国民党的专制独裁统治，要求立即结束一党专政，召开国是会议、改组政府。会上通过了筹组"重庆民主宪政促进会"，立即开展活动。同日，重庆青年也举行"国是座谈会"，斥责国民党特务统治，要求实行民主，抗战到底。10月7日，由成都的大学发起的"青年民主宪政促进会"，组织了成都5所大学12个社团共2000多人参加的"国是座谈会"，强烈要求结束国民党一党专政，成立联合政府。10月10日，民主政团同盟先后发表了《对抗战最后阶段的政治主张》和《对时局宣言》，要求立即结束一党专政，建立各政党的联合政权，实行民主政治。在国民党统治集团内部的有识之士和不少国家的外交官员也赞成组建联合政府。12月26日，西南实业协会等6个工商团体联合发表《对时局的主张》，希望政府实行宪政、厉行民治，呼吁全国团结，争取抗战胜利。

但是，蒋介石始终坚持一党专政的立场。1945年1月的国共会谈中，诬蔑中共主张建立联合政府就是要推翻政府，召开党派会议是分赃会议，公开拒绝成立联合政府，从而更加激起国统区各界人士强烈不满。1945年上半年，国统区各民主党派、文化界、妇女界、青年学生，以重庆、成都、昆明为中心，发表宣言、举行集会，一致要求成立联合政府。集会规模由几十、几百发展到上万人参加。斗争形式由自由座谈、讲演、发展到示威游行。上层的各民主党派同国民党的斗争与群众运动紧密结合，相互支持，相互配合，使中国人民再次

---

① 南方局党史资料征集小组编：《南方局党史资料》（五），重庆出版社1990年6月版，第22页。

看到废除独裁统治,建立现代民主政治的希望。

第五节 中共在重庆登上国际外交舞台

一、成立外事机构,加强国际联系

在第一次国共内战中,中共在农村建立的根据地,被国民党政府重重包围,除与苏共秘密交往之外,失去了与世界各国政府和组织交往的条件,国际社会对中共的主张及根据地的真实情况,知之甚少。国共抗日合作统一战线建立后,中共取得了合法地位。国民政府迁都重庆,重庆成为中国政治和国际外交活动的中心,中共代表团和八路军办事处及其舆论阵地《新华日报》、《群众》周刊随之移驻重庆,才为中共开展国际外交活动创造了条件。

早在1936年11月,美国记者埃德加·斯诺作为第一个外国记者访问了延安。她陆续在《密勒氏评论报》上发表会见共产党领导人,访问边区部队、百姓等亲身经历的富于正义感和同情心的报道,最后汇集成册,以《西行漫记》的书名出版发行,广为流传,引起世界轰动。随后美国驻华武官助理高斯、卡尔森,美国记者杰克、贝尔登,援华协会阿格尼丝·史沫特莱等著文或书信介绍,引起了西方世界对中共的关注。但是,外国人的报不能完整地、全面地阐述共产党在整个抗战中的政治主张和成就。由共产党直接向世界宣传自己的外交活动,急切地提到日程上来。

1939年南方局成立之始,就建立了外事组,开展国际外交工作。1939年9月1日,南方局领导人王明、博古、林伯渠、吴玉章会见了在重庆进行国事访问的印度国大党领袖尼赫鲁。双方就中国抗战的形势、中国反帝民族斗

图6-7 周恩来在红岩村防空洞口的席棚下接见外宾

争与国共合作及各党派合作情形,苏德协定与对欧洲和远东的影响等问题交换了意见。4日,尼赫鲁约见王明、博古,双方又就印度民族在北欧战争中应采取的态度,中印两大民族共求解放及加强联合等问题进行了会谈。午后,中共代表在红岩嘴八路军办事处举行茶会欢迎尼赫鲁①,开始同国际反法西斯国家的政党组织建立了联系与合作。

1944年6月7日,南方局领导人林伯渠、董必武在重庆会见了流亡在重庆的韩国政府外交部长、韩军正副司令等十余人②,支持韩国的反日斗争。日本投降后,1945年9月3日,毛泽东赴重庆谈判时,亦接见了韩国临时政府全体成员,对韩国流亡政府表示支持。

与此同时,南方局利用《新华日报》,阐述中共的抗日主张。1939年1月,针对汪精卫投敌叛国,周恩来指示《新华日报》连续发表社论,并在重庆接见各国记者,阐述中国共产党反对投降、反对分裂、反对倒退的抗日主张,使各

图6-8 1944年6月,在南方局的促成下,"中外记者西北参观团"抵达延安。图为毛泽东、朱德等接见记者参观团时的合影

---

① 南方局党史资料征集小组编:《南方局党史资料》(一),重庆出版社1990年6月版,第68页。
② 南方局党史资料征集小组编:《南方局党史资料》(一),重庆出版社1990年6月版,第233页。

国政府明确中共抗日的决心。同年8月4日，周恩来在中共中央政治局会议上所作的《关于统一战线的策略、方法和守则（提纲）》第9条中说："对国际关系，要联合各国朝野的同情人士，扩大国际影响，以集中火力反对国际法西斯及民主国家中的妥协派。"① 在太平洋战争爆发之前，周恩来就带领外事组干部积极主动与驻重庆的外国使馆官员、记者建立直接联系。1940年11月初，为了制止国民党的反共分裂活动，周恩来指示南方局外事组将1940年国共双方交往的电文和国民党的反共文件编印成册，并委托王安娜带到香港和国外散发，揭露国民党的内战政策。1940年12月下旬，周恩来又同即将返美的女作家安娜·路易斯·斯特朗进行了几次长谈，介绍国民党部队对八路军、新四军的排挤和挑衅的翔实材料，并预言大规模的反共事件即将发生。

1941年1月上旬，国民党部队制造了震惊中外的"皖南事变"，19日，在周恩来、叶剑英的主持下，南方局军事组编成《新四军皖南部队惨被围歼真象》的传单，向国内外秘密散发，获得国际上的同情和对国民党的申诉。为了广泛动员国际社会与国际舆论对蒋介石集团施加压力，在周恩来的领导下，王炳南、王安娜和龚澎等分别访问他们认识的外国记者和外交官，告知"皖南事变"真相。同时又通过安娜·路易斯·斯特朗在美国及时发表国民党反共、酝酿内战的真实材料，打破了国民党的新闻封锁，使美国关注中国形势的人士对中国内部问题有了进一步的了解，并对美国总统罗斯福的对华政策产生了影响。

当时美、苏、英等国，为了自身利益，需要中国军队在中国战场把日本军队拖住。他们不愿看到中国发生内战有利日本而损害自身利益，为了利用美、苏、英同日本的矛盾，周恩来先后会见苏联驻华武官崔可夫、美国总统代表居里、英国驻华大使凯尔，向他们提供了国民党制造摩擦的材料，并强调蒋介石若不改变政策，势必导致内战，影响世界反法西斯战争，终于促使美国政府通过居里向蒋介石声明："美国政府在国共纠纷未解决前，无法大量援华，中美间经济、财政等问题不可能有任何进展。"英国政府告诉蒋介石，内战只会加强日军的攻击。苏联政府驻华大使潘友新拜会蒋介石，向他表示，进攻新四军削弱了中国的军事实力，有利于日本侵略者。美、英、苏政府的态度，使蒋介石的

---

① 中共中央统一战线工作部、中共中央文献研究室编：《周恩来统一战线文选》，人民出版社1984年12月版，第44页。

反共活动不得不有所收敛①。

总之，在太平洋战争爆发以前，南方局已为中国共产党打开了国际外交的空间，并取得很大成就。

二、加强对美外交，争取建立友好关系

1941年底太平洋战争爆发，中国与美英成为反法西斯的同盟国。美国的全球战略和对华政策，在军事上是先欧洲后亚洲，先太平洋战场后中国战场；在政治上是促成中国的统一，使中国成为对美友好的大国，遏制苏联的扩张，通过中国控制亚洲。美国的这一政策，为中国共产党与美国建立友好关系，特别是在军事上合作抗日带来一线希望。

1941年12月，中共中央接连发出建立太平洋反日统一战线和保护敌占区美英人士的指示。1942年香港沦陷后，中共南方局领导的东江游击队从香港营救出国民党要员、英国军官、香港文化教育界人士、市民数千人。经过游击队营救逃到重庆的外国人"没有一个不是尽他们最大努力促使中央政府承认这支游击队"②。1944年7月《美亚杂志》载，东江游击队现有1万多人，"在新界与九龙一带作战，并能随便出入香港城"，将来盟军在中国沿海一带登陆，应"立刻承认这些游击队的存在和潜在力量，包括派遣联络官，予以技术上的援助与军火，对于我们将来进攻日本的胜利，已具有头等重要了。"③

太平洋战场远东战区与司令部成立后，美国史迪威将军任参谋长，指挥中英军队在缅甸对日作战。1942年5月至11月，周恩来多次同美国大使馆参赞范岂德、二秘戴维斯等谈话，表示愿与美国进行军事合作，若蒋介石允许，中共愿派军队接受史迪威将军指挥入缅作战。同时也向他们介绍了中共领导的军队的实力以及当时的国共关系和内战危险。1942年10月5日，周恩来会见美特使威尔基时，再次向他提供了国民党制造摩擦的具体情况，指出蒋介石若不改变反共政策势必造成中国内战，影响对日作战。这一期间，南方局还派遣了一批党员干部和进步文化人士相继参加了美国战时新闻处工作，使之成为中国

---

① 南方局党史资料征集小组编：《南方局党史资料》（三），重庆出版社1990年6月版，第25页。
② 南方局党史资料征集小组编：《南方局党史资料》（四），重庆出版社1990年6月版，第525页。
③ 南方局党史资料征集小组编：《南方局党史资料》（四），重庆出版社1990年6月版，第526页。

共产党与美方联系的又一渠道。同时,抽调一批干部将《解放日报》、《新华日报》的重要社论、中共中央领导人的重要讲话和反映陕甘宁地区、敌后根据地的材料翻译编印成小册子,向外国记者、驻华使馆官员和国际友人散发,使美英政府和人士对中共的政策主张和抗日武装力量有了更具体的了解①。

1942年8月6日,周恩来函告美国总统使华代表居里,希望美国派员到中共领导的敌后根据地访问。1943年3月,周恩来再次向戴维斯提出美国派遣一小批官员在山西、陕西建立观察站。经过南方局长期工作,1943年底到1944年初,美国对华政策从单纯扶蒋抗日调整为支持国共两党联合抗日。特别是史迪威作为远东战区参谋长,眼看国民党军队抗战无能,而共产党领导的抗日军队却节节取胜,更主张联合共产党军队共同对日作战。1944年,罗斯福致电蒋介石,询问是否允许美国观察组去华北,被蒋介石拒绝。但1944年春季日本发动打通大陆交通线的豫湘桂战役,国民党战场全面崩溃。严峻的战争形势,促使中外人士更加重视共产党军队的抗日作用,也使美国决心与中共接触,考虑联共抗日的问题。

1944年6月9日,在南方局的促成下,驻重庆的外国记者发起组织的"中外记者西北参观团"一行21人抵达延安,受到中共中央、十八集团军总部、边区政府的热烈欢迎。毛泽东、周恩来、朱德、叶剑英等接见了参观团全体记者,向他们详细介绍了边区和根据地各方面的情况,并对国内外形势作了精辟分析,重申了中共在国际事务及国内问题上的立场和政策。

8月7日,史迪威派出的以包瑞德为团长的美军观察组一行18人由重庆飞抵延安,受到中共中央和边区党政军领导人的热烈欢迎。中共中央把这次接待美军观察组和6月的中外记者参观团,看做是美国对中共的新民主中国有了初步认识后实际接触的开始;是"在国际间统一战线的开展"和"外交工作的开始"②。毛泽东、周恩来、朱德、叶剑英等都亲自向参观团成员介绍中共对形势、任务及中美、国共关系的看法。在这些谈话中,特别是毛泽东与参观团政治顾问谢伟思的几次长谈,全面讲述了中共对美政策,探讨了与美国合作的可

---

① 南方局党史资料征集小组编:《南方局党史资料》(三),重庆出版社1990年6月版,第25~26页。

② 南方局党史资料征集小组编:《南方局党史资料》(一),重庆出版社1990年6月版,第237页。

能性。

毛泽东介绍了中共对美国的政策：（1）在战时"共产党对美国的政策，现在是而且将继续是寻求美国对中国民主政治的友好支持和抗日合作。但不管美国采取什么行动，不管能否得到美国的一枪一弹，共产党将尽其所能采取一切方式向美方提供和实行合作。凡是中共所能做的一切，诸如提供情报、气象报告和营救空军人员，中国都视为自己的义务职责，因为这一切有助于盟军作战和加速打败日本"。（2）战后中国将继续寻求美国的友谊和了解，因为中国必须工业化，人民的生活必须提高。但中国缺乏发展经济的"必要的资本主义的基础"，"美国不但是援助中国经济发展的最合宜的国家，而且也是完全有能力合作的唯一国家"。毛泽东表示希望不断有美国的外交性代表驻在延安，希望美国国务院"在延安建立一个领事馆"，这"是因为抗日战争一结束，美军观察组将撤离延安，这正是国民党发动进攻和内战爆发的最危险时刻。"毛泽东说："中国防止内战的希望在很大程度上（比早先大得多）依靠外国的影响，其中，尤为重要的是美国。"美国应该"说服国民党进行自我改造"，促成在中国建立一个联合政府。（3）毛泽东希望美国"承认共产党是抗日的一种积极的战斗力量"，"承认共产党对于中国的民主政治是一种有影响的力量"，并希望知道"是否存在美国支持中国共产党的任何可能性"。并且指出"美国同中国共产党的合作对各方面都将是有益的和符合要求的"①。毛泽东认为，中国共产党的政策不过是主张民主和社会改革，甚至最保守的实业家在我们的纲领中也找不到任何值得反对的东西，中国必须工业化，这只有通过自由的经营和借助外国资本帮助才能做到。因此，中国与美国能够而且必须合作。所以，从8月至9月，毛泽东还向根据地发出十余次电报，要求各根据地在军事情报、修建机场、沿海登陆方面配合美军②。同时，延安电台开始用英语向旧金山广播，多方面表明与美合作的希望。

美军观察组通过在延安、山西等抗日根据地的实地考察，也相信中共与美

---

① 以上引文见《美国对外关系——外交文件集》1944年中国卷和1945年第7卷中谢伟思的有关报告，转引自张小路：《抗日战争时期中国共产党与美国的关系》，四川大学历史系、成都市社会科学研究所编著：《抗日战争史论丛》，四川大学出版社1985年8月版，第289～290页。

② 陈应明、廖新华编著：《浴血长空——中国空军抗日战史》，航空工业出版社2006年1月版，第334页。

国合作的现实性。7月至10月间，美军观察组先后发出50余份报告书，对中共领导的军队和根据地作了客观的分析。戴维斯在他的报告中写道："共产党已经历了10年的内战和7年的抗日战争，他们经历了不只是比中国中央政府军队所受的更大压力，并且也经历了蒋的严密封锁。他们生存下来，并且壮大了……具有这种显著的生气和力量的原因，是简单而又基本的，即是群众的支持和群众的参加。共产党的政府和军队，是中国近代史上第一次受到积极的广大人民支持的政府和军队。他们得到这种支持，是因为这个政府和军队是真正属于人民的。"因此，戴维斯认为："内战是不可避免的"，美国"必须放弃它对蒋介石公开承担的义务"，"在即将到来争取中国的斗争中'倾向'共产党人"，"支持共产党人是'使我们自己同中国最团结、最进步、最强大的势力站在一起'的最好办法"。① 这些报告对美国的对华政策起了一定影响。

1944年8月7日，在延安的美战略小组成员，开始同中共军事人员讨论中共给战略情报局的行动计划提供援助和战略情报局向共产党部队提供训练的可能性。其后，包瑞德上校和战略情报局的伯德上校曾各自带着进行游击战的方案飞到延安。包瑞德得到赫尔利和魏德迈同意的方案是紧急派遣四五千名美国突击队员到共产党地区，伯德的战略情报局方案则是向2.5万名共产党战士提供军需物资，并建立联合情报网②。中共与美国军事合作，进入制订计划的阶段。

同年7月7日，罗斯福给蒋介石写信，建议由史迪威将军统一指挥中国境内盟军武力，包括共产党和国民党军队对日作战，9月25日，朱德表示赞成任命一位美国指挥官统辖中国军队，但这一主张遭到蒋介石的坚决反对。

由于美国政府对共产党和共产主义的恐惧；由于美国政府害怕战后中国倒向苏联，影响其在亚洲的利益；由于反法西斯欧洲战场和太平洋战场的胜利，美国与共产党军队联合抗日已不十分迫切；由于意识形态的分歧，美国政府仍然认为只有蒋介石统一中国，中国才能成为美国忠实的盟友。这些因素促成罗斯福的对华政策回到它的起点——防止国民政府崩溃，支持蒋介石统一中国。

---

① 陈应明、廖新华编著：《浴血长空——中国空军抗日战史》，航空工业出版社2006年1月版，第334页。

② 迈克尔·沙勒：《美国十字军在中国》，郭济祖译，商务印书馆1982年7月版，第203页。

1944年10月，主张装备和使用中国共产党军队抗日的史迪威将军被调回国。随后赞成与中共建立军事合作的外交官和军事人员亦调离中国。中共与美国军事合作成为泡影。

1944年11月至12月间，美国驻华大使赫尔利在协调国共建立联合政府问题上，偏向蒋介石，要求中共交出政权和军队，换取在国民政府担任几个部长，被中共坚决拒绝。1945年1月19日，毛泽东和周恩来给接替史迪威任中国战区参谋长的魏德迈发电报，提出如果罗福斯将毛泽东和周恩来看做反对党的领袖，他们可以立刻起程赴华盛顿，举行一个考察性的会议，向有关的美国官员和公众介绍并解释中国问题。罗斯福顾虑接待中共领袖会在国共谈判组织联合政府问题上，削弱蒋介石的地位，而置之不理。罗斯福为了支持蒋介石，在1945年2月的雅尔塔会议上，以中国权益为代价，与苏联达成交易：美国担保苏联在东北取得沙俄曾经获得的权益；苏联赞同美国的对华政策，支持蒋介石政权并与之签订一项友好同盟条约，以此来联苏、压共、扶蒋。4月2日，赫尔利公开宣告美国政府根本不打算与中国共产党合作。至此，中国共产党与美国的合作昙花一现地消失了。

南方局争取中共与美国建立友好关系虽未实现，但团结争取到一些美国官员对中国革命事业的同情和支持；争取到董必武作为中国代表团成员，参加1945年4月在美国旧金山召开的联合国宪章制宪会议。同时，也为中共积累了对外宣传、外事活动和对外斗争的经验，培养了一批外事干部，为其后中共的外交工作打下了一定基础。

第六节　巩固和发展四川党组织

一、巩固和发展四川党组织

在二次国内战争时期，中共四川党的组织遭受严重损失，至1937年抗日战争全面爆发前，全川只有68名党员，分散在成都、重庆、泸州和宜宾等地，形成6个系统互不隶属的小组织。1937年11月14日，中共中央派邹凤平、廖志高、于江震等6名川籍党员干部回川恢复和重建四川党组织。1938年1月10日，由邹凤平、廖志高、张曙时组成的中共四川省工作委员会在成都成立，直属中央领导，2月划归长江局领导。其主要任务是清理失去联系的党员，恢复和发展组织。是年6月，全省共有党员300多人，建立了2个工委、2个市委、1个县委、1个特支。3月15日，中共中央作出了《关于大量发展党员的决议》，要求各地党组织"大量地十百倍地发展党员"。月底，长江局亦发出了"大量发展党员，不要搞关门主义"的指示。根据指示，省工委开展了大量发展党员的工作，到8月底，党员发展到2100多人。截至11月，共有党员3258人，完成了长江局规定发展10倍的任务。同时，在全川近20个市、县建立了市委、工委、中心县委、特支、支部等党的组织。11月21日，撤销省工委和重庆、成都市委，分别在成都建立川西特委，后改为川康特委，在重庆建立川东特委，分别领导全川党的工作。

1938年12月中旬，周恩来、叶剑英等飞抵重庆，主持南方局工作，开始全面领导四川党的工作和大后方党的建设。

南方局首先组织四川党的干部学习党在抗日民族统一战线中的方针、政策和策略。其中川康特委在1939年内基本上培训完了县以上干部。其次是整顿和巩固党的组织。川东特委所属党组织经过整顿，党员人数由原来的3500人减为2900多人。川康特委所属党组织经过整顿，党员人数由原来的1900余人减至1500人①。第三是转变工作作风，改变工作方式。要求必须严密党的组织，公开工作和秘密工作必须分开；不允许只依靠公开机关进行党的工作，各地党组织应从半公开转到基本上是地下党；不许举行全体党员大会、各级委员的扩大会；各级组织的联系，建立秘密接头、交通、通信机关，保护党组织和干部免遭国民党的破坏和迫害。

1940年后，国民党顽固派掀起了反共逆流，对大后方的中共党组织实行肃清政策，破坏组织、捕杀党员，制造新的白色恐怖。中共四川党组织亦受到损失。为了巩固组织，隐蔽精干，积蓄力量，南方局对四川党的机构作了调整，设立川南、川北、上川东、下川东特委，缩小组织，精简机构，同时采取了反奸细斗争，审查干部，清理组织，割断联系，停止活动等果断措施，使中共的一批重要干部得以隐蔽下来。经过清理，党员人数也迅速减少。据南方局统计，至1941年底，"川东有党员922人，减少75％；川西有党员1168人，减少

---

① 南方局党史资料征集小组编：《南方局党史资料》（二），重庆出版社1990年6月版，第7~8页。

80%。党员数量减少了，但质量大大提高，党的组织比以前巩固多了"[①]。

二、健全地下党秘密工作的策略方针

中共四川党组织，从1941年4月15日，就完全脱离八路军驻渝办事处公开单位的领导，由钱瑛、廖志高、蔡书彬、高文华组织工委，领导上川东、下川东、川康、川西四个特委的工作，党组织全部转入地下，秘密地开展工作。

周恩来为地下党制定了"长期埋伏、积蓄力量、以待时机"的战略方针，并且提出了"职业化、社会化、群众化（或合法化）"和"勤业、勤学、勤交友"的"三化"、"三勤"政策来具体贯彻这一战略方针。

所谓"职业化"就是要共产党的成员包括它的各级干部都要找到合法的职业，隐瞒身份；"社会化"就是要把党的工作重点放在基层，到工厂、农村、学校和各行各业中去开展工作；"群众化"就是依靠自己的合法职业组织领导群众一起同国民党开展合法斗争，一切言论、行动要同自己的职业和地位相称，反对急性和暴露。所谓"勤业"就是在工作中要勤奋工作，做出成绩，能在社会立足并受到尊重；"勤学"就是要学习掌握各方面的知识，使自己能进入国民政府各级机关、保甲、教育、军事、经济单位和团体隐蔽下来；"勤交友"就要与社会各界上层和下层的进步人士广交朋友、开展工作。

根据"三化"、"三勤"政策隐蔽下来的广大中共党员和干部，深入各方面默默无闻地做了大量工作。在国民党政府、军队中工作的党员，扎根在妇女界、经济界、教育界的党员，在广交朋友，搞调查研究，对国民党军政要员开展统一战线工作，争取地方实力派的支持和同情，以及通过他们搜集情报等方面，作出了显著成绩。有些中小学的实际领导权，长期为中共地下党员所掌握，培养出大批青年和党的工作骨干。在文化科技界的党员，利用各种合法身份、宣传中共抗日、团结、进步的方针，广泛地争取团结各界朋友，开展反对国民党顽固派反共斗争和政治上、文化上的独裁统治。"三化"、"三勤"政策的贯彻，使中共在四川的组织得以保存下来，党的工作获得了稳步的发展。

在贯彻"三化"、"三勤"政策时，四川地下党还创造了"据点"的工作方

[①] 张继陆主编：《中国共产党四川历史大事记》（民主革命时期），四川大学出版社1997年5月版，第281页。

法。"皖南事变"以后,党的支部和小组活动基本停止,党员赖以开展活动的一些进步团体也被迫解散。因此,隐蔽下来的中共地下党员,在"勤学"、"勤业"的同时,广交朋友,与进步青年群众形成了以中共党员或进步分子为骨干的三五人为一组的"据点"。"据点"没有名称,没有章程,没有固定的形式。它组织青年学习,开展一些公开的活动,使国民党军警特宪摸不清,抓不到。在农村和边远地区,"据点"的一些地下党员打入国民党乡村政权,控制乡、镇保甲组织,掩护地下党工作,抵制国民党的反共反人民的活动。在川北、川黔、川康的农村据点,还建立了武装组织,有力地配合了全国的解放战争。在城市的"据点"由南方局青年组直接联系,主要在学校开展工作。内迁的复旦大学,"据点"联系的同学有100多人,通过他们影响和控制的达700多人,因而在全校学生中,"据点"能起决定性作用。1945年"据点"由原来的9个发展到48个,共联系进步分子900余人。联系的地区从重庆市的郊县,扩大到成都、乐山、自贡、宜宾、三台等地,并同这些地区的大学进步学生或进步组织建立了个别联系。学校"据点"的工作内容主要是开展坚持抗战、加强团结、反对独裁、争取民主的运动。在此基础上,1944年,成都几所大学的进步分子联合成立了成都民主青年协会(简称"民协")开展民主运动。次年,川康特委指定王光宇(王煜)负责民协组织和各大学地下党的工作。民协最初只有十五六人,到1946年发展到二百七八十人,领导学术团体、群众团体共计有42个,直接团结在民协周围的进步群众约600～800人。在历次大的反蒋独裁行动中,跟民协走的群众至少有2000～2500人。在成都10个专科以上学校的1.2万名学生中,民协可以掌握的约占六分之一。民协成员不仅在四川各地从事革命活动,而且经中共地下党的安排,先后被派到延安和中原、太行山敌后根据地工作。抗战结束,国共内战爆发,又有大批民协成员陆续进入晋冀鲁豫、晋察冀和华北等参加推翻国民党统治的斗争。在重庆,1945年7月,中共南方局批准在重庆的中央大学、复旦大学"据点"的基础上,建立新民主主义青年社。青年社共发展社员100余人。抗战胜利后,中央大学、复旦大学东迁,多数社员加入了共产党,在宁沪杭地区的民主运动中继续发挥骨干作用[①]。

---

① "民协"和青年社的情况见张继陆主编《中国共产党的历史大事记》(民主革命时期),四川大学出版社1997年5月版,第291～292页和297页。

中共四川地下党，经过长期艰苦的努力，在抗日战争胜利时，已在重庆和成都建立了"两个民主运动的中心"①。不言而喻，这两个民主运动中心的存在，是中共四川地下党取得的重大成就。

南方局为中共四川地下党制定的"长期埋伏、积蓄力量、以待时机"的战略方针，为结束国民党在四川的统治埋下了伏笔，也为共产党在蒋介石发动内战后，进行的推翻国民党统治的军事战争中，和在四川开辟反饥饿、反内战、反独裁的第二战场播下了胜利的种子，加速了国民党在四川统治的终结。

---

① 《新华日报》社论：《感谢四川人民》，1945年10月8日。

第七章　四川对抗日战争的贡献

抗日战争时期，是四川人民在历史上对我们国家、我们民族作出贡献最大的时期。八年抗日战争中，四川有350多万军人出川参战，有64万多人伤亡！其参战人数之多，牺牲之惨烈，均居全国之首，占全国军队总数的1/5。四川作为抗战的大后方，成为沦陷区入川工矿企业、机关、学校和难童、难民的安全港湾；四川人民为八年抗战提供的粮赋财政占全国的1/3！四川人民同全国同胞一起，以血肉之躯筑成一道国防长城，最终赢得抗战的胜利，而永垂史册。

第一节　川军出川抗战

一、救亡运动的高涨与川军的觉醒

1931年九一八事变以后，日本加紧了对中国的侵略，民族危机日益加深。特别是1937年七七事变前后，四川各地的抗日救亡运动更是风起云涌。由于刘湘立场的转变，暗中支持抗日运动，成都的抗日运动更是得到蓬勃发展。"星芒社"、"成都学生救亡联合会"、"大声社"、"中华民族解放先锋队"（简称"民先"）、"文力社"、"群力社"、"大众壁报社"、"天明歌咏团"、"东北抗日救亡总会成都分会"、"成都反侵略少年团"、"四川省抗敌后援会"等等抗日救亡进步团体纷纷成立。其数量之多，在全国亦属少有。1937年3月，成都零散的各救亡团体"民先"、"海燕社"、"星芒社"、"天明歌咏团"等群英荟萃,统一成立了"成都各界救国联合会",把抗日救亡运动推向高潮。这些救亡团体以学生为主力,其次是教职员、店员、工商界人士、开明士绅和小商小贩,形成了全民动员的救亡运动。与此同时,一些抗日救亡的进步刊物如《大声周刊》、《星芒》月刊、《力报》、《人力周刊》、《春云》、《诗报》、《四川日报》也纷纷创办出版,宣传抗日救亡的主张。时任中共川西特委军委委员车耀先创办的《大声周刊》的宗旨,就是要站在国民的立场,督请政府御侮,强化民族意识,拥护中央抗日救亡,成为当时四川抗日救亡运动的喉舌,影响很大。

在重庆,抗日救亡运动蓬勃兴起。在1936年至1938年间,亦先后成立了"重庆各界救国联合会"、"重庆职业青年救国联合会"、"重庆学生救国联合会"、"重庆文化界救国联合会"、"重庆各界抗敌后援会"、"重庆妇女界救国联合会"、"重庆妇女抗战后援会"、"重庆工人后援会"、"怒吼剧社"、"重庆救亡歌咏会"等等,这些

图7-1 1936年,共产党员车耀先、胡绩伟等在成都创办《大声周刊》、《大生周刊》,宗旨是"反对内战,抗日救亡",因被特务查封,又改名为《图存》出版

抗日救亡团体,在中共重庆地方党组织的推动和领导下,迅速把救亡运动推向高潮。

在四川各县,救亡运动也蓬勃发展。西充县在1937年成立了"西充县各界人士抗敌后援会"。并于同年8月27日组织了义勇壮丁800多人,编成8个连,壮丁自行挑选连、排、班长,步行至合川转乘木船至重庆,由国民政府军政部壮丁部队三十三大队接收训练后,年底补充到第四十三军二十六师,编成野外

第七章 四川对抗日战争的贡献

补充营，开赴江西与日军作战。① 而在成都，1938年初则由11名女青年成立了"四川妇女战地服务团"，经重庆乘船东下，开赴安徽前线，在川军23集团军作战地宣传。②

七七事变以后，成都、重庆及数十县的抗日救亡团体都纷纷集会，进行抗日宣传，电请四川当局，要求川军出川抗战，对促进川军觉醒，出川抗日，起了重要的推动作用。

四川军阀长期争战，给四川人民带来极大的灾难和痛苦。四川人民称军阀首领为"烂军阀"，视军阀的士兵为"烂丘八"。长达十余年的军阀战争弄得天府之国满目疮痍，几成人间地狱。在1936年至1937年长达一年的大旱中，人民完全丧失了抵御自然灾害的能力，"川省共148县，3屯，1设治局，受灾者却有125县，3屯，1局。除成都盆地各县外，都是灾区，受灾人数大约3700余万人以上！"③ 由于政府无力救助，不少灾民只得吃草根、啃树皮，成千上万饥民被活活饿死，在万源、阆中、苍溪等地甚至发生人吃人的惨相。内战给川中父老带来的灾难，使每一个有良知的川军官兵都深感内疚，在民族危机加深，民众抗日救国运动的影响下，川军将领的抗日情绪也日益增长。邓锡侯在峨眉山军官训练团讲话中就说："我们过去拿着枪杆，枪口只是对内，打了多年的战，现在……应一致对外，才对得起自己的良心。"七七事变发生以后，进一步激发了川军的爱国热忱。在重庆参加整军会议上，川军将领纷纷表示愿率所部对日作战。随后，在全国人民抗日怒潮的鼓舞和中共有力推动下，各部川军纷纷致电国民政府当局，请缨杀敌。1937年7月10日，刘湘紧急召开川军将领商量整军及出兵抗战的会议，刘湘的老部下，川军一四五师师长饶国华亦慷慨陈词："国难如此，实不愿再见自相残杀的内战，损失国力，利于敌人。""只要开始抗日，我就站在战争的最前线！"川军首领、四川省政府主席刘湘的抗日态度更为积极。他多次致电当局，请缨杀敌，并通电全国，呼吁"全国上下，同

---

① 李宏毅：《西充八百壮士赴国难》，载四川省政协文史资料委员会编著：《四川文史资料集粹》第2卷，四川人民出版社1996年12月版。

② 邓山兰：《四川妇女战地服务团》，载四川省政协文史资料委员会编著：《四川文史资料集粹》第2卷，四川人民出版社1996年12月版。

③ 甘典夔：《1936年和1937年四川灾情述要》，载《四川文史资料集粹》第6卷，四川人民出版社1996年12月版。

心同德,共赴国难"。四十七军军长李家钰亦致电当局,希望在国家存亡的最后关头,"立即下令全国一致动员,挥军应战",并表示该军"正式整编,士气激昂。倘蒙移调前方,誓当执殳赴难"。① 至此,长期从事军阀战争,为害四川人民的川军,已经完全觉醒,成为四川人民引以为自豪的抗日救国的爱国军队。

二、川军出川抗日

川康整军胜利完成,为川军出川抗战奠定了基础。"八一三"淞沪抗战爆发后,国民政府军事委员会决定川军为第二预备军,辖两个纵队,担任平汉铁路方面的作战任务,并任命刘湘为第二路预备军司令长官。1937年10月,国民政府军事委员会改任第二路预备军司令长官刘湘为第七战区司令官。

8月18日,刘湘约集邓锡侯、孙震、李家钰、刘文辉协商决定,首批出川抗战的川军共11个师,即刘湘绥署直辖的唐式遵、潘文华、王缵绪3个军各出2个师;四十五军邓锡侯部、四十一军孙震部各出2个师;四十七军李家钰部1个师。后来李家钰部决定所属2个师全部出动,驻贵州的二十军杨森部2个师,郭汝栋的1个师也决定全部开赴前线,故川军首批出川者共15个师,占当时全川 21个师的71%。以后,留川部队也陆续开往前线。八年抗战中,先后出川投入抗日前线的川军共约40余万人,编组为6个集团军②另2个军,1个独立旅。另有大批壮丁和志愿兵源源不断投入抗日战场的人数不在其内。据不完全统计,八年抗战,川军阵亡263991人,伤365269人,失踪26025人,共64万余人。③ 出川官兵分别参加了淞沪会战、中

图7-2　川军健儿请缨抗战

① 匡珊吉、杨光彦主编:《四川军阀史》,四川人民出版社1991年8月版,第503~504页。
② 6个集团军为:第二十三集团军总司令刘湘(后为唐式遵)、第二十二集团军总司令邓锡侯、第二十七集团军总司令杨森、第二十九集团军总司令王缵绪、第三十集团军总司令王陵基、第三十六集团军总司令李家钰。
③ 《抗日战争时期四川各地阵亡人数统计》,载四川省地方志编纂委员会编:《四川省民政志》,四川人民出版社1996年版。

第七章 四川对抗日战争的贡献

原会战、徐州会战、南昌会战、随枣会战、浙赣会战、滇缅会战等十几个大型会战。

1937年9月5日，四川省各界民众在少城公园举行欢送出川抗敌将士大会。川军各部出发前，重庆及各地群众都曾举行盛大的欢送会，川军将领莅会，慷慨陈词，表示抗战决心。中下级军官代表讲话，誓为收复国土，为民族而献身。各界代表亦致词，鼓励川军奋勇当先，果敢杀敌，夺取最后胜利。

同月11日，首批出川的第一纵队司令邓锡侯（兼）、副司令孙震，下辖第四十一军（军长孙震兼），第四十五军（军长邓锡侯兼），第四十七军（军长李家钰），由北道出发，沿川陕公路北上，越秦岭，经西安到许昌集结；第二纵队司令唐式遵，副司令潘文华，下辖第二十一军（军长唐式遵兼），第二十三军（军长潘文华兼），由水道东下，出夔门，经宜昌、汉口至许昌集结。川军二十军杨森部则由驻地贵州安顺一带出发，在武汉集中后，增援上海前线；驻贵州都匀、独山一带的川军郭汝栋的二十六师（后改为四十三军）也由防地出发，奔赴淞沪抗日前线。刘湘也决定亲自率部出川抗战，派员奔赴武汉筹设行营。

川军出川抗战是在1936年到1937年大饥荒刚刚缓过气来，在极其严峻悲惨的形势下共赴国难的。省政府财政拮据，向中央、中国银行共借200万元，重庆金融界及绅商借垫280万元，才勉强筹集了出川经费。所以川军的装备极差，所有步枪，十分之八为川造，十分之二为汉造。年代已久，质量太差，不堪使用，每师轻机枪多则十余挺，少则数挺。每师除数门迫击炮外，山、野炮一门都没有。"士兵们没有水壶，每人背一个竹筒筒，没有背包，每人背一个竹背夹。"① 邓锡侯率领的第二十二集团军，西出剑门北上抗日，时值秋风萧瑟，士兵仅有粗布单衣短裤二套，绑腿一双，单被一条，小草席一张，草鞋两双，斗笠一顶。徒步翻山越岭，经过30天才到达宝鸡，改乘火车到西安。到西安后，装备得不到补充，就被蒋介石命令全部火速驰援山西，改受第二战区司令长官阎锡山指挥。川军将士着草衣、穿草鞋，冒霜雪、越潼关、渡黄河，一心杀敌报国，服从调动毫无怨言，无一退缩，无一逃亡。每晚在茫茫雪地宿营打开自己背上那块又薄又烂的被单，蜷曲而躺，不进民房扰民，顶风冒雪行军千里，途中饿死、冻死、病死不少，连老百姓见了也伤心流泪。同年10月底到达

---

① 郭汝瑰：《郭汝瑰回忆录》，四川人民出版社1987年9月版，第122页。

山西，保卫山西领土，但山西王阎锡山不给装备、口粮，连战区军用地图都不给一张，就将川军派往晋东战场与强大的日军作战。川军又冷又饿，武器极差，但士气高昂，无人临阵退缩，伤亡过半。而阎锡山反而讥讽地说：川军武器不好，作战不力，是不会打仗的叫花子部队。一些川军部队没有武

图7-3 川军跋山涉水奔赴抗日前线

器弹药，没有饭吃，没有衣穿，沿途遇有晋军的军械库，便破门而入，擅自补给。士兵强买强卖，弄点粮食的事件也时有发生。于是阎锡山向武汉军委会诬告"川军抗日不足，扰民有余，简直是一群土匪。请统帅总部令川军立刻走人，二战区不要川军了"。蒋介石闻报后很生气，吩咐军令部询问第二战区司令长官程潜肯不肯要川军，结果程潜也拒绝接收川军。蒋介石得知后，勃然大怒道："把他们调回去，统统调回去，让他们继续在四川称王称帝好了！"[1]

尽管"川军出川以后，好像没有妈妈的娃娃，被人东支西舞，弄得东一块，西一块"[2]，受尽了蒋介石、阎锡山等人的宰割、歧视，心中充满了委屈、愤懑、酸楚。但他们为了民族生存，仍然不愿溜回四川，坚持要在前线抗日。第二十二集团军终于被第五战区李宗仁收留，调徐州参战。

被视为"叫花子部队"的川军，凭着满腔的爱国热忱，在整个抗日战争中，以血肉之躯，筑起一道道国防长城，累建战功，赢得了全国人民的尊敬。

（一）刘湘出师未捷身先死

"出师未捷身先死，长使英雄泪满襟"两句唐诗，是刘湘重病时手书的，借以倾吐未能实现"抗战到底"抱负的"不胜忿念"之情。

四川省主席、川康绥靖公署主任刘湘，是川军的主帅和全国坚决主张抗战

---

[1] 参见陈仁俊、王度儒等：《邓锡侯出川抗战和安定后方的几点见闻》，载成都市政协文史资料研究委员会编：《成都文史资料选辑》第10辑，1985年8月。

[2] 邓锡侯语，见四川省政协文史资料研究会、四川省政府参事室合编：《川军抗战亲历记》，四川人民出版社1985年7月版，第8~9页。

第七章 四川对抗日战争的贡献

的积极分子。川军出川抗日,他被国民政府军事委员会任命为第七战区司令长官,并将从北道出发的二十二集团军、从东道出川的二十三集团军划归第七战区,由刘湘统一指挥,担任一个战区的守备任务。川军出川以后,两个集团军都被蒋介石调离了第七战区建制。

刘湘在成都得知上述情况,心急如焚,急于赶赴前方,要求归还建制,由他统一指挥出川各部川军,担任一个战区的作战任务。刘湘患有糖尿病和胃溃疡病,此时抱病在身,穿鞋已难屈膝弯腰。他的幕僚和亲信一致劝他不必躬亲赴敌,可派得力将领前方代劳,自己坐镇后方,一面调度军政要防,一面养病,但刘湘执意甚坚。他说:"我一向高呼抗日,如今战幕揭开,自己反退缩不前,岂不贻讥后世。""过去在省内打了多年内战,脸面上不光彩,今天枪口对外,正好乘时为国效命,借以洗刷自身污垢,如何可以在后方苟安。"又说:"我这次调出去的军队,约占全部半数以上,如果我不亲自去指挥,不到半年就会被蒋介石分化或消灭了。"① 因而他在后防军政要务布置就绪后,便于1937年11月8日偕参谋长傅常离川飞汉口,改乘船东下,在芜湖稍事停留,慰勉自己部队,12日到达南京。刘本人住铜银巷四川省政府驻京办事处,长官部设赤壁路,由参谋长傅常主持事务。

刘湘的处境极其艰难,有关第七战区作战区域、任务、长官部位置以及部队如何指挥、联系等问题,几经向蒋介石请示,均未得到确切答复,请求将川军的两个集团军调集拢来,由他负责指挥保卫南京,亦未能如愿。心中焦急,旧病忽发,不省人事。11月28日,在南京城危之时,被移送汉口万国医院就医。12月上旬,病情才稍有好转。

刘湘卧病期间,仍积极关心抗战大局,询问敌情,看阅前方重要函电,勉励川军抗日。他还与前往医院慰问的董必武、张澜、沈钧儒等谈论抗日大计,抱病筹划川军反攻芜湖。当有记者就当时盛传日本通过德国驻华大使提出议和条件,征询刘湘意见时,他说:如果有人要和,我刘湘决定率四川七千万同胞和川军抗战到底!1938年1月1日,刘湘还发表了题为《长期抗战中的四川》的元旦论文,申述四川支持抗战的决心。

---

① 陈雁翚:《刘湘出川抗战及病死武汉经过记略》,载成都市政协文史资料研究委员会编:《成都文史资料选辑》第10辑,1985年8月。

1938年1月13日以后，刘湘病情逆转，水米不进，人渐昏迷，动脉萎缩，最后连血都输不进去，群医束手无策。1月20日刘湘与世长辞，年仅48岁。

刘湘病逝前曾留有遗嘱，勉励出征川军。全文如下：

余此次奉命出师抗日，志在躬赴前敌，为民族争生存，为四川争光荣，以尽军人之天职。不意宿病复发，未尽所愿。今后惟希我全国军民，在中央政府及最高领袖蒋委员长领导之下，继续抗战到底。尤望我川军袍泽，一本此志，始终不渝。即敌军一日不退出国境，川军则一日誓不还乡，以争取抗战最后之胜利，以求达我中华民族独立自由之目的。此嘱。

1月22日，国民政府明令褒恤刘湘，追赠陆军一级上将，发给治丧费一万元。2月14日，国民政府明令国葬刘湘，因修建墓园费时较久，故国葬典礼延至1939年9月19日举行，全国均下半旗。

刘湘墓园选定在武侯祠南侧，占地160亩，南北长约400米，东西阔约280米。1939年1月20日开工修建，1941年终落成，耗资140万余元。整个陵园建筑群造型气势宏大，肃穆庄严，是近代四川绝无仅有的陵园建筑，全国也少见。民国以来，除孙中山陵墓外，只有此陵和东北张作霖陵园相媲美，号称"南刘北张"。

刘湘死后，毛泽东致唁电说："国家失一栋梁，川军失一主帅。"《新华日报》则以《悼刘湘》为题发表短评，说他是"抗日的积极分子"。他的死"终究是抗战的一个损失，我们谨向刘将军敬献民族解放的敬礼"，以表哀悼之忱。

曾经叱咤风云的刘湘，一生中虽曾有过"不甚光彩"的"污垢"，但他统一四川，消除了祸害川民20多年的军阀防区制，使四川人民稍能休养生息；力主抗战，亲率川军慷慨赴敌，为川民敬仰。他是作为一个抗

图7-4 刘湘墓园之旌忠门

第七章 四川对抗日战争的贡献

日的积极分子与世长辞的。他为川军抗战史册留下了光辉的一页，也为自己的晚年写上了光彩的一笔。①

(二) 二十军、二十三军血战淞沪，力挫强敌

"淞沪会战"是 1937 年 8 月 13 日至 11 月 12 日，抗击日军进攻上海的战役。国民政府调集了 70 余个师的中央军和地方部队投入这场战役。第二十军杨森的部队是 9 月 1 日从贵阳、安顺等地出发去支援淞沪抗战的。杨森的部队也是川军最穷的部队之一。官兵装备差、生活苦。长途行军，每天翻山越岭走一百多里，晚上宿营还要打草鞋，以备第二天穿。千辛万苦 41 天，二十军于 10 月 12 日到上海前线，划归淞沪战区司令部第六兵团薛岳指挥，接防上海郊区古场、桥亭宅、蕴藻浜、顿悟寺、陈家行一线阵地。日军数万之众向这一线发动猛烈攻击，夺取了友军三十二师防守的桥亭宅、顿悟寺阵地。10 月 15 日二十军一三四师四〇二旅八〇四团奉命收复失掉阵地，团长向文彬当夜率部出击，展开恶战，于 17 日击退日军，夺回并坚守阵地，缴获大量轻机枪、步枪和弹药。顿悟寺血战重创日军，向团也付出了沉重代价，"全团官兵，营长只剩下彭焕文一人，连、排长非伤即死，无一幸免；排长剩下四人，士兵仅余一百二十余人"。②

蒋介石获悉向团巨大胜利后，当即打电话传谕嘉奖，并于次日正式晋升向文彬团长少将军衔，发奖金 6000 元。向文彬在一天中由中校升少将，被认为是川军中勇于临危受命，誓死卫国的突出代表。

向文彬收复阵地后，日军不甘失败，以一部与向文彬团相持，而集中优势兵力，在飞机大炮掩护下，向一三四师四〇一旅林相侯团驻防的蕴藻浜（今嘉定区）阵地猛攻，激战整日。林团长身先士卒，冲出战壕与敌人死命拼杀，不幸中弹牺牲，成为川军在淞沪战场上为国捐躯的又一位团长。1988 年 12 月 29 日，四川省人民政府追认他为革命烈士。

第二十军在桥亭宅、顿悟寺、蕴藻浜、陈家行一线与日军激战的七昼夜中，

---

① 刘湘抗战事迹，参见乔诚、杨续云著《刘湘》，华夏出版社 1987 年 10 月版；匡珊吉、杨光彦主编《四川军阀史》，四川人民出版社 1991 年 8 月版；郑光路：《川人大抗战》，四川人民出版社 2005 年 1 月版等。

② 向文彬：《顿悟寺阵地浴血战》，四川省政协文史资料研究会、四川省政府参事室合编，《川军抗战亲历记》，四川人民出版社 1985 年 7 月版，第 275 页。

收复友军失掉的阵地,多次击退日军的进攻,杀伤大量的敌人,但牺牲也极为惨重,"计伤亡团、营长20多名,连排长200多名,士兵7000余人"①,所余士兵仅5000多人。二十军在淞沪战役中英勇作战,受到蒋介石的嘉奖,杨森被提升为二十七集团军总司令,仍兼第二十军军长,并向二十军颁发奖金3万元,调往安庆休整补充兵源。

杨森的二十军离沪后,郭汝栋的四十三军仍在上海血战。

郭汝栋,四川铜梁人,早在1931年10月任川军二十六师师长时,就曾通电表示"愿率全军共赴国难","任何牺牲,均所不计"。②这次奉命从贵州千里跋涉开赴上海,到大场接防抗日,正是实现他多年的夙愿。全军将士,为国抗战,万死不辞。

郭汝栋的四十三军,当时只辖有二十六师一个师,七十六、七十八两个旅。七十六旅一五二团团长解固基系共产党员,在开赴前线前,给母亲的家书中写道:"儿已开赴抗日前线,古人云:'能尽忠则不能尽孝'。愿移孝作忠,以报国家民族。"信中还写有两句诗:"死后愿作沙场鬼,生前不作故乡人!"10月16日,解团开赴大场前线,日军企图从中突破大场防线,集中飞机、大炮、坦克不断猛烈进攻。解团1000多名官兵固守阵地,坚持了六昼夜,日军付出了很大代价,未能前进半步。10月23日晨,解团四连战士几乎牺牲殆尽,被迫从阵地退了下来。解团长得报,立即手提短枪,带领一连预备队,直往前冲,左臂被打掉半截,甩来甩去,仍指挥战士往前冲,不幸被炮弹炸飞。士兵们在战场上只找到他的钢盔和半截血衣,实现了他"死后愿作沙场鬼,生前不作故乡人"的报国誓愿!年仅39岁。

1939年春,解固基的家乡崇庆县人民为解固基举行庄严的追悼会,并为烈士修建了衣冠冢。③

四十三军二十六师在淞沪鏖战一星期,撤退青浦收容队伍时,全师仅剩下600多人。在全国参加抗日战争的70多个师中战绩名列第五!日军也称这支部

---

① 匡珊吉、杨光彦主编:《四川军阀史》,四川人民出版社1991年8月版,第523页。
② 匡珊吉、杨光彦主编:《四川军阀史》,四川人民出版社1991年8月版,第488页。
③ 见尹忠、张育新:《血染上海大场的解固基团长》,载《成都文史资料选辑》第10辑,1985年8月。

队"是国民党旁系有力部队"。①

淞沪战役,把日军死死拖在上海3个月,使长江中、下游的工厂、物资有了内迁的时间,为持久抗战奠定了基础。参加上海抗战的川军二十军和四十三军英勇牺牲,为川军争得了光荣,为川人争得了光荣!

(三)饶国华将军广德殉国

饶国华(1894～1937),四川资阳县人,笃信佛教,待人宽厚,粗衣布食数十年如一日。他博览史籍,常以护国、卫民、爱兵自勉,被人称为"饶菩萨"。少年从军,历任川军火伕、班长、排长、连长。1933年任师长,为刘湘所倚重。七七事变发生后,他立即上书请缨杀敌,出发前回家省亲安排后事,就表示出川抗战,不成功便成仁。

图7-5 1983年,资阳县人民政府重修一新的饶国华烈士墓

1937年上海沦陷后,日军分兵四路,直指南京。蒋介石急令第七战区司令长官刘湘派部队加强南京外围防御力量。刘湘指派二十三集团军副总司令兼二十一军军长唐式遵率部限期集中安徽广德、浙江泗安一带布防。时任一四五师中将师长饶国华被派往广德固守,阻止日军北上。广德在战略上十分重要,广德有失,不但南京危急,而且敌人还可借此要冲之地,进犯皖赣等地。饶国华受命后,即率所部于11月下旬到达广德,全师官兵以高昂的抗日热情,"誓与广德共存亡,不许倭寇逞凶狂",投入战斗。

24日,饶师派部队至广德以东布防,确保机场安全,另一部于广德前方约60里的泗安镇占领阵地,随即与日军前锋相遇,奋战三昼夜,终因敌军有飞机、大炮优势,川军武器低劣,虽拼命还击,但伤亡惨重,泗安陷落。24日,日军出动飞机27架对广德及附近机场狂轰滥炸,步兵、坦克、装甲车随即混合向前推进。饶国华将军身先士卒,在枪林弹雨中镇定指挥,甚至带兵冲入敌阵,开展肉搏,浴血固守防线。但终因所属四三五旅孟浩然部尚在途中,友军支援

---

① 参见何聘儒:《二十六师抗战纪要》,载四川文史资料研究会、四川省政府参事室合编《川军抗战亲历记》,四川人民出版社1985年7月版,第251～252页。

不前，孤立无援，所属一个团长，不服调遣，擅自撤退，以致全线溃退，广德失守，饶国华率残部退至距广德 15 里的七里店。11 月 30 日晚，在弹尽援绝，人困马乏的情形下，饶国华深以守土无能自责，洒泪给刘湘写下绝命书云：本部扼守广德，掩护友军后撤，已达成任务。我官兵均不惜牺牲，为国效力，忠勇可嘉，深以为慰。广德地处要冲，余不忍坐视陷入敌手，故决与城共存亡，上报国家培养之恩与各级长官爱护之意。今后深望我部官兵奋勇杀敌，驱寇出境，还我国魂，完成我未尽之志，余死无恨矣！然后举枪自杀，慷慨成仁，时年 44 岁。

饶师长以身殉国后，全师官兵无不痛哭失声，含泪高呼：要继承师长遗志，驱逐敌人出境。川军一四六师四三六旅廖静安部由吉安向泗安镇日军进击，杀伤大量日军收复泗安。占领广德的日军，经川军正面猛攻，狼狈溃退，沦陷敌手一昼夜余之广德，于 12 月 2 日下午完全克复。其后一四六师在泗安、广德几次战斗中，歼灭日军数千，缴获大批的武器、弹药，生俘日军 30 名。

二十三集团军广德、泗安战役的胜利，虽未完全粉碎敌人的西进计划，但却使其遭受重大损失，并在战略上阻滞了敌军，为我军西撤赢得了时间，为保卫南京的部署起了重要作用。

饶国华是川军抗日殉国的第一位高级将领。国民政府明令褒扬其英雄事迹，追赠为陆军上将。他的遗体运回四川资阳安葬，途经武汉、宜昌、重庆、成都等地，当地各界人士都举行了公祭。蒋介石为饶将军写了挽联，毛泽东称他"给了全中国人以崇高伟大的模范"！1983 年 9 月，四川省人民政府追认饶国华将军为烈士。①

（四）王铭章死守孤城滕县报国

1937 年日军攻占上海、南京后，把进攻的矛头直指徐州和国民政府临时驻地武汉。徐州地处津浦与陇海铁路的交叉口，扼苏、鲁、皖、豫 4 省要冲，是中原和武汉的重要屏障，自古为兵家必争之地。蒋介石为争取布置武汉会战时间，决定把徐州作为会战地点，以迟滞日军溯长江而上和防止日军打通津浦路，实现平沪通车，把华北、华东连成一线，沟通南北兵力沿陇海线西侵。

---

① 饶国华抗战事迹参见匡珊吉、杨光彦主编《四川军阀史》，四川人民出版社 1991 年 8 月版，第 523～526 页；郑光路：《川人大抗战》，四川人民出版社 2005 年 1 月版，第 175～189 页。

第七章 四川对抗日战争的贡献

负责组织指挥徐州会战的是第五战区司令长官李宗仁。他调遣部队在台儿庄围歼日军1.9万多人,毁敌坦克30余辆,是抗战以来的空前大捷,也是日军的第一次大惨败。捷报传出,举国若狂,抗战前途露出一线曙光。而台儿庄大捷的重要原因,则是得力于被阎锡山诬为"叫花子",不能打仗,被赶出山西的第二十二集团军川军二十二军一二二师师长王铭章死守滕县的部队,为李宗仁赢得时间调遣部队围歼日军创造了条件。

王铭章(1893~1938),四川新都县人,1914年四川陆军军官学校毕业后,由排长逐级晋升到旅长,1937年任四十一军一二二师师长。出征前,他返回家乡委托亲友,安排好后事,抱着马革裹尸的救国之愿出川抗日。

1938年1月,第22集团军奉调担任津浦北段的正面防御,保卫徐州、巩固武汉。第二十二集团军共2个军,总司令邓锡侯(兼四十五军军长),副总司令孙震(兼二十一军军长)。① 由于北线西路日军的进攻直接威胁到徐州的安全,而当时徐州空虚,援军尚未到达。蒋介石得知后即向五战区下达命令:"四十一军王铭章,务必死守滕县三日,以便增援部队巩固徐州。"孙震根据五战区的意图,命令王铭章代理四十一军军长,率一二二、一二四两师部队死守滕县。

图7-6 抗日将领王铭章将军骑姿铜像

邓锡侯的第二十二集团军在山西抗日,无吃、无穿、无弹药补充,损失惨重,四十一军每师仅有两团的兵力,到五战区李仁宗给川军补充了少量武器,但无论在兵力上、武器上与强大的日军相比都有很大差别。王铭章临危受命,对抗日满怀信心,他曾坦率地说:以川军薄弱的兵力,担当津浦路上保卫徐州第一线的重大任务,力量不够是不言而喻的。我们身为军人,牺牲原为天职,现在只有牺牲一切以完成任务,虽不剩一兵一卒,亦无怨尤。不如此,则无以

---

① 1938年1月刘湘在武汉病逝,邓锡侯奉调四川任川康绥靖公署主任,稳定川政,总司令由孙震担任,四十五军军长一职由一二五师师长孙震勋担任。

对国家，更不足以赎二十年川军内战的罪行了！①

进攻滕县的日军，由第十师团第三十三旅团濑谷启少将指挥，共有兵力约1.5万人，凭借火炮优势，占据了主动地位。3月14日凌晨，日军的飞机就飞临滕县上空狂轰滥炸。紧接着，炮弹一阵接一阵落在滕县县城。日军在坦克的掩护下，向滕县附近的川军阵地发动进攻。王铭章沉着指挥，拼命坚守。孙震得知日军大举进攻滕县，也赶赴滕县临阵动员，鼓舞士气。

3月15日，日军陆续增加部队，上万日军包围了滕县附近的川军据点，下午5时，日军主力向滕县逼近。此时，王铭章能指挥的守城部队只有8个步兵连、1个卫生队，连同滕县县城的警察和保安队不足3000人，真正有战斗力的部队不足2000人。王铭章临危不惧，指挥誓死报国的川军，一次又一次把日军击退。

3月16日黎明，日军向滕县东北方向狂攻，上万发炮弹泻落县城内。飞机轰炸了一整天。坚守滕县外围的各主要川军据点被相互隔离，被迫各自为战，一些据点的官兵壮烈牺牲。日军优势兵力久攻不克，第十师团长矶谷廉介恼羞成怒，当晚，他把3万多日军、70多门大炮、近50辆战车调集起来，把滕县城关东、南、北包围起来。

3月17日拂晓，日军向滕县猛烈炮击和轰炸，每分钟都有数十发炮落到县城。滕县县城，一片火海，城墙被炸塌，日军冲过来，官兵就用大刀同日军展开肉搏战。下午，日军用重炮和飞机猛攻县城，预先筑好的工事几乎夷为平地，守城官兵大部分在同日军拼杀中牺牲，阵地上剩下的都是血肉模糊、面目不清的尸体。这时，王铭章向孙震发出第三次电报，也是最后一次电报说："日前敌用重炮、飞机从晨至午不断猛击，城墙缺口多处，敌兵屡次登城，屡被击退"，表示"决心死拼，以报国家，以报知遇"。

王铭章的以死报国精神，深深感动了滕县官民。他发出最后一次报告后，神情泰然，缓缓向一处阵地走去，看见滕县县长周同站在身旁，他停住脚步，语气和蔼地说：周县长，你可以走了，你应该走了。守城，有我指挥。周县长说：王师长，守土有责，这四个字我是知道的。抗战以来，只有殉国的将军，没有殉职的地方官。非常惭愧！王师长这样爱国，这样爱民，我们深受感动。

---

① 见关捷主编：《中国人民奋起抗战》，社会科学文献出版社2006年6月版，第239页。

我为一县之长，决不苟生。我要做一个为国殉职的地方官。①

蒋介石下令坚守滕县三日的期限早已过去，在外无援军的情况下，王铭章仍不撤退，死守滕县的战斗还在继续进行。17日傍晚，王铭章及随从已无法在街上与日军开展搏杀，准备到火车站继续指挥战斗，不幸中弹殉国。原在城内的三四百个士兵仍彻底与敌战斗。至18日中午还在逐屋争夺，直至英勇殉国、全部牺牲，全城才陷于敌手。

滕县守城战役，死伤日军4000余人，"第四十一军自王将军以下，一二二、一二四两个师共伤亡官兵5000余人，其中有旅长、副旅长2人，师参谋长2人，团长1人，副官长2人，参谋4人，营、连长以下干部甚多。加上第四十五军，总计伤亡自两位师长以下达万余人"。②

王铭章血战守滕县以自己的牺牲，换取了整个战局的胜利，是川军抗战史上最有声色，最为悲壮，影响巨深巨远的战斗，也是中国抗战史上最光辉的一页。正如第五战区司令长官李宗仁所说："若无滕县之固守，焉有台儿庄之大捷，台儿庄之战果，是滕县先烈造的。"③

王铭章殉国后，蒋介石曾电慰孙震，国民政府还明令褒奖，追赠陆军上将。他的灵柩运回四川途中，群众路祭不绝，英国、法国在长江上的船舶下半旗鸣礼炮志哀。武汉三百多个团体七万民众送殡，国民党党政代表、中共中央和八路军代表参加了祭礼。毛泽东、陈绍禹、秦邦宪、吴玉章、董必武合写挽联一副：

奋战守孤城，视死如归，是革命军人本色；
决心歼强敌，以身殉国，为中华民族争光。

成都、重庆也为王铭章举行了公祭。原籍新都各界10万人由第二十二集团军司令孙震亲临主祭。王铭章忠骸安厝于县城西郊饮马河附近，国民政府主席林森题赠了"壮节殊勋"的墓园门额，蒋介石也写了楹联，竖立墓园两侧。

---

① 见关捷主编：《中国人民奋起抗战》，社会科学文献出版社2006年6月版，第243页。
② 吕伟权等：《壮烈殉国的王铭章将军》，载《四川文史资料集粹》第2卷，四川人民出版社1996年12月版，第68～69页。
③ 李宗仁：《李宗仁回忆录》，广西人民出版社1980年6月版，第728页。

1984年，四川省人民政府追认王铭章为革命烈士。

（五）三十六集团军总司令李家钰阵亡河南

李家钰（1892～1944），四川蒲江县人，四川陆军军官学堂毕业，在川军邓锡侯部任排、连、营、团、旅长。1924年任川军第一师师长，1927年任四川边防军总司令，1936年任第四十七军中将军长。1939年任三十六集团军总司令。

七七事变后，他率领全军在山西长治一带抗击日军两年多，屡建奇功，击毙、击伤日伪军近万人。

四十七军纪律严明、爱护百姓、英勇抗战，深受山西人民敬佩。川军阵亡后，黎城县官民举行追悼会，安葬川军阵亡官兵，并在东阳关建立"川军抗日死难纪念碑"一座，在黄帝陵建川军庙一所，每年农历二月十七日演戏纪念，以志不忘。在潞城至黎城途中，民众自愿为四十七军建了许多庙宇和纪念碑，大小庙宇，皆立该军阵亡将士神位。

李家钰将军在山西抗日期间，军部驻长治，一直与八路军保持良好关系，相互支持，共同抗日。中共领导人朱德、刘伯承等路过长治，他都曾留宿款待，并派人向八路军学习游击战术，举办游击战术训练班，提高部队的战斗能力。

1941年，三十六集团军奉命东移河南，担任黄河沿岸的防御

图7-7 李家钰烈士之墓

任务，总部驻新安县北的古村，距洛阳90里。此时驻陕西的第17军和守洛阳的第十四军亦划归三十六集团军序列。在防河四年间，李将军经常巡视警戒线，了解敌人动态，每月轮番派遣游击队过黄河北岸袭击敌军，捕捉敌伪俘虏，搜集情报，加强戒备，防御日寇越河南犯。

1944年春，日军为了打通"大陆交通线"，救援其侵入南洋的孤军，发动了豫、湘、桂战役。3月，在"豫中会战"（亦称"中原会战"）前夕的洛阳军事会议上，战区司令长官蒋鼎文拒绝了李家钰将军的"先发制人"争取主动的正确主张，不对敌人进攻作有效部署。4月17日，日军在中牟县渡过黄河，开

第七章　四川对抗日战争的贡献

始了"豫中会战"，蒋鼎文即率先弃守洛阳逃跑。原集结于洛阳附近准备会战的六个多集团军的部队也纷纷向西溃退。见此情形，李家钰将军立即召集四十七军师、团长会议。他说："我们南渡以来，吃了河南老百姓四年的饭，现在不能见了日本人就跑。否则，怎么对得起老百姓？日本人有什么可怕的？他们来了，我们就同他们打！别的部队怕跑在后面挨打，我不怕，我们川军愿殿后。"当时，李家钰能指挥的只有四十七军的四个步兵团，主动承担掩护友军转移，在新安、渑池以南与日军战斗。5月21日，于陕县东南地区与日军主力相遇。李"不惜冒敌凶锋，亲率总部官员及特务连官兵，与敌反复冲杀，毙敌甚众。"不幸的是，当其转至陕县秦家坡时，中敌埋伏，在激烈冲杀中，中弹殉国，满身都是枪眼的尸首被部属血战抢回。

集团军总司令悲壮阵亡的消息，震惊全国。蒋介石致电吊唁。国民政府追赠李为陆军上将。中共重庆《新华日报》多次报道，并发表《悼家钰将军》的短文，诗人柳亚子曾作《挽李其相上将》诗一首。

李家钰忠骸运回成都，四川省各界举行了公祭，安葬于成都南郊广福桥"李上将墓园"。1984年，四川省人民政府追认李家钰将军为革命烈士，并拨款重新整修李家钰上将陵寝。①

第二节　四川对抗战的支援和贡献

一、抗战的兵源、财源、粮食和物资基地

（一）兵源基地

抗战全面爆发后，在武器精良、训练有素的日军面前，中国军队伤亡奇重，兵源的需要越来越大。1938年9月武汉、广州沦陷，中国转入抗战最艰苦的持久阶段。战争烽火从黄河流域发展到长江、珠江、湘江流域。沦陷地区越来越多，可以征兵的地区愈来愈少。于是大后方的四川就成为中国军队的兵源的主

---

① 李家钰将军抗日事迹，参见龙滕等：《忠勇抗敌、为国捐躯的李家钰将军》，载《四川文史资料集粹》等2卷，第76~84页；匡珊吉、杨光彦主编：《四川军阀史》，四川人民出版社1991年8月版，第533~534页；郑路路：《川人大抗战》四川人民出版社2005年1月版，第313~326页。

要基地。

据当时军政部长何应钦《八年抗战之经过》一书所载：四川历年实征壮丁数为：1937年103837人；1938年174145人；1939年296341人；1940年266373人；1941年344601人；1942年366625人；1943年352681人；1944年391112人；1945年283086人。8年总计共征壮丁2578810人，为全国各省之冠，为全国同期实征壮丁14050521人的1/5强。但是，上述实征壮丁人数，还不包括西康征送的3万余名及各种特种部队暨军事机关、学校在川直接招募和出川各军自行招募的数额。如将这些数额并入计算，则达300万人。所以，1945年（民国34年）9月3日，四川省主席张群发表的《胜利日感言》就说：川省在抗战中征集的壮丁，在300万人以上。[①] 这个数目再加上出川抗战的6个集团军，另2个军1个独立旅，共40万人，总计约350万人。四川占全国征兵人数的1/5强，说明中国正面战场的抗日军队中，不足5个人，就有1个四川人，故前线有"无川不成军"之说。

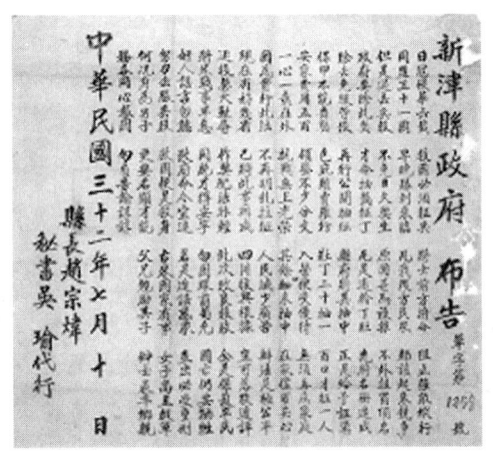

图7-8 1943年新津县政府征兵布告

抗战期间，四川总人口不超过4000万～5000万人，说明四川人中，15个人中，就有1人参军抗日。四川"壮丁仅有600万左右，征送300万壮丁之数，表明……适龄男子总数的1/2上了战场"。[②]

除应征青年参军外，四川热血青年请缨杀敌，自愿出征的事例更是催人泪下。除前面已提及的西充八百义勇壮士，共赴国难，前线杀敌之外，1937年安县青年王建堂邀约志同道合的好友100多青年，组织成立了"安县特征义勇壮丁队"开赴前线，出发时，王建堂的父亲王者成，送给儿子一面令人吃惊又深感震撼的"死"字旗帜，右下角题下两句勉词：

---

① 刘一民：《论抗战时期四川农民对兵源和后勤的贡献》，载李仕根：《四川抗战档案研究》，西南交通大学出版社2005年8月版，第108～109页。

② 刘一民：《论抗战时期四川农民对兵源和后勤的贡献》，载李仕根：《四川抗战档案研究》，西南交通大学出版社2005年8月版，第109页。

第七章 四川对抗日战争的贡献

我不愿你在我近前尽孝，只愿你在民族分上尽忠！

又在左方用韵文体写了这样几句话：

国难当头，日寇狰狞。国家兴亡，匹夫有责。
本欲服役，奈过年龄。幸吾有子，自觉请缨。
赐旗一面，时刻随身。伤时拭血，死后裹身。
勇往直前，勿忘本分！

"死"字旗经新闻报道后，不但激励了王建堂杀敌激情，也鼓励了知道此事的杀敌川军。

在四川德阳县八角井乡，1939年37名青年组成了"德阳县八角井乡抗日志愿军"，到达河南邓县由汤恩伯十三军一一〇师接收，在此后7年中有19人英勇牺牲在抗日战场上。

在新津县，爱国模范、72岁高龄的高尚奇，十分痛恨日本侵略者，将4个儿子中的3个儿子先后动员去参加抗日，只留老三在家做小生意，维持一家6口人的生活。①

抗战中，四川热血青年踊跃从军的高潮从未间断过！

四川青年应征入伍后，由于国家物质上的匮乏，加之国民党军政界的大小贪官污吏，克扣成风，爱国士兵的衣、食、住、医药、交通工具供应不足，装备落后。他们忍饥耐寒，以民族大义为重，在千难万险中与强敌拼杀，几乎参加了正面战场的全部重大战役。阵亡263991人，负伤365269人，失踪26025人，共计64万余人，居全国之冠，约为全国抗日军队伤亡总数的1/5。② 正是川军会同全国军民，以血肉之躯，筑起了一道钢铁长城，支撑了中国正面战场，坚持到抗战的最后胜利。

---

① 参见郑光路：《川人大抗战》，四川人民出版社2005年1月版，第408～411页。
② 参见马宣伟、温贤美：《川军出川抗战纪事》，四川省社会科学院出版社1986年2月版，第274～275页。

(二) 财政基地

随着东南富庶各省沦陷后,国家财政开支,主要靠四川负担。据有关资料统计,1938年到1940年,四川解入国库的正税收入每年约8000万元以上,其他发行公债、各种摊派和募捐收入尚未计算在内。在抗战最困难时期,一般估计四川负担了国家总支出的50%以上,是各省中负担最多的。如以8年抗战总计,国家总支出为14640余亿元(法币),四川就负担了1/3,约为4400亿元。①

四川人民除了缴纳各种沉重的赋税,支援抗战财政外,在时任国民政府军事委员会副委员长冯玉祥的倡导下,开展了轰轰烈烈爱国献金运动。冯玉祥以中国国民节约献金救国运动总会会长的身份,在中国抗战异常艰苦的时刻,于1943年11月8日从重庆出发,奔走全川20余县市,往返数千里,历时近一年,讲演数百次。他足迹所至,人人争相献金救国。他们中既有富绅巨贾,也有低薪公务人员;有穷苦工人、农民、学生,还有缺少手脚的抗战负伤军人和衣衫褴褛的小贩、乞丐,以及和尚、尼姑、妓女,连看守所的犯人也节食献金。

在泸县的献金会上,一群乞丐用破饭碗盛钱送上主席台,而断手断脚的伤兵们,用编藤椅制雨伞义卖所得的1.2万元呈献,冯玉祥实在不忍收受,一再推让不得,只好含泪收下,将他们扶下台。

据国民党中央宣传部不完全统计,四川第一次、第二次献金总额为6亿~7亿元。这些钱,是四川人民节衣缩食献出来的。这笔巨款,多数用来购买战争急需的飞机、坦克、武器,部分用来慰劳前方将士,有力地支持了抗日战争。

献金救国运动在政治、军事上的意义,远远超过了它的经济意义。当时侵华日军倾其全力发动湘桂战役,连陷衡阳、长沙、桂林、柳州、南宁,一度攻占贵州独山,陪都重庆为之震动。日本人企图瓦解中国后方民心,以战迫降。而四川

图7—9 在1943年的抗日献金活动中,自贡市妇女将捐献的金首饰组成一个大"爱"字和飞机、坦克、军舰、大炮图案

---

① 转引自周开庆:《四川与对日抗战》,(台北)商务印书馆1971年1月版,第278~280页。

人民则以献金救国运动筑起了一道精神长城！鼓舞了抗战民心、军心，这是中外战争史上少有的动人事例。

（三）粮食基地

除财政贡献外，四川提供的粮食也是最多的。1938年10月以后，黄河、长江、珠江中下游产粮区都为日军占领，沿海被封锁，全国粮食供应很困难，前方将士和后方城市人民所需的粮食主要依靠四川供给。

1940年以前，田赋是各省的地方税，征收标准不一。1941年4月，国民政府决定从这一年下半年起，各省田赋归中央接管，并实行征收实物。国家为了掌握粮食，除征实外，还要征购、征借粮食。

1941年8月1日，四川省成立田赋管理处，开始征实。"1941年度，川省征实征购于9月16日开征起至是年12月底止，全川征购总数已达1100余万市石，完成规定川省征购总额的90％以上。""截至1942年2月底止"，"就川省是年度实收总额而言，为1330余万市石"，超过原计划（1200万市石）的11％，为全国第一。"全国21省，征实、征购共计得粮食5430余万市石，四川征实、征购收入各为678万余市石。占全国总收入1/4。"① 随后几年四川贡献的粮食还有增加。据张群在《胜利日感言》一文中统计，自1941年至1945年，四川征实、征购、征借的粮食总数共约7100万市石。而当时全国的粮食部长徐堪则谓："四川出粮最多，计自30年度（指民国30年，即1941年）起，至34年度（即1945年）止，5年之间共征获稻谷82285990市石，占全国征起稻谷总量38.5％，即就全国征起谷麦总量比较，亦占31.63％。"②

四川提供这么多粮食，是四川老百姓勒紧裤腰带奉献出来的。

1941年秋，四川省田粮管理处处长

图7-10 新津县征购军粮花名册

---

① 中国人民政治协商会议四川省委员会、文史资料研究委员会：《四川文史资料选辑》第11辑，四川人民出版社1964年2月版，第125页。

② 中国人民政治协商会议四川省委员会、文史资料研究委员会：《四川文史资料选辑》第11辑，四川人民出版社1964年2月版，第125页。

甘绩镛从南充到三台督粮，途中在一家鸡毛店休息，和一个老年农民摆谈，得知他每天吃杂粮加苕藤，还交了公粮。便问他，你们自己口粮都有困难，哪来多余粮食交给公家？老人很质朴地说："军队在前方打仗，吃不饱，有命也不能拼。只要打胜仗，赶走日本鬼子，老百姓能过太平日子，我们暂时吃点苕叶也有想头，比起日本人来抢好得多！"

某县有一妇女，儿子在前方抗战，她该纳粮，但没有粮、钱，又无可变卖的东西，便把自己养的一只心爱的猫儿卖了，再买几升谷子背到征收处缴纳公粮。有人问她为什么要这样做，她说："儿子在前方打日本，他爱国，我也要爱国；他在前方抗战，我们在后方才能过点清静日子，所以我要上粮。"①

原籍四川渠县的台湾同胞杨义富老先生在其晚年所著《四川轿夫》一书中回忆他家交纳公粮时写道："忆及儿时约1941年间，正值抗日战争打得难分难解之时，东南半壁山河已先后沦陷日军之手，故乡又连续苦旱三年。真是天灾人祸纷至沓来，辛辛苦苦一年眼巴巴的收成，刚好只能够缴'公粮'。可是我们没有半句怨言，如数缴给了公家，一家人只是望着空空的箩筐大哭一场。可怜的母亲拖着一双'三寸金莲'，一跛一颤地跟着父亲身后，隔二天去'佛显圣'大庙后面，排队挖回白色的'观音土'，掺和着少许玉米粉，先让孩子们果腹，剩余的才是他们两位老人家吃。其他左邻右舍，家家户户莫不如此。宁愿自家饿得半死，也从不欠缴公家的一分一厘'公粮'！"②

正是四川人民"饿得半死，吃观音土，也要先缴公粮"的爱国行动，有力地保障了前方战士和国统区的粮食供应，才支撑了长期抗战，取得抗战的最后胜利。

（四）物资基地

国民政府迁重庆后，作为抗日复兴基地的四川，承担着供应前方战争物资的历史责任。抗战期间，正面战场的武器弹药几乎全部是由四川生产和供应。大量的军需布匹、服装、副食、井盐、食粮等物资也是四川供应的。为此四川的工矿企业，包括内迁的工矿企业的工人，不顾严寒酷暑，敌机轰炸，废寝忘

---

① 见陈志苏等：《抗战时期四川的田赋征实》，载《四川文史资料集粹》第2卷，四川人民出版社1996年12月版，第369页。

② 转引自郑光路：《川人大抗战》，四川人民出版社2005年1月版，第396～397页。

食，日夜苦战，努力生产，提供战争所需要的军火和物资。例如民生机器厂，本是个维修船的工厂，造船能力低。但急抗日战争所需，职工们克服种种困难，8年中共造28艘新船，运输战争物资和人员。

为了保障抗战运输通畅，四川动员了250万民工抢修了川陕、川黔、川滇、川湘四条公路干线，新建扩建空军基地33处。据内政部《四川省非常时期征工动员县份及人数一览表》(1937～1939年)载，四川省交通和军事主体工程两年间，共建31项，征用农民工625890人（工程养护，打杂用工不在此列）。为了把粮食等战争物资运往前线，四川当局还征用了大量民工承担运输任务。这些服役的民工，基本上没有报酬或报酬极低，他们付出了艰巨的劳动、作出了很大牺牲。据《四川省各县府呈复抗战时期（民工）伤亡数目调查表》和1945年《四川省统计提要》记载，仅黔江县就征用了13000人，伤65人，亡173人；叙永县征用12020人，伤64人，亡126人；犍为县总人口538272人，征用3600人，伤67人，亡95人；万源县总人口151950人，征用4874人，伤25人，亡17人；温江县总人口166915人，征用53902人，伤212人，亡135人；长宁县总人口232354人，征用2931人，伤95人，亡154人；隆昌县总人口327989人，征用10000人，伤3人，亡162人。① 仅以上几县，征用民工100327人（不包括梁山县），伤3048人，亡1397人。以此推算，抗战时期，四川全省征用民工及其伤亡人数将是何等之多。挣扎在饥饿线上的四川民工，用他瘦弱的身躯，苟延残喘地在坎坷的路途上，不惜牺牲自己的生命，将物资运往前线，目的就是为了争取抗战的胜利！

二、欢迎工矿学校内迁、安置入川同胞

（一）欢迎工矿学校内迁

淞沪战役开始后，一大批爱国的工商业者、实业家、科学家、教授、学生、工人，千百万各界不愿做亡国顺民的同胞，北越秦岭巴山，东溯长江三峡，不顾道路漫漫坎坷，开始了历史上少有的大迁徙，多达一两百万人来到四川，参加大后方建设，支援抗日战争。特别是一些爱国的企业家不愿将他们的企业落

---

① 见刘一民：《论抗战时期四川农民对兵源和后勤的贡献》，载李仕根：《四川抗战档案研究》，西南交通大学出版社2005年8月版，第110～111页。

入日寇之手，纷纷要求内迁，继续生产，增强抗日力量。国民政府也实施战时调整，决定将沿海和华东、中原等地的国有企业和私营企业及学校、科研机构内迁四川。对此，四川当局主动与有关企业联系，提供土地、房屋及其他优惠便利条件，鼓励和欢迎它们来川继续生产和从事科研工作。政府和民众还多方努力，成立了"迁川工厂联合会"，协助各厂迁移，恢复生产；成立"国民参政会川康建设期成会"，督促政府推进川康建设，增进抗战建国的力量；成立"川康经济建设委员会"，促进川康经济建设。这样，很快就形成了沦陷区工矿、企业、科研机构和学校内迁入川的高潮。

这些工矿企业、科研机构和学校内迁入川，促进了四川经济文教事业的飞跃发展，有力地支援了前方的抗战。同时为国家保存了全国最为雄厚的可贵的坚持长期抗战的物力、人力资源，为抗战胜利后中国的建设事业起到了很大作用。

(二) 抢救难童，成立战时儿童保育院

抗战初期，无数的百姓在逃亡、在流浪，其中最悲惨的是儿童。他们有的是失去双亲的孤儿，有的是前方阵亡将士的遗孤，举目无亲，啼饥号寒，在逃难中或死于战火，或流离失所。有些被日军掳掠，施以奴化教育，充当战争的炮灰。尤其令人发指的是，极端残忍的侵略者还把中国儿童作为他们"活的血库"，因为儿童血液再生力强，输送到受伤日军身上，可早日恢复健康，重返战场。

在这样的历史关头，中共南方局领导人周恩来、邓颖超和沈钧儒等一批爱国人士，在国民政府所在地武汉，发出了抢救难童"组织战时儿童保育会"，保护国家未来人才的倡议，得到了国共两党上层人士和各界人士的响应。很快，宋美龄、宋庆龄、宋蔼龄、

图7-11　中国战时儿童保育会常务理事及部分负责人合影。中排左4宋美龄、左5李德全；后排左7史良、左8邓颖超

何香凝、邹韬奋、田汉、陈立夫等184人亲笔签名，作为战时儿童保育会的发起人，筹备建立中国战时儿童保育会。1938年3月10日，中国战时儿童保育会在汉口成立，推选宋美龄为理事长，李德全为副理事长；大会推选出56人为理事，邓颖超、曹孟君、沈兹九、史良、郭秀仪、安娥等22人被选为常务理事；理事中有共产党员、国民党员以及各党派和无党派人士。为了争取国内外多方面的支持赞助，大会还聘请了包括国共两党领导人，社会各界知名人士、国际友人以及驻华使节在内的286位名誉理事。中国战时儿童保育会是国共两党在抗战爱国旗帜下，以抢救保育难童为共同目标，各界妇女携手并进，同心戮力，组成的抗战时期国统区最早的一个妇女界统一战线组织。总会于1938年10月迁往重庆，至1946年停止工作，8年中在南方诸省、陕甘宁边区、香港及南洋地区设立24个分会，创办61所儿童保育院。据有关资料显示，先后在中国战时儿童保育会及其所属保育院工作过的人员近万名，其中绝大多数是女青年。

战时儿童保育会在武汉成立后，不失时机到战区附近和沦陷区周围抢救难童，并设立起收养难童的保育院。1938年8月，日寇进攻湖北，武汉吃紧。战时儿童保育会将武汉临时保育院的儿童分批转移入川。在宋美龄的亲自领导下，工作人员冒着天空有敌机的危险，通过民生公司轮船水运和陆路跋涉，护送28批计15000名儿童到达大后方。之后，费尽千辛万苦在四川境内陆续建立起了直属11所儿童保育院。加上四川分会建立的8所保育院和成都分会建立的4所儿童保育院，四川共建23所保育院。另外，四川还建有不少的教养院、抗教院、慈幼院、育幼院，陆续收留难童。这样，全国3万多名保育生中，四川就占了2/3。

保育院院长多由中共党员和爱国妇女运动的名流担任。不少爱国女青年也无私地参加了保育院的工作，奉献宝贵的青春。她们用伟大的母爱，关心、照顾难童的学习和生活。在保育院里，保育生都叫她们"妈妈"，叫同学为"哥哥、弟弟"，"姐姐、妹妹"。保育院为失去家的难童重新建立起一个温暖的"家"，使他们得以生存和成长。著名爱国人士王昆仑的夫人、中共党员曹孟君女士担任重庆歌乐山儿童保育院院长，把歌乐山保育院办成了模范保育院，博得各界人士一致好评。国民政府领导人和重庆知名人士暨国际友人都曾前往参观，其中有蒋介石、冯玉祥、宋庆龄、宋美龄、史良等，宋美龄还为女童梳头。

抗战胜利后，曹孟君还得到国民政府颁发的"胜利勋章"。赵君陶任重庆江北直属第三保育院院长，杜彦桐任南川直七院院长，蒋鉴任合江第五保育院院长，她们都尽职尽责，被誉为"难童之母"。

保育院的经费，主要是国内各界及国际社会的捐助。保育会成立之初，理事长宋美龄、副理事长李德全、常务理事郭秀仪、黄卓群、邓颖超等即带头捐款并承担特定儿童的常年生活费。在她们慷慨义举的带动下，各界人士及至普通市民，本着"有钱出钱，有力出力"的精神，尽其所有支持赞助。宋美龄以她蒋夫人的特殊身份，在募集经费上，发挥了重要作用。在海外，美、英政府及民间援华组织、南洋爱国侨胞组织及个人、香港爱国民主人士，不断给予中国战时儿童保育事业以援助和赞助，成为保育院经费的主要支柱。

保育院对学龄儿童实施小学学制。1941年，部分儿童小学毕业，战时儿童保育会与国民政府教育部几经磋商，于永川县设立国立十五、十六两中学，供养毕业儿童继续升学。未考入中学的其他少年也负责妥善安排。保育院的教育目标是把保育生培养成抗敌战士和新中国的建设者。在教学中除进行文化和适当的生产技能教学外，特别注重培养保育生的爱国思想和民族精神，养成集体纪律和劳作习惯，树立独立意识和发扬刻苦作风。保育会为保育生编写的《抗战建国读本》初小语文第一课的内容就是："火！火！东洋鬼子放的火。"第二课是："血！血！中国人民流的血。"第三课是："东洋鬼子杀人、又放火，千千万万的难民怎样过！怎样过！"第四课的内容是："东洋鬼子住小岛，不学好，做强盗。"这与其他一般学校课本的"小狗叫"、"小猫跳"，"来、来、来、来拍球"、"来、来、来、来唱歌"的内容，形成了鲜明的对比。这种爱国主义和民族精神的教育，在《战时儿童保育院院歌》①中更得到充分体现：

因此，在保育院这个特殊环境成长起来的保育生，一般都具有强烈的民族意识和爱国思想；怀有深厚的互助互爱的同胞情谊；具有勤劳朴素的生活作风。抗战后期，年龄较大的保育生毅然奔赴抗日战场，有的还为民族解放和世界和平献出了年轻的生命。多数保育生在新中国成立后，成为各条战线的建设人才。有的还成为科学家、教授、高级工程师、艺术家，为我国的建设和人类进步事业作出了重要贡献。至今健在的保育生分布在我国大陆各省和台湾以及美国等

---

① 此歌原载于1938年8月5日出版的《妇女生活》第六卷第七期上，原件有五线谱。

第七章 四川对抗日战争的贡献

海外地区。他们虽然已到耄耋之年，但仍然把四川当做他们的故乡，深深怀念着曾经养育过他们的四川热土和四川的乡亲父老。有的人还千里迢迢，漂洋过海，来到四川参加战时儿童保育院的纪念活动，追忆童年岁月。

抢救难童入川接受教育，建立战时儿童保育院，是四川人民在极其艰难的条件下，为中华民族的复兴培养栋梁之材；是国共两党忠诚合作的有力产物，是中国妇女运动的杰出篇章；是中国现代教育的新篇章；是四川对抗战的重大贡献。

（三）赈济安置入川难民

抗日战争期间，各战区疏散和逃难来川难民甚多。他们北越秦岭，东越巫山，艰难跋涉，拖儿带女，扶老携幼，来到四川，举目无亲，无处安生，有的甚至流离失所。为了帮助这些来川难民同胞渡过难关，四川省成立了"难民赈济委员会"，并在难民入川之地的万县、秀山、广元等县设赈济分会，专门负责接待、救济、安置难民的工作。1938年8月30日，"难民赈济委员会"颁布了《四川省难民登记办法》，确定了难民救济安置的具体措施：衰老残废及无力自救妇女，送往就近收容所；哺乳婴儿，送往救济战区婴儿寄托所；贫苦儿童，送往保育教养院（所）；少壮难民，送往各县分配工作；难民持有财物，足资维持生活，无需救济者，发给难民证，帮助代雇车船，寻租房屋，使其住有所居。

同年6月，蒋介石下令炸开郑州以北花园口黄河大堤阻止日军进攻。水势所至，庐舍荡然，受灾人口1250多万。黄河泛区难民15000多人，又由秦岭源源不断进入川北，四川政府在川陕公路沿线设置黄河灾民配运站，每站都架起大铁锅，用大桶大桶的稀饭赈济灾民，然后将他们分别送往通江、南江、巴中3县安排生产。同年，万县慈善机构也在鞍子坝设粥厂，赈济沦陷区入川难民。

四川省"难民赈济委员会"为了解决难民的吃饭问题，便将有劳力的难民分别送往昭化、广元、剑阁、苍溪、阆中、梓潼、绵阳、巴中、通江、南江等10县，安置在集体垦殖农场劳动。其后，四川省政府还专门成立了难民垦务委员会，划定两大垦殖区：第一区：雷波、马边、屏山、峨边、犍为、凉山，第二区：松潘、理番、懋功、靖化、汶川。两区计划开垦24万亩，可收留难民数万人。

四川当局对老、弱、病、残的难民，则予以收容救济。到1942年，已在万县、秀山、酉阳、丰都、云阳、成都、广元、昭化、剑阁等25县市，设立难民

· 208 ·

收容所，每人每月发给生活费6元。后因物价飞涨，难民生活还是极其窘迫的。

当时，四川人民承受各种非常沉重的战争负担，粮食十分紧缺。广大农民缴纳公粮，借征之后，终年以杂粮、蔬菜充饥。四川省政府还曾规定各级公务人员和学生一日两餐，节约粮食。贫苦市民，只能凭政府发给的购粮证，每隔三天去买斤斤粮，维持生命。1940年3月在成都还发生了抗战史上有名的"抢米事件"，国民党借此制造冤案，杀害共产党人。有的囤积居奇，操纵粮价的商人，包括成都市长杨全宇，也被蒋介石下令枪决。在当时粮食极度紧缺的情况下，四川赈济难民，成为难民的避难港湾，是四川人民与入川难民同胞风雨同舟，患难与共的生动体现。曾经入川避难的外省同胞，与四川人民建立了深厚情谊，抗战胜利后，他们许多人留居四川，安家落户，参加四川的建设事业。抗战胜利后返回原籍外省同胞，至今也对四川人民怀有深厚感情，有的还专程返川，旧地重游，看望曾经帮助过他们的四川同胞，追忆患难与共的珍贵、难忘岁月。

第三节　抗战丰碑，永垂史册

伟大的抗日战争，是中华民族争取民族解放的战争，也是第二次世界大战全世界爱好民主、和平、自由的人民反对法西斯侵略的重要组成部分。在这场战争中，四川作为抗日民族复兴基地的中心，肩负着重大的历史使命。为夺取抗日战争的胜利，四川人民作出了巨大的牺牲，巨大的贡献。全中国人民经过八年的艰苦抗战，1945年8月15日，日本帝国主义无条件投降，终于赢得了这场民族解放战争的最后胜利！

全国人民没有忘记四川人民在抗日战争中作出的巨大牺牲和贡献！全世界人民没有忘记四川人民在第二次世界反法西斯战争中作出的巨大牺牲和贡献！四川人民更没有忘记在抗日战争中献出宝贵生命的先烈的丰功伟绩！

1940年9月6日，国民政府发布命令，定重庆为陪都的文告，就充分肯定了四川人民在抗日战争中的丰功伟绩："重庆绾毂西南，控扼江汉，尤为国家重镇。政府于抗战之始，首定大计，移驻办公。风雨绸缪，瞬经三载。川省人民，同仇敌忾，竭诚纾难，矢志不移。树抗战之基局，赞建国之大业。令行都形势，

第七章 四川对抗日战争的贡献

益臻巩固。战时蔚成军事政治经济之枢纽，此后更成为西南建设之中心。恢宏建置，民意佥同。"所以"特别定重庆为陪都"。①

1946年4月27日，蒋介石在《还都前告四川父老同胞词》中说："我们四川同胞的输财、输粮、征工、征兵的数量和成绩，都在各省之上，这在将来民族复兴史上，必将永垂不朽。"② 蒋介石在"庆祝国府胜利还都大会"致词中对四川和重庆人民在抗战中的贡献亦作了高度的评价。并且特别指出"重庆市民在敌机大轰炸下遭受不测损失，仍于抗战，输财输物之多，尤为全国各地之冠，这种伟大贡献在将来抗战史上，必将大书特书"。③

1945年10月8日，中共重庆《新华日报》还特别发表了《感谢四川人民》的社论：

> 在八年抗战之中，这个历史上最大规模的民族战争之大后方的主要基地，就是四川。自武汉失守以后，四川成了正面战场的政治军事财政经济的中心。随着正面战场内移的军民同胞，大半居于斯，食于斯，吃苦于斯，发财亦于斯。现在抗战结束了，我们想到四川人民，真不能不由衷地表示感激。
>
> 四川人民对于正面战场，是尽了最大最重要的责任的。直到抗战终止，四川的征兵额达到三百零二万五千多人；四川为完成特种工程，服工役的人民总数在三百万人以上；粮食是抗战中主要的物质条件之一，而四川供给的粮食，征粮购粮借粮总额在八千万石以上，历年来四川贡献于抗战的粮食占全国征粮总额的三分之一，而后借征亦自四川始。此外各种捐税捐献，其中最大的一部分也是由四川人民所负担。仅从这些简略统计，就可以知道四川人民对于正面战场送出了多少血肉，多少血汗，多少血泪！

中国抗日战争是第二次世界大战反法西斯战争的重要组成部分，特别是重庆是远东战场司令部的所在地。四川这个抗日战争的复兴基地，是中国正面战

---

① 重庆《新华日报》9月7日。
② 原件存重庆市档案馆，转引自杨玉林：《兵力与粮食：四川省第三督察区人民在抗战中的主要贡献》，载李仕根：《四川抗战档案研究》，西南交通大学出版社2005年8月版，第119~120页。
③ 张弓等主编《国民政府重庆陪都史》，西南师范大学出版社1993年3月版，第634页。

场的主要支柱。中国正面战场的抗日军队,把日本侵略者紧紧地拖住在中国战场上,难于向其他地区发动侵略战争。英国首相丘吉尔就曾指出:"日本的资源是一种消耗性的因素,由于在中国进行的消耗巨大的战争,这个国家已经处于过度的紧张之中。""我们必须指出,中国一崩溃,至少会使日军15个师团,也许会有20个师团腾出手来,其后大举进攻印度,就确实可能了。"① 共产国际也曾指出:"假使日本法西斯军阀突然地征服了中华民族,那么,它将在亚洲,在大洋洲,在欧洲,在世界其他各地,大大加重与发展法西斯主义的侵略。"② 美国总统罗斯福也说:"假如没有中国,假如中国垮了,你想想将有多少师团的日本兵团因此调到其他地方来作战,他们马上可以打下澳洲,打下印度——他们可以毫不费劲地把这些地方打下来,举行一个大规模的夹攻,在近东会师,把俄国完全孤立起来,吞掉埃及,切断通过地中海的交通线。"③ 可以想象,没有中国的抗日战争,亚欧、非洲大陆,将全部面临德、意、日法西斯蹂躏的厄运。

因此,在第二次世界大战中,世界反法西斯的国家和人民都盛赞四川人民英勇的抗日战争。1942年6月15日,英国驻华大使薛穆爵士对英国民众发表广播演说,称"自日本开始入侵中国,迄今已有五载……中国仍屹立不移,足以象征中国不屈不挠的意志与决心之重庆,乃成为全世界各地家喻户晓之一名词。为各自由民族而言,重庆乃联合国家所有振奋之精神;为独裁者而言,重庆乃若干民众甘冒危险忍受痛苦不接受侵略者之束缚之象征"。④ 1941年8月英国《泰晤士报》针对日机轰炸重庆,发表了《中国英勇抗战,已蔚为强国,将负恢复远东繁荣重任》的评论,指出"目前全世界任何地域,对于最后胜利信念之坚,恐无出中国之右者"。⑤

美国总统罗斯福亦曾致书重庆市民,高度赞扬重庆市民反日机空袭的坚毅精神:"余兹代表美利坚合众国人民,敬致此卷轴于重庆市民,以表吾人对贵市勇毅的男女老幼人民之赞颂。远在世界一般人士了解空袭恐怖之前,贵市人民迭次在猛烈空中轰炸之中,坚毅镇定,屹立不挠。此种光荣之态度,足证坚强

---

① 丘吉尔:《第二次世界大战回忆录》第4卷第1分册,南方出版社2005年7月版,第260页。
② 《群众周刊》第2卷第10期。
③ 小罗斯福:《罗斯福见闻录》,上海新群出版社1947年版,第49页。
④ 周开庆:《四川与对日抗战》,(台北)商务印书馆1971年版,第80页。
⑤ 《中央日报》1941年8月21日。

拥护自由的人民之精神，绝非暴力主义所能损害于毫末。君等拥护自由之忠诚，将使后代人民衷心感谢而永垂不朽也。"①

同样，四川人民更没有忘记抗日战争的历史！更没有忘记为抗战而牺牲的先烈！

在重庆，1941年12月30日，国民政府在市中心都邮街"大什字"广场建成了一座四方形炮楼式的木结构纪念碑，碑高7丈7尺，象征"七七"抗战，碑上刻有国民政府1939年3月29日颁发的《国民精神总动员令》中"国家至上，民族至上，胜利第一，军事第一，意志集中，力量集中"六句口号。碑名"精神堡垒"，意指坚决抗战的精神。1945年"8.15"这天，重庆人民人山人海在此欢庆胜利。1946年，重庆市政府在原

图7-12　国民政府在重庆大什字广场修建的"精神堡垒"

"精神堡垒"地基上建"抗战胜利纪功碑"，1947年8月竣工，10月10日上午举行隆重揭幕典礼。纪功碑耗资2.17亿元，钢筋水泥结构。碑高27.5米，共分8层，十分坚固，内空有旋臂式141级，碑上镌刻着八年抗战史略，正面镌有"抗战胜利纪功碑"七个鎏金大字。碑座有石碑八面，铭刻有国民政府明定重庆为陪都的全文及重庆行营主任张群撰写的《抗战胜利纪功碑文》：

"二十六年七月七日卢沟桥事起，国民政府西迁入蜀，重庆建为陪都，巍然系中华民族之枢机……在此八年之中，国际舆论目重庆为战斗中国之象征，其辉光实与历史永久！……"

在成都，人民为了缅怀抗战牺牲的将士，在闹市区盐市口建有扬马出征的第七战区司令长官刘湘铜像；少城公园（今人民公园）有1940年4月22日落成的王铭章策马飞奔铜像；南门刘湘墓园建有刘湘立式铜像，中山公园（今文

---

① 转引自唐守荣主编《抗战时期重庆的防空》，重庆出版社1995年8月版，第181~182页。

化宫）有 1940 年 4 月 24 日落成的饶国华率军前进铜像；北门有 1947 年 9 月 18 日落成的李家钰坚守阵地，阻敌深入的铜像……

成都最有名的纪念铜像，是"无名英雄铜像"。当年 300 多万川军，穿一双草鞋，扛一支"老套筒"，带着川军父老的嘱托，一步一步走上生死未卜的前线。抗战硝烟弥漫的 1944 年 7 月 7 日，成都东门城门巍然矗立起这座"川军将士阵亡纪念碑"，市民常称为"无名英雄铜像"。铜像造型是一个国民革命军人，着短裤、绑腿、草鞋，手握步枪，身背大刀、斗笠、背包，俯身跨步仰视前方，冒着敌人炮火欲出征冲锋状。此铜像由刘开渠设计，

图 7-13 抗日阵亡将士纪念碑

极其真实、形象地表现出四川军人以劣势装备反对侵略，保卫祖国的大无畏精神。1945 年"8.15"这天，"无名英雄铜像"周围，人山人海在庆祝胜利！[①]

岁月悠悠，抗日战争已成为历史。重庆和成都许多纪念抗战的碑、像，早已不见了。其中成都的"无名英雄铜像"在"文革"中，以"国民党兵痞"罪名被砸碎了。"文革"动乱结束后，省、市政府作了许多努力，又在二环路万年场重塑"无名英雄"铜像，2007 年又将铜像移驻闹市区人民公园供人瞻仰。四川人民没有忘记抗战的历史！永远也不会忘记抗战的历史！民间人士樊建川先生在大邑安仁镇建的建川博物馆内还专门建有川军出川抗战博物馆，供人缅怀抗战先烈。每年的"8.15"日本投降日和"9.3"抗战胜利纪念日，四川的许多城市都警笛齐鸣，醒示世人，勿忘国耻，加强国家建设，免蹈历史覆辙。

---

① 郑光路：《川人大抗战》，四川人民出版社 2005 年 1 月版，第 445~446 页。

第八章　内战爆发和国民政府在四川统治的终结

中国国民党全国政权，从1927年建立到1949年败退出大陆，仅仅经过了22年的时间。1945年抗日战争胜利是这个政权辉煌的顶峰，但这个辉煌十分短暂，"顶峰"昙花一现。随着蒋介石集团发动内战，天怒人怨，形势迅即急转直下，走向败亡。国共内战全面开战仅3年多时间，国民党政权便在大陆彻底崩溃。

国民党全国政权从"顶峰"走向败亡，是一出历史的大戏。1945年的重庆谈判是这出戏的开幕，1949年蒋介石再次"迁都"四川，以四川作为反攻基地的梦想破灭，则是这出戏的闭幕。历史造化，四川成为这出大戏开幕和闭幕的舞台。

第一节　抗战胜利后的中国时局

一、全国人民欢呼胜利，盼望和平民主建国

1945年8月15日，日本宣布无条件投降，经历了八年艰辛抗战的中国人民，顿时沉浸在胜利的喜悦之中。在四川的重庆、成都和各个城市、乡村，到处是鞭炮齐鸣，自发组织游行，庆祝抗战的胜利。从沦陷区移居四川的同胞，庆贺广大沦陷区的光复，希望结束离乡背井的动荡岁月，返回家乡过上安居乐

图 8-1 重庆市民欢庆抗战胜利

业的生活；四川人民希望庆贺从此能免除战争的沉重负担，过上休养生息的生活。

当时，在国内各社会阶层的政治力量也在呼吁和平。1945 年 8 月 15 日，日本宣布投降的当天，中国民主同盟发表《在抗战胜利声中的紧急呼吁》，提出了"民主统一，和平建国"的政治口号。《大公报》也发表了《莫尽失人心》的社论，高呼"人心厌乱，人心望治"，要求政府"打破党、派、系、谊种种关系与界限"，"提携起人心，掌握住机遇。""引导全国人民看到并走向一个新的远景。"[①] 但是，由于蒋介石领导的国民党始终坚持一党专政的独裁制度，为全国人民和平民主建国蒙上一层厚厚的乌云。

二、国共两党的矛盾成为国内主要矛盾

抗日战争胜利结束，国、共两党为核心的抗日民族统一战线的使命完成；不平等条约的基本废除，台湾等国土的收复，中华民族同帝国主义之间矛盾降到次要地位。国、共两党在建党宗旨、信仰上存在严重分歧，在抗战胜利后是

---

① 《大公报一百周年报庆丛书》编委会编：《大公报一百年社评选》，复旦大学出版社 2002 年 5 月 1 日版，第 108 页。

第八章 内战爆发和国民政府在四川统治的终结

维持旧政权还是建立全国新政权的分歧成为国内的主要矛盾。

中国几千年的封建王朝统治，每一个新王朝都是靠军事实力推翻旧王朝而建立的。进入近代，政权建立也是靠军事实力。辛亥革命推翻封建王朝制度之后，北洋军阀的"民国政府"是靠军事实力建立的，蒋介石领导的国民政府是靠北伐战争，推翻北洋军阀政权建立的；共产党领导的苏维埃政权，是靠武装起义，即毛泽东所说"枪杆子里面出政权"建立的。在中国，不存在民众和平运动建立政权的历史传统和条件，只存在"秀才造反三年不成"，"成者为王、败者为寇"的铁定现实。

早在抗日战争进入相持阶段后，蒋介石就执行反共、限共政策，不断制造反共军事战争，妄图取缔和削弱共产党领导的军队。在抗战胜利前夕，国共谈判组建联合政府，蒋介石拒绝了共产党的合理主张，坚持要共产党交出军队和政权，换取在国民政府中担任官职，实现其一党专政，导致谈判破裂。到抗战胜利时，国民党以"国军"名义独自垄断对日受降，命令共产党领导的军队原地待命，不得擅自行动。并从远在西南的大后方，迅速调遣军队到沦陷区受降，准备对共产党的军队发动进攻，这引起了共产党的极大不满。此时，共产党领导的军队在敌后战场英勇抗战，在华北、华东、中原等根据地建立民主政权，军队已发展到120万人。虽比国民党军队少一倍多，但逐鹿问鼎之势已经形成，为迎击国民党的军事进攻和建立新中国，共产党军队根本不听蒋介石的摆布，在受降问题上针锋相对，迅速抢占中小城市和交通要道，内战一触即发。

战争是解决政治问题最重要的手段。但战争的胜负，不仅取决于军事实力，还取决于政治、经济、人心向背等诸种因素。抗日战争结束时，国民党军队还集中在西南甚至缅甸、泰国等地，不具备向中共发动大规模军事进攻的条件；人民要求和平、民主建国的呼声，也使国民党不敢贸然发动内战，破坏和平；美、苏达成牺牲中国东北主权交易后，都希望国共两党能达成妥协，不要重开战争。蒋介石也不敢仓促发动内战，使自己在国际上陷入被动孤立的处境。在这些因素的共同作用下，为了做好内战的准备，为了取得发动内战的政治上的主动权，蒋介石在发动内战前导演了一场重庆谈判的大戏。

第二节 重庆谈判及其破裂

一、重庆谈判和停战协定的签订

抗日战争的胜利使国民党的政权达到了顶峰。蒋介石披上了民族复兴英雄和世界四大国的领袖的桂冠，在全国人民心中的威望空前高涨。他凭着这些光环，以重庆为舞台，玩起了假和谈真内战的把戏，企图取消中共政权和军队，以维持其一党专制独裁的统治。

抗战刚一结束，蒋介石就在1945年的8月14日、20日、23日三次电邀毛泽东赴重庆共商和平大计。他原以为毛泽东不会到重庆赴"鸿门宴"，就取得了发动内战的主动权。哪知中共中央在权衡各种利弊之后，于24日复电蒋介石：毛泽东将赴重庆与蒋会见。

在作出前往重庆进行谈判的决策后，中共中央对谈判的原则、策略、对策做了精密的部署。25日，中共中央向全国发表《中共中央对目前时局宣言》，要求国民政府立即承认解放区政府和抗日军队、公平合理地整编军队、承认各党派的合法地位、成立举国一致的民主的联合政府等6条措施。在谈判策略上中共决定，一方面同国民党进行谈判，一方面要求各地部队"今后一时期内仍应继续攻势"，对一些重要交通要道，"凡能控制者均控制之，哪怕暂时也好"，"同时以必要力量，尽量广占乡村府城县城小市镇"。① 要求各地党委不要因为谈判而放弃对蒋介石的警惕。

与中共的精密部署相反，蒋介石及其他国民党高层对谈判毫无准备。起初，国民政府内很多人都以为，毛泽东不可能来重庆，直到8月28日，毛泽东到达重庆当天，蒋介石才匆匆与各院院长开会，商量谈判方针。蒋在当天的日记中对即将开始的国共谈判写道："政治与军事应整个解决，但对政治之要求予以极度之宽容，而对军事则严格之统一不稍迁就。"②

---

① 毛泽东：《毛泽东军事文集》第3卷，军事科学出版社、中央文献出版社1993年12月版，第49~51页。

② [日]古屋奎二著：《蒋总统秘录》第5册，（台北）中央日报社1977年版，第292页。

第八章 内战爆发和国民政府在四川统治的终结

在谈判进行中，蒋介石于9月20日向各战区司令长官发出电报："目前与奸党谈判，乃系窥测其要求与目的，以拖延时间，缓和国际视线。俾国军抓紧时机，迅速收复沦陷区中心城市。待国军控制所有战略据点、交通线，将寇军完全受降后，再以有利之优越军事形势与奸党做具体谈判。彼如不能在军令政令统一原则下屈服，即以土匪清剿之。"①

正因为国民政府方面未做准备，实质性的谈判自9月8日后才真正开始。双方围绕和平建国基本方针、政治民主化、党派合法化、军队国家化等12个问题进行了紧张激烈的谈判。经过谈判，在12个问题中，大多达成协议，但在解放区政权和共产党军队两个核心问题上，最终也未能得到解决。

图8-2 1945年8月重庆谈判期间，毛泽东和蒋介石合影

10月10日，双方签订《政府与中共代表会谈纪要》（即"双十协定"）。协定共12条，双方认为政治民主化、军队国家化、党派平等合法，为达到和平建国必由之途径。双方在召开政治协商会议、保证人民自由、承认党派合法等问题上达成一致。对解放区政权和共产党军队两个问题则留待继续商谈。

图8-3 《双十协定》签字处——桂园客厅

1945年12月27日至

---

① 军事科学院军事历史研究部编著：《中国人民解放军战史》，军事科学出版社1987年7月版，第3页。

1946年1月5日,国民党与中共开始就停战问题进行谈判。周恩来、王若飞、叶剑英代表中共与国民党代表张群、王世杰、邵力子先后举行了4次会议,就停止国内军事冲突办法达成初步协议。1946年1月7日起,美方开始介入,谈判进入第二阶段,即国、共、美三方会谈时期。国民党代表张群、共产党代表周恩来、美国代表马歇尔组成"三人军事小组",从7日至10日,先后举行6次会议,达成停战协定的4项文件。停战协定规定:国共双方所领导的武装,均需于1月13日晚12时起停止一切战斗行动;除另有规定外,中国境内的军事调动一律停止;恢复交通,停止阻碍交通的行动;由国共两党及美国政府代表三方组成军事调处执行部,负责调处停战令的实行。当日,毛泽东签署《停止内战冲突的通告》,蒋介石发布关于停止国内冲突的电令。停战协定的签订和实施,使内战在全国范围内(除东北地区外)停止了一个时期。

从国共两党签订的《双十协定》和停战谈判协定内容可以看出,重庆谈判是以中共的完全胜利,蒋介石的彻底失败而结束的。(1)蒋介石被迫承认了中共和平、民主建国的主张。这一主张正是全国人民和各民主党派的共同愿望,使中共赢得民心,赢得政治上的主动。(2)在重庆谈判期间,毛泽东、周恩来等中共领导人会见了在重庆的国民党上层人士和美、苏、英、法等外国使节,希望他们为实现中国战后的和平民主作出贡献;与各民主党派负责人和各界人士就政治民主、国内团结、和平建国、发展民族经济等问题广泛交换了意见,得到他们普遍支持。(3)蒋介石未能达到取消解放区政权和共产党军队的两个核心问题的要求,只是留待以后继续协商,这实际上迫使蒋介石承认了解放区政权和共产党军队的合法性。这一切表明以重庆谈判为起点,中共在抗日民族统一战线使命完成之后,建立起了反对国民党一党专政,建设和平民主新中国的统一战线。从此中国的政治天平开始向中共倾斜。重庆谈判这场大戏,成了国民政府及蒋介石从顶峰走向败亡的分水岭。

二、政治协商会议召开

"双十协定"签订后,国共军事冲突并未因一纸协定而有所缓和,双方在受降问题上仍争夺激烈。由于共产党军队多位于敌后,处于有利位置,因此很快占领了大量敌占区和中小城市,使解放区面积扩大到近百万平方公里。几个月的战争,国民政府军队屡屡失败,在战略上处于不利地位。

第八章 内战爆发和国民政府在四川统治的终结

在这同时，国际上要求中国和平统一的呼声日益强烈。1945年12月15日，杜鲁门总统发表声明，希望"中国人民不应放过任何机会，迅速用和平协商的方法结束内部的不和"，国共双方停止敌对行动，召开党派会议。杜鲁门的声明还指出："一个强盛、团结和民主的中国，对于联合国组织的成功和世界和平，是极端重要的。"① 22日，马歇尔作为总统特使到中国调停国共冲突。27日，美、苏、英三国外长发表公报，一致认为"在国民政府之下，有统一与民主之中国，国民政府各级政府机构中民主党派之广泛参与以及内部冲突之停止，均属必要。"② 由于现实的困难和国际社会的要求，国民政府于12月31日宣布定于1946年1月10日在重庆召开政治协商会议。

1月10日，政治协商会议如期在重庆开幕。蒋介石在开幕式上宣布四项诺言：人民享有各项自由，现行法令将依此原则修订；各政党在法律面前一律平等，并可在法律范围内公开活动；各地实行由下而上的普选；政治犯除汉奸及确有危害民国之行为者外，分别予以释放。

图8-4 1946年1月10日至31日，政治协商会议在重庆召开。图为参加会议的中共代表团合影

政治协商会议讨论了建国纲领、改组政府、国民大会、宪法草案等问题。国共双方在会上展开了激烈争论，分歧的焦点在于：国民党强调军队国家化，强烈要求中共交出军队；而中共则强调要军队国家化必须先实行政治民主化，改组政府，保障人民的合法权利不受侵犯。

经过会谈协商，政治协商会议通过了改组国民政府、施政纲领、军队问题、宪法草案、国民大会五项协议：

---

① 世界知识出版社编：《中美关系资料汇编》第1辑，世界知识出版社1960年9月版，第193页。

② 世界知识出版社编：《苏美英三国外长会议关于中国问题公报》，《国际条约集》（1945～1947年），世界知识出版社1959年版，第125～126页。

——改组国民政府问题:国民政府委员会为最高国务机关,对方针、大计有决策权,对高级官员有任免权;国民政府委员会委员40人,国民党和非国民党人士各占半数;提案性质涉及施政纲领之变更者,须有2/3的国府委员通过;国民政府主席对某一决议的否决,须有3/5以上的国府委员赞同。

——军队问题:确定军队属于国家,军党分立,军民分治的原则。

——施政纲领问题:通过了《和平建国纲领》。规定全国团结一致,建设统一、自由、民主的新中国;实行政治民主化,军队国家化,党派平等合法,用政治方法解决政治纠纷,以保持国家之和平发展;确保人民享有身体、思想、宗教、信仰、言论、出版、集会、结社、居住、迁徙、通信自由。

——宪法草案问题:确定了国会制、内阁制、省自治的根本原则。

——国民大会问题:由上届大会已选出的代表1200名,再另增加台湾、东北等地区的代表150名,党派及社会贤达代表700名,总计2050名,宪法的通过,须经3/4以上代表同意。

周恩来在政协会议闭幕式上讲话说:"中国共产党愿意拥护这些协议,并保证这些协议的全部实行,不分地区,不分党派地努力奋斗。"

三、四川人民争取民主和平的斗争

在国共谈判和内战爆发前的一段时间,四川人民和全国人民一起,积极地投入反对独裁,争取民主和平的斗争中。面对日益高涨的民众反独裁、反内战运动,国民党当局认为这些运动是由中共煽动的,是对国民党专制政权的威胁,因此,他们对这些运动采取残酷的镇压和破坏。

从1945年10月起,各民主党派,以及重庆、成都、自贡、乐山、宜宾等大中城市的工人、市民和学生,纷纷集会,发表宣言和通电,反对国民党独裁,呼吁和平,反对内战。11月19日,重庆文化、工商等各界代表500余人举行反内战集会,组成"重庆各界人民反内战联合会",发表宣言,呼吁全国人民动员起来,用一切办法制止内战,早日成立联合政府。

11月下旬,成都的四川大学、燕京大学、金陵大学、华西大学、齐鲁大学等的21个学生团体发表《反内战宣言》:"让我们团结起来,粉碎一切盗窃民意和挑拨内战的借口,让我们建立真正自己的舆论和力量,来制止内战。"12月2日,重庆大学、四川省教育学院等5所院校的学生签名反对内战,并提出立即停止内战等三项主张。

1945年11月昆明的西南联合大学举行反内战集会和罢课，12月1日，有军官和特务30余人闯进校园，制造爆炸案，炸死4人。消息传来，群情激愤。12月7日，成都学生集会，声援昆明学生的反内战运动，并成立"一二一惨案"四川后援会，开展各项活动。重庆、成都和其他一些城市的大中学生，还先后集会，声讨特务暴行。

随后，在重庆发生了有名的"沧白堂"事件和"较场口"事件。

1946年1月11日，重庆的民主团体和各界人士为了促进政治协商会议成功，在中共的推动下，成立了政治协商会议陪都各界协进会（简称"协进会"），要求政协代表每天都向各界民众报告政协会议的进展情况，听取人民群众的批评和建议，会议先后在合作会堂和沧白堂举行。1月16～19日，国民党派遣特务破坏、捣乱"协进会"在沧白堂举行的报告会，并对政协代表包围、辱骂、尾随盯梢。李公朴、郭沫若等都挨了打，"协进会"的工作人员、新闻记者李学民竟被殴伤十多处。这就是沧白堂事件。

1946年2月10日，政治协商会议在重庆召开。当天，"政治协商会议协进会"在重庆较场口举行"陪都各界庆祝政治协商会议成功大会"，并邀请李德全为主席，李公朴为总指挥，推选李公朴、郭沫若、施复亮、章乃器等20余人组成大会主席团。为破坏这次大会，国民党重庆市党部主任方治策动重庆市教育会、重庆市农会、重庆市商会、重庆市律师公会等8个团体参加，并企图夺取大会的领导权，以影响大会进程。经过交涉，大会筹备处同意该8个团体的代表参加。10日晨，当参加大会的群众团体陆续进入会场时，方治策动参加会议的周德侯、吴人初、刘野樵等人与大会主席团发生矛盾。刘野樵强行抢过话筒，宣布大会开始。大会总指挥李公朴上前交涉，双方发生争执，混进会场的特务便乘机大打出手，打伤大会主持人和演讲人李公朴、郭沫若、施复亮、马寅初、章乃器等数十人，制造了震惊中外的较场口血案。

"较场口"事件发生当天晚上，政协各方代表即举行紧急会议，声讨特务暴行。周恩来、沈钧儒、章伯钧、罗隆基等联名写信给蒋介石表示抗议。次日，《新华日报》、《民主报》、《商务日报》均对"较场口"事件进行了报道。《商务日报》因此被迫停刊两天。重庆各社会团体和部分产业工人也纷纷集会，抗议"较场口"事件特务暴行，要求政府惩治凶手和幕后策划者，并且组织了"陪都

图 8-5　1946 年 2 月 10 日，陪都各界人士在重庆较场口庆祝政协闭幕，遭到国民党特务破坏，史称"较场口事件"

工人二·一〇血案后援会"，呼吁全国工人声援重庆工人和社会各界的反独裁、反内战斗争。

四、国民党撕毁政协协议，内战爆发

若按照政协各项协议实施，中国有望走上和平建国的道路，然而事实很快将人们的希望粉碎。协议甫一签署，国民党内势力强大的顽固派即激烈反对。军界要员陈诚致电蒋介石："须先军队国家化，然后始能政治民主化，否则，中共政权公开了，而共党军队仍不交出，将为国家无穷之害。"① 国民党元老陈果夫也致函蒋介石，认为"中国如行多党政治，照现在党、政、军均未健全之际，颇有蹈覆辙之可能"。② 1 月 25 日，国民党党营报纸《中央日报》刊发了全国

---

① 唐纵著：《在蒋介石身边八年——侍从室高级幕僚唐纵日记》，群众出版社 1991 年 8 月版，第 580 页。

② 唐纵著：《在蒋介石身边八年——侍从室高级幕僚唐纵日记》，群众出版社 1991 年 8 月版，第 582 页。

第八章 内战爆发和国民政府在四川统治的终结

165个"人民团体"致蒋介石和政协会议的《人民团体百六十五单位陈述解决国是意见》，呼吁"军队必须国家化"，"国民大会不能改选"，"政府不能改组"。

政协会议结束一个月后，1946年3月1日，国民党六届二中全会召开，大会的主题是实施宪政和改进党务。会议对政协会议协议进行了激烈争论，会场上对孙科所作关于政协会议的报告一片责难。其主要意见有：希望中共"放弃割据之政权，实现政令之统一"；"军队国家化及整军方案，统一军令，必须即日实施，尤其希望中共放弃武力夺取政府政权之野心"；"鉴于三权分立之缺点及多党内阁之流弊，今后我国应采用五院制、总统制……"①

国民党六届二中全会于3月17日闭幕。为使六届二中全会撕毁政协协议的做法合法化，国民党于3月20日召开第四届国民参政会。4月1日，蒋介石在国民参政会上发表演讲称：政治协商会议在本质上不是制宪会议。政治协商会议关于政府组织的协议案在本质上更不能代替约法，训政时期约法是根本有效的。蒋介石实际上推翻了政协会议形成的协议。

由于停战协定并未包括东北，自抗战胜利后，国共军队在东北一直冲突不断。1946年3月，苏军从东北各地相继撤离，国民党二中全会又推翻了政协会议所确定的有关原则，大举进军东北，与共产党军队发生大规模军事冲突，和平走向破裂。

面对军事冲突升级，国民党及蒋介石罔顾国内外的和平呼声，自信能以武力实现"统一"。6月中旬，蒋介石在黄埔军校和国民政府连续发表演讲，声称：共产党过去在日本掩护下得以发展割据一方，今日人已投降，共产党再无幸存之理。有人以为中共问题军事不足以解决，此乃大谬不然，过去军事不能解决的原因，由于日本掩护中共捣乱，今日人已投降，军事解决为极易之事。②

6月22日，国民党军22万人向共产党据守的中原解放区发动大举进攻，内战全面爆发。

---

① 《二中全会第八次会议检讨政协会议报告》，《中央日报》1946年3月8日第2版。
② 唐纵著：《在蒋介石身边八年——侍从室高级幕僚唐纵日记》，群众出版社1991年8月版，第623页。

五、国民党政权危机加深

（一）政治危机加深

1946年6月，蒋介石全面发动内战之后，于7月3日决定11月12日召开国民大会，制定宪法。此一单方面决定，遭到中共和民盟等各党派、各界人士的坚决反对。在重庆的21个党派团体联合发表声明指出："在漫天战火，人民涂炭之际，而由一党政府片面召开国大，实等于玩弄国大以作独裁政治之装饰，其所定宪法，亦不过意图增加独裁政治之合法基础而已。"① 但蒋介石一意孤行，于11月15日在各党派拒绝参加的情况下，召开了国民大会。12月25日制定通过了《中华民国宪法》。此《宪法》一出台就遭到中共、民盟和其他民主党派的反对。周恩来在声明中指斥该宪法为"伪宪"。民盟和民主建国会、中国民主促进会、九三学社等党派团体也先后发表声明，对一党宪法表示坚决反对，国民党在政治上陷入孤立的地位。

《宪法》出台后，在共产党以武力推翻国民党统治的同时，在国统区形成了以学生为主，各界群众参与的反内战、反独裁的民主运动，成为推翻国民党统治的第二战场，使国民政府人心尽失、空前孤立，政权基础变得更加脆弱。

（二）经济财政金融的全面崩溃

八年抗战，大后方承受沉重的战争负担，沦陷区受到日本侵略者的残酷掠夺，全国社会经济极度萧条。蒋介石集团倒行逆施，发动内战、加紧经济掠夺，造成国统区经济、财政、金融全面崩溃，人民不堪其苦。

抗战胜利后，国民政府官员大发接收财，把接收的敌伪资产据为私有。政府各部门为了抢占接收钱物，拔刀相见，互相开枪射击，激起了群众的愤怒谴责。收复区的群众说："盼中央，中央来了更遭殃！"群众称接收官员是"五子登科——即抢占房子、车子、金子、料子、婊子"，称接收为"劫收"。当时，国民党负责经济接收的官员邵毓麟在向蒋介石的报告中说："像这样下去，我们虽已收复国土，但我们将丧尽人心！""政府却因此而基础动摇，在一片胜利声中，早已埋下了一颗失败的定时炸弹。"② 蒋介石后来在总结失败的经验教训时

---

① 《新华日报》1946年11月10日。
② 邵毓麟著：《胜利前后》，台湾传记文学出版社1967年版，第76、87页。

第八章 内战爆发和国民政府在四川统治的终结

也说:"由于在接收时许多高级军官大发接收财,奢侈荒淫,沉溺于酒色之中,弄得将骄兵逸,纪律败坏,军无斗志。可以说,我们的失败,就是失败于接收。"①

更严重的是蒋介石集团发动全面内战,军需开支急剧增加。财政赤字逐年扩大,为了解决巨额的财政赤字,除加紧对人民搜刮外,主要靠印刷钞票来解决,这样又引起货币贬值和通货膨胀,到1948年8月前法币贬值如同废纸,社会拒绝使用,多以实物和银圆做交易。国民党政府为了挽救其财政危机,1948年8月19日颁布发行20亿金圆券,以金为本位。规定以法币300万兑换金圆券1元,并限令民间的金、银、外币限期到中央银行换成金圆券,逾期不兑换者一律没收。正如李宗仁所说:"自民国37年8月'金圆券'发行之后,民间所藏之银圆、黄金、美钞为政府一网打尽。"② 其后,金圆券发行量猛增,面值越来越大,从100元、500元、1000元到1万元、10万元、50万元、100万元,实际价值越来越小。民间流传顺口溜说:"粒米100元,寸布50万,呜呼蒋介石,哪得不完蛋!"③

(三) 军事上的全面崩溃

从1946年6月,蒋介石发动内战,向共产党军队发动进攻,曾经占领了原中共控制的一些城市,打通了一些重要的铁路干线,但却付出了66个旅的正规军。经过一年作战,到1947年8月起,国民政府已由战略进攻转为战略防御。1948年1月开始,又由全面防御改为分区防御。到1948年秋,国民政府军能用于一线作战的机动兵力已不如解放军,且被分别牵制在东北、华北、中原、华东、西北五个战场。从1948年9月至1949年1月,解放军同国民政府军进行了辽沈、淮海、平津战略决战。三大战役共争取起义、投诚、接受和平改编与歼灭国民政府正规军144个师,非正规军29个师,合计154万余人。国民政府赖以维持其统治的主要军事力量基本上已被消灭殆尽。

---

① 宋希濂著:《回忆一九四八年蒋介石在南京召开的最后一次重要军事会议实况》,载《文史资料选辑》第13辑,中国文史出版社2001年1月版。
② 李宗仁:《李宗仁回忆录》(下册),广西人民出版社1980年6月版,第955页。
③ 上海金融史话编写组编:《上海金融史话》,上海人民出版社1978年6月版,第176页。

第三节　国民党政权在四川统治的终结

一、国民政府还都南京后，对四川的统治措施

1946年4月30日，国民政府发表"五五还都令"，于5月5日凯旋南京。国民政府还都南京后，重庆仍是中华民国的陪都，是隶属于行政院的直辖市，并在重庆设立"军事委员会委员长行营"，任命四川省主席张群兼代行营主任。仍然把四川和重庆作为西南的政治中心，控制川、康、滇、黔地区。内战爆发后，随着战争的逆转，行营的名称几经改变。1946年7月改称"国民政府行营"；1948年6月改称"重庆绥靖公署"；1949年5月又改称"西南长官公署"，其目的都在于加强对四川和重庆的控制，作为统治整个西南地区的基地。

蒋介石还都南京后，为加强对四川的控制，采取一系列措施，分化、瓦解、削弱四川地方实力派的势力。抗战胜利后，出川抗战的川军被蒋介石裁撤、遣散、吞并不少，所剩无几。川军将领也发生了很大分化。王陵基、王缵绪、孙震、杨森等已完全投靠蒋介石，为其反共内战卖力。留驻川、康两省的川军部队，尚余刘文辉、邓锡侯的两个军和潘文华的一个师。国民政府还都南京时，川康绥靖公署主任是潘文华，西康省主席是刘文辉，川黔湘鄂边区绥靖公署主任是邓锡侯。1947年4月，张群升任行政院长后，四川省主席由邓锡侯继任。1946年7月，蒋介石下令改编刘文辉驻防西康和川西的二十四军为二十四师，后又要该师开赴前线参加内战。刘文辉阳奉阴违，表面上将军改为师，以副军长刘元瑄为师长，实际上原封未动；又以西康边防重要，兵力不足为由，拒绝派兵参加内战。1947年，蒋介石欲调邓锡侯所率驻成都和川陕公路沿线的九十五军下辖两师出川，归胡宗南指挥。邓锡侯以各种借口抵制，仍被调新九师，后经邓与胡协商，也只调回一部分。同年，蒋介石又下令取消潘文华所率第五十六师番号，其下属3个旅被肢解、吞并，潘文华成了光杆"绥靖主任"，后来绥署也被撤销。潘文华把原绥署的两个直属团和搜集来的余部合编为第二三五师，由其子潘清洲任师长，才又掌握了一点兵力。1948年4月，国民政府又解除邓锡侯四川省主席职务，任命坚决反共的王陵基为四川省主席。四川地方实力派对蒋介石排斥异己，缩编、肢解和侵夺十分不满。在同蒋介石明争暗斗中

逐步联合起来，并利用抗战时期与中共建立的统战关系，寻求共产党的支持，先后走上"联共反蒋"的道路。

1947年2月28日，国民党军警包围搜查了中共中央代表团移驻南京后公开宣布的中共四川省委和《新华日报》。中共在渝人员249人被软禁。3月7～9日，中共人员分批撤离重庆到延安。四川省委工作结束，使四川地下党失去了与上级的联系。

1946年后，国民政府大力扩充在重庆的军警、宪、特编制，加强对四川的控制。1946年6月，蒋介石命令在重庆成立警备司令部，调孙元良为警备司令，次年7月，又将新二十五师改为内政部第二警察队（简称"内二警"）。"内二警"兵力曾达2万余人。它同原保密局（军统局）在渝的特务机

图8-6 重庆歌乐山烈士陵园

构、市政府、市党部、社会部、警察局、宪兵二十四团和各种反动社团组织纠集在一起，形成一支镇压重庆人民的凶悍力量。同时，保密局还在重庆设立了西南特区，由徐远举担任区长，指挥川、康、滇、黔和重庆特务进行反人民的罪恶活动。并组建两个交警部队，作为特务的基本力量，在重庆歌乐山设立集中营，大小监狱十余所，先后囚禁杀害上千共产党人和革命志士。①

与此同时，国民政府制定了一系列镇压人民的法令。1947年5月，颁布《维持社会秩序临时办法》。7月，国民政府第六次国务会议，通过了蒋介石交议的全国总动员"戡乱"案，接着发布一系列法令，加强对四川人民的镇压。

二、四川经济破落，人民极端困苦

抗战结束后，原迁川工商企业和技术人员纷纷返回原籍，四川经济的发展

---

① 周勇主编：《重庆通史》第三卷，重庆出版社2002年1月版，第136页。

第八章　内战爆发和国民政府在四川统治的终结

受到很大影响。蒋介石集团发动内战后，军费开支剧增，加强了对四川的经济掠夺，使四川的经济形势日益恶化。随着通货膨胀，物价上涨的加剧，全川社会经济踏上了崩溃的道路。在城市，1946年初，重庆倒闭的工商业有7000多家，占全市工商业总数的80%。① 到新中国成立前夕，重庆经济已陷入崩溃境地。其他市县的工商业亦纷纷倒闭、停业。到1949年底，全省工业总产值只有7.3亿元，主要产品产量：钢94吨，原煤201万吨，发电量1.47亿度②，城市经济一片破产景象。在农村，国民党政府发动内战后，加紧征兵、征粮、征税，加速了农村经济的破产。1947年和1948年，每年在四川征兵30万～40万，1949年又下达征兵配额42万人。各县征兵机构和乡保头目派人大抓壮丁，驱赶上战场，造成农村劳动力缺乏，许多土地荒芜，无人耕种。与此同时，国民政府为保证军需，又在四川逐年增加田赋。1946年全川征收粮食1300万市石，1947年征1500多万市石，1948年和1949年每年都征收2400万市石。按当时四川省5000万人口计算，平均每人要完粮近6市斗，这是四川省有史以来征粮的最高数额。很多农民完不起粮，被乡公所扣留、毒打，被迫把种子、口粮拿去完粮后，成为四处谋生觅食的饥民，导致田园荒芜，农业减产。征兵、征粮和水旱灾害，导致农村经济破产，到1949年，四川粮食总产只有298.9亿市斤，农业产值仅36.2亿元。

四川经济的崩溃，物价上涨，货币贬值，使城乡人民生活极端贫困化。在城市，工人和市民无法养家糊口。1947年5月5日，成都饥民抢米店300多家，还开展"吃大户"运动，冲入饭店或富家白吃。③ 同年，在重庆的4000多名川康籍军官，因物价飞涨，无法生活，在抗战胜利纪功碑（今解放碑）举行绝食请愿，并包围军政机关，要求救济，喊出"此路不通，去找毛泽东"的口号。④ 1949年3月，一个高中教师月工资只合银圆1.6元，到5月，中学教师一月工资仅够吃一碗面，县级职员一月工资只合银圆八分，根本无法生活，只有靠借贷、打工、做小生意、典当衣物糊口。⑤

---

① 于素云等：《中国近代经济史》，辽宁人民出版社，1983年6月版，第476页。
② 中共四川省委研究室主编：《四川省情》，四川人民出版社1984年6月版，第77页。
③ 王维礼主编：《中国现代史大事记本末》（下），黑龙江人民出版社1987年4月版，第1213页。
④ 周勇主编：《重庆——一个内陆城市的崛起》，重庆出版社1989年8月版，第397页。
⑤ 《一九四九年四川大事记》，载《四川文史资料选辑》第18辑，四川人民出版社1979年1月版。

第八章 内战爆发和国民政府在四川统治的终结

农村经济破产后，农民的生活更是苦不堪言。1948年重庆郊区农民的实际收入已下降到战前的25%，加上水旱灾害，生活情况更惨。1949年重庆农村先遭春旱，五六月份，又连续受暴雨洪灾袭击，人畜房舍冲毁甚多，饥民遍野。1949年4月，乐山县饥民吃观音土和菜根充饥，大批饥民四处求食。5月，万县大旱，离城30~50里的乡村，饥民剥树皮、挖草根充饥，哀鸿遍野，满目萧条。在该县太平等乡，饥民三五成群，抢夺地主、奸商囤积的粮食，或蜂起"吃大户"，争取生存。简阳县饥民的惨情更骇人听闻。该县河东、河西、濯水、两河、小镇、鹅湖、堰水、浪平、天馆、腴地、毛坝场等山区人民，大多已断粮。3月，单靠挖蕨根、葛根充饥，很多饥民抛妻卖子，换钱买粮，维持生命。1949年全川农村有饥民2000万人①，正嗷嗷待哺，引颈相望，盼来共产党，早日得解放！

三、四川第二反蒋战场的开辟

抗战期间，中共四川地下党根据"长期埋伏，积蓄力量，以待时机"的战略方针，党的组织得到较为充分的发展。内战爆发后，蒋介石统治集团在全国和四川经济、政治危机加深，中共便配合中国人民解放军的军事战场，开辟四川第二战场，推翻国民党在四川的统治。

（一）城市反内战、反饥饿、反迫害的群众运动

内战爆发后，中共四川地下党组织在城市组织以学生为主的各界群众，以集会、罢工、罢课、游行、示威等方式，进行反独裁、反内战、反迫害、反饥饿的斗争，促使国民党政权机构的瘫痪、瓦解和崩溃。

1946年7月，民盟负责人李公朴、闻一多在昆明被特务暗杀，中外震惊。中共在重庆、成都发起了声势浩大的抗议活动，谴责特务暴行。7月28日，在中共四川省委的发动组织下，重庆各界群众6000多人在青年馆举行李公朴、闻一多追悼大会。中共四川省书记吴玉章在大会上致词：全中国人民的共同要求是独立、和平、民主，而这些要求不会因屠杀之恐惧而停止。接着，李、闻在渝友好80多人及重庆50多个社团，共同发起组织"陪都李闻惨案后援会"，发表宣言，提出：限期缉拿凶手，并对凶手及主使者处以极刑；切实保障人民的

---

① 《一九四九年四川大事记》，载《四川文史资料选辑》第18辑，四川人民出版社1979年1月版。

人身自由，撤销军统、中统及一切特务组织；厚恤李闻遗族；彻查政治协商会议以后各地发生的血案暴行等6项主张。

在成都，8月18日，各界人士和社会团体共2000多人，召开了李公朴、闻一多追悼大会，民盟主席张澜在讲话中要求严惩凶手及幕后主谋人，并表示自己"决步两同志之后尘，为中国民主和平，鞠躬尽瘁，死而后已"。国民党特务捣乱会场，殴伤张澜等。9月4日，张澜致函民盟政协代表，请求代表为他们在成都被殴事件，向国民政府提出抗议。

1946年12月北京美军强奸"沈崇事件"发生后，中共领导了重庆、成都的抗议活动。1947年1月6日，重庆大学、国立女子师院和育才学校等63所大中学校的学生1300多人，组成了有校长、教师参加的游行示威队伍，举行游行示威。当天，重庆的民主同盟、民主促进会、九三学社等15个团体组成了"陪都各界反对美军暴行委员会"发表宣言，主张驱逐美军，抵制美货，废除中美商约。重庆的抗议活动一直坚持了60多天。1月6日当天，成都也有2000多大中学生，在华西大学广场举行了抗议美军暴行大会。

1947年5月南京学生举行反饥饿、反内战、反迫害大游行，国民党当局制造"五二〇"惨案后，地下党组织在重庆和成都的学生中领导开展了"反饥饿、反内战、反迫害"的抗议示威活动，声援南京学生。从5月22日到30日，成都华西大学、四川大学等大中学校学生，以召开座谈会、报告会、出壁报、游行示威等形式，高呼"反饥饿、反内战、反迫害"，"争民主、争自由、特务滚出学校去"等口号进行抗议。当各校学生积极筹备于6月2日举行全市罢课游行时，成都国民党当局于6月1日晚上进行了大逮捕，被捕共产党人、进步人士30余人。为避免不必要的牺牲，中共成都工委指示，停止举行罢课和游行，已经暴露的党员学生和积极分子转移到农村去开展农民运动。

重庆的大中学校在中共地下党的组织领导下，先后成立了"反内战、反饥饿委员会"，重庆大学学生还举行记者招待会，发表宣言，提出"反对内战，实现民主，严惩凶手，释放被捕同学，改善师生待遇"等10项要求。到5月31日，全市一半以上学校参加了罢课斗争。6月1日晚，为了破坏将于6月2日举行的全市大游行，重庆和成都一样，也实行了大逮捕，共逮捕共产党人和进步人士260余人。

1948年4月2日，蒋介石撤换了他不信任的四川省主席邓锡侯的职务，任

第八章 内战爆发和国民政府在四川统治的终结

命主张反共的王陵基为四川省主席。4月9日，四川大学和华西大学等大专院校学生共4000多人从成都华西坝游行到四川省政府，要求新任四川省主席王陵基接见，为学生配售平价大米。王陵基不仅不见，还下令镇压学生，当场逮捕132人，打伤200多人，造成"四九血案"。在中共成都市委领导下，各校召开紧急会议，成立"四九血案"后援会，四川大学、华西大学及一些中学宣布罢课，川大学生还绝食一天，以抗议政府暴行。成都各界和省内外学校纷纷声援成都学生的斗争。在社会舆论的压力下，同时还利用国民党内部的矛盾，迫使当局释放了被捕的学生。这次斗争是成都声势最大的一次学生运动，促进了"反饥饿、反内战、反迫害"运动在全省广泛开展。

1948年5月，反饥饿、反迫害的斗争又有发展。成都市的小学教师也掀起了反饥饿，争温饱，集体到市政府请愿静坐露宿的运动。这一运动得到了全市大中学校和师范校师生的支持，小学生们也自动集队游行，表示声援。在社会舆论的压力下，国民党成都市政府被迫决定从6月起给教师加工资和配售平价米，斗争取得了初步胜利。

从1949年春开始，教师反饥饿、争温饱和尊师运动得到迅速发展。2月24日，重庆大学、中央工专校、省教育学院、女师学院等校教师首先罢教，接着其他学校也先后罢教，向重庆市政府请愿要求增加工资，改发实物。

教师反饥饿、争温饱的斗争，得到了广大学生的同情和支持，并同学生的反饥饿、反迫害斗争结合起来。中共重庆地下组织及时领导各校师生成立"争温饱委员会"，并发动各校学生利用合法形式，开展尊师运动，进行义卖、义捐、卖报、擦皮鞋等活动，将所得钱物资助教师维持生活。这种义卖、义捐的尊师活动，得到了社会的广泛同情和支持。同时，在义卖、义捐活动中配合进行宣传鼓动，用合法形式开展反饥饿斗争。接着，又成立了重庆大学等11所公立学校师生员工"争温饱联合委员会"，领导各校开展斗争。3月17日，重庆8所公立学校师生员工4000多人罢教、罢课、罢工，举行了声势浩大的示威游行，他们高举着"要活命"、"要吃饭"的标语牌，高呼着"饥饿的朋友团结起来"等口号，浩浩荡荡地游行示威，到重庆行辕请愿，要求改善师生员工生活，发给应变费、配给师生员工实物等。通过坚决的斗争，当局被迫同意给每个师生员工发3个月的实物。这次斗争的胜利，使他们看到了团结斗争的伟大力量，斗争热情更加高涨。

成都的尊师义卖、反饥饿运动，开展得更热烈。1949年3月14日，川大全体教授以待遇菲薄不能维持最低生活为由而实行罢教，并成立"教职员生活改善会"，开展反饥饿斗争。当天，川大"剧研社"、"川大英语学会"、"教与学社"等学术团体发起成立"四川大学尊师运动大会"，组织上千同学，分若干小组上街宣传、义卖、擦皮鞋，筹集尊师酬金。在罢教、罢课期间，每天上下午分别出动四五百人上街，总共出动2000人以上。

中共川大地下党组织领导师生把教师的争温饱斗争同学生的争温饱斗争紧密结合起来，使反饥饿、反迫害的斗争更深入地发展。3月下旬，川大的尊师义卖运动，由集体义卖转入在本市新闻大厦公演话剧和办画展。他们演出的进步话剧和展出的进步图画，对观众起了很好的宣传教育作用。在川大尊师义卖运动的影响下，成都、自贡、宜宾等地的尊师义卖和反饥饿、争温饱的运动也迅速开展起来。

中共四川地下党领导的城市抗议运动，有力地动摇了国民党四川政权的统治基础，呼应、配合了解放军的军事斗争，成为国民党政权穷于对付的第二战场。

（二）工农群众斗争运动的发展

在组织开展城市抗议运动的同时，中共四川党组织还在四川广大的工厂、矿山、乡村开展了斗争。

1948年3月，重庆顺昌铁厂工人，配合学校师生的"反饥饿、反内战、反迫害"斗争，在"要温饱、要生存、要活命"的口号下，提出工资增长必须达到物价上涨速度等10项要求，举行集体绝食斗争，厂方被迫接受了工人要求。4月，重庆南洋烟厂工人因资本家拖延发放工资，致使工资变成废纸，生活难以维持而举行罢工，向资本家提出了增加工资、不许打骂工人、不许随便开除工人、保障工人的生活权利四项主张。坚持斗争三天，最终使资本家答应了工人要求。

重庆是国民政府兵工生产重要基地，占当时国民党统治区兵工生产能力的80%左右，在地下党的领导下，重庆兵工企业的工人组织开展了怠工斗争。因内战所需，国民政府当局于1947年底将重庆兵工厂工人的劳动时间从每天10小时提高到12小时，第二十一兵工厂的工人组织起来开展了怠工斗争，反对增加工时，使全厂军火产量大大减少。

第八章 内战爆发和国民政府在四川统治的终结

1949年1月23日，天府煤矿工人因物价上涨，无法生活，要求增加工资5倍，矿方不理，2000多工人包围办公大楼，结果矿方被迫答应增加3倍工资。4月，威远黄金沟煤矿工人也为反对矿方扣发工人工资举行了罢工斗争。之后，自贡、乐山、犍为、新都等地也开展了多种形式的要温饱、反迫害的斗争。

1946年初，中共南方局即指示加强农村工作，四川党组织认真传达了这一指示，省内各地的抗丁、抗粮、抗税斗争很快发展起来。3月，中共在仁寿县领导了反抓壮丁的斗争；5月，组织了邻水县全县性的"反饥饿、反内战、反苛捐杂税"的斗争；3~7月，组织了营山县农民的反征粮斗争。

1947年7月，分管四川地下党工作的中共中央上海局委员钱瑛，向四川地下党组织传达了中共中央关于在国民党统治区开展游击战的指示，要求四川地下党组织以农村为重点，开展武装斗争，发展小型游击队，在敌人统治的后方开辟第二战场，以配合解放战争。

当月，中共川康特委成立，特委立即派出陈俊卿、吕英到仁寿县领导武装起义，起义后成立了有300多人、50多支枪的东山游击队，由吕英任政委，邹玉林、杨奎龙分任正副司令员。后东山游击队遭敌"围剿"，即化整为零，分散隐蔽。

1947年川东临时工委成立，从1947年到1948年底，中共川东临时工委先后三次发动武装起义，以配合解放战争。

1947年冬，中共下川东地工委副书记彭咏梧在云阳地区组建了"川东民主联军下川东游击纵队"（后改名为"中国共产党川东游击纵队"），并担任政治委员。1948年1月9日，彭咏梧与赵唯领导了下川东奉节、大宁、巫山起义。起义部队遭敌人围攻，1月16日彭咏梧牺牲，游击队在赵唯等率领下，打破敌人的"围剿"，继续以小型武工队的形式，在云、奉、巫一带坚持斗争。

1948年春，中共上川东工委第一书记邓照明，在梁山虎城区和达县南岳区组织领导了农民武装起义。起

图8-7 彭咏梧（左）江竹筠（右）夫妇与儿子合影

义后受敌两个正规团和五个保安大队"围剿",游击队坚持斗争两个月后,转移隐蔽。

1947年10月,中共川东临时工委成立,由王璞任书记,统一领导上川东、川南和重庆地下党的工作。1947年11月,在广安建立了中共上川东地方临委,分别在岳池、武胜、广安、邻水、大竹、渠县、合川等地建立了8个临时工作委员会,发动群众,进行"三抗"(抗丁、抗粮、抗税)斗争。1948年夏秋,川东临委召开紧急会议,决定在华蓥山周围的广、岳、武、渠、合、营等县举行联合起义,并将上川东所辖各工委领导的武装力量统一组成"西南民主联军川东纵队",即华蓥山游击队,下设支队,以工委番号为序。1948年8月,川东临时工委分别举行了代市和观阁起义、三溪起义、伏龙起义、真静和金子沱起义。起义队伍与敌人作战,辗转华蓥山。国民党当局派出正规军、警察部队和各地的保安队,联合"围剿"游击队。各地起义相继失利。各起义支队无人统领,各自为战,大多数相继失败。只有大竹、广安、邻水、岳池等地保留下来的几支小型武工队,坚持以自卫为主的游击活动。

四川地下党的武装斗争,有力地配合了全国解放军战场的斗争。

四川地下党在城市和农村组织的反对蒋介石统治集团斗争,也受到国民党特务分子的残酷迫害和镇压。被特务逮捕的共产党员和革命志士,在国民党撤退四川前均被杀害。其中包括1949年9月在歌乐山戴笠公馆杀害杨虎城将军及其秘书宋绮云一家和11月在渣滓洞屠杀陈

图8-8 重庆渣滓洞监狱旧址

然、王朴、江竹筠等200余人,和12月7日在成都十二桥屠杀杨伯恺、于渊、毛莫才等35人,在不到3个月的时间就先后屠杀共产党和革命志士300多人,犯下滔天罪行。

第八章 内战爆发和国民政府在四川统治的终结

四、解放军进军四川和蒋介石再次迁都四川梦想的破灭

三大战役之后，国民党政权已面临全面崩溃的形势。军事上几乎败局已定；经济上物价飞涨，工商业破产，财政赤字巨大；政治上内部派系斗争严重，党的最高领袖蒋介石已难驾驭各派势力。在这种情况下，国民政府不得不于1949年4月1日至20日，在北平与中共举行和平谈判。4月13日，第一次和谈举行，中共首席代表周恩来向国民政府方代表提出了《国内和平协定》草案，内容主要有：惩办战犯、废止《中华民国宪法》、废除南京政府法统、改编南京政府军队、没收官僚资本、改革土地制度、废除或重订一切外交条约协定、建立民主联合政府等。

对这一草案，国民政府方面反应强烈，20日晚，国民政府代总统李宗仁、行政院院长何应钦联署致电国民政府首席谈判代表张治中，表示"纵观中共所提之协定全文，其基本精神所在，不啻为征服者对被征服者之处置。以解除兄弟阋墙之争端者，竟甚于敌国受降之形式，且复限期答复，形同最后通牒"，"所谓和平协定，实际为欲政府承认中共以武力征服全国。政府军队，固等于全部缴械投降"。李宗仁、何应钦要求中共"对此项协定之基本精神与内容，重新予以考虑"。①

鉴于国民政府方面拒绝在《国内和平协定》上签字，这一次的国共和谈彻底破裂。

谈判破裂，21日晨，中国人民革命军事委员会主席毛泽东、中国人民解放军总司令朱德即发出《向全国进军的命令》。到10月，解放军占领华东、华北、东南、南北、华南等全国大部分地区。进军西南的任务就摆在了解放军面前。当时，国民党在西南地区的防御力量，主要是由西北、华南各地败退下来的蒋介石嫡系部队，如胡宗南、宋希濂、罗广文、孙元良、裴昌会等，以及川、康、黔、滇地方实力派的部队。胡宗南集团3个兵团14个军约17万人，在川北边境沿秦岭、大巴山、米仓山布防。并以部分兵力布置于川、鄂、湘、黔边境地区。宋希濂集团2个兵团6个军和孙元良兵团则部署于川东，扼守入川门户。

面对国民党军的颓势，蒋介石于1949年6月5日提出军事、财政、外交、

---

① 张治中：《张治中回忆录》下册，文史资料出版社1985年2月版，第843～847页。

政治等各项要旨,其中,在军事方面提出:"(一)东区沿东海以舟山、台湾、琼岛、长山四群岛为基地,向粤、桂、湘、赣、闽、浙、苏、鲁、冀发展;(二)西区以甘、青、川、康、黔、滇为基地,向宁、陕、晋、豫、绥发展。"① 战争的进程很快打破了蒋介石的梦想,解放军迅速占领了西北、华南大片地区,国民党在东南沿海能控制的只剩下台湾、海南等几个岛屿。因此,蒋介石把希望寄托于西南,希望西南地区成为将来反攻的基地。

7月16日,中国国民党中央成立非常委员会,由蒋介石任主席,本已下野的蒋介石,亲自出面主持军政大事。8月以后,蒋介石不断往来于西南各省,召见高级军政官员,部署防务。8月24日,蒋介石自广州飞抵重庆,发表书面谈话称:"抗战时期,重庆为战时首都,今日再度成为反侵略、反共产主义之中心,期望全川同胞重新负起支持艰苦作战之使命。"②

8月29日,蒋介石在重庆主持西南军政人员会议,甘、青、川、康、黔省政府主席,川、陕、甘、鄂、湘边区将领出席了会议。会议决定,拒中共军队"于川境之外,即以陇南与陕南为决战区"。

10月8日,国民党中央非常委员会决定,原于当年4月由南京迁往广州的国民政府各机关,于10月20日迁来重庆。

针对国民党军的部署,中共中央军委于9月12日下达指示,要求第二野战军主力取道湘西、鄂西,直出贵州,进占川东,切断胡宗南集团和川境诸敌退往云南的道路及其与白崇禧部的联系;以位于宝鸡的第一野战军第十八兵团等部,积极吸引、抑留胡宗南集团于秦岭地区,待二野主力入川,切断国民党军退往康、滇的道路后,即迅速占领川北,进军成都,协同二野聚歼胡宗南集团于四川境内。

11月1日,第二野战军主力和第四野战军一部,开始对川黔守敌发起进攻,对防守川、鄂、湘、黔边的宋希濂集团实施钳形攻势。宋希濂抵挡不住解放军的攻击,于8日下令全线西撤,控制川东龚滩、彭水至白马一线,依托乌江,阻止解放军西进。

解放军继续对宋希濂集团发起了猛烈的进攻,8~16日,先后攻占川东之酉

---

① 秦孝仪总编纂:《总统蒋公大事长编初稿》卷7下册,中正文教基金会2005年12月,第304页。
② 秦孝仪总编纂:《总统蒋公大事长编初稿》卷7下册,中正文教基金会2005年12月,第348页。

第八章　内战爆发和国民政府在四川统治的终结

阳、黔江、彭水等地，至22日，彻底打破了宋希濂的"川湘鄂边防线"。宋希濂命令残部向南川、綦江方向撤退。解放军进军四川第一仗，歼灭宋希濂集团第十四兵团又2个军，打开了进军四川的门户。重庆已暴露在解放军的攻击前沿。11月27日，国民党中央常务委员会又决定：政府迁往西昌，但可暂移成都办公。29日，行政院迁成都。至此，国民政府和蒋介石以重庆为战时首都，以四川为基地，徐图"反共复国"的意图被彻底粉碎。

五、刘、邓、潘起义，蒋介石飞逃台湾

11月30日凌晨，蒋介石在解放军进攻的枪炮声中，乘飞机离开重庆，到成都。当天，解放军占领重庆。接着，12月初，解放军第一野战军第十八兵团在贺龙率领下，翻越秦岭，由川北南下，占领广元、剑阁、绵阳等地，从北部对成都展开了攻势。

蒋介石到达成都后，即在北较场召集顾祝同、胡宗南、张群等成立临时指挥部，意欲依靠宋希濂、罗广文、孙震等残部，并调胡宗南主力南下集结于成都，与解放军进行"川西大决战"。蒋介石要求西康省主席、二十四军军长刘文辉，西南军政长官公署副长官、九十五军军长邓锡侯等配合胡宗南进行"决战"。

刘、邓、潘早就先后设立秘密电台，与中共保持着联系，在暗中准备起义。他们对蒋介石要其配合胡宗南进行"川西大决战"的要求，表面应允，暗中抵制。12月3日，蒋介石要刘、邓送家属到台湾，刘、邓托词搪塞。12月7日，刘文辉、邓锡侯闻知蒋介石将召见二人，二人认为此去必定凶多吉少，乃避开监视，潜出成都，前往邓锡侯所部控制的彭县龙兴寺。随后，另一四川地方实力派人物、西南军政长官公署副长官潘文华也前来会合。12月9日，刘文辉、邓锡侯、潘文华率所部第二十四军、第九十五军、第二三五师在雅

图8-9　1949年11月30日，重庆解放。图为解放军经过市郊入城

安、彭县通电宣布起义。刘、邓、潘起义，西康和平解放，促进了国民党军的分化瓦解，打破了蒋介石"川西大决战"梦想，也减少了战争造成的损失。

眼见败局已无法挽回，四川已经难保，国民党中央常务委员会于12月7日议决，政府迁往台湾。12月10日，蒋介石怆然飞往台湾，在成都的

图 8-10　1949年12月27日，中国人民解放军解放成都，人民群众夹道欢迎解放军

国民政府军政机关及其主官亦相继飞台。蒋介石领导的腐败透顶的一党专政的国民政府，在抗战胜利后拒绝自我改造，发动内战，妄图维持独裁而又腐败的反动统治。在四川导演"重庆谈判"的大戏，短短三年就在四川谢幕。国民政府在大陆的统治很快结束。27日解放军占领成都。

刘、邓、潘起义后，已处于包围之中的胡宗南于12月22日决定向雅安、西昌退却。解放军在坚持军事打击的同时，进一步加强了政治攻势。24日，国民党军第十五兵团司令罗广文、第二十兵团司令陈克非率部在彭县起义。25日，第七兵团司令裴昌会率部在德阳起义。27日，第十八兵团司令李振在简阳起义。胡宗南以少数残敌退守西昌。

1950年3、4月间，解放军发起西昌战役，以6个军的兵力，由成都、昆明两个方向夹击西昌，守敌被全歼，胡宗南乘飞机逃离。国民党军队在大陆的最后据点被清除。

第九章 民国四川政治、司法和军事制度

民国时期是中国社会的一个转型期，具有转型社会的一般特点：新生事物方生方长却难以在短期内成长俱全；旧事物难离难弃，却不改其没落命运。辛亥革命后，建立了共和国，在政治制度上，依照西方资产阶级国家建立政治体系，这与封建社会的政治制度相比，是一个很大的进步。但民主共和的制度一直未能真正建立。以四川而言，四川的政体也具有民主共和的形态，是我国民主政治发展的一个重要历程。但辛亥革命后相当长的一段时间，是军阀专制；从民国中央政府入主四川到1949年，又处于国民党一党专制统治之下。民国时期四川的政治、司法、军事制度，是民主共和外壳下的新的专制制度。

第一节 四川的行政区划

民国3年（1914），四川省的行政区划，废清末府、州、厅改县，分为省、道、县三级制。道为省的派出机构，道的长官为观察使，行政机构为观察使署。具体区划如下表：

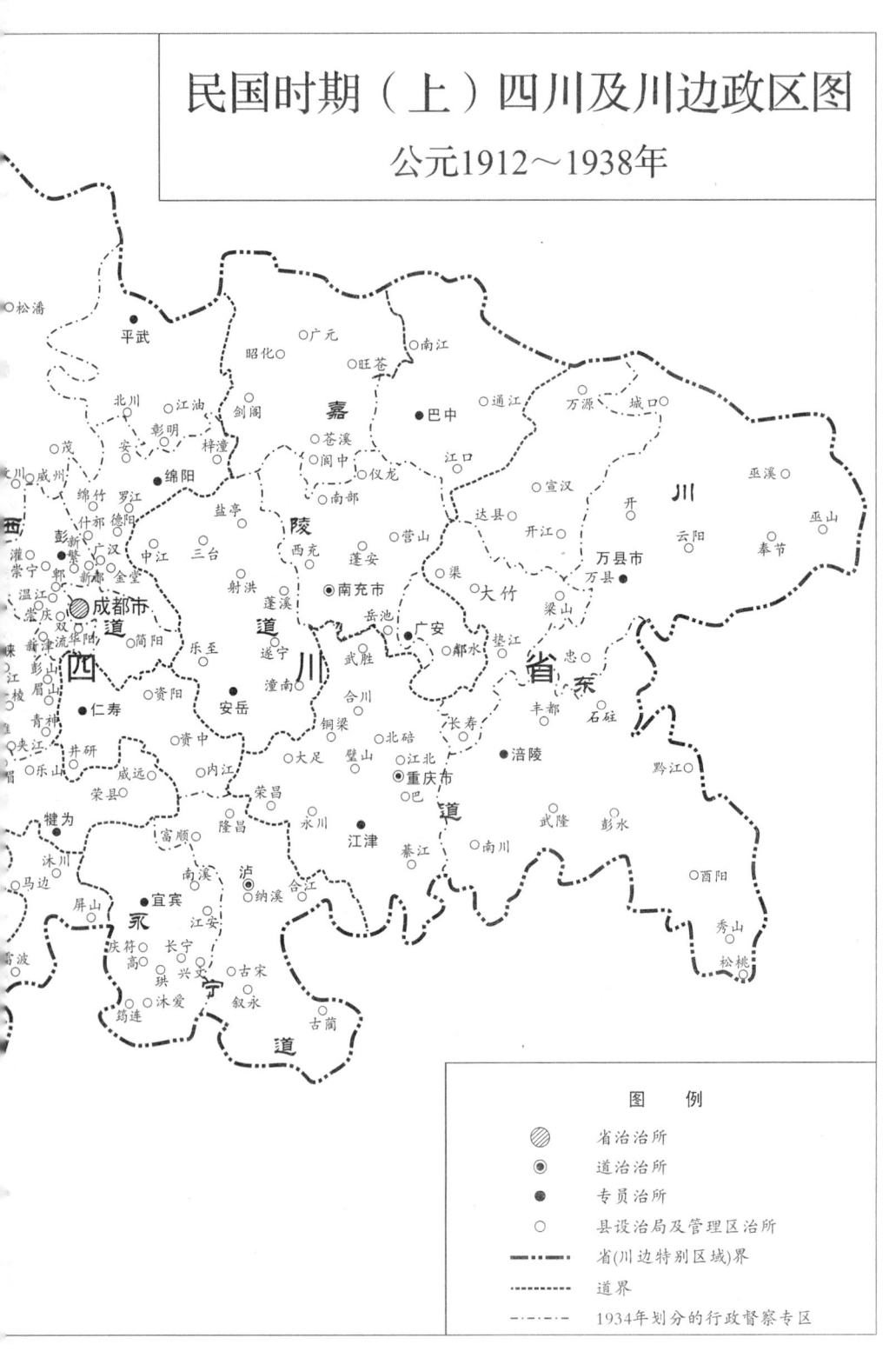

第九章　民国四川政治、司法和军事制度

表9-1　民国3年（1914）四川行政区划表

道名	辖县名							
西川道	成都县	华阳县	新都县	双流县	郫县	新繁县	温江县	新津县	崇庆县
	灌县	崇宁	简阳县	广汉县	什邡县	彭县	金堂县	北川县	平武县
	江油县	彰明县	绵阳县	绵竹县	安县	梓潼县	罗江县	汶川县	懋功县
	茂县	理番县	松潘县	德阳县					
建昌道	雅安县	名山县	荥经县	芦山县	荥县	汉源县	天全县	乐山县	峨眉县
	夹江县	犍为县	威远县	眉山县	彭山县	丹棱县	青神县	邛崃县	大邑县
	洪雅县	峨边县	西昌县	冕宁县	会理县	越巂县	盐边县	昭觉县	
永宁道	隆昌县	合江县	纳溪县	富顺县	泸县	古宋县	古蔺县	叙永县	宜宾县
	珙县	南溪县	屏山县	长宁县	庆符县	高县	江安县	兴文县	筠连县
	马边县	雷波县	内江县	资中县	资阳县	仁寿县	井研县		
嘉陵道	阆中县	苍溪县	南部县	广元县	昭化县	通江县	南江县	巴中县	剑阁县
	南充县	西充县	营山县	仪陇县	邻水县	岳池县	广安县	蓬安县	三台县
	射洪县	盐亭县	中江县	遂宁县	蓬溪县	安岳县	乐至县	潼南县	
东川道	江津县	长寿县	綦江县	南川县	巴县	永川县	荣昌县	铜梁县	大足县
	开县	璧山县	武胜县	合川县	涪陵县	达县	江北县	奉节县	巫溪县
	巫山县	渠县	云阳县	东乡县	开江县	大竹县	忠县	万源县	丰都县
	垫江县	梁山县	万县	酉阳县	彭水县	黔江县	石柱县	城口县	
川边特别区	康定县	泸定县	雅江县	稻城县	贡噶县	理化县	巴安县	定乡县	义敦县
	邓柯县	石渠县	德格县	白玉县	甘孜县	道孚县	炉霍县	瞻化县	得荣县
	九龙设治局								

1925年筹建西康省，设建省委员会于雅安。同年将川边特别区改为西康屯垦区，1927年在茂县设置松理懋茂汶屯殖督办公署，将松潘、理番、懋功、茂县、汶川5县和抚边、绥靖、崇化3屯划为屯殖区区域。1928年全省裁道，各县直属省府。同年建置成都市。1929年建置重庆市。1935年国民政府将四川全省划分为18个

图9-1　民国3年（1914）设在成都皇城的四川督军署大门

第九章 民国四川政治、司法和军事制度

行政督察区,原西康屯垦区亦划为西康行政督察区(由四川省代管),成为省政府的派出机构,分管一部分县,县下辖联保。这样,四川省共辖成、渝 2 市和 19 个行政督察区、116 个县、3 个设治局。其具体行政区划见下表:

表 9—2 1935 年四川行政区划表

市、督察区名称	辖 县 名						
成都市 重庆市							
第 1 行政督察区 (专员公署驻温江县)	温江县 崇庆县	成都县 新都县	华阳县 崇宁县	双流县 灌 县	新繁县 彭 县	郫 县	新津县
第 2 行政督察区 (专员公署驻资中县)	资中县 井研县	资阳县	内江县	荣 县	仁寿县	简阳县	威远县
第 3 行政督察区 (专员公署驻永川县)	永川县 铜梁县	江津县 大足县	江北县 荣昌县	巴 县	合川县	綦江县	璧山县
第 4 行政督察区 (专员公署驻眉山县)	眉山县 邛崃县	彭山县 大邑县	夹江县 名山县	青神县	蒲江县	丹棱县	洪雅县
第 5 行政督察区 (专员公署驻乐山县)	乐山县	峨眉县	犍为县	马边县	屏山县	峨边县	雷波县
第 6 行政督察区 (专员公署驻宜宾县)	宜宾县 筠连县	南溪县 长宁县	庆符县	江安县	兴文县	珙 县	高 县
第 7 行政督察区 (专员公署驻泸县)	泸 县 古蔺县	隆昌县	富顺县	合江县	纳溪县	古宋县	叙永县
第 8 行政督察区 (专员公署驻酉阳县)	酉阳县 秀山县	涪陵县	丰都县	南川县	石柱县	彭水县	黔江县
第 9 行政督察区 (专员公署驻万县)	万 县 城口县	奉节县	开 县	忠 县	云阳县	巫山县	巫溪县
第 10 行政督察区 (专员公署驻大竹县)	大竹县	渠 县	广安县	邻水县	垫江县	梁山县	长寿县
第 11 行政督察区 (专员公署驻南充县)	南充县 仪陇县	岳池县	蓬安县	营山县	南部县	武胜县	西充县
第 12 行政督察区 (专员公署驻遂宁县)	遂宁县 潼南县	安岳县 乐至县	中江县	三台县	射洪县	盐亭县	蓬溪县
第 13 行政督察区 (专员公署驻绵阳县)	绵阳县 梓潼县	罗江县 金堂县	德阳县	广汉县	绵竹县	什邡县	安 县
第 14 行政督察区 (专员公署驻剑阁县)	剑阁县 彰明县	昭化县 北川县	广元县	苍溪县	阆中县	平武县	江油县

续表

市、督察区名称	辖 县 名						
第15行政督察区（专员公署驻达县）	巴中县	宣汉县	开江县	通江县	南江县	万源县	达 县
第16行政督察区（专员公署驻茂县）	茂 县	汶川县	理番县	懋功县	绥靖屯	崇化屯	松潘县
第17行政督察区（专员公署驻雅安县）	雅安县	芦山县	宝兴县	天全县	荥经县	汉源县	金汤设治局
第18行政督察区（专员公署驻西昌县）	西昌县 宁南县	冕宁县 宁东设治局	会理县	越巂县	盐源县	盐边县	昭觉县
西康行政督察区（专员公署驻康定县）	康定县 邓柯县 义敦县	泸定县 石渠县 定乡县	炉霍县 丹巴县 巴安县	甘孜县 道孚县 得荣县	瞻化县 九龙县	白玉县 雅江县	德格县 理化县

抗日战争爆发后，1937年11月国民政府迁都重庆，1939年11月改重庆市为中央直辖市，1940年又将重庆定为陪都，重庆成为中国战时的首都。1945年抗战胜利，次年5月国民政府还都南京后，重庆是隶属于行政院的直辖市。

抗日战争期间，1939年1月1日，国民政府将原西康行政督察区和第17、18行政督察区合并建置西康省，又于1939年9月建置自贡市，为省辖市。此时，除开西康省和重庆中央直辖市外，四川省共有成都、自贡两个省辖市，16个行政督察区，135县。到1942年全省共划为4368个乡镇，编为62834个保，67372甲。这种区划建置一直到1949年底都没有改变。

第二节 四川的议会制度

一、省级议会制度

议会民主制度是民主共和政治体制之根本，但从辛亥革命到1949年国民政府对大陆的统治结束，这个制度一直没有真正建立起来。

20世纪初期，中国资产阶级革命运动和立宪运动蓬勃兴起。1906年清王朝被迫施行新政。1909年，清廷令各省建立咨议局，是年9月召开四川咨议局会议。咨议局只是一个政治咨询机构，并不拥有西方各国正式议会的权力。

在保路运动和辛亥革命中，四川省咨议局起到了领导作用。中华民国建立

第九章 民国四川政治、司法和军事制度

后,1912年3月19日,临时大总统袁世凯通电各省,将清末各省所设咨议局,改组为临时省议会。1913年4月5日,四川省第一届省议会在成都纯化街成立,胡骏为议长。但从袁世凯弄权专制开始,刚刚起步、尚未成型的议会民主制度,便在实际上消于无形。军阀战争开始后,四川省议会实际变成了军阀和政客的玩物。

根据1913年4月中央政府颁布的《省议会暂行法》,省议员选举方法采取间接选举制,分初选与复选。初选以县为单位进行,选举人资格与国会议员的选举资格相同,即:(1)年纳直接税2元以上者;(2)有值500元以上不动产者;(3)有小学毕业以上文化程度者;(4)年满21岁以上之男子;(5)在选举区内居住满2年者。被选人资格规定应年满25岁以上,比选举人之年龄要求大4岁。复选结果,由选举监督通知当选人。当选人接通知后,应于20日内答复是否愿意担任省议员,逾期不答,即表示不愿担任。凡答复愿意担任的人,即颁发省议员证书,为省议员。省议员任期3年,连选可以连任。省议员不得同时做国会议员,亦不得兼任行政官吏。

省议会每年举行一次,每次会期为60天,必要时得延长,但最多不能超过80天。省议会开会时准许外人旁听。省议会的职权有三项:(1)议决权:议决省单行条例、省预算决算、省税、省债、省财产的处理等;(2)监督权:受理人民行政诉愿,对违法省行政长官提出弹劾,对违法纳贿的省内官吏提请省行政长官重办,对本省行政事项提出质问书;(3)建议权:包括提出行政性建议及答复省行政长官的咨询。省议会的决议咨送省行政长官公布执行,省行政长官如认为议决不当,可于5日内咨请省议会复议;如认为议决案违背现行法律,可咨达省议会撤销该项决议。

1913年6月,孙中山发起反袁"二次革命"失败后,袁世凯于11月悍然下令取消国民党籍的国会议员和各省议会议员资格,接着又因候补议员中多数为国民党员,便又下令取消国民党籍的候补议员资格,致使国会与省议会均因不满法定人数而不能正式开会议事。1914年1月10日,袁世凯宣布停止国会议员职务,2月28日,又下令解散各省议会。袁世凯死后,继任总统黎元洪在1916年8月1日重开国会,同月14日黎元洪令各省省议会应于10月1日由各省行政长官召集复会,但各省议会并未完全恢复。即使恢复了的省议会,也往往出于地方军阀的需要,成为他们封建割据的工具。

在护法战争中，1918年3月8日，四川省议会"推举"靖国军总司令熊克武为四川督军，杨庶堪为四川省长，并于3月10日由广州政府大元帅孙中山加以委派。

1918年底，四川省议会开始换届选举，按照《省议会议员选举法》，共选出第二届省议会议员140人，国民党籍议员占多数。1919年7月16日，四川省第二届省议会正式开幕选举议长，李肇甫当选。同日，四川省第二届省议会在成都纯化街成立。因当时联省自治运动已经开始，第二届省议会除设有常设机构——常驻委员会和办事机构秘书处外，还设有3个附属机构：四川省宪法会议筹备处、四川省宪法起草委员会和议员通讯处。

在联省自治运动中，1920年11月6日，四川省议会通电主张自治。次年1月，熊克武、刘湘宣布四川自治，对南北政府保持中立，并着手制定省宪。但因政争频发，未能实现。1922年夏，主政军人刘成勋、邓锡侯、但懋辛等联合宣布组织省宪筹备会，自10月20日起开始起草省宪。11月省议会"选举"刘成勋为省长，重申四川为自治省。四川制宪的程序，取法湖南，省宪法草案全文发表于1923年春，但未经过审查及公民投票的步骤。省宪草案中规定："省议会以全省公民直接选出之议员组织之，公民年满卅岁以上，皆得被选为省议员，省议员任期三年，设议长一人，副议长二人，闭会时设常驻委员会。省长有重大犯罪行为，议员可提出弹劾。"但后来联省自治流产，四川"省宪"也就未能实行。

1927年国民党"清党"后，四川省议会停止活动。

广州、武汉国民政府均处于军政时期，依照孙中山的建国大纲，军政时期不设立民意立法机构，因而这一时期的省制中亦无省议会制度的规定。抗日战争爆发后，为进一步动员民力，遂有扩大地方自治的要求。1938年7月，国民参政会在汉口召开第一次会议，议决请国民政府从速设立省以下各级民意机关。国民政府于9月26日公布《省临时参议会组织条例》、《市临时参议会组织条例》，定于11月1日起施行。12月22日国民政府又公布了《省临时参议会议事准则》和《省临时参议会秘书处组织规则》。

四川省政府和国民党四川省党部按照上述规定，着手筹备。经过各县、市和省各层次的"遴选"运作，1939年4月将省参议员名单报经国防最高委员会通过，尹昌龄等70人为第一届四川省临时参议会参议员，税西恒等35人为候补参议员。并选定李伯中（肇甫）为议长，向传义为副议长。5月1日，国民政府简任罗文谟为临时参议会秘书长。1939年7月1日，四川省第一届临时参议会在成都纯化街国民党四川省执行委员会大礼堂正式成立，并举行第一次大会。

在国民党一党专政之下，国民参政会和省参议会都只不过是一个"民意"机关，而不是真正的议会组织。当时虽有规定，省临时参议会对省政府重要施政方针有决议之权。但许多省的参议会认为议决施政方针如不了解财政预算决算，则施政方针便脱离实际，因此要求增加省临时参议会有议决财政预决算之权。意见反映到国防最高委员会，答复是省临时参议会原属临时性质，其职权原有规定，不必再作规定。后来，行政院将省预算编入国家预算之中，就更不是省临时参议会所能议决的范围了。省临时参议会还有对于省政府兴革提出建议之权和向省政府提出询问之权。1942年3月以后，省临时参议会又增加了选举本省出席国民参政会参政员之权。

按照《省临时参议会组织条例》，四川省第一届临时参议会任期原为1年。四川省政府先后两次请行政院将该会任期延长1年，经行政院批准，共延长2年。四川省第一届临时参议会任期至1942年6月30日届满，共3年。

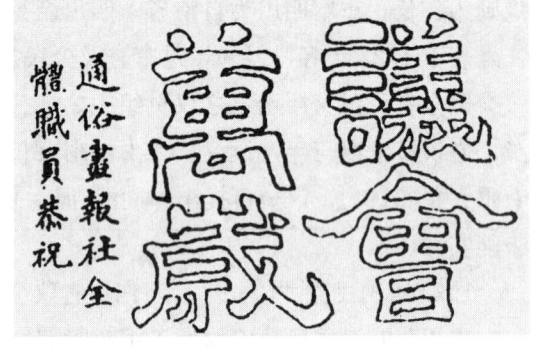

图9-2 贺词

四川省第一届临时参议会任期届满后，呈请改选，并经国民党四川省党部和四川省政府向中央请求增加参议员名额。经国民党中央两次同意共增加30名参议员，因此，四川省第二届临时参议会参议员共有100名。参议员和候补参议员的候选人，按规定经过"遴选"过程，上报行政院。1943年4月29日国民政府公布了四川省第二届临时参议会议长、副议长及参议员名单。议长为向传义，副议长为唐绍明，钟体乾等98人为参议员，宋益清等50人为候补参议员。1943年6月1日，四川省第二届临时参议会在成都文庙后街女子师范学校成立，并召开第一次大会。这届参议会设有审查委员会为专门机构，驻会委员会为常设机构，秘书处为办事机构，还设有附属机构：县政考察团、经济建设委员会、经济建设基金保管委员会、国民宪政研究会。

抗战后期，国内外要求实行宪政的呼声日烈，成都、重庆等地的民主党派和爱国民主人士组织了"民主宪政促进会"等团体，创办刊物，举行集会，多次掀起争取实施民主宪政的运动。1945年5月18日，国民党第六次全国代表大会通过《促进宪政实施之各种必要措施案》，规定六个月内，四川等后方之各县市临时参议会，应依法选举，成立正式民意机关。后方各省临时参议会，于所属县市参议会有半数已经成立时，立即依法选举，成立各省正式民意机关。并于当年7月起实施民国政府于1944年12月公布的《省参议会组织条例》、《省参议员选举条例》。四川省经规定程序，于1945年12月5日成立正式的参议会。

本来，四川省参议会于1947年底届满，但制宪国民大会宣布于1947年开始"行宪"，依宪法规定，省参议员应由省民直接选出，而当时省县自治通则又尚未制定，为求省级民意机关的延续，1947年7月25日，行政院临时会议议决，四川等4省参议会参议员，任期准予延长至省议会成立之时止。但直到1949年国民政府败退出中国大陆，四川及全国各省都未能成立省级议会机关。

二、县级议会制度

1940年，国民政府实施新县制，规定县为自治单位。为实施县为自治单位，在参议会建立之前，先行设立过渡性质的临时参议会。

临时参议会的议员资格为年满25岁，具有本县籍贯曾受中等学校教育，在本省公私机关、团体服务二年以上有威望者，或在本省依法成立的职业团体服务二年以上者。人选由县政府征询国民党县党部及地方团体后，加倍提出人选名单报省政府决定。临时参议会设议长、副议长、参议员、候补参议员，并有驻会参议员。办事人员除省指派的秘书外，置干事二人、雇员四人，由议长派充。临时参议会每年开会一次。

临时参议会的职权有四项：（1）对县政府年度施政计划、年度地方概算、处分公学产及有人民负担事项于报省核定前之决议权；（2）对县政兴革事项之建议权；（3）听取县政府工作报告；（4）向县政府提出询问权。

1945年，四川省政府为在全国提前实施宪政做组织准备，选定成都、铜梁等60个县率先成立县参议会。县参议会组织条例规定：县籍公民年满25岁，具备有中学毕业或经自治训练及格或有普通考试资格，并曾在机关、学校、团体服务或从事自由职业三年以上，经县参议员候选人试验或检核及格者，取得甲种候选人证书，才得选为参议员。选举前，先由县政府将合格的候选人整理上报，经省政府审查批准后，才能开始选举。

图9-3　巴县议会旧址

选举办法分为区域选举和职业选举两种。区域选举是按乡镇由乡镇民代表会选出。职业选举由职业团体选出。

县参议会第一次会议由县长召集，互选正副议长。以后每三个月开会一次，由议长召集。

县参议会的职权，文字上规定比临时参议会大，其内容有10条：(1) 议决完成地方自治事项；(2) 议决县预算，审核县决算；(3) 议决县的单行规章；(4) 议决县税县公债及其他增加县库负担事项；……(8) 接受人民请愿；(9) 听取县政实施报告或向县政府提出询问；(10) 其他法律赋予之事项。

参议会设秘书1人，事务员4人，书记员3人，公役4人。

原定参议员每届任期二年，由于国民党忙于内战，并无真正实行民主政治的诚意，故无限期地延长了参议会任期，直到1949年12月为止。

三、基层议会

(一) 乡镇民代表会

1942年，依照四川省各县乡镇民代表组织规程开始筹设。1943年，各乡镇俱成立临时代表会，其代表人数：甲种乡13人，乙种乡7人，由乡公所加倍遴选呈报县政府圈定。会议设主席1人，每年开会一次，核议乡镇应兴应革事项，交乡镇公所执行。

1945年，始正式成立乡镇民代表会。根据规定，凡在本乡居住半年以上，年满25岁，即取得选举乡镇民代表权利。乡镇民代表候选人必须具有中学毕业或有普通考试应考资格或经自治训练及格，以及曾办理地方自治或曾任机关、团体、学校职务，并经代表资格试验检核合格者，取得乙种公职候选人证书，才能当选为乡镇民代表。乡镇民代表由各保保民大会各选1人。乡镇民代表大会职权规定为：(1)议决乡镇预算，审核乡镇决算；(2)议决乡镇公有财产及公营事业之经营与处分事项；(3)议决乡镇自治规约；(4)议决本乡镇与其他乡镇相互之公约；(5)议决乡镇长交议及本乡镇民建议事项；(6)选举或罢免乡镇长；(7)选举或罢免本乡镇之参议员；(8)听取乡镇公所工作报告及向乡镇公所提出询问；(9)其他有关乡镇兴革事项。

乡镇民代表大会每届任期二年，后因内战日烈，国民党政府以时局紧张、地方治安亟须加强为由，延长代表任期，直至1949年12月。

(二) 保民大会

根据1942年公布之组织规程，由各保每户1人组成。其职权为议决本保保甲公约及重要兴革事项，选举或罢免保长、副保长及乡镇民代表大会代表等。保民大会每月开会一次，由保长召集。许多县实无健全的保民大会，广大群众不知道它的存在。

第三节 四川的行政机构和官制的变化

一、省级行政机构及官制

辛亥革命后，1912年3月11日，成渝两地军政府合并组成统一的四川省政权——中华民国四川都督府。四川都督府下面设有军事参议院、总政务处、参谋部、军务部、军事巡警总监部、政务部、财政部、教育部、司法部、实业部、交通部、盐务部、外交部。

1912年4月，中华民国临时政府迁往北京，四川省的主要官员开始由北京政府任免。1913年，四川省政权依北京政府令，实行军民分治，军政府改为省行政公署，1914年改为省巡按公署，1916年又改为省长公署，省属机构设置也几经变动。此后，名义上虽称军民分治，但实际上多由军人担任省政权首脑，省政权虽然一度维持了对全川政务的实施，但实施政务的范围和权限已受到极大限制。

军阀防区制正式形成后，全川军令政令并不统一。四川省政权往往随各军阀势力的消长而转移，省长多由军人担任，实际上军政不分，省政府有名无实，政务实施的范围仅限于某些"防区"。这一时期，省长一职，除广东政府曾任命的杨庶堪外，其余都为四川督军、督办、总司令或其他川军将领兼任，并以军阀各自势力的消长或北京政府的政事变动为转移，省长任免更换频繁，省长公署常随兼任省长之军阀的驻防地而迁徙，实为督军、督办公署之附庸。所以，四川省长公署时期实际上是军政不分、军阀专制的政权。政府各厅仍设在成都，但并无多大实权，其政令也不能在全川施行。

1935年，国民政府中央势力入主四川，打破了军阀防区制，实现了川政统一。四川省地方行政机构按照1925年广州国民政府制定的《省政府组织法》建立。这个《省政府组织法》确立了两个原则：一是党治原则。和国民政府一样，省政府也是国民党领导下的政权机构，组织法第一条即规定："省政府于中国国民党指导监督之下，受国民政府之命令。处理全省政务。"二是合议制原则。以前的省政府，均采用民政长官或省长的长官制，长官个人决定一切。川政统一后省政府的组织形式和决定政务的方法均采合议制。省政府以民政、财政、教育、建设、商务、农工、军事各厅组成之。各厅设厅长1人，联合组成省务会议，并选举1人为主席。省的行政长官不再称作省长，而称省主席。

1935年4月省政府颁布了《四川省政府合署办公施行细则》，省政府增设保安处。1935年省政府委员为7人，1938年增加到8人，1948年最多时达到12人。1943年12月29日，按照修订颁布的《四川省政府合署办公施行细则》，省政府合署办公之组织单位达到16个，设有：秘书处、民政厅、财政厅、教育厅、建设厅、保安处、社会处、地政局、粮政局、卫生处、禁烟善后督办处、会计处、统计处、物价管制委员会、民众组训委员会、设计考核委员会。据四川省政府秘书处统计室资料记载，1945年四川省政府各厅、处、会，共有职、雇人员2413人。①

---

① 四川省档案馆编：《抗日战争时期四川省各类情况统计》，西南交通大学出版社2005年8月版，第250页。

第九章 民国四川政治、司法和军事制度

省政统一后，四川地方行政制度实行省、县二级制。在原有道的基础上，设有省的派出机构行政督察专员公署。根据1932年颁布的《行政督察专员公署组织条例》规定，行政督察专员由省政府指定，国民政府任免，通常兼任驻地的县长，在县政府内附设专署，分科办事。

抗日战争爆发后，四川遵照国民政府通令，将行政督察专员公署与保安司令部合并，行政督察专员不再兼任县长，而是掌握行政监督权和军事指挥权。

在国民党统治时期，国家及地方行政体制的最大特点就是国民党的"党治"。1928年10月3日，国民党第172次中常会通过了《训政纲领》，该纲领规定：训政时期，国民党全国代表大会为国家最高权力机关，"代表国民大会，行使中央统治权"；国民党全国代表大会闭会期间，由党的中央执行委员会代行权力。《训政纲领》以国家根本大法的形式，确立了"训政"时期"以党治国"的政治体制。在地方行政体系方面，1926年11月，广州国民政府公布的《修正省政府组织法》规定："省政府于中国国民党中央执行委员会及省执行委员会指导监督之下，受国民政府之命令管理全省政务。"省级党部关系体制被统一明确为省党部指导、监督省政府的关系，亦即"以党统政"关系。此后，在具体的自上而下的行政体系构建中，党务组织系统与行政组织系统双轨并进，以充分体现"党治"原则。中央党部之下依次设立省党部、县党部、区党部，分别与省、县、区、乡等级行政系统相对应，终于形成了对行政权力的多级管理体制。国民政府中央势力主川后，这一体制也被搬进了四川。

1929年6月15日，国民党三届二中全会在《训政时期党务进行计划案》中，提出地方党政机构间是一种互不统属、平等分开、相互监督的关系。此后出台了许多有关地方党政关系的政策，基本上都坚持着同一个原则：国民党地方党部不能直接干预地方政府的政务，只能由国民党中央通过中政会和国民政府才能向地方政府发号施令。反之，地方政府也无权干预地方党部的行动。党政系统如果互有意见，只能逐级上报党务系统或行政系统，再转行政或党务系统进行处理。

抗战期间，为提高军事、行政的效率，避免党政军因体制原因相互纠缠，1938年3月，国民党临时全国代表大会规定了"调整党政关系之原则三项"："一、中央采取以党统政的形态；二、省及特别市采取党政联系的形态；三、县采取党政融化，即融党于政的形态。"在"三项原则"之下，还具体规定："县

· 251 ·

以下党部，对于政府及民众执行本党政策及政府法令；各级党部书记长以下工作人员，不得干预各级政府机关人事任免升降；县党部书记长应出席县政府会议并兼任县参议会秘书，县政府教育（或社会）科长、军事科长，应由县党部提出的在中央训练合格的党员担任。"这三项原则的特点是，在中央一如既往地实行公开控制，但愈往下控制方式愈隐蔽、愈弱化，"党国"体制的特点愈不明显。

国民党对四川行政的"党治"状况，即使是在民国后期，国民党宣布实施"宪政"后，也没有改变，一直到1949年国民党对四川的统治结束时方止。

二、县级行政机构

县是省以下的行政区划。1935年废除原北京政府设置的县知事，而改设县长，县署改称县政府，设有民政、财政、教育、建设、公安等科，分科办事。从1940年3月起，四川省按照行政院颁布的《县各级组织纲要》规定，实施新县制。"县为地方自治单位"，下有区，设区公所、区长。区为县的辅助机关。区辖乡（镇），其下是保、甲组织。

民国时期，根据各县人口、经济、政治、军事情况把县分为1~6等。1935年一等县的行政编制为75~86人，二等县为69~80人，三等县为61~70人，四等县为52~61人，五等县为47~55人，六等县为46~54人。①

三、基层行政机构

民国时期的乡（镇）政府机构，是在各场镇的团局、团练办事处和1935年川政统一，整编保甲，设置联保办公处的基础上演变而来的。

1940年实施新县制，改联保办公处为乡镇政府。在顾及历史关系和自然条件的情况下，甲之编制仍以10家为甲，保则扩充为20甲为保，乡镇以6保至15保为原则。乡镇为自治组织，乡镇公所设置乡镇长、副乡镇长各1人，民政、警卫、文化、经济四股各设主任1人，干事若干人，壮丁队长由乡长兼任，设专职乡队附，另有公差、夫役。保办公处设保长、副保长各1人，甲设甲长

---

① 四川省档案馆编：《抗日战争时期四川各类情况统计》，西南交通大学出版社2005年8月版，第262页。

1人。

各乡保人员除夫役外，全由地方公推，呈报县署核委。1945起，即由乡镇人民代表会和保民代表会票选，任期二年，连选得连任。其人选多由乡保有势力的人物协商内定，选举仅为形式。乡保的主要工作任务是：执行上级官署委办事项；编组训练国民兵队；维护社会治安，办理国民学校和成人补习教育；调查管理地方公有款产；改进农渔林畜牧及工业；兴修和维修水利、道路、桥梁、街市；架设、保护乡村电话；组建合作事业；办理文化卫生事业；赈灾、济贫，设置公墓，掩埋露尸露骨；禁烟禁赌，取缔游惰；调解纠纷，革除陋俗；保护名胜古迹；其他乡保人员应办事项。乡镇保甲之经费，每年由县政府造具额，呈省政府核定。①

为提高基层自治人员素质，国民政府还将基层自治人员、吏员集中到县里进行培训，1944年到1946年三年间，四川全省共培训基层自治人员（正副乡镇长、正副保长）42021名，自治吏员（乡公所内设置的干事、助理干事及事务员）20642名。

民国时期的基层政权在基层政治、经济、文化、打击防范土匪、维持社会治安等各项事务中都发挥了较大作用。尤其在抗战期间，在保证抗战人力、物力方面更起到了很大的作用。同时，在当时社会环境下，也存在着假公济私、营私舞弊、依仗权势压迫民众、苛派滥索等丑恶现象。特别是在征兵中，乡、保、甲长利用职权，加大征名

图9-4 抓壮丁剧照

名额，从中勒索钱财，贪污受贿，不足额时即强拉壮丁，捉拿过路行人补充，收管兵员的官员也从中徇私舞弊，壮丁宰手指头、开小差的屡见不鲜。

1949年解放军进军四川，11月21日，第二野战军司令员刘伯承、政委邓小平向四川国民党军政人员发出四项忠告，其中第四项即要求乡保人员应即在

---

① 四川省铜梁县地方志办公室：《铜梁县志》，重庆大学出版社1991年5月版。

解放军指导下,维持地方秩序,为解放军办差。在中华人民共和国建立之初,四川也仍然沿用旧有乡镇保甲制度,并暂时留用保甲人员,直到清匪反霸时,才采取措施,废除保甲制度。

第四节 四川的司法制度及机构

一、四川的审判制度及机关

中国古代行政与司法没有分立,地方司法审判由地方行政长官负责,地方行政长官甚至直接审理案件。清末"新政"和民国建立,现代司法审判制度在四川初步建立。

1912年3月11日,公布《中华民国临时约法》,依三权分立学说,坚持司法独立原则。法院行使审判权,法官独立行使审判职权,不受上级官厅之干涉。为保证法官能独立行使职权,又规定法官在任中不得减俸或转职,非依法律受刑罚或应免职之惩戒处分,不得解职。

中华民国四川都督府,下设司法部。省司法部下设4个司:民刑司,其下属机构有民事科和刑事科、高等审判厅、高等检察厅等;总务局,其下属机构有总务科、统计科、收发科、会计科;监狱司,其下属机构有看守所、新监狱、旧监狱、罪囚习艺所;教叙司。

司法部只是都督府的一个下属部门,显然没有体现《临时约法》的司法独立原则。而高等审判厅只是司法部的一个下属机构。且当时县级司法审判也仍然归县知事兼理。但尽管如此,在司法审判中还是出现了一些新气象,如,禁止刑讯体罚;刑事处罚也往往较清朝时为轻;诉讼活动中,原被告、证人皆不再下跪。

1913年,根据北京政府司法部训令,四川司法行政工作便全部交由四川高等审判厅(法院)管理,直到1949年。

在军阀防区制时期,地方军阀行使县长、法官、检察官的任命权,各级审判机构的建立受到很大阻碍。四川仅设高等法院1个,高等分院2个,地方法院5个,未设法院的县,由县政府办理刑民案件审理,仍是行政、司法不分。且地方军阀往往操纵辖区内司法审判活动,干扰和破坏法院独立办案,造成定罪量刑不统一，冤狱甚多。

1935年，川政统一，省法官由中央任命，司法审判亦渐入正轨。《法院组织法》、《县司法处暂行条例》等法律和条例在四川得到有力的贯彻，四川高等法院分院、地方法院和县司法处等审判机构建立步伐加快。经四川高等法院先后两任院长谢盛堂、苏兆祥整顿，逐步使四川司法机关各方面都有所改观，谢、苏二人还根据有关法律建立了关于司法人员的任免、考核、奖惩、晋升等人事制度，使司法各方面得到改善，司法机关的社会地位也得到提升。

司法审判制度进步更为显著。民刑案件审判均采用合议、回避、辩护、公开审判、陪审、上诉等审判制度。对民刑案件的审理，实行"不干涉主义"的原则，法官处于超然的地位，不受职权上的干涉；在裁决上则采取"言词主义"和"自由心证主义"，即判决依当事人的言词辩论为之，其事实的真伪由法官判断。总之，川政统一后，审判机关的独立性明显有了增强。

1928年11月，国民政府曾发布《整理川政令》，通令中央政府行使法官任命的权力，地方政府不得干涉。但因为军阀割据，通令未能执行。1935年，国民政府中央势力主持川政后，即对四川司法进行整治改革，废除了军阀任命法官的特权，司法人员的任免逐渐走上正轨。

民国时期，四川的审判机构——法院分三等。1932年，四川省高等法院及其设置的分院为第三审机关；成都、自贡等地及其四川高等法院所设的分庭为第二审机关；各县地方法院和未设法院的县司法处为第一审机关。到1948年，驻成都的四川高等法院和四川高等法院在重庆、万县、泸县、阆中、绵阳、乐山、达县、酉阳、宜宾、内江、南充等地的分院为二审法院；各县市的地方法院和司法处为第一审法院。① 各级法院均设置民、刑等庭，有院长、推事、庭长、书记等官员。

民国时期的法官必须经严格的司法官考试，取得任职资格。1928年以后，司法官考试分为高等司法官和普通司法官考试。经高等司法官考试合格者，即取得任推事资格；经普通司法官考试合格者取得任法院书记官或县司法处审判官资格。取得资格并注册的人员，还需在法院各庭及检察处学习5个月，期满

---

① 四川省地方志编纂委员会：《四川省志·检察审判志》，四川人民出版社1996年6月版，第174~177页。

第九章 民国四川政治、司法和军事制度

成绩优良的委派试署各县审判官。试署一年以后经省高院考核称职的,即呈请司法行政部门任命。司法行政部门还得全面考核后再送中央铨叙部审查,文理、法理、情理三才皆通,即由司法行政部门任命为候补推事分往地方法院候补(即补缺)。补缺有代理、派署、实授三种。候补无时期限制。抗日战争时期,许多沦陷区公务人员奔集重庆找事,司法行政部门乃改定章程,规定了甄审或积资制度:凡有专门法律著作经审查合格,即可充任法官。于是文理、法理、情理不通者便剽窃陈篇,一经送审合格,便做法院推事或检察官。

按照司法官任用章程规定,四川省高等法院院长与同院首席检察官基本同级,但一般需先任首席检察官后才能任高等法院院长。地方法院推事要任满三年并先任首席检察官后才任地方法院院长;若任司法行政事务,荐任人员要满四年始能任地方法院院长,不满四年的可以充任地方法院首席检察官。

各级法院院长,负责本院和管辖地方的司法行政事务和司法人员的考核;签发本院推事草拟的判决或裁定及其他法律文书。但不得变更判决或裁定的主文(判决实体部分),否则属违法,得受惩戒。法院的民、刑庭长由推事兼任,独立审判案件,不受任何干预,只对法律负责。所判决送院长签发时,院长只能对判决的文字进行调整和修改,不能擅自变更判决的主文(即拟定的刑期),否则有权上告。

民国时期,法官的官阶高,俸禄也厚。四川高等法院院长、庭长、推事和11个分院院长,重庆等14个地方法院院长,都是简任①一级至七级官阶,月薪都在银圆40元以上,其余54个地方法院院长为荐任一级,月薪银圆40元,74个县司法处主任审判官为荐任三级,月薪银圆38元。

在国民政府统治时期,司法独立的原则虽未得到贯彻实施,但"形成了一整套法官制度,并用法的形式规定法官为'终身职'。为了使法官奉公守法,秉公断案,规定法官月享高薪,实行'厚禄养廉';为了激励法官克尽厥职,'以衙为家',在法官官阶官俸上设置了许多梯形等级;为使法官终身服务于法曹,规定了优厚的养老金、抚恤金。为了保证上述制度的实施,又制定了一整套与

---

① 国民政府文官官阶分特任、简任、荐任、委任四等:特任官由国民政府主席任命,如中央部长;简任官由国民政府主席任命,如中央各部次长、局长、省厅长;荐任官由主管长官推荐,中央政府任命,如中央局、部科长,各省的县长;委任官,主管官直接任命,如国家机关的科员等。

之配套的人事规章。如'任用标准'、'资格审查'、'轮补办法'、'叙俸规程'、'稽功授勋'等等。"①

二、检察制度与律师制度

（一）检察制度

清末"新政"时，1910年2月，四川成立高等检察厅，始有检察制度。辛亥革命后成立四川都督府，于1912年省设上审检察院，同时在成都府成立控诉检察院，重庆成立川东高等检察分厅，巴县、华阳、郫县、金堂、广汉设地方检察厅。当月改四川上审检察院为四川高等检察厅，改川东高等检察分厅为重庆高等检察分厅。1914年袁世凯下令撤销各初级检察、审判厅，实行三审三级制。四川郫县、金堂、广汉、简阳、华阳、酉阳等初级检察厅被撤销。次年重庆高等检察分厅改为四川第一高等检察分厅。1927年四川又相继成立了泸县、自贡、万县、宜宾等地方检察厅和四川高等检察厅第一、二、三分庭（泸县、阆中、雅安）。

1927年，国民政府公布《最高法院组织暂行条例》，各级审判厅一律改为法院，撤销各级检察厅，在各级法院设置检察处，实行检审合署制，改各级检察长为首席检察官。1928年1月1日四川高等检察厅更名为四川高等法院检察处，四川高等法院设分院检察处。直到1949年12月全省共有检察机构107个，其中省级1个，分院检察处11个，地方法院检察处95个。还有61个县司法处检察官职务由县长兼任。1932年国民政府颁布的《法院组织法》规定，各级检察处的职权是：实行侦查，提起公诉，协助自诉。检察官在执行公务时，可凭证要求市长、县长、警察厅警务处长、公安局、保安司令、宪兵队中级以上长官派军警协助办案。各级检察机关均设有检察官、书记官、录事、法警、检验员、公丁等，其官阶、俸禄基本与同级法院法官相等。

通观整个民国历史，作为现代审判制度重要内容的检察与审判分权制约的制度一直未能建立，检察机关仅是法院的一个下属机构。

---

① 四川省地方志编纂委员会：《四川省志·检察审判志》，四川人民出版社1996年6月版，第188页。

第九章 民国四川政治、司法和军事制度

(二) 律师制度

清末以前,由于行政、司法没有分立,因此作为现代司法审判制度之要素的律师制度也就不可能存在。民国期间,四川的律师制度得以逐步健全。

律师制度是现代司法三大制度之一。律师为当事人辩护,可以防法官的擅专,有利于司法公正。1912年,根据四川司法司颁布的《法院编制暂行章程》,即开始在四川设置"辩护士",专在审判衙门刑事审判中出庭为被告人担任辩护人,行使辩护职务。该章程还规定,辩护士与判事、检察官具有同等资格,任"辩护士三年以上"者,可"补控诉院判事、检察官";任"辩护士五年以上"者,可"补上审院判事、检察官"。

随着北洋政府颁行《律师暂行章程》、《律师登录暂行章程》等法规,作为四川省会和四川高等审判厅所在地的成都和四川最大的商业城市重庆,最早正式实行律师制度。1913年在成都、重庆即有律师执行律师职务。据统计,当时成都即有律师19人。1914年,全川经司法部核准之律师共60人。1918年,仅成都、重庆两地律师已发展到81人。1927年后,在荣县、彭县、广汉等县也开始有了律师。实行律师制度较早的成渝两市,律师人数便大有增加。据四川高等法院1931年《律师登录簿》统计,成都此时已有律师96名,重庆60名,与北洋政府时期相比增长了大约一倍。

抗日战争时期,1941年颁行我国历史上第一部《律师法》及《律师法施行细则》等一系列有关法律法规,从法律上进一步完善了律师制度。国民政府迁都重庆,重庆成为全国的政治、经济、文化中心后,法律事务日益增长;政府颁布的法律、法规增多,群众需要法律服务也增多;沦陷区大批律师也涌入四川。这些因素促进了抗战时期四川律师队伍的急剧发展。据四川省高等法院《律师登录簿》不完全统计,1942年全川共有律师545人(不含西康省)。他们的文化和专业水平高,有大学学士、双学士、留学生、博士、教授和曾经从事过司法工作的推事、庭长、法院院长、检察官、承审员、军法官及其他军政人员。当时,全国知名的律师,如史良、沈钧儒、沙千里都在重庆设置律师事务所。沈钧儒还受聘为《新华日报》等单位的法律顾问和璧山县律师公会的名誉会长。

抗日战争胜利后,沿海工商企业和外地律师纷纷返回原籍,对四川律师队伍的发展有一定影响。据1946年《四川统计年鉴》记载,该年全省律师仅有

159 人。但不久，又很快发展起来，截至 1948 年，全省律师又发展到 448 人。

民国时期四川的律师主要集中在成、渝和自贡、万县等大、中城市，一些贫困僻远地区律师甚少，特别是在实行奴隶制度的大小凉山以及农奴制和政教合一的甘孜、阿坝地区，更不知律师为何物。民国时期的律师一般是个人开业，也有合伙组成法律事务所的。他们的业务主要是：担任民事案件之代理人、刑事案件之辩护人，受聘担任工商企业及各类团体的法律顾问；办理非诉讼事件及仲裁和解事项；代写法律事务文书。他们的收入甚丰，有的还拥有自己的公馆、佣人、私包车。

管理律师的机关是四川省社会处和市、县的社会科。但律师活动则受四川高等法院和各地法院首席检察官的指挥监督。同时，设置四川律师惩戒委员，办理全省律师的惩戒事宜。并且在各地依法组建律师公会，负责指导律师业务，维护律师合法权益。

民国时期，四川律师的素质良莠不齐。他们之中不乏品学兼优、正直高洁之士，思想进步，不畏强暴，作风正派，为人民办好事和义务为贫苦百姓提供法律帮助。但也有不少律师为了弄钱而不择手段，违法乱纪，渎职殃民的现象屡见不鲜。

律师制度的建立和律师业的发展，在一定程度上保护了当事人的权益，并进而对规范社会秩序、普及法律观念以及促进经济发展，都起到积极作用。然而，在民国时期，无论是在国家制度上，还是在民众意识上，真正的法治原则并没有确立。国家关于律师的法律规范也不够健全，仍然存在诸多不足，因而导致律师业在得到一定发展的同时，也产生一些弊病。

第五节　四川的警察制度与机构

清末中国始有现代警察制度，但并没有普遍推行。民国建立后，尤其是在中央政府入主四川后，四川才广泛推行现代警察制度。

1913 年 3 月，四川军政府设四川巡警总厅，总揽全川警务。编制 481 人。4 月，改为省会警察厅，辖区仅限于省城，各县警务由民政厅掌管。1916 年 3 月，四川设立全省警务处，其处长兼省会警察厅厅长。警务处为全省警务统辖机关，处长直接受巡按使（后称省长）指挥监督。

在省辖市的成都、重庆，一开始设市时，都分别成立了公安局，隶属于市政府。1936年12月，国民政府颁布《省会警察局组织规程》，四川省会公安局改名为四川省会警察局，隶属于省政府民政厅，组织机构略有变动，分局增至12个。

相对于大城市，县级区域的警察制度发展和警察机关设立十分缓慢，很少有地方设立有警察机关。1940年实行新县制以前，四川全省各县市仅有警察局5所，当年增设了3所，也只有8所。1941~1945年，四川警察机关设置渐多，警察局由29所增加至55所。1945年底，全省38.46%的县市设立了警察局。此时，县政府警佐室也由59所增加至86所，城区警察所由50所增至85所，乡区警察所由16所增至191所，分驻所由66所增至275所。1945年，全省共有警察队212个，消防队（组）11个，侦缉队75个。

随着警察机构的增加，警察人员数量也有很大增长。1939年全省警察职员有646人，以后逐年增加，到1944年，增加至3932人，5年中增加5倍多。

民国时期，四川在地方警察机构之外，还建立有专业警察机构。1942年，四川成立水上警察局，到1945年，有分局5所，警察所3所，直属分驻所7所，分驻所30所，派出所23所，分设于扬子江（长江）、嘉陵江、岷江、沱江以及涪江所属区域内。此外，又成立有水警队7个，侦缉队1个，有巡艇6只，以负江面巡逻及侦缉案件之责。

图9-5 40年代成都的警察局

另外，四川还有若干特种警察机关，计有：犍乐盐区警察局、璧巴永泸合巫矿业警察所、铜梁县林口矿业警察所、松潘县漳腊矿业警察所、南川县万盛矿业警察所、彭县磁峰乡矿业警察所，共有职员108人，警察533人。

到1946年，全省设有县警察局57个，警佐室87个。全省共有县警察队、保安警察队228个。

1948年4月1日，根据国民党二中全会的决议，四川省政府在省保安司令部内设立警保处,将原民政厅所辖的警务移交警保处掌管。

警察机构的主要职能,是维护与管理一般社会治安事宜。但在1927年蒋介石发动"四一二"政变后,掉转枪口对准共产党,大力强化警察机构的职能,建立特务组织,操纵公开的警察机构,迫害共产党人和进步人士,遇有逮捕政治犯时,则由警察局派员执行。于是军警宪特结为一体,成为专制独裁统治的工具。

第六节　四川地方军事机构、武装组织与兵役制度

一、四川地方军事机构和部队

民国四川军制主要分为两个时期,从民国建立到1934年,大多数时间,四川处于军阀混战之中,各路军阀拥兵自重,扩充军队,争夺地盘,军事体制和编制五花八门。1935年国民政府中央势力入主四川,始将四川各军纳入统一体制,四川的军事机构趋于稳定。

1912年3月至1914年6月,袁世凯为加强中央集权,下令将各省都督一律裁撤,在北京建立将军府,设将军名号。在四川,都督府改为将军行署。

在护国之役以前,川军五个师,尚可基本统一。护国之役后,川滇黔军围绕四川军政大权展开争夺战,各主军长官所领军队渐成私人势力,各主军长官成为军阀。1919年4月,四川靖国军总司令熊克武公布《四川各军驻防区域表》,军阀防区制形成。防区制形成后,各防区军阀竭力扩充兵力,以张己势。至1933年,全川军队约40万人。北伐战争后,四川各军先后易帜换上了国民革命军的旗号。然而,改旗易帜并未结束川中的内战。1931年2月南京国民政府委派刘湘为善后督办公署主任,所有川军由其全权编遣。在1932年"二刘之战"前,四川共有5个军、27个师、90个旅、9个路、1个边防军总司令部,总计36万人。1933年7月,蒋介石为"围剿"川陕革命根据地的红四方面军,委任刘湘为四川"剿匪"总司令,"所有川中各军悉归节制"。

1935年,国民政府决定,将四川全省划为8个绥靖区,6月开始,国民政府对川军进行第一次整编,10月20日整编结束,川军共有7个军另4个师、6个旅。从此,四川各军纳入中央政府军队统一编制,各军长官由国民政府军事

第九章 民国四川政治、司法和军事制度

委员会任命，各军饷械亦由中央政府统一支给。

1936年11月19日国民政府决定四川善后督办公署和四川"剿匪"总司令部同时撤销，成立川康绥靖公署，统筹办理川、康绥靖事宜，隶于军事委员会，并受参谋总长和军令、军训、政治部部长指导；所有辖境内驻军及地方团队均归其指挥；对辖境内市县政府各行政机关有随时指挥之权。1947年8月28日，川康绥靖公署结束。

1945年抗日战争胜利后，原川军将领和川军已经发生很大变化，出川抗战部队不少已被整编或裁撤，留下在川约3万余人的部队，掌握在刘文辉、邓锡侯、潘文华等地方实力派手里。1949年末，刘、邓、潘率所部起义。

二、四川的地方武装

（一）团练

四川团练是带有民间性质的官绅武装。清咸丰以后，四川各地普遍组建团练武装。民国初期，四川各地继续办理团练。为了统一各县办团规章，四川省临时议会于1912年通过《四川通省团练章程》，规定：各县组建团练局，设局长一人，受地方知事监督。各乡设团练办事处；设团总一人。1915年，各县团练已初具规模。

1927年，"川康团务委员会"成立，在省府内设立团务处，专司其事。各县办团乡绅，也相继成立"四川民团联合会"。

在军阀防区制期间，各地军阀对团练武装加意扶持，以加强对其防区的统治。刘湘在其防区内设有川东、川东南团务委员会；刘文辉在军部设有团务处，并吸收团务人员参加其核心组织"兴友互助社"；罗泽洲在广安设立了八县民团督办处，以八县团练作为他与各军阀抗衡的后盾。而一些办团的地主豪绅，也以军阀做靠山，借机扩大团练队伍。有的竟拥有人枪数千，势力所及，跨乡联县，盘根错节，组织庞杂，时有变化。既有县内的乡镇联团，又有县与县的三县联团、四县联团、六县联团。联团中，以李重光的安岳、内江、巴县等十三县联团势力最大。

团丁多为当地农民，一般每户抽16岁以上50岁以下壮丁1人，轮流到本团一定地点操练，每月至少两次，冬季稍多。训练以操习枪炮刀矛技艺为主。

团练的经费，最初由富户出资。民国初期，全省统一规定，常练经费"按

粮附加，见石抽五"，名为"田亩捐"。军阀割据时期，各地团练的经费摊派五花八门，一些地方团练巧立名目，什么子弹捐、枪支捐、军服捐，以及免役费等，难以数计，人民负担沉重。

团练武装在维持地方治安上虽有一定积极作用，但也有很大消极影响。四川团练武装大多参与了军阀混战。

（二）国民兵

1936年，四川开始实行国民兵役制度，国民自年满18岁起服国民兵役时称义勇壮丁。1937年，各县（市、设治局）开始组建国民义勇壮丁总队，受师团管区司令部指挥。县以下编区队，乡镇编联队。抗日战争爆发后，为加强国民兵义勇壮丁的军事训练和维护地方治安，各县市又建立战时国民兵义勇壮丁常备队。1938年，各县市义勇壮丁总队改组为县市国民自卫总队，总队下辖常备队、后备队、预备队。

1939年，各县市国民自卫总队改组为国民兵团，直隶于团管区司令部，涉及地方警卫事宜又受督察区保安司令部指挥。国民兵团以下，按区、乡镇、保、甲系统，编区、乡镇、保队、甲班。据1941年《四川各县（市）国民兵团官兵统计表》记载，当年全省有138个县（市、局）建立了国民兵团。1945年，各县（市、局）国民兵团全部裁撤，其业务由县（市、局）政府军事科接管。

义勇壮丁总队经费由各县市政府编造预算，并连同社会军训经费一并开支。国民兵团时期，经费列地方预算统收统支。

国民兵在平时，按照社会或学校军事教育方案，受规定训练；灾变时，服警备勤务；战时，补充部队和担负后方勤务。各队任务区分：常备队平时维护社会治安，战时补充部队参战；后备队主要负责国民兵训练，并兼顾地方治安；预备队战时服役地方，担负后方军事勤务。

抗日战争期间，四川国民兵在补兵参战、担负后方勤务等方面作出了贡献。据统计，1940年至1945年9月，全省共动员114.47万余人，修（扩）建机场34处，整修公路干线14条、长6510公里，修防空工事10处，协助运输军粮10500包又13568石。

（三）四川省保安司令部和保安部队

四川省保安司令部是最重要的地方军事机构。省保安司令部和省政府保安处于1935年3月10日同时成立。省主席刘湘任省保安司令，费东明任保安处长。省保安司令部设保安司令1人，由省主席兼任，副司令2人，参谋长1人，下设参谋处、保安处、民训处、新闻处、总务处、人事室、军法室等。省保安司令部之下，在各行政督察区设置区保安司令部，设司令1人（1942年5月以后，由行政督察专员兼区保安司令），副司令1人，再下设2~3个科。1935年7月，刘湘发布通令，将全川148县的武装团练统一改编为县保安队，编成352个中队，共有4.3万多人。1936年3月，四川保安部队统一于省，全省设保安团24个，独立大队10个，独立中队15个，共4.1万余人。1937年8月全省保安部队统一由省直接指挥，一个专区配一个保安团，每县有1个保安中队。

抗日战争爆发，四川保安部队大量改编为正规军，开赴前线抗战。最大规模的有两次：一是在1938年5月，抽调8个保安团、3个独立大队，另在每个独立中队抽精壮士兵30人，组成第三十集团军；一是在1939年9月，抽调7个保安团，3个独立大队，编入第二十九集团军。

内战爆发后，四川保安部队继续补充国民党正规部队。1946年省保安部队有1.4万余人，1948年只剩8个团和1个独立大队。1949年增加4个团。1949年底12个保安团先后宣布起义。

三、四川的兵役制度和机构

民国初年四川的兵役制度仍沿袭清末的募兵制。民国初年至抗日战争爆发前夕，四川无兵役行政机构，兵员募补，由军队派出军官在划定的区域内自行招募。抗战爆发后，四川始建立专门的兵役机构，并实行征兵为主、募兵为辅的兵役制度。

（一）兵役制度

1936年前，四川省实行的是募兵制，其办法是各军阀在其防区内，设师、团募兵区。募兵就是招募。军队张贴招募布告，应募者由当地团保绅士出具保结，自愿到募兵处、所报名，经选验合格后，即招收入营当兵。这个时期募兵无统一的计划和条件，应募者多为穷苦百姓、无业游民，少数流氓、赌徒、违法和逃债者也应募入营当兵。那时军队的生活较好，而一般百姓的生活很苦，所以多有为了吃粮去当兵的。所谓"插起招军旗，就有吃粮人"。各家军阀为扩充势力，竞相大肆招募新兵，1933年8月，四川各路军阀部队已发展为7个军，下辖25个师。一省军队，甲于天下。

1938年7月15日，四川省根据国民政府颁布的《兵役法》和《征兵令》制定《四川省政府统一兵员征募办法》，同年11月起实行征兵制。抗战初期，募兵制和征兵制都同时存在，但以征兵制为主。只有特种部队和军事院校在川招募兵员。1944年8月国民政府发起"十万青年十万军"运动，号召爱国知识青

图9-6　1944年受训的青年军人

年，响应号召，自愿报名应征当远征军。到1945年2月，四川省129个县（市）共招募知识青年2.9万多名。

征兵制的实行，是按《兵役法》和《四川省调查壮丁办法》的规定，由保、甲长对年满18岁至45岁的具有服兵役义务的壮丁，进行身家调查，由甲长填写服常备役呈报书，保长登记签名，乡（镇）、区公所填报常备役壮丁表，呈报县政府审批。然后每年7～9月，由师、团管区医官、部队长官、县（市）政府有关部门人员，组织常备役壮丁进行体格检查。凡体检合格者按其年龄定为各类壮丁：年满18～30岁为甲级壮丁，年满30～40岁为乙级壮丁，年满40～45岁为合格壮丁。每年10月，按上级分配下来的征兵名额，制成签条，以乡（镇）为单位，进行抽签。抽签仪式由县长或县长派员主持。保长带领各保适龄男子亲自抽签。未到场者，由征兵委员会代抽。一次抽定本年度各保壮丁，事后按签号顺序应征入伍，以每年1月为正式入营期。由负责征兵的师、团管区派员带领新兵送交接兵部队。适龄壮丁只要抽到了应征的签条，不管是否愿意，都必须应征入伍服兵役，这是征兵制与募兵制最大的不同点。

抗战期间，除各特种部队、军事院校直接在川招募，以及出川抗战的川军自行回乡征募的兵员外，四川共征兵257.88万人，占同期全国征兵人数的18.35%。西康省共征兵30938人。抗战胜利后，四川奉令于1945年9月3日起，停止征兵一年。1946年10月，国民政府再次修订《兵役法》，同时恢复征兵。

征兵过程中也有许多腐败弊端。一些征兵官员强拉壮丁，受贿买放，甚至乘机敲诈，以饱私囊，引起民众的极大不满。

（二）兵役行政机构

1938年6月1日，四川省成立省军管区司令部为全省兵役机关，负责全区征募事务，直隶于军政部。省军管区司令部下辖征募处、编练处、总务科、经理科、政治部、会计室，共编制各级军官95名，士兵50名。同时，全省原有的各部队之兵役机构一律撤销。

1938年7月1日，四川在省军管区之下，设立6个师管区、19个团管区。师、团管区司令部，负责办理区属兵役事务，直隶军政部（1946年后直隶国防部），并受该区行营绥署及省军管区司令部指挥监督。1941年四川省将军、师、团三级管区改为军、师二级管区。师管区由6个增加为22个。团管区撤销后，四川省政府、省军管区司令部鉴于师管区所辖县、市过多，交通不便，遂决定在各师管区内设立征兵事务所，主要辅助师管区司令部办理征兵事宜。1945年3月，四川各师管区及征兵事务所奉令停止工作，并于次年4月结束。

内战爆发后，国民政府于1946年10月9日令四川省重新成立川东、川南、川西、川北、川中、重庆6个师管区和19个团管区。全省师管区共编配新兵大队50个，负责训练壮丁。1949年7月，四川奉令撤销团管区，结束师管区工作，由省保安司令部指定区保安司令部负责各县（市）兵役事宜。

按照《兵役法》及军政、内政两部的规定，1938年4月1日四川省政府制定了《四川省各市县政府办理兵役暂行办法》，规定：各县、市政府在第一科内增设兵役股。同年10月，省常务会议决定，各县、市设立兵役科，撤销原兵役股。1940年各县、市兵役科又改为军事科。1944年4月，四川省奉令裁撤各县、市军事科，其业务由各县、市国民兵团部办理。1945年8月，国民政府军事委员会和行政院又决定裁撤国民兵团，恢复各县、市军事科，负责兵役事宜。

第十章　西康建省与治康措施

西康建省之议始于清末。从 1939 年 1 月 1 日西康正式建省至 1949 年 12 月 9 日西康省主席刘文辉在彭县通电起义，西康省在民国时期历时 11 年。① 西康建省是民国时期四川政区变革的重大事件，是中央政府分治川康、巩固西南边防、建设抗战大后方的重要措施，是反对西藏上层分裂倾向的战略性部署。西康建省后，加强了开发力度，推动了西康的近代化步伐，对以后四川西部及周边民族地区的政治、经济、文化发展产生了深远影响。②

---

① 中华人民共和国成立后，设立西康省。1955 年全国人民代表大会撤销西康省建制，其政务由四川省接管。西康省从建立到裁撤，前后历时 17 年。

② 本章参考冯有志编著、周光钧校订：《西康史拾遗》（全集），甘孜州政协文史委 1991 年编印；任新建：《康藏近代民族关系史》第 14 章《西康建省》（国家社科基金课题，未刊本）；四川省社会科学院研究员吴畏先生提供了珍贵资料。

第十章 西康建省与治康措施

第一节 西康省的建立

一、西康建省缘起

建省之前的西康,称为"康区"或"川边",乃古康、藏、卫三区之一,介于四川、云南与西藏之间,相当于今四川甘孜州和西藏昌都地区管辖的范围。19世纪末20世纪初,英国侵略势力武装入侵西藏,助长了西藏上层的分裂倾向,威胁到四川和云南的安全,致使西南边境危机四伏。鉴于川边地区与川、藏之间唇齿相依的重要关系,朝野有识之士提出了大力"经营川边"、"固川保藏"等对策。1904年(光绪三十年),四川建昌道赵尔丰上书川督锡良,提出"平康三策",其核心内容是改土归流,康地建省,卫川护藏御英。他在第三策中说,"改造康地,广兴教化,开发实力,内固蜀省,外拊西藏,迨势达拉萨,藏卫尽入掌握,然后移川督于巴塘,而于四川、拉萨各设巡抚,仿东三省之例,设置西三省总督,藉以杜英人之觊觎,兼制达赖之外附"。据称,"锡良嘉其议,据以入奏,廷旨报可"。[①] 这是有关川边建省的最早记载。新省叫什么名称,赵尔丰未说,但他明确要"仿东三省之例",设置"西三省",而且要"移川督于巴塘,而于四川、西藏各设巡抚",可见川边建省地位之重要。继赵尔丰之后,川边建省之议不绝。1905年(光绪三十一年),内阁代奏中书尹克昌提出设立"建昌行省"。他在条陈中说:"请酌收川滇土司,添设建昌行省,以固西境边防。"[②] 1907年(光绪三十三年),两广总督岑春煊奏请"边、藏分设二省",即在川边设立"川西省",在西藏设立"西藏省"。1911年(宣统三年),赵尔丰苦心经营川边多年之后,认为川边建省时机成熟,而且刻不容缓,但此时他已奉调署理四川总督。傅嵩炑代理川滇边务大臣后,继续推行赵尔丰的经边方略,并于1911年8月(宣统三年闰六月),奏请于川边建立"西康省"。傅嵩炑列举了5条建省理由,认为川边建省具有重大政治意义和战略意义。如建省可以划

---

① 冯有志编著、周光钧校订:《西康史拾遗》(全集),甘孜州政协文史委1991年编印,第14页。
② 西藏自治区社会科学院:《近代康藏重大事件史料选编》第2编(上),西藏古籍出版社2001年版,第37页。

定康、藏疆界，名正言顺对川边实行直接统治；可以"守康境，卫四川，援西藏，一举而三善备"等等。至于省名，傅嵩炑提出："查边境乃古康地，其地在西，拟名曰'西康省'。"① 这是第一次提出"西康"这个地域概念，也是第一次提出"西康"这个省名。由于辛亥革命爆发，建省之议遂罢，但赵尔丰、傅嵩炑等对川边的经营及其建省的规划，为民国时期西康正式建省打下了基础。

民国初年，中央政府忙于内地经营，无暇顾及西南边事。西藏上层中的分裂势力，在英国侵略者的支持怂恿下，乘机发动叛乱，西南边防危急。1912年（民国元年）7月，四川都督尹昌衡被民国总统袁世凯任命为西征军总司令，率师西征，很快稳定了川边局势。在组建川边行政机构时，民国政府认为"西康"一词是清代为建省而拟定的，现在不建省，应取消"西康"之名，仍称"川边"。1912年10月，设立川边镇抚府，由尹昌衡兼镇抚使；1913年6月，改设川边经略使，其职衔同于各省都督。1913年底，改设"川边特别行政区"，直隶民国政府，行政长官为川边镇守使，其职衔略低于各省长官。1923年，川边镇守使陈遐龄介入四川军阀混战，被四川军阀刘成勋打败。刘成勋接管川边后，报请北京政府批准，恢复"西康"之名，废川边镇守使，改设西康屯垦使，兼理民政。1925年，北京政府下令建立"西康特别行政区"，与热河、察哈尔、绥远、京兆合称为"五特别行政区"。从此，"西康"作为行政区划名称，正式取代"川边"。

1927年夏，第二十四军军长刘文辉率部突袭刘成勋第二十三军，吞并其部队，南京国民政府任命刘文辉兼任川康边防总指挥，从此刘文辉名正言顺接管了西康戍地。南京国民政府认为，孙中山手订的《建国大纲》中仅有省治，而无特别行政区，因之于1928年9月宣布，将热河、察哈尔、绥远、西康等特别行政区均改为省，由此拉开了民国西康建省的序幕。

二、刘文辉主持筹建西康省

1928年9月，南京国民政府决定建立西康省，但主持康政的刘文辉对此并不十分热衷。因为，当时刘文辉正担任四川省政府主席，拥兵10余万，占有四

---

① 《代理川滇边务大臣傅嵩炑奏请建设西康省折》，傅嵩炑《西康建省记》民国元年［1912］铅印本，第24~26页。

第十章 西康建省与治康措施

川 70 余县,意在"统一四川","称霸西南","问鼎中原"。为了敷衍其事,他在二十四军军部"边务处"之下设立了一个"西康政务委员会",作为西康地区的最高行政机关,以龙邦俊为主任委员。1931 年 2 月,国民政府行政院再次要求尽快建立西康省,仍未得到刘文辉的积极响应。直到 1933 年秋,刘文辉在"二刘之战"中战败,率部退据雅安一隅,再也无力他图,这才开始全力经营西康。

刘文辉败退雅安之后,"防区"仅有贫瘠的宁、雅两属及西康地区。1935 年 2 月,蒋介石任命刘湘为四川省政府主席,同时,下令四川各军交出"防区",统一川政。刘文辉占据的宁、雅两属,向来属于四川,也不得不交给刘湘管辖。这样,刘文辉困守的西康地区,财赋收入更少,不足以供给他的部队。这时,刘文辉认识到,筹建西康省对他十分重要。因为,今日的建省主持人,便是明日的西康省主席。在他看来,自己主持康政已逾 6 年,人事融洽,情况熟悉,应是主持建省工作的最佳人选。然而,此时自己的实力已今非昔比,南京政府和蒋介石在考虑建省人选时,未必就能想到自己。于是急忙派人四处活动,务必把主持建省之职争取到手。通过他的驻京办事处主任冷融等人的活动,国民政府行政院长汪精卫念及刘文辉曾附和他在北平组织扩大会议,共同反蒋,现今刘文辉处境困难,便极力支持他在西康建省;而蒋介石也不愿刘湘势力过大,兼并川、康,因而接受了张群、陈果夫等人的建议,让刘文辉与刘湘叔侄并存,分治川、康,相互牵制。于是,南京国民政府在任命刘湘为四川省主席的同月,也下令组建"西康建省委员会",任命刘文辉为建省委员会委员长。①

1935 年 7 月 22 日,西康建省委员会在雅安正式成立,刘文辉任委员长,诺那(藏族)、向传义、刘家驹(藏族)、张铮、冷融等为委员,此后又增加任乃强为委员。根据行政院颁布的《西康建省委员会组织条例》,委员会下设秘书处及民政、财政、教育、建设、保安等科。按照当时规定,每个省可以划分若干个行政督察专区,因当时西康实际只管辖 19 县,无分区必要,于是在康定设置了西康行政督察专员公署,任命陈启图为专员,负责监督康南、康北各县政务。从此,在刘文辉主持下,开始了紧锣密鼓的建省筹备工作。

---

① 参见张为炯:《西康建省及刘文辉的统治》,《四川文史资料选辑》第 16 辑,四川人民出版社 1979 年 1 月版,第 27 页。

为了加快建省步伐，刘文辉延请任乃强（1894~1989）等专家学者，对西康地区进行深入调查，作为建省决策依据。通过多年实地考察，任乃强陆续撰成出版《西康札记》、《西康图经》、《康藏史地大纲》等著作及大量论文、报告，被誉为"边地最良之新志"、"开康藏研究之先河"。刘文辉还要求驻康各军政长官，认真调查驻地诸情形，提出治康意见、计划，以供决策参考。与此同时，刘文辉还采取了若干振兴西康的措施，如开办各种训练班，培养建省干部和专门人才；建立银行，修筑道路，整顿税捐，兴办实业；创设军校、整饬边军，组建"川康边防军"；妥善解决川藏纠纷中的遗留问题，改善康藏关系等等。①建省委员会成立后，西康地区在政治方面出现了两种显著变化：一是由静态变为动态。多年以来，康民安于现状，除向政府纳粮当差之外，别无他事。但时代在前进，邻近各省都在不断发生变化，西康人民受其影响，自觉无所作为，不足以应付环境。建省委员会乃因势利导，加以种种"动"的设施，如组织保甲，训练壮丁，实行义务教育，改善耕作条件及训练村保头人等等；二是军政分离。过去西康地方行政，多与军事牵连，当地驻军首长，即为行政长官，权责混淆，互相推诿。经建省委员会两年的努力，将军事政治，划清界限，各有专责，使政治逐渐步入正轨。②

此时，国际形势发生了前所未有的新变化。1931年"九一八"事变后，日本帝国主义加紧侵华，抗战局势日趋紧张。必须迁都西南，才能坚持长期抗战。政府西迁，则川、康、云、贵将成为抗战大后方。必须实行总动员，才能肩负起大后方的重任。在此背景下，国民政府号召大力开发后方各省，以为长期抗战之准备，由此更凸显出加快西康建省的重要性。正如四川省政府和西康建委会向行政院的呈文所说："近以国难严重，川省一隅，已成吾国民族最后复兴根据地。川康唇齿相依，不仅关系国防，且为国家西部国防之前线，中枢以沿海各省受敌胁制，将筹划完成康、缅、滇、青交通网，新辟国际交通之安全路线，俾裕抗战能力。本会深维内外情势，建省实难再缓。"③蒋介石及南京国民政府尽管对刘文辉不大放心，但出于巩固西南边防的战略考虑，仍对西康建省给予

---

① 参见任新建：《康藏近代民族关系史》第14章《西康建省》（国家社科基金课题，未刊本）。
② 冯有志编著、周光钧校订《西康史拾遗》（全集），甘孜州政协文史委1991年编印，第225页。
③ 四川省档案馆，四川民族研究所编《近代康区档案资料选编》，四川大学出版社1990年版，第56~57页。

第十章 西康建省与治康措施

了大力支持。

1935年，中国工农红军长征进入川康。蒋介石令第二路军总指挥薛岳和第16军军长李抱冰率部尾追到达康境。薛岳部队驻扎在雅属的天全、芦山等地；李抱冰部队驻扎在康定。红军北上离开川康后，薛、李部队仍驻康、雅，不肯离开，有意与刘文辉争夺西康地盘。特别是李抱冰野心勃勃，宣称要做左宗棠，经营边区。他将刘文辉的部队排挤出康定，同时支持诺那发动反刘"事变"，尽量把事情闹大，并在康定修建飞机场，以便长期驻防康定，最终将刘文辉西康建省委员会委员长的职务取而代之。他唆使康定城内7个喇嘛寺的活佛、堪布等，联合明正、鱼通土司及关外一些土百户，打报告给重庆行辕，"以刘文辉兵微将寡，不足以镇守西康，巩固国防，而且安居雅安，不到康定，造成纵兵殃民，对建省大计，毫不过问。请求行辕上报委员长，将其撤换，另派十六军军长李抱冰为西康建省委员会的委员长，才能完成建省大业……"① 对于李抱冰的所作所为，刘文辉十分恼火，便以影响建省为由，派李静轩为代表赴庐山见蒋介石，陈述康属驻军复杂，粮食供应困难，建省无法进行等情况，要求蒋介石把薛、李部队调走。蒋介石也因当时两广事变发生，需集中较多兵力对付两广，因而答应了刘文辉的请求。蒋介石对李静轩说："你告诉自乾（刘文辉字自乾），我决定把中央部队调开，把西康交给自乾，让他好好经营"。② 薛、李部队撤走后，刘文辉得以保持康南、康北19个县及1个设治局作为建省根据地。1936年9月22日，刘文辉设在雅安的建省委员会移设康定。

但是，刘文辉占据的西康地区，人口只有30万左右，每年赋税收入仅有50万元左右，与初步拟定的建省后开支年需300余万元相差甚远。刘文辉向国民政府提出两项要求：1. 请照绥远、察哈尔建省曾划入河北省部分地区的成例，将四川的宁、雅两属15个县和2个设治局划归西康管辖。③ 2. 西康建省后合计民财教建及保安各项事业经费全年共需3249253元；充实省级机关经费年

---

① 冯有志编著、周光钧校订：《西康史拾遗》（全集），甘孜州政协文史委1991年编印，第161页。

② 张为炯：《西康建省及刘文辉的统治》，《四川文史资料选辑》第16辑，四川人民出版社1979年1月版，第28页。

③ 据《东方杂志》第2年第8期《内阁中书尹克昌奏请添设建昌行省折》载，早在清光绪三十一年（1905年），内阁中书尹克昌就曾奏请在川边地区划出四川雅安府、宁远府、打箭炉厅，云南丽江府、永北厅、永宁土府，以及巴塘、里塘、明正、瞻对各土司，添设建昌行省。可见，将宁、雅两属划入新省之议，由来已久。

需 4 万余元；而现在中央补助建省委员会的经费每月才 1 万元，不敷太多，请照补助察、绥建省成例，除本省收入外，差额由中央全部补助。

刘文辉的这两项要求，是在建省委员会成立两个月前提出的，虽然行政院长汪精卫支持刘文辉，但蒋介石不肯出钱，只空洞地答复说："案经中央各部、院、会审查，谓西康建省委员会行政经费，已经行政院核定，每月补助 1 万元，列入 24 年度预算，此外如需建设经费，似宜俟建省委员会成立，拟定建设计划后，再行核办"。关于请划宁、雅两属问题，行政院则转军事委员会，由蒋介石令四川省政府核定。四川省主席刘湘对西康建省本来就不大赞同，现在刘文辉还要从四川省内划出宁、雅两属，更不愿意。刘湘还怕刘文辉势力增大，形成对自己的威胁，乃根据四川省府民政厅长甘绩镛提议，以"查四川宁、雅两属，虽与康南接境，然自前清迄于今日，均分守疆区，相安无事，一切民情习俗，各有沿袭，而财政、教育、建设、保安诸大端，关于川省政治设施尤为重要"①为词，拒绝划拨宁、雅两属。

1938 年 1 月 20 日，第七战区司令长官、四川省政府主席刘湘病逝汉口，成为刘文辉谋划宁、雅两属划入西康的大好时机。22 日，国民政府行政院任命张群为四川省政府主席；同日，行政院议决改组西康建省委员会，指派刘文辉、段班级、李万华、任乃强、叶秀峰、周学昌、王靖宇、韩孟钧为建省委员会委员，刘文辉任委员长，王靖宇兼任保安处长。国民政府对张群的任命，遭到刘湘部下将领的坚决反对。刘湘部下第四十四军军长王缵绪，极力拉拢刘文辉，企图借助刘文辉在四川军政界的关系，促成他出任四川省主席。王缵绪许诺事成之后，同意将四川的宁、雅两属划归西康，并由四川省政府对西康作财政上的援助。后来这事完全成功了。1938 年 4 月，刘文辉奉召赴汉口晋谒蒋介石，向蒋面陈西康建省必须解决的三项基本问题，即"疆域之调整"、"财政之援助"、"交通之改进"，也就是划拨四川省的宁、雅两属归西康；西康省政府成立后，按省预算由国民政府与四川省政府补助西康不足的行政和建设经费；拨款修筑川康公路。这三项要求，都得到了蒋介石的当面批准。除此之外，蒋介石还答应在人事安排上对西康省给予照顾，如同意民、财两厅首长人选由省府推

---

① 张为炯：《西康建省及刘文辉的统治》，《四川文史资料选辑》第 16 辑，四川人民出版社 1979 年 1 月，第 29 页。

荐，经国府核定任命等等。同年5月，王缵绪出任四川省主席后，即派省政府委员吴景伯与刘文辉的代表王靖宇商定川康划界问题。经川康两省商定，并上报行政院转呈国防最高会议批准，自9月1日起，将四川的第17专区（除名山县外）和第18专区共14县及金汤、宁东2个设治局，移交西康省管辖，同时将四川靖化县所属的绰斯甲土司辖地也划归西康丹巴县。至此，西康省的疆域得以解决，辖地30多县，已具一省规模，"建省之基，于是乃定"。①

图10—1 着便装的西康省政府主席刘文辉

1938年11月28日，行政院在武汉召开国务会议，讨论西康建省问题。鉴于西康省的建立水到渠成，而且对加强国防、开发西康、发展经济、稳定人心、增强抗战力量等都有好处，会议决议西康建省。12月13日，行政院第393次会议，通过了西康省政府人选。任命刘文辉、段班级、李万华、叶秀峰、韩孟钧、王靖宇、格聪呼图克图、杨永凌、黄述为委员，刘文辉兼主席，段班级兼民政厅长，李万华兼财政厅长，叶秀峰兼建设厅长，韩孟钧兼教育厅长，王靖宇兼保安处长，张为炯为秘书长。

三、西康建省及其意义

1939年（民国28年）1月1日，西康省政府在康定成立，西康正式建省。省会设康定。是日，举行了隆重的开府典礼，会场上悬挂着四川、青海、云南、贵州4邻省省政府赠送的红缎金字横彩、各族各界赠送的贺联及关外各大喇嘛寺赠送的幢幡宝盖。大门外悬挂着蒋介石题赠的"西南保障"4字红缎彩穗大横幅。蒋介石特颁《训词》，"感经始之艰难，念成功之不易"，对新西康省未来各项事业寄予很高希望。刘文辉身着三星上将戎装，斜挂红色大绶，率领身穿中山装、头戴呢礼帽的省府大员，在总理遗像前宣誓就职。随后，刘文辉发表

---

① 任新建：《康藏近代民族关系史》第14章《西康建省》（国家社科基金课题，未刊本）。

了就职演说。他简要回顾了西康历史和建省经过，指出今后的道路还很漫长，困难也更不少，最后代表省府全体同人，向全省各族同胞郑重宣布了省府的6条施政纲领：第一，厉行经济建设；第二，加强民族团结；第三，发展边疆教育；第四，加强组训民众；第五，改善人民生活；第六，彻底澄清吏治。① 这6条政纲似乎给西康各族同胞带来了一线希望。

图10-2 西康省政府治所

国民政府划归西康省的辖地共46县和3个设治局。由于金沙江以西的昌都、恩达、太昭等13县当时处于西藏地方政府控制之下，刘文辉的势力未能进入，因而西康省辖地实际为33县和3个设治局，其中：

康属19县1个设治局，即：康定、泸定、丹巴、九龙、雅江、理化（今理塘）、稻城、定乡（今乡城）、得荣、巴安（今巴塘）、义敦（后并入巴塘、理塘）、白玉、德格、邓柯（后并入德格）、石渠、甘孜、炉霍、瞻化（今新龙）、道孚19县和泰宁设治局（后并入道孚）；

雅属6县1个设治局，即：雅安、荥经、芦山、天全、宝兴、汉源6县和金汤设治局（后并入康定）；

宁属8县1个设治局，即：西昌、会理、盐源、盐边、昭觉、冕宁、越西、宁南8县和宁东设治局（今属喜德）。宁属还在彝族地区设有24个政治指导区，有的相当于县，有的相当于区。后来增设德昌、泸宁、普格3个设治局，1945年改德昌设治局为德昌县。至1949年，宁属辖9县3设治局24政治指导区。

通计西康全省实际所辖地域，东至雅安金鸡桥与四川省分界，西至金沙江与西藏隔江而守，南至会理、宁南与云南相邻，北至石渠与青海接壤。据1947年西康省政府统计室之估计，实际管辖土地面积为451521平方公里，人口

---

① 冯有志编著、周光钧校订：《西康史拾遗》（全集），甘孜州政协文史委1991年编印，第226页。

第十章 西康建省与治康措施

1748453人①，其地理范围与今日四川省的甘孜州、凉山州和雅安市大致相同。

西康是以少数民族为主的多民族省份。世居民族除汉族外，主要有彝族、藏族、羌族、回族、苗族、蒙古族、白族、纳西族、傈僳族、布依族、傣族和壮族等少数民族。据《凉山州志》载，从清代起，已有少数满族、土家族移居凉山地区。② 这就是说，民国时期世居四川的14个少数民族，分治后西康省都有。川康虽然分治，但四川与西康历史形成的政治、经济、文化各方面的紧密关系是割不断的。川康各族人民依然和睦相处，友好来往，共同开发着这片富饶而神奇的沃土，并为争取自由、民主而开展了不懈斗争。

西康建省是民国时期政区变革的重大事件，具有十分重要的意义。首先，西康建省有利于维护国家统一，巩固西南边防。清末酝酿川边建省，就是为了"卫川、护藏、御英"，"藉以杜英人之觊觎，兼制达赖之外附"。③ 民国时期继续筹建西康省，是中央政府加强西南边防，反对西藏上层分裂倾向的重要措施。西康省的建立，遏制了帝国主义怂恿、支持西藏分裂势力将川边藏区划入"大西藏"范围以实现变相"独立"的企图，维护了国家的统一；第二，西康建省完成于抗日战争的紧要关头，对实现抗日战争的战略目标，保持西藏、云南、青海、新疆等边疆民族地区的稳定，建设抗战大后方复兴基地起了重要作用。抗战时期，东南沿海被日军封锁，西康一度成为重要的国际通道。1942年，康藏人民开辟了通往印度的骡马运输国际交通线，大批英、印商品及战略物资从印度运到康定，再从康定转运到成都、重庆及全国各地，有力地支持了全民抗战；第三，西康建省有利于维系中央政府、川青滇地方政府与西藏地方政府之间的正常交往，加强了汉族与藏、彝等少数民族的联系与交流，推动了康藏地区社会经济的开发，促使康藏地区由"封闭"走向"开放"，并开始向"近代文明"起步，对新中国成立后四川西部及周边民族地区的政治、经济、文化发展产生了深远影响；第四，西康建省是国民政府和蒋介石对四川地方实力派实行

---

① 参见任新建：《康藏近代民族关系史》第14章《西康建省》（国家社科基金课题，未刊本）。张为炯在《西康建省及刘文辉的统治》一文中则称，据1942年6月西康民政厅的调查统计，全省人口为2003587人（《四川文史资料选辑》第16辑，第35页）。
② 《凉山州志》卷5民族第7章第2节白族、满族、土家族，凉山彝族自治州人民政府公众信息网。
③ 冯有志编著、周光钧校订：《西康史拾遗》（全集），甘孜州政协文史委1991年编印，第14页。

拉拢与控制的一种手段。蒋介石对四川实力派一直不大放心，企图通过川、康分治，笼络四川地方实力派，既缓减四川军阀之间的矛盾冲突，又让其互相牵制，从而加强中央对川、康地区的控制。蒋介石的这一策略，短期内确也收到了一定效果。但是，西康省主席刘文辉对蒋介石一直存有戒心，双方貌合神离，明争暗斗。特别是抗日战争胜利后，刘文辉不满蒋介石的独裁统治，秘密加入"民盟"、"民革"等民主党派①，而且一直与中国共产党保持着联系。1949 年 12 月 9 日，刘文辉以西康省主席身份率二十四军在彭县通电起义，宣布西康省和平解放，从而减少了人民解放军解放西康造成的流血牺牲，加速了国民党政权在川康两省的崩溃。西康建省后的这一历史功绩，自然是国民政府和蒋介石始料不及的。

第二节　民国时期的治康措施

一、刘文辉治理西康的方针政策

刘文辉主持康政长达 22 年。在治康期间，他根据西康的具体情况，结合研究历代治边者的得失成败和其智囊团的出谋献策，总结出了一套治理西康的方针政策。经刘文辉授意，由其智囊撰写的《建设新西康十讲》②，集中体现了刘文辉地方主义的政治意识及其治康方略。曾先后在西康供职 20 年、多次聆听刘氏演讲、且对西康历史有深入研究的冯有志先生，在其编著的《西康史拾遗》（全集）一书中，将刘文辉治理西康的方针政策，归纳为六点，即：一个目标，两项措施，三足鼎立，四个时期，五大问题，六项纲领。③

（一）一个目标。刘文辉治理西康的总目标是"化边地为腹地"，即通过各项有效措施，使西康的政治、经济、文教、交通、生产、生活同步发展，力争

---

① 1941 年中国民主政团同盟（简称"民盟"）成立，刘文辉支持"民盟"活动，后经民盟主席张澜介绍，接纳刘文辉入盟为"特别盟员"，后被推举为民盟中委之一；1948 年中国国民党革命委员会（简称"民革"）在香港成立后，在川康两省开展地下活动。刘文辉化名杨宗文参加民革地下组织，并被推举为民革川康分会主任委员。
② 《刘自乾先生建设新西康十讲》，（西昌）建昌书局 1943 年版。
③ 参见冯有志编著、周光钧校订：《西康史拾遗》（全集），甘孜州政协文史委 1991 年编印，第 278~279 页。

第十章 西康建省与治康措施

赶上内地,与各省市并驾齐驱,以达到边圉永固,金瓯无缺,完成其东屏四川、西控西藏、南障云南、北援青海的历史使命。

(二)两项措施。刘文辉认为,西康社会之所以进步迟缓,主要原因有二:一是军政合一,俨如独立王国;二是政教不分,宛如一潭死水。为此,他采取的第一项措施,便是设立西康特区政务委员会,专管行政,同时整顿边军,严禁军人干政,使军政分离,各有专责;他采取的第二项措施,便是化静为动,改变政教不分、桎梏人民思想、寡欲知足,不求进步、静止无波的状况。但刘文辉深知,这种根深蒂固的状况,绝非一纸行政命令就能改变,如果急于冒进,就会激起反感,滋生事端。因此必须稳步前进,徐图改进。一面尊重其固有文化与宗教信仰,顺应其心理要求;一面推行地方建设,促其逐步前进。要尊重高僧大德,与之确取联系。对土司头人,则采取"感化"政策,期能服从命令,确守范围。非至万不得已,决不轻用武力。

(三)三足鼎立。康属、宁属和雅属,是构成西康的三个部分,犹鼎之三足,缺一则鼎不能立。故刘文辉治康,采取的是三属并重政策。在用人问题上,凡三属中的知名人士与有影响的头面人物,都均衡轻重加以任用,使之各得其所,互相牵制,决不让其中一属砝码过重,致生事端。在施政问题上,则根据三属不同的实际情况而采取不同的政策:对康属采取"稳健政策,力求安定";对宁属采取"急进主义,剿抚兼施";对雅属则采取"循序渐进,推动建设"。

(四)四个时期。刘文辉认为,自唐代以来,汉族治理西康的方针政策经历了四个时期的转变。(1)自文成公主下嫁至清代中叶,当国者既无开发边境之心,更无使用边民之意,只要彼此相安,即可称为太平盛世,可谓羁縻时期;(2)自清末赵尔丰经营川边至民国成立,可谓改流时期,亦称开辟时期,惜时仅7年,即告熄灭;(3)自民国元年至民国17年(1912~1928),主政者既无经边之念,亦无治边之策,听任边吏,任意施为,可谓放任时期;(4)自民国17年刘文辉入主康政、中央决定西康建省进入建省时期,采取的主要方法是谋求汉藏之间和睦相处,共同建设。西康省政府成立,只是建省工作的第一步,百端待举,任重道远。

(五)五大问题。刘文辉认为,在西康的各项工作中,为西康省特具,而又为历来治边者所不易解决的问题计有宗教、乌拉、夷(彝)务、鸦片、土匪等五大问题。(1)宗教问题。这里的宗教专指藏传佛教即喇嘛教。藏民普遍崇信喇嘛教。喇嘛教在康藏社会中经久不衰，有着特殊的自然条件、物质环境和社会历史根源。刘文辉治康，对宗教主张因势利导，力谋政教协调，僧俗合作，把维护佛法、整饬教规作为重要政策；(2)乌拉问题，亦即差徭问题，是康属藏民有着切肤之痛的一大苛政。刘文辉及国民政府试图采取治标（如建立差徭监察制度）、治本（如废除乌拉章程、创设牧运公司、建设汽车干道等）办法加以解决，但鉴于当地实际情况，乌拉制度不能遂行废止，只能采取修复台站、拨款补助乌拉等办法以维持现状；(3)夷（彝）务问题，亦即对待宁属彝族的态度与政策问题。彝族人口众多，过去将彝区视为"化外"，只派重兵戍守，未曾积极治理。宁属划归西康后，刘文辉决定采取"积极政策"，对彝区完全设治管理。办法是建立靖边部队，剿抚兼施。虽然收到一定效果，但由此兵祸不断，给宁属百姓带来深重灾难；(4)鸦片问题。清末，鸦片已流入西康，民国时期逐渐泛滥，特别是宁属，烟毒已成为最大"弊害"。[①] 1937年，国民政府通令全国各省，限期6年，禁绝烟毒，无论种、运、售、吸，均在禁绝之列。然而鸦片是军阀刘文辉赖以生存的重要财源。他曾对属下高级军官们说："种烟是本军的生命线"。因此他对中央政府的禁烟令，采取的是阳奉阴违、明禁暗放、时张时弛对策。西康建省委员会曾印制十余万张布告，上书8个大字："种烟枪毙，田地归公"，张贴大道通衢，穷乡僻壤。但十余年来，从没听说枪毙过哪个种烟人，充公了哪家种烟的田地。老百姓都知道，这张布告的用意，就是政府要催收"烟金"，只要缴足了烟金，便可万事大吉。因此布告年年在贴，鸦片年年照种。当时，刘文辉与二十四军官兵多在鸦片烟上发财，各县县长、乡镇长、保甲长、袍哥、土匪，勾通一气，在种烟、贩烟、抽收烟税中谋利。二十四军在成都双流驻有一个营的兵力，其任务就是将二十四军从西康地面运来的烟土转运到成都销售。据营长周桂三说，他这一营人驻双流先后16年，专门负责运烟达13年之久，每年运烟数字平均500担（100两为1担），其中绝大部分是"公土"，即刘文辉的烟土，另一部分则是各级军官私人贩运，也由他的士兵附带帮

[①] 1938年，国民参政会组织川康视察团到川康各地视察。当时参政员黄炎培率领一个组在宁属视察后认为，宁属最大的"弊害"是鸦片，并写诗历述鸦片之害，在国内各大报纸发表。他在《越西怨》中写道："红红白白四望平，万花捧出越西城。此花何名不忍名，我家既倾国亦倾。"由此可见宁属烟害之烈。

运，后者的奖励比运"公土"高些，所以官兵也乐于帮忙。① 可见，刘文辉的禁政，纯粹是应付场面。(5) 土匪问题。民国初年，康雅道上已有小股土匪出没。到了40年代，雅属大肆种烟，匪患日烈。鸦片种得越多，外来换烟的枪弹也就越多，土匪（大半是地方恶霸统率下的烟民）的实力就越大，保烟的实力也越强。当时，雅属比较著名的土匪有天全匪首杨崇楷，有人枪2000余；荥经匪首余登云、袁彪暨廖火筒（绰号）、王天才等，各有人枪200余；宝兴匪首王耀禄，有人枪300余；雅安匪首王天品、王天敏等，有人枪300余；荥经、汉源一带匪首袁祯祥，有人枪1000余，并有机枪、迫击炮等。鸦片土匪，互为因果，盘根错节，纠结难分，烟祸匪患，愈演愈烈，终于酿成了与康属发生的"班辕事件"、宁属发生的"普雄事件"、合称为西康三大事件之一的"雅属事件"。② 事件平息后，刘文辉鉴于雅属地方恶霸势力强大，有危及他统治的危险，为了拉拢地方实力派，乃答应开放省政，喊出"地方自治"口号，在雅安成立地方自治总会，在雅属各县成立自治分会。自治总、分会人员，以地方"士绅"为主，军政机关派员协助。所有各县民、财、教、建等方面的重大事项，均由这个机构先行商议决定，然后实行。所谓治安和禁烟，也由这个机构负责办理。③

（六）六条纲领。这是刘文辉在西康省政府开府大会上向全省各族民众郑重宣布的六条施政纲领：一曰厉行经济建设。刘文辉认为，经济是政治的基础，欲求政治昌明，必先发展经济，故厉行经济建设，实为建省的首要之图；二曰加强民族团结。建设西康，必须依靠世世代代居住在这块土地上的各族人民。鉴于过去主持边政者歧视少数民族，不尊重其宗教信仰，强易其风俗习惯，对其财富则巧取豪夺，对其百姓则压迫欺侮，因此民族之间裂痕日深，弥合甚难，

---

① 张为炯：《西康建省及刘文辉的统治》，《四川文史资料选辑》第16辑，四川人民出版社1979年1月版，第49页。

② "雅属事件"亦称荥经及天（全）芦（山）宝（兴）事件。抗战胜利后，外界对西康种烟指责太多，刘文辉迫于压力，不得不表示决心禁烟。1946年3月，他派保安部队到荥经县铲烟，遭到地方势力的反对。曾任乡长的袍哥头头朱世正等率领反铲武装攻陷荥经县城，杀死保安司令张禄宾，是为"荥经事件"。其后，朱世正等联合旅蓉康籍同乡会的陈强立等反刘势力，提出"康人治康"口号，串通天全李元亨、芦山程志武等带土匪性质的地方武装，攻陷天全、芦山、宝兴、荥经等县，几乎攻进雅安，是为"天芦宝事件"。

③ 张为炯：《西康建省及刘文辉的统治》，《四川文史资料选辑》第16辑，四川人民出版社1979年1月版，第42页。

若不改弦易辙，则建设新西康将成空言。故加强民族团结，是省府的基本政策，并非一时权宜之计；三曰发展边疆教育。西康地处边隅，开发较晚，更因民族杂居，语言不同，发展教育尤多困难。而欲建设新西康，首需提高民众的文化素质，发展边疆教育；四曰加强组训民众。组训民众，培训干部，是为加强抗战后备、巩固国防奠定民众基础；五曰改善人民生活。在康属改善乌拉制度，减轻差民负担，发展兽医，引进良种牧草，改进耕作方法。在宁属加强防务，防止盗匪劫掠，使汉彝民众能够安居乐业，发展生产。在雅属提倡精耕细作，使农副产品增加，以资改善民众生活；六曰彻底澄清吏治。刘文辉认为，为政在人。若无贤能之士，即使有好的政策，亦将徒托空言。因此澄清吏治，首在选贤任能，然后严惩贪污，罢黜无能，如此政通人和，方能百废俱兴。

刘文辉治理西康的这一套方针政策，涵盖政治、经济、军事、文化、民族、宗教、社会等方方面面，从当时的情况来看，应当说基本上符合西康的省情，具有鲜明的时代特征。与前代封建治边者相比，具有远见卓识。但由于种种原因——主观上言行不一，并受客观条件的制约，这些方针政策或者没有实现或者没有完全实现，有的甚至是纸上谈兵。特别是刘文辉与蒋介石之间成见甚深，彼此猜疑，互相防备，致使刘文辉把大部分时间、精力以及大量金钱用于结交当朝权贵、疏解各方人事，以求缓和与蒋介石之间的紧张关系，以维持自己的政治地位，因之用于对人之时多，用于治事之时少。但总的说，刘文辉的这一套方针政策，在川康历史上留下了深远影响。

二、西康省的政权机构及重要政治组织

西康是一个新建的省份。自建省委员会成立以来，西康省的政权机构及各种政治设施陆续建立，并不断调整扩充。现将省级政权机构及重要政治组织简介如下：

（一）西康省政府

西康省政府主席是全省的最高行政长官。省主席刘文辉，同时担任第二十四军军长、川康边防军总指挥、西康全省保安司令、国民党第六届中央委员、西康省党部主任委员等职，可谓集党、政、军、保大权于一身，建立起对西康省的全面统治，并不时与蒋介石中央政府唱对台戏。

西康建省之初，仅设有秘书处（秘书长张为炯）、民政厅（厅长段班级，省

政府委员)、财政厅(厅长李万华,省政府委员)、教育厅(厅长韩孟钧,省政府委员)、建设厅(厅长叶秀峰,省政府委员)、保安处(处长王靖宇,省政府委员)等几个厅处级办事机构。随着形势的发展变化,省级机构有所增加。主要有:(1)交通局:原设于建设厅内,因发展交通为西康首图,责重事繁,遂于1940年将交通局升格

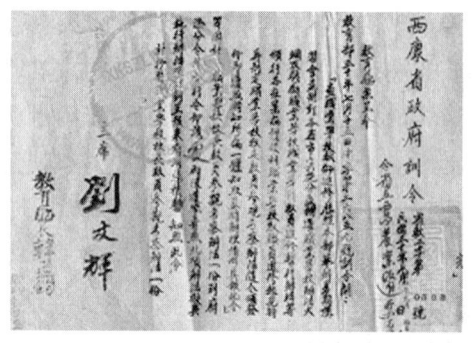

图10-3 1941年(民国30年)西康省政府训令

与厅处平行。(2)会计处:按省组织法规定,为保持会计独立,于1939年设立会计处。处长由省政府委员兼任,直接由省主席领导,并受国民政府会计处监督指挥。(3)统计处:1939年与会计处同时设立。因统计人员缺乏,未能开展业务,后撤销,业务移交民政厅。(4)粮政局与田粮处:1940年10月,西康省政府在康定设立粮政局,主要任务是解决省会康定的粮食供应问题。抗战期间,为保证军粮供应,国民政府下令改田赋折征为征收实物,各省市及各县均设田赋管理处。后撤销粮政局,业务并入田赋管理处,改称田赋粮食管理处(简称田粮处)。(5)卫生处:1944年初,行政院下令各省设立卫生处。因西康建省未久,卫生工作才开始发展,经费不多,遂报经行政院批准,于1944年7月在民政厅之下设立卫生处。(6)警保处:西康建省之初,未设置警察厅。警察行政工作由民政厅兼管,业务由省会警察局推行。随着形势发展,警察行政已非民政厅所能兼顾。1947年遂在全省保安司令部内设置警保处。警保处处长由保安司令部会同省政府任命。(7)合作事业管理处:建省委员会时期,成立了合作事业管理委员会,任务是开展各县农村生产合作、消费合作与信用合作。省府成立后,改为合作事业管理处。后因受货币贬值影响,合作业务无法开展,遂将合作事业管理处撤销,在民政厅内设置一个合作科。(8)社会处:西康省的社会处设置较晚。因为社会工作,包括社会组训、福利、救济及社会服务等,原由国民党直接主办。抗战胜利前夕,始划归行政院掌管。1946年5月,行政院例会通过,西康省设立社会处。1949年4月,行政院下令撤社会处,业务移交民政厅。

当时,行政院核定的西康省级机构的人员总额(编制)为3000人,无论设

置多少机构，总名额不能超过此数。财政部照3000人每月平均薪俸160元计算，按月划拨到省财政厅，有余自行留用，不足不另补发。由于全省各级官员的薪俸高于平均数者占少数，低于平均数者占多数，因此全省月俸都是有余而无不足。于是，省财政厅便把各省级机关按组织规定应设置的人员，提取15%作为刘文辉的"主席特支"。其中，拨给代主席张为炯80人，共计12800元。

刘文辉身为西康省主席，理应坐镇省会康定，总揽一切，发号施令，但康定僻处西陲，交通不便，信息闭塞，因此刘文辉把二十四军军部和川康边防总指挥部都设在雅安。他除每年夏秋之交到康定住两三个月处理要务之外，其余时间则常住雅安或成都。按常例主席因公外出，由秘书长张为炯常住康定代行。刘文辉对张为炯十分信任，即使后来张为炯调任民政厅长，仍破例以民政厅长代行主席。因此人们说，西康有两位主席、两个省会：一位是主席刘文辉，一位是代主席张为炯；一个省会在康定，是西康政治的中心，但一切大政均由刘文辉在雅安决定，所以一个省会在雅安，也是西康政治的重心。① 这种情况为他省所无而西康独有。

（二）国民党西康省党部

国民党北伐胜利后，在全国各省相继建立了省党部。由于西康地处边隅，尚未建省，以致建党工作无人过问，成为国民党的空白点。1932年，国民党中央党部任命格桑泽仁为西康党务特派员，回西康办理党务。格桑泽仁到巴安后，发动"巴安事变"，无功而返。西康建省委员会成立后，国民党中央组织部派CC系分子叶秀峰、周学昌、骆美轮等到西康建立组织，发展党员。叶、周、骆等于1938年3月到达康定，首先说服刘文辉撤销了青年党西康头头杨永浚的建省委员会秘书长职务，将青年党势力排挤出西康。接着成立了国民党西康省党部筹备委员会，由刘文辉担任主任委员。1939年元月西康省政府成立后，西康省党部也正式建立。省党部内设秘书、组训、宣传、监察四处。国民党中央党部任命刘文辉的大邑同乡冷曝东为主任委员。1945年，省党部改组为西康执行委员会，刘文辉以中央执行委员身份兼任西康省执行委员会主任委员。1949年实行党团合并，省三青团干事长转到省党部任副职。

---

① 参见冯有志编著、周光钧校订：《西康史拾遗》（全集），甘孜州政协文史委1991年编印，第314～316页。

省党部建立后，举办了各种形式的党训班，在各县建立县党部和基层组织，大量发展党员。暗示各级政府官吏，不是党员的，铨叙部不予铨叙。各种训练班的学员，没有入党的都要集体入党。各地的一些大小土司和头人纷纷被拉进国民党内。按规定，入党要交4张二寸照片，3张贴申请书，1张贴党证，当时关外各县连县城都无人照相，没有照片便成为农村发展党员的一大阻碍，这种情况反映到国民党中央，后来同意可以用"指纹"代替。这样，给各县党部弄虚作假大开方便之门，一个人可以替几十上百人按指纹，而无法鉴定。所以当时党员数量激增，其实水分很大。

国民党的特务组织中统（中央调查统计局）和军统（军事委员会调查统计局）在西康都设有机关，其任务是对付持不同政见的党派和进步人士。中统在西康的调查统计室（简称调统室），即设在省党部内，受省党部主任委员领导。由于西康省党部主任委员一职始终由刘文辉自兼或由他的亲信充当，所以国民党中央虽然先后派了不少特务、党棍到西康省党部内活动，但对刘文辉却不敢公开捣乱。[①] 军统在西康省会康定建立了康定站，对外称为军事委员会"康定邮电检查所"，以掩护其特务活动。康定站还负有监视刘文辉的一切活动的任务，这也是造成刘文辉与蒋介石矛盾加剧的原因之一。

（三）委员长西昌行辕与宁属屯垦委员会

1938年下半年，蒋介石借口如日军进入贵州，国民政府将迁都西昌，为了预作准备，决定先在西昌设立军事委员会委员长西昌行辕，并特派与刘文辉原本交好的张笃伦为行辕主任，率领一个团（初为一个营）的中央军进驻西昌，实际是对刘文辉进行监视和控制。刘文辉心知肚明，但又不便反对。当他就任西康省政府主席之后，于1939年6月率领大批省府要员南巡宁属，决定在西昌设置"宁属屯垦委员会"，并亲自兼任主任委员，任命财政厅长李万华为副主任委员，任命杜履谦为秘书长。该会名为屯垦，实则为西康省政府的分府[②]，负责总揽宁属各县军政事宜，目的是架空西昌行辕，不让张笃伦染指宁属各县政务。此后，刘、张之间，勾心斗角，相互攻讦，势同水火。直到1946年国民政

---

① 张为炯：《西康建省及刘文辉的统治》，《四川文史资料选辑》第16辑，四川人民出版社1979年1月版，第31页。

② 胡恭先：《1947~1948年的西康伪选》注三，《四川文史资料选辑》第6辑，第153页。

府还都南京,蒋介石才下令撤销西昌行辕,调张笃伦任重庆市长。但蒋介石对宁属仍不肯放手,赓即成立"西昌警备司令部",并任命贺国光为警备司令。1949年12月,刘文辉通电起义后,蒋介石任命贺国光为西康省政府主席。贺国光遂以警备司令部人员为班底,在西昌组成西康省政府,企图纠集残兵败将负隅顽抗。1950年3月,人民解放军解放西昌,贺国光仓皇飞逃台湾。

(四)西康省临时参议会与参议会

抗战以来,全国人民要求民主、反对独裁的呼声日益高涨。国民政府不得不抚顺民情,在全国各省设置民意机关,以监督地方行政。成立省临时参议会及省参议会就是当时采取的"民主"措施。

根据国民政府颁布的《省(县)参议会组织条例》,西康省于1939年4月成立了以民政厅长为主任的西康省临时参议会筹备委员会,并通令各县政府,同当地士绅协商,推出候选人,呈报省政府,再由省政府转报行政院核定。同年6月,国民政府任命黄汝鉴为西康省临时参议会秘书长,随即公布了省临时参议会参议员名单,计有谭其茳等20人,候补10人,并以谭其茳任议长,胡恭先任副议长。1940年8月省临时参议会在康定正式成立。会后,组织参议员们分三组赴康、宁、雅三属实地考察政治、经济、文化、社会等情况。1943年9月,省临时参议会换届,由胡恭先任议长,谭其蓁任副议长。第二届临时参议会任期到省参议会成立时结束。1946年4月,由各县参议会自下而上推举产生的省参议会在康定正式成立,选举胡恭先为议长,王学禹为副议长。这届参议会延续到1950年康定解放。

西康省临时参议会和参议会属民意机构。尽管参议员们煞有介事地审查并议决了许多议案,但总的作用不大。如临参会议决《雅安县长青伟违法渎职,请省府撤职查办以肃官箴》一案,刘文辉竟将青伟调任川康边防总指挥部副秘书长,此案便不了了之。[①]

三、西康的经济开发

刘文辉经营西康的总目标是采用各种有效措施,力争使西康的政治、经济、

[①] 参见冯有志编著、周光钧校订:《西康史拾遗》(全集)第448页,甘孜州政协文史委1991年编印。

第十章 西康建省与治康措施

文教、交通、生产、生活等各个方面赶上内地各省市的发展水平,以达到"化边地为腹地"之目的。为此,厉行经济建设,加快近代化步伐,便成为西康"建省的首要之图"。

当时,国民政府出于建设抗战大后方的战略需要,对四川和西康两省的经济开发比较重视。1939年3月,国民参政会在重庆设立"川康建设期成会",并派视察团分5路前往川康各地视察,还在四川的成都、泸县、万县、阆中设立4个办事处,在西康的雅安、西昌(暂缓成立)设立2个办事处。1940年6月,成立"川康经济建设委员会",直隶行政院,由蒋介石兼任委员长,委员及常务委员有张群、卢作孚、刘文辉、邓锡侯、潘文华、贺国光、张笃伦等川、康要员。在成立大会上,张群致开幕词说,"抗战时期,开发川康极为重要,应是当务之急"。① 然而,这个委员会的成立并没有给川康经济带来生机。委员会草拟并通过的洋洋90万字的《川康经济建设计划大纲》,多属纸上谈兵;负责筹建的川康兴业公司,集有官、商股本7000万元,宣称"兴利惠民",但兴隆了一阵子之后,也没有多大作为。

西康建省时期及建省之后,当政者比较重视经济开发,在发展农牧业与商业、兴办各种新式企业、加强交通与城市建设等方面取得了一定成效。现择要简述如下:

(一)建立"康农所",推进农牧业

农牧业是西康的经济基础。改进农牧业是改善民众生活、开发西康经济的首要任务。西康农事改进始于清末赵尔丰;建省委员会时曾设泰宁试验场经营垦牧,渐有起色;西康建省后,于1940年成立"西康省农业改进所"(习称"康农所"),隶属于省建设厅,负责"办理康省之一切农林畜牧业之改建事宜"。"康农所"延揽了一批有识之士和专业技术人才,设有农艺、畜牧兽医、蚕丝、森林、农业化学、农业经济等业务机构,主要从事农林、畜牧、农艺、兽医、园艺、蚕丝、农业经济、农业化学等之改进。1945年"康农所"兴盛之时,职工多达265人,管辖10多个农场、牧场、林场或办事处,如宁属办事处、乾宁农牧场、雅安农场、天全农场、汉源蚕场、康定农场、康定乳牛场、泸定森林园艺场、西昌农场、德昌农场、会理农场、泸定磨西示范农场、冕宁合作苗圃

---

① 陈雁翚:《张群与川康经济建设委员会》,《四川文史资料选辑》第29辑,第192页。

及省会气象测候所等。"康农所"对农牧业的推广,在省内各地起到了技术指导与示范作用。西康省于1947年总结该省建设8大成绩时,即将"农业改进"作为成绩之一,主要内容有"改进良用作物,举办水稻、小麦、青稞、马铃薯等育种试验"、"增加粮食生产"、"改进牲畜,防治兽疫,栽培牧草"、"培育果苗,试种美国菜蔬推进园艺事业"等等。①"康农所"的建立及其业绩,在西康农牧业的开发史上具有重要意义,并为新中国建立后这一地区农牧业的发展奠定了基础。

(二)立足茶药互市,开启国际商贸

西康是一个多民族的省份,发展民族商贸,不仅可以促进汉族与藏族、彝族等少数民族的交往,有利于加强民族团结,而且可以征收税金,是西康财政收入的主要来源。当时西康省会康定,是汉藏贸易的中心,最具特色的传统商业是"茶药互市"。西康各县,盛产药材如麝香、鹿茸、虫草、贝母、大黄、秦艽、羌活等。藏商在产地收购各种药材及羊毛、牛皮等山货,成批运到康定,通过"锅庄"中介,售与汉商,再由汉商转运至内地销售,或

图10-4 设在康定的政府茶关

转口远销国外。汉商则从内地将藏族人民每日必需的边茶及布匹、晒烟、哈达、绸缎、百货等商品运到康定,与藏商交易。由于藏汉交易的主要货物是边茶和药材,相对于明代以前的"茶马互市"而言,可称为"茶药互市"。当时在康定的汉商,除陕西、云南等省商号外,川帮中主要是雅安、荥经、天全、名山、邛崃等地的茶商,称之为"五属茶商"。据川边财政厅统计,每年由雅安、荥经、天全、名山等地生产,运到康定销售的边茶,共计54万包,每包平均值藏洋12元,总值藏洋600余万元②,与藏商运到康定的药材及各种山货的总值大

---

① 参见王川:《民国后期"西康省农业改进所"的设立始末及其历史意义》,《西藏大学学报》2006年第1期。

② 冯有志编著、周光钧校订:《西康史拾遗》(全集)第425页,甘孜州政协文史委1991年编印。

致相当。1939年，中央财政部所属"中国茶叶公司"，企图插手边茶贸易，遭到西康当权者及川康茶商的抵制。于是，地方势力以组织统销，提高质量、发展边茶为名进行抵制，抢先成立"康藏茶业股份有限公司"（简称"康藏茶叶公司"）。公司成立后，实行边茶统制，垄断边茶产销，开初业务比较正常，第一年产办茶包约40万包①，以后因通货膨胀、法币贬值、管理混乱，业务逐年下降。有的商号遂离开公司，自行造办，所谓"边茶统制"，已经名存实亡。

抗日战争时期，香港被日军占领，西康一度成为重要的交通线。大批英、印商品改道由西藏运至康定，再转运到成都、重庆等地。当时从事国际贸易的藏商有"邦达昌"、"三多昌"、"日升昌"等大商号。它们拥资上百万，在印度加尔各答和我国的拉萨、昌都、康定、成都、上海等地设有货站，主要进口货物有毛料、香烟、棉纱、颜料、西药等等。藏区的寺庙也大力开展商业活动，据统计，仅大金寺就有商业资本200万元。甘孜县33个寺庙中，以商业收入为主要经济来源的就有14个，共计资金5922000元，占寺庙资金总数的94%。②

（三）兴办工矿企业，创设金融机构

建省工作开始以来，西康当政者就比较重视依托当地农牧业资源和丰富矿藏，兴办各种新式工矿企业，相继在康定、巴安、雅安、西昌、德昌、会理、盐源等地开办了制革厂、毛织厂、造纸厂、木材加工厂、糖厂、瓷厂、盐厂、酒精厂、肥皂厂、发电厂、机械厂、炼铁厂及金银铜矿等企业。西康建省后，国民政府和省政府多次组织视察团、科考团考察西康地区资源，颁布了一系列奖励发展工矿实业的法规、办法，省建设厅负责规划与组织全省的经济建设活动。据史料记载，1939年建省后，又"先后创办造纸、制碱、制革、陶瓷、酒精、机械、钢铁、木材干馏及度量衡制造厂等十大工厂。所出产品，除供本省需要外，并供应蓉渝各地之需。1931年至1943年为本省工厂全盛时代"。③ 由于西康地处边陲，交通极为不便，创办新式企业比他省困难更大。1939年8月，省建设厅为了集中力量从事经济建设，将西康四个企业——美明电灯公司、启康印刷厂、裕边实业公司和新康合作社合并，成立"康裕实业股份有限公

---

① 谢明亮、郭建藩：《西康边茶简介》，《四川文史资料选辑》第8辑，第184页。
② 格勒：《甘孜藏族自治州史话》，四川民族出版社1984年版，第243页。
③ 四川省档案馆藏："民国川康税局"，《西康省造纸厂及度量衡制造厂概况》。

司",下辖建筑材料、印刷、电器材料、水电厂等部门,由省政府委员兼财厅会办李先春担任总经理。西康水力资源丰富,公司决定在康定东郊建立一座装机容量为500千瓦的水电厂。公司向美国订购的水轮机等主要设备,因太平洋战争爆发,越南被日军占领,美轮只得驶往印度,将全部

图10-5 1939年(民国28年)
西康省银行发行的货币

电机卸在加尔各答。当时中印公路尚未建成,从加尔各答运到中国的货物全赖空运。眼看筹建多年的电厂将成泡影,后经刘文辉亲赴重庆,动用诸种人事关系,始得航空委员会同意派巨型运输机将全部电机空运到昆明,然后费尽周折,辗转运到康定,直到1944年12月,电厂始建成发电,正式定名为康定水力发电厂。①

近代工矿企业和商业的发展,使西康现代金融业应运而生。建省前后,相继创设了西康省银行、康定县银行、雅安县银行等金融机构,国内各主要银行如中央银行、中国银行、农民银行、交通银行、川康商业平民银行、和成银行、济康银行等也在西康设立了分支机构,对推动西康的经济建设起了促进作用。

(四)修筑公路机场,发展邮政电讯

出于建设抗战大后方的战略需要,国民政府和西康当局十分重视西康地区的交通建设。1938年4月刘文辉飞赴武汉晋谒蒋介石时,就将"交通之改进",作为建省必须解决的三项基本问题之一,并得到蒋介石的支持。西康地区的公路建设主要有:(1)川康公路(雅安—康定段)。由国民政府拨款修筑。1936年为围堵红军开始修筑,后因红军突围而停工。1938年重新开工,1941年建成通车,全长218.5公里;(2)雅富汉泸公路(雅安—汉源富林—泸定)。川康公路雅康段虽已通车,但因二郎山经常滑坡塌方,交通不畅,省政府决定另建一条绕过二郎山的公路,即由雅安取道荥经至汉源富林,再由富林经泸定到康定。1942年雅富段建成通车。后因货币贬值,经费不足,汉泸段停工;(3)康青公路(康定—甘孜段)。由西康和青海两省合建。西康负责由康定向西修到甘孜,

---

① 冯有志编著、周光钧校订:《西康史拾遗》(全集)第425页,甘孜州政协文史委1991年编印。

青海负责由玉树向东修到甘孜会合。1943年由交通部拨款修筑。康定—甘孜段全长358公里。1944年两省分别建成，全线通车，但实际只建成毛坯路；（4）乐西公路（乐山—西昌）。1939年由交通部拨款修筑，是四川通往缅甸国际公路的直接通道，1941年建成通车；（5）西祥公路（西昌—云南祥云）。1940年由交通部拨款修筑，全长348公里，西康境内长258公里，1941年6月建成通车。抗战时期，西康境内还修建了两个飞机场。一是西昌小庙机场。始建于1932年，抗战时期扩建为空军疏散机场。1940年中国航空公司开辟重庆—成都—西昌—重庆环形航线。1941年8月31日，日本飞机曾从武汉起飞对小庙机场进行轰炸；二是康定营官寨机场。1940年动工，是供美国巨型运输机降落的军用机场。1941年完工后美国空军派飞机试航成功。在邮政电讯方面，雅安、康定、西昌、会理等地已开通电话，甘孜、瞻化、理化等县实现了直接通邮。

此外，西康建省后，在康定成立了"省会建设委员会"，着手对省会康定进行城市建设。从1939年冬开始，在康定东门外乱石河滩平整土地，修建新市区。至1942年，建成文辉路、永晖路和少扬路等三条新街，其中文辉路（新市前街）长510米，街面宽9米，两旁建有木结构一楼一底的街房104间。在新市区，由市建委新修街房共136幢，标价售与市民。为接待来往贵宾及富商巨贾，康定修建了一幢砖木结构二楼一底共三层的"交通旅馆"，除供旅客住宿外，还建有食堂茶堂，房屋整洁，设备齐全，服务周到，公私称便。西康建省前，除雅安有两所教会医院外，西康其他地区没有医院，更没有中国人自己办的医院。1940年底，由中国人在西康创办的第一所现代医院——西康省立医院落成。医院设有内科、外科、儿科、妇产科、牙科、五官科等科室，配置了X光机等现代化的医疗器械。① 与此同时，有西康第二省会之称的雅安也大兴土木，改造旧城区，修建新市区，至1942年雅安市容已焕然一新。

四、西康的文教建设

西康地区的近代文教建设，发端于清末。进入民国以后，由于社会动荡不安，清末开办的新式学堂，多已关闭。当时，许多有识之士强烈呼吁发展康藏

---

① 雁秋整理：《中国人在西康办的第一所医院——西康省立医院》，《四川文史资料选辑》第27辑，第144~146页。

教育。1934年出版的《康藏前锋》说："当今边事日紧、外患日深的今日，我们究竟用什么方法去挽救边疆？怎样才能使边疆同胞不为外力所诱与携贰的目的呢？这个问题经我们研究的结果，除用教育的方法以外是无第二方法可以挽回的啊！……故吾人主张挽救康藏必先从教育入手，一面提高僧俗人民的智识，一面从事于实业的发展。"① 他们认为，发展康藏教育关系到民族团结、国家统一和边防巩固，是刻不容缓的大事。

刘文辉入主康政后，对发展西康文化教育比较重视，把"向学"列为经营西康的"八大政"（即上粮、纳税、当差、向学、劝垦、筑路、办团、护佛）之一。早在1929年3月，刘文辉就以"川康边防总指挥部"名义，训令各垦局及驻军长官、各县知事：为开发边民及少数民族智慧，化除少数民族与汉人轸域，特设"化夷学校"于边区各县，由县知事兼任校长，并由学校供给学生食宿、书籍、文具、制服等。② 这种"化夷学校"，明显带有"同化"少数民族的性质，因此藏民多不愿送子弟入学，以致学校旋生旋灭，收效甚微。

建省委员会成立后，将提高民众文化素质放在重要地位，首先便着手于教育的发展，采取各种办法筹集教育经费。为了培养师资，将前西康特区政委会设立的西康师范讲习所扩建为西康师范学校，又开办康定中学一所。同时针对西康汉藏杂居的特点，创办了一所边疆师范学校，招收藏族青年入校肄业，为关外藏区培养师资。西康正式建省后，将"发展边疆教育"列为6大施政纲领之一。省政府所设教育厅，负责主管全省教育文化事项，改进及推广初等教育，整理及推广中等教育，筹备高等教育，推广社会教育等等。为了发展职业教育，西康省政府拨款开办了医事、商业、农业三个

图10-6　康定县立瓦斯沟小学的墙上，写有"读书救国"、"共赴国难"标语

---

①　《康藏前锋》1934年第6~7期合刊"卷首语"。
②　李绍明等主编：《20世纪四川全记录》，四川人民出版社2004年版，第270页。

职业学校。1941年国民政府颁行《边地青年教育及人事行政实施纲领》，将边疆民族教育分为初等教育、中等教育、高等教育、社会教育、补习教育和特种教育6类。对每类实施方法都作了明确规定，还设立了相应的教育行政机构和督导机构。在此形势下，西康的各类学校有较大发展。据西康省政府统计，建省初期，西康共有中学11所，师范5所，职业学校2所，小学1238所。其中，康属有各类学校128所，教职员265人，学生6717人；雅属有各类学校461所，教职员835人，学生29200人；宁属有各类学校669所，教职员923人，学生36897人。①

有人将近代西康学校教育发展史分为三个时期：清末赵尔丰川边兴学为黄金时期，民国初年为颓废时期，民国后期为复兴时期②，从而对刘文辉发展边疆教育给予了肯定。另有资料显示，仅康属19县就有完小15所，初小44所，短期小学112所，中学1所，师范2所，加上各县民众学校、家庭教育班、儿童随习班等共有学生7800余人。③ 有的县立小学，校舍整洁，是县上最好的建筑，比县政府的衙门还要气派；有的学校体现了藏汉融合的特点，学生既学藏文，又学汉语，为藏区培养了各种人才。然而，即使在所谓复兴时期，西康藏区的学校教育仍然存在诸多问题。特别是建省后推行新县制，实行管、教、卫合一，把行政、教育、武装权力集中在乡、保长手中，各县为了显示政绩，纷纷开办保国民学校及各种短期小学，虽说办学规模空前扩大，但却强行摊派儿童入学，强制学习汉语汉文，因而遭到藏民的抵制。由于民族、宗教、文化等方面的差异，致使藏民视"上学"为"当差"，出钱雇人读书的现象比清末更严重更普遍。这种"雇读"现象，不仅增加了藏民的负担，而且暴露出办学中存在着大汉族主义倾向。因此，西康藏区的小学教育，除少数省立、县立小学外，不少边远地区的保国民学校及各种短期小学则是名不副实。

应当说，西康的师范教育和职业教育是办得颇有成效的，高等教育也开始起步。经过一段时间的发展，西康的师范学校主要有：西康省立师范学校（康定）、国立康定师范学校（后改为康定师专）、省立第一边疆师范学校（康定）、

---

① 参见吴建国：《试论西康建省与康区的早期现代化》，《华中科技大学学报（社会科学版）》2003年第3期。
② 参见刘绍禹：《西康教育史之略述》，《康藏前锋》1936年第1～2合期。
③ 苏发祥：《民国时期藏区教育概述》，《民族教育研究》1999年第3期。

国立巴安师范学校、省立第二边疆师范学校（西昌）、省立云定师范学校（西昌）等；西康的职业学校主要有：省立西昌高级护士职业学校（后改为西康农业专科学校）、省立雅安工业职业学校、国立金江初级实用学校（会理）、省立康定商业职业学校、省立康定农业学校、省立康定医事职业学校、省立甘孜初级实用职业学校等①；西康的高等学校有两所：一是1940年教育部在西昌创办的"国立西康技艺专科学校"，设有农林、畜牧、土木工程、矿冶4科，学制3年；又设农林、土木、机械、化工4科，招收初中毕业生，学制5年。② 二是1947年经教育部批准，将国立康定师范学校改为"国立康定师范专科学校"，设2年制和5年制专科。其时，还成立了"西康大学筹委会"，着手筹办"西康大学"。③

长期以来，西康藏区盛行宗教教育。藏民送儿童入喇嘛寺当苯觉（俗家弟子）或扎巴（受戒的喇嘛徒弟），喇嘛寺对苯觉和扎巴进行基础教育，并建立起一套从低到高的教育体系。这种教育模式是近代学校教育在短时间内无法取代的。当政者认识到藏区的宗教教育仍具有合理成分，从而认可了宗教教育的合法性。因此国民政府对开展僧侣新式教育作出了明确规定，并在重庆创办"汉藏教理院"，在康定筹建"五明学院"，以致在西康学校教育复兴的同时，宗教教育仍得到长足的发展。④

西康是一个新建的省份，举办各种短期训练班，培养建

图10-7 康定城中的五明学院

---

① 韩达主编：《中国少数民族教育史》第323～330页。转引自徐中林、王希隆：《试论民国时期中央政府对西藏的文化教育政策》，《中国藏学》2004年第2期。

② 《凉山彝族自治州概况》，四川民族出版社1985年版，第294页。

③ 王川：《民国后期"西康省农业改进所"的设立始末及其历史意义》，《西藏大学学报》2006年第1期。

④ 参见严奇岩：《近代西康藏族"雇读"现象探析》，《民族研究》2006年第6期。

省急需的干部人才,是西康文教建设的一大特点。建省委员会时期,刘文辉就建立了西康县政人员训练所,1937年在成都招收60名学员到康定培训(后又调集12名在职人员参加培训,共计72名,康定人称"72贤人")。教授科目有政治时事、西康史地、保甲制度、机关管理、道德修养、教育、会计、卫生、佛学、藏文、国术(武术)等,颇有针对性。刘文辉亲任训练所所长,并数次到训练所作"精神讲话"。他还亲自审阅学员的毕业考试试卷,并逐个接见学员,称为"个别谈话"。这批学员或留在建委会工作,或分发各县担任秘书、科长,有的还担任了县长。此后,还陆续开办了财政、统计、合作事业、义务教育师资以及党务人员训练班。这些训练班的学员,有的是从成都等地公开招考、择优录取的知识青年,结业后大多留在西康工作。1939年西康建省后,刘文辉在汉源县建立"汉源保训所",举办了两期规模较大的训练班,每期选调宁、雅、康各属现任保甲军训人员及优秀青年900人来所,共培训1800名,其中汉族1500名,藏族200人,猓族(彝族)100名,毕业后各回原籍,担任保甲军训工作。① 1940年,刘文辉遵照中央政府部署,在雅安建立西康省地方行政干部训练团,简称雅安省训团,调集县以上干部及乡镇干部轮流入团受训。省训团共办6期,其后在康定办了一期藏族民政干部训练班,于1945年结束。通过各种培训,提高了西康干部的文化素质,同时也强化了对西康人民的统治。

　　现代报刊的大量涌现,是西康文教建设的又一显著特点。民国时期,西康是一块神奇而亟待开发的热土。怎样治理、开发西康?怎样让国人了解、关心、支持西康?怎样启迪西康民智,表达西康民众心声,让西康民众肩负起振兴西康的重任?便成为治康者及众多有识之士面临的重大课题。在此情况下,作为现代传媒工具的各种报纸刊物便应运而生。早在1929年,刘文辉入主康政时就创办了《边政》月刊,借以宣传其施政方针。此后,各种报纸、刊物如雨后春笋,竞相问世。这些报刊,有汉文,也有藏文;有综合性的,也有专业性的;有学术性强的,也有通俗性的;或为党政军官方主办,或为科教机构、社团及同人主办;有的创办于西康境内,有的则创办于南京、重庆、成都等地;政治倾向也有所不同。据统计,仅西康省会康定就办有各种报刊37种,加上宁、雅

---

① 冯有志编著、周光钧校订:《西康史拾遗》(全集)第101页,甘孜州政协文史委1991年编印。

两属及乡城、木里等县的报刊，总数当在50种以上。现将主要报刊简介如下①：

(1)《边政》 川康边防军总指挥部刊物，1929年9月创办于西昌，月刊。主要刊载边防军文告、边务规划及章程，介绍康藏历史、地理及民俗等情况。1944年8月以《边政月刊》刊名出版第7~8期合刊，为彝务问题专集，当时社址设宁属屯垦委员会内。1946年终刊。

(2)《康藏前锋》 1933年9月由康籍同人在南京创办，旨在唤起国人的民族意识和国家观念，为开发建设康藏起先导作用，辟有时论、论著、专载、文艺等栏目，内容丰富，涉及面广，保存了许多珍贵资料。抗战时期迁重庆巴县出版。

(3)《戍声周报》 由二十四军一三六师四○八旅旅部主办，1936年1月创刊于定乡县（今乡城县）。以汉文为主。至1940年共出198期。油印。办刊宗旨是宣传三民主义，报道藏区新闻，研究藏区经济和社会制度。栏目有简论、风土志、特载、专著、西康史料，还有传说、故事等形式的藏文文稿。

(4)《新西康》 西康省康定《新西康》研究社主办，1938年4月创刊，为综合性月刊。办刊宗旨及任务是研究和介绍西康省的政治、经济、教育、军事、社会制度、风俗、地理、历史，以及刊载开发西康地区的各种论述、调查报告等。约于1947年4月终刊。

(5)《康导月刊》 1938年9月由康定县政府行政人员训练同学会在成都创办。办刊宗旨是研究康藏地区的民族、宗教、文化、经济、教育、社会状况，介绍藏族传统文化、风土人情、自然资源、地理气候等。辟有研究专载、西康建设、教育、文学等栏目，属大型综合性刊物，资料极为丰富。1947年终刊。

(6)《西康省政府公报》 西康省政府机关报。1939年1月创刊于康定，月刊，主要发布省政府的各种通知、国家法规、布告、公函、例行文件、人事、会议记录等，并登载各县社政调查报告、教育计划、经济建设规划等内容，是研究西康省的不可缺少的资料。

(7)《西康新闻》 由西康省《西康新闻》报社主办的综合性报纸，1939

---

① 资料来源于西绕江措：《藏学报刊汇志》，《中国西藏》1998年第4~6期；周晓晴：《三四十年代西康地区期刊（藏族部分）之述略》，《西南民族学院学报（哲社版）》2000年第2期；周德仓：《旧中国藏文报刊大略》，《西南民族大学学报》2000年第6期。

第十章 西康建省与治康措施

年4月创办于康定。有汉文版和藏文版。汉文版为日报,藏文版不定期出版。办报宗旨是向西康和西藏宣传抗日,报道西康省内外政治、经济情况。开设有"西康动员"、"涛声"、"青年周刊"、"副刊"等栏目。

(8)《西康青年》 西康省三青团机关刊物,1939年10月在康定创刊,半月刊,汉文版。办刊宗旨和任务是宣传三民主义和抗战,号召康藏青年参与国家建设。辟有政治、经济、特写、文学和风俗等栏目。有时出版民俗志专号,如《猓问题专号》等。1947年终刊。

(9)《西康国民日报》 由国民党西康省党部主办,1941年4月创办于康定。分汉、藏文版。汉文版为日报,藏文版为周报。主要内容有政府公报、文件,国内外新闻,生活常识,藏区建设,藏族风俗、历史、宗教、社会调查等。藏文版发行至甘肃、青海、西藏、云南藏区。

(10)《康藏研究》 康藏问题学术月刊。康藏研究社主办。1946年10月由刘伯景、任乃强、谢国安等人发起在成都创刊,以研究康藏区内一切情形,提供整理意见,协赞政府设施为宗旨。刊载有许多藏史、文学方面的学术论文以及康藏风土人情、自然地理、宗教习俗等方面的文章。

西康的文教建设,涉及领域广阔,除了发展新式教育、创办现代报刊外,还建立了西康广播电台、图书馆、档案馆等文化设施,组建了若干科研机构(如西康经济研究所、农业改进所等),并着手筹备西康省通志馆。康定"卫乐剧院",经常有各种文艺演出,著名川剧演员陈书舫等曾应邀赴康定献艺。康、宁、雅各属还不时举办美术作品展览,举办各种体育运动会。一些时髦的体育项目也开始在藏区推广,如巴安县立小学就组建了一支像模像样的棒球队。特别值得一提的是,建省前后,国内许多文化名人、专家学者、宗教界人士如黄炎培、任乃强、庄学本、李安宅、于式玉、林耀华、常隆庆、法尊、观空以及一些政府官员如唐柯三、马鹤天等,受中央及有关机构派遣或应西康方面邀请,进入西康地区考察、讲学、交流或任职,足迹踏遍西康的山山水水,带去了许多新事物、新思想,为沟通汉藏、汉彝文化,促进民族团结,推动西康经济开发和文教建设作出了重要贡献。他们精心撰写的日记、行记、见闻、图谱、考察记、调查报告等著述,是极其珍贵的文化财富,至今闪耀着光芒。

第十一章 民国时期四川少数民族

民国时期四川民族构成与清代相同,除汉族之外,还世居着彝族、藏族、羌族、土家族、回族、苗族、蒙古族、满族、白族、纳西族、布依族、傈僳族、傣族和壮族等14个少数民族。与历代封建王朝所不同的是,民国时期民族观念发生了前所未有的新变化。孙中山先生提出"民族平等"、"五族共和"主张,"中华民国各族一律平等"载入《宪法》,对民国时期的民族政策和民族关系势必产生一定影响。然而,民国时期四川大大小小的军阀和国民党政权,依然主要奉行民族歧视和民族压迫政策,因而影响了四川民族关系的和谐发展,阻碍了民族地区的近代化进程,同时也给四川各民族人民带来了灾难。

第一节 民国四川少数民族概述

一、四川少数民族的构成与分布

四川是以汉族为主体的多民族省份,但民国时期四川除汉族外,究竟还世居着哪些少数民族?各少数民族的状况如何?当时并不完全清楚。因为,民国时期虽然开始进行民族调查,但调查的广度和深度十分有限,也不可能进行民族识别。直到中华人民共和国成立后,经过深入系统的民族调查和认真的民族识别,才弄清楚四川除汉族外,还世居着14个少数民族,即彝族、藏族、羌

第十一章　民国时期四川少数民族

族、土家族、回族、苗族、蒙古族、满族、白族、纳西族、布依族、傈僳族、傣族和壮族。民国时期，全国人口流动性很大，特别是抗日战争期间，大批不同族别的外省人口流入四川，有的在四川定居下来，从而使四川人口的民族成分有所增加，民族构成发生了变化，但本书所讲的少数民族，主要指上述14个世居少数民族。

四川各少数民族，主要分布在四川的西部、西北部、西南部高原山地和南部、东南部的边缘山区。川西、川西北、川西南高原山地聚居着藏、彝、羌、蒙古、纳西、布依、傈僳、白、壮、傣等民族。四川南部及东南部山区则为苗族、土家族的聚居区。满族主要居住在成都。回族人口分布高度分散，几乎遍及省内各县，但多以城镇为主。既聚居、又杂居或大杂居、小聚居，是四川少数民族较为鲜明的居住特点。民国时期，四川（含西康）少数民族人口聚居区域占全省土地面积的60%以上。其中，彝、藏、苗、羌等族人口相对较多，分布地区也较广。

1939年西康建省后，西康成为少数民族的主要聚居区，除汉族外世居少数民族主要有彝族、藏族、羌族、回族、苗族、蒙古族、白族、纳西族、傈僳族、布依族和壮族等。分省后四川的世居少数民族主要有藏族、羌族、彝族、土家族、回族、苗族、蒙古族和满族等。

民国时期，四川少数民族有多少人口，在全省总人口中占多大比例，缺少统计资料。当时，官方和有关机构公布的四川人口数字，时高时低，有的相互矛盾，而且大都将少数民族人口和汉族人口合在一起。例如，民国四川省政府编的《四川省概况》（1939年出版）中《四川各市县26年度保甲户口统计表》[①]载：1937年，四川总人口为52085011人，其中，两个主要少数民族聚居区的人口数字是：第16行政督察区，包括茂县、理县、懋功、松潘、汶川、靖化各县，合计6396户，192217人。这里主要聚居住着藏、羌、回等少数民族，也居住着一定数量的汉族。第18行政督察区，包括西昌、会理、盐源、越西、冕宁、宁南（缺昭觉、盐边数字）各县，合计125830户，740887人。这里主要聚居住着彝、藏、回、苗、纳西、傈僳等少数民族，也居住着一定数量的汉族。除此之外，少数民族较多的县份，还有第5行政督察区的屏山、马边、峨边、

---

① 参见李世平：《四川人口史》，四川大学出版社1987年版，第192～198页。

雷波等县，第6行政督察区的兴文、珙县、筠连等县，第7行政督察区的叙永、古蔺等县，第8行政督察区的酉阳、彭水、黔江、秀山、石柱等县，第14行政督察区的北川、平武等县，第17行政督察区的汉源等县。上述各县的人口数字都是将汉族人口和少数民族人口合在一起，无法区分出少数民族的人口数量。加之，当时西康正筹备建省，西康区的人口没有统计在内①。因此，要根据民国时期提供的资料推断出某一年份四川少数民族的人口数量及其在全省总人口中所占的比例是十分困难的。现据《四川省国民经济统计提要（1949～1981）》提供的数据，1949年四川（包括西康省）人口总数为5730万人，其中，少数民族人口合计134万人，少数民族人口占全省总人口的2.33%②。这个数据是新中国建立后经过反复核对推算出来的，应当是可信的。

民国时期，四川少数民族的社会发展极不平衡。凉山地区彝族尚处于奴隶制阶段，藏族地区主要是封建农奴制，羌族、苗族和土家族聚居区则是封建地主制。民族地区生产力发展水平低下，经济文化落后，人民生活十分贫困。

二、四川各少数民族状况

（一）彝族

民国时期，四川彝族主要分布在大小凉山及附近地区，包括今凉山彝族自治州所属各市县及马边、峨边、米易、盐边、汉源、石棉、古蔺、叙永、屏山、九龙、泸定等县。大小凉山是彝族聚居的核心地区。大凉山指今以凉山州为中心的地带。小凉山指大凉山东边的雷（波）、马（边）、屏（山）、峨（边）四县地区。凉山境内高山峡谷，平均海拔在2000～2500米左右，大多数彝族居住在高山区和二半山区。1935年，彝族聚居区分属四川第18、第5、第6、第17行政督察区及康区管理。1939年西康建省，改四川第18行政区为宁属，大凉山彝区划归西康管辖，小凉山彝区仍属四川。

四川彝族自称"诺苏"。民国官方及民间文书中，多称他们为"夷"、"倮"、或"倮倮"等。新中国成立后，根据广大彝族人民的意愿，参照历史上的称谓，

---

① 据1942年6月西康民政厅调查统计，西康全省（包括康属、宁属和雅属）人口为2003587人。参见张为炯《西康建省及刘文辉的统治》，《四川文史资料选辑》第16辑。

② 刘洪康主编：《中国人口》（四川分册），中国财政经济出版社1988年版，第318页。

第十一章 民国时期四川少数民族

始以鼎彝之"彝"作为统一的族名。

民国时期，四川彝族社会经济形态发展不平衡，大小凉山地区彝族仍保留着奴隶制经济形态，其他彝族地区，如安宁河两岸、川滇大道附近及与汉族杂居的一些地区，清代"改土归流"以后，或已进入封建社会，或正在向封建地主经济过渡。

凉山彝族奴隶社会是一个等级森严的社会，阶级关系是通过等级制度表现出来的。社会成员以血缘为基础，严格划分为兹莫、诺伙、曲诺、安加和呷西五个等级。兹莫、诺伙是统治阶级；曲诺、安加、呷西是被统治阶级。

兹莫（又称兹伙），在彝语中有"掌权者"之意，其中一部分被封建王朝册封为土司，是凉山彝族的最高统治者。各兹莫有一定的统治区域，在此区域内，土地、荒山、森林、河流都属兹莫所有。明清"改土归流"以后，兹莫势力逐渐衰落。民国时期，凉山彝区仍保留着一些土司、土目，如安家（沙马）、冷家、都家、杨家等土司[1]，但势力已不如前。兹莫人数很少，约占凉山彝族人口的0.1%。

诺伙，汉语称为"黑彝"，约占凉山彝族人口的6.9%，是仅次于兹莫的贵族等级。自明清"改土归流"以后，兹莫（土司）势力削弱，诺伙不断侵吞土司土地，势力日益强盛。到了清代后期，凉山彝族主要中心地区美姑、昭觉、喜德、越西、普雄等地，基本上已由诺伙统治取代了兹莫（土司）的统治。诺伙统治的彝族人口占当时凉山彝族的一半以上，兹莫仅统治着约4000平方公里土地和10万人口。民国时期，兹莫势力更加削弱，仅统治着凉山十分之一的地区；诺伙势力则更加强大，统治着凉山十分之九的地区[2]。

曲诺、安加和呷西，是凉山彝族奴隶社会中的被统治的等级。曲诺，又叫"曲伙"，是被统治等级中的最高等级，人数也最多，约占凉山彝族人口的50%以上，汉语称为"白彝"。他们分别隶属于诺伙或兹莫，有一定的人身自由，有相对独立的经济生活，一般占有一定数量的生产资料，有的还占有安加和呷西。但他们毕竟属于被统治等级，其人身权利、财产权利要受到主子的限制。民国

---

[1] 《四川彝族历史调查资料、档案资料选编》，四川省社会科学院出版社1987年4月版，第1～2页。

[2] 四川省地方志编纂委员会编：《四川省志·民族志》，四川民族出版社2000年12月版，第95～97页。

时期在凉山边缘地区，已经"相继出现了摆脱黑彝或土司统治的所谓'独立白彝'"①。安加，是彝语"安图安加"的简称，意为"主子宅旁的奴隶"，占凉山彝族人口的33%，汉语称为"安家娃子"。所有安加，分别为兹莫、诺伙和少数曲诺占有。安加是有家的生产奴隶。他们有很少的人身自由，主子有权将他们出卖和虐杀。呷西，是彝语"呷西呷洛"的简称，意为"锅庄旁边的手脚"，占凉山彝族人口的10%，汉语称为"锅庄娃子"。呷西是彝族奴隶社会中受苦最深的奴隶。他们不仅可以被兹莫、诺伙占有，其中的汉根呷西②，还可以由被统治等级中的曲诺和安加占有。呷西一般都是单身，毫无人身自由，可以被主子任意奴役、抵押、买卖，甚至杀害。呷西到了一定年龄，主子往往指定一名异性呷西与之配婚，配婚后与主子分居分食而成为安加。

在凉山彝族奴隶社会中，统治等级与被统治等级之间，有不可逾越的界线。兹莫、诺伙为了保持自身的等级特权和血统的纯正，绝对不与被统治等级通婚。兹莫与诺伙一般也不通婚。但在个别情况下，如兹莫等级内无适当的配婚对象，或在兹莫势力衰落诺伙势力强盛时，也有通婚的。兹莫、诺伙的等级地位，世代承袭，互不升降。兹莫再衰落也不下降为诺伙，诺伙再强盛也不上升为兹莫。但在被统治等级——曲诺、安加、呷西之间，依据经济状况的变化，其地位则是可以升降和转化的。

凉山彝族社会等级的区分和阶级的区分大体上是一致的。兹莫全是奴隶主；诺伙除少数人经济破产外，绝大多数是奴隶主；曲诺虽属被统治等级，但其中有少数人占有一定数量的奴隶和较多的生产资料，因而成为奴隶主。呷西全是奴隶；安加也几乎全是奴隶。无偿劳役是凉山彝族奴隶主奴役剥削奴隶的主要方式。呷西终年在主子的监督下从事家内劳动和田间劳动。曲诺、安加每年也要为主子服一定时间的无偿劳役。地租是奴隶主的又一种剥削方式。兹莫、诺伙是大土地拥有者，除将大部分土地由呷西耕种外，还出租部分土地给曲诺、安加。少数拥有较多土地的曲诺，也出租一部分土地，收取实物地租。此外，黑彝奴隶主还在部分曲诺和安加中推行强制的高利贷勒索。

民国时期，凉山彝族社会内部，没有形成统一的奴隶主政权。家支制度是

---

① 刘光汉：《彝族社会历史调查研究文集》，民族出版社1980年8月版，第146页。
② 指通过买卖或战争掳掠来的汉人奴隶。

奴隶主阶级专政的主要工具。家支就是家族、宗族。它是一种保存有原始氏族组织外壳而以父系血缘纽带来维系的社会集团。它有一套以习惯法为准绳的家支规矩，对维护奴隶制起着一定作用。在彝族各等级中，所有诺伙（包括兹莫）都有家支，并居于统治地位，习惯上称为"黑彝家支"。各个黑彝家支，人数有多有少，势力或强或弱，但互不隶属。民国时期凉山有黑彝家支近百个，但总人数不到7万人。曲诺及部分安加也有家支，但分别隶属于黑彝家支，习惯上称为"白彝家支"。在民国政权不能直接统治、也不是土司辖区的彝族聚居区，家支制度起着政权作用。彝族各个家支，都拥有一定的武装力量，有相当数量的土枪和快枪。据第二十四军宁属垦务局调查，仅沽基家就有枪1300多支，罗洪家有枪1100多支。在各家支之间，甚至同一家支内各支之间，往往因为一些生活小事或者婚姻纠葛而发生无休无止的冤家械斗。这种冤家械斗，形式上带有浓厚的原始血族复仇的色彩，但其根本原因，则是奴隶主之间为了争夺奴隶、土地、牲畜等物资财富。

民国时期，凉山彝族地区生产力水平低下，农业是主要生产部门，农作物主要有荞子、玉米、土豆、大麦、燕麦、豌豆及萝卜、青菜等。凉山农业耕作粗放，产量很低，彝民生活极苦，一般只有半年口粮。凉山彝区手工业尚未从农业中分离出来，商品交换尚未成为独立的生产部门。清末，凉山地区开始种植鸦片，民国时期迅速泛滥，雷（波）、马（边）、屏（山）、峨（边）成为当时四川著名的两大产烟区域之一①。"夷人"用鸦片"换取汉地的枪支及白银"。大量枪支流入彝区，不仅造成凉山彝区经济畸形发展，而且助长了冤家械斗和奴隶主的劫掠行为，成为社会动乱的重要因素。"鸦片增加，则农产减少，田园因种鸦片之故，亦渐变为贫瘠。夷地因人工缺乏，则从边地掳掠汉人为娃子，以作大规模的鸦片种植。"②据《马边纪事》载，1931年（民国20年），马边右路夷人"烧毁走马坪，窜扰距城十五里之永乐溪，杀死当地垦民二百余人，捆掳劫掠"③。抢人抢物，买卖奴隶，是凉山彝族奴隶占有制的有力佐证。

辛亥革命后，凉山彝族与外界接触增多，"民主共和"、"民族平等"观念开

---

① 另一著名产烟区是川西北藏羌族聚居的松潘、理县、懋功、茂县、汶川地区。
② 林耀华：《凉山夷家》，云南人民出版社2003年版，第61页。作者林耀华曾于民国32年（1943）暑期率燕京大学边区考察团赴川南雷马屏峨实地考察。
③ 魏治臻：《彝族史料集》，四川民族出版社1989年10月版，第301页。

始对彝族产生影响。1913年,"四川越西白彝曲木查米等倡议改汉。即不准黑彝奴役娃子,大家平等;废除杂款;不为黑彝干活;铲锅庄建高灶;取消妇女着裙,提倡穿汉服等"①。1947年,宁属彝族上层人物岭光电、吉绍虞、罗洪兴等赴京请愿,要求参政、分配彝族国大代表、立法委员、监察委员名额。他们在南京受到国民政府选举委员会秘书长和内政部长的接见②。1935年,红军长征过彝区,沿途宣传中国共产党的民族政策和革命道理,更是在彝族群众中产生了深远影响。

彝族有自己的语言文字。民国时期懂得彝文的只有统治阶级中的少数人和"毕摩"。彝族的宗教信仰处于祖先崇拜与万物有灵阶段,尚未出现完备的宗教。毕摩(祭司)和苏尼(巫师)作为人神鬼之间的媒介,行使着神的权利。

凉山彝族的住房称为"瓦板房",上盖木瓦板,瓦板上压石块。室内一般隔为三间,并于中屋稍偏处挖一火塘,塘周立三石撑锅,谓之"锅庄",塘内燃火,既是灶,又是冷天取暖的地方,夜晚则家人傍塘而息。

凉山彝族还保留着汉晋时期椎髻、披毡、跣脚的传统风格。男女都穿右开襟窄袖贴身上衣,袖口、领口、襟边都镶有花边。男下装分大裤脚、中裤脚、小裤脚三种。女子穿"百褶裙",长可及地。无论男女老幼,经常披一件羊毛织的披衫,汉称"擦耳瓦"。男子剃发,唯于额前留一绺头发,谓之"天菩萨",彝称"字尔"。头上缠黑色头巾,且常裹一尖锥状,斜插额前,彝称"字帖"。男女均戴耳环、戒指、手镯。但男子只穿左耳佩耳环;妇女则穿双耳,并在领口戴一长约三四寸宽约二寸的镂花银牌。

民国时期,凉山彝族实行严格的等级内婚和家支外婚,姑舅表优先婚,姨表不婚的习俗,还普遍存在着包办、转房、买卖、配婚及一夫多妻制度。男子婚后与父母分居,组成小家庭,世系按父系计算。凉山彝族普遍实行父子连名制,即父名子名世代相连的命名制度。

彝族民间最盛大的传统节日是"火把节",四川云南彝族每年农历六月二十四日过火把节。四川彝族每年农历十月要过彝族年,过年时间一般为三天。

---

① 《四川彝区近现代史调查资料选集》第47页,转引自魏治臻《彝族史料集》,四川人民出版社1989年10月版,第295页。

② 《西康宁属夷务沿革史略》第48页,转引自魏治臻《彝族史料集》,四川人民出版社1989年版,第309页。

（二）藏族

四川藏族居住范围较广，主要分布在川西、川西北高原及川西南地区，包括今甘孜藏族自治州和阿坝藏族羌族自治州所属各县，以及凉山彝族自治州的木里藏族自治县、盐源县、冕宁县、越西县、甘洛县，绵阳市的平武县、北川县，雅安市的汉源县、石棉县、宝兴县等。1939年西康建省后，分属四川、西康两省。藏族的居住特点是大杂居小聚居，大部分藏族地区都有汉族和其他少数民族居住。

藏族之名，确立于清代。民国时期，仍称川康藏族为"番"、"夷"或"西番"。在公私文书中，又称居住在西康境内的藏族为"康族"①。当时，在今阿坝州大小金川流域及黑水一带还居住着一个"嘉绒"族。嘉绒，又作甲绒、嘉戎哇，藏语意为"靠近汉地的河谷地方"。嘉绒人以农业为主，其语言独特，较接近藏缅语族的羌语支。新中国建立后，接受其代表人物和广大群众的意见，始将他们归并入藏族②。

民国初年，四川藏区的建置基本沿袭清代，只是将清末所设道、府、厅、州一律改县，仍呈现出土司统治与流官治理并存的局面。清代曾在四川藏区推行改土归流，特别是清末，川边的改土归流可谓雷厉风行。然而，民国建立后，由于国内混乱，边患连起，在民国政权不能控制的地方，一些已经改流的土司便趁机复辟，未改流的地区自然也继续维持着土司统治。据统计，复辟土司统治的藏区，包括德格、白玉、邓柯、石渠、甘孜、色达6县的全部，以及理塘、雅江、炉霍、道孚、丹巴5县的一部分；未曾改土归流的藏区有木里、阿坝、红原、若尔盖、壤塘、马尔康、黑水7县的全部和理县、小金、松潘等县的部分地区③。尽管上述地区仍然保留着土司的权势，但明清时期完备的土司制度已不复存在，土司的地位和实权受到了不同程度的冲击，如清代颇为强盛的德格宣慰司，到1932年已经丧失了对金沙江以西同普等地的统治，实际统治范围只有德格、白玉、石渠、邓柯4县④；丹巴的巴旺长官司，仅能管辖一个乡；汶川瓦寺土司，1936年已由流官直接统治。可以说民国时期的土司已处于日薄西

---

① 冯有志编著、周光钧校订：《西康史拾遗》（全集）第104页，甘孜州政协文史委1991年编印。
② 参见李绍明口述、王林录音整理：《四川的民族识别》，《当代史资料》2004第2期。
③ 地方志编纂委员会编：《四川省志·民族志》，四川民族出版社2000年12月版，第226页。
④ 格勒：《甘孜藏族自治州史话》，四川民族出版社1984年9月版，第262~263页。

山的境地。在康东、康南及川西北已经改土归流的大片藏区，尽管民国政权的统治并不完全到位，但与清代相比，随着保甲制度的建立和西康建省，民国政权对四川藏区的统治，总体上是有所加强的。

民国时期，土司统治下的藏族地区，基本上仍处于封建农奴制阶段。土司、头人和寺庙上层喇嘛是农奴主。土司拥有辖区内的全部土地、牧场和森林，并将部分土地和农奴分封给头人或赠给寺庙。农奴分为"差巴"和"科巴"两种。土司属下的农奴称"差巴"，占农奴总数的60%～70%；头人或寺庙属下的农奴称"科巴"。农奴主将土地分为自营的庄园和农奴的份地，并强迫农奴耕种其庄园地。农奴从土司那里领种"份地"，没有人身自由，不得随意迁徙，不得逃避劳役。农奴主的剥削以无偿劳役为主，还有贡赋和高利贷等。劳役包括为农奴主挡水、砍柴、修房、推磨、酿酒和制造用具等。1947年，德格土司修建官寨，抽调服役的农奴经常在2万名左右。农奴还要自带马匹、粮食为农奴主支应往来交通的"乌拉"差役。贡赋包括地粮和酥油、羊、鸡、蛋、茶、猪油、木炭、木料等。"科巴"领种的土地比"差巴"少，除以绝大部分时间为头人或寺庙服无偿劳役外，一般不担负贡赋和"乌拉"差役。在牧业地区，农奴主对牧民的剥削方式，主要有劳役、贡赋、实物畜租和高利贷等。

改土归流后的藏族地区，社会经济状况发生了较为深刻的变化。在今理县、金川、小金、丹巴等实行"土屯制度"的地方，由于社会经济的发展和受汉族地区的影响，屯内已出现地主、富农经济，社会正逐渐向封建地主经济过渡。在泸定、石棉、宝兴等藏区，已基本完成了向封建地主经济的转化。

四川藏族普遍信仰藏传佛教，即喇嘛教。四川喇嘛教主要有五大教派，即宁玛派（俗称红教），萨迦派（俗称花教），噶举派（俗称白教），格鲁派（俗称黄教）和本波教（俗称黑教）①。除此之外，还有觉囊派等较小的支派。民国时期，诸教派各显神通，共同发展。藏区寺院林立，僧徒众多，约有喇嘛庙七八百座，有男性喇嘛和女性觉母十多万人。有的地区喇嘛占当地成年男性人口的一半以上，造成劳动力短缺，影响了生产发展。四川藏区著名的寺庙有宁玛派的竹庆寺（德格）、白马寺（白玉）、嘎拖寺（白玉）、麦洼寺（红原），萨迦派

---

① 本波教，简称本教，原是藏族地区的原始宗教，因受佛教影响，吸收了许多佛教教义，遂成为喇嘛教的一个支派。

的更庆寺（德格），噶举派的八寺（德格），格鲁派的大金寺（甘孜）、甘孜寺、理塘寺、格尔登寺（阿坝）、广法寺（金川）、木里寺，本波教的满金寺（德格）、囊秀寺（阿坝）等。寺庙不仅是宗教机构，而且还拥有许多土地、农奴、商号，甚至武装、监狱等，因此它本身也是一个经济、政治机构。寺庙的大活佛是辖区内教权的执掌者，其下有"堪布"，是大活佛的辅佐。有的寺庙还专设"温布"一职，以管辖民间事务。当然，寺庙也是藏区的文化传播中心，藏族传统文化的荟萃之地。

民国时期，有的地方，如木里地区和阿坝的少数牧区，仍实行政教合一的政治制度；有的地方，则是由僧俗封建主实行政教联合统治，如德格、绰斯甲两土司家，一子承袭土司职，一子出家为僧，集政教两权于一家；理塘的长青春科耳寺，则是康南地区拥有政教两权的封建统治者。

民国时期，四川藏区生产力水平仍然低下，农作物主要有青稞、玉米、小麦、燕麦等。农奴缺乏铁质农具，农田一般不施肥，不中耕，不灌水，耕作极其粗放，亩产一般只有100斤左右。牧区牧民大多逐水草而居，过着游牧生活。藏区手工业尚未从农牧业中分离出来。商业不发达，城镇很少。即使是县城，城镇居民也不多，据1929年以前的统计，石渠县城有居民1500人，邓柯县城1200人，泸定县城2000人（汉族占了一半），丹巴县城1000人，道孚县城300人，德格县城300人，定乡县城50人……① 唯西康省会康定，居民达到四五万人，城市商贸日渐发展，民族工商资本已开始萌芽。

民国时期，四川藏族基本上实行一夫一妻制。在统治阶级中仍盛行一夫多妻制。平民家庭中，也有姐妹数人共嫁一夫的。有的地区，还存在一妻多夫制，这种婚姻形式，一般是兄弟共妻，而以长兄为主，它对富裕家庭来说，可以免致家庭财产分散；对贫苦农牧民来说，则可不分散劳力，且能兼顾支差和自家的生产劳动。藏传佛教中，除格鲁派外，其他教派的僧人均可结婚生子。自由婚配在藏族平民的婚姻中占主导地位，青年男女在社交、恋爱、婚姻等方面比较自由，但在理县、金川等地藏民中，因受汉族影响，也流行包办婚姻。

藏族是具有悠久历史和优秀文化传统的民族。流传于藏族民间的英雄史诗《格萨尔王传》，大约产生于5~6世纪或11~12世纪。主人公格萨尔实有其人，

---

① 参见陈重为：《西康问题》，上海中华书局印行，1930年5月，第91~93页。

是四川德格林葱土司家族的祖先。民国时期，我国著名藏学家、历史学家任乃强先生最先将《格萨尔》汉译推介于国内①，如今这部结构宏伟、卷帙浩繁的长篇叙事史诗，已成为享誉世界的杰作。四川藏族能歌善舞，锅庄舞、弦子舞、踢踏舞全国闻名；原创于民国时期的《康定情歌》唱响海内外，已成为闻名世界的经典民歌。

（三）羌族

羌族主要分布在今阿坝藏族羌族自治州所属的茂县、汶川县、理县、黑水县、松潘县，绵阳市的北川县和甘孜州的丹巴县等地，与汉族、藏族等民族形成大杂居状态。羌族的居住特点是聚居与散居并存，以聚居为主。羌民一般三五十户聚居成一个一个的寨子，分布在高山、半山或河谷台地之上，故称山寨或羌寨。

经过清代的改土归流，羌族地区基本上废除了土司制度，建立了与内地大致相同的州县制度，社会经济结构已由封建领主经济转化为封建地主经济。地租剥削以实物地租为主，部分地区还保留着劳役地租的形式。实物地租一般又分为活租（又称分租或分庄）和定租（铁板租）两种。分租就是庄稼收获时按实际产量，主佃各分一半，而且连土地所产的一切附属物（包括玉米秆、麦草等），也都要均分。定租就是主佃双方事先商定好租额，秋收后不论年成好坏收获多少，租额均不得短欠，剥削量一般是50%，有的高达60%～70%。由于封建剥削加重，加上地方军阀和民国政府苛捐杂税的敲诈勒索，致使羌族农民处于破产边缘。"农民为生活所迫，便出卖或典当土地，自此以后部分农民逐渐失去了土地，而充当佃农，或者沦为雇工，随之而来的是土地的集中，尤其是河坝和某些富裕的寨子表现得更为突出"②。据1937年茂县政府统计：全县15个乡，8240户中，占有土地1亩以下的有5006户（包括1162户无地户），占总户数的60%以上；占有土地50亩以下的1966户，占总户数的24%；占有土地在100亩至500亩之间的有1268户，占总户数的16%③，由此可见土地占有两极

---

① 任乃强：《川大史学·任乃强卷》，四川大学出版社2006年8月版，第5页。
② 《理县社会调查》，四川省编辑组：《四川省阿坝州藏族社会历史调查》，四川省社会科学院出版社1985年6月版，第372页。
③ 军事委员会委员长行营边政设计委员会原编《川康边政资料辑要·茂县概况》，民国29年（1940年）军事委员会委员长成都行营编印，成都祠堂街玉林长代印。

分化之严重。

然而，清代的改土归流并不彻底，直到民国时期，少数羌区仍然残存着土司和头人的统治。如茂州的长宁安抚司、岳希、陇木、静州长官司，就管辖着数量不多的羌民；汶川藏族瓦寺土司，也管辖着三江地区的羌民；理番设有九子屯土守备；茂州靠近黑水的曲谷、维城和雅都一带，则由头人统治。在这些地区，继续保留着封建领主制的剥削形式，土司、头人是世袭领主，"百姓"是他们的农奴。在某些头人统治区，社会发展更为缓慢，依旧存在着奴隶制残余。

羌族地区的农作物，主要有玉米、小麦、青稞、荞子、洋芋等粮食作物和烟、麻、豆类等经济作物。清代，玉米、洋芋等高产作物就已传入羌区，民国时期普遍种植，产量大增，促进了羌区农业的发展。然而从总体上说，羌族地区的生产力水平仍然低下，生产工具简陋，耕牛缺乏，耕作粗放，抗灾能力极弱。更由于封建军阀怂恿、胁迫羌民种植鸦片，致使烟毒在羌区泛滥，不仅排挤了粮食生产，造成粮食猛减，饥荒连年，而且严重毒害了羌族人民的身心。据调查，1949年理县"种植鸦片的面积竟达843石，高山地带烟地甚至占到种植面积的40%"①。吸食鸦片的人也很多，如羌族聚居的龙溪、垮坡寨240人中，瘾民就有80余人。

民国时期，羌族人口出现锐减趋势，究其原因，主要有二：一是天灾人祸。官府沉重的苛捐杂税，地主、土司、头人残酷的压榨盘剥以及烟毒泛滥等，造成羌族人民极端贫困化；贫困与落后，使羌区缺医少药，生病得不到治疗，只有请巫师（端公）跳神驱鬼；羌区婴儿死亡率高达60%～70%，有的妇女生了十多个孩子，甚至无一留存；有的村寨，因麻风、霍乱、伤寒、痢疾肆虐而人口死光；1933年8月25日，茂县叠溪发生7.5级大地震，造成叠溪城镇及周围14个村寨全部覆灭，房屋倾倒5000余间，死伤8000多人。二是清代改土归流后，在羌族地区推行民族"同化"政策，在建立"里甲制"时，有意将一部分靠近汉族居住的羌民划入"汉民里"，即所谓"纳粮编里即成汉民"，强行改变了他们的民族成分。民国时期，继续推行民族"同化"政策，也是造成羌族人口锐减的重要原因。据统计，茂县松坪沟大小24寨，清末时尚有384户1900人，到了1949年新中国成立前夕，只剩下130户，478人，不到40年的时间，

---

① 《四川省阿坝州藏族社会历史调查》，四川省社会科学院出版社1985年6月版，第372页。

人口减少了 75%①。新中国成立前夕,全省羌族人口已不到 4 万人②。

民国时期,羌族基本上实行一夫一妻制。婚姻是包办、强迫、男尊女卑的封建婚姻。择婚时有严格的等级界限,讲究门第相当和亲上加亲。在结婚年龄上,盛行早婚,一般是男的 7~10 岁,女的 12~18 岁。那时羌族地区流行着这样一类民谣,诅咒那不合理的早婚:"六月麦子正扬花,丈夫还是奶娃娃;哪天等得丈夫大,落了叶子谢了花。"③

羌族的宗教仍然停留在"万物有灵"和"祖先崇拜"的原始宗教阶段。其宗教观念已经有了严格的神鬼之分,而且在诸神之中已有主神的观念。他们信奉的主神是天神(太阳神),其次为山神、地神、羊神、树神等。这些神都是以白石为代表,供奉在山上、屋顶、庙宇。此外,各山寨还有寨神,家中有家神。除神之外,还有所谓鬼、邪和精灵。羌族的祭司(巫师),羌语称为"许",是不脱产的宗教职业者,诸凡祭祀、安神、治病、驱鬼、还愿、男女合婚等,都要请巫师主持。近代汉区的佛教、道教,藏区的喇嘛教,以及国外的天主教、基督教相继传入羌区,对羌族的宗教文化产生了不同程度的影响。

(四)土家族

四川土家族主要居住在川东南与湖南、湖北、贵州三省交界的山区——今属重庆市的酉阳、秀山、黔江、彭水、石柱等地。四川土家人自称"毕兹卡"。"卡",汉译为"家"或"族";"毕兹"是"本地人"或"土生土长的人"的意思。关于土家的族名,过去人们知道的很少。其实,土家族历史悠久,早就存在于世。明清时期,居住在湘、鄂、川、黔接壤地带的土家人被称为"土蛮"或"土夷",民国时期称其为"土家",但并不承认土家族。直到新中国成立后,国务院于 1956 年公布土家族是我国一个单一的少数民族,从而成为我国民族大家庭中的一员④。

自清代对四川土家族土司实行改流以来,川东南土家族聚居区以及土家族

---

① 参见冉光荣、李绍明、周锡银:《羌族史》,四川民族出版社 1985 年 1 月版,第 317 页。
② 四川省民族研究所编:《四川少数民族》,四川民族出版社 1982 年 8 月版,第 43 页。
③ 四川省地方志编纂委员会编:《四川省志·民族志》,四川民族出版社 2000 年 12 月版,第 317~318 页。
④ 土家族的族称,不能简称"土族"。因为在青海省的青海湖以东、祁连山之南、湟水和大通河地方,还居住着一个叫"土族"的民族。"土家族"与"土族"不仅分布地方不同,两个民族的经济、文化、生活方式、语言及心理素质都不一样。

与汉族、苗族杂居区,全部为流官统治所取代。然而,清王朝在改土归流后规定,"纳粮编里即为汉人",强行把很大一部分土家族划为汉族,而且在民族歧视的社会压力下,这些被迫划为汉族的人再也不敢公开声称自己是土家族①。及至民国时期,酉阳、秀山、黔江、彭水、石柱等地被划入第8行政督察区,实行与汉族地区一样的管理,以致有关人口统计和文献资料中很难找到土家族的记载。新中国建立后,1953年全国第一次人口普查时,"四川土家族人口为621人,仅及全省人口的0.001%"。然而,民国时期四川土家族人口数据的缺失和1953年人口统计表册中土家族人口的锐减,并不能真实反映广大四川土家族民众的心愿和川东南地区民族构成的实际情况。事实上,即使经历了200来年,有些被强行改变民族成分的人,仍然程度不同地保持着土家族的某些基本特征或民族心理特征(民族自我意识),自称是"土家人"。当然,这桩巨大的民族历史公案,民国时期是根本不可能落实的②。

民国时期,土家族地区处于封建地主经济阶段。占农村人口不到10%的地主、富农,占有农村中70%~80%的土地;而占人口90%的贫苦农民,则只占有20%~30%的土地。地主对农民的剥削主要是实物地租,也有货币地租。实物地租又分活租和定租两种。活租是按当年产量对半分;定租是以丰年产量的50%~60%作为定额,农民承租后,不论丰歉均按额交租,不得短少。农民租佃地主土地,必须预先向地主交纳"押金"。其他地区交纳一年田租的60%作为押金,而川东则需交纳80%的押金③,酉阳、秀山、黔江等地无一例外。土家族农业耕作粗放,产量很低。农作物主要有水稻、玉米、红薯、马铃薯、黄豆、棉花、花生、烟叶等。秀山、酉阳出产的桐油("秀油")和漆("酉阳漆")是著名的出口商品。当时,盘踞川东地区的军阀在防区内诱逼农民种植鸦片,以致烟毒在酉阳、秀山、黔江等县泛滥,给土家族人民造成了无穷的灾难。

土家族的宗教还处于比较原始的阶段。他们崇奉祖先,迷信鬼神。几乎每

---

① 四川省地方志编纂委员会编:《四川省志·民族志》,四川民族出版社2000年12月版,第331页。

② 20世纪80年代,党和政府认真执行民族平等、民族团结和民族区域自治政策,使川东南地区由于种种历史原因误报为汉族或其他民族的土家族民众终于实现了民族成分的回归。据统计,截至1983年春,酉阳、秀山、黔江、彭水、石柱5县,恢复和更正为土家族成分的共计740572人。参见《四川省志·民族志》,四川民族出版社2000年12月版,第331~332页。

③ 李文治:《中国近代农业史资料》第3期,三联出版社1957年12月版,第265页。

个寨子都设有"土王庙"、"土地堂"或祠堂。每逢节日或遇天灾人祸及婚丧嫁娶，都要请土老师（不脱产的宗教职业者）祭祀土王和祖先，或驱鬼、许愿、祈祷。

土家族的婚姻制度受汉族的影响，讲究"门当户对"和"父母之命，媒妁之言"，订婚必须以大量钱财、牲畜和粮食为聘礼，盛行早婚和童养媳，妇女在社会和家庭中地位低贱。新中国成立前，土家族盛行"哭嫁"之风。姑娘出嫁的前两天晚上，要在母亲或女性长辈的导引下放声大哭，边哭边唱，以唱为主，以哭为节拍，叫做"哭嫁"。"哭嫁"的内容，总的是诉说父母养育之恩、兄弟姊妹的情谊以及离别之情，也有怕受婆家虐待的苦衷等等，意深情长，委婉凄恻。亲族中的女性长辈和同辈届时都要来陪哭，有的还向姑娘赠送礼物，表示祝福和安慰。"哭嫁"已成为土家族姑娘"以歌代哭"、"寓哭于歌"，抒发感情的一种民间艺术形式。

（五）回族

回族是我国人口较多、分布较广的民族之一。明清之际，四川回族比较兴盛，但到清代后期，由于战祸等原因，四川回族人口有所减少。20世纪30年代，上海《突崛》杂志社记者、四川隆昌籍回族人苏德宣在全川各地调查统计，四川有清真寺114座，回族15839户[①]，若按每户5口计算，不到8万人。四川回族散居城乡，主要居住地有川北的阆中、盐亭、青川，川西北的松潘、阿坝，川西南的西昌、会理，川西的成都，川东的重庆等地。"大分散，小集中"是四川回族分布的一大特点，往往是在乡自成村落，城镇自成街道，彼此之间保持着密切的联系。

民国时期，居住农村的回民，生产发展水平与当地汉族相同。他们主要从事农业，也兼营商业、畜牧业或从事制革、运输等副业以维持生计。城市回民主要经营工商业，如饮食、牛羊肉、水果、制革、香料、珠宝玉器等，多数是推车摆摊、提篮叫卖的小商贩，本小利微，生活很不稳定。成都回民不少人居住在"皇城坝"（今天府广场）周围，靠"皇城坝"这块土地自谋职业，如屠宰牛羊、打锅魁、卖烧鸭等，当时流传着两句口语叫做"不宰牛便宰羊，不打锅

---

① 参见《四川省志·民族志》，四川民族出版社2000年12月版，第371页。另据四川民族研究所编《四川少数民族》第63页载：新中国成立前夕，全省回族"不过3万人左右"。

第十一章 民国时期四川少数民族

魁便吃粮（当兵）"①。在长期的生产实践中，回民创造了不少深受川人喜爱的产品，如西昌的皮毛、建昌板鸭，成都的王胖鸭、夫妻肺片，阆中的王板凳牛肉干等。

回族信仰伊斯兰教，文化习俗深受宗教影响。一般回民除每周主麻日做礼拜外，每年都要过开斋节、古尔邦节和圣纪节等三大节日。婚丧都要请阿訇证婚或主持殡葬，生了小孩要请阿訇取经名。

回族的婚姻，基本上是本族内婚。民国时期，理县、松潘等地回民仍恪守同族通婚之习俗，"与他族不通婚"。回族马姓之间可以通婚，其他姓氏之间同姓通婚则少见。民国时期，回族中也有同汉族通婚者，如民国《重修广元县志稿·风俗》载："广邑回汉同居，不特无陕甘之仇视，且有螟蛉联姻者，俨如一族，亦进化之一端。"

（六）苗族

四川苗族主要居住在川南、川西南的筠连、珙县、兴文、叙永、古蔺、木里和川东南今属重庆市的彭水、黔江、秀山、酉阳等地。苗族分布的特点，是与汉族、土家族、彝族等交错杂居，同时又相对保持小块区域的聚居。苗族语言属汉藏语系苗瑶语族苗语支。苗语方言、土语较多。川南苗族使用川滇黔方言，川东南苗族使用湘西方言。苗族古代没有形成自己的文字，1906年，英国传教士柏格里为方便传教，在黔东北一个叫石门坎的地方，邀集苗族知识分子杨雅各等着手创制苗文。他们采用苗族服饰的一些图案、物象和外文拼音形体字，创制出大字母26个、小字母42个的苗族拼音文字，用以翻译基督教经典和记录苗族古歌，并用这种"苗文"在苗族地区办学校，但未能普遍推广。据1936年林名均在《川苗概况》一文中说，当时四川苗族中已有两三百人能够认识苗文。

民国时期四川苗族的人口，没有正式统计数据。1936年，华西大学教授林名均考察川南苗族后估计，川南苗族约有5万人；1939年，王方萱在《边声月刊》著文说，"川苗分布在川江南岸，为叙州府属的横江流域一带，山间多于城镇，约四五万人，属白苗，又呼川苗。川东南角的酉阳、黔江等处亦散居有少

---

① 参见杨伯康：《我所知道成都回族的片段》，成都市政协文史资料研究委员会编《成都文史资料选辑》第4辑，四川省成都市政协文史资料研究委员会出版，1988年9月。

第十一章 民国时期四川少数民族

数苗人,系湖南红苗之分支"①。

民国时期,川南、川东南地区的苗族已处于封建制社会形态。川南苗族,历史上曾受永宁彝族土司统治,清代改土归流后,大量汉族涌入苗区,苗民辛勤开垦的荒地,有的被汉族地主巧取豪夺,以致被迫"窜居山谷间",或者沦为佃农、雇农。据叙永县文化乡调查,全乡374户苗族中,除一户自耕农外,全是汉族地主的佃户②。少数居住在木里及凉山地区的苗族,则遭受着当地农奴主或奴隶主更加残酷的压迫和剥削。

苗族过去盛行自由恋爱,男女青年在赶苗场等节日中自由选择对象,双方同意即可结婚。近代受汉族婚姻制度影响,逐渐习用包办婚姻,早婚、买卖婚也较普遍,并盛行姑表婚。苗、汉杂居区,不同民族之间一般不通婚。在苗族内部,不同地区、不同服饰和习惯的也不通婚。

苗族工艺品以挑花、刺绣、蜡染最负盛名。1932年,华西协合大学博物馆馆长DC.葛维汉在川南苗区访见蜡染刺绣点花裙,爱不释手,索取样品到成都,现珍藏于四川大学博物馆③。苗族服装以麻织品为其特色。川南地区,男式为绣领夹衣,身围绣花麻布腰带,缠青色或白色头帕。妇女身着大花领夹衫或短衫,腰围刺绣蜡染花裙,头包青色或白色头帕,脚包两三件白布绑腿。

(七) 满族与蒙古族

在四川辛亥革命中,四川军政府执行正确的民族政策,不费一枪一弹和平解决满城旗营问题,成为四川民族关系史上一段感人的佳话。清王朝被推翻后,八旗制度彻底崩溃,原先居于统治民族地位的满族旗人(包括蒙古族旗人)生计日蹙,开始向城市贫民转化。军政府履行优待条约,拨款20万元(军用票)修建工厂,安置满、蒙旗人就业。厂名取一视同仁意义,名为同仁教养工厂。军政府还设立旗务局(后改名旗民生计委员会、旗务贫民生计委员会等),负责办理满、蒙旗兵的善后事宜,如按优待条件发给旗兵3个月饷银,颁发房产管业证,准其自行售买等。但事隔不久,四川就陷入军阀割据状态,原八旗的公

---

① 参见郎维伟:《四川苗族社会与文化》,四川民族出版社1997年12月版,第3页。
② 《叙永县文化乡苗族社会历史调查》,四川省编辑组:《四川省苗族傈僳族傣族白族满族社会历史调查》,四川省社会科学院出版社1986年1月版,第22页。
③ 四川省地方志编纂委员会编:《四川省志·民族志》,四川民族出版社2000年12月版,第413页。

产如马厂、田地、庙宇、公园、公所等岁入租金数万元又被官收，加之在清代八旗制度下世代当兵、坐吃饷银惯了的满、蒙旗人，不具备从事生产的常识和技能。他们经商无力，学艺又一时难成，到后来同仁工厂被迫关闭，旗民生计委员会无力维持，因而大多数旗民的生活陷入了困难境地。"旗人束手无策，呼诉无门，儿啼于旁，妻缢于室，甚至白头之父母不忍重累其子，因而自杀其身，其男女老幼中举家自尽者不可一二数。凄惨之状，见之痛心，闻之酸鼻……此成都旗人不能自谋生活之实在情形也！"①然而，满族和蒙古族毕竟是一个具有顽强生命力的民族，在自谋生计的道路上，少数有文化的人或行医或从教；一部分人当兵、当警察、当勤杂人员；大部分人做小生意，拉黄包车，当泥瓦匠，有的从事手工业生产或当了产业工人。妇女则做各种手工活，当佣工的也不少。与清代相比，一是多数人生活十分贫困；二是从事生产劳动以为生计的人大大增加。其时，成都满族、蒙古族与汉族在经济文化上的联系日益增多，民族间的差异性日益减少。满汉、蒙汉通婚已经没有任何限制，双方均有嫁娶。有的满族、蒙古族改变了族籍，有的已改用汉姓。有人统计，辛亥革命以前，成都的满、蒙族人口有3万人左右，到1949年临解放时，仅有3000多人了②。

民国时期，四川蒙古族除成都的蒙古旗兵后裔外，主要聚居区还有两处：一是聚居于今凉山州的盐源县、木里县和攀枝花市的盐边县。二是聚居于今属重庆市的彭水县。这些蒙古族，主要居住在农村，与汉族、藏族、纳西族或土家族杂居。大杂居、小聚居是四川蒙古族分布上的特点。居住在盐源等地的蒙古族，社会经济尚处于封建领主制阶段，其土司制度一直保持到1950年。这里的蒙古族，自称"么梭"、"纳日"或"蒙族"，其风俗习惯与邻近的纳西族和藏族比较接近。但泸沽湖畔纳日、么梭人的婚姻形态比较特殊，他们仍然实行古老的"阿肖婚"，即以妇女为主体的母系氏族社会婚姻形式，女不嫁，男不娶，子女从母而居③。而居住在彭水县农村的蒙古族，则已进入封建地主制经济阶段。这里的蒙古族，农业生产水平较高，男妇皆习骑射，每年农历三月十七日

---

① 1914年（民国3年）成都满族上层为请求发还八旗公产的《呈文》，《四川省苗族傈僳族傣族白族满族社会历史调查》，四川省社会科学院出版社1986年1月版，第237页。
② 参见刘显之：《成都满蒙族片段史》，《成都文史资料选辑》第4辑。
③ 四川省地方志编纂委员会编：《四川省志·民族志》，四川民族出版社2000年12月版，第440页。

要过苏鲁定节,男女老少都要参加祠堂的祭祀活动,据说这一天是成吉思汗西征的日子。

(八) 其他少数民族

民国时期,世居四川的少数民族除彝族、藏族、羌族、土家族、回族、苗族、满族、蒙古族外,还有白族、纳西族、布依族、傈僳族、傣族和壮族。

白族

四川白族人数较少,主要分布在今攀枝花市的盐边县和今凉山州的德昌、会理、木里等县,多与汉族、彝族等杂居相处。和云南白族一样,四川白族自称"白子",意为白人。民国时期,盐边白族处于土司诸葛绍武的统治之下,过着极其贫困的生活。据对盐边县白石岩村白族的调查,居住在那里的李姓白族,实际上已成为诸葛土司的家奴①。诸葛土司凡嫁女,得在白族中选陪嫁丫头。被选中的女儿,得无条件终身为奴。白族绝大多数从事农业生产,农作物主要有水稻、小麦、玉米、荞子、高粱、豆类等,其生产技术水平基本上与邻近汉族相同,而高于边远地区的彝族、苗族、傈僳族等。盐边白族信奉释迦佛、李老君,供奉佛道二门,诸万宗师。相信人死后有轮回之苦,经过阴曹地府十二殿或十三殿,受尽折磨,方转轮投生。

纳西族

四川纳西族主要分布在今凉山州的木里县、盐源县和甘孜州的巴塘县。他们与当地的汉族、藏族及"纳日"人等相杂居,只有少数乡村如木里的俄亚乡、盐源的沿海乡较为集中。民国时期,四川纳西族仍保留着土司统治,基本上处于封建领主经济阶段,如木里俄亚地区的纳西族,就归木里宣慰司(藏族)项氏管辖。由于俄亚距木里中心区较远,不便直接统治,木里土司就授予纳西族头人为木官,并赐给俄亚木官"红照"地,以及依附在土地上的百姓、庄仔②。木官是世袭的,其职责是替木里土司管理俄亚纳西族人,代收租税,征派各种劳役等。纳西族实行民族内婚制,同其他民族通婚的极少。婚姻形式以一夫一妻制为主,同时还保留着一妻多夫制(兄弟共妻)和一夫多妻制。在盐源、木

---

① 参见《盐边县白石岩村白族调查》,《四川省苗族傈僳族傣族白族满族社会历史调查》,四川省社会科学院出版社1986年1月版,第224页。

② 四川省编辑组编:《四川省纳西族社会历史调查》,四川省社会科学院出版社1987年6月版,第75页。

里的一些纳西族中，还存在着走婚制的"阿注"婚姻。成年男女在婚前婚后都可以结交异性，互称"阿注"，意即朋友。通常是男子夜间到女子家里访宿，次日拂晓返回自己的母家，与母家成员一起生产和生活。偶居中所生子女，属于女方，由女方负责教养。这种阿注婚姻，结合自愿，解除自由，但同一母系血统的后裔禁止结交阿注。纳西族信仰的原始宗教称为东巴教。东巴教没有庙宇，没有统一的组织，每村都有一名或数名东巴（巫师），各村东巴没有隶属关系。东巴一般是世袭相承，不脱离生产劳动，于敬神、祭祖、婚丧时，受人延请去诵经、做法事。他们通晓经书，因而受到人们尊重。喇嘛教在四川纳西族中也有很大影响，不少地方建有喇嘛寺。盐源纳西族的一些土司规定，每户至少要有一人入寺当喇嘛，故新中国成立前盐源县共有喇嘛1000人左右。

布依族

四川布依族，主要分布在今凉山州的会东、宁南、木里等县，大多沿金沙江、雅砻江傍山而居，一般与汉族、彝族、纳西族等民族杂居，也有相对聚居的寨子。

四川布依族主要从事农业生产，擅长种植水稻，金沙江沿岸有极少数布依族从事手工制糖及淘金。会东的布依族租种汉族的土地和种植自己开荒的土地，社会经济制度是封建地主经济。宁南的布依族则多与彝族杂居，受彝族土司、黑彝的政治压迫和经济剥削。民国时期，四川布依族不与其他民族通婚。族内流行早恋早婚，女孩子12岁就算成年，男女13、14岁就可谈恋爱。布依族还保留着"不落夫家"的习俗，即结婚的当天，新娘不与丈夫同居，两三天后返回娘家居住，只是在农忙季节或夫家有事时才到丈夫家住一段时间，直到要生第一个孩子时，妻子才到丈夫家落户。布依族无论男女，都喜穿青布衣裤，并镶配蓝、白等色作为装饰，妇女喜戴银耳环、银项圈。布依族尊铜鼓为神器，居住在会东、宁南的布依族保存着传世铜鼓有10面之多，节庆及丧葬活动都要敲击铜鼓。布依族除过春节外，最隆重的传统节日是"六月六"。农历六月初六这一天，无论贫富都要杀鸡喝酒，祭祀社神祖先，祈求农业丰收。

傈僳族

四川傈僳族，自称"傈僳扒"，主要居住在今凉山州的德昌、会东、会理等县和今攀枝花市的盐边、米易等区县。德昌、盐边、米易等县有傈僳族相对集中的聚居区，其他地方的傈僳族多与汉族、彝族交错杂居。民国时期，德昌等地傈僳族已处于封建地主经济阶段，绝大多数傈僳族农民是汉族地主的佃户。盐边地区的傈僳族多数由中所土千户统治，少数由毕苴芦土目统治。1924年，毕苴芦土目取代中所土千户的统治后，傈僳族所受的压迫和剥削更为深重。傈僳族除务农外，多以狩猎采集为生。民国《宁属调查报告》称：傈僳"散居盐边、会理（今米易）等地，尚保存其独立语言风俗。除务农牧外，尤工射，以打猎、采药为主要副业。能制药箭毒弩，无论人兽，触之即死"。德昌的傈僳族还保留有村社组织的残余，村社头人叫"使扒"，是传统的公众领袖，具有调解纠纷、进行"械斗"的权力，民国时期，有的"使扒"被委任为保长，成了民国政府基层政权的头目。傈僳语称巫师为"尼扒"。"尼扒"有会念经的，有不会念经的。会念《东巴经》的称"东巴"；不会念经只会卜卦、送鬼的叫"尼古扒"；丧葬时为死者"开路"的叫"诗底扒"①。傈僳族禁止与外族通婚，盛行"逮猪粪子婚"，即姑姑的女儿必须嫁给舅甥，不论双方年龄差别多大，均强制执行，这是造成傈僳族血缘婚配率高的原因之一。

傣族

四川境内的傣族来自云南，主要分布在川西南的盐边县、会理县等地。其居住特点是大分散，小集中，基本上聚族而居，但又和汉族、彝族、傈僳族等交错杂居。四川傣族主要从事农业生产，农作物主要有玉米、水稻、小麦、甘蔗、烟叶等。民国时期，四川绝大多数傣族人，都是其居住区封建领主的农奴或封建地主的佃户。如居住在盐边地区的傣族，是傣族马喇长官司的属民。马喇土司把山林、田地交给傣族人民耕种、使用，把他们束缚在土地上，对他们进行残酷的压迫和剥削。居住在会理新安、普隆、江普、新发等地的傣族，原属清代彝族普隆土司（土百户）沙家管辖。清代改土归流后，封建领主经济转化为封建地主经济，但仍保留着相当浓厚的封建领主经济的残余。民国时期，沙家拥有40多个村庄，在每个村庄委派一名"庄头"管理，为沙家收租、派差、逼债。居住在沙家地面上的傣族，不是沙家的"佃户"，便是沙家的"差夫"②。沙家通过实物地租和劳役地租等方式对傣族及其他民族进行压榨剥削。

---

① 四川省民族研究所编：《四川少数民族》，四川民族出版社1982年8月版，第77页。
② 伍湛：《四川傣族基本情况调查》，四川省编辑组：《四川省苗族傈僳族傣族白族满族社会历史调查》，四川省社会科学院出版社1986年1月版，第216页。

民国时期傣族服饰，男子穿白布对襟长袍，上罩黑布马褂，腰系绣花兜肚，包黑帕。妇女上身着偏襟中袖短衫，前襟、袖口绣花，下穿无褶筒裙，衣裙均爱用黑色，头缠绣花巾。未婚少女梳辫，身背绣花小包，戴耳环，男女都喜戴镯、赤脚。四川傣族大都实行同族内婚。民国末期，逐渐开始与当地汉族通婚。与云南傣族不同，四川傣族已不过泼水节了，只是在男婚女嫁时保留着送亲与迎亲客人相互泼水祝福的习俗。

壮族

壮族是我国人口最多的少数民族，但四川壮族人口较少。壮族有"布壮"、"布土"、"布依"、"布侬"等不同自称。20世纪50年代以前，汉文献中有"布壮"、"仲家"、"侬"、"土"等称呼。新中国建立后统称"僮族"。1965年，改称壮族。四川壮族主要分布在宁南、会东、木里等县，多与汉族、彝族、藏族等民族交错杂居。民国时期，居住在木里的壮族属于封建领主经济，而居住在宁南、会东的壮族，则属于封建地主经济。壮族主要从事农业，农作物以玉米、水稻为主，生产水平与当地汉族相近。四川壮族同广西、贵州的壮族一样，一直珍藏着祖先留下的铜鼓。壮族青年男女社交比较自由，但婚姻多由父母包办，盛行"不落夫家"的习俗。即青年男女结婚后，新娘便返回娘家居住，遇重大节日和农忙时节才到丈夫家短暂居住，直到怀孕之后才长住婆家。"不落夫家"的时间为三五年不等。

第二节 民国时期对四川少数民族的治理

一、民国时期民族观念的新变化

中国自古以来就是一个统一的多民族国家。自汉代人口众多的"汉族"形成以后，我们在历史研究中，通常将人口相对较少的其他民族统称为"少数民族"。

其实，"少数民族"这个词，并非古有，而是民国以来民族观念发生重大变化之后提出的新概念。它一改2000多年封建专制时代"华尊夷卑"的陈腐观念，对相对于汉族的其他民族作出了最实际、最简洁和最不带民族偏见的科学界定。

第十一章　民国时期四川少数民族

"民族平等"是资产阶级民主革命提出的口号。中国民主革命先行者孙中山领导的辛亥革命，是全国各族人民团结奋斗的成果。四川各少数民族人民在推翻清朝四川政权的斗争中也作出了重要贡献。孙中山从全国各族人民献身反清革命的实践中认识到中国多民族的一体性，在民族平等思想萌芽的基础上提出了"五族平等"、"五族共和"的主张①。孙中山在《临时大总统宣言》中提出："国家之本，在于人民。合汉、满、蒙、回、藏诸地为一国，即合汉、满、蒙、回、藏诸族为一人，是曰民族统一。"② 孙中山还明确指出："今日共和政体，人人自由，五族平等。"③ 后来，孙中山在阐释"新三民主义"时又提出了"中国民族自求解放"、"对于国内之弱小民族，政府当扶植之，使之能自决自治"等主张。

民元以来，"五族共和"、"民族平等"，不仅成为政界、军界、学界、商界、宗教界以及社会名流交往的时髦语言，而且成为维护国家统一和民族团结的思想武器。例如，民国初建之时，在英国侵略者的支持怂恿下，西藏上层中的分裂势力，乘机发动叛乱，图谋西藏"独立"。在此情况下，川东绅商学界满怀爱国激情，电告四川军政府说："西藏为四川藩篱，藏固而后川固，川固而后沿江各省固。近日藏警频闻，若不及早挽救，势酿巨患，转违五大民族共同一家之宗旨。"④ 又如，道孚县灵雀寺（道孚县最大的格鲁派寺庙）堪布、道孚县佛教协会会长麻倾翁于1934年发表《告五族同胞书》，呼吁全中国五族同胞"发愤为雄，以图将来效命国家"，在藏区内外产生了一定影响⑤。

当时，"五族共和"、"民族平等"，已成为处理民族关系、解决民族矛盾、维护少数民族利益的准则。1914年（民国3年），成都满族上层人士，在请求

---

① 当时提出五族平等、五族共和，是因为对全国究竟有多少民族尚不清楚，后来增加了苗族和夷（彝）族，总共也才七族，远远不能反映全国民族的实际情况，所以孙中山后来曾指出：这五族的名词很不切当，我们国内何止五族呢？直到新中国成立后，经过大量的民族调查和认真的民族识别，才弄清楚中华民族包括汉族在内共56个民族。
② 《临时大总统宣言》，中国社科院近代史所编《孙中山全集》卷2，中华书局1981年8月版。
③ 《在张家口各界欢迎会的演说》，中国社科院近代史所编《孙中山全集》卷2，中华书局1981年8月版。
④ 《尹昌衡电政府请任熊克武为西藏经略使》，载《西藏研究》编辑部编《民元藏事电稿》，西藏人民出版社1983年2月版。
⑤ 麻倾翁：《告五族同胞书》，《蒙藏月报》第1卷第2期，转引自任新建《康藏近代民族关系史》（国家社科基金课题，未刊本）第163页。

发还成都八旗公产的《呈文》中就说:"窃自共和肇造以来,我大总统本一视同仁之心,为五族共和之治,于满、蒙、回、藏毫无歧视之意,订有优待之条。"《呈文》还援引大总统的命令说:"现在五族共和,已无畛域之分。查关于满、蒙、回、藏待遇条件内载明保护其原有私产,又载有先筹八旗生计。我中华人民一律平等,方念八旗生计之艰难,岂有复没收其财产之理?除近来迭据京外旗人呈报私产没收,已分别饬查外,亟应再行通令声明:八旗人民私有财产统应按照待遇条件仍为该个人所保有。其公有财产应由地方官、公正士绅清查经理,以备筹划八旗生计之用。倘有借端侵害没收者,准由该本人或有关系人按法提起诉讼,地方官应即分别查核发还,切实保护,以示廓然大公之至意。"①

中央政府为处理民族关系,加强民族团结,还采取了一些行政组织措施。如1912年,设立蒙藏事务处,后改为蒙藏事务局,属内务部。1914年,将蒙藏事务局改为直属大总统府的蒙藏院,地位与各部相同。1928年,南京国民政府设立蒙藏委员会,作为处理蒙古族、藏族等少数民族政务的最高机关。委员会吸收蒙古族、藏族著名人士参与其事,并着手调查蒙藏情况,革新行政制度,兴办教育以及筹备民族自治等。如四川巴安藏族格桑泽仁、刘家驹(罗桑群觉)就曾担任蒙藏委员会委员。在蒋介石主持召开的国民党第三次全国代表大会上,还没有参加国民党的格桑泽仁被戴季陶推荐出席会议,并在大会上发言,主张把西康改建行省(当时是特别区),取消民族压迫政策(如乌拉制度、汉官压迫藏人)②等。1932年,蒙藏委员会协助行政院解决四川与西藏的纠纷,使历经数载的纷争得以平息。1940年,国民政府派蒙藏委员会委员长吴忠信为专使经四川、西康入藏,主持第十四世达赖喇嘛坐床典礼,使西藏与中央之间的关系日臻密切。民国时期,开始注意吸收少数民族代表人物参政议政。如西康的藏族格桑泽仁和甲绒格西,先后被重庆国民政府遴选为国民参政员。1948年5月,在南京举行国民大会,由于西康省是民族杂居地区,因此增加了少数民族国大代表10名,其中藏族代表为陈强立、邓珠娜姆、张华初、华崇俊、贾茂康、吴衡等6人,彝族代表为王又武、吉绍虞、杨珍辉、傅正达等4人。在立

---

① 成都满族上层为请求发还八旗公产的《呈文》,《四川省苗族傈僳族傣族白族满族社会历史调查》,四川省社会科学院出版社1986年1月版,第236页。

② 陈强立:《格桑泽仁、诺那、刘家驹》,《四川文史资料选辑》第27辑,四川人民出版社1979年1月版。

法委员中,藏族麻倾翁、彝族岭光电以少数民族身份当选为立法委员。

民国时期,各民族一律平等还以法律形式规定下来。《中华民国临时约法》第5条规定:"中华民国人民一律平等,无种族、阶级、宗教之区别。"① 1934年(民国23年)10月和1937年(民国26年)4月通过的两个《中华民国宪法草案》都在第5条规定:"中华民国各民族,均为中华国族之构成分子,一律平等"。1947年(民国36年)国民政府公布的《中华民国宪法》第5条也规定:"中华民国各族一律平等"。

应当指出,在半殖民地半封建社会的历史条件下,宪法的规定仅仅是一种官样文章,不可能真正贯彻执行。民国时期的大小军阀及国民党政权主要奉行大汉族主义,在民族地区继续推行民族歧视和民族压迫政策。尽管如此,经过孙中山及许多先进人物的大力宣传倡导,并将各民族一律平等载入国家根本大法,与中国历代封建王朝不承认民族平等相比较,终究是一大进步。它对民国时期的民族关系和民族政策势必产生一定影响,特别是在抗日战争时期,对动员全国各族人民共同抗战起了明显的促进作用。

正是在民族观念更新的背景下,川康大吏刘文辉入主康区政务后,总结历史上治康的经验教训,针对民族地区的特点,提出了一些颇有进步意义的见解。例如,他认为民族无优劣之分,应一律平等;"藏汉民族同为建设新西康的两支主力军,犹人之左右二臂,缺一不可,所以既不恃武力,亦不假权术,开诚布公,因势利导,力谋两大民族,放弃成见,协调合作,共跻富庶康乐之域,同享民族团结之福"②;要尊重民族风俗习惯,"一切含有侮辱性轻蔑性之言论与文字,以及一切欺诈或歧视康民之行为,均应严厉禁止"。在民族宗教方面,他认为藏族普遍信佛,其对佛教信奉之心,超过了对生命财产之爱惜,一切思想,风俗制度,乃至日常生活,无一不是受到佛教的支配。因此,他不仅要求尊重民族宗教信仰,而且还带头信仰佛教,并成立五明学院,研习佛法。对于当地土司、头人,也委以一定职务,以达到增进团结,巩固统治的目的。刘文辉在治康期间,还提出要以"三化"——德化、同化、进化政策,代替过去的威服、分化、羁縻政策,并主张在宁属地区废除彝族头人"坐质换班"等积弊。在当

---

① 《中华民国临时约法》,《孙中山全集》卷2,中华书局1981年8月版。
② 冯有志编著、周光钧校订:《西康史拾遗》(全集)第311页,甘孜州政协文史委1991年编印。

时的历史条件下，刘文辉对民族问题的认识及其采取的相应措施，实属难能可贵。对此予以实事求是的肯定，并不意味着刘文辉在西康就没有执行民族歧视和民族压迫政策。

民国时期，真正弘扬孙中山"新三民主义"精神，实行民族平等、民族自治政策的只有中国共产党及其领导的军队。在四川，1935年5月，红军长征过彝区，刘伯承与彝族果基（沽鸡）家支首领小叶丹"彝海结盟"，已成为中国历史上民族平等与民族团结的佳话；红军长征进入藏区后，正确执行党的民族政策，帮助藏族人民在阿坝藏区、甘孜藏区建立"格勒得沙"和"博巴"等自治政权或苏维埃[①]，这是最早在四川民族地区实行民族区域自治的尝试。

二、民国时期对西康藏区的治理

清朝末年，赵尔丰执行"固川保藏"方略，大力经营川边，厉行改土归流，筹建西康行省，成效颇著。保路风潮兴起，戍边清军奉调回川镇压保路运动，造成边备空虚。民国初建，北京政府无力西顾。于是，西藏上层中的亲英集团，在英国侵略者的支持怂恿下，无视民国政府"五族共和"的主张，乘机发动叛乱，图谋西藏"独立"。他们驱逐驻藏川军，并派兵攻占昌都各县及巴塘、理塘等地。此时，川边藏区一时失去控制，各地土司纷纷复辟，并与西藏分裂集团拉上了关系。1912年（民国元年）6月，四川都督尹昌衡被民国总统袁世凯任命为西征军总司令，率师入康，收复了被藏军占领的地区，基本稳定了川边局势。10月，尹昌衡在康定设立川边镇抚府，自兼镇抚使，后改为川边经略使、川边镇守使。1914年（民国3年），北洋政府将清朝川滇边务大臣管辖地区划为川边特别行政区，直隶民国政府。同时，废除府厅州制，一律改设县治，相对稳定了清末改土归流设治的成果。

早在1913年10月，英国就策划在印度召开"西姆拉会议"。在英国的指使下，西藏地方政府以划分川藏"界务"名义，抛出了企图将康区纳入"大西藏"管辖的草案。随后，英国提出将西藏划为"外藏"和"内藏"两部分，"外藏"在英国直接监护下实行所谓"完全自治"，中国只有名义上的"宗主权"；将川、

[①] "格勒得沙"是嘉绒语的汉语音译，"格勒"是嘉绒藏区藏民的自称，"得沙"是民众、百姓的意思；"博巴"，又译"波巴"，在藏语里是藏族的意思。

青、甘、滇等省的藏族地区划为"内藏",其地位以后再决定。会议开到1914年7月,因中国代表拒绝在《西姆拉条约》上签字而流产。但英帝国主义并不甘心,于1917年调唆西藏军队东进,袭占昌都,东逼甘孜、新龙等地。四川军队举行反攻,双方相持不下。川边镇守使陈遐龄派员到拉萨交涉,又经英国副领事台克满出面调停,"藏军退于德格,川军驻于甘孜,自此暂行停战"①。

1925年(民国14年),北洋政府改川边特别行政区为西康特别行政区,裁撤川边镇守使,任命刘成勋为西康屯垦使,兼摄民政,迁衙署于雅安。刘成勋虽为第二十三军军长,但却无力过问藏军所占川边之地,对康区的屯垦同样无所作为。

1927年夏,第二十四军军长刘文辉率部突袭刘成勋第二十三军,吞并其部队,南京国民政府任命刘文辉兼任川康边防总指挥,从此刘文辉名正言顺接管了西康戍地。1928年9月,国民党中央会议决定将西康、绥远、察哈尔、宁夏4特别行政区改为行省。1939年1月,西康省政府在康定成立。刘文辉任西康省政府主席,直到1949年12月9日,以西康省政府主席身份在彭县通电起义。

刘文辉入主康政20来年,对藏族地区的治理可谓煞费苦心。特别是西康建省期间和建省之后,他提出的"治康方针",就能根据康属(以藏族为主)、雅属(以汉族为主)和宁属(以彝族为主)的不同情况,实行区别对待,即对康属地区采取稳进主义,对雅属采取渐进主义,对宁属则采取猛进主义②。为什么对以藏族为主的康属要采取稳进主义呢?这是因为,康区的地理位置、政治形势、民族状况、宗教信仰、派系争斗等等,远比雅属、宁属特殊、复杂,而且多变。康属发生的不少事件,往往都有深层次的原因,不仅牵涉西藏地方政权和达赖、班禅宗教势力,而且与云南、青海两省军政亦有密切关系。尤其是英国帝国主义势力常常插手其间,蓄意制造分裂,从中浑水摸鱼;国民党中央及国民政府也在康区安插亲信,制造矛盾,抑或利用康区上层人士和宗教力量,挑起事端。面对如此复杂的形势和藏区政教不分、寡欲知足、安于现状等痼习,刘文辉对康属藏区的治理只能采取"稳进主义","化静为动"③。他凭借手中的

---

① 张云侠编、王辅仁校注:《康藏大事纪年》,重庆出版社1986年5月版,第380页。
② 参见张为炯:《西康建省及刘文辉的统治》,《四川文史资料选辑》第16辑,四川人民出版社1979年1月版,第35页。
③ 冯有志编著、周光钧校订:《西康史拾遗》(全集)第280页,甘孜州政协文史委1991年编印。

第十一章 民国时期四川少数民族

军事实力,集军政党权于一身,与各方势力明争暗斗,折冲樽俎,挫败了英帝国主义的阴谋,收复了被藏军攻占的地区,设县治理,编联保甲,安抚百姓;对复辟的土司头人,只要服从领导,照章纳粮,就予以默认,听其压榨剥削当地藏民,以换取他们的支持;对曾经参与作乱或追随反刘势力的人,只要投诚归顺,就从宽处理,不轻杀戮,尽力化解矛盾。通过这些办法,逐步实现了藏区局势的稳定,其后又采取稳健措施,加强教化,培养人才,移民垦殖,发展经济,扩大财源,改良乌拉制度,改善民众生活,达到"稳"中求"进"之目的。

针对康区的民族状况及宗教信仰等特点,刘文辉提出了"三化"政策:即"以德化代替威服;以同化代替分化;以进化代替羁縻"。按照刘文辉自己的说法:"德化政策"是本着攻心为上,以及"中心悦而诚服"的精神,去矫正"威服政策"的错误;"同化政策"是本着"用夏变夷"的精神,去矫正"分化政策"的错误;"进化政策"是本着团结合作共谋发展的精神,用以矫正"羁縻政策"的错误①。刘文辉的"三化"政策,较之专制时代的"威服政策"、"分化政策"、"羁縻政策"无疑是一大进步,特别是主张"团结合作共谋发展",符合时代精神。但是,"三化"政策中的"攻心为上"、"用夏变夷"等观念,仍然打上了专制时代的烙印,明显存在着大汉族主义倾向。

为了落实"三化",刘文辉特别重视在藏区笼络土司头人和宗教首领等有影响的上层人物。不仅将他们发展为国民党员,而且对他们封官许愿,委以重任,如委任为民团指挥、土兵营长、保安司令、县党部书记、区长、乡长、保正等等,有的还担任建省委员会委员、省政府委员等职,或被推选为省临时参议会参议员、省参议会参议员、立法委员、监察委员、国大代表等。由于藏民虔诚信仰喇嘛教,康属藏区喇嘛寺庙多达300余所。寺庙拥有很多土地和雄厚的经济实力,还掌握有大量枪支武器。喇嘛教既用宗教信仰支配藏民思想,又用武力、财力控制藏民生活。鉴于喇嘛教在藏区政治、经济、文化、社会生活中影响巨大,故刘文辉认为,"搞好宗教关系,就能搞好政治关系",并提出了"以教辅政,以政翼教"口号,通过政教配合,以加强对藏区的治理与开发。他不

---

① 刘文辉:《解决夷务之要道》,转引自任新建:《康藏近代民族关系史》第162页(国家社科基金课题,未刊本)。

仅要求各级官吏尊重民族宗教信仰,而且带头信仰佛教,接受四世格聪活佛灌顶传经,还在康定召开僧伽代表大会,决议成立五明学院,遴选康属南北两路喇嘛寺的堪布活佛担任宣化师和导师,到院教授佛学,命各喇嘛寺选送优秀喇嘛到院进修。1942年,刘文辉将康定西陲五明学院改组为"西康省佛教整理委员会",自兼主任委员,以理化二世竹火香根活佛为副主任委员。此外,每隔两三年,刘文辉就要派人携带茶叶等礼品到西藏三大寺布施,向达赖喇嘛致敬。由于刘文辉及各级政府官员大多能够做到尊重藏族民众的宗教信仰,充分发挥佛教文化的纽带作用,"这样就使得原先对其存在戒备心理的宗教人员和广大藏族群众逐渐产生亲和感和认同心理,得以局部消除民族隔阂,建立起民族之间的亲善关系"①。应当肯定的是,刘文辉入主康政以后,为促进康藏民族关系的改善和西康藏区的开发作出了贡献,并为我们留下了不少宝贵的历史经验。

三、民国时期对川西北藏羌地区的治理

川西北藏族、羌族聚居区,地域上虽与西康藏区相连,但离西藏较远,受外国侵略势力及西藏分裂势力的侵扰相对较小,又一直归四川省管辖,因而政治形势和民族关系不像西康藏区那样围绕"统一"与"分裂"的斗争展开,但所面临的民族与宗教问题仍与川边藏区有不少共同之处。

民国建立后,将清代在川西北藏羌地区设置的茂州及理番厅、松潘厅、懋功厅均改为县,并派军队和官员驻防治理。在民国初年的复辟与反复辟斗争中,懋功八角喇嘛寺僧人查都·若巴无视民主共和,打着"灭大汉,立大清"的旗号进行复辟活动。1917年4月,若巴在汉族复辟势力的怂恿下宣布"登基",自称"大清通治皇帝",随即招兵买马,攻打抚边屯署。民国政权调军剿抚,战事扩大到6个县屯,双方动用兵力5000~6000人,死亡藏汉军民近3000人,成为民初嘉绒藏区最大的一次战乱②。历时百日的"八角事件"的平息,维护了辛亥革命在川西北藏羌地区的成果。过去有人将"八角事件"定性为"人民起义",显然不妥。

---

① 任新建:《康藏近代民族关系史》第167页(国家社科基金课题,未刊本)。
② 参见张孝忠:《民初川西藏区"八角事件"性质之我见》,罗润苍、任新建:《四川藏学论文集》,中国藏学出版社1993年10月版。

第十一章　民国时期四川少数民族

在军阀割据时期，邓锡侯统率的第28军利用地方哥老会势力，于1925年在川北组成"江防军第6混成旅"，开入茂县等地，从此，川西北藏羌族地区成为第28军的防区。1927年，四川省政府在茂县设立松理懋茂汶屯殖督办署，将松潘、理番、懋功、茂县、汶川5县及抚边、绥靖、崇化3屯划为邓锡侯第28军的屯殖区域，政治、军事、财政悉归其管辖。1935年，蒋介石中央军利用追剿红军长征之机，将实力伸入川西北藏羌地区。1936年，国民政府军事委员会委员长行营令设四川省第16行政督察区及保安司令部，监督川西北各县工作和统率民众武装。第16行政督察区仍辖松潘、理番、懋功（今小金）、茂县、汶川5县及抚边、绥靖、崇化3屯，包括管辖草地60多个部落、20个土司、11个屯守备。1936年，撤销3屯，将抚边划入懋功县，绥靖、崇化先设设置局，后改为靖化县（今金川县）。专员公署驻茂县。首任专员谢培筠，曾任四川省实业厅长、代理28军防区松、理、茂、懋、汶屯殖督办，属邓锡侯系人物。按规定，督察专员，还兼任督察区保安司令、驻在县县长及行营军法官等职，权力是很大的。之所以要将川西北地区划为一个督察区，是因为这里"汉夷杂处，面积广阔，情形特殊，抚夷屯边，俱关重要"①。可见，第16行政督察区的设立，除了追剿长征红军外，治理当地藏族、羌族及回族等少数民族也是重要任务。

从1936年起，国民政府在川西北藏羌地区实施新县制改革，即在清代里甲制度的基础上分区设署，重新编查保甲。各县下设区、乡（联保）、保、甲等基层政权，区乡保甲长由政府发给办公费及口粮。同时组织人员办理户籍登记，造具户口统计表。1939年，国民党"四川西北党务督导处"及各县国民党县党部、三青团县团部陆续成立，还设立了"县参议会"、"乡镇保民会"等民意机构。各县县长出巡所属各沟寨，调查统计边民状况，考察政务，宣达政令，督民垦荒，倡导生产，解决民族事务纠纷等等。

清代在川西北藏区的改土归流并不彻底，土司名目尚存，民间尊崇旧土官之风依然未废。土司土官拥有步骑兵及枪支组成的私人武装，往往坐大地方，谋求恢复失去的旧有势力，甚至围攻县城，驱逐国民政府官员，使政府难以控

---

① 陈雁翚：《记四川推行行政督察专员制》，《四川文史资料选辑》第27辑，四川人民出版社1979年1月版，第81页。

制，成为川西北政局动荡不稳的重要因素。国民政府出于治理所需，对土司头人加以笼络，委以各种官职，并组织边地土官等代表人物到内地观光晋谒，奖给茶叶、巴缎、银两等钱物。如委任藏族土司索观瀛为"保安司令"、"游击指挥"、"少将参军"，并圈定其为"国大代表"；委任汶川瓦寺土司索代赓、绥靖屯团绅杜铁樵为屯殖及特遣队队长等。川西北草地藏区，行政上主要属四川松潘县管辖，但因草地与青海接界，一些部落首领便依附于青海地方政府或青海军阀，如阿坝墨桑土官华尔功臣烈，便被青海方面委任为国民党"阿坝分部书记"，后来又当上了"设治局长"、"保安司令"，还参加"国大代表"竞选。通过这些办法，昔日的土司土官大多变成了区、乡、保、甲长，或成为区团总、土兵营长、屯兵队长，就近接受各县政府节制，起着联系政府和百姓的中介作用。四川省政府还派出军政要员并擢用谙熟边务者充任川西北"边民宣慰委员"，分赴藏、羌族聚居区"剀切宣导，以促进边民向化之热忱"，还设立"正俗总社"及分社，协助政府处理民族、宗教事务，以期达到"以夏变夷"之目的①。

在军阀割据时期，军阀把鸦片作为主要财源，诱逼乡民种植，种则收取"窝捐"，不种则课以"懒捐"。由于川西北地区在气候、土质方面具有种植鸦片的良好条件，因此，很快成为与川西南雷、马、屏、峨齐名的四川两大鸦片产地之一。烟毒泛滥，不仅造成藏羌地区经济畸形发展，严重毒害藏羌民众身心，而且成为这一地区社会动荡不安的重要原因。从 1935 年起，国民政府宣布厉行禁烟，声言 6 年内禁绝。然而，禁烟工作在川西北藏羌地区遇到巨大阻力。1940 年以后，在当地恶豪的指使、策划下，竟然爆发多起抗禁抗铲的恶性事件。他们聚众千人围攻县城，甚至杀害县长，以至引发了牵动中央的大规模武装冲突。如 1942 年，第 16 督察区专员兼保安司令王元晖在懋功查铲烟苗，当地恶豪势力竟煽动烟民武装抗铲，袭击保安大队，官寨土司扣留保安团团长，数千烟民合围懋功县城，切断粮道。省政府急调军队由灌县驰援，蒋介石亦指示"可多派飞机示威"。空军接续出动，向城中投掷弹药和食物，并轰炸扫射围

---

① 参见王晓春：《民国四川藏族档案史料评介》，《中国藏学》2002 年第 2 期；冉光荣、李绍明、周锡银：《羌族史》，四川民族出版社 1985 年 1 月版，第 293~296 页；阿坝州志办：《华尔功臣烈》，四川省地方志编纂委员会：《四川省近现代人物传》第 3 辑，四川人民出版社 1987 年 10 月版。

城烟匪,懋功城才得以解围。8月1日,蒋介石电谕川省,指示"懋功事件"善后办法:"并盼策励在边地各级军政人员,对于夷胞不可恃威,多所株累,尤应乘此时机临以廉洁,沐以恩泽,俾能化除种族陋见,输诚致治,是所厚望。"省政府遵照这个方针,通缉首要,查抄财产,胁从不问;发放紧急赈款50万元,救济铲烟后无以为生之人;更换县长等等,懋功事变始告结束①。然而,在国民政府统治之下,藏羌地区的烟祸是不可能真正根绝的。这是因为,地方官员贪赃枉法,抽收烟款,包庇种烟;有的土司头人、汉族恶豪、袍哥势力、不法商民、烟匪,相互勾结,进行烟、枪交易,牟取暴利,所以偷种烟苗、走私鸦片屡禁不止,抗禁抗铲事件仍时有发生,致使藏区形势益加动荡不安。

1935~1936年,中国工农红军长征进入川西北藏羌族地区,转战停留达16个月之久。红军宣传并执行中国共产党的民族平等、民族团结政策,尊重藏羌民众的风俗习惯和宗教信仰,对上层人士和寺庙喇嘛开展统战工作,帮助藏羌族人民建立"格勒得沙"共和国或苏维埃政权。红军在藏羌族人民的支援和帮助下,胜利实现了战略转移。红军在藏羌地区的民族政策为新中国成立后党的民族政策的制定有重要的借鉴作用。

四、民国时期对川西南彝族等少数民族地区的治理

川西南地区是以彝族为主并有藏族、回族、苗族、蒙古族、白族、纳西族、布依族、傈僳族、傣族和壮族等众多少数民族聚居的区域。民国初年,这一地区的建置基本沿袭清代,只是将清代设立的府、厅、州、县等政权机构,一律改县,并派官员治理。1914年(民国3年),北洋政府更改四川盆地东部5道名称,彝族等少数民族聚居的峨边、西昌、冕宁、会理、越西、盐源、盐边、昭觉等县归建昌道(道治雅安)管辖;马边、雷波、屏山等县则归永宁道(道治泸州)管辖。在军阀割据时期,宁属(清代宁远府属)地区,曾一度被滇军占领。1919年8月,川边镇守使陈遐龄督师进入宁属,击退滇军,并派部队驻防宁属。1926年,川军第二十三军刘成勋任西康屯垦使时,命第十六混成旅旅长羊仁安(羊清全)率部进驻宁属,接管各县政权。1927年,刘成勋部被川军

---

① 四川省档案馆藏:《懋功事变记》,参见冉光荣、刘君:《试论川西北藏区的禁烟与政局》;罗润苍、任新建:《四川藏学论文集》,中国藏学出版社1993年10月版,第269页。

第二十四军刘文辉吞并，羊仁安遂成为刘文辉的部属，宁属亦成为第二十四军防区。1935年，蒋介石借追剿长征红军之机，调一〇四师李家钰部由灌县进驻西昌。李家钰被委任为第四绥靖区司令，统辖西昌、冕宁、会理、木里、盐源、眉山、峨边等地。至此，大小凉山彝族等少数民族地区正式纳入了国民政府的控制范围之内。

1936年，蒋介石在四川推行行政督察专员制，将全省划分为18个行政督察区。彝族等少数民族聚居的西昌、会理、盐源、越西、冕宁、昭觉、宁南、盐边8县划为第18行政督察区；雷波、马边、屏山、峨边等县则划归第5行政督察区。之所以将西昌等8县单独划为一区，是因为这里"风气闭塞，事务较简"，"为旧宁远属，与西藏、云南连界，为本省上南重镇，边防抚夷，俱关重要"；而雷、马、屏、峨等县则"接壤夷族，风气闭塞。夷务关系边防，政务应分别缓急推进"①。可见，第5、第18督察区的职责，都把"夷务"和"边防"放在重要地位。第18行政督察区专员驻西昌，首任专员王旭东，曾任川军第一军参谋长。按规定，他同时兼任区保安司令、西昌县长等职。王旭东在西昌建立专员公署，办理全区政务及各项日常事务，监督指导辖区内各县的民政、财政、教育、建设、户口编查及社会治安，尤为重视训练区乡保甲长、禁烟肃毒、宣传抗战、平息彝族地区变乱等工作。为了办理"夷务"，专署颁布《宁属治夷方案》，成立夷务委员会，曾拟议"积极废除土司"，"对现有各土司死后一律不再承袭"②，但并未实施。抗日战争爆发后，民国政府以"开发边地"为名，加强了对彝族等少数民族的统治。

1939年西康省成立，改四川第18行政督察区为宁属，划属西康省。而凉山东部的雷、马、屏、峨等县，仍属四川第5行政督察区。这样，原川西南彝族等少数民族聚居区便分别由四川省和西康省管辖。

1939年7月，西康省政府主席刘文辉在西昌成立宁属屯垦委员会，自兼委员会委员长（后改称主任），负责统管宁属各县的治理与开发，"夷务"也由屯垦委员会主管。刘文辉视察宁属时，在西昌召开"夷务会议"，强调用政治、教

---

① 参见陈雁翚：《记四川推行行政督察专员制》，《四川文史资料选辑》第27辑，四川人民出版社1979年1月版，第79~81页。

② 四川省地方志编纂委员会编：《四川省志·民族志》，四川民族出版社2000年12月版，第22页。

育方法"化导夷人";注意团结、笼络少数民族上层人物,对配合政府的土司头人授予相应的官职,如委任彝族土司岭邦正为西(昌)昭(觉)越(西)夷务指挥,挂少将衔;委任彝族土司岭光电为宁属屯垦委员兼玉田区特种保安大队长;委任盐边白族土司诸葛世槐为两盐边区保安大队长等;统治会理新安、普隆等地傣族的土百户沙建忠(彝族),也当上了江防大队长、营长①。与此同时,选派彝族青年到中央军校受训的有 45 人,到本省和二十四军受各种训练的有 400~500 人;西康省政府还组织岭光电、安登文等上层人物到南京等地观光学习,开阔眼界,使他们心悦诚服接受领导,并通过他们去"维持当地治安"。

为了加强对彝族等少数民族的治理,民国政府在宁属推行保甲制度,不少家支头人当上了保、甲长。从 1937 年起,对设治条件尚不成熟或新归附的家支头人管辖地区,先后设置了 22 个政治指导区。其中,在冕宁、越西、甘洛、盐源等县境内,设置了拖乌、普雄、玉田、黄草等 4 个特别政治指导区,在西昌、德昌、米易、会理、冕宁、盐源、盐边、昭觉、喜德等县境内设置了大桥、煌犹、麻陇、龙阿、天台、太平、瓜别、盐东、巴哲、大有、光华、竹核、好谷、三岗、普提、巴溪、北山、冕北等 18 个(普通)政治指导区②。由屯垦委员会选派熟悉"夷务"或当地有名望的人充任区长。(普通)政治指导区由各县县政府管理,但享有比县内其他区、乡更多的自主权;特别政治指导区属于县级区,隶属省政府,由宁属屯垦委员会具体负责。在政治指导区内,承认历史沿袭下来的土司制度和黑彝统治的家支制度,同时也担负着指导"德化"并推行改土归流等事宜。1941 年,屯垦委员会将北山建成为模范政治指导区,用以推动其他各政治指导区的工作。政治指导区的规模有大有小。大的如普雄特别政治指导区,管辖 14276 户,71408 口;小的则只有几百户,不到 2000 口。在大桥(今西昌境内)、龙阿(今德昌境内)、天台(今会理境内)、三岗(今昭觉境内)、普提(今喜德境内)等政治指导区内,已设立了联保、保、甲等基层组织。政治指导区的设立,是民国时期治理彝族等少数民族聚居区的一种新的过

---

① 伍湛:《四川傣族基本情况调查》,四川省编辑组:《四川省苗族傈僳族傣族白族满族社会历史调查》,四川省社会科学院出版社 1986 年 1 月版,第 216 页。
② 参见《凉山彝族自治州概况》,四川民族出版社 1985 年 11 月版,第 10 页。宁属各政治指导区设置的名称、数量及驻地时有变动,多的时候达 24 个,其中,特别指导区 4 个,模范指导区 1 个,普通指导区 19 个。

渡模式,对促进民族关系的改善、维护民族地区社会的稳定发挥了一定作用。

然而,民国政权的性质,决定了它必然执行民族歧视和民族压迫政策,从而激起少数民族人民的反抗。更由于凉山彝族社会尚处于奴隶制阶段,存在着许多不安定因素。各种社会问题——官府搜索、吏治腐败、军阀肆虐、匪患猖獗、家支械斗、鸦片走私、枪支买卖、掳掠抢劫、贩卖奴隶,以及人民群众的反抗斗争等等交织在一起,使矛盾更加尖锐复杂。在此情况下,民国政权的统治者们在高唱"德化"的同时,仍然把以武力为后盾的军事"剿抚"作为一种重要的治理手段。这当中,以当地实力派军阀邓秀廷在彝区进行"剿抚"最具典型。

邓秀廷(1889~1944年),原名邓文富,宁属冕宁甘相营(今喜德县)人,从小生活在彝汉杂居区,濡染彝风,熟悉彝情,能说彝语。他靠办团起家,混迹军阀行列,曾任团总、营长、团长等职。他以"维持治安"、"保护商旅"为名,不断扩充实力。在对众多彝支的征剿中,将西昌、冕宁境内所能控制的彝支或在征剿中"投诚"的彝支,编为保甲,以10户为一甲,共编"48甲"(后来又将新"投诚"的彝支编为若干甲,因"48甲"已很有名,遂仍统称为"48甲")。邓规定,在"48甲"境内,不准抢劫、不准打冤家、必须服从征调等,因而社会比较安定,曾一度为彝汉人民所称道。邓把"48甲"视为基本力量,以后对彝用兵,除邓自己的常规部队外,即以"48甲"彝兵作为主要力量。应征彝兵,自带干粮和枪支,配给几发子弹,不给粮饷,招之即来,挥之即去。邓以其亲信啰红阿牛为彝兵营长,其他则依其支系,分任彝兵连、排长或中、小队长。到后来,邓秀廷能征调的彝兵达3000人以上。

1933年,刘文辉败退西康,为了拉拢邓秀廷,委任邓为第二十旅旅长兼夷务指挥官;1936年,川康绥靖公署主任刘湘委任邓为宁属清乡司令;1937年,四川省政府委任邓为抚夷司令;1938年,刘文辉筹建西康省,委任邓为第二十四军中将靖边司令,并在会上宣布:"此后夷患,全权责成邓司令剿办,不使稍感掣肘";1944年,西昌行辕主任张笃伦又指定邓为"剿办野夷"的总指挥,但他在当年就病死了。邓秀廷官运亨通,是因为当权者把他当成"夷务干将",刘文辉视他为宁属一只虎。邓秀廷"办夷务",惯用的手法是所谓"以夷制夷"、"杀黑留白"。他认为,彝族中的娃子——白彝,系由黑彝掳去的汉人改变的,在彝族社会中占多数,既然可以由汉变彝,也就可以从彝变汉,因而对白彝比较宽待。至于黑彝，则认为不易控制，因此只宜杀戮，至少要迫其屈服①。在这种荒谬观点指导下，邓秀廷对彝族采取了极其野蛮狠毒的手段。他在各彝支间挑拨离间，制造冤家械斗，引起彝民相互厮杀，从中操纵控制；每次征剿，恣意烧杀抢劫，以暴易暴。如1930年10月，邓奉命"征剿"西昌马家彝人，竟消灭彝家5大支，烧毁彝寨30余处、房舍数千间，活捉彝族男女数百人，将敢于反抗的彝族首领首级"割解来城，悬挂示众"，于是，"远近支夷望风投降"。又如1937年，邓秀廷以"夷人抢劫"为由，率领彝汉官兵2000人向安宁河西岸进兵，捕杀黑彝50多人，其余黑彝被驱赶至雅砻江西岸，白彝和娃子编入"48甲"。每次攻占彝区后，邓秀廷便放纵部属官兵抢劫掠夺，名为"大关饷"，并勒令战败的彝民缴出枪弹、白银、牛羊、烟土等。战败者的肥沃土地随之被兼并，其家支头人则要到县城"换班坐质"。

所谓"换班坐质"，就是将被征服的彝族家支头人抓到县城坐牢当人质，坐牢的"质彝"，可"以时替换"，或以子代父，以弟代兄，以侄代叔，称为"换班"。凡敲诈勒索未遂，苛捐杂税未完，或彝支继续反抗者，即向"坐质"头人施加种种酷刑。"坐质"的牢狱暗无天日，疾病流行，就是健壮者也不久即死，死后家人必须接替。据记载，"换班坐质"始于清代咸丰、同治年间，民国时期仍然沿袭这一办法，只能使矛盾更加激化。这种原始野蛮的"换班坐质"办法，与刘文辉提倡的"以德化代替威服，以同化代替分化，以进化代替羁縻"②的"经边三化政策"显然不相符合，所以连刘文辉也提出要废除"换班坐质"制度。

据统计，民国30多年间，民国政府和地方军阀对彝区大规模的征剿竟多达20来次。除邓秀廷等多次用兵彝区外，最为残酷惨烈的是对普雄彝区的征剿。1945年，蒋介石西昌行辕主任张笃伦以普雄彝人大股出巢抢劫为由，在西昌成立"宁属剿匪总指挥部"，调集二十四军、靖边军和夷务兵万余人，向上、中、

---

① 参见谢毅东：《邓秀廷对彝族的血腥统治》，《四川文史资料选辑》第16辑，四川人民出版社1979年1月版，第62页。

② 张为炯：《西康建省五年来之政治经济文化建设述要》，《新西康》月刊第2卷第1、2期合刊，1944年5月1日康定出版。

《四川彝族历史调查资料、档案资料选编》，四川省社会科学院出版社1987年4月版，第224~229页；《凉山彝族自治州概况》，四川民族出版社1985年11月版，第92~93页。

下普雄彝区进剿，在普雄勒索征缴军费共 5 万两。普雄的阿侯、果基等彝族家支，原本是长期械斗的冤家，这次却互通信息，结盟解仇，联合起来对抗政府军。两军交战后，进剿上、中普雄的政府军大败，逃往越西。阿侯、果基、勿雷等彝族家支在追击政府军时，对汉族村寨大肆抢劫烧杀，以示报复。这次进剿失败后，新任西昌行辕主任贺国光于 1946 年 11 月，调集中央军、二十四军、靖边军各一个团和夷务兵数团，并配置飞机两架，向普雄彝区发动了更大规模的进剿。这次进剿采用军事打击、政治争取、利诱欺骗、分化瓦解等手段，终将普雄彝支的反抗镇压下去。这两次征剿普雄彝区的"普雄事件"，与康属发生的"班辕事件"、雅属发生"荥经及天（全）芦（山）宝（兴）事件"，合称为西康"三大事件"。

民国政府对川西南彝族等少数民族地区的治理，虽然采取了一些新的政策措施，但由于存在民族歧视和民族压迫，因而总的收效甚微。依靠武力征剿，只能得逞于一时。纵然使用了飞机、大炮等新式武器，常常是"兵来夷服，兵去夷叛"。落后的社会制度和低下的生产力，是造成这一地区贫穷、封闭、愚昧、动乱的主要原因，以致整个民国时期，各族人民求生存求解放的反抗斗争以及奴隶主发动的骚乱事件，一直此伏彼起，不曾间断。

第三节　有关"川藏纠纷"与"康人治康"重大事件

一、"类乌齐事件"与"大白事件"

民国初年，北京政府忙于内地经营，无力顾及西藏边事。于是英国乘虚而入，怂恿西藏上层中的分裂分子，妄图制造西藏"独立"。1913 年，英国策划"西姆拉会议"，指使西藏分裂势力在会上提出划分"内藏"、"外藏"草案，企图将康区纳入"大西藏"管辖范围。这一阴谋遭到北京政府拒绝后，英国便改变策略，竭力唆使、鼓动西藏地方政府派兵东袭川边，以实现其在会议桌上未能达到的建立"大西藏"的目的。正是在这样的背景下，西藏地方政府以"类乌齐事件"和"大白事件"为借口，于 1928 年和 1930 年两次派遣藏军东进，引发了两次"川藏纠纷"。

第十一章 民国时期四川少数民族

(一)"类乌齐事件"

早在 1914 年 9 月,十三世达赖喇嘛土登嘉措就在英国的支持下,派遣噶伦喇嘛降巴登达进兵太昭(今工布江达)等地。当时川边军统领彭日升驻守昌都,与藏军对峙。双方虽有摩擦,但未酿成大的战事。1917 年 9 月,驻防类乌齐的川边军拿获两名越界割取马草的藏兵,将其解往昌都,竟被彭日升下令斩首,将首级送还藏军。这一"不审机势"的轻率行动,遂成为蓄谋已久的藏军发动战事的借口。于是,由英国枪械武装起来的藏军,向川边军发起了军事进攻。1918 年 1 月,藏军攻占类乌齐,进而陷察雅。2 月,藏军攻占昌都后山。4 月,又陷鸡心山。川边军弹尽粮绝,昌都失守,彭日升被俘。噶伦降巴登达下令将彭日升等投降官兵分批解藏。与此同时,藏军分南北两路大举东进,不仅占据昌都地区全境,而且第一次越过金沙江并占据甘孜藏区的德格、白玉、邓柯、石渠、瞻化等县。

当昌都危急之时,彭日升不断请求川边镇守使陈遐龄发兵救援。但陈遐龄热衷四川军阀战争,兼之与彭日升有隙,故见危不救,造成昌都失陷。陈遐龄只是致函达赖,要求休兵和解,无果。7 月,驻防甘孜的川边军团长朱宪文等率部与藏军在甘孜激战 20 余日,始挡住藏军进攻势头。至此,川藏双方相峙于甘孜绒坝岔。8 月,陈遐龄再次派员赴拉萨交涉,达赖始同意议和。在此之前,一个叫台克满的英国副领事,就以"调解"为名,插手川藏纠纷。他到昌都后,先与西藏昌都总管噶伦降巴登达密商,然后将镇守巴安的川边军分统刘赞廷邀请到昌都。这位既不了解全面情况、更未得到川边镇守使等上级机关授权的刘赞廷,竟在台克满的"调解"下与藏军开始和议,并达成昌都协议 13 款,其关键内容是在划分双方停火线的名义下,使藏军对康区的军事占领"合法化"。陈遐龄认为,这个协议"损失威权",不予承认。于是,派韩光钧、甲宜斋等为交涉员,在甘孜前线与藏军进行和议。台克满又急忙渡江"调解"。经过一个多月的反复磋商,10 月 10 日,韩光钧、甲宜斋与西藏代本琼让,代表川藏双方,在甘孜绒坝岔签订《边藏停战退兵条件》(又名《康藏绒坝岔条件》)共 4 款。这一停战条件虽然在一定程度上减弱了英国的干涉,但仍然承认了藏军占领的事实,致使西康 33 县,川藏各领一半。金沙江东岸的邓柯、白玉、石渠、德格等县被藏军占领，形成了藏军退驻德格，川边军驻守甘孜的对峙局面①。

"类乌齐事件"，亦称"川（康）藏第一次纠纷"。又因战事主要发生在民国7年（1928年），故又称"民七事件"。

（二）"大白事件"

因一件小事发生的"大（金）白（利）事件"，引发了第二次"川藏纠纷"。这场纠纷，历时数年，耗帑巨万，酿成川藏、青藏大范围战事，伤亡数千人，牵动中央，震惊全国。

1930年6月，川军管辖范围内的甘孜大金寺与白利土司因互争15户差民而发生械斗。大金寺调集寺院武装攻占白利村，纵容僧兵抢劫烧杀。白利土司逃到甘孜县，请求驻防川军和甘孜政府出面主持公道。但大金寺自恃实力雄厚，又有西藏地方政府和驻防德格的藏军支持，拒绝调处，并开枪打死正在前沿值勤的川军排长李哲生。于是，川军（第二十四军）边防旅旅长马啸派兵与大金寺武装激战一个多月，收复白利，包围大金寺。南京国民政府闻报，迭令双方停火。此时，英国认为有机可乘，秘密向藏军提供大批军火，唆使藏军卷入大白事件，终于导致藏军与川军发生直接军事冲突。

1931年2月春节期间，藏军乘川军汉族官兵按俗过节、防务松懈之机，向川军发起突袭。川军大败，藏军乘势攻占甘孜、新龙和理塘的穹坝、霞坝等地。川军退守炉霍一带。4月，南京国民政府指派蒙藏委员会委员唐柯三到甘孜调处，同时电告达赖，要他命令藏军停止东进，并派代表谈判。由于藏方借故拖延，直到11月6日，唐柯三才与藏军代本琼让订立停战草案8款。这个草案的实质，就是承认既成事实，即甘孜、新龙等地归藏军管辖；川军只能驻防炉霍一带；而且大白争端由藏军单方面处理。消息传开，川康大哗。旅京康人及甘孜藏民群起反对，白利民众痛哭失声，当即赴炉霍请愿。四川省政府主席刘文辉也不赞同，于是国民政府责成刘文辉处理。

1932年1月，在英国的策动下，藏军以青海玉树噶丹寺与得塞召寺发生土地纠纷为借口，集中4000兵力，向玉树马步芳驻军发起进攻。经过数月战斗，

---

① 参见任新建：《康藏近代民族关系史》第9章《藏军东侵与川藏纠纷》（国家社科基金课题，未刊本）；四川省地方志，编纂委员会编：《四川省志·民族志》，四川民族出版社2000年12月版，第224～225页。

藏军占领大小苏尔莽等地，兵临玉树城下。7月，马步芳率军反攻，大败藏军，不仅将进入青海的藏军全部驱逐出境，而且收复了康区在"民七事件"中被藏军占领的石渠、邓柯等县。与此同时，刘文辉所部川军，以约两个旅的兵力，向瞻化、甘孜进攻，迫使藏军向金沙江西岸撤退。大金寺僧众惊惶失措，自焚其寺院，挟辎重随藏军向金沙江以西逃窜。川军收复甘孜、德格等县。至此，金沙江以东藏军攻占的地区全部收复，川藏两军隔江对峙。

藏军东进西康、北攻青海，首先受到全国舆论的抨击；战争旷日持久在藏族地区进行，也引起西藏僧俗群众强烈不满；更由于藏军在战争中失利，马步芳又致电国民政府和刘文辉，提出青、川联合行动，收复昌都。在此情况下，西藏地方当局被迫派人请求国民政府调停。英国也出面干预，说什么"如果康藏纠纷不能和平解决，必发生严重之果"①。于是，蒋介石命令川、青方面停止进攻，举行和谈。1932年10月8日，川藏双方在德格境内的岗拖签订《岗拖停战协议》（俗称"岗拖协议"）②。"协议"共6条，规定川藏两军以金沙江为界，互不侵犯，自停战之日起，双方交通恢复原状，商民往来无阻。第二次川藏纠纷大规模的武装冲突遂告结束。

然而，"岗拖协议"中，并未解决大金寺僧众的安置问题。川军收复甘孜时，大金寺僧自焚寺院，跟随藏军逃向金沙江以西者，约700多人，其中有200多人战后陆续自行返乡，尚有500多喇嘛流落昌都一带，而西藏地方当局又无力就地安置。这些人便四处抢劫，造成社会不得安宁。1934年1月，竟有400多大金寺僧众潜渡金沙江，焚劫邓柯县政府，损失惨重。十三世达赖圆寂后，南京国民政府与西藏当局的关系大大改善，于是川藏双方又就大金寺僧众的安置问题进行了长达数年的和谈。1934年5月，签订《康藏和好条件》12

---

① 牙含章：《达赖喇嘛传》，外文出版社1993年1月版，第252页。
② 青藏双方也于1933年4月签订了《巴达塘停战协议》。
格勒（藏族）等人认为，"类乌齐事件"引发第一次川藏纠纷，"大白事件"引发第二次川藏纠纷，见格勒《甘孜藏族自治州史话》，四川民族出版社1984年版，第246~258页；也有人认为，民国时期，川（康）藏之间曾发生三次战争（纠纷）：第一次是民国元年（1912年）彭日升与藏军之间的昌都之战，第二次是"类乌齐事件"引发的川藏战争，第三次是"大白事件"引发的川藏战争。
参见格勒：《甘孜藏族自治州史话》，四川民族出版社1984年版，第250~258页；任新建：《康藏近代民族关系史》第10章《大白事件与康藏界务》（国家社科基金课题，未刊本）；黄奋生编著、吴钧校订：《藏族史略》民族出版社1985年版，第352~353页。

条；1935年1月，议定《安置大金寺僧规约》8条；1939年1月，又议定《安置大金善良寺僧详细办法》7条，主要内容包括，康藏双方广为倡捐，修复大金寺；所有大金寺僧众"遵守规约"，从昌都渡江返回甘孜原寺等等。至此，由"大白事件"引发的第二次康藏纠纷，得到较好解决。

二、格桑泽仁与"巴安事变"

1927年，川军第二十四军军长刘文辉入主康政。1928年10月，南京国民政府任命刘文辉为四川省政府主席。刘文辉踌躇满志，力图"统一四川，控制西南，问鼎中原"①，因而曾两度通电反蒋，要蒋介石下台。当蒋介石逐渐控制全国政权后，尽管仍旧任命刘文辉为四川省政府主席，但对刘文辉始终存有戒心，不能容许刘文辉势力坐大，因而在拉拢、利用刘文辉的同时，又采取种种手段，对刘文辉势力进行分化和钳制。1931年底，蒋介石任命格桑泽仁为国民党西康党务特派员回西康活动，就是利用矛盾、实行钳制手段的典型事例。

格桑泽仁（1904～1946年），藏族，汉名王天华，巴安（今巴塘县）人。1926年肄业于西康屯垦使刘成勋所办陆军士官学校。后到南京，自称"康藏全权代表"，要"为康民请命"，要求政府改建西康行省，取消民族压迫政策。因受到国民政府考试院院长戴季陶的赏识和提携，加入国民党，后担任蒙藏委员会委员兼藏事处处长。曾发起组织"西康青年励志社"②，招引西康藏族青年赴南京学习，并在中央政治学院内附设"西康班"。他力主"康人治康"、"藏人治藏"，一时名声大噪。刘文辉认为，格桑泽仁在南京的活动，别有用心，矛头是指向他的，故授意在康定组织"反格大同盟"，指斥格桑泽仁冒充"康藏全权代表"，并派人赴京告状。

20世纪30年代的康藏地区，各种势力渗入，诸多矛盾激化，实属多事之区。当刘文辉忙于四川军阀战争之时，因"大白事件"引发的第二次"川藏纠纷"，使西康政局更加动荡不安。正是在这个时候，蒋介石以西康这么大一个地方，竟然没有建立国民党组织为由，任命格桑泽仁为国民党西康党务特派员，令其回西康办理党务。

---

① 刘文辉：《走到人民阵营的历史道路》，三联书店1979年12月版，第2~4页。
② 或称"藏族青年励进会"，参见《四川近现代名人录》，四川辞书出版社1992年版，第241页。

1932年初,格桑泽仁衔命启程返康。当时,西康特别行政区首府设在康定,按说党务特派员公署设在康定"较为适宜"①,但格桑泽仁认为自己与刘文辉有过节,因而带领中央政治学院"西康班"毕业的巴安籍学员10余人经昆明去巴安,只派杨仲华等康定籍学员经成都去康定,筹组西康党务特派员驻康定办事处。格桑一行途经昆明时,受到云南省主席龙云的盛情接待。龙云委格桑为滇边宣慰使,并赠送步枪100支、电台一部。格桑回到巴安,受到家乡藏族僧众的热烈欢迎。年仅28岁的格桑,青年得志,自恃受国民党中央派遣,又有云南龙云的支持,更能得到西康僧众拥护,于是提出"康人治康"、"地方自治"口号,于2月26日发动"巴安事变",将主要矛头指向刘文辉及其所部川军,强行收缴了刘文辉第二十四军驻巴安两个连的枪械,宣布成立"西康建省委员会"和"西康省防军司令部",自任建省委员会委员长和省防军总司令,并一度占领盐井、乡城、稻城等10多个县。

巴安事变发生后,刘文辉在成都急电蒋介石,称格桑泽仁在巴安作乱,危及边防,要求将其撤职,调回南京。刘文辉仍从康藏大局出发,集中兵力在康北与藏军作战,直到收复甘孜等地后,才以藏军侵占巴安为由,派兵进攻巴安;而西藏地方当局则多次派人到巴安游说,力图联合格桑泽仁共同抗击川军,但却遭到格桑泽仁的严词拒绝。于是,格桑泽仁率领民军与藏军在巴安地区展开激战。格桑泽仁与北线川军配合,在南线奋勇抗击藏军的行动,得到国民政府和蒙藏委员会的赞扬,但是,他发动"巴安事变",公开与刘文辉对立的行为,则未能得到南京方面的支持。国民党中央执行委员会、国民政府及蒙藏委员会,为了稳定康藏政局,以便集中力量打击藏军,多次发电指示格桑泽仁撤销委员长和总司令称号,迅速回京,听候中央公平解决。蒋介石虽然对刘文辉不满,但从巩固边防大计考虑,仍需倚重刘文辉的势力,故发电给格桑泽仁,要他在军事政治方面"商承"刘文辉办理,"以一事权"。

1932年7月,刘文辉从康北调兵增援巴安。当时,围攻巴安的藏军遭到格桑泽仁民军的顽强抵抗,听说北线藏军战败,巴安援军将至,恐怕腹背受敌,于是全部撤回原防,据江而守。格藏之战结束。格桑泽仁所率民军本来战斗力

---

① 陈立强:《格桑泽仁、诺那、刘家驹》,《四川文史资料选辑》第27辑,四川人民出版社1979年1月版,第117~121页。

不强，在与藏军的交战中，损失惨重，以至完全丧失了继续与刘文辉抗衡的力量。更因为南京方面不予支持，一再令其回京复命。于是，格桑泽仁"交出政权和军队"，去了云南丽江①，"巴安事变"就此结束。

从当时的情况来看，格桑泽仁贸然发动"巴安事变"，把斗争矛头对准刘文辉及其所部川军，显然对国民政府和刘文辉抗击藏军东侵、解决"川藏纠纷"的大局造成了干扰，不仅加深了与刘文辉的矛盾，而且使康藏政局更加复杂化。因此，既得不到中央政府的支持，也不可能获得广大康区民众的拥护，其失败是不可避免的。然而，格桑泽仁不顾与西藏地方"同族同教关系"，坚决反对西藏分裂势力妄图建立"大西藏"的阴谋，奋力抗击藏军的行动，则是应当肯定的。特别是他首次提出"康人治康"口号，对处理康藏民族关系乃至对西康藏区历史均产生了深远影响。格桑泽仁提出"康人治康"，并不是要西康脱离中央政府，而是在服从中央政府的前提下，更多地吸收康人参与康区的治理，实行地方自治，这与西藏分裂势力主张建立"大西藏"以实现"独立"的意图是有本质区别的。在"巴安事变"中，格桑泽仁在成立西康建省委员会时，宣布了5条政纲：1. 实行地方自治；2. 力图民族平等；3. 废除乌拉制度；4. 改进耕牧技术；5. 发展文教事业②。这5条政纲，涉及政治、经济、文教、民族关系等各个方面，是当时西康藏区亟待解决而又无法解决的大问题，特别是实行地方自治和民族平等，在封建军阀统治下是根本不可能实现的。尽管如此，"康人治康"、"地方自治"口号的提出，对处于落后、封闭状态下的西康藏区广大民众来说，无疑进行了一次近代民主、平等思想的启蒙教育，在一定程度上促进了康区民众特别是藏族上层人士的思想解放，激发了他们参政议政、推动康区经济、文化发展的热情。此后，民国时期西康发生的若干重大事件，如诺那事件、班辕事件以及雅属发生的天芦宝事件，都标榜"康人治康"，可见其影响之大③。

---

① 格桑泽仁没有立即回京复命，而是以养病为由住在丽江，后联络康藏和成渝两地大富商，组织康藏贸易公司，开展内外贸易。抗日战争中，积极宣传和支持抗战，要求当局批准其"边疆开发计划"。抗战胜利后，当选为国民政府参政委员和国大代表。1946年因肺病复发去世，终年42岁。
② 冯有志编著、周光钧校订：《西康史拾遗》（全集）第119页，甘孜州政协文史委1991年编印。
③ 参见任新建：《康藏近代民族关系史》第11章《格桑泽仁事件》（国家社科基金课题，未刊本）；格勒：《甘孜藏族自治州史话》，四川民族出版社1984年9月版，第237～238页。

三、"诺那事变"与红军对诺那的统战工作

诺那（1864~1936年），原名格热·索朗列旦（或说赤列嘉措），藏族，昌都地区类乌齐人，是近代康区一位极富传奇色彩的人物。他7岁时被认定为活佛，入荣共寺修行，后成为类乌齐红教活佛。清末民初，他就心向中央政府，反对西藏上层分裂集团的分裂活动。"民七事件"中，他协助川边军彭日升抵抗藏军东侵，兵败被俘，被押解到拉萨，受尽酷刑，判永远监禁。诺那坐牢6年后，寻机逃出，昼伏夜行，入尼泊尔，经印度孟买等地，取道海路回国。1925年10月，诺那进北京控告达赖叛国、欺压百姓，在总理衙门前长跪一日一夜，终于得到段祺瑞接见，一时成为北京新闻人物。1926年冬，诺那应四川善后督办刘湘邀请到重庆讲经传教，从者甚众。刘湘所部师旅团长皈依诺那为其弟子者不乏其人。1928年，经刘湘举荐，诺那到南京，受到国民政府和蒋介石的欢迎，被委以蒙藏委员会委员、立法委员等职，并赐封"诺那呼图克图"称号，批准设立西康诺那呼图克图驻京办事处，每月拨给1500元经费。此后，诺那曾到上海、广州、南昌、武汉、长沙等地讲经传法，禳灾祈福。"九一八事变"后，诺那积极宣传抗日救国，祈祷和平。

1935年1月，中央红军长征进入四川。5月，红军进入川康藏区。蒋介石在部署围堵红军战略时，十分重视利用藏区宗教势力和地方武装，借以蛊惑群众，消灭红军。如策划九世班禅发表《为共匪祸国告青康民众书》，企图煽惑康区僧俗各界，抵御红军[①]。此前，诺那在武汉晋谒蒋介石时，就主动请缨，"自称有号召康人能力，请入康纠合民兵御匪"[②]。诺那的请求，正合蒋介石的心意：一则可以借助藏族宗教势力和地方武装防堵红军，实现其"剿共"大计；再则可以通过诺那在康区培植效忠中央的地方势力，扩大中央在西康的影响，实现其削弱和钳制刘文辉势力的目的。6月22日，蒋介石在成都任命诺那为中央特派"西康宣慰使"，并为其配备了特务大队和卫队等武装力量。7月，西康建省委员会成立，诺那列名建省委员会委员。

---

① 参见中共四川省委党史工作委员会：《红军长征在四川》，四川省社会科学院出版社1986年9月版，第255页。

② 参见秦和平、赵心愚编：《康区藏族社会珍稀资料辑要》，四川民族出版社2005年版，第525~526页。

诺那在成都组建宣慰使公署。公署下设秘书、宣慰、总务、地方武装4组。韩大载任秘书长，陈信伯、陈济博为汉文秘书，江安西兼藏文秘书；邦达多吉为宣慰组长兼地方武装组长；李公度为总务组长。这当中，巴安藏人江安西曾是南京中央政治学院"西康班"学员，他率领国民政府军事委员会别动队一个分队充任宣慰使公署的侍卫武装，在"诺那事变"中发挥了重要作用。宣慰使公署建立后，诺那随即率领文武两班人马进入康区。8月，在康定召开第一次宣慰大会，大肆宣扬蒋介石"戡乱剿共的德政功勋"，污蔑红军和中国共产党，"力作康人治康宣传"，并向各县僧俗代表馈赠茶包等礼品。会后，诺那借口调查了解民众疾苦，召开秘密会议，号召反映地方情况。事后，收到控诉刘文辉二十四军横征暴敛、为非作恶的书面材料300余件，经公署转报于国民党中央①。本来，刘文辉对诺那入康宣慰就存有戒心，对所谓"康人治康"尤其反感，当得知诺那暗中上报"控诉材料"后，更加不满。于是，双方均向蒋介石重庆行营申诉、攻讦，矛盾愈演愈烈。

1935年9月，诺那带领宣慰使公署武装部队离开康定，到康北各地开展"宣慰"，狙击红军。诺那等到达道孚县时，适逢刘文辉所部余如海旅在丹巴被红军击败，有3个营溃退至道孚一带，沿途抢劫，引起民愤。10月，诺那命令宣慰使公署武装和道孚地方武装，将刘部3营缴械，以增强自己实力；又以宣慰使名义撤换道孚、炉霍、甘孜3县县长，另委县长；还指使上瞻对头人和德格土司杀害瞻化、德格、邓柯3县县长。此时，诺那派遣邦达多吉等前往康南巴安，企图解除刘文辉二十四军傅德铨团的武装，但遭到傅德铨部的强力反击，傅德铨重新控制了巴安。当刘文辉得知诺那在道孚解除其所部3个营的枪械时，大为恼怒，赓即调集部队向道孚进兵，并数次与宣慰使公署部队开仗。诺那打着"康人治康"旗号发动的与刘文辉二十四军的武装冲突，称为"诺那事变"。刘文辉则称之为"诺那之乱"。

诺那在发动"事变"的同时，仍继续在道孚、炉霍一带堵击红军。1936年3月，又策动寿宁寺及德格土司武装抵抗红军，兵败。诺那一行逃向瞻化（新龙），被土司巴登多吉扣留。巴登多吉不欲与红军为仇，于4月6日将诺那等人

---

① 江安西、来作中、邓俊康：《诺那事变记略》，《四川文史资料选辑》第29辑，四川人民出版社1979年1月版，第66页。

捆绑至瞻化县城"送红军治罪"。至此,"诺那事变"结束①。

瞻化红军将诺那等人转送到驻甘孜的红四方面军总部。红军总司令朱德指示,对诺那要团结教育,予以优待。红军遵照党的统战政策,尊重诺那的宗教信仰,考虑到他年迈体弱,将其安置在土司官寨,并让其亲信弟子韩大载(宣慰使公署秘书长)陪伴护理。开初,诺那态度傲慢,说什么"蒋委员长待我厚,防御共匪,系我天职。速杀我,宽我员兵"②。后经红四方面军总政委陈昌浩及王维舟夫妇等反复宣传和解释中国共产党和红军的民族政策、宗教政策,揭穿国民党对红军的造谣污蔑,终于使他消除了疑虑,不仅不再仇视红军,而且还教红军指战员学习藏文、藏语,亲自煮酥油茶款待红军,进而与红军推心置腹讨论北上抗日应避开藏区险隘的路线,直至向红军提出借兵,收复丹达山以东被达赖所占土地。5月6日,诺那患伤寒症,发高烧。红军派最好的医师尽力医治,打针吃药,综合治疗。诺那感动地说:"我为将死之人,用此西药殊为可惜。留着红军将士用吧。"5月12日,诺那病情突然转重,经抢救无效而圆寂,享年73岁。诺那留下遗嘱3条:一、停尸3日不动,二、火化,三、遗骨送庐山安葬。红军一一照准,王维舟负责丧事,按宗教仪式请来折格等寺的8位活佛、大喇嘛诵经,红军鼓乐队为前导,派代表送上花圈。整个仪式格外庄重,许多藏民耳闻目睹,无不为红军至诚之心所感动。火葬后,红军根据诺那遗言,支助诺那弟子韩大载将骨灰送至江西庐山安葬。国民政府追封诺那为普佑法师,并拨款在庐山修建诺那喇嘛塔。四川等地信徒也捐资在重庆北碚修建了"诺那精舍"。诺那信徒号称数十万,在海内外有相当影响。如今庐山诺那塔院已重新维修,并对外开放③。

四、甘孜"班辕事变"

1934年,甘孜孔萨第七代女土司拥金堪珠病故,由其孙女德钦汪姆继承土

---

① "诺那事变"的实质是反对刘文辉对西康藏区的统治,随着诺那被俘并被移交给红军,"诺那事变"实际上就已经结束。因此,把"诺那事变"的结束时间划到诺那在甘孜圆寂,将红军对诺那的统战工作也归入"事变"内容,显然不妥。任新建先生在《康藏近代民族关系史》(未刊本)第12章使用"诺那事件"一词,将"诺那事件"的结束时间划到诺那在甘孜圆寂,应是准确的。

② 《诺那呼图克图行状》,转引自周锡银:《诺那的部分史料辑录》,《四川文史资料选辑》第29辑,四川人民出版社1979年1月版,第92页。

③ 参见任新建:《康藏近代民族关系史》第12章《诺那事件》(国家社科基金课题,未刊本)。

司。1937年，刘文辉认22岁的德钦汪姆为义女，任命她为土兵营长，并多次在自己部下中为她择婿，打算通过婚姻纽带加强自己在康北的统治。

1937年底，九世班禅在返藏途中于青海玉树圆寂。出于安全考虑，班禅行辕（简称"班辕"，亦称"班辕堪布厅"），经请示国民政府同意，将班禅行辕及班禅灵寝移驻甘孜。1938年，国民政府派考试院院长戴季陶赴甘孜致祭。班辕向戴季陶提出，希望中央"明令划康北各县归班辕管辖，与刘文辉分治康区"①。戴季陶对此虽未表态，但他也欲收年轻貌美的德钦汪姆为义女，企图利用班禅行辕及地方势力牵制刘文辉，因此遭到刘文辉的反对。特别是班禅行辕卫队分队长益西多吉（后藏人）与德钦汪姆恋爱，宣称即将成亲（上门入赘），更使刘文辉不能容忍。刘文辉认为"班禅集团有勾结地方实力派长期盘踞康北的企图"②，于是出面干涉，下令甘孜驻军八一五团团长及甘孜县长将德钦汪姆软禁于孔萨官寨，并罚银2000秤。

1939年12月，班禅行辕借口孔萨官寨一侍女被驻军岗哨击毙一事，联合孔萨家族等康北土司头人武装，向甘孜驻军发起进攻，救出德钦汪姆，控制甘孜县全境，并连下炉霍、道孚两城，大有攻下康定之势；班辕宣布罢免康北各县县长、另行委派20人接替县长。事变发生后，刘文辉急电蒋介石请求令班辕军队停止前进，但蒋介石只是坐观变化，未批示办理；与此同时，刘文辉调集大军反攻。1940年2月，班辕战败，被迫撤出甘孜，护送班禅灵寝逃向青海玉树。孔萨女土司德钦汪姆也随班辕退到青海玉树③。"班辕事变"（亦称"甘孜事变"）至此结束。

在"班辕事变"中，巴安藏人刘家驹发挥了重要作用。刘家驹（1900～1977年），藏名格桑群觉，历任巴安国民协进会副会长、蒙藏委员会委员兼九世班禅行辕参议、班禅行辕秘书长、西康建省委员会委员等职。班禅在玉树圆寂后，刘家驹专程赴渝报经国民政府批准，并取得刘文辉同意，将班禅灵柩移

---

① 来作中：《德钦汪姆》，任一民主编：《四川近现代人物传》第6辑，四川大学出版社1990年3月版，第577页。
② 陈立强：《格桑泽仁、诺那、刘家驹》，《四川文史资料选辑》第27辑，第127页。
③ 德钦汪姆逃到青海玉树不久，即与益西多吉完婚。8年后，他们被允许带着3个儿女回到甘孜。新中国成立后，他们被邀出席1950年11月召开的西康省藏族自治区各族各界代表会议。德钦汪姆当选为自治区人民政府委员，益西多吉也担任了重要职务。1951年，德钦汪姆病逝，终年36岁。

驻甘孜。随着刘文辉与班辕矛盾的加剧，刘家驹便参与了"班辕事变"的策划与组织工作。他在"事变"前班辕与孔萨家族召开的一次秘密会议上说："刘文辉对我们这样压制、干涉能行吗？……现在女土司被软禁，婚姻受干涉……软的看来不行，只好用硬的了。"① 作为"事变"的指导思想和斗争目标，他提出了"康人治康"口号，号召康区人民起来反对刘文辉的统治。"班辕事变"虽然失败了，但"康人治康"口号在康区民众中产生了深远影响②。

民国西康历史上发生的三次重大事变——1932年的"巴安事变"，1936年的"诺那事变"，1939年的"班辕事变"，从表面上看，好像互不相关，其实有着内在联系。这三次事变，发生在刘文辉主持康政的三个时期："巴安事变"发生时，刘文辉以川康边防总指挥的头衔，兼理康政；"诺那事变"发生时，刘文辉已担任西康建省委员会委员长；"班辕事变"发生时，刘文辉已担任西康省政府主席。三次事变都是在中央政府暗中支持下开展的反对刘文辉的政治事件，不仅反映了中央政府与西康地方政权之间错综复杂的矛盾和斗争，而且也说明刘文辉治康虽然采取了一些缓和民族矛盾的措施，但民族歧视与民族压迫依然存在。这三次事变的发动参与者或幕后策划者格桑泽仁、江安西和刘家驹，都是巴安籍藏族，都有早年在南京求学的经历，因而被人们誉为"巴安三杰"③。三次事变都提出了"康人治康"口号，表明近代"民族平等"、"区域自治"思想对西康藏区政治文化生活产生了巨大作用，也展示了西康藏族精英分子为追求国家统一、民族平等、地方自治而坚持不懈的斗争精神。

---

① 来作中：《刘家驹》，任一民主编：《四川近现代人物传》第6辑，四川大学出版社1990年版，第564页。

② "班辕事变"后，刘家驹随班辕败退青海玉树，不久去西藏。后到重庆担任班禅驻渝办事处处长。1941年后，曾任国民政府军事委员会参议、国大代表、中央立法院立法委员等职。新中国建立后，从事著述和翻译工作，曾任四川省政协委员、四川省民委参事室参事。主要著作有《康藏》、《西藏政教史略》、《班禅大师集》等，并参加了新中国第一部《宪法》的藏译工作。

③ 冯有志编著、周光钧校订：《西康史拾遗》（全集）第140页，甘孜州政协文史委1991年编印。

第十二章 四川农业和农村经济的重要变化与曲折发展

民国时期，四川农业和农村经济在新的历史条件下，仍在寻求近代化途径：耕织结合的传统农业进一步解体，农村商品经济继续增长，农村场镇网络成为城乡商品流通的无限空间，农副产品加速进入国内外市场。在1934年以前政局急剧变化中，土地占有与租佃关系出现重要变化，地权频繁转移，佃农数量增加。1935年以后，在重农政策的引导下，集约化农业、农业改进所和试验农场纷纷涌现，优质、高产农作物给四川农业带来了生机。但是，遭逢长期战乱破坏，农户又承受了沉重的税课，四川农村和农户生存、发展道路格外艰难。

第一节 耕织结合的传统农业开始解体

一、洋纱开始取代土纱，农户转向加工织造

在民国时期的四川广大农村，农户和家庭手工业结合一起，仍然是农村经济的重要组成部分。直至20世纪30年代，四川尚有手纺车228710架，年产土纱57727包，占全省消费棉纱的28.5%；手织布机10万台，年产土布约656万匹[①]，占全省消费棉布的77%。调查47县，有33县存在手纺业，多为产棉地

---

① 用机纱织布者69%，土纱织布者31%。

区，"以纺织为副业之农户同时皆为棉农"①。毫无疑问，这依然是有效的耕织结合体，由廉价的土花维系着这类脆弱的小农经济。

但是，随着洋纱、洋布涌进四川市场后四川农户开始由自纺自织转为买纱织布，原料上依赖于国外市场，价格上受控于外国资本。于是，"内地布缕价涨缩，恒依洋纱进入增减为差度"②。不仅广大农民、手工业者被迫同外国资本进行不等价的交换，而且耕织结合的分离过程，亦由此处于极不稳定状态，时而分离，时而重新结合。而这种不稳定状态，又取决于国际、国内政治形势的变化。

图 12-1 村镇上的纺车。1923 年法国汉学家拉蒂格拍摄的四川老照片

第一次世界大战前后，是四川棉织业的黄金时期。20 年代末，重庆市（包括南岸、江北在内）共有织机 4167 台，其中木机共计 2274 台，占 54.5%；其余 1893 台为铁轮机，占 45.5%。到 1935 年，进口洋布激增，织机总数减为 1953 台，其中木机骤减为 883 台，占总数的 45.2%③。抗日战争前夕，廉价洋布大量倾销，四川"各地土布市场，遂均为所夺，川省年输入布匹达二百万匹，而机纱输入落至三十万担……是为川省织布业空前衰落时期"④。重庆是四川纺织业发达地区，衰落时期传统木机尚占 45.2%，其他地区则不可同日而语。

但是，抗日战争开始后，洋货难输内地，造成四川"各地的手工纺织业在原有的废墟上恢复起来"。由于四川原棉质地差，又先后从河南、陕西引进脱字棉、德字棉新品种，脱字棉产量比退化的美棉增加 25%，德字棉更比脱字棉产量高出 15%，成为本省原棉新品种。1939 年，良种棉花播种面积扩大，获得大丰收，皮棉总产量达到 2.9 万吨，比 1937 年增产近 1 倍。1940 年棉田面积扩大

---

① 方显廷：《川康棉纺织工业之固有基础》，中华书局 1984 年版，《农本月刊》第 57 期。
② 彭泽益：《中国近代手工业史资料》卷 4，中华书局 1984 年版，第 164 页。
③ 彭泽益：《中国近代手工业史资料》卷 4，中华书局 1984 年版，第 164 页。
④ 彭泽益：《中国近代手工业史资料》卷 4，中华书局 1984 年版，第 143~148 页。

到270多万亩，1947年扩大到341万亩，原棉总产量增加到3.7万吨①，成为历史上棉花最高年产量。

这一突破给处于衰落状态的广大农村纺纱业带来了福音，在市场需求激增的条件下，农家棉纺织业出现复苏。据四川省政府统计，全川出产土布者共47县，兼有纺纱者33县（同时又是产棉区）。又据四川棉作试验场调查：29县以纺纱为副业的农户均为棉农。按地区分布，棉农在农户所占比率为：地处涪江、沱江流域的仁寿、射洪、三台、遂宁、盐亭等主要产棉县大约30%~45%，内江、隆昌、井研等县约10%。据统计，1939年川康地区有手纺车228710架，生产土纱54727包；有手工织布机10万台（以铁轮机生产率折算为65606台），生产土布6560648匹②。耕织结合既有暂时分离的趋向，又有重新结合的基础，实际上是受到各种复杂的社会、经济因素制约的结果。

二、城乡场镇市场的发展与农副产品流通领域的扩大

（一）四川城乡市场的兴盛

民国时期农村商品经济的发展直接培育了四川场镇市场，到1949年，川康地区共有场镇7796个，坐商和流动商贩估计有795520户，商业人员844500人。每个场镇平均有商家100户，商业人员125人③。场镇的分布一般以经济发达地区和水陆交通要冲为中心向周围辐射，星罗棋布，但分布并不均衡。大宗商品流动地带和人烟稠密的平原地区，山货、药材和经济作物产区

图12-2 挑着活鸭子去赶集

场镇密集、市场规模大；而人口稀少、交通不便的贫瘠山区的场镇则寥若晨星，市场交易量也少。

---

① 《四川省志·农业志》上册，四川辞书出版社1996年版，中华书局1984年版，第194页。
② 彭泽益：《中国近代手工业史资料》卷4，中华书局1984年版，第143~148页。
③ 游时敏：《四川近代贸易史料》，四川大学出版社1990年版，第82~87页。

习惯上称"东大路"的成渝交通沿线以及称"川湘路"的长江上游水陆要冲地带,是大市镇和中等场镇密布区。"东大路"上共有37个场镇,其中工商户达200户以上的大型场镇19个,有天回镇、三河场、唐家寺、石盘铺、临江寺、刘家场、罗泉井、邮亭铺、三溪场、双路铺、龙水镇、赵华镇、五通场、胡市、陈食场、德感场、吴摊场、铜灌驿、冷水场;其

图 12-3 制砖

中工商户达100户以上的中等场镇,有石燕桥、路孔河、兆雅镇、彭家等5个。"川湘路"上共有43个场镇,其中工商户达200户以上的大型场镇7个,为土桥场、迎龙场、三溪场、扶欢坝、万盛场、陈家、长坝场;其中工商户达100户以上的中等场镇7个,为百节场、一品场、蒲河场、同乐铺、马武场、南沱、保家楼[①]。这些地区场镇市场的崛起,起到了活跃省内外商品经济的重要作用。

(二)场镇市场网络的功能和作用

民国时期,四川场镇市场网络,已逐步由"量变"的积累而发生了部分"质变",从互通有无、调剂余缺的小农经济附庸演变为区域贸易的桥梁和中转站,成为社会商品流通过程的重要组成部分;大宗农副产品由此进入国内外市场,现代工业品、日用品返销农村,形成双赢效应。这些重要的功能主要体现在一些地处水陆要冲的大场镇的商贸活动中。按其在商贸交流过程中扮演的角色,可以将它们划分为三种类型:1. 物资交流枢纽、水陆运销要冲场镇,这是场镇中最具活力的一类;2. 专业性手工业产品交易中心,这是四川场镇经济的特色之一;3. 山货、土特产品集散地,这是场镇群落中得天独厚的一类。

上述类型还不能概括四川场镇的功能特色,有许多以庙会、神会等民俗信仰为特色的场镇,如各地的药王会、观音会、牛王会、关帝会,名胜古迹、神话传说都可能构成民间信仰,然后形成定期集会,最终演化为物资交易市场。民国时期对孝泉庙会的新闻报道说:"德阳和绵阳两地的人,每年正月里有一件

---

① 游时敏:《四川近代贸易史料》,四川大学出版社1990年版,第82~87页。

最兴奋和最雀跃的大事,那便是孝泉的庙会。这有名的泉烟的产地,分辖于德绵两县……庙会的举行就是纪念东汉时以孝行著名的姜诗。姜公庙在镇北半里的地方,庙宇恢弘,庙前有广坝,便是会场。一到会期,各地商贩均来赶会。在庙会期间,孝泉的茶价加倍,旅馆提价,饮食样样无不上涨。走进会场,最惹人注意的是连绵不断的农具,木制扁担、耒耜、梯、锄棍、各式木桶,洋洋一地;铁制的犁铧、锄耙、铡刀、柴刀、菜刀又构成浩瀚的阵容。"① 内地与周围民族地区的交接地带,形成了许多边贸场镇,例如康定、泸定、松潘、茂汶等,都是在民族贸易中发展起来的。

三、农副产品的商品化进程

民国时期,四川农村种植业已形成合理布局:全省以种粮为主,川东南一带间作果树,川北地区产棉,川中产甘蔗,主要农作物有稻、麦、高粱、玉米、红苕、洋芋、黄豆、油菜、豌豆。其中玉米、红苕和洋芋被称为"粗粮",是明清时期自海外传入的耐旱高产作物,最适合占四川耕地 3/4 的丘陵地带栽培。这些作物很快就在四川扎根并获得奇效,使四川粮食产量成倍增长。四川人口达到高峰时期后,这些耐旱高产作物为贫困人口提供了基本食物,减少了饥荒死亡人数;同时由于价格便宜,劳动人民大部分食用粗粮,稻米、小麦等细粮便成为可以出售的商品粮。民国时期,在肩负沉重的田赋、预征、借征负担之后,四川农民还能够为省内外粮食市场源源不断地提供大量商品粮,同时为数百万流散人口提供食物资源,除了精耕细作之外,的确与盛产于丘陵高山区的粗粮息息相关。

农副产品商品化包括两部分:一是粮

图 12-4 川西平原农耕

---

① 《孝泉的庙会》,载《工商导报》1947 年 2 月 10 日。

食产品的商品化；二是农村副业产品的商品化，包括家庭饲养的家禽、家畜、家蚕和农户种植的油料、药材等经济作物及其加工产品。以下分别加以论述。

（一）粮食产品的商品化

民国时期，四川耕地面积增加很快。1912年民国建立时，四川有耕地面积5610.4万亩，人口4813万口，人均耕地1.16亩；1949年国民政府结束大陆统治权时，四川（包括西康省）有耕地10459万亩，人口5730万口，人均耕地1.82亩。

1933年统计，全川水稻种植面积占总农作物面积的24%以上，大小麦种植面积占22%以上。全省主要农作物产量为：稻谷726879.1万公斤，居四川主要农作物产量的第一位。红苕299573.4万公斤，居第二位。小麦产量为191120.1万公斤，居第三位。玉米产量为110957.3万公斤，居第四位。油菜子产量为22838.2万公斤，居第七位。其中玉米、红苕、油菜子产量名列全国首位，稻米产量居全国第二位，麦类产量也居全国的前列。又有统计说：四川生产粮食的耕地总面积约6000余万亩，占农地总面积的70%左右，其中稻田占3000余万亩，其余为杂粮地亩。1932～1936年，四川年均粮食产量为：稻米862475万公斤，小麦186800万公斤，杂粮（包括大麦、燕麦、高粱、小米、玉米、红苕、豌豆、胡豆）700405万公斤，合计1749660万公斤。全省人口总数为50766336人，人均粮食344.65公斤[①]。

抗战以来，重庆和川康地区成为抗战后方基地，粮食生产受到国民政府高度重视，生产指标成为战略任务，粮食产量更为各方关注。四川粮食产量的最好年份是1938、1939年，原因是，这两年四川风调雨顺、晴雨适度，对粮食作物生长有利，加之经济作物尚未大量种植而与粮食作物争地，因此，四川粮食产量连续两年超过100亿公斤，分别为：132.26亿公斤、118.12亿公斤。1940年，棉花、甘蔗及油菜子等经济作物价格上涨，经济效益超过粮食产品，因而农户经济作物种植面积增加，粮食作物面积减少，粮食产量随之下降。自1941年开始，战区扩大，军需民食需要量激增，市场供应紧缺，粮价大幅度上涨，粮食种植面积有所恢复，粮食产量也开始回升。1947年，川康地区粮食产量

---

① 以上数据均据《四川档案史料》1983年第4期第63页数据整理。计量单位原为千市担，按5万公斤比率折算为斤。

为：稻谷 631885 万公斤，小麦 296415 万公斤，玉米 161935 万公斤，红苕 334245 万公斤，大豆 48630 万公斤，豌豆 87960 万公斤，高粱 64240 万公斤（四川省产量），大麦 131430 万公斤。

据有关四川农户粮食产品消费情况的调查，一般农户收获的粮食产品，一部分交租，一部分出卖，剩余的供给家庭食用。构成农户家庭主食的主要是小麦、玉米和红苕，消费比例大致为：占产量的 75% 的小麦、占产量 45% 的玉米和占产量 90% 的红苕。剩余的玉米，对于自耕农来说，除主食外，主要用于饲料，2% 留作种子，余下的在市场出售；佃农则以 64% 交租，32% 用于饲料和种子，4% 出售。大米在主食中消费很少，只占产量的 8%，但稻谷多的农户消费量也有所增加。佃户所产稻谷，71% 交租，17% 留种，12% 出售；自耕农所产稻谷用于主食较多，出售的比例也有所增加。

粮食市场品类复杂，又随收获季节的变化而有所不同。春夏收获时节，小麦、大麦和各种豆类销售旺盛，6~7 月为最盛时节；秋收时节，稻米和五谷杂粮上市量大，9~10 月上市量最多。粮食价格高低主要取决于流通量，丰收之年和收获季节粮价低；反之粮价高。粮食市场交易量还受与运输关联的水道枯丰因素影响。

抗战时期，四川人口激增，商品粮的交易特别兴盛。1938 年，四川有 41 个较大的粮食市场。这些市场每年流通总量为：稻米约 620 万市石，小麦 110 万市石，玉米 30 万市石。因粮食种类繁多，输入的产区也不一样。稻米首推长江流域，占输入量的 38%；其次为沱江流域，占 18%；成都平原占 14%；嘉陵江流域占 12%；涪江流域占 11%。各地小麦、玉米的输入比例与稻米相近。小麦输入以嘉陵江流域、成都平原和沱江流域为主，玉米输入以沱江流域、涪江流域和嘉陵江流域为主。这三种商品粮输入以后又输出的，稻米和玉米各占 1/3，小麦占 1/4 弱[①]。

全省购销量最大的粮食市场大约有七个，购销总量如下：（1）成都市场，1940 年，成都人口大约 40 万余人，年销大米约 100 万市担；（2）重庆市场，1939 年重庆人口约 52 万余人，年销大米约 100 多万市担；（3）万县市场，1939 年，万县销售大米约 97 万市担；（4）泸县市场，1939 年，泸县城市人口

---

① 游时敏：《四川近代贸易史料》，第 112 页。

8万余人，其中80％食大米，是消费兼集散市场；（5）宜宾市场，位于川滇贸易冲要，为长江起点商埠，也是川南米粮集散市场之一，1936年由岷江上游及叙南各县输入的大米约138万担，向长江下游运销粮食达到128万担；（6）合江市场，年输出大米5万市担以上；（7）富荣、犍乐盐区市场，全省两个最大的井盐产区，也是最大的粮食消费市场。

（二）农村副业产品的商品化

近代以来，主要由农副产品构成的山货，是四川出口商品大宗。民国时期，每年山货出口货值在1000万元以上。其中，猪鬃约占60％，羊皮次之，牛皮、羊毛、猪肠、牛油又次之①。以1932与1934年的年均数看，土货占出口数额的66％。其中，山货占输出总额23.2％，桐油占21％，生丝占15.7％，药材占6.1％②。四川是中药材主要产地，全国中药材总计600余种，四川就占370余种。常用药材当归、附子、麦冬、川芎、黄连、川乌，都是四川农家经济作物，与药材市场有着密切联系。

图12—5　鸭棚子放养的鸭群

民国时期四川农副业产品生产虽然依旧维持农户家庭养殖，很少有集约化的养殖场，但由于成本低、效益高，市场需求量不断增加，其商品化进程十分明显。四川经济作物种类多，总产量也较高。产品主要有油菜子、花生、棉花、蚕丝、甘蔗、麻类、药材、烟草、茶叶、桐油、夏布、畜产、林产等。在正常年景，油菜子产量保持在2亿公斤以上，1933年达到3.69亿公斤，是民国最高年产量③。正常年份四川年产茧239万公斤，桐油7842万公斤、棉368.55万

---

① 《四川档案史料》1983年第4期，四川省档案馆编印，第63页。
② 《四川省志·农业志》上册，四川辞书出版社1996年版，第178页。
③ 《四川省志·卷首》，方志出版社2003年版，第363页。

公斤，甘蔗 2.53774 亿公斤、药材产量约 451.5992 万公斤。1928~1932 年 5 年间，年输出黄丝 6 万公斤，桐油 181.4745 万公斤，糖 19.685 万公斤。其他如药材、林产品、畜产品输出也占有相当的比重。四川输出的农副产品，大约占总输出额的 92%①。四川是我国主要茶叶产地，也是丘陵和山区的主要的经济作物。据四川省建设厅 1931 年调查，全省茶园面积约 29.5 万亩，茶叶总产量近 1 万吨。1949 年降为 4950 吨，达到低谷②。

从四川农民卷入市场的程度看，我们也不能过高地估计自然经济解体的程度。四川农民一年极有限的收入中，绝大部分依然是非现金收入，农民依靠出售农副产品或外出打零工的货币收入仅占一小部分。在农民消费中，真正能用于在市场上购买商品的现金极其有限。1927 年日本学者川户爱雄对四川农户的调查表明了这一点。在其全部支出 585.30 元中，把购买衣服、农具、种子、肥料、饲料和杂费全算作农民在市场上的购买部分，农民的全部支出也仅有 25.9% 的交换与货币及市场有关。另一个外国学者布朗在 1926 年对成都平原 50 户农民的支出调查中也得出了类似的结论，在食料费和租税上的支出大约占了 77.5%~78.2%，能用在市场上购买商品的部分仅 22%~23%，大约是 156 元~234 元。由此可见，重庆开埠后，四川自然经济的解体仅仅是初步的和局部的。洋货的涌入，受到了自然经济、低下的农业生产力、封建剥削制度以及人们消费习惯的抵制。处在封建生产方式下的农副业生产，应付不了资本主义工业品的输入。过高地估计四川自然经济解体的程度，忽视四川内部各个地区之间在近代经济变化中的不平衡性，都是不妥当的。

1929~1933 年资本主义国家爆发大规模的经济危机，四川的一些农副产品的产销立即遭到严重挫折，在危机期间，外国资本主义国家为转嫁危机加紧了商品倾销。四川因为洋货大批涌入，农村的手工麻织业、制烟业和蔗糖业都受到了不同程度的打击。如 1930 年，隆昌一带的夏布外销数曾达 14126 担，但因危机期间资本主义国家纷纷提高了关税，1932 年夏布外销降至 1493 担，比 1930 年减少了 90%。在危机前，四川每担桐油可卖 42 元，但在 1931 年，跌至

---

① 《四川省志·农业志》下册，四川辞书出版社 1996 年版，第 291~292 页。
② 彭泽益：《中国近代手工业史资料》第 2 卷，中华书局 1984 年版，第 398 页。

第十二章 四川农业和农村经济的重要变化与曲折发展

不足 20 元①。1930 年前，四川每年产丝达 4 万担左右，每年输出生丝保证在 2000 万元以上。资本主义危机的爆发，加之日本丝加紧了对中国丝传统市场的渗透和压迫，四川生丝出口急转直下②。

虽然民国时期四川农产品化已经达到相当的水平，但在特定的社会条件下，四川农村的商品经济也有畸形的一面。随着外国资本主义的入侵，鸦片的种植业泛滥开来。虽然从表面上看起来农民的收入提高了，但实际上却并非如此。鸦片的种植，只是使洋行、军阀、地主、烟毒贩子们塞满了腰包，农民得到的只是灾难，"所有肥田因当局勒令种烟，人民赖以生活之谷物顿形减少。米珠薪桂，饥馑迭告，折骨烹儿，司空见惯。"③

1921 年四川酉阳、秀山、黔江及彭水，由于粮食短缺，发生饥馑，主要是因为把土地种了鸦片。"忠县种烟，大旱，斗米值银十二元。涪陵种烟，大饥；栽烟者，一家吞烟自尽。巴中种烟饿死者，埋万人坑"。④

第二节　土地关系的变化与农村生存危机

一、政局变化导致地权转移

（一）军阀官僚加紧兼并土地

在社会大变动的民国年间，军阀、官僚通过军政权力，横征暴敛、巧取豪夺获得的巨额财富，在权力转移频繁的时局下，他们更热衷于求田问舍，广占良田，竞相跻身田连阡陌的绅士行列，享受无尽的地租收益。

新兴军阀、官僚不仅拥有聚敛而来的巨额财富，而且有以枪杆子为后盾的政治势力，对土地进行强买豪夺自然十分方便。四川农村经济的凋敝和农民的破产更便利了军阀官僚的兼并活动。辛亥革命后 10 多年，大多数军阀、官僚迅速成为富甲一方的暴发户，不仅他们自己，甚至他们的亲朋故旧，乃至兵弁都

---

① 均见吕登平：《四川农村经济》第 10 章，《农业产销》，上海，正中书局 1936 年版。
② 张肖梅：《四川经济参考资料》第 14 章，第 13 页，上海，1939。
③ 周宪文：《中国之烟及救济》，载《东方杂志》第 23 卷，第 20 号，1926 年 10 月版。
④ 《重庆海关 1912~1921 年报告》卷 1，第 145 页；转引自李文治：《中国农业史资料》第 2 辑，三联书店 1957 年版，第 630 页。

成了大大小小的地主。在兼并自耕农、旧式地主土地的过程中,这批新兴地主的势力得到了迅速的扩张,并完全取代了旧式地主的地位。

据1935年对四川的崇庆、大邑、灌县、重庆、万县、宜宾、酉阳、雅安、苍溪、江油10县地主进行调查,得出的结论是,其一,新暴发的军阀、官僚已占地主的绝对多数。从上述各县地主总户数中,这类新兴地主最多占96.3%,最少占31.5%。从占有土地看,大邑县的这些新兴地主几乎囊括全部土地,多达99%;最少的是灌县,新兴地主占有的土地也占地主占地的77%。其二,旧

图12-6 大邑地主庄园

式地主已明显衰落,在上述各县当中,旧式地主占田最多的是灌县,达占田总数的23%,最少的不足1%,大多数不足10%,四川土地所有权的构成已发生了明显的变化,发生变化的原因显然是清末民初的政局变动。

当时在四川有名的大地主中,大多有军阀、官僚背景,如在郫县,"全县约40万余亩土地,但20万亩操纵在大地产所有者手中,其中的大地主,多为川军军官,这些军官发了财,多在郫县、温江、新津等膏腴之乡购买田地。这些地方不仅收成可靠,与成都近在咫尺,收租也非常容易"。"刘存厚、曾南夫、黄逸民、白驹等军、师长,在郫县每人都有3000亩以上的田地。其余旅团长百亩、千亩的更不可胜计。"① 四川大军阀刘湘、刘文辉、刘成勋原籍都在大邑县,大邑自然成为军阀占地最集中的地方。据统计,"大邑县的军阀地主的66%,占田最高的达3万亩,平均占田也达3046亩"②。这些军阀不仅自己田连阡陌,而且扶植亲朋故旧成为大地主。在新兴地主势力扩张的同时,旧式地主无可奈何地丧失了原来的地位,绝大部分旧式地主都处于没落之中。仅仅在一些边远山区,一些旧式地主依赖传统方式维护了原来的地位。

---

① 彭通湖等《四川近代经济史》,西南财经大学出版社2000年版,第208~209页。
② 吕登平:《四川农村经济》,上海,正中书局1936年版,第187页。

(二) 官府提卖公共土地

清代四川官（公）地、庙产、祠田、族田、学田这类土地数量不少，随着民国以来四川农村土地兼并的发展，这类土地自然免不了成为地主阶级的囊中之物。据粗略统计，清代四川这类土地约占土地总数的 1/3 以上，这种土地虽然多为地主阶级控制，但至少在名义上与地主私产还是有区别。这些土地受封建宗法关系或社会习俗的束缚，其买卖多少受到了限制。自民国以来，地主阶级的土地兼并日趋激烈，家族关系、宗法传统或宗教禁忌统统被冲破。四川的新兴地主，大多拥有政治、军事实力做后盾，这类土地自然成为其掠夺对象。民

图 12-7　上里·韩家大院

国以来，这类公田、庙产或族田等多次被"政府"提卖，加入了商品土地的行列。如成都昭觉寺，在清代时有 7000 余亩土地，在民国年间被"充分"提卖后仅剩下 1000 余亩；成都文殊院的土地也由 1000 余亩降至 800 余亩①。其他土地也无不如此。"公田、如学田及其他机关田地，民国以来，亦多被官绅提卖。祠田，本民间之家族祠堂之奉祀田，亦被提卖殆尽。"② 这些以政府名义提卖的土地，最后大多转移到少数有权有势的军阀或官僚地主手中。

(三) 金融资本、货币资本转化为地租收益

四川社会经济环境闭塞，在政局相对平稳的年代，大量金融资本和货币资本，除用于扩大经营活动和消费外，还被大量地投资于土地。如：金堂县唐克斋："外操其赢，内课耕读，家业日丰裕，置田千余亩。"③ 乐至县何祖勋"以耕种兼盐业，遂致富，置业数契"④。在眉山县，"凡有赢裕者皆竞求殖产，规占膏腴，以工商业劳瘁且得失罔定"。⑤ 南溪县，"县人以买田收租不耕而食为

---

① 参见张肖梅：《四川经济参考资料》，上海，1939 年版，第一章，第 11 页。
② 参见吕平登：《四川农村经济》，上海，正中书局 1936 年版，第 131 页。
③ 民国《金堂县志》卷 10。
④ 民国《乐至县志》卷 4。
⑤ 民国《眉山县志》卷 3。

自然收入，最普遍之源泉，劳心劳力储蓄有资购置田土。""县属商业不甚发达，投资多数，故资本收入不及土地收入之可靠。"① 四川盐商资本雄厚，大量用于购置土地，其他商人无不如此。如民国年间，重庆大商人汤子敬发家后，除把资金用于钱庄、盐业投资外，还在重庆购买房地产，因而有"汤半城"之称②。布匹商人杨石斋和他的几个儿子，在农村买了4000多石田地，在重庆也买了几条街的房屋③。

各阶层竞相兼并土地，促成四川地价上涨。有田者，高昂其价，待价而沽；无田者，家无余财，求告无门，只好佃耕度日。四川地价"清中叶以后，无甚变化，在全国地价中也不甚高，占第十二三位，恰当全国之中和数……殆民五以后，因新兴军阀发达关系，均争买田产，至田价逐年高涨，比以前增至百分之五十"④。如在荣县，"光绪中，田谷俱贱，上田百挑千贯有余，中田千贯、下田数百贯，房地附之。……国变（辛亥革命）后，卖贴未出，买者环生，故田价益贵。上田百挑万五六千缗，中田万二三千缗，下田万缗"⑤。

投资工商业不仅冒风险，而且远不及地租丰厚可靠。当时四川的工业利率一般不过6%～8%，也就是说回收投资约需12～16年；投资土地每年可获占获物50%～70%的地租，大约相当于地价的10%～20%，回收在土地上的投资仅需5～10年。这就必然吸引众多的资金流向土地，各阶层自然热衷于窥测膏腴，寄生于封建性剥削⑥。

由于上述原因，民国时期四川土地价格总趋势是上涨，但也有特殊原因引发的暴跌。例如，"二刘大战"发生的30年代，四川地价由上涨转入暴跌。这次地价狂跌一直延续到抗战前夕，如荣昌、隆昌、内江一带的农民，饱受战祸之苦，"以债台高筑，纷纷变卖田产，去年每石租已由100元降至40元，亦无人接受承买"⑦。

---

① 民国《南溪县志》卷4。
② 《重庆工商人物志》"汤百万发家史"，重庆出版社1984年版。
③ 《重庆文史资料选辑》第3辑，政协重庆市委员会内部发行，第41～42页。
④ 参见吕登平：《四川农村经济》上海，正中书局1936年版，第96页。
⑤ 民国《荣县志》卷10。
⑥ 参阅彭通湖等：《四川近代经济史》，西南财经大学出版社2000年版，第207～216页。
⑦ 西华近代文献征集处：《四川农村崩溃实录》，1935年，第2～3页。

二、租佃关系的重要变化

民国以来，各地农村的地租率大都普遍上涨。其原因在于，四川农村土地兼并加剧、失地农民不断增加。由于四川工商业发展艰难，大批破产农民和农村剩余劳动力不能顺利转移出去，滞留在农村的破产农民只能租种土地谋生，使佃农大幅度增加。这就直接造成农村地租剥削日益严重。由于土地数量有限，佃农之间的竞佃必然增强土地所有者的优势，使地主大幅度增租、加押成为可能。

1912～1933年，四川部分县农户构成情况：佃农比例处于上升状态，从1912年的52%上升到1933年的59%；自耕农比例呈现下降状态，从1912年的30%下降到1933年的22%；半自耕农稳定在19%，这是一个伸缩性很大的中间状态，处在自耕农与佃农的过渡阶段。[①]有关研究证实，在四川地区，大约占农户7.6%的富户，占有77.6%的耕地。成都平原占农户7%～8%的富户，占有70%～80%的耕地；江安县7%的富户占有63%的耕地；崇庆县8%的富户占有80%的耕地；江津县7%的富户占有90%的耕地[②]。自耕农数量的持续减少与佃农数量的持续增加，成为民国时期四川农村社会的不良征兆，它说明农户生存状况在不断恶化，他们正在失去基本生产资料——土地。

图12-8 岷江岸边的农田。1923年法国汉学家拉蒂格拍摄的四川老照片

（一）地租率呈现上涨趋势

在四川地价上涨的同时，地租上涨出现居高不下的矛盾状态。防区制时代，四川政局不稳，天灾人祸接踵而至，凡投资于土地的地主都想加大租率，尽快

---

① 参见吕登平：《四川农村经济》，商务印书馆1936年版，第173～174页。
② 参见吕登平：《四川农村经济》，商务印书馆1936年版，第177～181页。

回收购买土地的资金,四川各地租率因而普遍上涨。如:资中县,"民国21年租价一亩由40千~50千涨至130千,最低也需80千~90千;佃户被迫,明知所产不能偿付如此高额地租,但舍此亦无他业可营,只好忍痛承受。"① 在金堂县,民国以前,只有水田纳租,旱地不纳租;"近因田赋一年数征,水田、旱地都要纳租了"②。在泸州、江安等处,地主出租土地,"租谷时常任意提高,二年之内,已增三分之一,佃农生活自然只有日趋苦海"③。在川南各县,"地主还在加高租额,佃户除完纳杂粮、稻草等与地主外,再要替主人服役当差,日不暇息,以致近年来大批佃农纷纷破产。"④ 据1929年国民政府内政部调查统计,四川水、旱田的分租率是,甲等田为59%,乙等田为55%,丙等田52%。仅过两年,在1931年内政部重新调查时,四川农村的各类租率从1929年到1931年两年期间,均上涨了3%~6%。四川多数田地的租率高于全国平均租率10%以上,四川无疑是地租租率最苛重的省份之一⑤。

抗战时期,由于人口急剧增加,耕地有限,地租也就水涨船高。以成都平原为例:成都平原10余县,260多万亩肥沃土地,有都江堰水利系统灌溉之利,旱涝保收,是"天府之国"的膏腴之区,也是抗战后方的大粮仓。但是,耕种这些良田的农民,90%左右是佃农。佃农每户租种25石左右水稻的田,抗战以前每年向地主交纳20石左右的地租;抗战以后每年交纳24或25石地租。佃农要在高额地租下求得温饱,需要投入更多的劳力和肥料,他们只好求助于高利贷,最终陷入困境⑥。

因为地租率很高,中国土地购买年自然很短,就西方国家而言,土地购买年一般20~30年,每年的地租折价后,大约相当于地价的3.3%~3.5%。就中国全国平均数而言,土地购买年大约在7.08~9.06年,在四川则不过5~10年,其中四川水田租率最高,土地购买年一般只有4.9~5.3年,投资于土地,可以

---

① 《中国经济年鉴》第7章,实业部中国经济年鉴编纂委员会编,1934年版,第88页。
② 陈正谟:《中国各省的地租》,商务印书馆1936年版,第30页。
③ 邵士平:《四川的土地关系与税捐》,载《中国近代农业史资料》第5辑,三联书店1957年版,第260页。
④ 重庆《商务日报》1934年3月18日。
⑤ 据张肖梅:《四川经济参考资料》第13章,民国20年内政部调查表整理,上海,1939。
⑥ 时事问题研究会编:《抗战中的中国经济》(1940年出版),中国现代史资料编辑委员会1957年翻印本,第50~51页。

迅速而稳当地回收全部投资,这助长了四川土地的兼并之风和杀鸡取卵似的掠夺。

(二) 押租大幅度增加

民国初年开始,四川各地押租上涨十分明显。据统计,四川各地佃田的押金平均比以前增长了 10% 以上,每亩押金与田租之比例在川东为 80%,川西为 60%~70%,押金大体相当于地价的 5%,即佃田时需向地主先预交一年田租的 60%~80% 的信用金额。在重庆,1920~1930 年间,租田若干亩,押金由 1450 元增至 1636 元,平均增长了 12.8%。地主增加押租,使大批农民陷入地主或高利贷者的债务罗网之中。在佃农缴不出更多的押金时,地主或将土地转佃殷实之户,或趁机抬高地租。如在合江县,"凡是佃农无力缴纳'稳租银'的,每百串可加纳 1~4 石稳谷"。①

地主增加押租的一个重要原因是,获取现金投放高利贷。据统计,1934 年的四川农村中,佃农向地主缴纳的押金中,全部由借贷而来的占 43%,部分借贷的占 32%,以合会方式借贷的占 11%,完全自有的仅占 14%。押租的存在和提高增强了地主的地位,很多地主既是土地的出租者,又是农民的债权人,对佃农的命运因而可以随意操纵。据中国银行 1933 年对四川 1556 家农民调查,四川农民的负债面高达 61%,在耕种 30 亩以下的农民中,负债率平均为 62%,耕种 30 亩以上的农民中,负债率平均为 25%。从负债原因看,因粮食不足而负债者占 54%,因缴付押金而负债者达 75%,农民每年所得,除负债外,所余无几②。

(三) 经营型农户和特色商品经济区的涌现

随着农村商品经济发展,农村两极分化加速以及押租制的盛行,四川出现了一部分佃富农。这些佃富农手中拥有较多的货币,通过缴纳较多的押金在争佃中取得了较多土地的耕种权。除一部分自耕自种外,还将一部分土地转佃出去或雇人进行耕种,从中获取更多的经济收益。如合江县某富农:"自业青杠十五亩、租山青杠四十四亩,共放山蚕五十九厂","雇工六十名进行经营"③。云

---

① 西华近代文献征集处:《四川农村崩溃实录》第 200 页,第 454 页,1935。
② 以上均见吕平登《四川农村经济》,上海,正中书局 1936 年版,第 454~455 页;并见彭通湖等:《四川近代经济史》,西南财经大学出版社 2000 年版,第 219 页。
③ 民国《合江县志》卷 45。

阳县佃富农除种植粮食外，增种桐树，佃岁收赢，"佃有余利，久亦买田作富人，如故"①。大竹县江国荣分家时有田40余亩，因其善于经营，除自田外，更佃邻田50余亩一并耕作。经过20余年的艰苦努力，家渐殷实，"俨然富家矣"②。四川的这些佃富农经营规模比中农或佃农大，资金也相对充足，在生产经营中比较注意改良生产技术，故劳动生产率和商品率也比一般农民高，在当时代表了较先进的生产力。但是，四川的这些佃富农经济本身十分微弱并具有传统农业性质，大多佃富农经营积累资金后，往往购买土地或投放高利贷，最终成为地主、高利贷者。四川农村的封建生产关系根深蒂固，富农经济也不能不受其影响，富农经济难以转化为新型农场主。

抗战时期，随着战时需求的不断增加、物价的快速上涨，农副产品的商品化经营成为趋势。据中国农民银行1940年对四川22个县408家农户的调查，农民生产的粮食，除去地租、赋税，14.95%的稻谷、24.32%的小麦、30.04%的玉米、7.34%的红苕，都作为商品在市场出售③。原本主要是自给自足的粮食，现在达到如此高的商品率，变化确实太大。

经济作物、林木果品、家禽家畜等农副产品，更成为战时军需民用的紧缺物资。在强大社会需求的刺激下，农副产品的生产进入了商品化新阶段。在原有经济栽培习惯的基础上，很快形成了几个有特色的经济区：以成都平原郫县、新都、什邡为中心的叶烟产区，嘉陵江、涪江和沱江流域的棉花产区，长江、乌江和嘉陵江两岸的桐油产区，川北、川东以及川南丘陵地带的蚕桑产区，以隆昌、荣昌、江津以及达县、大竹、蓬安为基地的麻产区，以川西、川南和川东部分山区为基地的茶叶产区。这些经济作物产区都形成了大面积、规模化的生产，并且积累了一整套高产经验，能够为市场提供大批量优质商品。

（四）农民生计艰难，农村社会动荡

地租率的上升和押租的增加，使土地所有者不仅占去了农民的全部剩余劳动，甚至一部分必要劳动也被地主侵占。四川农民的生活更加艰难了，大多数农民终年劳累，到头来仍然负债累累。农民难以维持简单再生产，四川农业显

---

① 彭通湖等：《四川近代经济史》，西南财经大学出版社2000年版，第217页。

② 民国《续修大竹县志》卷9。

③ 中国农业银行：《四川省农村经济调查报告》第2号，第35~48页。

现停滞、萎缩的迹象。如在罗江等县农村,"山多田少,田主任意加租,视为惯例。佃耕农民,往年在丰收年份尚可苟延,近来连年荒歉,更难维持生计。由是弱者多迁往松茂为佣,强者不堪困苦,以致流为盗匪"。① 一旦佃农不就范,地主动辄以"恶佃抗租"之罪名,将佃户扭送区、乡公所拘押。每年除夕将至,地主逼债如狼似虎,农民惶惶不可终日,离家外出躲债者不可胜数。封建剥削的加重,是四川农民生计艰难、农村社会动荡、盗匪猖獗的重要原因。

民国以来,四川农村土地兼并愈演愈烈,自耕农土地自然是军阀、官僚、商人、地主、高利贷者的兼并对象。由于商品经济的发展,自耕农的分化加剧,民国以来赋税日趋加重,频繁的兵匪骚扰,咄咄逼人的高利贷,加之自然灾害,四川农业生产条件趋于恶化,使大批自耕农难以维持生计而处于破产边缘,自耕农的小块土地已朝不保夕。

三、农村高利贷的猖獗

在地主、军阀及兵匪的剥削、压榨之下,四川农民的生产、生活日趋艰难,靠借债度日的农民大幅度上升。由于大批农民弃田外逃,负债难偿的农民日渐增多,民间借贷几乎绝迹,农民要想通过"合会"等方式取得资金也日益艰难。四川农村的民间金融机构如"因利局"、"平民借贷所",大都掌握在豪绅手中,并完全转变为高利贷机构。农民资金紧缺使高利贷者有机可乘。据不完全统计,1934年,四川农民借款来源中,来自银行和合作社的仅占3.5%,典当占18.3%,钱庄占6.8%,商店占8.8%,地主占26.6%,富农占14.5%,商人占21.5%②。其中地主、当铺、商人是最大的高利贷主。四川农村已形成了一支庞大的对农民进行压榨的寄生虫队伍。如仅在巴县一地,各村专以放债为生的人竟有700余人之多③。在这一时期,四川农村的高利贷有以下几个特点:

(一)借款期限普遍缩短。由于政局不稳,经济萧条,民间信用丧失,债主回收资金越来越困难,长期贷款追讨无期,债主不得不缩短借贷期限,不愿再冒更多的风险搞长期借贷。据1934年统计,四川农村的借贷期限中,一年以下

---

① 西华近代文献征集处:《四川农村崩溃实录》,1935年版,第127页。
② 参见《农情报告》,1935年第11期,第108页。
③ 《四川军阀史资料》第5辑,四川人民出版社1988年版,第122页。

的占80%，1～3年的占5.6%，3年以上的占2.8%，而不定期的占11.2%[①]。借贷期限普遍缩短，农民无法借到用于生产的资金，更不敢把资金用于长期投资，农民刚刚借钱到手，又得想法筹款还债。

（二）典当、抵押性质的恶化使农村经济呆滞和萧条，使农民偿债能力下降，并使典当、抵押性质的高利贷迅速发展起来。为保证债务的安全，并趁机夺取农民家中的土地、房产等资财，高利贷者以苛刻、毒辣的手段对农民进行高利盘剥。在这一时期，采用抵押信用借款的农民占借债农民的44.5%，请人担保借款的占24.4%，只有20.4%的借贷关系是凭个人信用[②]。在抵押借款中，在1932年，典押土地的农户占总农户的41%，到1934年，这一比例更上升到44%。除土地外，农民还多以农具、房屋、衣服、被褥等东西作抵押。农民的生产、生活日益失去了保障。

（三）高利贷无孔不入。高利贷通常是发生在现金借贷上，但由于农村资金呆滞，现金借贷日趋困难，实物和其他形式的借贷也相继发生。由于农村生产萧条，不少农民缺乏粮食、农具，高利贷遂趁机而入。据统计，在1933年，借粮的农户已占借债农民的46%[③]。粮食借贷的利率一般比现金借贷更高。农民若在青黄不接的3～4月份借粮1石，到8月收获季节之时就需归还1.5石。一些地主在出借粮食时，还强迫农民贱价5～6成的价格贱卖农产品给高利贷者，这种高利贷性质的粮食借贷，也是农民陷于贫困的原因之一。

（四）半官方借贷机构的活跃。除地主、商人等从事借贷活动外，各种半官方机构也在高利率的吸引下卷入了农村信贷活动。当时四川的民间信贷机构如"因利局"、"平民借贷所"之类早已变为高利贷机构了。四川几乎每个场镇都有三四家由团阀开设的钱庄等高利贷机构，其资金多为团款、地方公款或合股资金。所放贷款分三种，一是长期贷款，放贷对象多为中小地主；二为月款，对象为一般商人，利息3～4分不等；三是短期贷款，放贷对象多为农民、小贩。这种短期放贷多不规定利率，只讲每场还本息若干，分若干场还清，此等放贷获利极大，通常是每10元资本，月终连本带利收回36～40元，农民欠款不还

---

① 《农情报告》1935年第11期，实业部中央农业实验所，第108～109页。
② 《农情报告》1934年第11期，实业部中央农业实验所，第108～109页。
③ 《农情报告》1934年第4期，实业部中央农业实验所，第30页。

第十二章 四川农业和农村经济的重要变化与曲折发展

者,则派团丁追缴①。

陷入困境的农户需借债度日,便利了高利贷者提高利率。据统计,在1933~1934年,四川农村现金借贷,月利息率在10%~20%的占34.6%,利息率在30%~40%的占54.6%,利息率在40%~50%的占6.1%,50%以上的占4.7%②。一年之中,农民借地主一笔钱,几乎都要以2~5倍的钱来偿还,剥削之重可想而知。在1932年,每借100元,年利为25元;到1936年时,已上升到40~60元。1932年普遍短期贷款月利率为25%,1936年已增至50%~60%,至于以日或场计算的利率,则由100%上升到300%~500%。如江安一带的场息称"打打钱",借洋1元一场3天,即需付利息2~3角③。一种叫"金斗翻"的高利贷,头场借款10元,第二场就需还20元。另一种叫"先追利"的高利贷,即借钱10元起,先扣利息2元,然后照十足数还本付息。高利贷对四川农村经济具有很强的破坏作用,陷入高利贷网罗中的农民,非到倾家荡产、家破人亡而不得解脱。④。

第三节 农、林、畜牧改进与科研机构

为了研究推广农业技术,国民政府实业部等农政机构在四川设置了一些农业实验机构。

一、中央系统的农、林、畜牧改进与科研机构

这些科研机构的设置对推动近代农业经济的发展起了积极作用。

1. 北碚西山坪桐油试验场。1940年成立,由北碚管理局供给场地房屋,中央农业试验所派员驻场工作,隶属中央农业试验所。负责人李士勋,中央大学农学院毕业,系中农所稻作系荐任技士兼代理场长。内部分育种、栽培与推广三组,技术人员4名。主要业务是:油桐育种,采集、鉴定油桐品种;培育

---

① 吕平登:《四川农村经济》,1936年,第453页。
② 《川陕革命根据地通江县简史》,第10页。
③ 参阅彭通湖等:《四川近代经济史》,西南财经大学出版社2000年版,第188~232页。
④ 《国民公报》1925年7月1日。

桐苗以供繁育推广，寻求杂交方式以改良品种；油桐雌雄性研究，自然杂交的研究，生长及产量记录；嫁接开花习性研究，间作、施肥实验。

2. 农林部华西区农业推广繁殖站。1942年设立，在成都外东净居寺侧四川省农业改进所内，借房10间办公。初名四川推广繁殖站，1946年复员时改此名。主任梁天成，中央大学农学院毕业，美国明尼苏达大学农学硕士，曾任四川省农业改进所技正，1947年到职。该站属农林部农业推广委员会，下设推广组、繁殖组、总务组、会计室、农场管理室，职员54人、工友29人。主要业务是繁殖良种，限于经费，当时仅在成都平原实验、推广良种。实验农场在华阳县得胜乡和桂溪乡，有土地共计81亩，其中50亩向川农所租用，其余土地为1948年自购。实验并得到推广的良种有：浙场二号、川农四二三水稻，亩产4~5市石；矮、立、麦、川福麦小麦，亩产2~3市石；南瑞苕甘薯，亩产6~10市担。

3. 西南林业试验场。设立于重庆市歌乐山保育路17号，前身为1941年成立的中央林业实验所，该所1946年复员南京后，留守机构为中央林业实验所西南工作站，1947年改设西南林业试验场，其经费仍由原机构支付。主任杨敬睿，西北农学院林业系毕业，曾到美国耶鲁大学及纽约州林学院深造，历任中央林业实验所技士、华中林业所技正。主要业务是：有关西南各省经济林、保安林及主副产品的利用；对西南各省经济林木栽培、试验、经营、推广事宜；西南各省公私林业场、所技术工作的合作问题；改良苗木种子的技术介绍与推广；森林、苗木、林木病虫害防治方法及研究事宜；森林主副产品分级标准与运销制度研究；荒山、荒地测勘及造林事宜；西南风景林、行道林及森林公园的筹划、设计问题。该所有房屋100余间（包括实验室）、实验林场苗圃专用山地548亩。

4. 农林部中央林业实验所常山种植实验场。设立在南川县金佛山三泉公园（距县城20公里），该场前身为农林部金佛山垦殖实验区管理处，主任孙醒东。办理难民、侨胞垦荒种植工作，兼办常山种植业务。当时有垦民200户，400余人。1945年4月奉命裁撤，同年7月16日正式成立中林所常山种植实验场，场务仍由孙醒东主持。1947年6月，孙调任中林所简任技正以后，由该场技士刘式乔兼代场务。刘系中央大学农学院1942年毕业生，曾在湖南、贵州从事农垦技术工作。有房屋44间，林地面积5798亩，下设四个工作站分片作业。共计种植林木 246 万株,第一站种植 86 万株,第二站种植 98 万株,第三站种植 804 市亩(植株无统计),第四站种植 62 万株。苗圃面积 9336 市亩,苗木株数 2408520 株。

5. 农林部中央农业试验所北碚试验场。设立于重庆市北碚天生桥,该场前身为中央农业实验所,1946 年中实所复员南京,将该场改为北碚试验场,隶属中央农业实验所,不分系、组,工作人员由中农所派驻。场长杨宏祖,金陵大学农学院毕业,留美回国。曾任四川农业改进所技正,后兼中农所园艺系技正(成都就职)。代理场长李士勋,中央大学农学院毕业,系中农所稻作系荐任技士兼代理场长。主要业务是:稻作育种及推广;果树品种比较育苗及推广;家蚕、柞蚕的试验研究;与西山坪油桐试验场合作,进行油桐试验。有楼房一座、平房若干间,还有自置场地 408 亩。

6. 农林部华西兽医疫防治处。国民政府农林部鉴于华西各地兽疫严重,1947 年设立。因经费不足,借用成都浆洗街川农所血清厂房屋、设备加以利用。处长杨兴业,上海兽疫防治处技正,抗战时期曾被派往美国密尔根大学研究兽医学科。该处共有职工 40 人,包括一名高级兽医和两名中级技术人员,设有会计室、防疫组、总务组、制造组、人事室。该处主要业务是:主办华西区兽疫防治及调查事宜;制兽医使用的各种血清疫苗,如抗猪丹毒血清、抗牛瘟血清、抗猪霍乱血清、抗出血性败血病血清、牛瘟脏器苗、炭疽芽孢苗等。虽然存在时间不长,但其工作富有成效,对四川牛瘟施行防治,对炭疽病进行了严密防治、对猪瘟防治尤有成效。

7. 北碚种猪繁殖场。该场为中央畜牧试验所、中国农村复兴委员会及四川省第三区专员公署合办。该场隶属中央畜牧试验所,内部暂分猪场管理及推广。临时负责人程绍明,四川黔江人,日本东京帝国大学兽医科毕业,曾任中央畜牧试验所华北工作站技正。截至 1949 年的筹备期,主要业务是:进行约克猪种猪繁殖;公猪与本地母猪杂交配种及防治猪瘟工作;同时进行猪舍建设①。

---

① 以上均见《民国时期川康农林机构概况》,《四川档案史料》1985 年第 4 期,第 36~57 页。

二、省属系统的农、林、蚕桑、畜牧改进与科研机构

(一) 四川省农业改进所

1938年9月1日,四川省政府将原家畜保育所、蚕丝改良所、稻麦改进所、棉作试验场、第一林场、农林植物病虫害防治所、园艺试验场和林业试验场等9个单位合并为四川省农业改进所,负责四川农业改良、推广工作。其直属业务机构有:农事组、林务组、畜牧组、农业经济组、江津农场、成都沙河堡园圃等,设有推广辅导区。同年9月15日,川省府向中国、农民两银行及省合作金库商借500万元,以改进丝、棉、桐、蔗、稻、麦、柑橘的生产与运销。11月24日,省府通令成都、华阳等65县分别成立农业推广所。1940年2月8日,省农改所在成都青羊宫举办"劝农大会",内设畜牧、农业、化学等9组,分别陈列各县农业推广所展品。遂宁、内江、江津、合川、泸县、乐山、三台、广安等县农业推广所也同时在当地举办此项活动。

1942年1月,该所本部增设二室,将过去的10组简化为4组,附属机关也加以调整。1944年,川省外销物资增产委员会奉令裁撤,将所辖油桐、绵羊两改良场划归该所接管。所长王善佺,北京大学农学院毕业,留美归来,曾任大学教授、农学院院长等职,对棉花研究富有成果。副所长陈万聪,中央大学农学院毕业,留美归来。该所隶属建设厅,职工人数,所本部144人,家畜保育场59人,病虫害防治场43人,稻麦改良场90人,棉业改良场78人,林业改良场47人,甘蔗改良场22人,总计483人。

四川省农业改进所在成都拥有各类试验农场,包括:稻麦改良场33387市亩,病虫害防治场3000市亩,家畜保育场7600市亩,沙河堡园圃7900市亩,华阳经济果木园5600市亩,农场用地共计57487市亩。省农业改进

图12-9　丘林地区的梯田。1923年法国汉学家拉蒂格拍摄的四川老照片

第十二章 四川农业和农村经济的重要变化与曲折发展

所下属实验场、站遍及全省，兹将其主要场、站情况简介如下：

1. 遂宁棉业改良场。1936年设立于遂宁县棘子坝，原名四川省棉作实验场，直属建设厅，1938年改隶四川省农业改进所，改称现名。场长杨信五，1943年中央大学农学院毕业。设置技术股、推广股、总务股，下设推广区、区域实验场、植棉指导区，有棉业改良场14200市亩。有职员78名，工友20名。主要业务是：在遂宁、射洪、三台一带推广德字棉近20万市亩。附属机构有，在四川产棉区分设12个推广区、7个优质棉区域试验场和5个植棉指导区。

2. 灌县林业改良场。1936年成立第一林场，次年成立林业试验场，两场于1938年划归川农所，成立林业试验场，有试验场地5000市亩。1942年改称今名。场长杨靖孚，曾任浙江大学教授、四川省建设厅技正。全场职员47名，工友人数不详。附属机构有：涪陵川东分场，辖有重庆苗圃；峨眉川南分场，辖有峨眉、乐山、龙池、三道河、沙坪等处苗圃；三台川北分场，辖有盐亭、阆中、绵阳等地苗圃；巴中油桐场；灌县药圃；龙泉驿、青龙沱、威州等处苗圃；灌县紫坪铺森林管理站。

3. 江津农场。其前身为成立于1937年的园艺试验场，1938年9月划归四川省农业改进所，有试验农场6000市亩。1942年1月改名为园艺试验场，1948年6月裁撤，善后业务由川农所派员办理。

4. 璧山农业推广站。设于1941年7月，站址在璧山县城内后伺坡，与璧山县中心农业推广所合署办公。中心农推所成立于1938年9月，由中华平民教育促进会与农产促进委员会合办。1939年转由农产促进委员会与四川省农业改进所合办。主要目标是：以县单位农业推广制度的实验研究为中心，建设四川著名的推广实验区。1947年，中华平民教育促进会也予以人力、财力、技术帮助。主任于孝思，四川省立教育学院教育系毕业；副主任汪维翰，金陵大学农学专修科毕业。下设总务、业务、教育三股，主要业务为，辅导第三行政区各县农业推广所办理推广业务、辅导健全乡农会及组织农场经营改良会，兼办璧山县中立农推所及该县农林场。

5. 泸县稻麦改良分场。原系省稻麦改进所，设于泸县兰田坝，1938年并入省农业改进所稻麦改良场。主要业务是进行红苕和水稻、小麦试验。

6. 合川稻麦改良分场。设于合川县北门外高望山，负责人贺逢辰，西北农学院毕业。该场隶属于省农改所稻麦改良场，人员不多，统一作业，不分组。

7. 资简植棉指导区。设于简阳贾家场，负责人龙耀宣。场地系抗战时期中央大学农学院向县政府承租。抗战胜利后，由省农业改进所接收，设立资简植棉指导区，由纱厂供给一部分经费，主要试验推广鸡脚棉、德字棉。

8. 绵阳稻麦改良分场。设于绵阳普明寺，为前省稻麦改进所设立，后省农改所成立，隶属该所粮食作物组，该组后改为稻麦改良场。场地借用公产，房屋牲畜自有。

1940年2月8日，四川省农业改进所为推广各项改良经验，在成都市郊青羊宫举办"劝农大会"，会期3天，内设畜牧、农业、化学、蚕丝、改良工艺作物、农村经济、垦殖工程、粮食作物、森林果木、病虫防治等专业组，分别陈列各县农业推广所展品，并备有电影、话剧、国术等各项游艺活动，招待农民和四方游览者。遂宁、内江、江津、合川、泸县、嘉定、三台、广安等县农业推广所也同时在当地举办此项活动。

此项"劝农大会"，是省农业改进所为鼓励农民改良农业、增加生产而规定每年春季举办的农业技术推广活动。1939年首次举办一次，收效甚宏。

（二）四川丝业公司

1934年，全国经济委员会成立蚕丝改良委员会，对蚕种的改良、蚕丝的分级等方面进行了实验和推广。1936年，由卢作孚、何北衡等筹设四川丝业公司，初名四川生丝公司，1937年更为此名。公司隶属四川省建设厅，主要业务是制作蚕种、改良缫丝、运销生丝和参与国际贸易。1938年，该公司最高产销量为7000关担①，产品80%为收购，20%运沪出口，销往瑞士、印度、英国、美国、法国。

丝业公司的经营区域在川东巴县、江北、璧山、合川、川北铜梁、潼南、西充、南充、三台、射洪、盐亭、阆中、苍溪和川西梓潼、绵阳等蚕丝产区，并将川南乐山、筠连、高县、珙县、庆符、青神、井研、犍为、屏山、夹江、内江和下川东万县、达县、长寿、涪陵、丰都、忠县、云阳、大竹等蚕丝产区规划为待经营区。

丝业公司在北碚、南充、仁和、阆中、三台等地设立制种场，共计拥有蚕室278间、桑园面积13634公亩，每年制种65万张。与此配套的设施还有北

---

① 每关担为133磅。

碚、南充的蚕种冷藏库，两库共有春蚕种 60 万张，秋蚕种 60 万张。

四川丝业公司分别在重庆、南充、三台、阆中开办 5 个缫丝厂，拥有立缫机 120 部、坐缫机 2375 部，11 个月生产生丝 44.4 万公斤，折合 7309 关担[①]。

第四节 抗战前后国民政府对四川地区的农业和农村经济政策

一、减租退押政策的实施

孙中山早就提出"平均地权"的主张。1924 年，孙中山亲手制定的《农民协会组织章程》中，又明确提出要实现"耕者有其田"的目标。1926 年 10 月，国民党在广州召开联席会议通过的《中国国民党政纲》中，确定解决农民问题的 21 条，提出要减轻佃农田租的 25%，这就是"二五减租"的来历。南京国民政府成立后，面对气势汹涌的农民运动，深感现有的土地占有制度已难以维持，先后颁布了《租佃暂行条例》和《土地法》等一系列文件。1932 年颁布的《租佃暂行条例》19 条规定："缴租不得超过当年正产物收获额 375‰"，提出"禁止包租、预租和押金"。但实行起来困难重重。直到 1948 年，为稳定西南农村局势，西南长官公署和四川省政府才分别制定实施"二五减租"的计划。规定从 1948 年开始，按佃农佃耕田地租约所载租额减租 25%。地主和佃农的所有租约都按减租后的租额换定。为保证实行，四川省政府于 8 月 6 日成立了四川省减租工作推行委员会，并派出 96000 人参加减租工作，估计受益农户可达 1750 万人。到 9 月底，已完成减租工作的县份占全省 60%，正进行的占 30%。即使这样强硬的措施，也难免遭到土豪劣绅和不法官吏的软拖硬抗，使成效打了折扣[②]。

二、合作金库的建立

1935 年 10 月，四川省政府按照《农村金融紧急条例》规定，设置县、村

[①] 以上资料均见《民国时期川康农林机构概况》，见四川省档案馆编《四川档案史料》1985 年第 4 期，第 36～57 页。

[②] 《四川文献月刊》第 48 期，台北，1966 年 8 月版，第 9～10 页。

合作委员会，推动全省合作事业的发展。1936年11月，省合作金库成立后，即积极辅导设置县、市合作金库，拟定3年内完成普设计划。县、市合作金库由省金库、农民银行、交通银行、中国银行、农本局筹划区辅导设置。到1939年底，共发放农贷2700余万元，所有农贷，均由合作社集体贷款。全川共有130余县成立了合作社，入社农户达150余万户。1940年1月，四川农村合作委员会由建设厅长兼主任委员，四川省银行两行经理为委员，并拟定三项中心工作：1. 普遍建立合作组织；2. 发展特产产销合作；3. 推广出征军人家属合作组织。到1944年止，在四川成立县（市）合作金库121个，西康成立10个①。

合作金库成立后，即发放合作农业贷款。1938~1940年，由合作金库发放的合作农贷约占农贷总额的50%左右。由于合作金库加大了农贷的分量，1945年，四川农贷占全国总额31.8%，在各省中居首位。抗战结束后，四川农贷数额逐年下降，1946年占全国总额9.47%，居第二位；1947年占5.45%，居第五位。1948年2月，中央合作金库四川分库在重庆成立；7月，在四川发放农贷1334.4亿元，其中粮食放款233亿元，占总额17.46%；棉花放款245.8亿元，占总额18.42%；蔗糖放款885.6亿元，占总额64.12%。9月，发行金圆券后，中央金库在四川发放农贷总额为53715元，其中粮食放款14844元，占总额27.63%；棉花放款8193元，占总额15.25%；蔗糖放款30678元，占总额57.11%。1949年，由于金融体系崩溃，四川农贷实际上已经停止②。

三、农村信用合作社

20世纪30年代初，农村复兴委员会、实业部即着手农业改良和农村建设。1933年制定的"四年实业计划"，1935年推行的"国民经济建设运动"，都规划了农业和农村建设，提出："增加农业生产，凡制肥、选种、改良农作方法，活泼农业金融、流畅农产运销，悉以合作社为指导并改进之，以达到粮食自给自足的初步目标。"③

---

① 《四川省志·金融志》，四川辞书出版社1996年版，第73~75页。
② 《四川省志·金融志》，四川辞书出版社1996年版，第250~253页。
③ 《四川省志·金融志》，四川辞书出版社1996年版，第250~253页。

第十二章 四川农业和农村经济的重要变化与曲折发展

1935年10月，四川省政府按照国民政府指令，开始创办合作事业，以救济灾区，复兴农村。1936年11月22日，四川省合作金库在成都成立，注册资本为法币1000万元，由省政府认购50％，其余由合作社及联合社认购，但实际认购数不足。1939年7月，中国农民银行承担筹股责任，才凑足1000万元股金。省抗战时期，四川84％的县区都成立了以农业银行资金为主要股份的合作金库机构，兼理农贷业务。重庆市于1941年成立合作金库，由政府与中央信托局、农行、工业合作协会筹股100万元，不久增资为400万元。

依照国民政府1934年3月颁布的《合作社法》细则规定：合作社只需9人以上认股社员即可组织，各社员均负无限责任。一般社设理事、监事，分别经理和监督社务。大社设会计司账务、司库管现金出纳、经理专司业务。每股股金2~10元，社员个人认购股金不得超过股金20％。从1937年到1943年5月，全省信用合作社从812家激增到22162家；入股股数，从30490股上升到139.6561万股；入股股金，从7.8552万元激增到1423.9393万元；贷款数额，从1937年的70.7457万元激增到1943年5月的1.6232亿元。这种互助性质的合作社，能够向农户提供条件优惠的融资、贷款，理所当然受到农民欢迎。

1940年3月28日，四行和农本局增拨农贷资金，贷款对象增加、范围扩大，购田有贷款，期限延长。中国、中信、交通、农民四行决定投资1亿元，调剂四川农村经济，发展农田水利。同年秋，四联总处核定西康省本年农业贷款600万元。据此，川省府与各行局决定扩大农贷，以农民团体或个人、农业改进机关为对象，种类有生产、供销、储押、水利、运输、耕地、副业、推广等。分联合办理及分别办理两种。联合办理的贷款，分担比例为：农民银行35％，中国银行25％，交通银行、中信局各15％，农本局10％。分别办理的贷款为，农民银行53县，中国银行23县，交通银行14县，中信局5县。川省府向四行押贷150万元，开始办理农业贷款。川省府又从四联总处给川省农贷总额1亿元中，拨出1000余万元办理猪牛繁殖及防疫保险工作。

自川省农村合作委员会1935年成立以来，到1939年底止，共发放农贷资金2700余万元。所有农贷均由合作社集体贷款。全川有130余县成立了合作社，入社农户达到150余万户。1941年7月6日，成都举行国际合作组织第19届庆祝会。四川省主席张群在报告中说：川省已成立合作社24000个，已发放农贷超过 6400 万元，每年减轻农户负担计 130 万元，增加社会财富达 1.2 亿元①。1943 年，四川农贷达到 38800 余万元，占全国总额的 27%；其中农业生产贷款 46%，农田水利 28%。1943 年 7 月以后，因太平洋战争爆发，银行信贷资金紧缩，合作金库大多整顿裁撤，以农贷为主的信用社不得不自行解散。

1945 年，四川农贷占全国总额的 31.8%，居各省首位。抗战胜利后，四川的农贷地位逐年下降，贷放总金额虽大幅度增加，但因通货恶性膨胀，实际效益已明显减少。据省政府 1948 年 11 月统计，农村信用合作社仅存 13140 家，比 1942 年减少 41%②。这就是说，政府力图对处于经济困境的农户给予扶持的计划，最终也破灭了。

四、粮食统购统销政策的实施

1938~1939 年四川粮食生产因风调雨顺、播种面积增加，出现了少有的好收成。1938 年粮食总产量达到创纪录的 1322.24 万吨，1939 年连续高产，保持稍低于上年产量的 1181.23 万吨。1940 年粮食产量下降为 776.1 万吨。出现起伏的原因是：棉花、甘蔗及油菜子等经济作物价格上升幅度快，与粮食的价格差距拉大，因而粮食作物种植面积减少，经济作物种植面积增加。但在 1939~1940 年间，因战区扩大，军需猛增；战区人口大量内迁，激增至 5000 万，民食需求量大幅度增加。政府采取非常措施，促使粮食作物种植面积不断增加，产量不断增加。1941 年四川粮食产量回升为 949.6 万吨，1942 年又上升为 974.2 万吨，虽然未能恢复 1938 年的水平，但没有出现大的波动。据统计，重庆物价总指数 1937 年为 100，1938 年为 134，1939 年为 233，而同期米价并未按比例上涨，1937 年米价每市石 10.50 元，1938 年 1 月 11.40 元，10 月降为 8.40 元，1939 年尚不足 10 元。虽然 1940 年 6 月粮价开始上涨，但在 10 月前，重庆物价总指数已高达 754，米价不过 356；10 月物价总指数达到 852，而米价有突破性上涨，达到 752；11 月以后，米价虽高涨，主要是游资作祟，在政府统制五金、电料、纱布、洋货后，转而囤积粮食，导致粮源冻结③。

---

① 张学君主编：《四川省志·大事记述》中册，四川科学技术出版社 1999 年版，第 263 页。
② 《四川省志·金融志》，四川辞书出版社 1996 年版，第 80 页。
③ 游时敏：《四川近代贸易史料》，四川大学出版社 1990 年版，第 118~119 页。

随着战线的扩大、战争的延长，对粮食实行统制，由国家掌握粮食的供销，已成摆脱粮食困境的必然选择。山西、福建、陕西先后实行了"田赋征实"办法，解决了军需民食困难。1940年7月28日，行政院颁布《本年度秋收后军粮民食统筹办法》，首次作出田赋改征实物的规定。1940年8月30日，省府举行418次会议，通过四川省政府管理粮食暂行办法大纲及四川省粮食调查暂行办法大纲，并筹建四川省粮食管理局。9月3日，全国粮食管理局派嵇祖佑为四川粮食管理局局长，何乃仁为副局长。9月22日，省粮食管理局设置粮食供应处，处长为嵇祖佑兼。

图12—10 1943年9月，四川省政府发布发行粮食库券的布告

同日省政府令全川各县成立粮食管理委员会，负责管理县内粮食的调查、征购等事项。县长兼主任委员。9月11日，全国粮食管理局在四川定价派购黄谷450万石。11月13日，行政院第490次会议作出田赋改征实物案，要求"各省田赋酌征实物"。1941年初，粮价暴涨不已，影响到军需民食。3月29日，行政院颁布《田赋改征实物办法暂行通则》，进一步规定："应自即日起，尽量征收实物。"至此，田赋征实政策业已形成。6月16日，国民政府召开第三次全国财政会议，通过了田赋征实和田赋暂归中央接管的决议，财政部随即拟订《战时各省田赋征收实物暂行通则》，报经行政院批准实施①。此后，川康、重庆市和各县田赋管理处陆续成立，着手田赋征实工作。

第五节 农田水利建设

一、都江堰灌区的岁修与改建

1915年2月8日，署四川巡按使陈廷杰报请北京政府内务部拨款大修都江

---

① 陆仰渊、方庆秋主编：《民国社会经济史》，中国经济出版社1991年版，第533～536页。

堰，并请设立都江堰水利工程局。4月6日，内务部全国水利局批复拨款30万元大修费用，并委西川道道尹王章祜兼任都江堰水利工程局局长，负责大修工程。1916年春，都江堰大修工程完成。这次大修，对上下游河床进行了全面疏淘，修筑堤埂一处，疏淘河床36处，修筑进堰24处。由于经费有限，对支流沟渠及关系较小之处，则由各地人民就地筹款修浚。

图12-11　都江堰分水杩槎

1933年10月岷江叠溪洪水暴发，都江堰首全被冲毁。同年冬到次年春，四川善后督办刘湘拨款1.2万元恢复砌石鱼嘴，因基础不牢，1934年7月汛期复被冲毁。1935年冬至1936年春，四川省政府拨付工款15万元再次大修都江堰。第一次采用水泥，改建堰首鱼嘴。

图12-12　都江堰分水杩槎与笼石

大修由都江堰管理处处长张沅主持，将鱼嘴位置西移20余米，浇筑混凝土基础，水泥砂浆砌石，筑成顺水流线型新型鱼嘴，同时加固百丈堤、内外金刚堤、飞沙堰和人字堤，内、外江亦同时大力淘修。工程于1936年4月8日告竣，由省府主持开水典礼。

都江堰自1936年改用水泥新材料砌筑后，直到1973年改建，外江节制闸拆除，中经36年，一直稳固完好。1936年冬，青神人邵从燊应四川省建设厅厅长卢作孚邀请回川，接替张沅任四川省水利局局长，将局机关由灌县迁到成都，延聘全国水利人才。

这次大修都江堰是四川省水利工程第一次采用现代化工程测量和现代施工

方法。

二、抗战时期，大规模兴修农田水利工程

1937年7月，抗日战争爆发，全国水利技术专家、学者来川者日多，四川省水利局邵从燊更多方罗致，先后应聘来四川省水利局工作的有曹瑞芝、李赋都、黄万里、张有龄、顾兆勋、李镇南等留学德、英、美、日、法等国的专家和国内培养的吴际春、魏振华、朱墉庄、刘某（名不详）等水利专家，为四川采用现代水利技术作出贡献。

在邵从燊任职的1936～1949年，除对涪江、岷江、青衣江等河段以及都江堰灌区进行现代测绘，作出全面水利开发规划外，先后完成涪江天星堰、龙西渠、大围堰、四联堰，大渡河楠木堰，青衣江花溪渠，巴县梁滩河等一大批现代引水渠堰工程。四川高地灌溉所用水轮泵，首先为刘姓工程师制造，并被四川省建设厅命名为刘式抽水机。

抗日战争爆发后，政府为发展农业，比较重视农业水利工程的建设，1938年，经济部在《水利建设纲领》中提出："西南、西北农田灌溉，应力谋发展，以足民食。"除重视都江堰的岁修工程外，还专门设置农业水利机构，尽可能拨给经费兴修水利。当时在经济部水利司的专责管理下，四川省政府成立了农田水利局，还成立了川康农田水利贷款委员会，以统筹推进四川农田水利建设。

1940年2月12日，川康农田水利贷款委员会主任委员何北衡宣布，已完工的水利工程有三台郑泽堰、绵阳天星堰；正在进行的水利工程有绵阳的陇西堰、洪雅的花溪堰、青神的洪化堰；正在整修的有眉山的醴泉堰、峨眉的余公堰；正在测量的有西昌邛海、安宁河、雅安青衣江等处。1942年8月26日，川省已动工的水利建设有遂宁南北堰、洪雅花溪堰、三台北堰、峨眉熊公堰、雅安青衣渠5处，由中国、中央、交通、农民4家银行和信托局贷款500万元，有力地推动了工程的进展。1943年7月15日，四川水利局局长何北衡称，川省利用水利灌溉之农田，已有450万亩[①]。《民国川事纪要》下册记载：截至1943年，新修各项灌溉工程灌溉面积52.17万亩；1945年7月，又陆续修建了

---

① 据1945年四川统计处《四川省统计提要》，第28页；张肖梅主编《中外经济年报》，1946年，第700页，《战时之农业与战后之农村》综合统计。

彰明长清堰、梓潼宏仁堰、邛崃三桥堰、乐山牛头堰、犍为绥水堰、内江大水沟、夹江永兴堰等工程。

据有关资料统计，从1939年至1945年6月底止，四川共完成开渠工程26处，受益田亩为38万亩，筑坝工程233处，受益面积约11万亩，挖塘工程3876处，受益面积约16万亩，其他工程13处，受益面积1万余亩，总计受益面积66万亩，与四川已耕地总面积9600万亩相比，仅占0.7%①。

图12—13　汉源县修的引水渠

三、1946～1949年，再度兴修四川农田水利工程

据四川经济资料统计，1946年的四川各项水利工程新增加的灌溉面积应为76.9万亩之多②。若再加上原来的都江堰、三台的郑泽堰，新津、彭山、眉山三县共享的通济堰，什邡、绵竹两县朱、李、火三堰，彭县的湔堰，绵阳的天星堰、陇西堰，洪雅的花溪堰，青神的洪化堰，眉山的醴泉堰，峨眉的余公堰等，四川省的灌溉面积应在450万亩以上。具有如此良好的水利灌溉条件，四川农业的高产、稳产得到了切实保证。

1946年12月11日，四联总处同意对四川1947年的大型农田水利建设贷款。四联总处规定以集中力量，完成以往未完成的工程为原则，经就已经贷款举办而未完工的川省梁滩河、沙河堡等处及康省周公渠39处作一估计，尚需贷款129亿元。除由水利委员会转请国库拨付12亿元外，其余108亿元准由中国农民银行贷款，并按7折向银行转抵押。

---

① 彭通湖等：《四川近代经济史》，西南财经大学出版社2000年版，第446～447页。
② 周开庆：《四川经济志》，台湾，1965年出版，第42页。

第十二章　四川农业和农村经济的重要变化与曲折发展

图 12-14　车水灌田

1947年1月26日，四联总处允贷款6亿元，协助四川省政府举办未完的大型水利工程，定期3年还清本息。计巴县梁滩河分配8000万元，华阳沙河堤9000万元，灌县都江堰4000万元，三台围坝8000万元，乐山六坝3.1亿元①。到1947年8月9日，据四川省水利局统计，四川已建成以下8项水利工程：巴县梁滩河水利工程，灌溉面积2万余亩；华阳沙河堡高地灌溉工程，灌溉面积8000亩；内江大小灌溉工程，灌溉面积1.3万亩；三台及乐山六坝灌溉工程，灌溉面积3.2万亩；彰明长青堰灌溉工程，灌溉面积8000亩；灌县导青堰灌溉工程，灌溉面积7900亩；犍为清水溪电力提灌工程，灌溉面积1万亩；邛崃三桥堰灌溉工程，灌溉8000亩。这8项水利工程合计灌溉面积10.6万亩，进一步改善了四川大面积农田灌溉状况②，使四川农业生产状况得到了一定的改善。

---

① 《四川省志·大事记述》中册，四川科学技术出版社1999年版，第327页。
② 《四川省志·大事记述》中册，四川科技出版社1999年版，第337页。

第十三章 四川工业的近代化进程

民国时期，四川工业仍然处在十分缓慢的近代化进程中。1918~1934年，四川处于军阀混战和割据之下，工商各业备受摧残和掠夺。然而，各系军阀为着保存自己，消灭敌人，纷纷在防区内开办兵工厂，生产武器弹药。同时，出于巩固地盘，扩充实力的迫切需要，又不得不在自己的防区内提倡实业，发展经济，利用手中掌握的权力和金融资本，建立一些可以主宰国计民生的垄断性企业，并对一些民营工业资本进行控制和宰割。民营资本为着生存和发展，被迫寄人篱下，生存状况十分艰难。这样，四川近代工业的发展进入了畸形发展的轨道。1934年川政统一以后，国民政府为了扩大中央政府的影响力，削弱地方军阀势力，开始重视四川的经济发展，有计划地向四川投资。

1937年抗日战争爆发后，国民政府迁都重庆，四川成为民族复兴的后方基地和西南经济开发战略的中心地带，工业发展被纳入国家建设规划和投资重点，四川基础设施建设、轻重工业、交通运输业得到较多投资，实现了快速增长。民营工业虽有一定程度的发展，但受到战时经济政策的限制，仍旧困难重重。国民政府战时经济政策对争取抗战胜利十分必要，但政府无限扩张的经济统治权力以及肆无忌惮的通货膨胀政策最终造成了20世纪40年代末期的社会经济大崩溃，让四川工业经济再次陷入深重的灾难①。

第一节　抗战以前四川工业的发展

一、军阀混战中艰难跋涉的四川工业

抗日战争前的四川近代资本主义工业，在解除清朝专制主义统治镣铐之后，一度获得快速发展，产生了一批近代工业，但不久即陷入军阀混战的漩涡。四川近代工业本身先天不足，又受长期战乱的蹂躏，呈现畸形、脆弱、发育不良的状况。

（一）工厂企业受到战乱摧残、驻军劫掠

自1917年刘存厚与罗佩金、戴戡成都之战开始，到1934年"二刘之战"之后，刘文辉败退西康为止，四川战乱长达17年，大小战役数百次，人民生命财产惨遭荼毒蹂躏，四川工业，特别是缺乏政治依托的民营工业受到巨大破坏。"川北顺庆、潼川等县，丝厂多为战场，宣告破产"②。成都启明电灯公司经两次成都巷战，输电设施共损失七万余元。

（二）民营企业遭逢地方军阀巧取豪夺

图13-1　1934年7月，重庆大溪沟发电厂落成发电。图为发电厂投产发电的1000千瓦汽轮发电机组

在军阀混战期间，军队从清末的1万余人，急剧膨胀到近60万人③，各派军阀为了维持日益庞大的军费开支，对四川各行各业，实行横征暴敛。正税税额不断增加，新增名目繁多的附加税多达99种。其中，盐捐、纸槽、矿捐、茧捐、丝捐、机捐、船捐、丝车捐等，直接课于各类工业。各类工业受到苛捐杂

---

① 本章未加注释的引文、数据、统计资料，均见张学君、张莉红：《四川近代工业史》第六、七、八章，四川人民出版社1990年版。
② 《四川军阀史料》第2辑，四川人民出版社1981年版，第219页。
③ 田鸠：《四川动乱概观》，杨凡译，载《近代史资料》1962年第4期，第49页、第61~66页。

税的沉重打击，无法得到应有的发展。

（三）设置重重关卡，盘剥货运环节

此外，四川大小军阀对工厂、企业赖以生存的商品流转领域的控制和掠夺亦空前沉重。他们各据一方，遍设关卡，层层搜刮。"几无物不有税，无地不设关卡，凡一物之输入输出，动辄纳税十余次或数十次不等……水道方面由资中至渝仅数百里，而关卡则有二十一处，白糖一包须纳税二十二元五角二分。重庆至绵州不及千里，其关卡则多至七十余处，运药一包（重五百斤），除正税外，须征四十余元始可达到。又由平武姚家渡至重庆，经过的关卡多至九十处，运成本银二千两之大黄当归，须纳税一千九百余元。陆路方面，由渝购买仅值百元之货，经川北运往成都，仅八百二十里，其关卡多至五十余处，纳税竟多至百元左右。"① 对农工商各行业杀鸡取卵似的掠夺政策，导致社会经济日益萎缩，进而使脆弱的四川工业丧失原料市场和商品市场，危及自身的生存和发展。

二、抗战前四川工业的基本状况

（一）企业统计标准

有关战前四川工矿企业的情况，自 20 世纪 30 年代以来即不断有人做过调查研究，成果散见于各种官私著述。但是，由于工矿企业本身的情况复杂，材料零碎，加之论者对近代企业的标准和调查着力点不同，因而各种著述记载内容颇不一致，基本统计数据又不精确、不全面，给研究工作带来了很大的困难。笔者认为，要弄清这一时期四川近代工业的基本情况，首先需要确立一个近代四川企业的统计标准。考虑到四川资本主义严重的先天不足，严格地说，四川大多数企业只是手工业工场水平的实际情况，因此，在统计四川近代企业时，按照国民政府《工厂法》的雇工 30 人以上的标准，就应当既包括采用机器原动力的企业，也包括手工业工场。但对于规模小、雇工少的手工业作坊，不在统计之列。

笔者对近代四川工矿企业的基本统计依据，主要是原中国西南实业协会主编的《四川工厂调查录》，原四川省政府编纂的《四川省概况》（1939 年印行）。这两种资料对四川近代企业的统计有不少的错漏，笔者又根据新中国成立前出

---

① 甘绩镛：《四川防区时代的财政税收》，《重庆文史资料选辑》第 8 辑。

版的数以百计的经济论著和报刊资料作了尽可能翔实的补正，而后分门别类，制作了战前四川28个部门企业统计表，网罗了1937年抗日战争爆发前四川各类工矿企业715个。其中，开办于1918年以前的132家，占企业总数18.5%；开办于1918～1937年间的583家，占企业总数的81.5%。可见，大多数企业都是第一次世界大战之后到第二次世界大战之前开办的。

图13－2　1934年四川的矿工

关于战前四川715家工矿企业这个统计数，占前述1937年国民政府实业部核准全国登记的工厂3849家的18.57%，这个比例对于一向被视为内陆闭塞地区的四川而言，似乎高了一些。但是，如果不仅考虑大机器工业的发展状况，而且还要从手工业工场的数量和规模着眼，上述统计反映了实际情况。考察四川工业的部门结构，可以解决这个问题。

（二）四川工业的行业结构

1. 企业性质

四川民营工业资本大多集中在缫丝、棉纺织、制盐、造纸、印刷、日用化工、食品加工等业。在航运、采矿、机械、制造等重工业中，民营资本也有一定程度的增长，但在整个重工业中，所占比重不大。战前稍具规模的缫丝、丝织企业共50家，至1933年，地方军阀官僚资本侵蚀缫丝

图13－3　夹江手工造纸博物馆展示的造纸工艺

和丝织业之前，除官方蠡川丝厂和日商又新丝厂外，基本上属于民营资本。战前棉纺织业117家，除掉官办三峡织染厂外，均为民营资本。制盐业以自贡为主要基地，截至1930年，自贡盐厂使用蒸汽采卤机车94部。同一时期，犍为

图 13-4 自贡盐场圆锅熬盐

盐场亦有采卤机车5部。这些机推井均为民营资本。全省规模较大的造纸印刷企业34家，除去军阀投资的信诚印刷公司、法商投资的法新印刷局、美以美教会主办的博文印刷馆外，其余31家基本上属于民营资本企业。面粉、碾米、玻璃、制革、电池、火柴、瓷器、陶器、制药、肥皂等企业基本上属绅商投资开办的企业。

与此同时，在电力、冶金、机械、煤矿等重工业中，民营资本也有相当程度的增长。不少部门商办企业总数还占据优势地位，但是，资本额则远逊于军阀官僚资本。如电力工业，1937年以前，四川共有电力企业60家，属于商办企业48个。五金、机械、翻砂企业90家，商办企业达84家。煤矿企业16家，商办达14家。

2. 资本数额

民国时期，四川工业领域的投资情况比较复杂，来源也是多种多样。从资本总额看，商办企业一般资本微少，数额在数千到数万元之间，很少达到数十万到数百万元的。如棉织企业，除裕华棉纺织厂集资300股，并收到大量存款，资本总额达60万元之外，其余的小厂均在5000至20000元之间。商办火柴企业30家，仅有3家稍具规模的企业超过5万元。商办电力企业在整个电力企业中，所占比例不大。战前四川电力工业资本总额约为622万元。民营资本为244.6万元，仅占

图 13-5 1930年建立在重庆北碚的近代机器纺织厂——三峡染织厂大门

39%。在84家商办五金、机械、翻砂企业中，5万元以上的大企业只有13家。煤矿业中，凡资金雄厚、开采设备先进者，均为军阀官僚投资，"民营矿场则多半以土法开采"①。由此可见，无论在轻化工业或重工业方面，绅商所办民营企业均处在资本微弱、实力脆弱的地位。

3. 企业分布

由原手工业工场向近代企业转化的企业，一般分布在传统手工业经济区，如井盐企业，主要分布在自贡、乐山地区，以及川北、川南一些井盐产地。缫丝、丝织企业主要分布在成都、重庆、乐山、南充、绵阳、合川等蚕丝产地。制糖企业主要分布在内江、资中、富顺等甘蔗产地。受外国资本主义影响开办的新式企业，由于受到进口原料、机器设备的限制，一般集中在川江沿岸重庆一带；一部分原料可自给、劳动力密集型轻工业也向成都等川西城市聚集。四川民营企业在原料的购买、产品的销售、设备的更新方面有许多困难，而地方军阀、买办洋行却利用民营工业的这些困难，趁火打劫，加深他们的困境。

（三）民营企业在军阀、官僚势力夹缝中生存

四川各类工业深受地方军阀和1935年以后入川的国民政府资源委员会的政治压迫和经济掠夺。不少企业为摆脱困境，不得不对地方军阀和中央势力采用既屈从又斗争的手法，以求得一线生机。但是，除少数企业在这种策略战中取胜外，多数部门和企业进步缓慢，生产技术陈旧、落后，劳动生产率低下；资金严重不足，经营方式不能适应历史发展的要求，产品质低价昂，在国内外市场上销路日益减少。因此，这些企业在激烈竞争中步履维艰，不少企业挣扎

图13-6　自贡输卤管

---

① 《四川省电工矿业》，1949年8月中国人民解放军西南服务团编印，藏重庆市图书馆，第3～4页。

在生死线上，最终无法摆脱破产倒闭的命运。虽然面临了复杂困难的社会政治、经济条件，四川工业仍然取得了明显的进步，无论从生产规模、资本总额、生产力水平、产品的品种、数量和质量等等都可以看到这一点。有少数巧于周旋，经营有方的企业，如民生轮船公司、华西公司、四川水泥厂、复兴面粉厂、自贡盐业大商场、嘉乐造纸厂、求新机器制革厂、宝源、三才生、天府煤矿等发展迅速，成为四川近代厂矿企业中的佼佼者。

以自己顽强的生命力，与坎坷命运抗争，化不利条件为有利条件，努力求得生存和发展。其主要表现在：

1. 谋求改革企业经营方式，增强企业活力；实行产运销联合的多头经营和横向联合；组织同业公会，协调产销关系和市场竞争力。

2. 善于利用金融信贷关系和多种集资形式，开辟资本来源，增强投资能力，为企业的生存和发展创造条件。力求建立可靠的金融信贷关系。

3. 善于募集资金，广泛招收新股，让企业充满发展潜力。

4. 维护国家主权和民族利益，抵制国际垄断的控制和掠夺行径；与此同时，又积极吸取外国资本主义先进技术和输入机器设备，提高企业生产和竞争能力。

5. 善于用人、积极招徕经营管理人才和科学技术人才，重视提高企业人员的专业知识水平，使企业不断获得新的活力。与此同时，创造人性化的经营管理，提高企业管理水平和服务质量。

6. 获得成功的民营企业，在积极改革生产技术、大胆引进外国资本主义先进工艺、设备、促进企业现代化方面，有许多成功的经验。

图13—7　自贡盐业生产逐步进入机器时代，图为蒸汽汲卤机车

第十三章 四川工业的近代化进程

三、四川军阀的投资活动

抗日战争前四川工业中的地方军阀官僚资本，主要是指四川地方军阀在混战和割据期间，通过掠夺、搜刮而积累起来的货币财富。军阀财富的分配方式，由高度自治和分散的收税权所决定。大的分区除军长和司令部直辖地区归军长、司令部征收税金和其他款项并垄断财富外，防区内各旅、团、营驻扎区则由这些军事长官自行委员征收税金和其他款项，并支配全部税金。因而四川大大小小的军阀及其部属，都是大大小小的财富占有者。

但在这种群雄争霸的特定时期，实难清楚地划分军阀资本中的私人部分和国家部分，而且二者间并无什么本质的区别。这里通过对四川军阀资本的来源、资本形态以及向近代工业投资等问题的考察，从一个侧面探讨四川军阀、官僚资本的基本性质和作用。

（一）军火工业

1. 杨森控制成都兵工厂

军阀要扩军、要打仗，就必须有源源不断的军火供应和补充。因此，争夺和扩大旧有兵工厂，投资建设新的兵工厂，成为四川军阀开办新式工业的特别重要的方面。

四川军阀控制和扩充的第一个兵工厂是成都兵工厂。民国首任成都兵工厂总办杨敏生，将兵工厂改为造兵第一局，分厂为造兵第二局，各有局长，拥有职工2000余人。最盛时月出子弹100万粒，步枪千余支，机关枪、手枪、炮各若干。杨森督理四川军务善后事宜，派员主持该厂，加工赶造，限令日出枪百支。1925年，杨森发动的"统一之战"失败，撤离成都时，下令火焚兵工厂。败兵撤离后，经工人奋力救火，未受太大损失。反杨联军进成都后，各军均派部队占据兵工厂，相持不下。刘湘以四川善后督办名义委任军法处长李子俊为兵工厂总办，为各军拒绝。李将兵工厂田产300余亩变卖，作为办厂开支。城内老厂则为刘文辉所占，改为枪械修理所。各军兑现联合反杨的许诺，为黔军赶造枪支2万支。

2. 刘湘控制成都兵工厂

为改变兵工厂僵局，刘湘发起召开善后会议，由省议会通过停止成都兵工厂制造武器的议案。而后，刘湘将枪厂造枪机器全数提去，封存于四川铁路公

司内。

1926年上半年，刘湘新任命的兵工厂总办罗思忠采用多种手段，使占据兵工厂的各部撤离，开始恢复武器生产，经费来自私人和银行贷款。刘湘将数千斤铜折价交兵工厂，首先恢复了子弹生产。而后，被毁造枪机器经过修整或重新铸造，基本上配备完善，又恢复了

图13-8　成都启明电灯公司投产的 2000千瓦汽轮发电机组

步枪生产。兵工厂日产步枪30~60支。兵工厂将生产的枪支弹药出售给四川各军，赢得利润，而后又扩大规模，增加武器生产，使刘湘成为强有力的武器大王。

与此同时，刘文辉也把封存在铁路公司的兵工厂机器全数搬去，充实了他占据的老厂，大量生产步枪子弹。1930年，刘文辉利用田颂尧、孙震为夺取四川兵工厂而扣押兵工厂总办罗思忠的机会，命其驻成都部队开赴兵工厂，将库存2.5万支步枪和350万发子弹全部夺去，又将库房焚毁。所幸各厂机器尚属完好，仍可维持生产，向军阀提供武器弹药。

1928年，刘湘在重庆开办一兵工厂，名为武器修理所。1930年，该厂规模扩大，转入武器制造。不久，将蓝文彬桂香阁的机枪制造厂合并，又将刘文辉购自上海的机床设备吞没，该厂1931年时，拥有300多台机床。1933年，刘湘再进成都后，又把成都拱背桥兵工厂和东门外兵工厂一些重要的兵工和重型机器如2.5吨的汽锤、400余台机床都运往重庆安装。重庆兵工厂至此成为西南规模最为庞大的军工企业。

全厂工人2000~3000人，主要产品有步枪、手枪、冲锋枪、小迫击炮、中迫击炮、重迫击炮、捷克式轻机枪、思怀式机枪、花筒式轻机枪、步枪子弹、炮弹和飞机炸弹等。在刘湘称霸四川的历次战争中，重庆兵工厂均提供了良好而充足的武器供应。此外，刘存厚在达县，李家钰在遂宁，均建立了自己的兵工厂。

上述四川军阀开办的兵工企业，在不同程度上采用了较为先进的生产技术，有的还输入了国外新的制造工艺，造出了具有首创意义的新式武器。如重庆兵

工厂所造捷克式轻机枪，兵工署署长俞大维看见后，颇为诧异，说："我们中央花了100多万元还未搞出，刘湘这厂竟能制造，很了不起。"①

（二）重工业

1. 蜀华实业股份有限公司

四川军阀刘湘等又着手组织了一个较有实力的大公司——"蜀华实业股份有限公司"。该公司为适应当时四川建设的需要，以承包建筑工程业务为主，股本定位100万元。刘湘先拨付4万元，而后公开招股。邓锡侯、杨森、孙震、唐式遵等纷纷认股，初步收集股金10万元。公司成立董事会，推刘湘为董事长，聘胡庶华为总经理，唐纪鸿、盛绍章为协理（毕业于美国康乃尔大学土木工程系）、李伯霜为襄理（曾留学日本，专攻建筑工程）。此外还招聘了不少建筑工程技术人员。

该公司于1934年开始承包工程。1937年以前，主要完成的工程项目有：重庆大渡口钢厂（今重庆钢铁公司）厂房、磁器口兵工厂工程、重庆大学校舍、成都新声剧场、四川大学校舍、成渝铁路永川段和成昆铁路宜宾段部分桥梁、路基工程、成都城市建设工程等。

为供应建筑用砖瓦，蜀华公司又在成都建立蜀华砖瓦厂，派专人赴汉口购买平瓦机3部，砖机2部，并招聘技工3人，在外东建厂，招收工人100余人，于1935年正式开工生产。该厂砖瓦规格统一，批量生产，除供应本公司需要外，还对外销售。1937年，又进一步投资扩厂，购买300余亩土地，扩建5座大窑，工人增至300人。

2. 华西兴业股份有限公司

军阀战争时期，刘湘曾请胡仲实、胡叔潜制定《开发华西计划书》。《开发华西计划书》经刘湘批准后，胡仲实、胡叔潜兄弟随即由武汉来到重庆组建华西兴业股份有限公司。刘航琛、甘绩镛代表刘湘二十一军，宁芷邨代表刘文辉二十四军参与筹建公司。华西兴业公司设董事11人、监察2人；董事中产生常务董事5人；常务董事推举董事长1人、常驻董事2人，负责日常业务。经反复协商，由甘绩镛任董事长，胡仲实、宁芷邨为常驻董事，刘航琛、康心如为常务董事，胡叔潜、傅常、丘甲、潘昌猷、张必果等为理事。在董事会中刘湘

---

① 林华均：《刘湘的兵工厂》，《四川文史资料选辑》第15辑。

势力占据优势,除刘湘的财务处长刘航琛和政务处长甘绩镛执掌最高权柄外,康心如、傅常、丘甲均系刘湘部属,潘昌猷则是刘湘部下潘文华之弟。张必果系二十一军军部秘书长。刘文辉二十四军在华西公司的代表仅宁芷邨一人,显然势单力薄。华西兴业公司开办资本25万元,胡氏兄弟投资13万元,占有股份50%以上;刘湘投资5万元,占有股份20%;盐业银行投资2万元,占有股份8%;余者投资数千元不等。

以华西兴业公司和蜀华实业股份有限公司的活动为中心,四川地方军阀官僚资本开始向一些关系国计民生的重工业投资。1935年,刘湘控制的重庆电力厂正式定为股份有限公司,资本总额200万元,次年增资为250万元,进口大型发电设备,1936年投产。1938年,发电总量从3000千瓦上升到12000千瓦,成为西南最大的发电厂。为控制全省动力工业,四川地方军阀和地方政府还陆续投资一些中小发电厂,如启明电灯公司、金堂县玉虹桥水力发电厂、中国兴业公司电气部内江华明电厂、内江光明电厂、新都县政府电灯管理处、南充县电灯公司、广汉电灯公司、南川明明电灯公司、万县水力发电厂、乐至光华电灯厂、永川县电灯公司等。

与此同时,他们还创办了大型建材企业四川水泥厂和重庆水泥厂;大型钢铁企业华兴机器厂、华联炼钢厂和重庆炼钢厂。他们通过建立四川丝业股份有限公司,控制了全川生丝的生产、销售和出口贸易。四川地方官僚军阀投资的轻工企业还有三峡染织厂(1930年)、天源电化厂有限公司(1921年)、同济制碱公司(1937年)、中国植物油料厂股份有限公司(1936年)、中国植物油料厂万县分厂(1936年)、信诚印刷公司(1929年)、成都制革厂、启明电灯公司(1906年)、重庆允丰正酒厂(1934年)、玉虹桥水力发电厂(1934年)等。他们还投资一些有利可图的公益事业,如重庆自来水公司等。

图13—9 1937年4月,四川首家水泥厂在重庆建成投产

四、国家垄断资本的投资活动

1917~1934年,北洋军阀资本和国民党中央官僚资本主要通过他们掌握的金融机构影响四川工业的发展。这一时期,银行业很少直接参加工业投资活动。据1942年的调查,抗战前夕,国民党中央银行和四大家族控制的各类银行在四川设立的各种机构已达40家。根据1937年统计,上述各银行拥有的资本总额分别为:中国银行1930年前后实收资本2500万元,1937年增加到4000万元;中央银行重庆分行1935年实收资本1亿元;中国农民银行重庆分行1935年实收资本1000万元;金城银行重庆分行1935年实收资本1000万元。

这些银行虽然资本总额较四川地方银行雄厚,但其主要活动仍是"依靠暗息拉拢机关存款……放款则全部集中于短期商业放款,与一般之高利贷无异;工矿业之放款低至千分之二三,并开设商号,以银行资金从事投机囤积之勾当,以追逐商业利润,更从事金融性物品之疯狂投机,转取高额盈余"①。

在对工矿业有限的贷款或投资中,主要集中在成渝等地的一些重要企业。例如:华西兴业公司成立之初,即有北洋军阀系统的盐业银行投入部分资金,该行协理成为公司监察。1935年,国民党中央势力入川,华西兴业公司为削弱刘湘势力的控制,主动邀请为蒋介石所推重的南开大学校长张伯苓入股,张以南开大学基金名义,向公司投资5万元入股。

卢作孚的民生公司为扩大航运业务,早在20世纪20年代,即与金城银行建立信贷关系,获得该行提供的不少活动资金。1935年,卢作孚又先后与中国银行宋子文开办的中国建设银公司建立合作关系。民生公司为筹措收买美商捷江公司7艘轮船价款70万元,得到中国银行和金

图13-10 重庆的钢铁厂

---

① 《四川省金融贸易》第1章《四川省之金融概述》,四川省建设厅档案1949年8月版。

城银行的全力支持,发行 100 万元公司债券,由中国银行认购 20 万,金城银行认购 40 万,使这笔巨额交易顺利完成。同年底,中国建设银公司向法国借款修筑成渝铁路,与民生公司签订包运铁路设施、火车头的协议,向民生公司贷款 100 万元,添造 4 艘大型客货轮。于是,民生公司进一步扩大了航运能力。为报答中国建设银公司慷慨资助,民生公司特聘宋子文和宋的亲信胡筠庄为常务董事。

上述国民党中央官僚资本对四川工业的投资和贷款,虽然为数不大,但它却是向四川近代工业大规模投资并进而控制其发展的开始。

第二节 抗战时期四川工业的快速发展

一、四川工业的发展机遇

为增强经济实力,支持战争,国民政府确立了以西南地区为新建工业基地的决策,实行了国家管理工矿企业的体制。将沿海沿江地区重要的工矿企业大规模迁往以西南为主的大后方,对主要工矿业的生产及产品实行统制,采用多种渠道为国营工矿筹集建设资金,用投资兴建或入股合办的方式建立内地钢铁、电力、化学工业的基础及各矿业的生产基地,对民营工矿业,运用行政干预和经济手段解决其生产中的困难,推动企业与企业之间的经济联合并强化行会组织[①]。

抗日战争前四川近代大工业基础薄弱,国民政府首先决策"将沿海或逼近战线之新式设备迅速内移,督促复工",其着眼点在于"充分利用已有之机械以供内地建设,便可迅速成功,且可节省外汇"[②]。1937 年 8 月 10 日行政院第 324 次会议通过资源委员会关于拆迁上海工厂的提案,由资源委员会、财政部、军政部及实业部会同组织上海工厂的拆迁,标志着工厂内迁运动之开始。

---

① 本节未加注释的引文、数据、统计资料均见张学君、张莉红:《四川近代工业史》第七章第二、三节,四川人民出版社 1990 年版。

② 经济部:《西南西北工业建设计划》(1938 年),藏中国第二历史档案馆。

第十三章　四川工业的近代化进程

（一）工矿调整处对内迁厂与新建厂的扶持

抗战开始后，国民政府起用了一批与民族资产阶级关系较为密切的知识分子组建了工矿调整处，以协调国民政府与民族资产阶级的关系，在西南迅速建立起战时工业。

工矿调整处对内地民营工厂最重要的扶持是贷款，主要有四种形式：迁移贷款、营运贷款、建筑及增加设备贷款，疏建及保护工程贷款。

迁移贷款主要用作工厂内迁时的运输费。在上海民营工厂内迁时期，凡经资源委员会批准内迁的机械、电器与化工等工厂，其运输费全部由国民政府承担。在武汉民营工厂内迁时期，工矿调整处为了减轻财政负担，把运输费由无偿拨给改为低息贷款，规定"自收到借贷款日起，三年归还，周息六厘"，并且"应取具殷实厂商担保三家，各工厂得联环互保"[1]。到1941年6月底为止，工矿调整处共发放迁移贷款888630元，接受贷款的工厂共92家。营运贷款主要用作内迁工厂复工与新建工厂开工时的流动资金。工矿调整处规定："营运贷款不得逾当年营业总额的六分之一，以六个月至一年为限，周息九厘。"[2] 到1941年6月底为止，工矿调整处共放出营运贷款5416100元，接受贷款的工厂63家。

建筑及增加设备贷款主要用作内迁工厂与新建工厂建造厂房或添置设备、扩大生产能力之用。工矿调整处的前身工矿调整委员会在内迁上海民营工厂时曾规定："借贷所建房屋及地亩应作为抵押品，周息六厘，分六年还清。"[3] 以后工矿调整处对此作了修改，规定："建筑及增加设备借款不得逾股本二分之一，周息七厘，以三至五年为限。"[4] 到1941年6月底为止，共放出该项贷款9487605元。接受贷款的工厂共113家。

疏建及保护工程贷款主要用作内迁工厂与新建工厂建造防空设施。工矿调整处从1940年9月起设立这项贷款，规定以5年为限，周息为6厘。到1941

---

[1]《工矿调整处审核厂矿请求协助借贷补充原则》，载《经济部公报》第3卷5、6期合刊。

[2] 谭熙鸿主编：《十年来之中国经济》，中华书局1948年版（上）第55页；（下），第28页；（上）第9页。

[3]《工矿调整委员会迁移厂矿暂行借垫建筑借款办法》，藏中国第二历史档案馆，档号：357（2），29。

[4]《工矿调整委员会迁移厂矿暂行借垫建筑借款办法》，藏中国第二历史档案馆，档号：357（2），29。

年6月底为止,共放出4202000元,接受贷款的工厂共30家。

(二) 内迁工厂数量、规模、复工情况之统计

据国民政府统计局统计,截至1939年底内迁工厂共410家,其中钢铁厂1家,机械厂168家,电器厂28家,化工厂54家,食品厂22家,文教用品厂31家及其他厂14家。

机器制造业一向称为"工业之母"。在内迁厂矿的总数中,机器制造业占了40.9%。又据经济部1939年上期工作进度报告,当时内迁复工的民营机器厂每月生产能力已达到:车床、刨床、钻床等工作母机100台;蒸汽机、煤气机、柴油机、水轮机、小型发电机等动力机420部;轧花机、针织机、纺纱机、织布机、抽水机、造纸机等作业机1400部。这些在西南后方迅速崛起的机器制造生产力,为西南后方近代工业的发展提供了有利的条件;永利、天原等化工厂的内迁,则为西南后方化学工业的发展提供了基本的化学原料;豫丰、申新、裕华、沙市等纱厂的内迁,使西南后方的纱锭数量猛增10倍以上,为纺织工业的发展打下基础。

上海内迁的民营工厂不仅数量多,而且规模大,技术水平高。如作为内迁主要对象的上海机器业,其数量占当时全国机器厂数量的33%,而资本额却占全国机器厂资本总额的44.7%。上海机器业共迁出工厂60多家,其中不少是大厂,约占上海民营内迁厂总数的一半。就是这些机器厂,以后被人称为"抗战期后方机器工厂之中坚分子,对机器制造厥功至大"。以重庆机器业为例,战前只有大小机器厂10余家,而且技术水平一般,以修理为主。但到1939年8月为止,重庆已有机器厂83家,其中最大者各有资本5万元,除机器业外,还有不少内迁的上海民营厂在当时也是全国第一流的。如被称为"本市新式造纸厂之鼻祖之一,也是开全国机械制纸工业之先河"的龙章造纸厂;"其设备与资本素列全国制罐业第一"的广元制罐厂;居全国搪瓷业之首的益丰搪瓷厂;"执上海橡胶业之牛耳"的大中华橡胶厂,以及"中国最大之丝织厂"的美亚丝织厂。其他如中国炼气公司、新亚制药厂、中国标准铅笔厂、亚浦耳电器厂、华生电器厂、华成电器厂、天原化工厂、精一仪器厂、商务印书馆等内迁企业也都是全国数一数二的民营工厂。在全国所有的民营内迁厂中,"资本最大者当推

大鑫及华生两厂"①。这些名牌厂从上海迁出时,都带走了比较精良的设备,且以内地缺少的各种工作母机为主。如新民机器厂内迁工作母机53台,合作五金厂内迁37台,上海机器厂内迁81台。此外,这些内迁厂还带走一大批发电机、马达等动力设备及钢、铜、铬、镍等原材料。各种专业工厂也带走了许多专业设备。

在这些内迁工厂中,机械厂占40.4%,纺织厂占21.65%,化工厂占12.5%,教育文具厂占8.26%,电器厂占6.47%,食品厂占4.91%,钢铁厂占0.24%,其他厂占5.57%。

民营内迁厂迁入的区域,据统计以四川为首位,到1940年底为止,共内迁工厂448家,其中以上海与武汉两地内迁厂最多,分别为148家与160余家。这些工厂迁入四川的为254家,占54.7%;迁入湖南的为121家,占29.2%;迁入陕西的为27家,占5.9%,迁入广西的为23家,占5.1%,其他各省的为23家,占5.1%,实际上迁往湖南、广西两地的民营厂随着国民党军队的湘桂大溃退,绝大部分又迁到了四川。因此,四川事实上成了全国民营内迁厂的主要目的地。

(三) 内迁工人、科技专家对战时工业的贡献

1. 内迁科技专家的贡献

1938年8月,工矿调整处在武汉公布了《技术人员调整办法》,规定招聘范围不论,名额为100名;招聘对象为矿冶、机械、电器、化工、土木、纺织六类具有一定职称的技术人员;试用期为6个月。这一措施无疑有利于后方的工业建设,但把名额定为100名,显然是远远无法适应建设需要的。事实上,这一消息一传开,大批专业人员纷纷前往应征。工矿调整处应接不暇,只得于1939年3月宣布废除名额限制,并给华北与华东地区的应征专业人员提供旅费。

到1940年4月23日为止,各种应征的专业人员已达到1419人。其中矿冶业为81人,占总数的5.7%,电器业为130人,占总数的9.2%,土木业为372人,占总数的26.2%,机械业为292人,占总数的20.6%,化工业为418人,

---

① 国民经济研究所:《重庆之机器铁工业》,《经济动员》第3卷,第6期,1939年8月31日版。

占总数的 29.5%，纺织业为 126 人，占总数的 8.9%。① 其实，当时奔向大后方的专业人员远远不止这些，仅在同期内各工厂通过各种关系自行招聘的就达 3000 余人。众多的专业人才来到后方，为开发与建设大西南作出了重大的贡献。主要表现在以下几方面：

水力勘测与开发。内迁的水利专家为了了解西南、西北的水力资源，先后踏勘了四川、青海、贵州、西康、甘肃、陕西、云南与湖南 8 省的 50 多条河流，并在四川的桃花溪、清渊洞、仙女洞、鲦鱼口，青海的湟水，贵州的修文河、西康的东河，甘肃的天水与陕西的褒水等地建起了水力发电站。

矿产的勘察与开发。内迁的地质人员为了向工业提供原料，在内地到处寻找矿藏，足迹远及天山南北，发现了不少有价值的资源，如石油矿。在抗战前，中国并不出产石油。战事发生后，中国海口相继沦陷，油料进口几乎断绝。1939 年 4 月，地质专家在甘肃玉门老君庙钻探成功，开创了我国生产石油的新纪元。再如铁矿，抗战前西南并无钢铁厂，这就给工业发展带来了很大的困难。经过地质人员与有关专家的辛勤努力，许多重要的铁矿先后被发现，大小钢铁厂先后建立起来，到抗战胜利时，大后方已有大小钢铁厂 73 家，使内地工业所需的钢铁材料基本能够自给。又如煤矿，内地原先煤矿不多，生产技术也较落后，远不能满足战时工业发展的需要。为此，科技专家作了两项努力。一是尽快地寻找煤矿以建立新矿；二是改造旧煤矿，扩充和更新原有的设备。于是煤的产量开始飞快提高。以四川为例：1938 年的产量为 140 余万吨，到 1940 年已达到 279 万吨，1942 年达 290 万吨，5 年内煤产量翻了一番。到抗战胜利时，内地已有重要煤矿

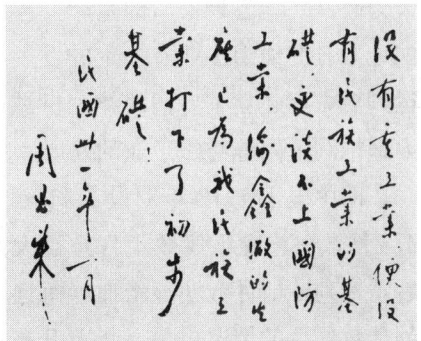

图 13-11　1942 年周恩来给渝鑫钢铁厂的题词

53 家。基本满足了后方工业与民生的需要。除此之外，内迁的科技专家在开采天然气、铝、锰、铬、磷、钨、锑、锡、汞、铜、铅、锌、金等矿产中，也作出了很大的贡献。

---

① 吴至信：《抗战期内技术人员调整之一斑》，载《新经济》3 卷 11 期，1940 年 6 月 1 日出版。

2. 科学技术的发明与创造

四川地处内陆，科学技术十分落后，许多产品与原料都仰仗国外进口，抗战开始后，外货难以运入，发展内地工业所急需的不少产品与原料断绝了来源。为求民族生存，内迁四川的科技专家们奋发图强，从两个方面进行了努力。

一是研制新产品，主要表现在化工产品方面。内地的化学工业发展有限，内迁的科技专家们先后研制出酸、碱、颜料、化肥、橡胶、电石、水泥、甲醇、丙酮、纸张、油漆、电木等等一大批后方急需的化工产品，如果实在无法自制，科技专家们就积极试制代用品，汽油生产就是典型的例子之一。科技专家们经过反复试验，从菜油、花生油、桐油与烟煤中提炼汽油代用品获得成功。到1943年为止，后方的炼油厂达到60余家，代汽油的生产能力每年可达290万加仑，解决了后方汽油缺乏的困难。

二是大力设计先进设备，推广先进工艺。这主要表现在机械与纺织产品方面。工业的发展急需大批各种类型的机床，科技专家除了积极进行设计外，还不时改进原有的产品，以增加其精密度。如龙门刨床由八呎改进成十六呎；单杆的十呎车床改成了双杆十二呎等等，以适应后方工业的实际需要。此外，还大力改良当地各种落后的生产工艺与技术，先进纺织技术的推广就是其中之一。内地原有的纺织工业有一定的发展，科技专家把上海棉业实验馆的设备与图纸运到后方，建立了专门的纺织机械厂，供内地各有关企业参观与仿制，更加有力地推动了内地纺织工业的发展。

旧中国于1912年创设专利权，到抗战开始时，其有案可查的注册者仅为275件，平均每年仅数十件，且大都属于日用品类的专利发明，从1938年以后，专利注册件数明显增加，而且重工业产品的发明创造占了绝大部分，发明创造数量总的情况也呈逐年上升趋势。抗战头两年，各工厂忙于搬运，科技人员也内迁较少，且无法安心工作，故发明较少，但随后两年就急剧上升，这显然与大批科技专家奔赴内地并开始努力工作有关。

二、四川工业的迅猛发展

抗战时期，主要是1942年前后，四川工业特别是重工业，在较为有利税收、投资、技术、战时需求等诸种条件下，得到迅猛的发展，成为国民政府战时经济的重要支柱。

（一）抗战时期四川民营工业的发展

抗战时期，四川工业在较为有利的政治经济条件下得到了很大发展。四川民族资本主义工业，主要包括战前四川原有民营工矿企业和抗战开始后，陆续内迁入川的中国东部民营工业。四川原有工业占据资源、人力优势，外迁工厂占据技术和资本的优势，二者结合，对抗战时期四川工业的发展起了重大作用，在一定程度上，改变了四川工业的落后面貌。

1. 生产技术水平的提高

民营工业的生产技术条件得到很大的改善，企业近代化水平有了前所未有的提高。据《四川近代工业史》统计，战前四川各类工矿企业715家，其中近代企业只有115家，在全国3935家近代企业中，只占2.92%。作为近代工业动力源的总发电容量看，四川为5611千瓦，只占全国总发电容量的4%。以四川机器工业集中地区重庆而言，战前仅有机器制造厂40余家，除华兴、民生等厂外，其余大都简陋，成都也只有20余家，其落后状况可想而知。抗战时期，东部工业内迁和本省原有工业的更新，改变了四川工业的落后面貌，企业近代化程度迅速提高。

以私营资本为主要成分的重庆棉纺织业而言，抗战期间在机械化程度方面，有很大的进步。1937年以前，机器棉织业仅有民生公司所属三峡布厂一家，最盛时重庆地区共有织机4167台。重庆机器棉纺织业在抗战期间得到很大发展。抗战期间，四川拥有纱锭17万余枚，开工纱锭占大后方开工纱锭64.13%。据1939年3月统计，迁至后方的纺织厂（包括小型织布厂）共59家，机器设备共重27808吨，占内迁工业设备总重量58930吨的1/2。内迁纺织机器设备总数的66%安置四川，主要在重庆建厂。1942年，重庆机器棉纺织业由战前的1家增至13家，布机由数十台增至500余台，年产棉布19万匹，纱锭从无到有，几年间开出纱

图13-12 北碚三峡染织厂与内迁的汉口隆昌染厂合并为大明宗染织厂

锭10余万枚,年产棉纱近6万件,纺织工人1万余人。重庆棉纺织业进入了全盛时期。

2. 投资数额的激增

根据1942年国民政府经济部《后方工业概况统计》记载:四川工厂1654家中,民营企业为1489家,占当时四川工厂总数的90%。民营工业资本为4.2亿元,占当时工业资本总额的37%。在动力设备方面,民营企业仅为官营企业的1/4。这些统计资料说明:即在四川工业发展处于黄金时代的抗战中期,私营工业仍是资本薄弱、生产技术落后的中小民营企业构成,在四川工业中处于劣势,未能成为国民经济中的主导形式。

但是,抗战时期,民营资本额,特别是新的投资数额却是在不断增加。据抗战前夕统计,以四川民营企业为主体的四川工矿企业115家,资本总额2145000元,企业平均资本额为18652.2元,与1942年民营企业平均资本额279000元相比,后者为前者的15倍,民间资本在抗战时期还是大幅度增加的。

在抗战期间,由于海盐来路断绝,四川井盐担负四川、云南、贵州、广西、湖南、湖北诸省军需民食;销量猛增,加之国民政府给予优惠贷款、财政津贴,使四川井盐生产中心自贡盐业进入了黄金时代。灶户积极扩大生产,加深旧井,凿办新井,改站炉机车为卧炉机车,并创设电动机车、真空制盐等设备,形成了近代以来最大的投资热潮。由于经营条件的改善,生产的发展和销量的扩大造成利润激增。资本积累也因此加速,抗战中,自贡盐商中的大资本家侯策名、熊佐周、罗筱元、罗华垓四家各拥有资本数十万大洋,四家族财产均逾百万。他们所得财富,已

图13-13 自贡打盐卤井架

不再主要用于购买田产土地,而大量地用于扩大再生产,并向银行、化工、机械、冶炼等近代企业投资,逐步完成向资本主义工业的转化。

四川民营机械、五金企业,在抗战中最为突出的贡献,是生产抗战军需武

器。1938~1939年，民营企业以生产军火军用品为主。

自1939年以后，四川机械、五金工业在承担军需物资生产的同时，开始制造各类工业所需的机器设备。由于抗战时期四川工厂数量成倍增加，这些工厂都需要机械、五金制造业给它们提供大量的、各式各样的机器设备、零配件和维修服务，特别是抗战中得到迅猛发展的纺织业、化学工业、造纸业、轮船业，更是机械、五金企业的重要下游产业。

四川民营工业在抗战期间有了很大的发展，无论是生产规模、水平，抑或是产品、产量和质量，均有不同程度的提高；虽然与

图13-14 抗战时内迁的永利化学公司的工厂

国家垄断企业相比，资本额和技术力量有很大的差距，但它却以坚忍不拔的精神，在不利的条件下茁壮奋进，作出了自己的历史贡献。

（二）抗战时期四川国营工业的发展

国有资本在工业总资本中已占据69.5%，主要分布在关系国计民生的冶

图13-15 1944年1月，国内自行设计制造的第一台1000马力混流式水轮发电机在长寿龙溪河下硐水电站启动运转。图为下硐水电站

金、动力、能源、机械、电器等重要部门，国营企业在企业资本总额中占据62.5%。国营企业平均资本额为455.9万元，是民营企业的16倍。国营企业资本在10万元以下者占国营企业总数的40%，民营企业则在70%以上。国营企业工人平均数为100余人，民营企业则在50人以下。包括四川省政府所属企业在内的公营企业平均动力设备为100马力，民营企业则为30马力。

由此可见，战时四川国营企业资本得到迅速膨胀。这是国民政府开发西南战略计划实施的必然结果，也是政府利用掌控资源的权力对民营企业蚕食鲸吞的必然结果。

三、国家垄断资本对民营企业的蚕食鲸吞

中国国有资本蚕食鲸吞民营资本，是中国近代资本主义发展的一个重要特征。抗战时期，国民政府所属财经机构在这方面表现得尤为露骨。在受到国有资本兼并的重要企业中，地方军阀、官僚往往在其中拥有相当数量的股权，兼并政策

图13-16 1944年四川第一条33千伏输电线路（宜宾电厂至自贡东兴寺变电站）通电。图为33千伏输电线路

的实施，不仅造成民营资本家与国有资本的尖锐矛盾，而且导致四川地方政府与中央政府的直接利害冲突。

国民政府所属财经机构为了控制西南地区钢铁、电力、矿产等重工业，解决军需、民用、交通运输的建设需要，巩固其对大后方的独裁统治，首先通过贷款、控制产销等方式，控股或兼并了西南地区最重要的地方重工企业——华西兴业公司，随后，华联钢铁公司、四川丝业股份有限公司、重庆电力股份有限公司、民营天府煤矿股份有限公司等，均遭到同样的命运。在此以对华西公司的兼并为例：

抗战开始后，主持人胡仲实、胡叔潜，常务董事宁芷邨，经理胡子昂等，为适应战时需要，拟利用国民政府扶植与奖励西南实业的政策，争取贷款，将华联钢厂扩建为日产30万吨钢的大型炼钢厂。全部扩建资金为法币300万元，除自筹和刘湘投入资金共计150万元外，尚差150万元，要求国民政府给予优惠贷款。国民政府行政院院长兼财政部长孔祥熙，当时控制着中央银行和四联

总处理事会,掌握财经大权。他首先提出官商合办华西公司动议,华西公司拒绝合办,并坚持要求贷款。孔通过中央信托局只给华西公司60万元贷款,只购得少量设备和材料,华西公司要求续借,孔祥熙予以批驳。

胡氏兄弟最终迫于资金缺乏的窘迫处境,同意与孔祥熙财团合办公司。但孔祥熙又提出由"华西、华联、中电三公司合组中国兴业公司",后在华西再三恳求下,孔同意不将华西公司纳入兴业公司系统。双方妥协后,正式签署合组中国兴业公司的协议,商定公司资本总额为法币1200万元,由行政院饬令中央、中国、交通、农业银行、经济部、四川省政府投资,并将他经营的中国实业银行、裕华银行、祥记公司列入投资之列。华西公司所有机器设备、矿产和华联钢铁公司、中国无线电公司生产设备、厂房等付价投资,并邀集地方军阀和金融界参加投资,这部分资本作为商股。

在官商合组中国兴业公司中,官股资本高达81%强,商股资本仅占19%弱。适逢1942年法币大幅度贬值,中国兴业公司资本随之增值一倍,将原资本额1200万元升值为3600万元,孔祥熙提出再增值两倍,共计资本额为6000万元。

上述四川地方工矿企业遭受国民政府所属财经机构的蚕食鲸吞的实证,说明了抗战时期,中央政府国有资本在四川工矿企业投资数额的极度膨胀,是以压抑甚至窒息四川地方工业(包括一部分地方公营工业)为条件的。

四、抗战后期四川工业发展的衰退

抗战以来,四川工业实力的成倍增长,工业生产的绝对数量直至1945年上半年依然维持着较高的水平。但在抗战结束前,随着工业经济危机的扩展,四川大批工厂歇业或改组。从行业看,除食品、纺织和服装工业无歇业或歇业较少外,其他行业普遍陷入绝境,尤以冶炼、电器、机器、化工等部门特别严重。抗战后期,四川工业由极盛而急剧衰落,原因是复杂的、多方面的,可以归纳为以下主要几点:

(一)缺乏原材料和能源基地

近代工业是高效率的机器生产,必须有充足的原材料、能源供应系统。而抗战期间四川工业却没有这样的供应系统。从棉纺织工业看,四川棉花产量一向不能自给,且土花纤维过短,不适应机器需要,供应矛盾十分突出。因此,战时四川机器棉纺业虽发展起来,但原料供应不足;而棉线生产量不足,又影响机器棉织业的生产,无法维持均衡生产。

机器冶金工业缺乏原材料的情况同样严重。冶金工业所需矿砂和焦煤,数量多,品位高,四川煤铁矿大多为土法生产,无法保证供应。因此,作为战时后方冶金工业中心的重庆钢铁工业,无法轧制钢板和方钢,生产的钢锭也不符合机械工业的加工要求。

工矿企业受能源短缺的影响造成停工停产的情况更为普遍。成渝两市为四川工业两大集中地。但是,重庆工厂多因煤炭和电力供应不足而减少、停产。自1937年以来,陆续迁建成都的机械、纺织、食品厂等达数十家之多,且规模较大,电力需求亦成倍增长。加之外省人口和中央军政机关云集省城,还有抗战期间,成都频遭敌机轰炸,电力设施损失严重,使得电力供应状况更为紧张。

(二)未能形成为企业提供资金的金融市场

抗战期间,绝大多数企业资金不足。从迅速发展起来的四川工业来看,多数工厂(主要是民营企业)资本额在50万元以下。由于当时产品和原料市场价格受通货膨胀影响,变化极大。产品尚未出厂,原料已经提价,工厂成品销售价格常常落后于原料价格,所得价款,不敷成本。同时,物价腾贵期间,固定资本与流动资本均需随时增资,以备原材料涨价、成品滞销时贴垫。因而,企业迫切要求金融市场调剂资金,不断增加信贷予以解决。抗战期间,虽然国家官僚金融资本雄踞西南,地方、民间银行、游资亦复不少,但是由于战时经济的不稳定和通货膨胀的恶性发展,使金融资本更多地转向商业借贷和商业、金融投资,企业很少得到融通资金。首先,官办银行对工矿企业的投资比例太少,国民党中央各银行信贷虽以低利扶持相标榜,但为数太少。虽然伴随着战时经济的短暂繁荣,出现了新的设厂高潮,银行对工矿事业的贷款有所增加,但重商、轻工的情况仍未根本扭转。国家银行在大宗商业投机之余的少数工矿贷款中,能够优先享受国家银行低息贷款的企业,大多数是国家官僚资本垄断或间接控制的企业,中小民营企业受种种条件限制难以享受。

(三)国民政府对商业贸易的垄断政策,窒息了后方工业、特别是民营企业的生机

抗战时期,国民政府以所谓"非常时期"为幌子,对重要商品实行高度垄断:由资源委员会对钨、锑等战略物资加以统购统销,由贸易委员会所属复兴、富华、中国茶叶三大公司对生丝、茶叶、猪鬃、桐油等大宗出口产品进行统购

统销，由农本局福生庄（后改组为花纱布管制局）对棉花、纱、布进行统购统销，由各类管制机构对钢铁、煤炭、酒精、汽油、水泥等重要原料、燃料进行严格控制，由各类专卖机构对盐、糖、烟、酒、茶、火柴实行专卖。为垄断和独占生产与经销利润，国民政府凭借政权力量，制定各种统购统销、专卖、限价法令法规，肆意压低收购价，严重损害企业利益；同时又高抬销售价，严重损害消费者的利益。国民政府对后方商业贸易高度垄断的结果，使商业生产状况每况愈下，商品市场迅速萎缩，带来了十分严重的后果。

（四）通货膨胀政策给后方工业带来的致命打击

抗战时期，国土大片沦丧，物资极度匮乏，财政收入锐减，为应付战时经济困难，支付庞大军费，国民政府未能采取千方百计发展生产、扩充战时经济实力的正确政策，而是主要依靠加速印行钞票，实行通货膨胀的错误政策，以弥补巨额财政赤字。

通货膨胀之初，后方工业生产受高额利润刺激而迅速发展。随着通货膨胀超过社会经济承受力，就由促进生产转向窒息生产发展。首先是物价与生产成本展开角逐，飞速上升，它使企业资产不断贬值，出现"虚盈实亏"的雪崩现象，恶性循环的结果，企业老本蚀尽，债台高筑，最后破产倒闭。其次是物价上涨导致企业流动资金需求激增，使后方工矿业，主要是民营企业资金匮乏，无法维持正常生产。正如当时厂家所说："物价一天天的增高，流动的范围，也一天天的缩小。收回上月的货价，不除各项开销，已经不能购进和上月等量的原料了。于是乎向行庄字号借款透支，以顾眼前，周转数次，月月递减，虽未僵逝，亦仅鼻有微息而已。"①

（五）无限增加税收、发行空头公债，使民族资本主义工业受到杀鸡取卵似的掠夺

抗战爆发不久，国民政府为弥补财政亏空，便决定增加税收，发行公债。首先将过去的统税和烟酒税扩大为货物税。从1937年10月1日起，凡国内运输的货物一律需加征货物转口税；同月开始提高印花税税率和加征土酒土烟丝税。这一增税措施，虽在局部地区增加了财政收入，但由于国土的大片沦陷，总收入并未增加。1938年4月，国民政府根据"抗战建国纲领"推行战时税

---

① 《新华日报》1944年3月22日。

制,在国统区开征税率较高的利得税。沉重的新旧税课直接加在后方人民头上,取之于工农商各业,给奄奄一息的民族经济套上绞索。

由于增税收入有限,国民政府又以发行公债为敛财手段。抗战初期,国民政府除向英、美、苏等国举借外债外,主要是向国内发行公债。1937~1938年,共发行5次公债。由于国民政府滥发公债,不讲债信,债券两度破产,广大人民对政府公债丧失信心,而且也被大量认购公债弄得一贫如洗,造成百业萧条。1938年开始,公债发行出现危机,当年各项公债总额14.5亿元,民间仅认购1840万元,余下主要数额,均以"总预约券"形式向中、中、交、农四大银行作抵,由财政部出具债约,再由四行为财政部垫支巨款。四行则将此项空头债券转充发行储备,增发不兑现的钞票,政府通过这种方式,实现其对广大人民的搜刮和掠夺。其结果是进一步加剧已经十分严重的通货膨胀,给民族资本主义工业造成更大的摧残。抗战时期的四川工业经过昙花一现的短暂繁荣,由于自身和外部经济条件的限制,再加上国民政府摧残后方经济的各种政策的实施,使四川工业到抗战后期已无可挽回地走上了衰退的道路。

第三节 抗战结束后四川工业的衰退

一、内迁工厂复员与四川工业的衰退

抗战胜利后,许多内迁工厂,为了避开交通运输的困难、寻找更为广阔的市场,纷纷迁返原地或另择地址复员。这就造成战后四川大批工厂歇业或改组。据经济部1945年8月至1946年5月统计:在363家发生变动的企业中,歇业的344家,改组的1家,迁厂的3家,增资的5家。这说明,约有95%的企业,在战后无法继续经营而倒闭;仅有约5%的企业通过不同方式的增资、重建而得到发展。

二、恶性通货膨胀对四川工业的致命打击

特别是国民政府在战后滥发纸币、解决财政危机造成全面通货膨胀的影响下,四川工业更遭受致命打击。由于原料价格飞涨,工费、劳务亦随之上升;因战乱带来的经济动荡,使销路锐减;产品价格呈现下落趋势,使企业难以生

存。近代新式工交企业受通货膨胀之害，面临破产倒闭的命运。民生轮船公司在抗战后期扩充航运实力，向国外银行贷款订购各种运输、军用船舰若干艘，航线从长江扩展到海洋。由于战后恶性通货膨胀，经济萧条，百业破产，客货运量锐减，加之巨大的债务利息和维持公司轮船设备、人员开支的沉重负担，使民生公司濒于破产。

战后四川电力工业受恶性通货膨胀和政府"限价"政策的双重压迫，走到了山穷水尽的地步。四川造纸业、制糖业受销路疲滞、价格惨跌的沉重打击，处在奄奄一息的境地。四川盐业生产和运销均受政府盐务部门严格管制，不仅产量由官方确定，盐价亦受官方限制。总之，1946～1949年，由于国民政府金融体制的彻底崩溃，导致全面通货膨胀、物价飞涨，给四川工业造成极为严重的打击。企业面临资产贬值、债台高筑、利率飞升、产品滞销、原材料价格腾贵的艰难形势，四川工业陷入了衰微破败的绝境。

三、战后美货对四川工业品市场的冲击

抗战结束前后，国民政府为消灭中国共产党领导的民主革命力量，争取美国政府对它发动反共内战的财政援助，于1946年11月，与美国政府在南京签订了《中美友好通商航海条约》。这个条约形式上是互惠平等条约，实际上确立了美国在中国的特殊地位，使美国获得了在中国自由通商贸易的特权。而美国政府则以赠予和借贷方式给予国民政府总数为20亿美元的援助，此数额相当于国民政府货币支出的50%以上。此外，美国政府还将大量军用与民用的战时剩余物资，出卖给国民政府，总值约为10亿美元以上，而美国通过有关协议取偿的仅2.32亿美元。美国政府通过《中美友好通商航海条约》取得了中国市场，使战后美国商品大量倾销中国。这对于暂时遏制极为严重的中国通货膨胀的确起过一些有益的作用。但是，美货的倾销，却从根本上加剧了战后中国工业生产的严重危机，使本来就处在分崩离析状态的四川工业走上破产倒闭的绝路。

美货大量倾销后，中国重工业率先受害。战后在中国重工业出现严重困难时，国民政府对于国内所需钢铁、机器设备及一切工矿器材，均从美国进口，不买国货。先是购买美国剩余军用物资，继而接受美国百余万吨救济物资，最后干脆向美国订购一切重工业产品。1946年6～7月，重庆机器工业90%以上停顿，重庆两大钢厂，中国兴业公司和渝鑫炼钢厂相继停产。1946年底至1947

年初，在美货充斥下，四川机器工业协会原有工厂422家，已停工者141家，复员99家，仅存182家，金属冶炼工厂几乎全部歇业。重庆电器工业，抗战期间有30余家，减至10余家。制酸工厂仅存一家。川南工矿业中，威远煤铁厂原有400多家，仅存数十家，机器业完全停产；嘉陵江区煤业由426家减至61家，从月产煤15万吨减至6万吨。

战后在中国倾销的美货中，轻工业产品占据主要地位，商品种类之多，不胜枚举。据1946年8月5日成都《工商导报》报道，美国第一流公司40余家，致函市商会，请介绍各商家订购美货，"货品范围包括五金、电料、服饰、化妆品及厨房用具、学校教具、零星家俱，应有尽有"。美货中的许多轻工产品，1946~1947年已占据四川市场。

重庆吴蕴初经营的天厨味精厂、中国罐头大王梅林公司、信谊制药厂等，都因美货的倾销而无利可图。重庆向为四川丝、绸、布、呢、绒等产销中心，因美货不断从上海运川，国货销路锐减，折本出售仍无人问津。据1946年8月初统计，由于美货自上海源源不断地倾销内地，重庆民族工商业已一蹶不振。香烟、日用化妆品、绸布业等纷纷倒闭。重庆直接税局统计，五六两月倒闭民营工厂137家，申请歇业的大公司、行号共计107家，商品市场1亿元以上的交易已渐稀少。据1947年1月2日《新华日报》统计：在美货倾销，物价飞涨、高利贷、通货膨胀的官僚买办卖国内战的政策下，工厂纷纷倒闭。四川槽户（纸业），乐山工厂，荣县、威远槽户，内江酒精厂，重庆西药业、土布业、棉花业、面粉业、木器业、棉纱业、营造业、切面业、煤油业、纸烟业、皮革业、酒业、牙刷业、颜料业、酱园，成都的轻工业如造纸、化学、染织、机械等业，工厂都纷纷歇业或倒闭。

四川的传统手工业，如具有悠久历史、随着近代商品经济的活跃而一度繁荣兴旺的四川井盐业、制糖业、造纸业、丝织业，也受到美货倾销、通货膨胀的致命打击，处于半瘫痪状态。自贡盐业生产自战后即大半停产，幸存井灶也不得不大量减产。内江、资中糖业，四川造纸业、生丝业

图13-17 自贡燊海井大门

都因美货的内销，遭到灾难性的打击。

总之，1946~1949年，由于美国独占中国市场，美货大量输川，使四川工业失去产品市场，在恶性通货膨胀中迅速走向败亡。

四、四川工业的全面崩溃

1946~1949年，由于国民政府的种种财政经济政策的严重错误，导致了中国社会经济的全面崩溃。四川工业随着整个经济的全面崩溃而走向绝境。

从地方工业（包括地方政府公营和民营企业）情况看，几乎所有企业均面临减产、停产、负债、歇业、破产的凄惨命运。迄止1947年7月，重庆重工业如机器业、翻砂业、钢铁企业大部分停产歇业。从四川最大的机器采煤企业天府煤矿的情况看，由于它的销售对象是重庆电力公司、民生公司等大型企业，而这些大型企业大都受到严重打击，被迫减产、停产，不但无力预付购煤订金，甚至赊煤拖欠，使天府煤矿在解放前夕亏损严重。至1949年下半年，天府煤矿全矿已处于半瘫痪状态。

1946年，四川织布业20000家，倒闭4/5。抗战以来兴起的大机器工业，由于对原料和产品市场的高度依赖，所受打击更为沉重。被调查的700余家工厂中，歇业或星散的就有284家，占总数的30%以上。而在这284家企业中，四川就占了205家，占总数的28%，可以看出四川歇

图13-18 重庆南桐煤矿人力拖煤的情景

业和星散的企业居各省之冠，四川工业已进入一蹶不振的绝境了。根据1946年上半年的统计，成都织布厂倒闭30余家，四川机械制造、化学、印刷等六种工业迁出350家，停业121家，占总数34.5%。重庆钢铁业战后短短数月，即歇业停产100多家，总产值下降45%。在倒闭的企业中，民营企业占135家。

从1946~1949年末的统计看，各类工业均呈现崩溃瓦解之势。迄止重庆解放时，全市大、中型钢铁企业均已停工，其他行业也处于瘫痪状态。四川各市县工业更是处于衰微破败的境地。四川工业已处于土崩瓦解的局面。

第十四章　四川商业、外贸的发展

第十四章　四川商业、外贸的发展

民国时期四川商业、外贸的发展变化，出现在一个特殊的历史时期：重庆开埠以后，四川进入早期近代化的阶段，洋纱对传统小农经济的解体起了促进作用，农村商品经济有了一定发展；城市市场受到进出口贸易不断增长的冲击，成为国际商品市场的附属部分，为洋货的输入和土货的输出服务。受雇于外国洋行、公司的买办商人成为新式经营者，在流通领域中发挥着越来越大的作用。辛亥革命以后，四川商业、外贸本该迎来发展机遇，却遭逢社会的分崩离析，军阀混战割据长达20年，对四川现代化产生了极其不利的影响。1935年川政统一、税收和通货统一，加之国民政府收回海关、关税自主，对商业、外贸发展十分有利。但是，从日本侵华战争开始，超过10年的战时经济统制时期，加之全面通货膨胀政策，使社会经济陷入艰难困苦的岁月，四川商业、外贸难以克服发展道路上的障碍，陷入更深的困境。

第一节　四川商业的发展

一、重庆城市新式商业

（一）重庆近代商业崛起于进出口贸易

1890年开埠以后，重庆以快速增长的进出口贸易为中心，形成城市新式商业。贸易总值从开埠之年的685.1万海关两猛增至1912年的2687万海关两[①]、1914年的3764万海关两、1919年的4157万海关两、1930年的8664.5万海关两。这种惊人的增长速度，确凿地证实了近代进出口贸易是重庆崛起的巨大推动力。值得注意的是，最初的外贸增长，进口货值大大高于出口货值，1890年进口货值高于出口货值1倍多，说明这一阶段进口洋货占据绝对优势。但到1918年，二者之差仅40万海关两，说明土货的出口已经急起直追，几乎达到进出口贸易持平的程度，当然也与第一次世界大战期间国际市场土货滞销有关。20世纪20年代末到30年代初，世界处于经济危机的年代，国际市场将大量过剩商品倾销到中国，重庆进口贸易猛增，但贸易逆差并未出现大的波动，在8664.5万海关两的贸易总值中，入超值为1236.3万海关两，贸易逆差占贸易总值的14.27%[②]。这说明出口贸易在紧追进口贸易，土货在外贸中占有越来越大的比重。

在民国时期重庆的众多商帮中，引人注目的行业是匹头业、棉纱业、盐业、山货业，被称为"四大商帮"。除盐业与对外贸易无直接关系外，匹头、棉纱和山货业都属于进出口贸易，最初是为洋行推销洋纱、洋布或者收购加工土货的。

抗战以前，重庆洋纱、洋布的进口数量居进口货物首位，

图14—1　民国时期的香烟广告

重庆匹头、棉纱业就是在推销洋纱、洋布过程中成为首屈一指的大商帮。而山货业则是为洋行、外国公司收购和加工土特产品兴盛起来的。例如号称"汤百万"的巨商汤子敬，就是靠经营山货起家。他挂日商聚福洋行牌号，深入山区收购羊皮，运往上海交货。1918年四川外销羊皮300余万张，其中聚福洋行占

---

①　海关两为清代到民国时期的外贸货值单位，以白银为标准，每海关两＝37.799克白银。1932年进口货值改为金单位（约折47.36克白银）；1933年出口货值改用法币（约折26.697克白银）。
②　隗瀛涛主编：《近代重庆城市史》，四川大学出版社1991年版，第118～119页。

第十四章 四川商业、外贸的发展

1/3。创办美趣时字号的商人高志敏,是经营进口颜料起家的,1925 年与德商联德洋行签订合同,1927 年解约。1928 年又与英商卜内门公司签订合同,经销进口各种颜料,年销售额在 100 万元以上①。下面以山货业为例,考察商行如何营造自己的购销网络,逐步渗透到重庆以至长江上游商品市场。

山货的流通包括外山交易、重庆交易和对外销售三个环节。

(1) 外山交易,即在产地采购的第一次交易。一般由字号或中路派庄客到产地去设庄收货,也有的信用卓著资历深厚的商人,从事山货收购,叫做代庄。不论庄客还是代庄,都向当地贩子收货。若为现货,即付现钱;若为期货,则先付若干货款,交货以后补齐。收购范围极广,有黑白猪鬃、牛羊皮、漆蜡、白蜡、丝筋、牛骨、棕丝等数十个品种。

(2) 重庆交易,即商品运到重庆以后第二次交易。若为字号自己收购的山货,就直接出口了。但大量的是中路、堆栈从事外出交易,也有大贩子直接收购后运到重庆,他们还要把货卖给做出口的字号、洋行,或洗房加工。这样的市场当时设在杨柳街、刁家巷、文华街和十八梯一带。经重庆、万县出口的猪鬃,1934 年为 17626 市担,1935 年为 11268 市担,1936 年为 16399 市担,1937 年为 9128.52 市担。抗战时由泸州出口,每年总数 2 万担;抗战胜利后,生猪增减数量不大,猪鬃产量保持在 2 万担左右②。

各地集中重庆的山货交易又分为若干种。一为贩子与堆栈的交易。即大贩子收货后运来重庆,存放于堆栈,由堆栈经手介绍售卖,堆栈为贩子垫付保险、力费、堆栈费等,堆栈收取九七佣金。二为堆栈与字号的交易。先看货议价;再由卖方发出交

图 14-2 丰都县的商贩

---

① 《四川省志·商业志》,四川科技出版社 1996 年版,第 15 页。
② 《四川土特产物品历史资料》,载《四川档案史料》1984 年第 1 期。

单,交与买方;交单发出,堆栈随即向字号发出货品,双方最后成交。三为中路交易。中路为转手商,它常常居于字号与堆栈之间介绍业务。此外还有介绍业交易、梳房与堆栈交易、洗房与字号交易等等。

(3) 对外销售。重庆的山货以国外和国内地区为主要销场,主要销往美国(13种)、日本(13种)、法国(12种)、英国(12种)、德国(9种)、香港(7种)、意大利(2种)。国内各省市也有部分市场,如上海(18种)、汉口(11种)、广东(8种)。此外宜昌、沙市、烟台、福建、宁波、徽州、浙江、天津和省内也有一定销路。

重庆开埠前,山货还未独立成帮,重庆开埠后,山货业十分活跃,形成山货帮。重庆的山货帮又分为本帮与外帮。本帮即专门经营山货者,包括渝帮、汉阳帮、申帮;外帮即兼营山货者,包括洋行、药帮和干菜帮。山货的流通主要依靠前两类。抗战前夕,川帮在上海经营了26家山货商号,重庆即占16家。这些商号不仅经营自己的山货交易,还与若干家公司、银行、行庄有业务往来。上海既是重庆山货的最大销场,又是销往国外的出口口岸①。

重庆山货向国际市场出口,可以划分为三种情况:一类为经营出口贸易的洋行、字号自己办理;二类为介绍业务,经营"中路"(又名"车囤",专门替字号买货,或自行买卖货品)、堆栈者,为上海、汉口等地商人来渝采办出口服务;三类为制作加工山货的重庆商人,如开办洗房、鸭毛行等,也有自己在上海开办山货商号自营出口者。

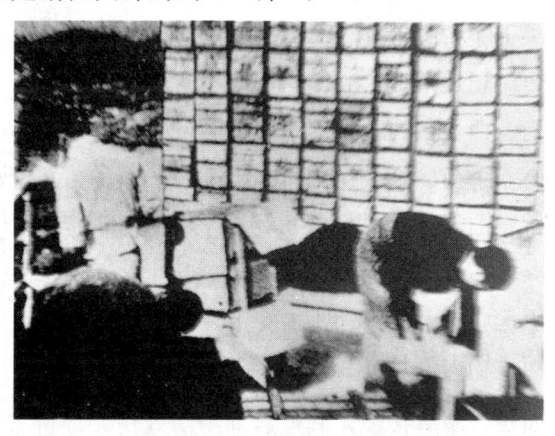

图14-3 中国茶叶公司生产的茶叶在重庆装箱待运

经过五六十年的发展,到20世纪30年代,重庆商业贸易业已建立起一套新的商品流通渠道。这主要是因为商品结构发生了根本性的变化,因此,在交易机构上,传统牙行的主体地位,已为近代的同业公会、公所、公馆、公司、

---

① 《四川省之山货》,载张肖梅:《四川经济参考资料》第20章,1939年版。

字号所代替，牙行交易已大大缩小。在形成新的流通主渠道的同时，又出现了近代历史所特有的外国资本开办的洋行、公司，作为辅助流通渠道。在商品流通的范围上，重庆商界已不仅仅坐守重庆，扮演转手商的角色，而是直接深入商品生产的最初产地，设庄采购。然后经过初步加工，在重庆分往国内外的销场。而且商界还走出重庆，把商品流通的渠道一直延伸到对外贸易的最前沿——上海，承担起川帮土货出口的主要职责。

抗战前夕，在重庆经营山货业的有 107 家。其中堆栈 22 家，资本 13.39 万元；字号 15 家，资本 13.4 万元（缺 2 家日本字号资本数）；中路 11 家；洗房 59 家，资本 15.3 万元。山货业围绕山货的仓储、加工、对外销售，形成规范化的一条龙服务。① 得到军阀支持，重庆鸦片贸易十分兴盛，1932 年经营烟土的商号、土行就有 17 家，账面资金总额达 3000 万元左右，每家年盈利达 20 万元②。

（二）重庆商业的兴盛

1914 年，由重庆总商会投资，买下了原重庆府署，改建为商业场，翌年正式落成。整个商业场包括中大街、西大街、西二街、西三街、西四街 5 个街区，集中了匹头、苏货、药材、山货等字号 203 家，成为当时重庆城内最繁华的商业中心区。从 1927 年起，商业场又创办夜市。每到晚间，场内汽灯如织，摊店栉比，人流

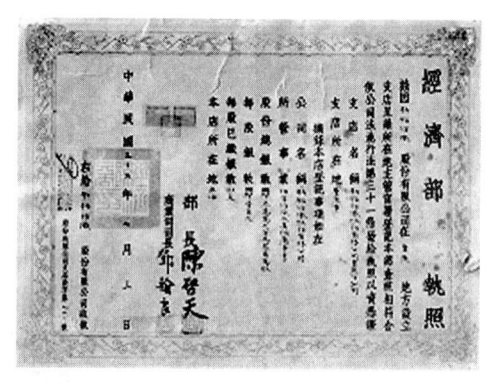

图 14—4 民国时期重庆的工商执照

如潮，摩肩接踵。其他店铺纷纷效仿，促进了商业进一步繁盛。

20 世纪 30 年代中期，重庆市场上的商品交易量比 19 世纪末又有数倍的增长。匹头业是近代重庆最为兴盛的行业，商号比较多。1921~1930 年，重庆有匹头商号 150 家，其中大型商号 4 家，中等商号 21 家，小商号 120 余家。重庆资本雄厚的商号要数盐商，最大的盐号资本达到 20 万元。

---

① 参阅隗瀛涛主编：《近代重庆城市史》，四川大学出版社 1991 年版，第 128~129 页。
② 康心如：《回顾四川美丰银行》，载《重庆文史资料选辑》第 8 辑，1980 年编。

第十四章　四川商业、外贸的发展

很显然，城市市场新的商品结构已代替了传统的商品结构，新的流通渠道已建立起来，新的市场体系已经形成，市场不断扩大，新的管理体制也已出现，并日趋强化。至此，重庆的商业和贸易告别了它的传统形态，而走入了近代发展的新时期，重庆商业贸易中心就完全形成，并成为近代重庆城市的最主要特征。

图14-5　自贡盐场正在装盐及盐块

到1936年，重庆城内已有商业行业27个，店铺字号3058家，有油、盐、糖、煤、粮、棉纱、匹头、绸缎、苏货、干菜、夏布、川丝、五金杂货、药材、熟药、屠宰、山货、油漆、皮货、餐食、皮革、瓷器、鞋帽、布业、旅栈、服装、煤油、颜料等。其中100家以上的行业有匹头绸缎、布业、苏货、山货等8个行业，共2209家，占总店铺的72%[①]。百货业仅有70余家，每日营业额不过2万元[②]。

抗战爆发以后，南京国民政府决定移驻重庆，随着国家政治重心的西移，经济重心也逐渐转向了重庆，刺激了重庆商业的繁荣，从而巩固和扩展了重庆商业中心的地位和范围。1937年，向市政府登记的商业企业有1007家。但资本在2000元以上的，不过700余家，每日营业额最高不过2万元。1941年，重庆商业字号已从抗战初期的千余家，增加为14262家。1942年，进一步猛增到25920家[③]。1942年底，重庆百货业1200余家，是1937年的15倍；服装业225家；印刷业182家；绸布业316家；金融商业41家；川烟商业295家；食油业451家；糖果、饼干、罐头商业143家；糖业250家。商业主要行业的资本总额大都超过千万元。以1942～1944年主要商业行业的商号与资本统计为

---

① 《重庆市工商行政管理志·资料汇编》，第9页。
② 康心如：《回顾四川美丰银行》，载《重庆文史资料选辑》第8辑，重庆市政协1980年编印。
③ 重庆市档案馆藏，卷号103。

第十四章 四川商业、外贸的发展

图14-6 40年代的北碚街景

例：棉花业304家，4000万元；匹头业1362家，7000万元；粮商1323家，700万元；糖果业231家，1460万元；酿酒业700家，1070万元；纸烟业72家，1600万元；制革业438家，2000万元；五金业356家，5000万元[①]。

另外，重庆商业从业人数也大大增加了。1941年，商业从业人员达到106083人，工矿业就业人员为92006人[②]。到1946年1月，重庆市商业人员已达到262074人，已分别占全部总人口（124.56万）和职业人口（71.14万）的21.04%和36.84%[③]。不但从业人数绝对值增加了，而且职业人口在总人口中的比例也有大幅度的提高。

尽管商业数量和从业职工幅度增加，行业规模扩大，但从单个企业的平均规模来看，仍然较小。1941年全市商号14262家，资本12583万元，每家平均仅为8822元。其中资本额10万元以上的仅占15%[④]。可见战时重庆商业经营规模的扩大主要表现为行业规模而不是企业规模。

（三）商会、同业公会

重庆商会始建于清末。商会在重庆社会生活中起着十分重要的作用。商会

---

① 《抗日战争时期西南经济发展概述》，西南师范大学出版社1988年版，第253~254页。
② 周勇主编：《重庆：一个内陆城市的崛起》，重庆出版社1989年版，第349页。
③ 《陪都十年建设计划草案》表七。
④ 重庆市档案馆藏，卷号103。

处理大量商事纠纷，成为商人参与社会管理和实现地方自治的第一步。重庆资产阶级通过商会逐步控制了一些城镇的组织机构，并开办学堂，提倡戒烟，组织消防，维护社会治安，为扩展商务经常参加各种博览会，为保护商权参加各项争取民权活动，或集体抵制洋商。商会成为表达其阶级意识、从事政治和经济活动的最好场所。

总商会由重庆工商界头面人物组成，负责协商各方关系，掌握市场变化，具有很大权威性。到20世纪30年代，重庆市商会已日趋完善，并具有相当规模。其宗旨是"图谋工商业及对外贸易之发展，增进共同之福利"①。它的重要任务有推动工商业的改良与发展、有关工商业的征调与通报、对国际贸易的介绍与指导、工商业纠纷矛盾的调处与公断、工商业的证明及统计调查、对市场恐慌负有维持之责等。商会会员主要是各同业公会，没有成立同业公会的行业，以商号资格加入市商会。在抗战以前，海关只负责外贸的管理，政府对商业管理非常松弛，军阀统治也只管收税。

战时重庆商业行业的增加，特别是能够依法成立同业公会的行业的猛增，是重庆商业繁荣的标志之一。1937年，重庆经政府批准的工商业同业公会14个②，1939年就增加为39个，是1937年的2.8倍。在后来的几年里，每年都有大幅度增加：1940年增至69个，1941年3月增至86个，1942年初增至88个，1943年增至116个。到1945年4月已达123个，而这一年还有未成立同业公会的行业37个。这些行业中，扣除大约40个工业公会，到抗战末期，重庆商业行业已达到120个③。到1945年4月，加入商会各同业公会的商号已达27481家④。

在新的流通渠道建立的过程中，同业公会的设立和增多，是商品经济较大发展的表现；外省会馆的开设和职能的强化，表明重庆与东南沿海较发达地区经济联系的加强，和各省对重庆作为四川经济中心地位的认同；而外国人在重庆开办的洋行公司，则沟通了四川和西南与世界市场的联系。重庆既走向了世界，又向四川和西南辐射。近代以来建立的重庆商品流通新渠道，既是近代商

---

① 《重庆市商会章程》。
② 《重庆市工商行政管理志·资料汇编》，重庆市工商行政管理局1988年编印，第44页。
③ 傅润华等：《陪都工商年鉴》第2编，文信书局1945年版，第7页。
④ 傅润华等：《陪都工商年鉴》第2编，文信书局1945年版，第7页。

品经济发展的结果，又是重庆商业中心形成的重要标志。

（四）城市商业的行政管理机构

民国以后，中央政府为加强对工商业的管理，成立了主管官署。但四川又进入军阀割据混战时期，重庆更是成为川、滇、黔三省军队争夺的重镇。军阀争夺重庆的主要目的是着眼于对工商界的横征暴敛，搜刮钱财。1921年10月，黔军战败撤出重庆，一次即向总商会索饷200万元，否则以毁城相要挟。在这种情况下，尽管已有商埠督办处、市政公所等市政管理机关，但驻城军阀根本没有心思发展城市经济。

1926年以后，重庆进入四川军阀刘湘单独霸占的时期，社会相对稳定。1926年6月，市政公所改为重庆商务督办公署，其中有工务处、新市场管理局，负责工商行管理。1927年，督办公署改为市政厅，增设民生局，管理公司、商号及工商团体的注册及工商改良；工务局则管理和开放市场。

1929年重庆建市，民生局撤销，工商管理职能由社会局担任。该局内有工商行政科（初称农工商科），下设商业、工业两股。至此，市政府才有了专门管理商业的机构。其职责是对市内商业予以保护、监督、奖励和改良；负责商业团体和公司、商号的注册登记；负责商品的检验、审查、奖励和取缔；调解工商劳资纠纷；调查统计大宗商品的市价与进出口状况；取缔违法商业活动。1930年又加上了平抑物价、管理日用必需品的公卖、负责市场物资的供应和调整等职责。1932年，市政府机构缩小，秘书局与社会局合为总务处，但管理工作的职能依然保留①。直到这时，重庆地方政府才真正担负起了商业行政管理的职责。政府对县市商业长期放任的状况终于结束，在相对稳定的社会环境里，城市商业又逐渐得以复苏②。

二、民国时期成都的商业

根据民国年间的统计，1934年，成都商业行帮有肉类、食品饮食、茶旅服务、日用百货、丝棉麻纺织品及服装、五金制品、文化用品、古玩玉器、银钱等主要行帮，合计商店商号17497家。抗战期间，由于人口激增，经济繁荣，

---

① 《重庆市工商行政管理志·资料汇编》，重庆市工商行政管理局1988年编印，第26页。
② 参阅隗瀛涛：《近代重庆城市史》，四川大学出版社1991年版，第118～150页。

城市商业进入兴盛期。

根据有关资料统计，20 世纪 40 年代末，成都商业，包括食品饮食业，茶旅服务业，日用百货业，丝、棉、麻纺织品（服装）业、文化用品业在内，共计 28480 家[①]，与抗战以前相比，净增 10983 家，增加幅度最大的是生活消费品和服务业，这是城市人口急剧膨胀的必然结果。其次是纺织品、文化用品和金融业，它反映了地处西部的成都，虽在生产资料产销方面落伍于陪都重庆，但受到战时需求的刺激，在恢复和发展传统轻工业和文化产品市场方面，出现了良好的势头。而民国时期，金融货币体制的混乱，以及国民党实行的通货膨胀政策，则促使成都商业、货币市场出现病态繁荣。

（一）城市商场、商业区

1. 商业街区的扩展

民国时期，成都市区的显著变化主要表现在，随着城市商业贸易、经济建设的发展，以及城市人口的不断增加，城区商贸设施、文化娱乐场所和街区范围也随之扩大。辛亥革命以后的 20 余年间，新辟的繁华商业贸易街区和商场达到 6 处，包括商业场、悦来场、新集路、昌福馆、交通路、春熙路。其中，商业场、悦来场（今锦江剧场）、昌福馆（今东风商场）是在 1917 年劝业场大火之后，以原址为中心扩建，新修店铺 300 余家，较劝业场规模扩大一倍。1912 年（民国元年），成都名胜锦华馆被辟为新式商场。春熙路建成后，位于春熙路北段的锦华馆变为一条支巷。交通路北起青年路，南达西东大街，是 1926 年（民国 15 年）新辟商业街区。于是成都形成了兴盛百年的中心商业地带。

2. 商业场

商业场系清末开办的劝业场。遭受 1917 年（民国 6 年）大火后，在原址重修扩建的规模更大的商业、悦来和新集路三大商场，新修店铺 300 余间，较原商业场扩大一倍。三场主要经营地方名产、京广、苏广货和洋货等，突出的特点是时装、中西大菜和日用百货。因受军阀掠夺压迫，三场于二三十年代先后为地方军阀资本控制；又遭大火，商业走向萧条。

抗战开始后，东部商业资本内移，三场匹头百货业占据商家半数以上，匹头铺的刘万和、京货局的敬益增各以富丽堂皇和货卖堆山取胜。其他如广和参、

[①] 《成都概况》，原解放军十八集团军政治部据成都商会统计资料编印。

第十四章 四川商业、外贸的发展

张源记、东亚、荣锦章、乾升通、丽都等均持盈保泰,根基雄厚。百货业的马旭梁以擅长商战、自吹自擂压倒同行。

抗战以后,金圆券、银圆券等货币迅速贬值,物价以天文指数上涨,给三场商业致命打击,商家大半破产倒闭。

3. 春熙路

杨森力挫群雄后,希望在市政建设方面有所创新,以取得市民拥戴。他与幕僚设计了修建马路,创办体育馆、通俗教育馆等计划。为了筹措建设资金,他将东大街前清按察使衙门拆毁,开辟出一条黄金商业口岸——春熙路,向商家兜售变卖。在卖掉这份官产的同时,杨森开始实施他的市政建设计划,指令市政督办王缵绪负责修路,首先拓展盐市口、东大街的街道。东大街虽是成都繁华街道,夜市久盛不衰,但街面狭窄、房檐过长的情况,与别的街道也差不多。从早到晚,行人拥挤难行。王缵绪派出大批民工挖路基、修马

图14-7 成都春熙路

路,为了拓宽马路,强拆民房、锯掉过长的房檐。一时间民怨鼎沸,骂声不绝。号称"五老七贤"的社会贤达联袂前往督署请愿,反对修路工程。杨森严词拒绝了这些人的要求,并发布命令:敢有对抗新政者,从严法办。于是,春熙路的兴建、东大街马路的开拓,在一片咒骂声中得以竣工。

有一成都文人,姓刘名师亮,以讥讽时政闻名,在小报上发表一联:"民房已拆尽,问将军何时开滚?马路也捶平,愿督办早日开车。"这副对联轰动蓉城,杨森严令搜捕,刘师亮连夜逃出成都避祸。

新开这条南接东大街、北连总府街的商业大街取名"春熙路",是一位前清举人双流江子渔先生想出的,意在赞颂杨森给成都带来了春风暖日。

这些新式商场和商业街区的建成,使成都形成了以东大街、春熙路、总府路、提督街、盐市口为城市商贸中心的新布局。春熙路分为东西南北四段,其中北段居各段之首,街侧均为一楼一底铺面。它是解放前成都商业中心。

自 1925 年开始，春熙路陆续为本市和外省商家聚集。春熙北段先后开业的著名商店有：胡开文笔店、太平洋理发厅及浴室、稻香村糖果铺、漱泉茶楼、蜀达照相馆、商务印书馆、上海及时钟表公司、大光明钟表公司、天成亨金号、宝成银楼等。图书、钟表、照相、银

图 14-8 20 年代的成都总府街

楼均属江苏浙江商家，形成江浙帮。春熙南段开业的著名商家有北京达仁堂药铺，与北段开业的恒和、谦益、恒丰三家参茸庄形成北京帮。本省商家经营的商业，也陆续开业，形成四川帮。兹将 1925~1934 年 10 年间在春熙路先后开业的商号、店铺，按行业列举如下：

银楼业：宝成银楼、凤祥银楼（以上均为江浙帮）、天成亨（陕西帮）；

眼镜钟表业：及时钟表公司、东方眼镜公司、大光明钟表眼镜公司、亨达利钟表行（亨达利为川帮，其余为江浙帮）；

图书业：商务印书馆、世界书局、中华书局、中国图书公司、东亚图书公司、广益书局（以上均为江浙帮）、新学社书局、新潮书报社（以上为川帮）、新时代书局、东亚书局、泰东书局、震东书局（不详）；

中药业：达仁堂、恒和参茸庄、谦益参茸庄、恒丰益参茸庄、益康参茸庄（以上均为北京帮）、益州参茸庄（山西帮）；

百货业：协和百货行、宋锦武、丰泰恒、福臻、新民、精华、德华、绍记、裕昌、大昌、华丽、华康、光新、西方百货店；

绸缎布匹业：公记、新利、瑞兴、同义长、新庆荣、东亚、民新、兴利、会丰祥、万利长、新蜀、聚福祥、福利、五洲、盖川、豫丰祯、福祥、美大、盖华、裕章、美利长、瑞丰、西蜀、新丰、蜀新、美华大；

此外，尚有鞋帽业 7 家、刀剪业 2 家、照相业 7 家、笔墨纸砚若干家、烟馆业 9 家、报业 9 家、茶旅浴室 15 家、饮食业 12 家、卷烟业 3 家、茶叶业若干家、西药业若干家、娱乐业 3 家、电料行 1 家、女子实业 3 家、印刷业 4 家、

交通运输业2家、糖果业1家、其他商业11家。

抗战时期,沿海工商业内迁,国民党官僚资本亦进入四川商业、金融业,春熙路进入黄金时代,地皮租价扶摇直上,发展到寸土寸金,一个单间铺面,

图14-9 成都的服装店

口岸费高达黄金数十至100两,春熙路成为成都商业、金融业投机的中心。①

自春熙路建成后,成都市面呈现繁荣景象。这一繁荣景象并非成都商品经济高度发展的结果,而是军阀混战、割据的特殊原因所造成。军阀们通过横征暴敛,铸造伪劣通货,滥发公债,征收鸦片税课,摧残社会经济,促使城乡人民破产;与此同时,他们将巨额社会财富用于城市挥霍消费,并在城市进行金融和商业投机活动,因此,在成都商业中,城市投机性商业和金融业畸形发展,生产资料的流通则十分稀少。

成都商业的繁荣,主要集中在投机性商业和金融业。以春熙路和安乐寺市场为中心,形成了一个巨大的商业、金融投机网络。民国时期,先后开设银行、钱庄七八十家,大部分均为各派军阀掌握。"三军"统治时期,在有确切统计资料的75家银行、银号、钱庄中,属于各派军阀系统的共33家,其中28军占据17家,24军占据13家,其他军系统占据3家②。为数众多的银行、银号、钱庄利用大量的社会游资,从事金融业和商业投机活动。如安乐寺的黄金、白银、纸烟市场,东大街沁园的棉纱市场,大安市的米市,城守东大街的匹头市场,正娱花园的黄金市场,都是大宗投机性交易市场。成都商品市场在很大程度上被买空卖空、囤积居奇、垄断市场、谋取暴利的军人、富商和哥老会首领所掌握,呈现变化莫测和极度不稳的状况。

4. 安乐寺市场

---

① 姜梦弼:《成都春熙路和俞凤岗》,《成都文史资料》油印本1980年4月。
② 《民国时期成都金融实况概述》,《成都文史资料选辑》第8辑,1963年(内部发行)第1~65页。

安乐寺位于成都西顺城街,清末即有十余个兑换银钱摊贩,民国时期演变为银钱、油、米、卷烟市场,素称"百业荟萃"、"万商云集",延续40年之久,是成都最大的商业、金融市场之一。

英美烟草公司自1907年(光绪三十三年)开始在成都推销香烟,为周友堂在本市华兴街开设美利亨经销英美公司各种香烟。最初的推销办法是雇请银钱铺摊代为零售,安乐寺钱摊开始兼营香烟。

国产烟与美英烟展开激烈竞争,香烟品种增至10余种,一批实力雄厚的烟商通过兼并、扩充,成为商业巨子。

抗战以后,英美烟重新占领香烟市场,国产纸烟原料高昂,制作不精,烟商纷纷倒闭歇业。万树成以经销英美香烟而成为"纸烟大王"。

安乐寺金融市场繁荣于20世纪30年代,极盛于抗战时期。在四川军阀割据时期,安乐寺金融市场主要经营有价证券(如国内公债、军事公债、储蓄等)交易、钞票、银钱兑换、黄金收进与卖出、白银买卖、废旧铜币交易、银钱存放。由于各派军阀在防区内大肆发行各种质量低劣的厂版、杂版银币、执照、铜圆,造成劣币成灾,市场混乱。

抗战期间,由于恶性通货膨胀,法币贬值,安乐寺金融市场投机赌博之风盛行。1943年,国民政府开放黄金市场,从事金融投机的商家纷纷在安乐寺开设黄金交易所,河南帮的王海山、张瑞丰、魏延甫,山西帮海通字号的吴明甫,陕西帮天乙福字号、天成亨金号、祥兴金号、浙江帮的杨庆和、宝成银楼均展开角逐,黄金交易主要以南北各省金条、金圆、金饰、沙金、矿金为角逐物,每天交易额大约两三千两。

国民政府开办黄金储蓄以后,黄金市场掀起买空卖空的投机狂潮。与此同时,银圆交易也以川版作赌注,赌客主要是钱贩子、钱滚子。国民政府发行黄金公债后,大量美钞流入金融市场,安乐寺又开辟出美钞市场。此后,香烟、百货、新药、染料、黄金、银圆、美钞都在安乐寺买空卖空,参加交易的人也越来越多,据估计,经常做这种买卖的大约在千人以上。许多人在金融投机活动中失败,破产逃亡或自杀身亡。

1948年以后,因金圆券迅猛贬值,安乐寺现钞贴水高达40%~50%,投机之风更盛,市场极度混乱。1949年6月,银圆券发行,发行时金圆券2元兑换银圆1元,不久狂跌至5亿金圆券兑换一个银圆,安乐寺成为倒卖银圆的"黄

第十四章 四川商业、外贸的发展

牛党"的活跃场所。国民政府在大陆统治的崩溃，宣告了安乐寺投机市场的最后终结①。

第二节 四川对外贸易的发展

一、进出口贸易概况

抗战以前，从上海到重庆间的长江流域，是中国对外贸易的核心地带。上海、宜昌、万县、重庆都有四川的进出口业务，可以划分为两个发展阶段。

1912~1918年，是四川外贸成长期，以海关两计，其增长情况是：1912年，进口洋货7819009两，进口土货7976959两，进口合计15793968两；出口土货11078507两，出口洋货1608两，出口合计11080115两，进出口贸易总额26874083两。1918年，进口洋货5706390两，进口土货12504859两，合计18211249两；出口土货17537933两，出口土货2542两，出口洋货110341两，出口合计17600816两，进出口贸易总额35812065两。

1921~1930年，四川外贸进入快速发展期，1921年，进口洋货13260842两，进口土货25500801两，进口合计38761643两；出口土货21646671两，复出口土货382691两，复出口洋货226336两，出口合计22255628两，进出口贸易总额61017341两。1930年，进口洋货14699114两，进口土货45599789两，进口合计60298903两；出口土货46304512两，复出口土货30774两，复出口洋货41413两，出口合计46376699两，进出口贸易总额108675602两②。

抗日战争爆发后，长江中下游地区外贸口岸相继沦陷，国民政府控制的47个海关只剩下12个，其中绝大部分处在西南内陆地区。随着中国政治中心西移重庆，对外贸易的重要渠道也由上海转向西南。在西南7个海关中，除外贸中心重庆外，都在云南、广西沿边口岸。1941年12月，新成立的海关总税务司设在重庆。这个时期四川外贸中心是重庆，其进出口贸易受抗战大局的影响，

---

① 以上均见陈祖湘、姜梦弼：《解放前成都最大的投机市场——安乐寺》，《成都文史资料选辑》1980年第10期。
② 民生公司经济研究室丛刊第三种《最近四十五年来四川进出口贸易统计（光绪十七年至民国二十四年）》，甘柯森编，民生实业公司经济研究室民国25年刊行。

战略物资和紧缺物资的进口推动对外贸易的发展；由于日本对中国贸易实施的经济封锁，对外贸易呈现起伏变化状态。1937年，进口货值为5366.93万元（法币，以下同），出口货值3765.70万元，外贸总值9135万元；1942年，日本占领缅甸，中国进出口贸易被全面封杀，仅有16万元的进口货值；1946年，进出口贸易达到巅峰，进口货值113420万元，出口货值69690万元，进出口贸易总值183110万元①。贸易变化的大体情况是：受战争形势影响，进出口贸易波动很大。进口贸易围绕军事需求增加，出口贸易则因运输成本的激增难以为继。但是在抗日战争胜利后的1946年，进出口贸易均恢复元气，出现成倍增长的势头。

二、进出口贸易机构及其购销活动

20世纪初，川江航道的初步清理和适应川江航运特点的轮船试航成功，川江航道成为四川与外界交流的可靠交通线。重庆、万县等口岸从事进出口贸易的公司因之不断增加，迄止1921年，重庆开设的外国公司达到36家。20年代初至30年代初，由于四川军阀混战的影响，重庆外国公司减至24家，输入商品数量和品种增长情况变化不定。例如，日本和印度棉纱，1921年输入53885担，1929年降为95担，1930年跃为3553担，1931年几乎绝迹。质地较好的洋细布、洋麻布、人造丝织品、毛料等，行销情况虽称兴盛，但一般英国衣料和被面10年间输入量减少2/3。亚细亚油行和美孚油行洋蜡烛和煤油供应则渐趋衰疲。各色外国香烟、精制白糖销路畅旺；洋酒却不能取代土产烧酒的地位，这不单是二者价格悬殊，更是文化习俗的关系。

自开埠设关以后，英、美、日、法、德等国纷纷

图14-10　四川的桐油、茶叶、猪鬃、生丝等外贸产品经西陵峡口外运

---

① 隗瀛涛主编：《近代重庆城市史》，四川大学出版社1991年版，第146～148页。

第十四章　四川商业、外贸的发展

在万县开洋行，设公司，修码头，建油库，外国洋行、公司多时达30余家，主要经营桐油出口业务。随之兴起了一批经营进出口贸易的桐油、猪鬃、煤油、棉纱等行号。美商生利洋行成立于1920年，资本20万元，经营桐油出口业务，兼营颜料进口业务。美商施美洋行成立于1928年，初名义瑞公司，资本60万元，经营桐油、牛羊皮、猪鬃出口和棉纱进口业务。进出口贸易均为洋行买办、大商号所垄断操纵。此外，还有代客买卖的经纪人和行栈。

图14-11　1945年，四川畜产股份有限公司与美国孔公司恢复战前关系，并在纽约合组海洋公司，在天津、武汉、沈阳、上海设分公司。图为设在重庆的四川畜产股份有限公司旧址

四川输出的各大宗土产，如桐油、生丝、山羊皮、羊毛和夏布10年间也有很大的增长。1930年，桐油输出量创造了历史最高纪录，达到482371担，10年间增长了7.5倍有奇。但到1931年由于受到世界经济危机的冲击，各种土产输出情况急转直下，桐油输出量减少近1/2，蚕丝等出口业务几乎断绝。由于这一时期进出口贸易的摇摆不定，以进出口贸易为主要业务的外国洋行，亦不得不随贸易起落和四川政治、经济局面的变化而不断改变经营方向，蚕丝等出口业务几乎断绝。①

抗战前夕，四川对外贸易总额约占全国进出口总值的0.15%。进口货物主要有棉纱、棉布、毛织品、纸烟、煤油及五金器材等。其中以棉纱为主，棉货约占总值的60%，匹头约占8%，纸烟约占6%，煤油及五金器材各占2%左右。出口的货物主要有皮货、桐油、生丝、药材、猪鬃、木材、矿石等。抗战前夕，出口货物中，猪鬃约占23%，桐油约占20%，生丝约占15%，药材约占

---

① 《重庆海关1922～1931年十年调查报告》，《四川文史资料选辑》第13辑，第206～208页。

12%左右。进口货物中,制成品占绝大多数,其中以消费品为主,五金工业器材占很少的比例。出口货物以农矿产品为主。

据重庆海关和万县分关统计,四川对外贸易长期以来处于入超地位。1911年重庆海关进口货物总值为1255.94万海关两,出口总值为10070万海关两。1935年进口货物总值为4679.49万元,出口总值为2516.9万元。1911年入超约900万海关两,1935年入超2100万元①。15年中入超数扩大2倍多,1935年的入超数几乎与同年的出口总值相等。四川对外贸易主要由分散的商号和行庄经营,多从外埠订货,转运,进口则向本地洋行,有的也向外国大公司订货,资本额度小,货物质量不齐,难以在国际市场立足和长期经营。

据30年代《中央银行月报》统计:成都全年进口货物约值1600万元～1700万元,出口货物约值1200万元～1300万元。进出口货物总额约3000万元左右。输出商品仍为本地传统土货,作为原料和初级产品出口,商品价值很低,新工艺和制造业的产品很少②。

三、进出口贸易中的土货市场

(一) 桐油贸易

四川是我国主要桐油产区,战前年产量达70余万担,占全国总产量30%,并占全省出口贸易总值60%以上③。

桐油出口初期的主要市场是汉口,川江、沅江、汉水三路桐油汇集汉口,经行栈转卖给洋行。在汉口经营桐油的洋行有:英商其来、安利、捷成、华昌、怡和、和记、宝隆,法商永兴、公兴、新公兴,德商美趣时、和利、禅臣、咪地,日商三井、三菱等。

重庆是长江上游桐油的总汇,川江上游、嘉陵江流域和乌江流域的酉阳、秀山、黔江、彭水、南川、涪陵等县部分桐油,借乌江集运涪陵转运重庆。重庆桐油市场由洋行、买办出口商以及油庄、油行和交易市场组成。1936年,重庆专营桐油的洋行有1927年成立的施美洋行和1928年成立的生利洋行两家。

---

① 周勇等译编:《近代重庆经济与社会发展》,四川大学出版社1987年版,第500～505页。
② 张学君、张莉红:《成都城市史》,成都出版社1993年版,第254页。
③ 《四川土特产物品历史资料》,载《四川档案史料》1984年第1期。

第十四章 四川商业、外贸的发展

专营出口买办商有 1934 年成立的安利英的代理商中华，兼营的买办商有 1936 年成立的华通。油庄油客、油铺中又分本地帮、客帮，旺月派人在重庆设庄，在各地收购桐油运往重庆，转卖油行。油行又名"进口行"，居于中间位置，一面在外设庄收油，或向油庄买入，一面向出口商卖出。桐油无固定交易场所，习惯于每日 11 时左右到各出口行去做生意，名曰"赶场"。据 1937 年调查，重庆桐油行号有：炎记、长丰、同心利、庆太诚、诚生、义生、六和、新利、同丰、柄记、祥源庆、华美、光记、元记、丰记 15 家，除炎记成立于 1924 年外，其余均为 1930 年以后成立。

1937 年抗日战争爆发，桐油出口困难倍增，资金短缺的行号纷纷停业；有的合组新行号。重庆桐油商亏损达到 500 万元。堆栈存积滞销油 300 余万斤。为摆脱困境，乃由渝市油商联合会组织"四川桐油贸易社"，社长是和成银行总经理吴晋航，以谋求政府救助。1937 年 9 月以后，重庆桐油商行除义生、柄记、新利、同丰外，其他油行都改组或改行了[①]。

万县市场农产品的集散，首推桐油。万县及附近各县是桐油主要产区，产油特丰。抗战前，万县、忠县、云阳三县年产量 30 万担，占全省产量的 50%。1917～1937 年，是万县桐油市场的鼎盛时期，中外客商云集万县采购桐油。川东各县和酉阳、秀山、黔江、彭水、涪陵、石柱、丰都、长寿等县的桐油直接运万县成交。川西北的万源、宣汉、开江等县的桐油也由陆路人挑畜驮，集中万县。陕南的安康，湖北的利川、来凤、恩施，湖南的龙山等地的桐油，亦云集万县出口。除此以外，重庆以上近 40 个县的桐油，全部或部分在万县成交。民国 24 年，经万县出口的桐油达 29.2 万担，经重庆出口的 12.9 万担。民国 25 年，四川出口桐油 57 万担，经万县出口的 41 万担，经重庆出口的 16 万担。当时，万县靠桐油维持生活的不下 20 万人。战前万县市场成交的桐油占全省出口总数的 65.6%，占全国出口总量的 27.48%。万县市场的营业总额中，桐油的营业额占 70%。1938 年，武汉沦陷，长江水运中断，出口困难，桐油价格直线下滑，来货稀少，万县桐油市场处于低谷时期。抗战胜利后，1947～1949 年上半年，长江航运畅通，国际市场对桐油的需求剧增，万县桐油市场又趋好转，外县桐油纷纷运万县，转口外销。1949 年下半年，桐油市场交易清淡，油铺、

---

① 游时敏：《四川近代贸易史料》，四川大学出版社 1990 年版，第 250～253 页。

行栈倒闭、歇业者达 3/4[①]。

（二）山货贸易

万县辟为通商口岸后，美、英、法、日、德等国商人接踵而至，大肆收购山货出口。货源来自川北的绥定（达县）、梁山、开县、忠县、丰都、涪陵及湖北省的利川等地。民国 6 年，出口生牛皮 9771 担，价值 24.5 万海关两。羊皮 19.6 万张，价值 22.7 万海关两。30 年代山货出口每年约值洋五六百万元。民国 24 年，羊皮出口 33.1 万张，价值 19.5 万海关两，牛羊皮的商户为 27 家。民国 26 年，出口生牛皮 1.4 万担，价值 29.8 万海关两。民国 28 年，经营牛羊皮的商户增加为 40 家。

四川所产之中药材，品种繁多，销往全国。川西中药材多集中于重庆转口，川东、川北、鄂西、黔西等部分地区的中药材则集中万县出口。在万县市场上的主要中药材有：党参、黄连、厚朴、当归、枳壳、银耳、大枣、桔梗、天冬、五加皮、续断、苡仁、防风、泡参、木通、巴豆等。万县常年输出药材总值 50 余万海关两。万县市场中药材价格一般低于重庆市 10%，药材商人乐于到万县采购。万县药材出口以厚朴、黄连为大宗。民国 23 年，万县药材业在百家以上，从业人员 1100 余人。

30 年代，万县成为全国最大的桐油贸易市场，商业盛极一时，被誉为"万商之城"。商业的繁荣，也促进了城市的发展。抗战期间，省外 40 多家工厂及学校、商行迁入万县，人口由 17.5 万骤增到 35 万。宜昌、沙市失守，长江航运受阻后，桐油业逐渐衰败。但是，万县仍为棉花、土产、猪鬃、药材、布匹、黄裱纸的重要市场。民国 34 年，全市经营花纱、布匹、百货、粮食、粮油等商户共 2560 家。抗战胜利后，商贸渐趋衰落。

（三）蚕丝贸易

四川气候温和，土地肥沃，适宜植桑养蚕的地方有百余县。民国时期，产区遍布全川。1938～1947 年，推广改良蚕种，蚕茧产量大幅度上升：1938 年 144 万公斤、1939 年 486.4 万公斤、1940 年 556.8 万公斤、1941 年 560 万公斤、1942 年 367.2 万公斤、1943 年 387.2 万公斤、1944 年 400.8 万公斤、1945 年 382.4 万公斤、1946 年 382.6 万公斤、1947 年 404.47 万公斤。每年春秋二

---

① 《四川省志·商业志》，第 328 页。

季，改良蚕茧上市，除丝业公司收购一部分，其余概为实验区及其他厂商收购。四川生产生丝分铁机丝、木机扬返丝和大东丝，一般750公斤鲜茧，大约可缫生丝1关担。由丝品不同而定等级，分为A、B、C、D、E五等。生丝交易市场以成都、重庆、三台、南充、乐山、万县为集散市场，随时均有交易，但以每年阴历6、7、10、11月为旺月。就生丝产品、产量分析，土丝约占70%，厂丝约占30%。自1942年太平洋战争爆发，滇缅公路中断，国际市场销路不畅，贸易委员会不能照常接收，丝业公司遂以内销需求为标准，紧缩生产，停办3家缫丝厂。丝业公司保留5家丝厂：重庆两厂，分别有丝车552部、336部；南充两厂，分别有丝车944部、500部；三台神农丝厂，有直缫丝车280部。其余民营丝厂3家：乐山华新丝厂有丝车240部，新凤翔丝厂有丝车200部，筠连腾川丝厂有丝车160部。上述合计有3212部，较之极盛时期6240部，几乎减少一半。此外全川有手摇木机合计17080部。生丝外运分陆运、水运、航空运输三种方式：陆运用汽车或挑夫；水运用汽船或木船；航空以飞机运往目的地。外销丝在战前均先运重庆、万县两处，然后装轮运往上海。二战期间，则集中宜宾经云南转运缅甸。滇缅公路失守后，由复兴公司用汽车运往昆明，再装机运往印度①。

四、洋行、外商公司与买办

（一）华人买办与外商公司的关系

外国商行在四川建立后大都雇佣得力买办，买办利用洋商势力，建立经纪业，上下活动，居间营运，为洋商租田置产，代购各地土货，批发代销洋货，从中谋利。其经营手段，极富投机性，或买空卖空，或压价收购，或偷运烟土，谋取暴利，无所不用其极。这些买办在不长的时间里，大多成为暴发户，与洋商联合开办商行企业，成为四川工商业的巨子。如立德洋行买办卢绪东，在收购土货中。买地建厂、经营银钱中浑水摸鱼，获得大量财富，买地置产，经营私人企业。白理洋行买办古学渊等开办的"祥庆和"、"同茂丰"商号实际上是洋商庇护下的买办企业。新利洋行买办陈瑶章为并无资金的日商宫坂玩弄"空杯饮酒"的伎俩，诈取巨额信贷，垄断了重庆山货业，同时自己也分润了大量

---

① 《四川土特产物品历史资料》，载《四川档案史料》1984年第1期。

财富，成为举足轻重的大商人①。重庆巨商德厚荣1915年充当英国安利洋行买办，热衷于大宗出口土货贸易，为洋行包买代购，仅1919年即净赚白银20万～30万两。1918年，德厚荣又兼任英国怡和洋行买办，包办该行出口贸易，每年为利10余万②。由于"五四"反帝爱国运动的开始、四川战乱的加剧和社会经济的衰退，上述洋行相继开始谋求新的投资途径③。

（二）推销洋货的专业公司

除洋行而外，外国资本还在四川设立了推销某类洋货的专业性公司，如美商美孚石油公司（1910年进入重庆）④、英商亚细亚火油公司（民国初年进入重庆）⑤、美商德士古石油公司（1929年进入重庆）⑥、英美烟草公司（1904年进入重庆）等等。

这些公司多系国际商业垄断组织，为大量倾销外国资本主义过剩商品，凭借雄厚的财力，到处租卖土地，建立分支机构，雇佣大量买办和华员，从大城市到穷乡僻壤，设置推销网；并使用各种推销手段，排除障碍和竞争对手，以求占据全部销售口岸。以美孚石油公司为例：

美孚陆续在重庆城内设置一、二、三、四分店和一家专营灯具的商行，并在江北、弹子石、大兴场、渔洞溪、磁器口等地设立了分店。而后又在全川各大市县遍设经销机构，1921年，已有30多家，1927年达到50多家。小县镇则由公司制定经销商或代销店。为保证充分的煤油供应，除有专门的油轮源源不断地经长江上运四川，在万县建立油库，作为中转站，在重庆南岸建立油库，先后修建大小油池7～8个，每个可储油数百吨到数千吨外，还在泸州、宜宾、嘉定建立油库，在成都、南充设立堆店。专门设立了各种包装厂，并雇佣大量

---

① 杨灿雪等：《在洋商垄断下的山货业》；柴栋臣、果恩荣：《重庆肠衣出口业务的回忆》，《重庆工商史料》第1辑。

② 李梦初、马绍周：《煊赫川楚的刘继陶父子》，《重庆工商人物志》，重庆出版社1984年版，第8～11页。

③ 杨灿雪等：《在洋商垄断下的山货业》，《重庆工商史料》第1辑，第21～58页。

④ 王百揆、江维德：《美孚石油公司在重庆的经济掠夺》，《重庆工商史料》第1辑，重庆出版社1982年版，第121～139页。

⑤ 应祉多、彭遂良：《英商亚细亚火油公司争夺重庆市场》，《重庆工商史料》第1辑，重庆出版社1982年版，第140～153页。

⑥ 应祉多、彭遂良：《英商亚细亚火油公司争夺重庆市场》，《重庆工商史料》第1辑，重庆出版社1982年版，第140～153页。

第十四章 四川商业、外贸的发展

职工从事装运业务。

为从事庞大的推销业务，公司实行买办制，买办负责推销商品，由公司发给工资，并按推销额付给雇金。外地经销商则直接与公司订立销售合同。为监督商品销售，公司还设调查员，随时前往各地巡查，了解搜集各地商情以及军政、治安、交通等多方面的情报。他们随时将调查情况报告公司，公司又将一些有价值的材料提供给美国领事，以决定进一步的掠夺计划①。

由此可见，四川外国专业性推销公司的建立，标志着外国资本已深深扎根于四川社会，它们以强大的商品优势和推销手段向四川倾销其剩余产品，牢牢地占领四川市场，榨取最大的利润，实现其殖民主义的目标。

---

① 王百揆、江维德：《美孚石油公司在重庆的经济掠夺》，《重庆工商史料》第 1 辑，重庆出版社 1982 年版，第 121~139 页。

第十五章　四川交通运输和通信设施的改善

民国时期，四川交通困难的情况逐步得到改善。特别是抗日战争时期，为了战争的需要，国民政府快马加鞭，在四川开展交通运输建设。在航空方面，修建了众多的机场，开辟省内、省际和国际空中航线；在陆地修建了通向各大城市之间和邻省的公路，建立起省内、省际和通往中缅、中印的陆路交通网；在水上，建立了20余条轮船航线，开辟了川湘、川陕水陆联运通道。初步建立起一个水、陆、空的交通体系，使四川由古代交通进入近代交通的时代。与此同时，邮政、电报、电话也有一定程度的发展。但在边远山区，交通条件仍未得到改善。20世纪30年代，已经进入施工阶段的成渝铁路建设工程，也因战时经费短缺和部分工程困难而中断。

第一节　公路交通

一、省内公路

（一）成灌公路

20世纪20年代，四川才有了真正意义上的公路交通运输，成灌公路（当时称公路为马路）从成都到灌县（今都江堰市），是四川最早通车的公路。1926

年元旦，通车典礼在成都举行。这条公路起自成都老西门，经犀浦、郫县、安德（安龙乡）、崇义（崇义镇）至灌县，全程55公里。一辆16座的美制福特汽车由成都驶往灌县。同时，成灌公路长途汽车公司在成都西门、郫县、灌县三处设置了四川最早的一批客运站。

图 15—1　1947 年，城市中的滑竿

成灌公路虽然完成于 20 年代，但是早在民国初年，四川当局就有了这段公路的施工计划，也经历了曲折的筑路历史。1913 年，川督胡景伊倡修成灌公路，路长 55 公里，委巡警总监戴洪畴为总办，聘主任技师刘锡松测量。1914 年，公路由灌县开工，仅修筑长度 1 公里，至赵家院，即遭到地方势力强烈反对，当局只好下令缓办。1923 年，灌县参议会提议由官商合资修建，省署认可，因集股艰难，进展迟缓。到 1924 年，杨森督理四川军务，助款数千，修至崇义铺（距灌县 14 公里），又因经费短促而停顿。当局决定扩募商股，以江津人张鹿秋入股最多，被委为马路总局会办，继续施工。1925 年 10 月，全路竣工，共耗资 20 万元。同年 10 月 31 日，成灌公路总局订购的一辆英制奥斯汀小轿车在成都望江楼锦江河畔演试，刘文辉和田颂尧乘此车入城，汽车所到之处，鞭炮连天，盛况空前。成灌公路从策划到完成，历时 12 年。

（二）成渝公路

成渝公路也是四川政要和商民最早关注的公路之一。1913 年，川督胡景伊决定修筑成渝公路，委巡警总监戴洪畴为总办。在警察厅罚款项下，拨款 3000 元用于路线勘测。旋因胡氏卸任，路事告停。1921 年，刘湘任川军总司令，又筹划修筑成渝公路。拟由省政府发行"成渝公路股票"200 万元，以退伍士兵为筑路劳动力，解决资金和人力问题。因政局动荡，路事仍旧搁置。1922 年，省署在成都设立省道局，成渝公路被列为六条省道之首，并成立督办成渝公路事宜处,委任周骏为督办。经工程技术人员勘测,成渝公路线路选择为:由成都沿东大路经简阳、资阳、资中、内江、隆昌、荣昌而至重庆。省道局计划发行公债和募捐修路,因战乱再起,也无疾而终。鉴于成渝公路工程过于浩大,统一筹修困难重重,后接受有关人士建议,分段建筑,易于奏效。

1. 成简公路段

1924年,由中华道路建设协会四川分会倡议,以商办方式先行建筑成都至简阳石桥井段,名曰成石公路。成石公路拟由龙泉驿绕道柏合寺,凿隧道直通石桥井。不料,这个最佳线路遭到当地人士强烈反对,认为开凿隧道要破坏简阳风水。线路改由龙泉驿左拐上山,顺张飞营下贾家场,又受到祖籍简阳的川军将领田颂尧阻挠,声称汽车会惊动他家祖坟。线路经五次修改,选择了鸦雀口、石经寺、贾家场以达简阳的不良线路,道路盘旋、坡大弯急。1925年,简阳系四川边防军司令李家钰的防区,经协商,合组成简公路公司,线路延至简阳。成简公路于1926年元旦动工,因盘山路段工程艰巨,其间又不断发生官商纠葛,进度十分缓慢。1930年6月,成简公路全线竣工。这条全长仅68公里的公路,花费50万元,历时6年才勉强建成,足见在传统社会建设现代交通之难。

2. 渝简公路段

渝简公路属于刘湘二十一军防区,刘湘试图借此促成四川统一。1927年,刘湘设立渝简公路总局,任命部下唐式遵为总办、申叔舫为主任工程师,相关各县设公路分局。次年,出于军事意图,刘湘将永川以上各县让与刘文辉二十四军修筑,致使渝简公路跨越四个防区:资阳—永川属于刘文辉,大足属于陈鼎勋,简阳属于李家钰,刘湘防区仅巴县—璧山一段。防区自行其是,无法统筹。只有资中、内江听命于二十四军设立的川南公路总办。其间,受战事和筹款影响,各段进度不一。1930年7月,刘文辉以省主席名义限令各段在年内竣工;而刘湘则以公路总局名义延期到1931年6月完工。当时"二刘大战"迫在眉睫,为防刘文辉突袭,刘湘竟令璧山—永川段停工,不准接通。1933年1月3日,刘湘决定进攻二十四军时,又下令星夜赶修未完工程,限令9月通车。渝简公路终于伴随着刘湘的进攻态势、刘文辉的节节败退宣告全线竣工。渝简公路全程377公里,耗资900万元,平均每公里造价2.4万元。其中巴县境内63公里,筹款440万元,造价之高,省内罕见。

第十五章　四川交通运输和通信设施的改善

（三）省内其他公路

除成灌公路、成渝公路之外，自20世纪20年代后半期到30年代中期，已建成通车的路段还有：成都—嘉定（乐山）、成都—绵阳、遂宁—潼南、新津—邛崃、遂宁—简阳、遂宁—安岳、嘉定—夹江、成都—什邡、成都—赵家渡、绵阳—江油、绵阳—潼川（三台）、自流井（自贡）—富顺、顺庆（南充）—遂宁、潼南—安岳、潼南—铜梁、万县—梁山、垫江—邻水、邻水—大竹、潼川—保宁（阆中）、重庆—南充、重庆—达县、重庆—綦江、松潘—茂县、重庆—嘉定的公路，总长度达到2000余公里。

二、省际公路的建设

（一）公路建设的规范化和省际公路的修建

1935年开始，在中央政府的督促下，四川先后修筑了川黔、川陕、川湘、川滇公路，这些公路构成了抗战时期西南交通运输的大动脉。

随着国民政府统一四川，四川公路建设的规范化方案也提到议事日程上来，要求以成渝公路等5条干线为整修重点，对整修职责、范围、技术标准、实施步骤、保养、奖惩等做了详细规定。为了改善四川的交通，同时也为了把四川纳入全国公路网，国民政府决定修筑由四川通向贵州、湖南、湖北、陕西、甘肃、青海、西康和云南的公路。

1935年，按照国民政府的规范化部署，四川省政府开始大规模修建公路。是年，以成都、重庆为中心加紧修筑川黔、川陕、川滇、川湘公路。川黔公路成都至贵阳全长979公里，1936年完工通车。川陕公路，成都至广元段，共413公里，1935年通车；广元至宝鸡段，1937年5月完成，至此川陕公路820公里全线通车。川湘公路由綦江经彭水、酉阳、秀山到川湘交界的茶洞镇，共689公里，1936年完工，1938年与湖南境内公路连接，全线通车。川滇公路东路由隆昌南经泸县到贵州毕节，再到昆明，全线915公里，1939年竣工通车。

1935年1月，参谋团入川伊始，就制定了省际公路建设计划图表，强调"建设公路便利交通，而对军事运输尤关重要"。全省四大干线的川黔、川陕、川湘、川鄂公路为这个时期所兴建。并拨善后公债1500万元，实行"义务征工"，历时2年余，新增公路1361公里，沟通周遭邻省省会，对实施西南经济开发战略、建设大后方抗战基地有重大意义。

1935年末，四川省内公路通车里程已达5691公里，以成渝地区为中心，形成了东南西北四大干线：成都—重庆—万县，成都—松潘，成都—乐山，成都—广元。这一时期四川各路行驶汽车约2000辆，成渝线占1/4。汽车除客车外，还有货车、邮车。由于这些公路铺设时间匆促，大多数质量较差，因此汽车行走不畅，班车不能正点到达，时有事故发生。但行驶汽车的公路与肩挑马驮的羊肠小道相比，也是有天壤之别的。

（二）省际公路修建的具体过程

1. 加快川黔、川陕公路建设

1935年3月15日，蒋介石首次来川，训示四川省主席刘湘："川黔路应赶速确定，不可再行犹豫……无论如何困难，务望办到，勿再延缓。"① 同时落实了工程经费，40%由中央补助，60%由川省自筹；限定5月15日通车。

为确保工程如期完成，蒋介石还指定驻军军长郝梦麟坐镇工程现场，督促施工进展。参谋团也派出高参田湘藩、张笃伦为督察专员；四川省政府由财政厅长刘航琛等组成川黔路财务委员会，保证经费供给。

3月25日，川黔路开工。由于该路穿越贵州山地，开山架桥、隧道涵洞、陡坡防护等工程占80%以上，工程量极大又异常艰巨。在层层高压之下，四川省政府不得不采取非常手段，曾严令重庆区域内公私工程一律停工（特殊情况除外），征调石工筑路②。

该工程先后征调民工10万、石工3万，奋力赶工。在先期动工的巴县段，工程处长罗竞中被记大过一次，县长毛作盘被问责逼疯，以下施工管理人员无人幸免。路线起自重庆海棠溪，在崇溪河沟出川至贵州松坎，川境长176公里。民工昼夜赶修，完成土石方260万立方米、桥梁47座、耗资97万元，死亡民工千余人，伤者数万人，最终在6月15日通车。

这次大规模修筑川黔公路，工期之紧迫、工程之艰巨、动用劳动力之多、牺牲之惨重，在四川公路建设史上实属罕见。1936年，松坎到贵阳339公里也由贵州省督修完成。至此，成都到贵阳的公路全线通车，路线全长979公里，

---

① 原四川公路局永久卷477号工程卷。
② 《川报》1935年4月7~8日。

第十五章 四川交通运输和通信设施的改善

汽车3日可达[①]。

1935年9月，川陕公路开工。路线起自成都，经新都、广汉、德阳、绵阳、梓潼、剑阁、昭化、广元，在川陕两省交界七盘关之头沟接线，川境长420公里（其中成都至绵阳135公里建于防区时代），实行"义务征工"筑路，1936年6月1日全线通车。与1937年5月建成的七盘关至宝鸡的路段连接通车，全程820公里。

2. 继续完成川湘、川滇、川鄂公路

1937～1941年，继川黔、川陕公路建成之后，川湘、川滇、川鄂公路全线相继通车。川湘公路起自川黔公路的綦江，经南川、白马、彭水、黔江、酉阳、秀山至川湘交界的茶洞镇。全长698公里。所经各处大部为群山沟壑，工程艰巨。1935年11月，綦江段首先开工，1936年1月，全线动工，经沿途征调民工，并用款500余万元，于1936年10月完成。1937年1月，川湘公路全线通车，计自重庆到长沙约1300余公里。

川滇公路分为东路、中路、西路三线。东路由成渝路上的隆昌南

图15-2　1935年6月，川黔公路竣工通车。图为在重庆海棠溪举行的通车典礼

图15-3　行驶在川陕公路上的汽车

图15-4　明月峡口。川陕路从峡口穿过

---

① 隗瀛涛主编：《近代重庆城市史》，四川大学出版社1991年版，第353～356页。

下，经泸县、叙永，直趋贵州的毕节，再转西南经威宁入云南，过宣威、埔益（接滇黔路）而通昆明。1939年完成通车。由隆昌至昆明，全程975公里。川滇中路由成都起而止于昆明，中经新津、彭山、眉山、夹江、乐山、犍为至宜宾。由宜宾渡江，沿横江河谷出云南的盐津，南走经大关、昭通、鲁甸、东川、寻甸、嵩明而达昆明。成都乐山间162公里，完成较早。宜宾至昆明亦于抗战中期完成通车，约长800公里。川滇西路，系由乐山至西昌经会理至云南的大姚、祥云，以接滇缅公路，共1113公里。乐西公路是1939年10月由国民政府交通部奉命勘测筹备修建的。修筑乐西、西祥公路，可以作为四川通往缅甸国际公路的一个最直接的通道。1940年春，蒋介石下令限乐西公路1年内通车，否则以贻误军机论处。他还召见交通部公路管理处处长赵祖康，把乐西公路作为最重要的交通线来建设。西昌地区参加修路的各族民工有10万余人，死亡即达1万人左右。乐山至西昌一段525公里，1941年完成。西昌至祥云一段548公里，也于同年通车。

1936年2月续建川鄂公路。路线起自成渝路上简阳，止于利川，全长644公里。当时由简阳至渠县已建成。万县至分水岭，在防区制时期已修通。新建的只是由渠县至万县分水岭段，长187公里，行营限工期3个月，但直到1937年4月才打通。鉴于万县至利川工程艰巨，改修川湘路上黔江至石门公路，以通湖北。

3. 修建川康公路

抗战爆发后，国民政府拨出专款，于1938年修筑川康公路（雅安—康定），1941年完工，全长218.5公里。1939年成立工程处修建康青公路，分期进行。1941年第1期康营段（康定—营管寨）竣工。1942年第2期营甘段（营管寨—甘孜）完工，1944年第3期甘玉段（甘孜—玉树）完工，全长840公里。

1937~1944年，国民政府规划建设的川黔、川陕、川湘、川滇东路、川滇中路、川滇西路等省际公路相继通车。省内各市县际公路也大多修通。1944年3月11日，四川省公路局报告本省公路建设时说，全川公路总长度为56000公里，较之1937年底的5000公里，增长十倍以上。

第十五章 四川交通运输和通信设施的改善

图 15—5　川康公路 二郎山段

第二节　水路运输

一、木船运输

民国初年，川江航运主要靠木帆船，而航运业又是四川交通运输的主要通道。1912 年，民船吨位大有增加，挂旗船比 1911 年增加 29600 吨，厘金船增加 55800 吨[①]。武昌独立之际，川帮民船在汉屡受损失，改行宜渝之间，而以宜昌为航运终点。1913 年进出口货物大部分为上游民船所运给。当时，民船营业并未受外轮侵害。辛亥革命发生后，外人纷纷离川，当时重庆所有民船，均被外人租用，挂旗下驶，民船船户，均获厚利。水脚较之前期，颇有增加，其时凡办贱价货物出口之商，均受影响。护国战争时，川中军队倍加，更有滇黔豫鄂之师，集于境内，军饷无出，过道税由此而兴。各自在其驻地设卡征税，船

---

① 挂旗船：民船为了避免官府苛索，租用外国洋行旗帜航行，享受洋船税收优惠；厘金船：向官府交纳厘金的中国民船。

货过之，必须纳税乃得放行，民船遭兵差之厄而消减殆尽。

防区制时期，渝宜民船遭受的主要险阻是，水险、轮险、兵灾、匪祸四种。川江轮舶行驶，激水兴波，而民船顿添一险，稍一不慎，动遭覆没，而轮舶在港内靠头开头之际，对于民船也常有危险。军阀战端

图 15—6 1927 年的重庆嘉陵江码头

一起，民船梢夫多被征发。而受害最为普遍的是匪祸，动辄被扣留、抢劫、勒索、派捐，更需结队护送，否则不敢起碇。

1935 年 10 月四川省政府公布了《川江木船注册章程》，规定凡行驶川江木船均需经川江航务处注册给照方准航行。七七事变后，国民政府采取了许多措施，加强四川船舶管理和征集。1938 年，四川省政府成立了"四川省船舶总队部"，按照军事化要求，将全省民船和轮船编成大队、中队、小队及分队建制，由总队部统一领导指挥。这对加强船舶管制和调配，在抗日时期对军事战略物资运输及防止敌机空袭等方面起了一定作用。

1938 年 10 月，日军占领武汉，宜昌告急，抢运堆积宜昌的器材入川，需要大批木船，船户奇货可居，将原有每吨 30 元的运价，抬高至 190 元，影响了战略物资的运输。为此，汉口航政局于同年 11 月，先后订定宜昌至重庆木船运输规则及各城市间运价，公布实施。此为政府统制运价之开端。1939 年汉口航政局入川后，规定凡满 200 总担（或 20 吨）以上的船舶由航政局检丈登记，其余小船仍由川江航务管理处检丈登记，始准航行。后来，对 200 总担以下的木船和短航汽船的检丈登记又交给四川各地水上警察局管理。随后，航政局又按照各河流航运状况，及当时运价情形，核算运输成本，制定四川省木船和轮船运价，于 1939 年 4 月呈准颁布施行。

木船主要运货，很少运客，只订了货运运价。按照物资体质轻重，分为普通货和轻浮货物两类，并视河流大小、航道水位深浅、行船吨位等不同情况，规定了长江、岷江、嘉陵江、涪江等 10 余条主要河流的运价。一般小河支流未予制订。抗战时期，货币急剧贬值，物价飞涨，轮木船运输成本不断增加，为

保护运输航业，不得不调整提高运价。自1939年4月～1942年1月，木船货物运价调整10次，但仍不能解决问题，故从1943年1月15日起，又开始施行"限价"办法，实际就是提价，其幅度增长相当惊人①。

自古以来，四川江河全靠木船运输，民国初年轮船兴起后，木船相应减少，抗战爆发后，客货运输激增，轮船运力不足，木船又成为四川运输的重要力量。当时国民政府意识到，充分发挥木船运输的作用，是解决战时交通困难的有效措施，因而采取了对船户贷款扶持和设厂自造两种发展木船的办

图15－7　岷江上的纤夫

图15－8　嘉陵江上的木船

法。贷款造船，是由交通部令汉口航政局负责推行，每艘木船按其造价80％给船户，每吨70～110元；船造好后由航政局派员验收船舶质量，之后交船户自行营运，对于军用物资得优先安排；这项政策收效显著。另外由交通部设厂造船，也收到很好的效果，工程进展迅速，建造任务不断增加。这样使已衰落的木船修造业又发展起来。在建造木船时，鉴于旧式木船的构造有许多缺点，建造时注意了对木船的改良，但在推行中许多实际问题无法解决，以致船厂多不愿采用，未收到预期效果。

---

① 邓少琴：《近代川江航运简史》，重庆地方史资料组编印，1982年，第76～79页。

1939年开始,为解决抗日战争时期四川交通的困难,国民政府调遣扬子江水利委员会、华北水利委员会、导淮委员会、江汉工程局等水利机构,对四川的长江、嘉陵江、乌江、岷江、金沙江和綦江、釜溪河等开展大规模的整治和渠化工程,使水运通航条件显著改观,并以重庆为中心,开辟了轮船航线20条和川湘、川陕水陆联运路线2条,大大便利了战时的运输。国民政府对川江木船业进行了有计划的扶持,从1939～1941年,政府向民间贷款100余万元,用于建造567艘木船;1941年,交通部川

图15—9 涪州码头

图15—10 乐山大渡河上的木筏

江造船厂等又建造了1988艘木船。此外在渝各机关,如粮食储运局、财政部盐务局等都建造了不少木船,大大提高了川江的运载能力,四川水上航运业进入了黄金时代。

四川木船运输业在战时确有较大发展,但由于四川物价飞涨,捐税繁多,加以封建势力的敲诈勒索,打军差不照规定付给运费等问题,木船运输业在发展中仍是步履维艰,困难重重。40年代后期,川江木船航运受到高物价、高税收压迫,几乎失去了生机,难以为继。

二、川江轮船航运业

（一）四川官商组建川江轮船公司

1907年（光绪三十三年）12月，川督奏禀清廷，于1908年在重庆创建了四川第一家轮船公司——川江轮船公司。川江轮船公司成立之初，定股额为20万两，官股4成，商股6成。为打消绅商集资的顾虑，官府许以不因有官股而收回官办，分清权限，同时规定25年之专利，不准另立公司。因此，绅商纷纷认股。又由成都官府在川路股款中挪支4万两，重庆商界筹集4.5万两，川东道观察陈蓉曙摊派所属各县绅商集资2.47万余两，共计11.16万余两。公司聘英国人蒲兰田为造船顾问，英国所尼厂按其设计图纸订造船只机械运上海江南厂装配。1909年（宣统元年）夏，机械全部抵沪，8月装配完竣，轮船命名曰"蜀通"。10月29日抵达重庆。次年2月正式投入营运，每月来往宜昌两次，开创了川江商轮定期航行之新纪元。

1910年，"蜀通"轮航行14次，仅发生1次轻微事故。1911年达到每月平均航行2次，"总是货物满载和乘客拥挤"。公司成立数年获利不少。但"蜀通"轮马力小，载量少，枯水季节又得停航4个月，远不能满足客货运输需要。1913年（民国2年）公司又赴英国订造了1艘轮船，1914年在上海江南制造厂装配完工，命名"蜀亨"，船长190呎，容量560吨，马力2千匹，时速14海里，在当时为川江第一流轮船。5月底抵达重庆，适逢四川生丝外运畅销之际，公司即将生丝全部揽运。

1914～1918年，四川民营商轮处在发展初期，正值第一次世界大战期间，英美等国忙于欧战，推迟了向长江上游的扩展。四川民营商轮因而得以兴起。1921年以后，公司又先后增造"新蜀通""蜀和"轮，4艘轮船，使公司在初建阶段处于兴旺发达时期。"蜀通""蜀亨"商轮经营川江的成功，促进了四川沿江城镇兴办轮船航运业的热潮。一时间，绅商、地主、官僚纷纷筹集资金，组建轮船公司，经营轮船航运业。从1913～1925年，全川已发展到14个民营轮船公司，拥有大小轮船24艘，如川路、嘉宜、瑞庆、利川、庆安、蜀江、联华、岷江轮船公司等。

川江商轮航运业的兴起，船舶数量的不断增加，轮船航线的不断延伸，大大便利了省内外物资交流和西南商旅之往来，所以乘客均称轮船比木船安全、快捷与方便，商旅均乐意用轮船运输货物。四川邮政信件过去一直是由陆路交通或木船运送，速度甚为缓慢；从1914年起，凡通轮的地方改交轮船装运，大大缩短了邮寄日期。

当时川江航道尚处于天然状态，险滩星罗，礁石棋布，无助航设备，轮船营运又处于试验阶段，船员对船舶性能和河床水性尚不熟悉，航行操作异常困难。每年枯水季节，崆岭、青滩、兴隆滩等险要航漕，轮船不易通行，必须停航4个多月，严重影响运输。1915年2月，川江水量特枯，重庆水位降至零下0.1米。为解决枯水运输困难，由川路轮船公司倡仪，与川江、瑞庆公司联合组织分三段行轮。联运之后维持了长江冬季交通，旅客邮件均称便利。但分段航行不到1个月，因"利川"轮在曳滩触礁停驶，联运即告终止。虽然此次联运时间不长，但打破了枯水川江必须停航的旧观念，探索了川江枯水行轮的经验，为后来枯水通航创造了一个开端。

（二）外商轮船公司垄断川江航运业

外商油轮进入四川内河经营运输业务，始于1917年。美商美孚石油公司和英商亚细亚火油公司的专用油轮，为争夺长江上游石油销售市场，攫取四川商业资源，乘四川军阀混战，华轮被打军差之机，乘虚而入，闯入四川内河轮船运输业。

美孚石油公司大约在1890年（光绪十六年）已进入四川，先后在重庆、泸州、宜宾、嘉定等地建立了不少的油库、油池，以方便运输。

英商亚细亚火油公司的"安澜""滇光""黔光""渝光"等油轮也先后入川。"滇光""黔光"从宜昌运油至重庆唐家沱油池，再由"安澜"号转运到沿江各油栈，储备待售。"渝光"负责油池与市内的运输任务。另外还置有油驳、拖轮。河小水浅的市镇，就组织木船载运，不断地供应各经销商的需要。

第一次世界大战期间，英美等国公司受欧战影响，无暇顾及长江上游的扩展，为华商轮船公司提供了发展的机会。但战争一经结束，美孚石油公司立即组织商轮重返川江。从1917年起，专门购置了适宜川江洪水季节行驶的"美滩""美平""美峡""美川"号和适合枯水季节行驶的"美泸"油轮5艘。这些油轮源源不断地将石油运至重庆、万县等地油池储备。另外还备有木船数十只，负责将油转运到中小河流销售点、站推销。

1916年，袁世凯称帝，护国战争开始，四川民营商轮忙于供应兵差。这两家外国公司除运油外,又乘机附搭旅客,出口走私货物,贩运鸦片,进口贩运军火,还公开揽装下水货物,整船装运桐油下运,侵占了四川商轮的利益。

最先侵入川江的外国商轮,为1920年英商隆茂洋行的"隆茂"轮和美商大来轮船公司的"大来裕"轮。隆茂洋行系大英轮船公司的代理行,在上海江南船厂建造一艘设备、马力、载货吨位及构造性能都较完善的千吨级轮船,命名"隆茂",于1920年6月侵入川江正式营运。美商大来轮船公司,于1920年购买"大来裕"轮,与"隆茂"同时行驶川江,营运1年多即获暴利30余万元。继而在江南厂添造"大来喜"轮参加川江营运。巨额的利润,吸引了接踵而至的外国商人,继英商隆茂洋行"隆茂"轮、美商大来公司"大来裕"轮进入川江之后,英商白理洋行、太古轮船公司、怡和轮船公司,美商捷江轮船公司,日商日清公司、天华公司等的大批轮船纷纷涌进了川江航运业。

这些外轮艘数虽比华轮少,但载重吨位却比华轮大,华轮多系短航,而外轮则多由长江下游直航四川。因此,四川进出口货物,几乎全为外轮所垄断。

自1920年第一艘英国商轮"隆茂"号入川后,其他外轮相继进入川江航运,不过10来年时间,就垄断了川江航运业。其原因就是他们具有华轮无法得到的种种优越条件,一是外轮在华攫取有航运特权,长江各港口所有的海关都被他们控制;二是外轮有雄厚的财力,又有本国政府的支持;三是拥有性能优良的船舶,无论洪水、枯水季节都能行驶,占据着各港口最好的码头,装卸货物方便;四是外国银行,保险公司又与他们紧密配合,利用买办为之代办运输手续;五是外轮在其领事的庇护下,不给地方军阀供应兵差,有的还在商轮上配备水兵,实行武装保护。而四川民营商轮,则由于军阀混战,受尽了征召之苦,一旦被拉兵差,不仅免费运送官兵、运载弹药粮秣,还有各种没完没了的痛苦折磨。当时,沿江的大小军阀肆意征用他们的船只,摊派各种名目的捐税,使他们难以承受,从根本扼杀了民营商轮的生机。外国轮船公司正好利用军阀战争阻塞川江航运的机会,大肆扩充,迅速占领川江阵地。

尽管外轮之间也有争夺,但他们共同的目标是对准华轮。由于重庆海关已被他们控制,官府军阀又惧怕他们,外国商轮可以为所欲为,连运价都被他们操纵。在四川军阀混战,华轮供应兵差,船少货多时,他们则高抬运价,牟取暴利;当战争停息,华轮参加生产,他们又大放运价,置华轮于死地。四川出口货物亦由外商设行统购,直接交由外轮转运出口,以实现其垄断四川全部进出口货物的目的。在外轮的垄断和不断打击下,川江民营轮船公司大都营业亏本,债台高筑,或将资产辗转租押,或将轮船贱价出售,无法继续营业。到1930年,川江创办的50多家轮船公司,仅存16家,幸存下来的华轮企业负债累累,朝不保夕。

(三)卢作孚与民生公司

1926年卢作孚创办民生公司。初期经营合川至重庆的航线,由于经营管理有方,业务发展很快,相继合并了一些航运公司。1937年民生公司拥有大小轮船46只,总载重量18000吨,占川江中外轮总数一半以上,航线由嘉陵江扩大到长江,业务为客货兼运,并在长江沿线各埠设立了分支机构。川江航线开通后发展迅速,不断开拓航线,加强了四川各地的联系,促进了经济的发展。

1931年,卢作孚以"买併"(即一部分付现款,一部分转为股票)的方式,几乎接收了长江上游的所有商轮;其后通过奔走劝说,又先后将川军将领刘湘、潘文华、范绍增、李家钰、杨森、刘文辉等经营的轮船,并入民生公司,使公司轮船增至19艘,共7000吨,职工近千人,成了重庆以上至宜宾,以下至宜昌这条航线上一支强有力的航运力量。

1929年,刘湘任命卢作孚为川江管理处长。他取得刘湘的支持,决定限制外轮在川江的活动,以维护航权,宣布:凡外轮进口必须向川江航务管理处结关(申报),接受中国士

图 15-11　民生公司重庆总公司办公大楼

图 15-12　民生公司的第一艘轮船"民生号"

兵上船检查；外轮也要承担兵差损失费，遇到木船要减速行驶，如浪翻木船必须赔偿一切损失。外轮为抵制民生公司，联合一致，以大幅度降低客货运价来争揽业务。卢作孚毫不示弱，时值九·一八事变之后，民众反帝爱国情绪高涨，他一方面参与组织"重庆抗日后援分会"，并召开"收回内河航权大会"，发出"中国人不搭外国船，中国船不装外国货"的口号，另一方面在民生船上实行"甲级船不任用外国人，均由中国人担任"的新规定。任命周海清为甲级船上第一个中国船长，并把提货单、航程簿一律改用中文。

1934年，意商"光华"轮拍卖与民生公司，1935年美国捷江公司倒闭，它的5艘船也被民生公司收买。这时川江上共有中外轮船80艘，民生公司占有38艘，卢作孚夺回川江航权的理想初步实现。

1937年，抗日战争爆发，民生公司积极投入抢运抗战物资的战斗，他们采取"三段航行"，开办"川江夜航"等措施，终将20万川中战士送上前方，把数十万吨军工器材及迁川工厂设备运入后方。抗战期间民生的职工和船只遭受严重损失。由于有功于抗战，卢作孚获得国民政府一等一级奖章，得到大批贷款和补贴，增添了船只设备。抗战期间，民生的船只最多时达116艘，运输量较战前猛增。①

第三节　铁路与航空交通建设

一、成渝铁路建设

20世纪初期筹建川汉铁路的工程计划，演化为声势浩大的保路运动，在清朝统治分崩离析后束之高阁。1931年，在军阀混战间隙，有人提议索回剩余路款，再筹措部分经费，先修筑成都至重庆的铁路，是为"成渝铁路"的起源。

1932年，原四川督军周道刚联络各界倡修成渝铁路，得到各军响应。周道刚亲到江南了解铁道建筑方法并聘请蓝子玉为总工程师入川勘测路线，然后草拟了《建筑成渝铁路办法大纲》。殊不知路线勘测方毕，"二刘大战"又起，成

---

① 参见朱苏：《卢作孚》，转引自《四川近现代人物传》第1辑，四川省社会科学院出版社1985年版。

渝铁路建设再次搁浅。

1934年3月4日，四川善后督办刘湘致电国民政府行政院长汪精卫，请求拨款建筑川汉铁路，并派代表朱懋昭上京商谈具体办法。全路经费定为5000万元，先建成渝段。汪精卫饬令铁道、财政、交通三部审定方案，确定投资方案。当年5月，刘湘邀请中国工程师学会四川考察团对成渝铁路沿线进行考察，并撰写了报告书。同年8月，四川善后督办公署代表周见三、高显鉴等，与法国人阿米斯基订立建筑成渝铁路合同38条，规定3年半建成，一切主权归四川省政府①。

图15-13 1934年4月，四川第一条建成营运的窄轨铁路——北碚北川铁路（全长33华里）全线贯通。图为北川铁路总公司

华西公司拟将成渝铁路全线设计、修筑路基、建设车站码头和铺设钢轨等整个工程全部承包，这与刘湘打算与中央铁道部合作，并由外国承包工程的打算发生矛盾。胡仲实即与盐业银行总经理吴鼎昌共谋对策，确定了由华西公司与北四行合作，承包成渝铁路的方针。经过多方活动，得到四川当局同意。华西公司着手全路设计和筹备投资建筑。但成渝铁路工程旋为宋子文、宋子良组织的中国建设公司投资设立的川黔铁路公司抢去。将筑路涵洞及车站、码头等土石方工程招工分段承包。华西公司与北四行退而参加工程承包，1936年底参加分段投标，与成、渝、京、沪各地40余家公司展开激烈竞争，最后取得了第一总段39标工程中的34标（其余5标系桥梁工程，华西施工困难，让与上海康益公司），全部造价400万元。

成渝铁路于1937年初开工，到1939年，重庆至江津间68.15公里筑路工程基本完成。但因工程规模过大，施工机构太多，开支庞杂，管理不善，弊端丛生，贪污浪费异常严重。公司设于江北的火药厂又于1937年7月发生大爆

---

① 周开庆：《民国川事纪要》上册，民国23年，台北，四川文献研究社1972年版。

炸，死伤数百人，房屋财产损失甚巨。加之政府当局对已成路基又不加养护，任其坍塌、冲毁，不久已是面目全非，难以为继了。在这种情形下，成渝铁路工程陷入失败的境地①，这是国家垄断资本干预重大工程，遭遇失败的一个例证。

抗战爆发后，订购运送材料困难，1941年全线停工。抗战前夕仅修筑了重庆至内江之间的路基工程、桥梁及隧道工程。工程总计：1937～1941年，成渝铁路建设耗资1700余万元，完成土石方约500余万立方、堤坎9.8万立方米、隧道15座、大桥35座、小桥180座、涵洞771座、通信线路232公里、码头1处，完成工程约占全线工程量的35%。

图15－14 1945年11月，四川境内首条标准轨铁路——綦江猫儿沱至五岔段（38公里）通车

1946～1948年，抗战胜利后，国民政府和省政府再度恢复成渝铁路工程建设，各方募集资金，采购钢轨器材，全线施工，一直延续到1949年5月。由于恶性通货膨胀，资金严重短缺，被迫停工。总计全线完成的工程有：土石方约840万立方米，约占全线土石方的35%；御土墙及护坡30.18万立方米，约占全线御土墙及护坡工程的60%；隧道18座，总长约2000米，约占全线隧道工程的64%；桥梁的37座、涵洞776座，约占全线桥梁工程的57%、涵洞工程的68%；全线小桥372座，完成195座，占全线小桥工程量的52%。综合考评1949年以前国民政府完成成渝铁路全线总工程量，已达到全线工程总量的45%②。

二、航空运输线的开辟

1931年，国民政府所属"中国航空公司"开通了上海至重庆民用航空线。抗战期间，又以重庆为中心开辟了8条国内、国际航线，主要为军事目的服务。

---

① 宁芷邨：《华西兴业公司始末》，《重庆工商史料》第2辑，重庆出版社1982年版。
② 参阅向秀兰：《成渝铁路建筑分析》，四川大学历史文化学院2007年硕士学位论文。

1949年底，全省可供使用的30多个机场中，大多数是军用机场，供民用或军民共用的机场有重庆、成都、宜宾、万县、泸州、乐山、西昌等处。但是飞机陈旧，机场设备简陋，飞机跑道短、窄、松、软，通信导航、航行管理、机务维修以及运输服务等设备都十分落后。

1929年5月18日，国民政府交通部成立沪蓉航线管理处，计划开办上海至成都的航线。1930年7月8日，沪蓉航线管理处与中国航空公司合并，仍称中国航空公司。1931年8月，中国航空公司在重庆设立办事处，是四川最早的民用航空机构。同年10月21日，沪蓉航线的汉口至重庆航段正式通航，是四川最早的一条民用航空定期航线。1933年6月4日，重庆至成都航段正式通航，至此，沪蓉航线全线开通。

除此之外，民国时期曾经营运过的空中运输线，还有成昆航线、渝昆航线、陕滇航线，中美开辟的"驼峰"航线。这些航线都是沪蓉航线延长的支线，营运的时间也不长。

第四节　战时交通运输业的发展

随着四川省内省际公路网的建成，现代公路交通运输业在抗战时期得到飞速发展。城乡商品交易，军用物资、兵源的运送，人员的交通都主要靠公司的汽车运输。它对抗战的胜利和四川经济的发展，起了极其重要的作用。

四川水运有长江、嘉陵江、乌江、岷江、沱江、涪江、渠江、青衣江等可供运输。到1939年，国民政府共改造轮船106艘，还新造各类客货轮与木船。并对江河航道进行整治，扩大航程，提高航运能力。川江航运在抗战时期成了大后方交通运输的主干线，军事运输、工厂内迁、军粮调拨、生产和生活所需物资等，都主要靠川

图15-15　重庆望龙门缆车

江运输。

抗战期间，四川成为抗日大后方，在重庆、成都、新津等地建立了机场，中国和中央航空公司迁入四川，以重庆为中心，开辟了重庆至香港、昆明、成都、西安，成都至兰州等航线，办理客、货运输。太平洋战争发生后，香港失守，这时美国积极援助中国抗日。

图 15-16　一架道格拉斯 C-47 运输机飞行在"驼峰航线"上

经中美英三方商定，开辟飞越驼峰的中印航空线。以印度汀江为起点，中国的昆明、宜宾、泸州等为终点，航程约 1000 公里。中美双方合运，以美方为主，中国方面由中国航空公司负责。增加的航机、燃料、配件与费用均由美方负责。1942 年 4 月 18 日，中航公司试航成功，6 月正式承担出口运输任务。初期运量月仅百余吨，后运输量上升为每月千吨以上，最高时曾月运 2400 吨。在担任中印航运任务 3 年多时间内，共运各类物资 44300 多吨。进口主要是军用物资、通信和工业器材。出口主要是装运钨砂、桐油、猪鬃、生丝等出口物资。美方空运大队每月运量最高时曾达 4400 多吨。所运物资大部分供应驻华美军，并承运部分美国援华军用物资。中印空运最高时已超过滇缅公路的运量，对战时运输有着重要作用。

第五节　通信设施建设（邮政、电信）

一、邮政管理与邮政事务的发展

四川邮政运输始于 1897 年（清光绪二十三年）。

民国时期，四川邮运仍以步班为主，邮运路线增加，甚至增设了通往云南丽江、西藏拉萨以及甘孜巴塘等偏僻地方的步班邮运路线。到 1930 年前后，四川主要邮差步班邮运路线已达 3 万多千米。与此同时，川江水运邮件也有发展。1914 年配用浅水拖轮后，枯水季节轮运如常，渝宜间从此开辟邮政运输航班。

1921年，四川利用水道运输邮件年运量已达3902吨。1930年，成都至简阳公路通车，成简汽车公司在经营客、货业务时，兼运邮件，是四川汽车邮运之始。1931年10月，宜昌至重庆空中航线通航，中国航空公司的朗宁式水陆两用机由汉口经长沙、宜昌、万县飞重庆，并带运邮件，开四川航空邮政运输之先河。抗日战争爆发后，四川作为抗战后方，邮政运输枢纽地位形成，邮政运输的能力随之提高。

四川省邮政运输局是四川省专门从事邮政运输的中型邮电通信企业，局机关设14个处室，下辖成都邮政运输局、重庆邮政运输局、四川邮政设备厂和汽车修理厂。自1936年开通第一条自办汽车邮路以来，省内干线邮政运输形成以成都、重庆为中心，一、二级邮区中心局至三级邮区中心局的汽车邮运网络。开通干线邮路31条，邮路总长度8667千米（单程）。技术力量雄厚，技术装备精良。

（一）邮政机构

1914年实行新邮区制，全国划分为21个邮区。四川邮区在成都设四川邮务管理局。全省各等邮局、代办所均由四川邮务管理局管辖。1923年4月，鉴于辖区过大，局所渐多，遂将四川邮区化为东川、西川两个邮区，在重庆、成都分别设立邮务管理局（1931年改称邮政管理局）。东川邮务管理局辖南江、南充、合川、泸州、古蔺及其以东地区82个邮局；西川邮务管理局辖其

图15-17 民国初年，身着制服的重庆一等邮局邮差准备出发投递信件

以西和西康地区共99个邮局。其后，全省邮局虽有所增减，但直到1949年底全川解放，东西川设邮务管理局的体制没有变。

（二）邮政网络

民国时期，四川邮政网络不断发展，但除了长江航线上，邮局和轮船公司签订合同，有搭乘轮船运邮件和邮局自购有少数邮艇运邮件外，还是发展以人力步班为主体的原始运邮方式，直到1930年才开始利用汽车（成都）、飞机

第十五章 四川交通运输和通信设施的改善

（重庆）带运邮件，但是发展十分缓慢。到 1940 年，东西川邮路总长度已发展到 183737 公里，其中邮差邮路 65452 公里，村镇邮路 10997 公里，水道邮路 4285 公里，汽车邮路 3003 公里。到 1944 年东西川邮路总长度达 86280 公里，在全国各区中名列前茅。1949 年东、西川邮路总长度共计 91614 公里，而汽车邮路仅 5108 公里，占邮路总长度的 5.58%。

图 15-18 1936 年，全国第一条自建汽车邮路——重庆至成都邮路上的汽车

民国时期，邮政网点的设置都以盈利为目的，因此邮路组设以通达大、中城市为主，通达村镇的邮路少。到 1949 年四川通达村镇的邮路总共有 2619 公里，仅占邮路总长度的 2.9%。这使村镇通信必然十分困难。

抗日战争爆发后，随着国民政府迁都重庆，四川逐渐形成了邮政枢纽的地位。成都和重庆成为四川邮路的中心。1938 年 10 月日军占领武汉、广州后，切断了大陆通往港澳的邮路，邮政部门就开通重庆—贵阳—昆明—腊戍（缅甸）的汽车邮路，将邮件发到越南海防，转运港澳。同时，通过重庆—香港、重庆—仰光、重庆—莫斯科等航空邮路，维持国际通信。

抗战胜利后，国民政府还都南京，大批入川的工厂企业及人员返回原籍，四川邮件锐减，加上邮政经费困难，邮局裁撤了部分邮差邮路，但汽车邮路和航空邮路还有一定发展。1947 年成、渝局被定为航空邮运中心局，分别承转川、康、黔航空邮件。是年为推广航空邮件业务，根据交通部提出的"航空运输，邮件第一"的政策，邮局对凡能利用航空邮路运寄的邮件，虽未纳航空资费，也尽量利用飞机剩余吨位作航空寄递。

（三）邮政业务

民国时期的邮政业务有函件、包件、储金汇兑、代理业务等。

函件业务有保价信函、航空信函、平快邮件、存证信函、送达诉讼文书及保值挂号函件等业务。抗战期间，四川邮政函件大增，1945 年达到最高峰，为 26242.2 万件。抗战胜利后，函件业务减少，1947 年降至 10057.9 万件。邮局收入减少，日趋萧条。

包件业务即邮寄各种包裹业务。1920年全省收寄包件共23.6万件，1925年即增至33.74万件。抗战期间，包件业务量大幅度下降，1945年降至4.35万件，1946年降至3.42万件，到1949年全省包件业务量仅有4.3万件。邮局因此收入减少，经济更加困难。

图15—19　民国邮政纪念日邮票

储金业务也是邮局开办的一项重要业务。1919年重庆邮局以"邮政储金局"名义办理存簿储金业务，这是四川最早开办的储金业务。1931年前后，四川办理储金业务的机构渐多，邮政储蓄因信誉好，存储方便，业务发展较快。1945年邮局又推销"邮政储金汇业局礼券"（该券又作储金存入邮局或换购邮票）。由于通货膨胀，年底，全省93000多储金户，结存110亿元，但平均每户所得利息仅合战前的0.029元。此后储金存款急剧下降。加之市场拒用金圆券，银圆和镍币重新进入流通领域，并逐步发展到以物易物，邮储业务再也难以发展了。

代理业务主要有代售印花税票、代理国库业务和其他代理业务（如代订报刊、代办电报电话）等①。

二、电信机构与电信业务的发展

（一）电信机构

四川的电信事业始于清末的官督商办电报局。民初，成立交通部，内设电政司统管全国电政。1913年，交通部改电政管理为二级制，划分全国为13个电政区，各区设电政管理局。四川、西藏合设电政管理局（章程规定驻成都，实驻重庆），辖32个局（四川30个，西藏2个）。1938年11月，为适应抗日战争需要，川藏电政管理局更名为川康藏电政管理局，并于12月1日迁重庆，与重庆电报局合并。1942年7月鉴于重庆业务繁重，川康藏电政管理局不再兼办重庆业务，单独设立重庆电报局，被列为特等局，直属交通部管辖。1943年4

---

①　参见《四川省志·邮政电信志》，四川辞书出版社1993年版，第10～29、68～73页。

第十五章　四川交通运输和通信设施的改善

月，交通部电信总局成立，川康藏电政管理局所属各电报局改称电信局。1944年10月川康藏电政管理局改为全国第4区电信管理局，由交通部电信总局直接管辖。1946年，第4区电信管理局下设重庆、成都、宜宾、万县、遂宁、黔江、泸县（今泸州）、广元8个指挥局。次年又增设西昌指挥局。指挥局负责区内机线调度、督修、业务指导、人员监督，二等以下电信局所会计督导及区内会计报表的核编。以上所述属国有电信机构。

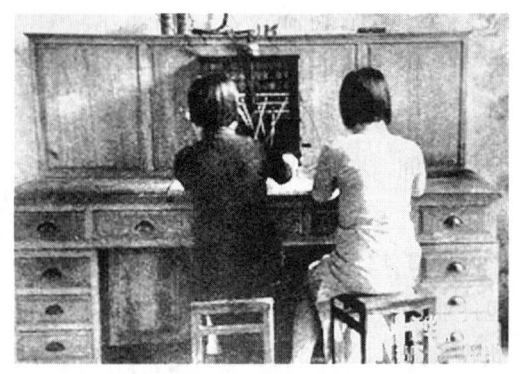

图15—20　1926年建立的重庆电话所

四川地方电信机构，在军阀防区制时期开始设置乡村电话时尚未建立。1939年省政府开始整理、建设省办电话网，5月设立省电话管理处，这才开始建立地方电信机构。次年5月，又设省办无线电总台。以上两机构均隶属于省建设厅。1948年7月，省电话管理处与省无线电台合并，成立四川省电信管理局，辖134个县（市）的乡村电话和46处无线电分台。

（二）电信业务

电报通信。民国初年，四川电报通信已有一定发展，初步形成以重庆、成都为轴心的电报通信网。全区辖电报局54处，线路5672公里，各种型号的发收报机上百台；成、渝两市有电话容量4600门，部分商业口岸城市也有少量电话容量。并已使用自动收发报机。军阀防区制时期，所有的电报局逐步为各派军阀所控制，使统一的国有电报事业被肢解，电报线路设备屡遭破坏，致使许多线路的通信严重受阻，甚至中断。

1935年川政统一后，交通部方始重新对四川电政实施统一管

图15—21　40年代的重庆邮电局营业室

理。先后架设、修复了重庆至贵阳，巴县经成都至雅安、峨眉，巴县至昆明等的电报线路，并装用韦斯登（双工）快机。1935年底，成都至西安的成广（广元）段线路修复。至此，四川的省际、省内主要干线线路基本恢复。

抗战爆发后，国民政府迁都重庆，四川的电报业务随之激增，于是在重庆至汉口、成都至西安等线路上都相继开通韦斯登快机电路。1943年4月，重庆至昆明使用传真电报机开放真迹电报业务，为四川省使用传真电报机的开端。

抗战胜利后，电报网路变化不大。到1949年，四川及西康共有电报局所148处（西康11处），电报电路147路，线路16968公里，在用电报设备：4路载波电报机4部，自动收发报机43部，电传打字机2部，音响机17部，莫尔斯机17部，振荡器48部。① 四川电信通信虽有所发展，但时起时伏，加之战争及其他因素，四川电信设备不足且陈旧，电报常常积压。

图15—22 1937年建成投产的成都暑袜街"邮电总局"老局房，是成都标志性建筑之一，经重建后仍保留着当年的建筑外观

电话通信。可分为长途电话、市内电话和乡村电话3种。四川的长途电话始建于1925年。当年成都市政公所（市政府）在接办成都"陆军电话局"以后，为适应军事和商业的需要，确定以成都为中心，相继设置长途电话，连接县份。抗战期间，交通部以重庆为中心，采用新架线路和对原有设备进行技术改造的方法，加速四川长途电话通信的建设，先后建成重庆至武汉、重庆至广元以达陕西、成都至乐山、宜宾以达云南的长话线路。1944年增设重庆、遂宁、成都铜话线。省际省内部分线路亦相继装设载波电话机。到1944年四川共计已有109个市、县和乡镇通长途电话。抗战胜利后，长话网路相继调整，有停用的也有新开的电路。到1949年底，全省总计有长途电话电路222路，其中

---

① 参见《四川省志·邮政电信志》，四川辞书出版社1993年版，第14、15、16、91、94、95、96页。

有无线电路12路，载波电路22路。办理长途电话的局所为110所（西康10、代贵州管1）。

市内电话成都创设得最早，1911年就创建了四川省第一个市内电话局。民国初年，督军署将成都电话局改名为陆军电话局，由督军署直接管理，以后，电话局逐步有所发展。抗战后发展得更快。到1949年成都市内电话总容量为共电式机1600门，磁石式机80门。

重庆的市内电话始建于1931年。当年重庆镇守使设置磁石式小交换机于机关，用以联络各城门关卡。1937年8月，重庆电话总所由省政府接收，归建设厅管辖。国民政府迁都重庆后，1938年7月交通部以10万元将重庆电话总所接收，成立重庆市电话局。由于国民政府各机关陆续迁驻重庆，工商企业也逐渐增加，电话需求紧张，市电话局先后增装1000门自动机和1500门自动机，并在上清寺、化龙桥、沙坪坝、青木关、歌乐山、赖家桥、北碚等地设电话分局。到1949年重庆市内电话总容量为自动式机3000门，磁石式机840门。

此外，四川的一些工商业较为发达的市和县城，如自贡市、宜宾、内江、万县也都装设有市内电话。

四川的乡村电话始建于军阀割据时期。各军阀在其防区内，自行架设电线，设置电话。部队开走后，电话机线一般由县政府接管，改为乡村电话，供军政机关使用。1937年1月，四川省政府颁布《各县乡村电话建设规划》及联合原则，令各县筹集经费，对线路障碍、设备破损等情况，分年进行整治，以提高各县区电话连接和通话质量。到1948年7月，四川设有乡村电话的县、市为134处，线路总长47164.73公里，有交换机528部，电话机3737部。西康省的乡村电话线路为295.2公里，交换机2部、电话机18部。四川省境内只有温江、眉山、乐山、绵阳等专区所辖各县能与省城通话，其他各县则不能，乡村电话尚很落后。①

---

① 参见《四川省志·邮政电信志》，四川辞书出版社1993年版，第125、126、144、145、159页。

第十六章　四川财政与金融

民国初年四川财政，承接晚清财政机制，财政收入的重点仍然是田赋、盐税及其附加。1913年，北京政府划分国税、地方税，将田赋等17个税目纳入国税；田赋附加、杂捐等20个税目定为地方税①。另一个赋税增长点是工商各税，它在民国赋税中所占比重越来越大。防区制时期的四川财政，较之晚清捐输、津贴、厘金更加苛重，是正税的数倍到数十倍。1935年川政统一之后，赋税虽然逐步纳入法治轨道，却被1937年开始的抗日战争中断了国民政府的赋税改革，四川财政被纳入战时财政，各种赋税急剧增加，特别是田赋，附加之外，还有预征、征购、征借，纳税人的负担异常沉重。正税之外，纳税人还负担着许多的正杂税捐，特别是与日俱增的工商各税，最后成为超过田赋的主要财政收入。

民国时期的财政机制，是以不断膨胀的军费开支为核心而不断加剧纳税人负担的赤字财政。战时经济体制下的财政收入，主要用于军费，剩余的部分也大部分用于行政管理。值得注意的是，即使在最吃紧的战争时期，文教卫生的开支均得到保障，每年支出占四川财政总支出的5.06%，这是民国四川教育得到良好发展的主要原因。与此形成对照的是，经济建设和社会救济经费却太少。但是，民国时期的社会经济以私有制为主体，私有经济成了投资的主角，政府

---

① 甘绩镛：《四川防区时代的财政税收》，《重庆文史资料选辑》第8辑。

第十六章 四川财政与金融

没有更多的财力投入也是可以理解的。

民国时期的金融状况，与民国时期的财政状况相辅相成，从各自为政的防区制混乱局面到川政统一之后的垄断局面，四川金融体制逐步归于一统。但是，由于抗日战争之后的3年全面内战，不断加剧的通货膨胀最终摧毁了衰败的民国金融体制。

第一节　抗战以前四川财政收支情况

一、抗战以前的财政收入

（一）田赋

1. 民国初年的田赋征收

中华民国成立后，四川财政司长董修武呈请将前清地丁改为正税，照地丁廒册定额征收，每年额征税银66.91万两；津贴、捐输、新加捐输合并为副税，从应纳税8分以上开始征收，照宣统二年（1910）旧额摊派，每年额征税银361.01万两；火耗、平余等项，一概裁废。1913年，田赋改为每年3月开征，次年1月截止，2月报解。1914年，按照粮额加派征解费1成。废两改圆后，田赋由纳银两改交银圆，原征库平银1两改征银圆1.6元。全省田赋正副税和征解费共银470余

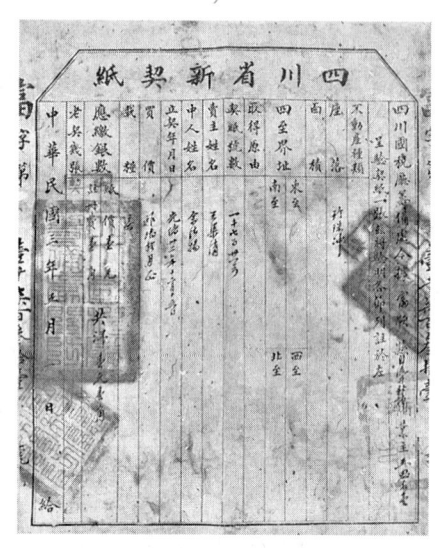

图16-1　民国3年，四川省的新契纸

万两，折征银圆750余万元。按计税耕地面积计算，每亩平均应缴正副税0.329元。同年，执行北京政府颁发的《勘报灾歉条例》，受灾歉收田赋可报请减免或者缓征[①]。

---

① 《四川省志·财政志》第一章"税收"，四川人民出版社1997年版。本节未见注释的数据、资料均同。

2. 防区制时期田赋附加和田赋预征

1915年，在日益加剧的军费危机中，将应纳税8分以下小户副税，由免税改为征税。为筹款收回1912年发行的军用银票，按照田赋正粮每两附加1.80元。1920年，四川举办团练，省长杨庶堪决定随田赋加征办团经费，每正粮1两附加2.20元。此后，军阀割据，各防区驻军就地划饷筹粮，田赋附加与日俱增，多达20余种，征额超过正税几倍，甚至几十倍。一年预征三四年，甚至几十年田赋。安县的驻军，将田赋预征到了2012年，共征收87年半的田粮，平均每年征收9年多的田粮。

图16-2 民国5年，铜钱贬值，物价上涨，市民背上几十斤重的铜钱去购物

1932年，据国民政府主计处统计，四川农田为9000余万亩，田赋自民初以来即迅速增长，到20世纪30年代时，已比民国初年普遍上涨了2倍多（1500余万元），上涨速度远远高于全国平均速度。按指数计算，1934年，四川每亩水田的正附税高于全国平均数22%，旱地的正附税高于全国平均数37%。

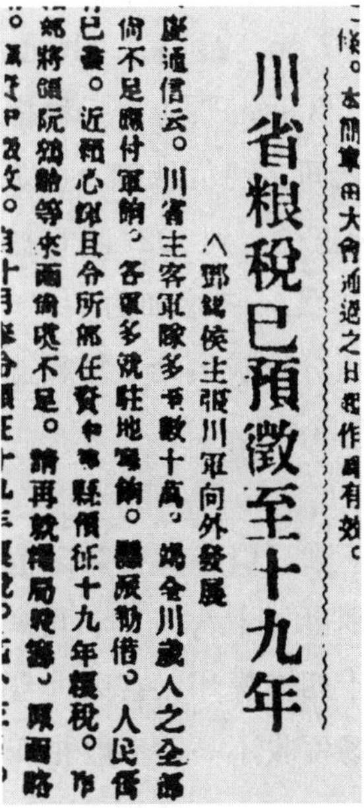

随着田赋征额和附加捐税的征收，四川大多数地方的田赋附加税都达到了20～30余种，计有地方、学费、自治、司法、夫马、工本、票据、杂费、县志、助款、被服、司书、备丁、团费、党费、剿赤、公安、建设、教育、部队、铁闸、电机、公债、公粮、财务、职校等项，令农民应接不暇。至于田赋预征，更是搞得人心惶惶，民不聊生。

3. 川政统一以后的赋税改革

1935年川政统一，四川省政府虽然了解各县田赋税率失衡，但因各县情况复杂，在未实行土地申报和清丈以前，正杂各种赋税只能照旧。政府能做的仅仅是修补漏洞，将无着滥粮摊派到有着粮户平均交

图16-3 民国14年《大公报》报道，川省粮税已预征至民国19年（1930年）

第十六章 四川财政与金融

纳。于是，决定自 3 月 1 日起，田赋仍照 1914 年标准 750 余万元征收，一年一征。同时，规定按田赋定额附加 3 倍临时军费，边远贫瘠县和学产田地赋额，分别实行减征。同年 12 月，又规定随田赋定额加征 1 倍保安经费，征收总额猛增至田赋定额的 5 倍，大约 3750 万元。

（二）盐税

1. 计引征税

1912 年初，民国建立伊始，四川盐税破除引岸，就场征税。11 月，巴盐每斤最高征钱 17 文，花盐每斤征钱 15 文。1914 年，恢复引岸，改定税率，改征钱为征银，统以库平银计算。食盐每引①最高征银 145 两，最低征银 62.5 两；不征引税的票盐每斤征银 0.74 分至 1.44 分不等。1915 年，照上列税额，改两为元计征，1 两折合银圆 1.6 元。同年 6 月起，试行专卖制度。1916 年 6 月取消专卖，改为商民自由运销。

2. 按"担"征税

1919 年 7 月，盐税改变计量单位，废引改担，每担税率：引盐最低 0.92 元，最高 2.38 元，另收磅亏费 0.30 元；票盐最低 1.07 元，最高 2.11 元。1920 年，引税每担税率调整为：最低 1 元，最高仍为 2.38 元；票盐每担税率改为：最低 1.20 元，最高 2.20 元。实际上，不同税率之间，税负悬殊。各防区自行设卡收税，随意附加，复杂多变，附加额大多高于正税，到 1927 年，盐税附加名目达 20 余种。每载盐②由 10 元增加为 100~200 元，再增加为 700~800 元，甚至超过 1000 元。例如，川黔军在自流井、重庆分设护运处，每载盐在自流井收 600 元，在重庆收 300 元，明为保护，实则掠夺③。

3. 派商包税

防区制时期，原税收机关四川盐务稽核所虽然保留下来，但各军在防区范围自行其是，统提盐税的成例荡然无存。川北盐税，分别由二十八、二十九军分享；犍（为）乐（山）资（中）井（井研）盐场归二十四军提用；富荣（自流井、贡井）盐场则由二十一、二十四军分享。各小盐场税收不高，一般相安

---

① 花盐大约 1 万斤，巴盐 0.8 万斤。
② 经由水路批量运销的计量单位，花盐每载 900 担，巴盐每载 960 担。
③ 游时敏：《四川近代贸易史料》，四川大学出版社 1990 年版，第 128~129 页。

无事。而富荣两场盐税占全川 50％左右，每年税收总数约 600 万～700 万元，分享军队多，月供不足，出现争夺盐税之势。于是采取派商承领、预支税银的办法。由于盐商垫付的税款越来越多，营运资金日益短缺，给川盐的运销带来直接影响，受害者只能是盐场和食盐消费者。① 四川省盐税收入，1913～1934 年以银圆计征，总数为 23359 万元；1935～1937 年以法币计征，总数为 6874 万元。但是，仅仅在 1916～1929 年的 14 年间，省内驻军截留盐税总额即达银圆 13410 万元，约占全省同期盐税正税收入（银圆 15282 万元）的 88％。

（三）关税

1912 年以后，重庆海关关税照旧征收。1917 年 3 月，重庆海关设置万县分关。1926 年 10 月起，征收进口关税附加税，税率为：日用品 2.5％，奢侈品 5％。1929 年 2 月 1 日，执行修正海关进口税则，税目分为 15 类 718 目，采用 7 级等差税率，最高税率 27.5％。同时，取消进口关税附加税。1930 年 2 月 1 日，实行关金单位税则，进口货物改按关金征收。

1931 年 1 月 1 日，执行第二次修订进口税则，税目分为 16 类 647 目，税率 12 级，最低税率 5％，最高税率 50％，取消子口税和复进口税。6 月 1 日，改订出口税则，税目分为 6 类 270 项，从价计征部分，税率 7.5％；从量计征部分，税率 5％。同时，实行转口税则，税目 571 项，税率 5％。当年，因水灾严重，救济需款，国民政府特定《救灾附加税征收条例》，自当年 12 月 1 日起，凡按海关进出口税则征收的进出口税，除另有规定者外，均按关税额征收 10％的救灾附加税。1932 年 8 月 1 日起，按照关税税额征收 5％的关税附加。1933 年 5 月，再次修订进口税则，税目分为 16 类 672 目，提高棉布、日用品等 385 项货物的税率，最高税率 80％；降低人参、燕窝等 92 项货物的税率。

1934 年 2 月 1 日开始，海关税统以法币计征。6 月 21 日，修订出口税则，降低 35 项税率，新增免税 44 项。这些减、免税商品，都是在国际市场销售困难的商品，如原材料、食品，以及宜于奖励输出的国产工艺品等。7 月，提高棉布、机器等 385 项进口税税率，降低棉花等 66 项税率。修订后的进口税税率为 15 级，最低税率为 5％，最高税率为 80％。

1936 年 9 月，行政院《惩治偷漏关税暂行条例》规定，凡偷漏关税者，根

---

① 游时敏：《四川近代贸易史料》，四川大学出版社 1990 年版，第 126～130 页。

第十六章 四川财政与金融

据其偷漏税额大小、情节轻重，分别处以罚款、有期徒刑、无期徒刑，甚至死刑。

国民政府试图通过立法程序，将关税的管理纳入法制轨道。

有关民国时期关税收入统计，材料不多，兹附列两个统计资料，以供参考。

其一，据《四川财政汇编》记载：1917～1933年，四川省海关税收累计收入1652万两（缺1932年数据），年均10.324万两。其中，重庆海关收入占80%，万县海关收入占20%。1933年，四川海关收入291万两。

其二是民生公司经济研究室1935年编印的《最近四十五年来重庆海关税收分类统计》，光绪十七年到民国24年。限于篇幅，兹将几个增长较快时期的重庆关税收入附列于下：

1912年，进口税23781.842元，出口税367375.055元，复进口税10976.756元，内地子口税2348.365元，税收总额404482.018元；1917年，进口税27764.060元，出口税400622.921元，复进口税20937.456元，内地子口税17388.666元，税收总额466713.103元；1929年，进口税89172.361元，出口税967099.414元，复进口税80142.586元，船钞1119.400元，内地子口税10589.389元，税收总额1148023.150元；1935年，进口税536224.000元，出口税300215.000元，转口税559930.000元，船钞3534.017元，进出口附加税41795.260元，救灾附加税41795.250元，税收总额1483495.000元[①]。

（四）工商各税

工商税是国家对从事工商业经营的单位和个人就其产品销售和业务经营的流转额征收的税种。1912年民国建立后，开征工商各税。其中有沿袭清代的，主要税目包括茶课、牙税、当税、契税、屠宰税、矿税、油税、烟土税、百货厘金、糖税、烟酒税、城市房地产税、统捐；1937年以前新增工商税课有，车船使用牌照税、印花税、营业拍照税、特税、统税、地方税、营业税、所（利）得税、杂税杂捐等。

在防区制时代，每一种货物的运销，都必须纳税十余次到数十次之多。如白糖1包，从资中运往重庆，有关卡21处，纳税捐22.52元。又如大黄、当归

---

① 民生实业公司经济研究室丛刊，第三种《最近四十五年来重庆海关税收分类统计》，光绪十七年至民国24年，甘祠森编，民生实业公司经济研究室出版，中华民国25年。

1 包，从平武姚家渡运往重庆，经历查验收费关卡 90 处，共计交纳税捐 1900 余元，而药材总价不过 2000 余元。江津至重庆不过百里，设卡收捐 13 处；自流井至重庆的水路，原本井盐运销的主要商道，当时经历关卡 14 处，每船累捐至千余元。

1926 年 8 月 11 日，省长赖心辉在重庆召开军政商民代表会议，商讨裁减杂税杂捐。通过裁减苛捐、整顿税收办法大纲，规定省内征收税种，货物完税之后通行全省，不再复征。1929 年，在重庆设立税捐总局，将统捐、乐捐、渝北护商江峡防收费、江防费、特水、油包税稽查所及重庆各税总稽查处等收税机关裁并。截至 1935 年，共裁并税收机关 51 处，各县被裁废的杂捐 204 种。

1935 年川政统一，整理税务，将盐税、印花税、烟税、酒税、统税、矿税等国家税交还国民政府；同时修订糖税、茶税、屠宰税章程，明确新征营业税、开征统税，以增加财政来源，并着手废除苛捐杂税。到年底，共裁并各县杂捐 204 种。1936 年，各县杂捐又裁废 108 种，保留 58 种，当年杂税杂捐总收入 153 万元。同年，开征薪给报酬及公债利息所得税。1937 年开征营利事业及证券存款利息所得税。1939 年开征非常时期过分所得税。

此外，尚有官办企事业收入和债务收入（包括借款、公债、罚没等收入），因其在财政收入中比重不大，又非固定岁入，此不赘叙。

二、抗战以前的财政支出

（一）地方财政支出的变化

1. 上解款

1912 年以后，四川沿用清末解款旧制。自 1913 年起，北京政府颁布《划分国家税与地方税法草案》规定，每年以收抵支，余款上解，并将印花税、烟酒牌照、验契、契税增收、烟酒税增收等项作为专款上解，关税、盐税拨充"善后大借款"专款，不列入地方预算。到 1915 年，上解办法改为由中央与地方商定。当年上解余款 300 万元、专款 268 万元。1916 年，上解的专款项目中，增加田赋附加、所得税、牙税增收、厘金增收、牲畜及屠宰税增收等。当年四川上解 300 万元，川边地区上解专款 23 万元。1917 年上解余款 300 万元。

第十六章 四川财政与金融

防区制时期，应解款项，无从稽考，应是各地军阀自收自支①。

2. 协拨款

民国初年四川协拨款沿袭清末解款旧制，但由于财政收入不敷出，各项协济银，无款解拨。防区制时期，军阀纷争混战，地方收入主要用于军费开支，更无协济银可拨。1935年，川政统一，仍由中央补助部分，才勉强摆脱财政赤字。

1941~1945年，青海、浙江、甘肃等省遭遇自然灾害，四川三次拨给救济款15.2万元。

3. 军费猛增，失去控制

从1912年开始，四川境内战火不断，四川军阀混战期间，各军实际的军费开支，从无确切的财务统计数据，只能根据一些间接数据进行粗略的推算。1913年，四川岁出预算所列军费为704万余元，1916年为602万余元。1925年北京政府财政部地方财政整理委员会编制的当年度四川收支预算表，开列军费预算为2630万元，1926年四川全省军民会议通过的军费预算为3880万元。两年之间，军费陡增1000余万元，为1916年的6倍有奇。从这年开始，四川军阀军费如脱缰野马，失去控制。仅据二十一军戍区的片断记载：1928年该军的军费为1269万元，1930年为2226万元，1932年为3623万元，1934年为4861万元②，二十一军泄漏出来的这个资料，使我们得到军费猛增的惊人信息：在1934年，仅仅是二十一军的军费，就比民国初年全省军费预算高出7倍，比军费增长最快的1926年高出1000万元。如果加上其他5个军又两个师的军费开支，则全省军费开支至少要达到二十一军军费的3倍以上。

（二）常年财政支出

抗战以前四川常年经费开支，主要包括经济建设支出、文教卫生支出、抚恤及救济支出、行政管理费支出。如上所述，由于军阀混战割据造成军费开支暴涨，四川财政收入的大部分被用于军事开支，常年经费必然处于短缺状态。从一些残缺不全的民国财政统计中得知，在军费切割了大部分省财政收入的年

---

① 《四川省志·财政志》第二篇"财政支出"，四川人民出版社1997年版。以下未列出处的数据、资料均同。

② 以上参阅张肖梅：《四川经济参考资料》第四章，上海，1939年刊行，第16~19页。

代里，唯一能够保持增长的财政支出只有行政管理费，尽管少数年份有曲折起伏，但还是从 1913 年的 1162 万元上升到 1936 年的 5773 万元①，净增 5 倍；经济建设、文教卫生、抚恤救济支出则成为牺牲品，1913~1936 年，经济建设支出仅仅从 6 万元增加到 143 万元；文教卫生支出从 14 万元增加到 1178 万元，情况好于经济建设；抚恤、救济支出更为可怜，1913~1933 年为零，1934~1936 年从 1 万元增加到 101 万元。据此可以肯定，四川军阀战乱割据时期，财政开支实际上是牺牲国民福祉的战争财政，财政开支主要用于地方军阀、官僚的私利。

第二节 抗战以后四川的财政收入与财政支出

一、抗战以后四川的财政收入

（一）田赋

1937 年，四川各县遭受严重天灾，149 个县中，受灾县达到 125 个。省政府决定实施田赋缓征，临时军费减征至田赋 2 倍附加。但旋以抗日战争爆发，急需筹措军费为由，又随田赋加征国难费，每征加 3 成，全年共加 9 成，重灾县酌情减免。1941 年 1 月，四川省政府决定加收田赋 3 倍的临时国难费；3 月，该费又提高为田赋的 5 倍。在其后的战争岁月，政府又实施一系列措施，以确保田赋增收征实。战后虽有短暂蠲免，内战烽烟又加重了负担。

1. 丈量土地，加征田赋

1938 年 11 月开始，四川省政府选定温江等 10 县为首批开展土地陈报、清查应税面积的试点，对农户土地面积进行清查核实。次年，西康省在西昌等三县开展土地清丈核实工作。1940 年 9 月，土地陈报办事处对四川省 32 个县、西康省调查统计：四川应税土地查增 58.10%，年征田赋调增 25.10%；西康省应税土地面积查增 7.42 倍，年征田赋调增 1.70 倍。11 月，各县田赋按照科则分别划一税率征收。统一税率后增收部分，已办理土地陈报地区，全部归县支配；尚未办理土地陈报地区，全部解部。随正税加收的省、县附加照收。新垦

---

① 因 1937 年是一个特殊的年份，7 月 7 日以后进入抗战时期，因此以 1936 年为战前下限。

荒地和未税田土，照章定级征收。

2. 田赋征实

1940年7月23日，行政院颁布《战时各省田赋征收实物暂行通则》，规定：战时田赋一律征收实物，依照1941年省、县正副税总额，每元折征稻谷2市斗为标准。据财政部编纂的《财政年鉴》记载：民国30年，四川省按照上述标准折算，应征稻谷2000余万石。经省政府与国民政府商议，以两种计算方法确定四川应征稻谷数量：一是，照额征正税66.91万两，每两征11市石计；二是，正税折银圆755万元，每元1市石。两种标准折征数之和，除以2所得商数即为应征稻谷总数。照此核定民国30年四川省田赋征实及配券征购各为600万市石，共计1200万市石。为弥补流滥及灾歉短收，照额加摊2成，合计1440万市石。

3. 征购粮食

因战区扩大，军需民食不断增加，统筹粮食、控制粮食流通是不得不实施的战时财经政策。1940年7月28日，行政院颁布田赋改征实物的规定。1940年8月30日，省府通过四川省政府管理粮食暂行办法大纲及四川省粮食调查暂行办法大纲，并筹建四川省粮食管理局。9月22日，省粮食管理局设置粮食供应处。同日省政府令全川各县成立粮食管理委员会，负责管理县内粮食的调查、征购等事项。县长兼主任委员。9月11日，全国粮食管理局在四川定价派购黄谷450万石。此后，川康两省、重庆市和各县田赋管理处陆续成立，着手田赋征实工作。

1941年，国民政府为筹措战时军需民食，对粮食实行统一征购。自当年9月1日开始，在全省开展征购粮食活动。按财政部的规定，征购价格为，每市石100元，30%付现金，70%发粮食库券。从1943年起，粮食库券分5年抵交田赋，全部清偿。当年从四川省实收稻谷1374万市石，西康省23万市石，重庆市4万市石。1942年，四川省配额征稻谷900万市石，购谷700万市石。折征标准改为每两征谷8市石，每元征谷7市石，载粮5分以上起购。购粮价格提高为每市石150元，仍付30%现金，70%发给粮食库券。实收四川省1658万市石，西康省57万市石，重庆市13万市石。

1943年，田赋征实一律改以田赋元折实。改征购为征借，全部用粮食库券抵充。四川省配额征实900万市石，征借700万市石，附加1成，共为1760万市石。实收四川省1596万市石，西康省43万市石，重庆市34万市石。据经济部调查统计：四川省稻田亩产4市石，征实、征借、县级公粮附加、地方积谷和收粮时规定溢收15%的折耗灯箱，每亩2.38市石，占收获粮食总量的59.50%。

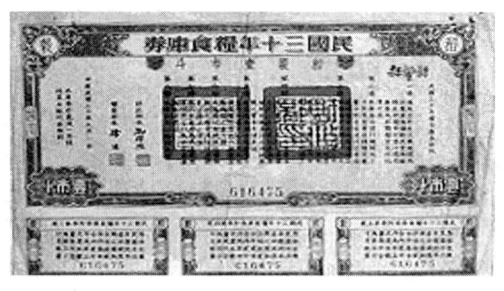

图16-4 民国30年（1941）四川发行的粮食库券

1944年9月，国民政府将折实标准改为每元征谷4市斗或小麦2.8市斗，产棉区每元折征皮棉5市斤。借粮不再发给粮食库券，改发临时借据，各级统一结算，于第六至第十年内分期偿还。征借以土地每亩赋额总数为准按户全额累进。四川配额征实、征借各900万市石，向大户累进借粮200万市石，加派预留短收，合计2136万市石。实收四川省1886万市石，西康省45万市石，重庆市27万市石。

1945年，四川省征实、征借照上年度数字核配任务。实收四川省1844万市石，西康省35万市石，重庆市60万市石。到当年底，共计6年，四川、西康、重庆三省市累计征实、征借、征购稻谷8699万市石，为全国实收稻谷总数的38.57%。抗战胜利以后，国民政府明令豁免田赋1年，四川省分两年各免50%，继续征实、征借。1946、1947年，四川省实收稻谷1494市石，西康省33万市石，重庆市24万市石。1948年恢复按定额派征，四川省将征借额减为405万市石，另按征实额带征文教事业补助费5%，计征45万市石。由于长期征实、征借、征购，带征公粮、积谷，地方摊派逐年增多，农民负担沉重，历年欠赋增加。到10月底，欠交稻谷2522万市石，相当于应征、应借总额的20%。当年，四川省实收稻谷417万市石，只占应征数的35%。1949年9月，派定四川、西康、重庆三省市全年征实稻谷930万市石，征借470万市石，县级公粮278万市

图16-5 1943年，四川省田粮管理处田赋征借实物宣传标语

石,随赋加派"自卫特捐"273万市石,因濒临解放,各地多未征收。

(二)盐税

1937~1938年,四川税务部门对四川各盐场税赋不均的问题进行一些调整,将引盐税赋较重的富荣、犍乐各场引盐税率分别予以减轻;将税负较轻的票盐和其他各场引盐税率酌情增加,化零为整,平衡税赋。1940年,川康区各销场盐斤税率与中央正税(场税、岸税)、附税(中央附税、建设专款)及盐场整理费、道路建筑费、公益费、外债附加(即磅亏费)等,共计每担征税最高11.86元,最低2.70元。到1941年8月底止,四川境内征收的盐税附加增加到10余种。在富荣等附加税较多的盐场,附加总额每担约为30元,超过正税5倍。此外,销往湖南、湖北的川盐,还需在外省纳税。此后,盐税主要变革如下:

1. 实行"从价计征"

自1941年9月开始,盐税由"从量计征"改为"从价计征"。盐税分为产税与销税,产税征于场,在各地盐场征收实物,与"田赋证实"相仿。正式标准,按照1937年6月抗战爆发前,各场盐税占盐本的比例折半规定,允许折缴代金。销税在销岸中心地点依销价计征,除行销贵州地区引盐按30%税率计征外,其余一律按40%税率计征。整理费、公益费、外债附加及建设专款改在税内提拨,不另外加征;原附征的各项基金和偿本费及战时特种附加,仍予征收。从价计征征额,产税每担最高88元,最低68元。

2. 实施食盐专卖,征收专卖利益

1942年1月开始,国民政府财政部对食盐实行民制、官收、官运、官销的食盐专卖制度,停征盐税,改征专卖利益。专卖利益暂按盐税税率计征。盐专卖利益分固定部分和不固定部分,固定部分各场划一,每担征40元。不固定部分,富荣、犍乐、井仁等场,每担征35元;忠县、彭水、云阳、奉节、开县、大宁等场,每担征30元;资中、大足、盐源、筠连及川北、西康各场,免征盐专卖利益。当年实收盐专卖利益50690万元,占全国盐专卖利益的45.74%。

3. 征收战时附税

1943年,由于战争持续扩大,财政陷入困境,又开始征收中央附加税,地方附加也有增无减。10月1日起,每担食盐征收战时附加税100元。1944年3月,征收国军副食费,每担1000元。4月,每担食盐战时附加税增加为300

元；偿本费改按 14 元征收；公益费、整理费由每担征 1 元改为征 5 元和 2 元。1945 年 1 月，偿本费增为 25 元；战时附税每担增加为 1000 元。

4. 取消食盐专卖，实行就场征税

1945 年 2 月 1 日，财政部取消食盐专卖，改为就场征税，划一税率。每担食盐征正税 110 元、战时附税 6000 元、国军副食费 1000 元、偿本费 25 元、公益费 5 元、整理费 2 元、专卖管理费 300 元，正、附税和杂费合计 7442 元。其中，正税只占 1.48%，附加税费占 98.52%。9 月，将专卖管理费附加金额并入盐税征收。

5. 取消杂费名目，征额并入盐税

1946 年 5 月，财政部取消战时附税和国军副食费名目，将征收数额并入盐税，统称盐税，调整税额。四川地区除川北各场每担盐征税 6400 元外，其余各场每担盐一律征税 7400 元；工、农、渔业用盐每担征税 200 元。6 月 27 日，四川各场每担盐一律核减税额 400 元，分别为 6000 元或 7000 元。

6. 盐税榷额不断加重

1947 年 1 月起，盐税征额激增，每担盐的税赋为：川北区 1.4 万元，其他地区 1.6 万元，并附加盐工福利费 95 元、偿本费 25 元、盐场建设费 460 元。8 月，每担盐税额再次提高为 10 万元，附加盐场建设费 1000 元、盐工福利费 255 元。12 月，每担盐正税飞涨至 25 万元，土膏盐每担需交纳 20 万元，渔农用盐也增至 10 万元，外加盐场建设费 5000 元、盐工福利费 2500 元、偿本费 25 元。正、杂各费迭加，每担盐负担 25.7525 万元，仅仅一年时间，食盐税赋增加 15 倍。1948 年 2 月开始，食盐税收再次加重，附加"补助地方自卫武装经费"，每担盐加征 10 万元。3 月 27 日，每担盐正税提高为：井盐 35 万元，土膏盐 28 万元，渔、农用盐 14 万元；各附加盐场建设费 7000 元，盐工福利费 3500 元，偿本费 25 元，补助地方自卫武装经费 10 万元。井盐每担正附税费增加到 46 万余元。7 月，取消附加费名目，将附加金额并入正税。8 月，实行金圆券以后，川康食盐每担税额改征金圆券 0.15 元。8 月末改为每担征金圆券 5.60 元，附加盐场建设费 0.20 元。

1949 年 1 月，更改盐税计征办法，由从量计征改为从价计征，其实效却微乎其微。

兹将抗战以来四川盐税年度收入胪列如下：1938 年 3309 万元，1939 年

3438万元，1940年3024万元，1941年19630万元，1946年4560750万元，1947年34949263万元，1948年（金圆券）1197万元，1949年1～6月（银圆）556万元①。

（三）关税

1. 海关税

抗战时期，国民政府继续改革关税税收与税率。1937年10月规定，凡民船、轮船、飞机等往来通商口岸与内地，以及内地与内地之间运输土货，征收转口税一次以后，通行全国，不再征税。转口税税率为：从价计征部分7.5%，从量计征部分5%，米麦、书刊等免税。同时实行《救护药品免税暂行办法》，89种药品、医疗器材免税。1939年5月起，进口金属、机器等，改按原税率2/3征收进口税。6月起，鼓励土货外销，桐油、茶叶、手工业品、渔农产品等47种土货免征出口税。7月，为便利必需品进口，满足战时需要，规定减免进口税办法：凡军需品分别减税或免税；凡未经禁止进口的物品，即日用必需品，其进口税一律照原税率1/3征收，最低税率1.7%。9月起，进口化学产品、车辆、米、纱、布等物品，其进口税减按原税率1/3计征。

1940年1月开始，转口税免税范围扩大到杂粮、肥料、蛋、鱼、土烟、土酒等44类土货和肩挑负贩的零星货物。4月，增列76种药品免税。1943年1月起，进口货物除政府购进糖、煤油、从量计征外，其余一律改为从价计征。2月，呢绒等12项货物进口税减按原税率1/3征收。年收入海关税1911万元，占全国关税的5.38%。

1944年1月开始，进口税税率改为24级，最低10%，最高80%。全省海关税收入7604万元，比上年增长2.98倍，约占全国关税收入的11%。1945年6月，出口税一律改为从价计征，税率5%。同年12月，撤销万县关。

1946年3月，实施进出口货物暂行办法，酒类、汽水、纸烟、雪茄烟、珍珠、宝石等奢侈品，按进出口税率加征50%的附加税。9月，国民政府宣布取消出口税，以利土货输出。11月，停征奢侈品附加税。海关年收入45858万元，占全国关税收入的0.14%。1947年1月，船钞税率调整为：轮船100吨以

---

① 参阅《四川省志·财政志》45页统计表。1937年计入抗战以前盐税数据，1942～1945年数据失载，1938～1947年货币单位为法币，1948年为金圆券，1949年1～6月为银圆。

上，每吨征税 650 元；100 吨以下，每吨征税 150 元。1948 年 8 月起，停征关税附加税。

2. 战时消费税

1942 年 4 月，国民政府正式征收战时消费税。征收范围和税率如下：普通日用品征收 5%，非必需品征收 10%，半奢侈品 15%，奢侈品 25%。消费税采取从价计征，由海关及所属关卡负责征收；征收一次，不再重征，取消转口税。免征战时消费税的货品：人民生活必需品，如米、麦、杂粮、柴炭、鲜菜等；税款不满 5 元及肩挑负贩零星物品；原规定免征或减征进口税的货品；已征通税或矿产税的货物。8 月，根据财政部的规定，国货战时消费税实行分省征税办法。四川列举征税品目及税率为：棉花、生丝、麻、夏布、植物油、纸、生熟地 5%，木材、生漆、绸缎、药材、香料 10%，皮货 15%，按产地附近市场前 3 月平均批价计征，一次报运货物纳税额不满 20 元的免征。

1943 年 5 月，财政部又将分省列举征税改为全国统一列举品目征税，共计 34 项，税率分 5%、10%、15%、20% 和 25%。当年，四川收入 23281 万元，占全国战时消费税收入的 32%。1944 年 4 月，征收洋货战时消费税，列举征税货品 310 个，税率分 5%、10%、15% 和 25%。年征税收 93744 万元，占全国收入的 44%。1945 年 1 月开始，国货战时消费税征收品目由 34 项减为棉花、抹布、丝织匹头、毛织匹头、植物油、药材、炮竹、焰火、笋干、黑木耳、香菌、干制果品、玻璃制品、神香等。每次税额不满 500 元的免税。同年 1 月，正式裁撤战时消费税。

（四）工商各税

抗战时期，工商各税与战前有所变化。1938 年撤销茶税、牙税、当税、油税、糖税、地方税等，新增营业税、营业牌照税、所得税、文化娱乐税、遗产税、土地税、货物税，改烟酒公卖费为烟酒税，改统捐为统税。实际征收的工商税目有：契税，屠宰税，烟酒税，城市房地产税，印花税，县（市）营业牌照税，营业税，所得税，文化娱乐税，遗产税，土地税，货物税，统税，杂税杂捐。

此外，尚有官营企事业收入、专卖利益、公债、借款、公产、罚没、规费等收入。但在财政收入中所占比重不大，此不赘叙。

有关抗战时期四川财政收入的确切数据，由于战时税收政策的不断变化、

第十六章 四川财政与金融

统计数据的缺略，加之当时通货膨胀的影响，已经难以查考出确切的逐年统计数据。仅从当年经济学者张肖梅主编的《中外经济年报》揭示的1939年四川岁入统计表窥测到一些端倪。当年四川岁入数据是：总计8179万元，田赋2900万元，契税300万元，营业税1100万元，房捐400万元，地方财产收入10万元，地方行政收入270万元，地方营业纯收益9万元，补助款收入140万元，债款收入3030万元，其他收入20万元①。

二、抗战以后四川的财政支出

1937～1949年，中国陷入长达10余年的战争时期。四川财政支出，服从战争大局，主要赋税收入上缴中央。省财政常年支出，主要用于行政管理费，用于经济建设、抚恤救济方面的开支就非常有限。随着战争耗费持续增长，财力、物力供不应求，导致物价上涨，财政支出大幅度上升。1939年四川财政支出0.81亿元，1948年激增到37.3693万亿元。其间，经济建设经费偏低，保持在2％左右，考虑到民国时期是私有制经济，投资主力自然是民间资本，在这方面花钱不多也是正常的。

但在文教卫生方面显示出的情况则截然不同，自1935年川政统一后，即对文教卫生事业恢复财政拨款。1937年以后的战争时期，四川省用于文教卫生事业的经费逐年增加，每年平均支出占财政总支出的5.06％。即在1948年，国共内战进入白热化，四川财政支出中，公共开支仍能维持，经济建设费9652亿元，占2.58％；文教卫生支出18436亿元，占4.94％；抚恤和社会救济费790亿元，占0.21％；行政管理费30.8710万亿元，占82.61％；其他支出3.6105万亿元，占9.66％。这是民国时期四川文教事业获得重大发展的原因所在。

---

① 张肖梅：《中外经济年报》第3期续编，转引自《抗日战争时期西南经济发展概述》，西南师范大学出版社1988年版，第86页。

第三节 民国时期的四川金融状况

一、抗战以前的四川金融状况

（一）防区制时期的金融状况

1935年以前，四川军阀争战割据，政出多门，金融管理体制极度混乱，军用券、劣质货币、代金券和债券的发行失去控制。加之各派军阀将发行货币、代金券作为巧取豪夺、聚敛财富的手段，他们控制的银号、钱庄、银行多以损人利己、掠夺民脂民膏、制造金融风潮为能事，尽管他们也在呼吁整顿币制、规范金融市场、惩治罪魁祸首，实际上不过是

图16-6 1915年设立的重庆聚兴诚银行，是四川第一家民族资本商业银行

贼喊捉贼，借此遮盖他们的强盗嘴脸而已。由于金融机构信用丧失、劣币充斥、风潮迭起、通货膨胀，严重摧残了社会生产力，把广大穷苦百姓推向灾难的深渊。

1. 军用票的发行与收兑

辛亥革命后四川军政府成立，财政非常困难，由财政部于1912年元月在原浚川源银行旧址成立"四川银行"，发行"四川军用票"，作为军政开支之用。军用票原定发行300万元，票面概为一元券，作为货币在四川境内流通，无论丁粮厘税、市场交易，一律通用；拒用者受罚，伪造者处以死刑。一年届满，在四川银行兑换现银。军用票是在无发行准备金的情况下，匆忙决定发行的。该行又代理省金库，每日由成都造币厂将铸造的相当于制钱一万串的铜圆交给省库，以供流通。由于铜圆筹码不足，军用票流通中找补困难，于是又成立"利用钱庄"，发行500文、200文、100文三种铜圆券，"军票在发行之初，价

同硬币，民国元年每元换铜圆一千文。"① 因此，当时成都市面主要流通军用银票和铜圆券两种纸币。当时，重庆军政、金融机构也发行了大量军用券和各种流通票据。据统计，从 1912～1935 年，重庆发行的纸币就有 20 余种，1.0123 亿元以上。②

1912 年 4 月，成渝两军政府合并，川军由 3 个师扩编为 5 个师，军费开支庞大，只好依赖四川银行的军用银票超额发行，当年军用银票发行数已逾 1000 万元。适逢军政府都督尹昌衡率兵入藏平叛，遂将兑进的现银几百万元全部提走，致使军用银票"一年兑现"的诺言化为乌有，贬值到只值大洋 5 折左右。军政府虽动用暴力，诛杀拒用军票者，仍然难挽颓势，四川银行也随军用票的贬值而撤销。川督胡景伊于 1913 年初，恢复了浚川源银行，总部设成都，代理省库。但因各军提银 75 万余两后，金库空虚，仅办汇兑业务。1914 年，该行总经理黄云鹏将浚川源银行改为官商合办，资本 100 万元，官四商六。1915 年，陈宧督川，又将浚行改为官办，退还商股。当时，军用票已跌至每元值银圆 4 角左右，民怨沸腾。陈宧决定筹措资金，分批折价收兑，回收到 800 余万元时，袁世凯称帝，护国之役发生，尚未收兑者，只好听其自生自灭。

2. 护国之役与四川金融风潮

1915 年，袁世凯复辟称帝，全国政局鼎沸，护国之役发生，滇、黔护国军入川。于是四川战乱纷起。受战乱影响，各种纸币停止兑换现银，酿成金融风潮。其概略情况是：

1915 年，中国银行先后在成渝二地设分支行，并开始发行中行兑换券。因中行兑换券有充分准备金，信誉坚固，1916 年滇黔护国军入川以后，陈宧、周骏统率的北洋军强行从中行提借库存现银和兑换券共 180 余万元。消息传出，成、渝二市爆发了兑换券挤兑现银的风潮，成都分行因联行调拨不灵，曾请当局变卖仓谷作为兑现资金，并由政府指定成都造币厂每日拨交中行铜圆一万串，以拨足 100 万串为限，应付挤兑。不料尚未拨足，北洋政府总理段祺瑞饬令中国、交通两行所发兑换券一律停兑。中行在民间信誉扫地，币价急剧下落。浚川源银行因回收军用票发行兑换券，所增收肉厘基金亦被移作军饷，继中行之

---

① 《四川军阀史料》第 2 辑，四川人民出版社 1983 年版，第 518 页。
② 民国《巴县志》卷 4 《赋役》下。

后宣布停兑，浚川券也一落千丈，川人无端蒙受了巨大的损失。

护国军入川时，曾携带云南中国银行兑换券200万元，入川后随地行使，时称"滇中券"。罗佩金代蔡锷任四川督军、黔军总司令戴戡任四川省长后，在成都成立护国军中国银行。为扩军筹饷，该行发行滇中券180余万元。滇中券有护国军名义，又截留四川田赋、税收作抵押，价值甚高，与银圆的兑换比率达到1∶1，一时间具有四川地方银行的职能。

1917年，成都纸币流通情况紊乱，军用票价格跌至2～3折，浚、交、中券跌为7～8折。因钞价低落，四川财政大受影响，四川省财政厅长黄大暹提出整顿币制，收回各种票券销毁，实行兑现办法。罗佩金、戴戡借机要求北京政府拨款500万元，整顿币制。不料，这一办法尚未实施，就爆发了刘存厚驱逐滇、黔军的战斗，滇黔军退出成都，滇中券价格惨跌，成都市面充斥着无法兑现的跌价纸币，币信尽失。

1918年，靖国军川军总司令熊克武击败刘存厚进入成都，接管军民两政。当时成都迭遭兵祸，疮痍满目，流通货币中，除银圆、铜圆等硬币外，纸币价格全部暴跌，军用票近乎废纸，每元仅值2～3分（即当10铜圆2～3枚），浚川券、川中券、滇中券，价格跌至3折左右。熊克武决心整顿金融货币市场，财政厅根据浚川源银行的报告，认为军用票未收回的数额微小，不再收回。其他票券，如川中券、滇中券等，都采取办法收兑。如税收按银五券五比例搭收，官吏薪俸按现洋7成发给，余3成纸币收回处理。票券收兑后，市场上各类纸钞价格回升，据时人追忆："千万元纸币，跌至二成，能使之涨至八、九折，以至于今未落价。"① 当时，靖国军援陕第四路司令丁泽煦，在中坝、平武驻地设厂伪造浚川券，破坏金融整顿，并设立关卡勒收鸦片税，熊克武闻报后，将丁泽煦逮捕后枪决于绵阳。②

从1919年初实行各项回收票券办法后，到1920年熊克武下野前，各券基本收销完毕，浚川券收回298万余元，滇中券收回162万余元，川中券收回500余万元。川中券除全部抵偿四川地方政府以前向中国银行、浚川源银行借款外，

---

① 《民国时期成都金融实况概述》，《成都文史资料选辑》第8辑，成都市政协文史资料委员会，第19页。

② 《民国时期成都金融实况概述》，《成都文史资料选辑》第8辑，成都市政协文史资料委员会，第19页。

尚余 70 万元，由中行和浚行调换 7 年公债票。至此，熊克武整顿四川金融市场、平息金融风潮的办法取得了实效，四川历届政府所发纸币被他收销一清，这是民国初年四川省政府最得人心的政绩。

3. 四川官银号与官银票始末

1920～1923 年川战频仍，因财政枯竭、军费浩繁，1923 年 9 月，主政者刘成勋、熊克武饬令成立成都官银号，负责发行纸币，成都地方银行又告恢复。官银号成立后，由省长刘成勋签署发行官银票 200 万元，规定 6 月以后可兑换现银。凡公私交易，完粮纳税一律通用。为稳定其币信，特饬令税务机关，凡缴纳官银票 1 元，作 1 元零 5 分抵缴。由于军费开支庞大，截至当年 8 月，官银票发行量高达 295.5 万元，超过额定数 95.5 万元①。

收兑开始后，刘成勋饬令造币厂每月提拨价值 15 万元银圆的铜圆，按日摊交成都商务总会保管，由总商会成立钱庄，办理收兑事宜。迄止 1924 年初，熊克武、刘成勋失利退出成都，流散民间的银票尚有 269 万余元。当年 3 月，杨森入主成都，撤废成都官银号，并发出通令，凡持有官银票者一律无偿清缴。当官银票灾难发生时，成都银钱帮均握有巨额彩票，瞬息化为废纸，受到沉重打击，1925 年以前开设的银号、账庄，幸存者不多。

（二）抗战以前四川的票号、钱庄、银号和银行

1. 成都的票号、钱庄、银号和银行

（1）成都民营金融业

民国初年有传统西商票账两帮，计有票号 13 家、账庄 21 家，两帮曾组织"票账帮联议分会"。民国初，由于失去了官方存汇来源，业务一落千丈。尚在成都开业的金盛元、天成亨、公顺同、新新老、全兴号、百川通、日升昌、天顺祥、马裕隆等，继续经营银钱业务。但是，有不少号庄业务范围已有所拓展，不限于金融业。如天成亨、公顺同兼营金铺；刘万和、马裕隆兼匹头和洋广杂货；新新老兼营皮货；全兴号兼营烧坊。有的号庄仍专营银钱汇兑，如金盛元、天顺祥等。

信立钱业公司由四川商务总理周祖佑发起筹组，著名企业家樊孔周担任副董事，共襄其事。这个公司一直营业到 1919 年，因亏空公款，与天成亨和成都

---

① 《四川金融风潮史略》，见《成都文史资料选辑》，第 8 辑，成都市政协文史资料委员会。

47家当铺先后停歇①。1917年，成都北打金街"中万利"彩票铺老板胡兴之与安乐寺银钱市场部分钱帮、货帮合伙经营银钱汇兑存放，业务顺当，信用良好，改"中万利"办银号，正式加入金融业。该号业务兴盛，一直营业到"三军"统治时期。

1918年，成都外南簇桥丝帮帮董李昆山，依靠云南生丝帮、遂宁棉纱帮、嘉定丝帮，集资白银1万两，在成都上中东大街六十号开设"信成钱庄"。"信成"一改一般钱庄、银号的傲慢恶习，在办理汇兑、存储、短拨、代办收缴等方面尽量给顾客方便。汇兑所收汇费低，还办理其他银行不愿办的"对期汇款"（汇款人与收款人同一天收缴）。缩小存放款的利息差距，因此，信成信誉日著，业务迅速发展，乃倡议增资扩股。新都士绅庄法三变卖田产，投入巨额资金，控制了钱庄。1923年，庄氏改钱庄为银号，并独揽了银号大权。

(2)"三军"将领控制的银钱业

1925~1933年，是川军邓锡侯二十八军、田颂尧二十九军、刘文辉二十四军共同统治成都的时期。在最初6年，他们和平共处，成都暂时安定，工商业有一定的发展。1925年11月，邓、田、刘三部进入成都时，只有中国银行、聚兴诚银行两家为正规金融机构，其余为商民经营的银号、钱庄、票号、字号，经营规模较小。三军首脑为扩军筹饷，开辟财源，以活跃金融为名，带头开设银行，直接插手金融业②。

邓锡侯利用他控制造币厂的特权，用银圆5000元作资本，开办"康泰祥"银号，将造币厂与"康泰祥"融为一体。从铸币原料的购买到支付军政开支，均由银号办理。通过这种方式，将造币厂铸造的银圆、铜圆化为他的私人财富。刘文辉在"三军"中实力最大，拥兵最多，防区最广，军需饷银开支也最大。他以20万元资本，在成都东御街开设"裕通银行总行"，在宜宾、泸州、自流井设立分行，积极扩展金融业务。田颂尧用10万元作资本，在成都开设"和丰银号"，又在川北防区开设"川西北地方银行"，统筹军费开支。

"三军"将领们聚敛财富的欲望，并不比他们的首脑逊色。他们利用手中的

---

① 《国民公报》，民国8年9月16日。

② 以上均见《民国时期成都金融实况概述》，见《成都文史资料选辑》，第8辑，成都市政协文史资料委员会。

军政实权，与投机商家勾结，开银行，设钱庄，一时之间，成都银行、银号、钱庄，如同雨后春笋。与此同时，成都商界人士也纷纷倾资开设金融业。1927~1928年，从几家增加到14家。

军阀系统的行、庄、号，在业务上占据优势，一是吸收军政官员存款。二是发行各种通货、票券进行金融投机，藉以发达兴旺。

这一时期的银行、银号和钱庄，虽然一度畸形繁荣，但在挤兑风潮不断发生的情况下也垮得快。到1933年底，除中国和聚兴诚两银行正常营业外，其他银行所剩无几。军阀银行更是过眼云烟，属于二十四、二十九军的行庄11家，幸存的只有惠川、成益等3家，属于二十八军系统的17家，仅存鑫记、德永益等4家。这是他们自酿的恶果，也是必然的结局。此外，非军人系统的还有七八家，成都金融业呈现萧条景象①。

2. 重庆的票号、钱庄、银号和银行

(1) 票号、钱庄

民国初年，重庆金融业仍以票号、钱庄为主。当时重庆尚有山西票号14家，1916年才停止营业。钱庄则与票号命运不太一样，它在民国时期仍然活跃，1918年前后，不仅原来的换钱铺、倾销店全部更名，还新开张一批钱庄，总数达到50余家②。由于遭遇随后的军阀混战，1925年重庆成立钱业公会时，入会会员只剩资金稍厚的32家③。刘湘二十一军控制重庆后，经济复苏，1927年，钱庄又上升到49家④。虽然不久又发生世界经济危机、九一八事变、"一·二八"事变、长江流域洪灾，到1937年，重庆仍有23家钱庄，资本200余万元，分别占四川钱庄（55家）和资本（322万元）的41.82%和62.18%⑤。重庆钱庄之所以有如此顽强的生命力，主要原因在于：重庆钱庄有良好的人际关系和社会信誉，这正是新兴银行业的弱点；钱庄放款，注重人的诚信度，以人品为考量标准，银行放款多以抵押方式，"爱面子"的中国商人不易接受；钱庄

---

① 以上均见《民国时期成都金融实况概述》，见《成都文史资料选辑》第8辑，成都市政协文史资料委员会，第1~66页。
② 《重庆钱庄业沿革概况》，载张肖梅：《四川经济参考资料》D48，四川省银行经济研究所，1936年印行。
③ 《重庆钱庄的兴起》，载《重庆金融研究》1985年第8期。
④ 张肖梅：《四川经济参考资料》D48，四川省银行经济研究所，1936年印行。
⑤ 张肖梅：《四川经济参考资料》D46，四川省银行经济研究所，1936年印行。

老板起源于商贸或者兼营商贸，熟悉商界情况，放款成功率高。所以，1935年以前，一些银行"对工商业放款，大都假手钱庄"①。

（2）地方官办银行

重庆最早出现的银行是官办的浚川源银行，该行开办于1905年，隶属于四川布政使衙门，其内部组织与山西票号相仿。开办资本白银50万两，官三商二，年息5厘，主要业务是汇兑公私款项，兼办私人存放款业务。1908年，因商股提用过多，故将商股退还，成为官办地方银行。四川官办金融机构向来以成都为中心，自浚川源银行开办后，重庆与成都平分秋色（该行分为重庆、成都两行）后来又在上海、北平、宜昌、汉口、沙市、万县、涪陵等地开设分行，与重庆金融地位上升一致。1926年由财政厅办理，旋即解体。

民国初年，重庆陷入战乱，只有华川银行（1912年，始办即终）、四川银行和重庆官银号（1923年为军阀开设），都是昙花一现。1926年，重庆成为刘湘二十一军的防区，二十一军总金库遂代行地方银行职能，直到1934年1月刘湘以军政首脑名义集资开办"四川地方银行"，才成为第一家颇具规模的地方政府银行。1935年，参谋团入川，成立省政府，11月该行被正式更名为"四川省银行总行"，抗战前开设两家分行和9个办事处。虽然省政府不久迁往成都，该行却继续留在重庆。抗战结束以后，1946年迁到成都②。

（3）国家银行、外省银行

1900年，上海中国通商银行首先在重庆开办分行，主要经营鸦片抵押放款和购运鸦片货款的汇兑业务，1902年撤销。1907年，清朝户部银行在重庆筹设分行。1909年，户部银行改名大清银行；同年9月，大清银行重庆分行正式开业，不久在成都、自流井、五通桥设立分号，主要业务是代理国库，并发行纸币约20万元③。1913年以后，在重庆开设分行的银行有：铁道银行驻重庆办事处（1913）、晋丰银行分行（1913，由江津来设）、中国银行分行（1915，由上

---

① 平汉铁路管理局经济调查班编：《支那经济资料·2·重庆经济调查》（上卷），1940年（昭和15年）东京日本株式会社生活社发行（日文），转引自隗瀛涛主编《重庆城市史》，四川大学出版社1991年版，第286～287页。

② 《四川地方银行重庆总行开幕纪念册》，《近代重庆货币与金融》（未刊稿）第280页，转引自《重庆城市史》第290页。

③ 魏建猷：《中国近代货币史》，群联出版社1955年版，第164页。

海来设)、殖边银行支行（1915）、交通银行分行（1915）、金城银行办事处（1926）、江海银行分行（1934），相继在渝设立分支机构。1935年，作为国民政府统一四川的一个重要举措，中央银行重庆分行正式开业。①

（4）商业银行

自民国初年开始，本地商业银行普遍开设，截至30年代，重庆开办的主要商业银行有：聚兴诚银行（1915）、大中银行（1919），中和银行、富川银行、美丰银行（均为1922），平民银行（1928）、川康殖

图16-7 四川美丰银行是重庆第一家中外合资银行

业银行（1930）、四川盐业银行（1930）、市民银行（1931）、北碚农村银行（1931），川盐银行、少年银行、四川商业银行（均为1932），重庆银行、新业银行、四川建设银行（均为1934），合成银行（1937）②。

上述商业银行中，实力雄厚、名气最大的是聚兴诚银行。开办两年后，该行开设成都分行。因聚兴诚银行在重庆商界信誉很高，资金雄厚，分支机构遍布全国主要城市，汇兑四通八达，深受货帮欢迎。成都商家汇兑、存放、收付款，多由该行承办，业务蒸蒸日上。1921年以后，因受战事影响，长江货运亏折，汇兑减少，官方借垫太多（北洋政府借垫120万元～130万元，四川军阀借垫140万元～150万元），聚行陷入危机，成都分行亦受影响，业务萎缩，总行为维持成都分行业务，派洪范民为经理，实行挽救办法。洪在成都发行执照（无息定额存单）数十万元，后增至近100万元，分5元、10元两种。当成都官银号撤废，银票灾难发生时，聚行虽受一定影响，但却竭尽全力，准备大量现银，保证执照兑现。聚行的保值办法，赢得了商民信任，它的执照信誉超过

---

① 中国人民银行重庆金融研究所编制：《近代重庆金融机构调查表》。
② 中国人民银行重庆金融研究所编制：《近代重庆金融机构调查表》。

官方银行所发钞票。聚行先后在祠堂街、玉泉街设立办事处，在外东、外南设立仓库，增办各种定期储蓄存款，吸收游资，其长期存款竟有10年以上者，到期可得一笔整千整万的巨款，很受储户欢迎。

除聚兴诚银行外，美丰、川康殖业（后来改为川康平民银行）、市民，川盐、合成等银行，与聚行合称川帮六大银行。

此外，重庆同裕利银号、同义利钱庄，也在1920、1921年相继在成都开设分号、分庄，均受官银票灾难打击而歇业。

（三）防区制时期银圆、铜圆、执照发行情况

19世纪末期，四川开始铸造新式银币、铜币。民国时期，成都造币厂、重庆铜圆局成为各派军阀全力争夺的目标。

1. 银币

民国初，废除清代龙模，由四川军政府自创模型，正面中书"四川银币"四字，中心作海棠花一小朵，上边加"军政府造"四字，下边加"壹圆"二字；另一面用十八圈绕一大圈，圈内书篆文汉字，以直线纹为底，上边加"中华民国某年"字样，其银字的金字旁连书四画。此模型为四川银圆字形，一直未变。

1912年，造币厂开铸四种银币，1元币重7.2钱，5角币重3.6钱，2角币重1.44钱，1角币重0.72钱（均按九七平计算）。当年铸造银币不多，共计290余万元。其中各种角币11万余元，其余为1元币。以后，1角、2角银币完全停造，只造5角币，因此1、2角币在市面流通很少，极受珍视。

1913年，川督胡景伊为镇压国民党人熊克武在川发动的二次讨袁革命，军需太急，大肆铸造汉字川版银圆，到1915年5月陈宧入川为止，共造1300万元，其中仅有5万余元的5角币，其余均为1元大洋。1917年，罗佩金、戴戡主持川政，造币厂停铸5角银币，全铸1元的川版银圆，至此，5角币日渐稀少。由于银元成色稳定，在各次金融风潮中，银圆价值不仅稳定，而且不断升值，银贵钱贱局面持续不断，有增无减。

1922年，刘成勋主持川政时，为攫取铸造余利，鼓铸1元银圆约280万枚，鼓铸5角银币达83万余元，几乎为1元银币的1/3，违反了《国币条例》中对主辅币铸造比例的规定。1924年，杨森任四川军务督理，为扩军筹饷，掠夺财源，竟饬令停铸1元主币，全造5角辅币，含银从9成降为7.2成，从中掠夺了60余万元的财富。这种做法，开创了厂版取代大洋的先例，给四川人民

带来了无穷的灾难。1925年，邓锡侯接管造币厂，步杨后尘，全造成色不足的5角银币，从1925年11月到1928年底，共造5角银币2391万余枚，掠夺到200余万元余利，人们称这种成色低的半元币为"厂版"。

刘文辉见邓锡侯独占造币厂，借口制造藏洋在川边行使，取走造币厂半元铜模，收买制模具技工，在他控制的修械所和雅安防区，私铸半元银币；他的侄儿、旅长刘元瑄也在会理设厂私铸银圆。李家钰入城占据过成都造币厂，趁机搬走半元铜模，在成都和遂宁设厂私铸。邓锡侯部谢德戡、罗泽洲、邓国璋、黄逸民、杨荣向、王岫生、陈书农和田颂尧部何瞻如、曾南夫纷起效尤，设厂铸造半元银币，此种银币质量低劣，人称"杂版"。

1927年，大清龙洋和袁大头100元，换杂版224元，汉字川版100元换杂版206元，厂版200元换杂版202元。当年10月，四川边防军总司令李家钰在遂宁防区擅自规定：大银圆每元作1元零4仙行使，厂版9折行使，杂版5折行使。消息传出，各地大批杂版抛向成都商业区购物，市场一片混乱，杂版无人接手，商业活动陷入停滞。邓、田、刘三军长见事态严重，匆忙决定不会取消劣币，但此举对商界影响很大。成都总商会要求查清杂版来源，严禁私铸；市面流通杂版，政府应无折扣收回，并用停业罢市行动表示决心。社会各界对四川军阀一手酿成的劣币灾难非常愤恨，时人诅咒道："五角生洋破烂哑，三个死人邓田刘。"三军长鉴于形势严峻，只好决定收兑厂版、杂版，规定厂版与大银圆同价，每元兑换铜圆8000文，杂版每元（2枚）兑换铜圆5600文，杂版由政府用铜圆收兑，每人每天限兑杂版1元。由于杂版数量多，抢兑激烈，造成许多伤亡，引起广大人民无比的愤慨。

三军长为平息民愤，不得不同意捣毁造劣币工厂，但实际上，私铸工厂由他们部属武装守护，根本无法捣毁。各界组织"反劣币大同盟"，声讨军阀的祸国殃民行径，遭到军阀残酷镇压，发生了震惊全川的1928年"2·16"惨案。邓锡侯鉴于杂版

图16-8 1923年（民国12年）四川官银号银圆票壹元

导致的社会动乱越来越严重，只好以辞职行动迫使三军部属停铸杂版，各军将领见杂版已无利可图，勉强同意停铸。杂版虽已停铸，但迄止 1928 年底，杂版仍然充斥成都市场（估计有 3000 余万元）。1929 年，厂版每元兑换铜圆 4200～4300 文，杂版每元（2 枚）兑换铜圆 1500～1600 文。成渝汇兑价格，成都交厂版 2300 元，重庆收大银圆 1000 元，厂版每元只值大洋 4 角，杂版只值大洋 2 角，比原材料价格还贱，于是造币厂转而收购厂、杂版，另铸大银圆以赚钱。于是收购改铸之风起，劣币自然淘汰。

"三军"统治成都期间，还发生了"新大元"风潮。杂版风潮平息后，厂版市价仍然低落，不仅丧失了主币地位，连辅币资格也保不住。1927 年，造币厂停铸厂版，改铸新汉字大元（新大元），以恢复大银圆的主币地位。新大元发行后，却给成都金融业带来了新的风潮。厂版淘汰，新大元出现，使一切债务由厂版结算变为新大元结算，无形中存款、借款大幅度升值，使银行、银号、钱庄赔累甚巨，岌岌可危。在存户提存执照挤兑中，无法支付。一些行、庄放款不慎，难以收回，一时间，成都商营银行、银号、钱庄如同雪崩似的歇、停、倒闭。素有声誉的天顺祥银号、和达银号、万国储蓄会、陕帮公顺同金号、祥盛元皮货庄等，各家存款均在 10 万元以上，全部破产倒闭。中小行庄倒闭者更是比比皆是。而军阀系统的银行、银号、钱庄因掌握着政府金库，财大气粗，歇业者少，如邓锡侯的康泰祥银号，直接从造币厂运来大批银圆应付挤兑，使他们履险如夷。

2. 铜币

民国时期，政府财政入不敷出，又因铜钱价值日低，于是铸造时铜量减少，增加铅锡成分，变为白铜，铸料按铜七铅三比例配制，铜币当 10 文者重 2 钱，当 20 文者重 3 钱，加铸一种当 50 文铜币，重 5 钱。其模具改为一面嘉禾，一面为铸造年代及当若干文字样。1913～1928 年，四川各派军阀为掠夺财富，利用他们占据成都造币厂的机会，铸造各种大面值铜圆、劣质铜币数亿枚，导致铜钱贬值，市面恐慌。20 世纪 20 年代中期，铜圆与银圆的兑换率出现暴跌，从 3100～3200 文换银圆 1 枚，跌至 27000～28000 文换银圆 1 枚。

刘湘在占据重庆期间，重庆铜圆局也大量铸造成色低的当 100、当 200 铜圆，刘航琛负责该局时，大量回收旧 100、旧 200 铜圆，改铸新 100、新 200 铜圆，同时铸造劣质银币"渝版"、"合川版"（罗泽洲在合川铸造），银币种类达

第十六章 四川财政与金融

26种，铜币数量也有10余种，形成劣币泛滥。重庆总商会激烈反对，简阳以下川东地区拒用劣币。邓锡侯利用刘湘离蓉返渝，与黔军作战之机，赠送刘湘开拔费小200铜圆40万元，刘湘沿东大路回重庆后，强制使用新币，人莫敢拒。刘湘回重庆后，也大量铸造小200铜元，其他军阀也纷纷收购大100、大200铜圆，改铸小200铜圆；更为恶劣的是，其部属还大量收购当20文、当50文旧铜圆，压上"当二百"字样，强迫民间接受。造币厂从1926~1928年3年中，制小200铜圆4亿多枚，其他私铸尚未统计，四川物价因之飞腾，"200文"成为市场上最小的计价单位，大银圆与铜圆间的比价，上升到1：7000。社会各阶层，特别是以铜圆为收入单位的劳动人民，受害之大，惨痛之烈，可以想见。

3. 银行执照

银行执照是为了便利商家收付、汇兑所开出的特种票据，不能作为通货。但在防区制时期，由于筹码不足，各银行开出的执照成为变相通货，在市场广为流通；公私金融机构纷纷效尤，大量开具执照，作为赢利工具，因此造成执照泛滥，引发金融风潮。

最先发行执照的银行是聚兴诚，1923年前后，曾发行几种定额执照票（无息存单）。由于该行信誉很高，准备金充足，保证兑现，市面反映良好。"三军"控制成都后，由他们开设的银行大肆发行执照，如邓锡侯康泰祥银号，实有资本5000元，却发行50元、100元、200元，继又增加5元、10元两种，发行总数30万元，达到实有资本的60倍。刘文辉裕通银行，号称资本20万元，总行分行共发行执照100余万元。其他军阀和他们的部属、将领，无不利用其银行、钱庄大发执照。其执照用于购买造币材料和军费开支，作为现金在市场流通。一般商业银行、钱庄，则通过金融货币市场（如安乐寺）推行他们所发执照。当时，经成都市政公所批准发行"执照"的银钱行号共计54家，到1934年只剩8家。

由于执照发行数量不受限制，官民各银行、钱庄争相发行，执照泛滥成灾，与厂版、杂版充斥市场，引起恶性通货膨胀。银号、钱庄以所发执照票兑换大洋、购买粮食、食油等日用品，囤积居奇，于是大洋价格超过厂半元一倍以上，菜油每百斤由15元涨至40余元，大米每石由14.15元涨至40元。人民生活困苦，民怨鼎沸。三位军长迫于金融形势恶化，不得不明令禁止"滥发执照"，要求各银行公布执照发行数,限期收回。聚兴诚银行带头造报发行和收回数字,声明尚有20余万未收回,三军部发出121号指令,饬聚行迅速收回执照,不准继续流通。各银行、钱庄只好纷纷上报未收回数,并登报收回。于是持执照者向各银行、钱庄挤兑,形成金融风潮。

(四)刘湘统治时期四川金融业的变化

1934年,"二刘大战"中大获全胜的刘湘入主成都,与他关系密切的重庆行庄川康、川盐、美丰、市民、四川地方银行以及重庆、四川商业、和成银行等,陆续到成都设立分支行庄。渝帮银行资金雄厚,又有政治靠山,很快控制了成都金融业务。1934年,渝帮聚兴诚、四川地方、川

图16—9 1921年(民国10年)
四川发行的兑换券壹元

康、川盐、美丰五家银行全年汇兑款项高达2200余万元,占成都全年进出口货物总值3000万元的73%。渝帮行庄中,四川地方银行是公开代表二十一军的官方银行,它受到刘湘特许,发行地钞兑换券,由于地钞券无限额,又不能兑现,数月之间,地钞充斥成都市面,造成通货膨胀,地钞千元兑换现洋,要敷水170~180元,不久成都爆发地钞挤兑风潮,其规模不下于三军时代挤兑杂版、执照,其掠夺民财的嘴脸亦昭然若揭。

1935年4月4日,四川省政府转发中央财政部令,限期收回商业银行发行的钞票(包括无息存单、储金券等)。由于措施严厉,各商业银行不得不认真奉行,不久私家银行所发钞票基本退出流通范围。但是刘湘控制的四川地方银行发行的地钞却逍遥法外。截至1935年6月14日,其流通额为3200余万元(不包括成都分行发行的地钞),其准备金仅占发行量的3.88%。国民政府为稳定人心,利于"剿共大业",于1935年6月10日开始"整理地钞",对所有地钞实行回收兑换。授权财政部,以四川部分统税及印花、烟酒税收入作为基金,发行整理四川金融库券3000万元,向中央银行8折息借2400万元,作为收销地钞的专款,于1935年9月20日起,所有地钞按8折收兑,12月20日以前兑换完毕。同时规定:自1935年9月15日起,所有四川境内一切公私交易,均

以代表国币的中央本币为本位币,地钞停止使用。截至 12 月 31 日,共计回收地钞 37725812.5 元,在成、渝两地公开销毁。收销地钞意味着四川走出了通货混乱的岁月,开始迎来通货统一的局面,对四川经济的发展无疑是有利的。

1935 年 11 月 3 日,国民政府发布金融改革政策规定,自 11 月 4 日起,以中央、中国、交通三大银行发行的钞票为法定货币,简称"法币"。所有完粮纳税及一切公私款项之收付,该以法币为限,不得使用现金(银元),违者全部没收;凡银行商号、公私机关和个人持有的银圆、生银等,均应由发行银行兑换法币①;旧有以银币单位订立之契约,应按原定数额于到期日概以法币结算收付之;为使法币与外汇比价稳定,由发行银行无限制买卖外汇。显然,法币的推行是民国金融制度的重大改革,它首先是将全国通货的发行权集中到中央,其次是以不兑现的纸币取代了通用银币,实现全国货币的统一。

国民政府的金融体制改革是受到四川商民拥护的,据当时重庆《国民公报》报道,重庆聚兴诚等 8 家银行一次就领用法币 5750 万元②。尽管发行之初出现零钞不足的问题,但由于民众长期遭受通货混乱之苦,随着零钞问题的解决,法币终于在四川站稳了脚跟。

二、抗战以后的四川金融状况

(一)战时金融体制形成与四川金融业的兴盛

1. 战时金融体制的形成

抗日战争全面爆发后,国民经济转入战时经济体制,金融体制也向战时体制转化。1937 年 8 月 15 日,国民政府实施《非常时期安定金融办法》,对金融体制适应战时需要作了相应调整,特别强调国家对金融业的垄断与监控。与此同时,属于国家银行的中央、中国、交通、农民四大银行正式在上海组成四行联合贴放委员会,负责对农工矿有关产业办理抵押、贴现及放款事宜;具体事务由下设四行联合办事处(简称"四联"),进行综理、协调③。四联于 1937 年 11 月迁往武汉;1938 年 8 月,奉财政部命迁到重庆。1939 年 9 月,国民政府

---

① 法币为银本位纸币,1 元等于白银 26.697 克。
② 领用办法:现金(金、银或外币)6 成,有价证券 4 成。
③ 贴放数额按中央银行 35%、中国银行 35%、交通银行 20%、中国农民银行 10%比例摊派(忻平等主编:《民国社会大观》,福建人民出版社 1991 年版,第 408~411 页)。

决定改组四行联合办事处为四行联合办事总处（简称"四联总处"），"负责办理政府战时金融政策有关各种业务"。四联总处设立理事会，由特任中国农民银行理事长的蒋介石任理事会主席，理事会由中央银行总裁、副总裁及中、交两行董事长、总经理暨财政部代表组成。各省市还设立分支机构。

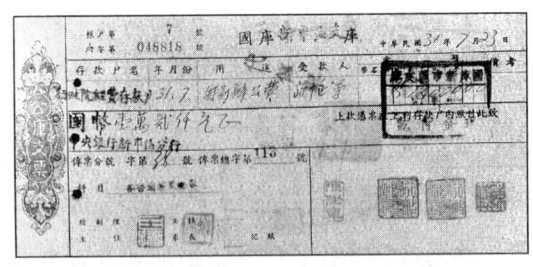

图16—10 抗战时期国民政府的国库支票

于是，四联总处成为名副其实代表国民政府垄断金融的机构①。1942年6月3日重订四联总处章程，强调其宗旨是："国民政府为推行战时金融政策，特组织中央、中国、交通、农民四银行联合办事总处，在非常时期内，负责监督、指导中、中、交、农四行之业务事务……中央信托局、邮政储金汇业局之业务事务，同受四联总处之监督、指导。"② 作为战时中国政治、经济中心的重庆和抗战后方基地的四川，是四联总处金融政策和措施的直接或者主要的实施地区，截至1942年，四联总处在全川设有2个分处、9个支处③。四联总处在维护四川战时金融秩序、稳定经济、投资重要工矿实业、增加政府财政收入、平抑物价等方面，有许多重要贡献；但也因其高度集中的垄断体制，存在大量的弊端和后遗症。

2. 四川金融业的兴盛

1942~1945年，是四川金融业的黄金时代。据《四川省统计提要》公布：1937年四川省内各类银行的各级机构共计105家，其中国家银行分支机构32家，省银行18家，商业银行55家。1942年6月前，中、中、交、农四大国家银行在四川境内增设的分支机构共计116个，其中91个分布于各个县市、25个设于重庆市区，与1937年相比，增加3倍以上。由外省银行移设重庆的各类银行行处共计53个单位④。重庆、成都集中反映战时四川金融业的基本情况。

(1) 重庆金融业

---

① 陆仰渊等主编：《民国社会经济史》，中国经济出版社1991年版，第560~562页。
② 《中华民国金融法规选编》，档案出版社1989年版，第660~662页。
③ 张学君主编：《四川省志·大事记述》中册，四川科学技术出版社1999年版，第192页。
④ 《四川省志·大事记述》中册，第275~276页。

第十六章 四川财政与金融

陪都重庆成为大后方金融中心，银行、钱庄业务得到发展契机。抗战以前，重庆已是四川金融中心。1939年11月，重庆已有规模较大的银行30余家，加入银行同业公会者23家，拥有资本超过1亿元。太平洋战争爆发的1941年1月到1943年10月，总行设在重庆的银行增至37家，银行分支机构增至89个，钱庄、银号则减少到36家。钱庄、银号减少的原因，主要是这些庄、号增资以后，纷纷改组为银行，从组织形式到资本营运都向更高级、更具规模的现代经营方式发展了。据统计，1937年7月～1945年8月，共有25家钱庄、银号增资改组为银行①。到1943年底，重庆金融业资本总额已达到6.47亿元，是1937年1600万元的40.45倍。其中国家银行资本2.8亿元，占43.25%；四川省银行4000万元，占6.18%；一般商业银行2.84亿元，占43.87%；银号、钱庄4325.8万元，占6.7%，金融资本发展已达到了鼎盛阶段②。截至1944年年7月，重庆加入公会的银行达到75家，从业人员约4000人，登记资本为法币7亿余元、港币5000万元和英镑300万元，共计吸收存款13.5亿余元③。

重庆金融业的高速增长反映了社会经济的发展变化，但这种发展却是不平衡，甚至于是畸形的。从重庆金融业的投资动向和投资比例可以明显地看到这一点。据有关统计，1939年底，15家行庄中商业放款占放款总额的89%；1940年对26家行庄（银行2家、钱庄24家）的放款统计，商业放款占96.86%；1941年对36家行庄的放款统计，商业放款为89%；1942年3月下旬，对60家行庄（银行26家、钱庄34家）的放款统计，商业放款仍占据52.19%，大量资金拥入流通领域，看似繁荣兴旺，却形成了巨大商业泡沫，助长了市场的投机行为，给社会经济的持续发展带来隐患。

与金融业垂青商业放款的现象适成鲜明对比的是，工业、矿业和交通运输业不容易得到发展资金，或者投资严重不足。上述1940年的放款统计中，工矿交通放款共计占0.79%；1942年放款统计中，占11.32%，稍稍好一点。由于商业放款不愿眷顾基本建设事业，工矿交通运输业的发展只能完全依赖国民政府的有限投资，因此造成重庆工业发展的跳跃性和不稳定性，也留下不少的薄

---

① 《近代重庆金融机构调查表》，见《近代重庆货币与金融》（未刊稿）；转引自《近代重庆城市史》，第301页。
② 隗瀛涛主编：《近代重庆城市史》，四川大学出版社1991年版，第306页。
③ 彭通湖主编：《四川近代经济史》，西南财经大学出版社2000年版，第494页。

弱环节。①

(2) 成都金融业

战时成都是四川省会，川西政治、经济中心。抗日战争爆发以后，成都成为四川金融业最为活跃的地区。除国家银行、四联总处在成都设立分支机构外，国内有影响的大银行业纷纷前来设立分支机构。由银行业和银号、钱庄业分别组成的银行公会和银钱业公会活动十分频繁。1943年，成都银行公会除中央银行未参加外，包括中国、交通、农民、上海、重庆、四川、西康、大川、川康、川盐、聚兴诚、美丰、裕华、和成、金城、济康、通惠、亚西、互利、成都市、光裕、福川、长江、同心、四明、永利、成都商业、成都县等28家银行，都是正式会员。

成都银钱业公会由银号和钱庄组成，同期会员达到36家。它的规模、实力虽然不及银行业公会雄厚，但在地方上具有深厚的社会基础，与本土军政

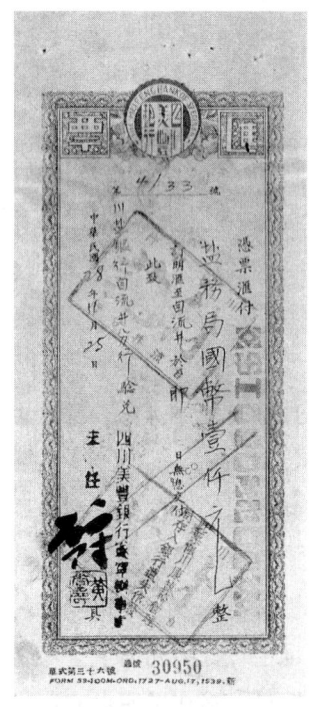

图16-11　1939年（民国28年）四川美丰银行汇票

工商各界联系十分密切，也有相当优势。同年8月，国民政府颁布《非常时期人民团体组织办法》以后，一些银号、钱庄改组为银行，银钱业公会实力才相对缩小。金融业的快速发展，以及其后法币不断贬值导致的全面通货膨胀，对工商各业产生了一定的刺激作用。

3. 恶性通货膨胀摧毁了四川金融业

随着抗日战争的延续，大片国土沦陷、赋税锐减、物资短缺、军政开支不断增加，造成国民政府财政状况恶化。为了支撑抗战大局，不得不开动印钞机器来解决燃眉之急。1942年6月11日制定的《统一货币发行办法》，将货币的发行权集中于中央银行，然后由中央银行向政府贷款来填补巨额的财政赤字。这种贷款被称为"赊借收入"，而银行的"赊借"款项来源就是中央银行掌握的印钞权利，只要开动印钞机，法币就源源不断地印制出来。据有关资料显示，

① 隗瀛涛主编：《近代重庆城市史》，四川大学出版社1991年版，第307页。

第十六章 四川财政与金融

国民政府 1941 年的"赊借收入"占当年岁入总计的 88.26%，1942 年占 73.48%，1943 年占 76.83%①，1937 年 6 月法币在全国发行的总量为 14.1 亿元，1941 年 12 月发行总量为 151 亿元，到 1945 年 6 月，法币累计发行总量已达 3978 亿元，发行指数为 1937 年 6 月的 282.12 倍，刺激重庆主要生活必需品批发价格总指数比 1937 年 6 月上涨 1533 倍，法币购买力为战前的 0.04‰②。这种饮鸩止渴的办法，迅速结束了四川金融的黄金时代。

（1）开放黄金、美钞市场

1943 年前后，国民政府为了稳定法币币值，吸收社会游资，准许银行办理黄金储蓄和黄金存款（1942 年 9 月），开放黄金市场，准许黄金自由买卖（1943 年）。在通货膨胀日益加剧的情况下，黄金成为保值增值的宝货。同时，到四川的盟国空军和地勤人员逐年增多，市面上美元交易增加，美元也成为人们追逐的硬通货。国民政府借机发行了美金公债，并允许市场交易。黄金、美钞交易进入金融市场后，重庆、成都、昆明变成投机者的天堂。当时，昆明市场金价、美元高于重庆、成都，吞吐量也大。四川一些资金雄厚的银行、钱庄、银号，多在昆明设立庄号，暗中偷运黄金、美钞牟利。以裕华银行为后台的山西商帮，在黄金外汇市场十分活跃，他们批量买进卖出，可以左右金、钞市场涨跌。黄金市场开放不到两年，每两黄金由法币 2 万元猛涨到 19 万元；美金 1 元由法币 90 元猛涨到 2000 余元。投机市场兴起后，黑市利高、银行利低，正常的金融业务已经无法维持；大量游资涌向金钞交易，买空卖空，谋取暴利；工商实业因投机风潮加剧通货膨胀、投资断绝而遭受沉重打击。银行资金来源枯竭，也走上趁火打劫的道路，在金融投机中苟延残喘。

由于抗战以后持续进行的 3 年内战，国民政府财政支出猛增，从 1946 年开始，年均增幅都在 60% 以上。1945～1949 年的 3 年间，法币发行量增加 1180 倍以上，若与 1937 年相比，则增加了 474064 倍③。滥发钞票的结果，必然引发恶性通货膨胀。据有关资料显示，1948 年 8 月，同战前物价相比，上海物价上涨 492 万倍，重庆物价上涨 150 余万倍。法币币值极度缩水，小面额钞票几成

---

① 《抗日战争时期国民政府财政经济战略措施研究》，西南财经大学出版社 1988 年版，第 121 页。
② 《抗日战争时期西南经济发展概述》，西南师范大学出版社 1988 年版，第 132 页。
③ 吴冈：《旧中国通货膨胀史料》，上海人民出版社 1958 年版，第 95 页。

废纸；作为货币已丧失信用，贬值到不及制作它的印工、纸张费用。即使购买日用生活品，也需要大捆钞票支付。人们唾弃纸币，回归银圆、铜圆、制钱等金属货币。政府为维护金融市场秩序，开始筹划发行大面额钞票。

(2) 关金券的发行

1947年1月16日，中央银行发行两种新版大面额关金券250元（值法币5000元）和500元（值法币1万元）。消息公布后，市场物价再次上扬，重庆黄金厂条一夜之间由每两39.6万元涨到42.5万元，20日更高涨至53万元；美钞1元由3350元暴涨到8000元。成都资金流向上海抢购黄金、美钞，申汇随之猛涨，每千元收汇费50~60元，日均汇上海现金在20亿元以上。2月11日，央行宣布停售黄金以后，重庆黄金厂条每两由77万元冲至82万元，次日更跃升到100万元。美钞也在一夜之间由10400元升到15400元，再升到16500元。16日国民政府颁布《经济紧急措施方案》，禁止黄金、美钞自由买卖。金、钞市场停闭后，商品市场死气沉沉，游资暂时转入金融机构，市息低落，成都市场利率由12~13分跌落到8~9分。5月2日，央行在成都、重庆发行1万元面额大钞，犹如重磅炸弹，搅得人心惶惶、物价暴涨，交易筹码猛增，省内各地发生钞荒。11月，四川物价如野马奔腾，交易钞票船装车载；各地拒用小钞，钱钞纠纷层出不穷。成都商家因钞票数量太多，不便清点，只好称重量记数。各地商店钞票堆积如山，形同废纸。开县焚烧小钞，延续两日。

1948年7月18日，央行发行关金券大钞4种：1万元（值法币20万元）、2.5万元（值法币50万元）、5万元（值法币100万元）、25万元（值法币500万元）。大钞出笼后，造成市场物价狂涨，市场钞荒加剧，成都贴水率已高达30%，重庆更达50%。28日，渝市各行庄票据交换额接近53万亿元。

(3) 金圆券的发行

1948年8月19日，蒋介石以总统身份颁布《财政经济紧急处分令》，包括《金圆券发行办法》。试图通过新的货币改革，废止并收缴旧币以及金、银、外币的流通，达到弃旧图新、重建金融体系的目的。其办法规定：从即日起以金圆为本位币，废止法币、东北流通券及金、银、美钞流通，并限期兑换金圆券；法币300万元、东北流通券30万元折合金圆券1元。金、银、美钞则收缴登记，办理存兑。

7月25日，国民政府宣布：中央银行发行的所有铜、镍币，不分年限和版

次,一律按面额作金圆券辅币通用。先前市面上仅值数千元法币的一枚镍币,身价一跃至数百倍。26日,重庆、成都市面发生大量镍币持有者抢购商品。成都散存民间的大量镍币流向市区,人们涌进商店,不问贵贱,疯狂抢购,各店难以招架,纷纷关门。金圆券发行10多天后,重庆、成都物价再次上涨,涨幅达到40%以上。1948年11月11日,面对金圆券不断贬值的现实,行政院不得不发布《修正金圆券发行办法》,取消发行限额和降低含金量以后,金圆券贬值80%。因金圆券迅猛贬值,安乐寺现钞贴水高达40%～50%,投机之风更盛,市场极度混乱。1949年2月,币制改革处于一片混乱,人们不顾禁令,高价买卖金、银、美钞。重庆、成都市场袁大头1700元、孙大头14元、川版1200元。成都附近,投机者大量收购镍币。当局不断出动警察弹压两市,但也无能为力,不得不开放黄金、白银市场。3月1日,央行发行面值500元、1000元大额金圆券,成都市面涨风大炽,两天内黄金每两15.4万元,上涨40%;川版银圆每枚900元,上涨20%。6月20日,银圆牌价显示,每枚值金圆券13亿元,折合法币3900万亿元。商民唾弃金圆券,改用银圆交易。

(4) 银圆券的发行

1948年6月22日,行政院在广州宣布停止金圆券流通。7月2日,代总统李宗仁颁布《银圆及银圆兑换券发行办法》,规定以银圆为本位币,发行兑换券,所有公私支付一律收受银圆兑换券,等同银圆。金圆券5亿元兑换银元券1元,限期两月收兑完毕。四川商民对银圆券发行抱以怀疑眼光,各地拒用银圆券。重庆屠宰业罢市反抗,其他各业则疏散货物,只以少量劣质商品应市。7月14日,绵阳运到大量银圆券,商民拒绝收受,纠纷不断。8月18日,重庆、成都拒用银圆券,重庆西南长官公署派出军警查拿拒用银圆券的商民;成都市政府布告市民不得歧视银圆券。尽管发行困难,银圆券还是勉强在市场行使。但刚刚上市,就遭遇贬值,成都市政府电告迁回重庆的行政院,成都市面银圆券充斥,贴水已达40%。11月18日,成都中央银行暂时冻结了银圆券发行,实际上宣告了国民政府最后一次金融改革的彻底破产。

第十七章　四川人口的消长与天灾、饥荒和瘟疫

由于天灾、人祸、战乱和瘟疫，民国时期四川人口出现多次波动：民国初年到抗战前夕，四川人口的增长比晚清时期更加缓慢，这种变化符合社会动荡、战乱不断发生的实际情况；抗战时期川康地区人口出现快速增长，这是日本发动全面侵华战争以后，东部人口大规模内迁造成的特殊情况。抗战结束后，虽然有部分内迁人口回归，但并未对川康地区人口数量的持续增长产生大的影响。

第一节　四川的人口状况

一、抗战以前，四川人口的缓慢增长

（一）人口增长概况

在民国初年四川人口资料中，有关人口总数出现极大的差异：《清史稿·地理志》记载，1911 年四川人口为 5284.0446 万人；1933 年《申报年鉴》转载国民政府主计处及立法院《统计月报》记载，1912 年四川人口为 4812.9596 万人。

按照这两个数据的口径，四川从 1911 年到 1912 年，一年之间，人口减少 471.0850 万人，减少约占 9%。这是毫无道理的，尽管辛亥革命期间发生过全川武装起义，但是并未出现大规模杀戮，也没有出现大范围的瘟疫，更没有发

生全省性天灾。联系到嘉庆年间就已出现在官方人口统计中的浮夸之风,《清史稿·地理志》的统计所依据的数据应当是极不可靠的。

从民国元年的 1912 年到抗战前夕的 1937 年,四川人口有了缓慢的增长。据有关资料的统计如下表①:

图 17-1　1912—1937 年的四川人口总数统计表

年度	人口数（单位：万人）	资料来源
1912	4812.9596	1933 年《申报年鉴》载民国元年调查
1920	4978.2810	1933 年《申报年鉴》载邮局调查
1921	7293.0000	1921 年《中国年鉴》载海关调查
1928	4799.2282	1933 年《申报年鉴》载国民政府内政部估计数
1928	5206.3606	1933 年《申报年鉴》载邮局调查
1931	7661.3000	1933 年《申报年鉴》载海关调查
1932	7219.0000	1933 年《申报年鉴》据亚新地学社地图改制
1936	4374.7912	《四川月报》9 卷 1 期对 108 县统计
1937	4886.1434	四川省民政厅统计
1937	4930.0771	四川省建设厅统计
1937	5208.5011	四川省政府编《四川省概况》(1939 年出版)

在上表人口统计数据中，1921、1931 年海关调查和 1932 年亚新地学社所列 7000 多万显然偏高，不宜采用。1937 年三个人口统计数据中，以四川省政府编纂的《四川省概况》比较可靠，即 1937 年四川省人口 52085011 人更接近实际。首先是因为这一数字来源于该书所载的《四川各市县二十六年度保甲户口统计表》,并详细说明统计表的数据来源,是在 1935 年川政统一以后,新建立于重庆的四川省政府遵照"国民政府军事委员会行营"颁发的《剿匪区内各县编查保甲条例》,令省内各县编查保甲,清查户口;这一次清查户口工作,由于措施严厉,比起其他的调查和估计资料,应更接近实际。其次,这次结果得出的全省总人数同 1912 年的 48129596 人比较,相距 25 年,年平均增长率为 2.3‰,比嘉庆十七年(1812)至 1912 年四川人口的年平均增长率 8.4‰ 显著

---

① 转引自李世平:《四川人口史》,四川大学出版社 1987 年版,第 182~191 页。

降低，也是符合 1912 年至 1937 年四川境内局势动荡的历史状况的①。它表明，虽然由于军阀混战、匪祸不断、天灾荒歉、农村经济破产等原因，会影响到人口增长，可能使自然增长率变得缓慢，但并未出现导致四川人口骤减的后果。

由此可以看出，1912～1936 年（民国前期），四川人口的增长速度明显比清代后期更为缓慢，形成波动不大的增长。人口增长的幅度，因地区和环境的不同而各有差异。原有较高人口增长速度的地区已较清后期大大减少。其中，人口增长速度进一步放慢的地区，除了人均耕地面积进一步缩减，生存空间更为狭窄等环境和资源方面的原因外，政治分裂以及由此引发的战乱动荡，以及自然灾害造成农村经济残破等诸多因素，是更为重要的原因。

1935 年，四川省的版图分属 18 个行政区，合计 150 个县和一个三峡实验区。1935—1937 年，各县编查保甲户口结果，除户口数字外，还有具体的甲、保、联保数字；全省共编 848842 甲、85796 保、5163 联保。当时，成都和重庆都已设市，市区基本上限于城区。统计表虽然标明"各市县"，却并未列出成都市和重庆市的户口数字。李世平先生认为，该表总计全省人口数字是不会遗漏成都、重庆两市人口的。他将该表 150 县 1 实验区各县区人口逐一相加后，合计人口数为 51473535 人，比该表总计的全省人口 52085011 人足足少了 611476 人。他认为，自清嘉庆以来，四川省内人口一直在发生历史性变化，改变了汉唐明清各代人口高度集中于成都平原的现象。就成都和重庆两市的城区而论，前者人口增长减缓，后者人口增长加快。该表总数多出的 611476 人，大概就是当时成都、重庆两市人口的一个约略数。②

（二）成都人口的变化

四川省内人口分布状况，在清嘉庆年间已经发生的历史性变化的基础上，沿着同样的趋势，进一步发生根本性的变化；历经汉唐宋明各代，长期存在的人口分布极不平衡，高度集中于成都平原地区的现象，在 1937 年以前已基本消除。

地处成都平原的第一行政区加上新设不久的成都市，共有人口 2928394 人。1937 年四川的人口总数已比嘉庆年间的人口总数净增 151%，但第一行政区 12

---

① 参阅李世平：《四川人口史》，四川大学出版社 1987 年版，第 190～202 页。
② 参阅李世平：《四川人口史》，四川大学出版社 1987 年版，第 190～202 页。

第十七章 四川人口的消长与天灾、饥荒和瘟疫

县加成都市的人口却比嘉庆年间相应的 12 县人口 2953203 人净减 8％。由于全省人口已净增 151％，这个地区的人口在全省人口总量中所占的比率，就由嘉庆年间的 14％猛降为 5.6％。相应的，四川省内其他地区的人口净增率却超过了全省的平均净增率。

成都城市人口在民国时期，基本上处于稳定发展时期。民国初年，成都城市人口约为 30 万左右，其中，华阳城区约有 18 万多，成都县城区应为 12 万多。成都城市人口在华阳县总人口 48 万中占 62.5％。

1928 年成都正式设市，20 世纪 30 年代成都城市人口是 40 多万。成都、华阳两县乡区人口为 64 万多人，城市人口是乡区人口的 60％。1932 年，成都地区（应为市区）人口约为 8.2 万余户、43.9 万人；成都、华阳两县乡区人口合计 9.35 万户、42.3 万人。1933 年，成都市人口为 8.22 万户、43.9 万人。1934 年，成都市人口约为 8.15 万户、44.1 万人。1935 年，成都市人口为 50 万人，成都、华阳两县乡区合计 11.46 万户、约 64.16 万人①。

从上述人口统计资料看，民国时期成都城市人口处于稳定增长阶段，民国初年城市人口大约 30 万左右，约占城乡人口总数的 25％。进入 30 年代，除个别年份外，城市人口大约在 40 万左右，约占城乡人口总数的 36％。

（三）重庆人口的变化

有关民国时期的重庆人口，抗战时期的资料较为翔实。民国初年，重庆人口缺乏精确统计。抗战前 10 年，有一个统计数据，列表如下：

表 17-2 抗战前 10 年重庆人口统计表

年度	人口数（单位：万人）	年度	人口数（单位：万人）
1927	20.8294	1932	26.8992
1928	23.8423	1933	28.0449
1929	23.8017	1934	36.9396
1930	25.3899	1935	37.9058
1931	25.6596	1936	47.1018

这组统计数据反映了抗战前 10 年重庆城市人口的总量变化，资料来自《陪

---

① 参看谭继和：《成都历代城市人口的变迁》，载《成都地方志通讯》1984 年第 2 期。

都工商年鉴》，应该是可靠的。1927～1936年的10年间，重庆城市人口净增26.2724万人，增长126.13%，年均增长率为21.3‰。重庆人口的这一快速增长，反映了战前四川政治、经济形势造成的人口变化。其变化原因有二：一是川东丘陵地区由于清初以来的外来移民大量引进高产粮食作物，使这些地区的粮食生产得到空前的提高，给人口的大量增殖提供了新的重要条件；二是重庆开埠以后，四川经济重心东移，人口重心也随之东移。也可以说，长江上游人口的重新分布，是区域经济发展的必然结果。但直至抗战前夕，重庆城市移民主要来自本省，而非远距离的东南各省[①]。

二、抗战以后，重庆市和四川地区的人口波动

（一）人口分布情况的重要变化

1937年进入抗日战争后，由于四川是抗战大后方的复兴基地，社会较安定，经济发展快，国民政府迁渝后，东部机关、学校、工厂、企业内迁，东部人口也大规模内迁，内迁人口大部分进入四川、重庆地区，使四川的人口在自然缓慢繁殖的基础上，加上大批外来人口，就很快增长了。

据1947年的户口调查，四川省共有4875.8852万人，比1941年增加232.0362万人（不包含西康省和重庆市）。增加的这部分人口，大部分应当属于移民人口。

在研究抗战时期重庆市和川康地区人口问题的论著中，有些论著过分夸大了移民的数量和规模，认为抗战时期有千万以上甚至数以亿计的移民西迁重庆、川康地区，这是背离事实的凿空之论。抗战期间，东部各省向内地大规模移民。四川又是接受移民最多的省区，从抗战开始到1944年豫湘桂战役期间，移民活动持续进

图17-1 抗战爆发后，拥塞在宜昌等待入川的人员

[①] 隗瀛涛主编：《近代重庆城市史》，四川大学出版社1991年版，第384～386页。

行，究竟四川接纳了多少外省移民，应当找到确切可靠的统计数据。

实际情况是：战时确有大规模的移民入川，但总数不会超过 200 万人。入川移民主要集中在重庆、成都两市，大约 80 万人。除重庆、成都外，分散在川康其他地区的移民数量并不多，不会超过 100 万人。这一判断是在解析战时四川人口的变化情况得出的。

1937~1949 年，川康地区在全国处于特殊地位，人口数量不但未因抗日战争和随后的 3 年内战有所减少，反而比抗战以前的增长速度加快，出现持续增长的状况。

表 17－3 1938~1949 年四川人口统计表

年度	人口数（单位：万人）	资 料 来 源
1938	4748.5295	四川省建设厅统计，载《四川经济季刊》3 卷 1 期
1938	4578.1865	《四川省三十年度编查保甲户口纪要》，1942 年
1941	4643.8490	同上书
1944	4618.4777	成都《中央日报》1945 年 2 月 2 日第 3 版
1945	4366.8805	四川省民政厅 1945 年 12 月 5 日发表
1946	4754.7120	四川省建设厅 1947 年 1 月 10 日公布
1948	5011.9660	国民政府内政部人口司 1948 年 7 月公布
1949	5730.0000	四川省统计局《四川省国民经济统计提要》1949－1981

上表所列数据，除 1949 年是中华人民共和国时期的资料外，其余都来自国民政府及四川省政府官方公开发表的资料，然而互相矛盾，未知孰是。其中一个重要原因是，抗战开始后，原四川省第 17 行政区（雅安）和第 18 行政区（西昌）正式划入西康省建制，其人口数量不在四川省的人口统计范围。即使加上西康省的人口统计数据，仍然比 1937 年四川省各县区户口统计的总数（5208.5011 万人）低得多。而表中 1948 年的数据又是包括四川省、重庆市和西康省 3 个行政区的人口统计数据的，合计数 5011.9660 万人，仍然偏低。1949 年的人口统计数据 5730.0000 万人来源于《四川省国民经济统计提要》，经过反复核对推算，比较可靠。用 1937 年与 1949 年的人口数据进行测算，12 年间，四川人口年增长率为 8‰，比 1912~1937 年的年均增长率 2.3‰有显著提高，接近于清嘉庆年间到 1912 年的年均增长率 8.4‰，这是符合抗战以后四

川政治经济情况的①。

（二）陪都重庆人口的快速增长

1937年冬，国民政府迁渝后，许多机关、工厂、学校迁渝，大批人口也陆续抵达重庆，人口进入快速增长时期。根据重庆市公安局公布的数字，到1938年11月，全市固定人口为49.7万人，比1937年底增2.3万人；加上流动人口和江边船户，重庆市人口共约达60万人。1939年3月，重庆人口已增加到123682户、534745人（其中男性307725人，女性227020人）。1939年夏秋之季，日机频繁轰炸重庆，从5月5日到7日，政府紧急组织疏散25万人口，后又疏散25万人口；到1939年全市有人口301074人。1941年以后，日本减少了对重庆的远程轰炸，重庆市区扩大，外来人口持续增长，使重庆人口有了突破性增长。1942年底，人口上升到830918人。1943年9月，达到156827户、915443人（其中，男性567605人，女性347838人）。1945年重庆市人口总数达到顶峰，为125.5071万人。另据重庆市档案资料统计，1943年重庆市出入人口：全年移入16.4万余人，移出5万余人，净增11.3万余人。

抗战胜利后，国民政府还都南京，许多机关、学校、工厂、企业、各种人员，都纷纷返还原籍，重庆市人口出现大幅度波动。1946年全市达到人口高峰，总数为124.5万余人，但到1946年末迅速减少到102.5664万人，1948年减少到100.0366万人②。重庆人口这样忽高忽低异常变动的原因，主要是由于抗日战争等外因引起的。重庆成为抗战期间中国的政治、经济中心，造成人口高峰，抗战结束，外省移民大量回归造成人口大幅下降。

（三）省会成都人口的增长

自1937年开始，成都市人口有了较为规范的统计：1937年，8.437万户、49.991万人；1938年，8.224万户、46.170万人；1939年，7.201万户、35.144万人；1940年，7.786万户、35.533万人；1941年，8.809万户，37.794万人；1942年，9.748万户、45.954万人；1943年，10.296万户，人口不详；1944年，10.806万户、96.284万人；1945年，23.963万户、74.219

---

① 李世平：《四川人口史》，四川大学出版社1987年版，第203～220页。
② 周勇：《重庆通史》第3卷，重庆出版社2000年版，第1218、1219、1220页；李世平：《四川人口史》四川大学出版社1987年版，第209页。

万人；1946年，23.377万户、72.470万人；1947年，23.452万户、72.742万人；1948年，12.560万户、64.124万人；1949年，13.333万户、60.861万人。①

抗战时期，成都城市人口的一个显著变化就是，东部外来人口的内迁，引起城市人口的急剧增加，除中间日本飞机狂轰滥炸、城市人口短暂疏散外，从1937年的46万人激增到1945年的74万人之多。抗战结束后，由于外来人口的回归，城市人口又逐步回落；到1949年，人口回归到60.86万人。

（四）战时四川地区人口增长趋缓

1937～1949年，川、康及重庆市的总人口的变动与同期全国总人口的变动基本同步，故在全国总人口中的比例仍维持在10.5％左右，表现为增长停滞状态。导致民国后期全川人口增长处于停滞状态的原因，除了常年发生的大小自然灾害外，更主要的原因是农村的高租率、重赋税、强征壮丁等有害社会经济政策造成的农村经济的破产和农民生存条件的恶化；而农村经济破产和农民生存条件的恶化，育龄男子被大量征兵及逃亡，则造成占全川人口约90％的农村人口出生率下降和死亡率上升，最终造成人口发展的停滞不前。

总的说来，抗战中四川人口变动因素较多，有自然出生与死亡、外来人口内迁、第17、18行政区划归西康、川军出川抗战以及征募壮丁等原因。在全省139个县市中，有44个县市的人口比1937年的人口统计有所增加，其余县市有所减少。在44个县中成都地区有几个县的人口却增长较快，边远地区许多小县的人口也有显著的增长。这表明，上述44个县的人口自然增长率有明显提高，而战时迁入四川的人员，多入住成都附近地区，所以成都周围几县的人口增长更快些。从大体上看来，在抗日战争时期，四川省内人口分布的状况是向更加平衡的方向发展。

（五）四川人口性别比例失调

民国初年，四川人口性别比例严重失调，男女性别比例在163.72％：100.00％之间，即男性比女性多63.72％～10％；1941～1947年，人口性别比例逐渐趋于均衡，在108.75％～105.07％之内，即男性比女性仅多8.75％～

---

① 参看谭继和：《成都历代城市人口的变迁》，载《成都地方志通讯》1984年第2期；李世平：《四川人口史》，四川大学出版社1987年版，第209页。

5.07%。兹将民国时期四川总人口性别构成表选录如下①：

表 17-4 清嘉庆到民国时期四川人口性别构成

年度	总人口	男性人数	女性人数	性比例女=100
公元 1816 年（嘉庆二十一年）	20845355	11113554	9731801	114.20
1909	50166249	31135887	19030397	163.61
1910	50217030	31175522	19041508	163.72
1912	48129596	27343294	20786302	131.55
1916	50766336	28751057	22015279	130.6
1928	54010410	30679779	23330631	131.5
1937	50438224	26761615	23676609	113.03
1938	46349275	24722323	21626934	114.31
1939	46402432	24306438	22095994	110.00
1940	46701847	24488765	22213082	110.15
1941	46438490	24192029	22246461	108.75
1942	45828243	23575264	22252979	105.94
1943	46142858	23749089	22393769	106.05
1944	47500587	24530539	22970048	106.79
1945	47547120	24543666	23003454	106.70
1946	47088591	24154393	22934198	105.33
1947	48758852	24982681	23776171	105.07

四川男女性别比例失调的统计数据表明：民国初年，沿袭前清传统宗法观念，以传宗接代作为家族婚姻的主要目标，重男轻女、多生男、少生女是人们的生育取向，性别比例严重失调是自然现象。进入抗战时期，男女性别比例逐渐缩小，难道是四川人的传统观念动摇了吗？并非如此，四川人的传统宗法观念在抗战时期没有得到多大改变。其真实原因是抗战时期，四川是支撑抗日战争的后方基地，是国民政府人力、财力、物力、兵员的主要来源。以兵员论，

---

① 李世平：《四川人口史》，四川大学出版社 1987 年版，第 219～220 页；许改玲：《四川人口性别与年龄构成》，四川省社会科学院出版社 1986 年版，第 108 页。

第十七章 四川人口的消长与天灾、饥荒和瘟疫

四川每年征兵数量为10万～30余万人，8年间，共计征发壮丁约260余万人，源源不断地补充战场牺牲的兵员。川军数量之多，当时前线就有"无川不成军"之说；还有征调数量高于兵员数倍的民夫、民工，用于常年经济建设和前线运输工作，其间的牺牲和伤亡极大，也是影响人口性别比例的重要因素。

第二节 天灾、饥荒和瘟疫对人口的影响

四川既是肥沃富饶的天府之国，又常常是水灾、旱灾、雹灾、虫灾、地震、瘟疫等天灾的肆虐区。民国时期，四川发生的局部或全局性各种灾害就多达百起左右，其中以旱涝、地震、瘟疫灾害危害最烈。每次天灾都给受灾地区的人民造成难以估量的生命、财产损失。

一、天灾

（一）水灾

四川是一个水资源丰富的省份，金沙江、岷江、沱江、涪江、嘉陵江、渠江、乌江及其汇合而成的长江干流，在给川民带来灌溉、舟楫之利的同时，也给川民造成无穷的洪水之害。发生洪灾的地区多在沿江两岸平畴地区，这些地区又多是四川城市的主要分布区，因此洪灾的危害就更为严重。仅以几次洪灾为例：

1912年夏秋之际，岷江、沱江、嘉陵江、涪江先后发生洪涝灾害。7月7日夜间，灌县遭遇岷江泛滥，淹没大片田园。8月上旬，五里坡突发洪水，居民逃避不及，所有田地房屋被淹没、冲毁，金马桥山洼处停放尸体60余具。7月中旬，苍溪县大雨连天，嘉陵江上游洪水暴涨，旺苍坝、庙二湾等处田庐冲毁大半，人畜损失不计其数。

1914年8月22～25日，川西暴雨成灾。成都大街淹没成河，深者过膝，四门内外均成泽国，农田淹没无数。金堂洪水泛滥，大片临江良田淹没。灌县、崇庆县（今崇州市）河水暴涨，道路、桥梁冲毁甚多。温江大雨之后，外江水涨横决，近河田亩悉遭冲刷。同时，宜宾、屏山县均遭连天大雨，河水暴涨，沿江田地、房屋农舍冲塌甚多。

1915年夏秋，重庆水灾频仍，米价暴涨。稻秧最初因干旱无雨而枯槁，以后又因雨水过多稻株霉烂。米价高昂，每斗（40斤）达到2000～2500文。

1917年7月下旬～8月上旬，岷江发生特大洪水，沿江城镇无一幸免。乐山损失尤为惨重。7月下旬，乐山连降3日大雨，河水陡涨，三江汇合，府河尤甚。城内进水深达五六尺，西门及县衙前、城东南的部分街道均被洪水淹没。沿河居民只有躲避屋顶，一片哀号呼救声。沿江各乡镇损失田地房屋、生命财产不可数计。同时，

图17-2 岷江彭山段

名山、雅安、丹棱、眉山大雨数日不止，江水暴涨，沿河房舍农田多被淹没，财产损失无数。夹江县城洪灾严重，先是连降大雨，河水陡涨，田禾尽没，房屋人畜损失不计其数。城内水深五六尺，被害者十居八九。县北杜山岩地崩裂，民房毁坏，牲畜死亡无算。同时，犍为县遭遇洪水，大水穿城，城垣冲塌258丈，城内建筑损失惨重，旧城、县佐署、看守所、书院、清紫云宫、三元宫均遭毁坏。田土人畜被洪水淹没不计其数。8月，泸州反复遭遇洪水，大小河街、兰田坝等处汪洋一片；双流、绵阳、北川、合江等县同时遭灾，房屋、农田、人畜均受严重损失。

1923、1924年夏秋时节，川西什邡、金堂以及金沙江流域各县发生特大洪灾，灾区损失严重。与此同时，熊克武、杨森互争短长，频起战端，兵匪祸蔓延全川，川民惨况空前。1924年7月，什邡县发生水灾，大雨连续两昼夜，洪水横溢，高景关铁索桥被洪水冲断，白鱼河、石亭江及县西鸭子河沿岸粮田庐舍淹没甚多。

1924年为金沙江特大洪水年，8月开始，沿江市县连降大雨30多天。9月18日开始，水位陡升，连续10余日暴涨。宜宾、屏山、珙县、叙永、高县春夏大旱，秋后水灾，沿岸稻田荡然无存，村舍人畜淹没数以千计。屏山城内可行船，街房坍塌无数。长江洪水高程为309.09米，洪峰流量达每秒36900立

第十七章 四川人口的消长与天灾、饥荒和瘟疫

方米。

1928年夏秋季节，屏山、绥江（云南境内县，在屏山上游50公里）水灾。金沙江水涨数十丈，全城居民铺户淹没2/3，淹没房屋200余间，财产损失严重。城内刻痕显示，洪水为305.2～305.6米，洪峰流量为29400立方米/秒。

由于战乱不断，许多水利工程年久失修，洪灾更是频繁发生。1930、1934、1936、1937年的数年夏秋，连续出现特大洪灾。1936年夏秋，金沙江、岷江、沱江、嘉陵江和长江干流均发特大洪水，沿江城镇被灾。成都市内水深过膝，会府、总府街一带均被淹没。次年又发特大洪水，府河陡涨2丈余，城内100余条街道沉陷洪水之中。锦江洪水淹没望江马路，沿江房屋、农田荡然无存。地处沱江中段的内江，受上游连天暴雨影响，江面忽涨2丈余，内江城北门和大小东门外的顺城街、上下河街、十字口街等十余条街道尽成泽国，沿江农田、农舍大多冲毁。自贡、宜宾等市县遭山洪突袭，沿途电杆多被冲毁，电信中断。南充连遭两年洪灾，损失惨重。头年嘉陵江洪峰高达3丈，漫过大堤，沿江农田、村落尽成汪洋，城内外稍低街道全部淹没，造成大量人民生命、财产损失。地处两江交汇的合川县，在这次洪灾中受到灭顶之灾。灾民共达3420户，20900余人。全县农作物多被洪水冲毁，城郊东京沱每日打捞浮尸30余具。

1937年大旱之后，四川地区又出现大面积洪涝灾害，夏秋阴雨连绵，不仅无法在农田收获、播种，连饮水都成问题。市场粮价成倍上涨。饥民载道，饿殍遍地，被灾区域占到全省4/5。

1945年7～8月，成都连天暴雨，雨量高达605毫米，引发江水暴涨，城中汪洋一片。许多街道往来行船，千余户居民无处栖身。交通断绝，工商停业，市区被淹街道达到115条，淹没水深处3英尺以上。

同年8月下旬、9月初，岷江、沱江、涪江和嘉陵江发生特大水灾。涪江流域夏秋之际连降暴雨，遍及全区。8月下旬，嘉陵江水暴涨，阆中、苍溪等地被淹，蓬安洪水决堤，江水直达城下，两岸人畜禾苗全被淹没，下游重庆、北碚河街一带尽成泽国。8、9月，沱江两次遭遇暴雨、洪水。8月29日，金堂被洪水淹没，城内公园街、北街、公安街、余家湾等地被大水淹没房屋、墙垣倒塌无数，人畜、财产损失无算。9月3～4日，重庆两江上涨1丈余，朝天门、太平门被淹，数万间房屋倒塌，人畜死亡不计其数。9月5日，涪江干支流水势齐发，酿成道光元年（1821）以来最严重洪灾。涪江两岸田土荡然无存，庐

舍为墟，哀鸿遍野。遂宁以上灾情最为严重，水位之高、水势之猛，前所未有。受灾地区33县，绵阳、潼南两城被淹没，交通断绝。射洪太和镇淹毙数百人，江油中坝淹毙2000余人，三台东北大学被灾损失数千万元。沿江房屋、稻田、中药材冲毁殆尽，损失数以亿计。

1947年7月4日，川西平原发生特大水灾。沿江民房被冲毁802间，灾区40余处，无家可归者万余人，财产损失在百亿元以上。木材冲失10余万根，菜油损失百余大桶。据省政府17日初步调查，成都市区受灾者共计27000余户、灾民82000余人，因水

图17-3 都江堰水利工程对抑制水灾、灌溉农田起到极大作用。图为都江堰离堆公园宝瓶口

灾而伤亡者近300人。国民政府一次拨赈济款10亿元电汇四川。9月6日，行政院决定三项救济方法：加拨账款20亿元发放救济；四联总处拨贷款100亿元，办理农贷；由财政部酌情办理田赋减免。

9月16日，省府统计公布本年遭灾地区，计岷江、沱江、涪江流域33县，受灾稻田65.6789万亩、房屋5373间，被灾人口44.2921万人。全部财产损失在千亿元以上。

（二）旱灾

四川天灾往往是水旱轮换，旱灾更甚于水灾。因为水灾仅限于江河流域，而旱灾则波及同一自然环境的整个受灾地区，往往造成赤地千里、寸草不生的严重后果。近代以来，由于生态环境的恶化，旱灾已成为经常威胁四川人民生存的大灾难。天灾往往相随相伴，祸不单行。旱灾之后，水灾即来。

1915年春，四川自上年亢旱、粮价腾贵之后，年初至春分无雨，小春无望，大春播种无期，东南西北各道几乎无县不荒。贫苦人家采食草根、树皮充饥。饥民成群、饿殍塞途；合家自尽或易子而食，时有所闻。

1924年春夏，四川遭受持续大旱，74县灾情严重。春夏大旱，灾区遍布全

川,其中以通江、剑阁、乐山、彭山、资中、三台、巴县、奉节、汉源、西昌等县尤重。这些地方入春少雨,炎夏亢旱,禾苗、苕、麦并枯。三台井泉皆涸。巴县等县连旱3年,草根树皮食尽,流离者载道,死亡枕藉。

1928年,四川春季发生严重旱灾,延至夏季,受灾70~80县市,尤以川西、川东北地区灾情严重。绵阳、剑阁、三台等12县,连年大荒,收成甚微;本年又大旱无雨,比户稠人,顿成饿殍。12县食口600余万,能自给者十之二三,待救者十之六七。

1930年夏,四川东部、南部发生大旱,受灾地区共计67县,尤以秀山、彭水、奉节、巫溪、万县、梁山(梁平)、綦江、重庆、永川、荣县、威远、隆昌、荣昌、江安、南溪、合江、西充、南部最为严重,骄阳似火,田禾枯槁,池堰、水井干涸,饮水俱无,秋收无望。居民无以度日,或悬梁自尽或辗转逃难、倒毙荒野。次年春季,成都、简阳、资阳、内江、隆昌、富顺、井研等39县半年无雨,春夏又旱,小春豆麦已焦,大春难望栽插,饥民以秕糠、野菜、蕉头、草根、白泥(观音土)充饥;入秋又遭洪水,灌县、彭县、郫县、崇宁、邛崃、大邑、蒲江、隆昌等50余县受灾,被灾人口200余万。成都粮价高昂,大米每斗47元,穷人难求升合。饥民毙道,市面抢食。青羊宫一带数百饥民估吃大户,田畴豆、麦、瓜、菜被争夺一空。宜宾、内江饥民挖掘白泥充饥,饿殍毙道。

1933年,四川连遭雹灾、蝗灾、水灾、旱灾,其中尤以旱灾最重。入夏以来,川东南14县遭遇严重雹灾,受灾面积大,禾苗损失惨重。南充、内江等38县遭受严重旱灾,多数颗粒无收。次年,川东江北、邻水等42县大旱,由春至夏无雨,豆麦、稻禾多半枯

图17-4 1937年,四川发生百年不遇的大旱,灾民流离失所

槁，平均收获仅常年十分之一二。饥荒到来，饥民吃草根、白泥，闭结而死，比比皆是。

1936～1937年，史称丙子、丁丑大旱。早在1935年，四川各地已经出现不同程度的干旱，特别是川东北梁山、达县、万源等10余县夏秋两月无雨，收成减至二至四成。1936年，旧历丙子年，旱区扩大到川西、川南地区，开始是春旱，继之以夏旱。持续无雨到秋冬，直至1937年，旧历丁丑年春夏，连月亢阳无雨。泉干井涸、田土龟裂，颗粒无收。草根树皮食尽，既而采掘白泥，饥民络绎于途，死者填塞沟壑。南江县二日饿死2000余人，巴中县饿死800余人，万源县灾后人口仅存2/3。通江、巴中、北川、阆中、苍溪、南江、涪陵等地，每天死亡人数从数十到数百，出现吃人肉现象。北川人肉价格：死尸1200文、活肉2400文。据四川省政府统计：1937年春夏，全省受灾140个县，灾民3000万人，占总人口3/5。大旱之后洪水接踵而至，沿江县市皆成泽国，灾区雪上加霜。

1946年春夏，四川遭受大旱，全川123个县被灾。重灾区古蔺、三台等26县农作物减产50%～70%以上。什邡等44县，春季农作物减产40%以上。

1949年，春旱袭击了四川65个县，川北、川南、川中各地，稻田龟裂，禾苗枯死，农民无以维生，挖白泥、掏菜根、剥树皮充饥。饥民成群结队外出找食，出现威逼粮户开仓放粮、"吃大户"的现象。黄昏时，许多城市的老人、儿童烧香跪拜，高声呼喊："玉皇大天尊，下雨救众生；今日下大雨，明日变黄金。""苍天苍天，百姓可怜；求天落雨，救活秧田。"但是，旱灾刚去，洪灾又到。从5月到7月，长江、岷江、沱江、涪江相继暴涨，四川沿江77个县、市遭受特大洪灾。全省生命财产损失难以数计。长江上游植被大量破坏，水土无法保持，加剧了这种恶性循环的严重后果。

（三）饥荒

在封建势力、官僚、军阀和外来资本的压榨剥削和摧残之下，四川农村经济日渐衰落，田地荒芜，农田水利失修，耕畜农具散失，劳动力大批弃田逃亡，农村抵御自然灾害的能力大幅度下降，稍遇天灾，即造成饥民云集，饿殍遍野的惨景。例如，1925年，川北巴中因天灾出现大批饥民，"树皮草根业已吃尽，无以为生，饿死者十分之三……饿死人民沟死沟埋，不计其数。城内自年腊月起，死人太多，特在龙王庙官山内掘一万人坑，以便掩埋。至今第一、第二大坑已满,第三大坑又在继续抬埋"。在大竹,"饥民麇集,动辄数百成群,乃至一二千之众,皆系本乡耕作良民。食粮告罄,无以为计。此种惨况,无地无之。大多以豆叶、菜根,暂时果腹。食取既尽,则继之以树皮野草,苟延生命。殆至草根树皮剥食罄尽,于是争掘白泥充饥,以续残喘……其觅食不得而饿死者,仅就古蔺一县计之,亦三千人"。①

由于连年饥馑,在四川造成了大批饥民,并引起人们易子而食,卖儿卖女。如在巴县,"易子而食者21家,自食其子女者十余家,饿死者约7万余人"②。在潼南等县,"常有人引抱幼孩沿街求卖,其价每一小孩至多不过5~6元,少者2~3元不等;晚间路上均有女孩遗弃,任人拾取"。由于饥饿难挨,一些人甚至将"枵腹之际、哭号终朝"的幼女"上下唇用线紧缝"。饥饿迫使全家服毒自尽或跳岩自杀者屡见不鲜。在松潘等地,还出现了"沿途数百里内,人血及白骨与饿死者,填满沟壑,令人目不忍睹"的惨相。在川北等地,"盗食死尸之事,时有所闻","杀人卖肉,殆已成风"。在万源县更出现了大规模吃人惨剧,"纵横二三十里内,人头星罗,尸骨狼藉……被发之墓,数十百堆"。③

图 17-5 1937年四川饥荒中,南充县地方政府以米粥赈灾

在封建势力和外来资本的剥削压榨下,四川农村经济迅速陷入崩溃边缘。濒于死亡边缘的农民,或逃亡外方,转死沟壑;或涌入城市,或为乞丐或饥民。据统计,1928年全川共有72635380人,到1931年,全川人口降至47992282人。4年间人口减少了24643098人,占原有人口的1/3④。

---

① 西华近代文献征集处:《四川农村崩溃实录》,1935年5月19日,第1~2页、第4页。
② 《国民公报》1925年2月16日。
③ 黄淑君:《军阀割据混战与四川农民》,载《西南军阀史研究丛刊》第1辑,四川人民出版社1982年版,第428页。
④ 吕登平:《四川农村经济》,上海,正中书局,1936年,第136页。

素以农业发达著称的四川,到处出现大面积荒芜的田地。如川西广汉,荒田9/10,完全无人耕种。金堂、绵竹、什邡、德阳等县,荒田十之六七,黔江、忠县、丰都、峨眉荒田十之三四,雷、马、屏、峨荒田7/10。军阀岷江之战,毗河之战,各使当地农民荒田一季。川南40余县,因天灾及战后荒歉,玉米未能播种①。"天府之国"竟落到如此残破的景象。

(四) 火灾

四川火灾是仅次于旱灾、水灾的重大灾害,火灾往往发生在人口稠密区,特别是大城市。重庆市是民国时期火灾高发区,几乎占据特大火灾的大部分。重庆人口特

图 17-6 1937年饥荒中,摘树叶充饥的孩子

别稠密,街房大多为木质房屋结构,又紧密相连;山城道路崎岖狭窄,火灾发生时,扑救不及,往往整条街道化为灰烬,造成惨重生命财产损失。

1912年7月31日,重庆市区发生特大火灾,因街房密集,高温又加剧火势,全城房屋焚烧达1/5,公私财产损失合计值白银100余万两。

1920年2月10日,重庆市区较场口一带发生大火灾。傍晚,大火从荒货街燃烧,延及百子巷、走马街、黄土坡、十八梯、木货街、演武厅、瓷器街等处,直至次日凌晨才熄灭。烧毁民房数千家,财产损失不计其数。

1924年8月26日,重庆市区突发特大火灾,由于取水困难,扑救无方,自起火日延烧4昼夜,至29日才熄灭。这次大火,焚烧商店民宅2000余家,经济财产损失在1000万元以上。

1927年5月18日夜,重庆市区金紫门外竹林街发生火灾,延烧358家商店、街房,损失6100余万元,死亡6人。

1928年4月19日下午3时至夜间3时,重庆城区发生大火,火起自千厮门洪崖洞,由东川书院街入城,一直延烧到香水桥、石板街一带;上至临江门入

---

① 吕登平:《四川农村经济》,上海:正中书局,1936年,第82页。

城,延烧横街、七星岗、省立女子师范学校。城外则上至官山、下至鱼溪。自下午3时到夜间3时,受灾者7000余家,死亡200余人。

1930年3月14日,重庆市区东水门发生大火,延烧1000余家,死伤10余人,损失约在1000万元以上。同年8月25日,重庆市区储奇门河街一带发生大火灾,从早晨9时燃烧至半夜。延烧入城,遍及仁和湾、双巷子、金紫门、镇守使署、玉带街,上至三圣殿、大梁子、磁器街,灾区三四里,受灾商民逾万户,仅登船逃离被淹死者就达40余人,财产损失数千万元。

1931年12月22日,重庆千厮门火灾又起,延烧1000余户,烧死200余人。

1938年5月8日,重庆临江门发生大火。延烧7小时,烧毁江岸民房7000余家,死伤百人以上,无家可归者3万余人。估计经济损失200余万元。

(五)地震①

四川是中国地震多发省区之一。进入20世纪以来,四川西部各主要地震带进入活跃期,地震频率高、面积广、震源浅、强度大。据统计,清代268年中,四川发生7级以上大地震共9次,平均30年1次。而民国仅38年,四川发生7级以上大地震就有3次,平均10多年发生1次。地震给四川人民造成了深重灾难。

1923年3月24日,炉霍、道孚间发生7.25级大地震,震中烈度10级。《民国档案》载,川边镇守使陈遐龄在给北京政府的电文中说:"数百里之内炊烟断绝,咸为丘墟……约计全县伤毙人口三千名以上"。当时,政府救助有如杯水车薪,报刊对此少有关注,土匪又趁火打劫,从而更加重了人民的灾难。

1933年8月25日15时50分30秒,茂县叠溪发生7.5级大地震,震中烈度10级。震前持续干旱40多天,震时声如雷鸣,顷刻山崩地陷,飞沙走石,陵谷迁移,叠溪古城及附近20多个羌寨全部覆灭,死亡6800多人。地震引起岷江两岸山崩,堵塞河道,积水倒灌,形成多个堰塞湖。地震后第45天,即10月9日傍晚,高160多米的堰塞湖溃决,积水倾湖而出,浊浪滔天,沿江村镇、田园一扫而光,数万亩农田庄稼被毁,人畜逃避不及者,尽被卷入水中,又有2500多人丧生,造成我国地震史上罕见的次生水灾。地震发生后,驻防松

---

① 地震条目为吴康零撰写。

第十七章　四川人口的消长与天灾、饥荒和瘟疫

理懋茂汶的第二十八军军长邓锡侯曾致电南京政府行政院，报告灾情并请求援助。四川善后督办刘湘也决定派人携款入山，赈灾修路，凿通湖口。但从中央到地方政府，救灾措施均极不得力，以致45天后堰塞湖溃决而引发了严重水患。当时，省内外媒体、民间社团和科研文教机构对叠溪地震极为关注，各自派出访员前往现场采访，仅《新新新闻》就刊发系列报道上百篇；共产党人车耀先以中华基督教改进会名义四处奔走，发动社会各界捐款，募集救灾物资；西部科学院地质研究所和四川大学即时派人深入实地调查，分别出版了《四川叠溪调查记》和《叠溪地质调查特刊》等珍贵资料。

1948年5月25日，理塘发生7.3级大地震，震中烈度10级，死难近千人。设在康定的《西康

图17—7　1920年，英国人托马斯拍摄的地震前的叠溪照片

图17—8　川籍地质学家常隆庆1933年拍摄的被地震毁坏的叠溪照片

图17—9　震后形成的叠溪"大海子"和"小海子"

日报》因离理塘较近,在地震第2天即刊发专电说:"理化(当时的县名)发生强烈地震,房屋倒塌甚多,居民颇有伤亡,尤以郊区平原地带为剧。"由于当时国民党政权处于崩溃前夕,社会动荡不安,因此这次地震未能引起官方和社会各界关注,以致留下的第一手地震资料甚少。直到1960年,国家南水北调工作队在当地调查时,才作了一些简单统计。1966年,中国地球物理研究所经过深入调查,理塘地震的全貌才被逐次勾勒出来:房屋倒塌600余幢,损坏1000余幢;压死埋没800余人,伤数百人;部分村庄房屋全部倒塌;区内地裂密集成带,长约100公里,最宽处达80米。①

二、人祸

(一)频繁的兵祸骚扰

民国元年以来,四川兵祸接踵而至,农村经济备受其害,1918年四川防区制形成后,各军阀为争夺防区,扩大统治地盘,发生混战日甚一日。战火纷飞,兵匪横行,严重摧残了四川经济。由于军阀连年混乱,大量田地无法耕种收获。各军所到之处,无不派粮派款,抓丁拉夫,军队驻地形同匪窟。凡有驻军之地,周围10里之外,不仅男子逃亡,而且其他人也避之如瘟疫。如1923年7月邓锡侯军退梓潼,"乡区所有粮食悉被搜尽"②。尽管当地田粮已预征至1938年,邓锡侯仍随时勒索,梓潼人民无不叫苦连天。在蓬溪县,1931年常年驻军20个团以上,筹粮、筹款搅得鸡犬不宁。士兵经常持械下乡搜索粮食,"搜索不得,五刑并用,非示以藏处,立有身头异处之虑"。兵痞们还横生纠纷,"诬民私藏枪支子弹或撕烂军服等罪名,公然逮捕。毒打之余,再论罚金"。③ 在广汉,1923年5月,"四乡各场驻军与溃军,沿途各处附近居民无一户不住。各军侵入家宅,自由造食,奸淫抢掠,损失财物甚巨;拉夫行役,至今未归者数千人。既无牛使,又无农工,求耕不得,欲栽不能,县东北区六场荒废农田至数万余亩"。④

---

① 本目参考文献:宋石男《民国四川地震"遗书"》,《先锋国家历史》2008年第13期;冷涛、邓成蓉著:《阿坝州旅游大全》,四川人民出版社1996年版。
② 《川报》1923年7月。
③ 《赈务旬刊》1932年第2期。
④ 吕平登:《四川农村经济》,上海,正中书局,1936年,第184~185页。

第十七章 四川人口的消长与天灾、饥荒和瘟疫

图 17—10 遭受军阀战乱之苦的綦江县饥民

兵祸当中,民众最害怕的当属拉夫,"拉夫乃最惨酷之事。川民言及,辄为寒心颤抖不已"。江油等地,被军队抓去当民夫的,"一去十天半月不能回来,其死于路途者,比比皆是"。① 每逢军队开差作战,"则见大批士兵手执马刀、绳索,四处拉兵、拉夫。人民四散奔逃,如临大敌,赓即每队用绳索缚系数十百人一队","拉齐后即闭禁黑市,每日给以稀粥,被遗忘饿死者亦常有"。民夫的待遇则每日只给伙食不给工资,强行负重,不论老弱,沿途毒打,死者累累。编入军队,即永无归日。②

在川北地区,据不完全统计,"由于军阀拉夫,经常有数万人不能参加劳动生产"。"荣威大战"期间,荣县境内被拉未归农民即达两三千人,为怕兵灾而逃亡失踪的也有几千人。宣汉县附城一带因驻军太多,人民畏拉夫逃跑,荒废田土,其面积亦有四百余里。③ 在 1934 年,广元等地"秧苗之栽插者,仅及全县稻田面积十分之一;梓潼去年全县平均插栽者,不及三分之一;苍溪去年栽

---

① 长江:《中国的西北角》,上海,正中书局,1936 年,第 11~12 页。
② 吕平登:《四川农村经济》,上海,正中书局,1936 年,第 164~165 页。
③ 《赈务旬刊》1932 年第 2 期。

插秧苗,在全县中至多者不过十分之一;剑阁去年全县各区稻田,栽插者少至十分之一,多者不过十分之六七"①。

战争之中,各军无不奸淫掳掠,践踏庄稼,焚毁民房,农民的门窗、家具、甚至犁柄、锄把等也常被军队用于生火煮饭。如成都这个省会所在之地,1923年军阀大战之时,"成都附郭一带被匪兵奸污之妇女在二百六七十人以上,被杀害之良民在三百以上。其在战线区域内被创而死,拉夫中弹而亡,及逃亡在中途绝食倒毙沟壑田野者,更不知凡几"②。同年9月,在达县"各军勒索不遂,继以杀",民房被烧者甚多,枪刀刺伤者不知凡几,"其他如邮局、电局、学校皆抢劫一空,统计公私财产损失,约值六百万元"③。

战争期间,军阀肆意破坏水利设施,淹没农田房宅,为患四方。如1933年刘文辉、邓锡侯两部大战期间,邓锡侯之刘隐部退集灌县,决堰死守,沿河十余县泛滥成灾,禾稼淹没,农事堪虞④。当刘文辉向邓军进攻时,为减少强渡之困难,"令将都江堰掘毁",造成"外河水涨,河沿各县均受水灾"⑤。

(二)土匪势力的猖獗

与此同时,军阀的混战割据,各自为政,造成四川匪患日趋严重。由于战乱不休,大批散兵游勇流落江湖,兵化为匪;大量枪支弹药散失于民间,更使四川土匪实力日趋膨胀。民国初年开始,内忧外患迭起,民不聊生,迫使大批破产农民和失去了工作机会的手工业者铤而走险,聚啸山林为匪。四川各军阀忙于混战,并在各个防区内拥兵割据,忙于内部争斗和聚敛财物,无暇顾及土匪活动。再加上四川境内山脉纵横,山高、林密、路险,洞穴密布。因此,民国以来,四川境内土匪多如牛毛,势力大增。

四川土匪之确数,"无从统计,但以历来匪患情形及招安队伍估计,每县平均1000人,并不为多;平时全川匪量常在14万~15万以上。如川东、川南、川西各县巨匪,每县4000匪者亦不少,至内战爆发后数量更多,且兵、团、匪

---

① 西华近代文献征集处:《四川农村崩溃实录》,第40页。
② 《川报》1923年7月10日。
③ 成都《国民公报》1923年10月22日。
④ 《申报》1933年9月13日。
⑤ 《时事新报》1933年9月25日。

互相转化,常为三位一体形态"①。四川农村许多地方几乎成了"土匪的世界"。

土匪势力的膨胀,严重危害了四川农村经济。土匪不仅杀人、放火、绑票、抢劫,而且还和土豪劣绅、贪官污吏互相勾结,暗中串通,敲诈勒索良民百姓,造成四境鸡犬不宁、路断人稀。如1923年2月,广汉县"县城四乡被匪所烧屋宇3000幢以上,绑去人票2000余人,牵去耕牛2000~3000条,以至广汉周围百里内外野无人居。由新都至汉州,又由汉州至德阳、中江等处,路断行人,商旅怨嗟,百姓啼泣"②。金堂巨匪赖金廷,最盛时能调动人枪7000多,俨然一方之雄,其"拉肥猪"的势力范围竟达川北、川南一带。在什邡县"兵匪啸聚,蔓延于全县各区。抢劫不分昼夜,掳掠不分男女。鼓楼街近在城下,三月初四被劫掳一百余家,而较远之区则可想见矣。其妇女之拉去被奸污,或估迫成婚而不得其踪迹者不知凡几。更有逼毙于匪巢,犹索银以赎尸。其家属无钱赎取,并殃及于亲族者,更不知凡几"③。

土匪的抢劫掠夺,最初主要是针对"殷实"人家。因匪势嚣张,这类人家大多避迁城镇,依托驻军庇护,土匪遂把劫掠对象转向农民。农民家中的一切财物,从耕牛、农具、现金、粮食、衣物,一直到扫帚、尿布之类均属土匪抢劫对象。土匪抢劫不遂则绑票索款,农民若不交出绑匪索要的钱财,土匪就杀人撕票。不少农民被土匪害得家破人亡,青壮年被迫上山入伙为匪,土匪团伙就像滚雪球一样不断膨胀。

土匪还和地主、官僚、民团相互勾结,狼狈为奸,坑害农民,勒索乡民。一些地方的民团,与土匪相互串通,为所欲为,时而为兵,时而为匪,经常以防匪为名向农民派款,整得农民苦不堪言。川北一带有谚语说:"兵如梳,匪如篦,团丁犹如刀子剃。"兵、团、匪实为一家,共同危害农民,严重破坏了农村经济。

三、瘟疫

瘟疫为急性流行性传染病,是人类的天敌,在近代医学及抗生素发明前,

---

① 吕平登:《四川农村经济》,上海,正中书局,1936年,第150页。
② 《川报》1923年7月26日。
③ 《川报》1923年7月30日。

第十七章 四川人口的消长与天灾、饥荒和瘟疫

往往造成大面积人口死亡。四川在民国时期发生过多次瘟疫，主要时疫为痢疾、霍乱、脑膜炎、白喉、猩红热、伤寒等，导致大量患者死亡。

1916年，发生大面积痢疾，全省发现痢疾患者33.2758万人，死亡15.1406万人，死亡率高达45%，居当时各种传染病死亡率首位。同年又发生伤寒病患者59.0790万人，死亡21.8522万人，死亡率38.7%，居当年传染病死亡率第2位。

1920年初夏，重庆、巴县等地发生霍乱时疫（俗称"麻脚瘟"）。重庆因患霍乱不治身亡者达到万余人。延至7月中旬，传染川康地区45市县。其中蓬溪、梁山、德阳、广汉、隆昌、成都、重庆、金堂、宣汉、郫县、武胜、罗江、华阳、新都、荣昌、彭县、天全、永川、资中、峨眉、泸县、绵竹、什邡、中江、江北、潼南、射洪、简阳、阆中、雅安、灌县、绥定（今达川市）、乐山、富顺、三台等36县为重灾区。霍乱病势猛烈，有朝发夕死者。富顺、自流井死亡人数6000～7000人，郫县死亡人数2000余人。流传地区路断人稀，家家闭户。成都死亡4000余人，街上的苦力身挂"腰牌"，写明姓名、住址，以便路毙后家人认尸。由于政府未能采取有效防疫措施，霍乱肆虐百日以上。死亡人数不计其数。同时，天全、阆中、万县流行伤寒。天全始阳至圈子岗500余家无一幸免。

1931年5月，重庆气候不调，时疫流行。据市公安局调查，每天死亡人数在100人以上。经诊断，其中多数死于脑膜炎症。

1938年夏秋，合川、安县、荣县、威远、荣昌、资中、内江、隆昌、富顺、泸县等地流行白喉、猩红热、脑膜炎、伤寒等急性传染病。其中，合川县尤为严重，患者占人口十分之八，病死者甚众。

1939年5月，重庆地区的难民中发生霍乱，6月传至自贡，7月传至成都、郫县、德阳、崇庆以及川北一带。8月又经乐山、洪雅传至雅安等西康地区，流行区域计有自贡、巫山、奉节等50余县市，尤以自贡最为严重，患者多为贫苦盐工，死亡5000余人；从鹅儿沟到田坝头，不足半里路，人户不满30，门上挂"望山钱"的丧家即达17户。成都霍乱从东外沿江居民及船夫中传遍全城，根据警察局发出的"埋葬证"，全市死于霍乱的共2337人。省政府在此次时疫中，发给各地疫苗4865瓶，仅能注射万余人。次年，川北剑阁、南部等地再度发生霍乱，迅速蔓延到阆中、梓潼、苍溪、三台、广元、乐山等地，死亡

人数众多。

1945年6月霍乱再度爆发，内江首先发现疫情，并迅速向全省范围流行，疫区之广，达93个县市，当局公布的患病及死亡人数为20316例，死亡3381人；以自贡、重庆、成都最为严重。重庆市各医院收治病人近千人，呻吟街头者比比皆是。至7月成都，成都霍乱已蔓延到114条街道，牛市口、牛王庙、向家巷等处，家家生病，户户闭门。市内医院统计门诊病人3773名，住院病人9165名，死亡939名，死亡率在10％以上，有的病人还未断气，就被拖入停尸房洒上石灰，惨不忍睹。[①]

[①] 本节参阅张学君主编：《四川省志·大事记述》中册，四川科技出版社1999年版，第1～365页。

第十八章 多元社会思潮的激荡

民国时期是新旧、中西各种社会思潮汇聚、碰撞的特殊社会转型时期。在20世纪头20年发生的一系列重大事件，震撼了中国社会。1911年的辛亥革命，给中国人民带来了一次精神大解放；1915年9月《新青年》杂志创刊，揭开了新文化运动的序幕；1919年"五四"运动的爆发，点燃了爱国救亡和思想启蒙的火炬。这些事件，足以对中国文化思想领域产生长远而深刻的影响。四川虽然远处内陆，但崇山峻岭阻断不了新思想、新文化的穿越。本章选取时代大潮冲击下几个具有代表意义的社会思潮片段加以论述，以展现这一时期四川思想文化领域波澜壮阔的篇章。

第一节 多元社会思潮的滥觞

一、民主共和思潮深入人心

1911年的辛亥革命，以及1912年1月中华民国的建立，宣告了中国两千多年来封建专制统治的结束。这是以孙中山为代表的中国资产阶级民主革命所取得的伟大胜利，它使中国人民在政治上思想上获得了一次大解放，民主共和潮流激荡着神州大地。远处内陆的四川，这时也深深地感受到它的巨大震撼力。辛亥革命后，四川先后建立了重庆和成都的军政府，并于1913年成渝两军政府合并建成统一的四川军政府。四川人民在欢庆革命取得成功的同时,无不热情讴歌民主共和思想的胜利。一时之间,全川形成了颇具规模的民主共和潮流,出现了"倡独立共和之声,震于耳鼓"①、"自由之说昌,人权之风盛"②的动人场面。民主共和思潮不断深入人心,使得人们的思想观念发生了重大而深刻的变化。

第一,法制观念的树立。辛亥革命后,民主共和政体取代封建君主政体,西方资产阶级民主国家的"三权鼎立"观念开始深入人心。四川社会政治制度、司法制度发生了重大变化:一时共和制度初行天下,出现了县参事会和议事会;成立了省级上诉法庭、高等审判厅和地方审判厅。

正如有的地方志所说:"辛亥以后,共和建设遂为法制国家。法制者,以法为治也。事皆立为法治,事皆立有法程,人皆资之守法。事以法举,故曰法制。其大要统分为三,曰立法、司法、行政……言法制者,称之曰三权鼎立。"③ 具体到地方,一县行政长官,依法律命令执行,县内行政事务则为所辖吏员之职务。这样的法治社会,与辛亥革命前的"人治"社会形成了鲜明的对比。在过去社会中,官吏把倚仗权势鱼肉百姓、草菅人命视为常态,民国初年,由于"自由"、"平等"、"人权"、"法治"观念的宣传普及,地方官员的"官威"不得不有所收敛。"州县知事通称先生,无官无大老爷名目",百姓面见知事,"行三点头鞠躬礼。无仪仗,无堂威,进出亦无弹压"④。"官绅相见,互相一鞠躬,不复用拜跪礼"⑤。面对此情此景,一些留恋旧制的官吏无不哀叹:"民国肇造,谬解共和平等者率多误会……官威不振,民不畏官,官困于绅,绅困于匪。……好事者醉心欧美,侈谈鼎革,加厉变更。前清官仪,纯然改组。"⑥

第二,自由结社观念的普及。在封建时代,人民没有言论、结社、集会的权利自由。民国推行新政,四民平等,解除党禁,"人民得依法成立各团体,以

---

① 民国《续修资中县志》卷10,杂编。
② 民国《续修达县志》卷9,风俗。
③ 民国《重修彭山县志》卷6。
④ 民国《合川县志》卷25。
⑤ 民国《名山县志》卷10。
⑥ 《四川政报》1914年第8期,公牍,转引自隗瀛涛主编《四川近代史稿》,四川人民出版社1990年版,第741页。

谋自治之进行,曰法团"。① 从此,以"法团"名义成立的民间社会团体,遍及各地,五花八门,无奇不有。最常见的,除有县议事会、县参议会议外,还有教育会、商会、农会、工会等。② 南川县,"清代政府不许私人集会结党,禁止烧香结盟,尤为严厉拿办盟首,律予死刑……民国立,党禁解,党徒滥,风气所趋,佣夫牧童,无人不盟不党"③。除以上集会之外,还有耆老会、文社、运动会、体育会、俱乐部等。南溪县在各县中最具有代表性,其社会团体状况是:"民国既建,集会结社载在约法,于是放足有天足会,戒奢有崇俭会。基于血统观念者,有某氏同宗会。基于地域观念者,有旅外同乡会。学校有校友会、学生会、谈话会、文艺会。学生砥砺学行,有自治会。比较文艺,有观摩会。讲求体育,有球团、运动会。社会有讲演会、纪念会、追悼会。为佛之说,有佛教会。为老之说,有道教会。三教杂糅,有同善社。妇女运动有妇女协会,政党有国民党、共和党、进步党等等。"④ 在传统社会中,士农工商为基本组成分子,"四民之中,士尤重要,故曰士为四民之首",他们在社会生活中具有较大的影响力。但是,"民国以来,四民平等,社会根本为之一变。农工商渐有团体结合……从前听命于士者,均得各推代表参与地方政务,固俨然一民治国家也"。⑤ 这也反映出民国以来社会结构与人们的观念,已经悄然发生了变迁。

第三,舆论开放观念的流行。在封建时代,统治阶级强制推行愚民政策,奉行的是"民可使知之,不可使由之"的教条。人民没有言论自由,社会失去知情的权利。进入民国以后,民主共和观念深入人心,提倡自由平等人权,人民结社集会自由,政党社团勃兴,舆论开放已成不可阻挡之势。于是,"学堂提倡言论,课余特开谈判练习。凡有多人公会,虽乡市必公开演说,宣布宗旨"⑥。凡有政党,必有学说主张,于是,又出现"民国肇建,异说朋兴"⑦ 的现象。时代倡导舆论开放,政党需要代言,社会需要知情,这就为民国初年四川报业的繁荣创造了条件。

---

① 民国《万源县志》卷6。
② 民国《万源县志》卷6。
③ 民国《南川县志》卷6。
④ 民国《南溪县志》卷4下。
⑤ 民国《泸县志》卷3。
⑥ 民国《南川县志》卷14。
⑦ 民国《三台县志》卷25。

第四,妇女解放观念的兴起。在封建社会,妇女受封建宗法思想和制度的四种权力——政权、族权、神权、夫权的束缚,遭受的压迫最为深重,地位最为卑贱。在"三从四德"、"男尊女卑"等封建思想的束缚下,妇女毫无自由、平等权利可言。其中,最值得改良者,莫过于"缠足"与"不求识字"。虽然清末有识之士提倡"天足会",但"毫未收效"。进入民国以后,民主共和思潮唤醒了人们对妇女问题的新思考。于是,一时间"城内女学兴起,通行解放……今日世界学说,动谓女权卑弱,受男抑压,不得平等自由"①。民国以后,一些具有较高文化素质的资产阶级女权活动者,纷纷创办报刊,宣传妇女解放,提倡女学,抨击封建礼教。1912年6月孙少荆主办了四川第一张妇女报纸——《女界报》,邀曾兰(吴虞夫人)为主笔,竭力批判旧礼教的黑暗,积极争取女性的权益。妇女报的出现和发展,反映了辛亥革命后广大妇女觉悟的提高,表达了她们对于平等自由的追求与渴望,是民主共和观念深入人心的又一历史见证。

第五,自治观念深入家族。民国初年,政府陷入军事之争,未遑政事,"专赖人民自治以调剂之"。于是,"近来各族联宗会之设,所以林立也"。民间联宗会组织,如雨后春笋般兴起,在其制定的联宗会章程中,无不顺应自由平等之潮流,而与专制制度下的宗族组织大相径庭。如民国15年(1926年)《李氏家政联合会简章》不得不坦承:"万物愈生愈繁,文化愈演愈进。""近人有倡言父子为平等,兄弟夫妇为平权者。""盖平等、自由、开放等名词,皆谈进化者之美称。"等等,② 就是明证。

二、反传统思潮下的逆流

辛亥革命推翻了清朝政府,旧的封建专制的政治中心倒塌了,但是长期依附于封建制度的旧文化并没有销声匿迹。袁世凯上演的洪宪复辟丑剧,就是借用封建儒学、推行尊孔复古来为其护身开道的。既然单独的政治革命,因意识形态的阻力而不能进行到底,那就必定会开辟新文化领域的新战场。在1915年开始的新文化运动、1919年爆发的五四运动中,先进知识分子和爱国学生点燃

---

① 民国《南川县志》卷6。
② 民国《金堂李氏族谱》卷1。

第十八章 多元社会思潮的激荡

了爱国救亡和思想启蒙的火炬。人们终于把注意力集中于文化问题，向着封建文化的堤防发起猛烈的冲击。

民国初年，在帝制已被推翻、民主政治已经初步建立的背景下，在辛亥革命的策源地，有着保路同志军起义光荣传统和革命精神的四川，竟然在思想文化领域兴起一股尊孔复古的思潮，出现了与民主共和背道而驰的回归传统的现象。

1912年3月，袁世凯窃据临时大总统，标志封建专制势力在政治上重新抬头。出于帝制复辟的需要，袁世凯纠集黎元洪一类新贵族和以康有为为代表的封建遗老及外国势力，齐声鼓噪，攻击民主共和思想，狂热鼓吹恢复封建礼教，提倡尊孔读经，掀起了一股尊孔复辟的逆流。在四川，都督尹昌衡、胡景伊，封建文士曾学传（绍新）、徐炯（子休，前清举人）、宋育仁（四川富顺人，前清翰林）等人，也导演了一幕幕尊孔复古的闹剧。

原是四川军政府都督的同盟会党首领尹昌衡，这时也迷失了方向。他公然于1913年夏致电袁世凯，说什么"孔子之道，如日月经天，河海行地，其大公至正固足以范围乎万世也"，他请求袁世凯下令全国学校尊孔读经，袁于6月嘉奖其为"所见极为正大"①。1913年春，曾学传在成都发起组织"孔教扶轮会"，旋改为"孔教会"成都支会。6月，有20多个县成立了支会，并于年底向全国请愿，要求立"孔教"为"国教"，"著于宪法，昭示万世"，鼓吹"欲维共和，断非尊孔教不可"②。徐炯倡导成都、华阳两县成立了"孔教会"支会，发表尊孔演说"义利之辨"，攻击民国，鼓吹"孔子之教真使国利民富"。③徐炯曾是四川尊孔复古派的代表人物，在1915年上书拥护袁世凯当皇帝的《劝进表》中，他就名列其中。1918年他又创"大成会"，任会长，至1923年，有会员287人，四川许多政客、军阀均参与其中。④

值得注意的是，曾任英、法、意、比四国参赞，作为四川改良派代表人物的宋育仁，这时也坠入逆流之中，甚至在泥潭中越陷越深。1914年，他与清朝

---

① 《孔教会杂志》卷1，第5、6号（民国2年6、7月）。
② 《孔教会杂志》卷1，第3、6、11号（民国2年4、7、12月）。
③ 《孔教会杂志》卷1，第12号（民国3年1月）。
④ 参见《大成会丛录》第1、3、23期，转引自隗瀛涛、李有明、李润苍主编：《四川近代史》，四川省社会科学院1985年版，第668页。

遗老劳乃宣等人,在北京大事宣讲尊孔复古,公然主张清帝复辟。他上书袁世凯,说袁是清朝旧臣,应该"效周公辅成王的故事,辅佐幼君(指清帝溥仪)",结果触怒袁世凯,被袁以"危害民国"罪,于年底将宋押解回川,由地方官"编管"、"察看"。宋于1915年回到成都。1916年,宋育仁在廖平主持的四川国学专门学校担任主讲,1917年又主持该校,继续鼓吹尊孔读经,拥护清帝复辟。

民国初年,在思想文化领域之所以兴起一股尊孔复古的思潮,绝非偶然。正如民国《泸县志》卷3所云:"自民国成立,政不上轨而约法,又有信教自由之规定。于是,厌世者遂遁入空虚以冀解脱一切"。辛亥革命前,四川人民受民主共和思潮的鼓舞和影响,对于民国时代的前途充满了新的希望。然而,辛亥之后,号称"民国",而行专制之实。冷酷的现实使他们对共和政治陷入失望和沮丧之中。1928年出版的《大竹县志》采录了一首《民意歌》,集中反映了民国初期四川民众思想上的彷徨、迷茫情绪:

民意民意,原来是个假面具。和平亦民意,激烈亦民意,忽热忽寒民所惧。甚么叫民生,甚么叫国计。他们万金不为奇,我们一饭何容易。民意民意,公然成了活把戏。建设亦民意,破坏亦民意,不痒不痛民所忌。甚么叫法制,甚么叫经济,他们头上那有天,我们眼前便无地。

军人本万能,政客多五技。你争名,我争利,无事不矛盾,无人不钩距。多少笑话莫忘记:谓专制,即共和;谓总统,即皇帝。因人转,即方针,随时变,即主义。强盗即英雄,主义即奴隶。齐呐喊即新舞台,全武行即大会议。一般应声虫,实在恶作剧。小百姓,无他意。怕的伟人多,这个来了那个去。①

正是由于对共和政治极度失望,一些人的思想无所依托,精神空虚,这就为尊孔思想在四川的泛滥提供了舆论环境。于是,在这种心态的支配下,回归传统思想遂大行其道,尊孔思潮开始流行。

另一方面,环顾当时中国,不仅一般知识分子主张尊孔读经,而且就连一

---

① 民国《大竹县志》卷10。

些著名的启蒙思想家,如康有为、严复、章太炎等,也在复杂的国内外环境的影响下,将研究的视野投向传统文化,试图从儒家的原始经典中寻找出民族复兴的文化基因。他们此时已不再像以前那样把批判的锋芒指向传统,而是开始向传统靠拢,甚至把传统文化作为拯救世界的法宝。在这种背景下,原本有着浓厚国学情结的一些四川封建文人,以及从西方学来议会政治却又屡遭挫折的改良派人士,在共和失败、心灰意冷之时,不可避免地退回到他们熟悉的传统文化的港湾之中。可见,尊孔思潮之所以在民国初期能够一度十分高涨,人为因素固然重要,社会心理的影响更值得注意。①

(二)反传统的急先锋吴虞

图 18-1 吴虞夫人曾兰及其在《女界报》创刊号上撰写的发刊词

图 18-2 中国思想界的清道夫吴虞

在新文化运动的推动下,民主共和思想在四川大地得到进一步释放,涌现出了以吴虞为代表的反传统的急先锋。②

吴虞字又陵(1872~1949年),新繁人。20岁时,曾向尊经书院高材生吴之英学文学,并向吴之英的同学廖平问学。戊戌维新后,吴虞开始接触资产阶级的新学,是四川最先讲新学的人物之一。1905年秋留学日本,攻政法,直接接受资产阶级文化思想的熏陶,又受著名资产阶级革命家、思想家章太炎的影

---

① 参见张卫波:《民初尊孔思潮兴起的社会心理原因》,《贵州社会科学》总194期,第2期,2005年3月。

② 参考《吴虞文录》、《吴虞日记》(四川人民出版社1983年版)、《吴虞集》(四川人民出版社1985年版)等。

响，思想渐趋激进，终于从旧营垒中分化出来。这一段经历，使他的思想发生了质的变化，为其后在新文化运动中撰写一系列笔锋犀利、击中要害的论文打下了深厚的学识基础。

1907年吴虞从日本学成归国，回到成都，任县、府学及四川政法学堂教习。吴虞不时鼓吹非儒学说，倾向于四川立宪派，资助《蜀报》出版，并撰稿以壮其势。1910年，吴虞因父亲品行不端而与之发生冲突，将父亲诉至官府，被舆论指为"非理非法"的"忤逆"子。吴虞为了辩白是非，作《家庭苦趣》并油印散发，因此又犯了"家丑不可外扬"之罪。这在当时成了轰动成都"上等社会"的"家庭革命"。吴虞的为人和言论在当时的成都受到抵制，教育界诸多人士联名宣言攻击他，将他视为"士林败类"、"名教罪人"。时任四川教育总会会长的徐炯，召开会议申讨，将他逐出教育界。咨询局也进行纠举，呈请四川护理总督王人文予以逮捕。本来就接受了一些西方平等民主观念的吴虞经此事后，对儒教的家庭等次观念和礼教恨之入骨，坚定地走上了非儒的道路。

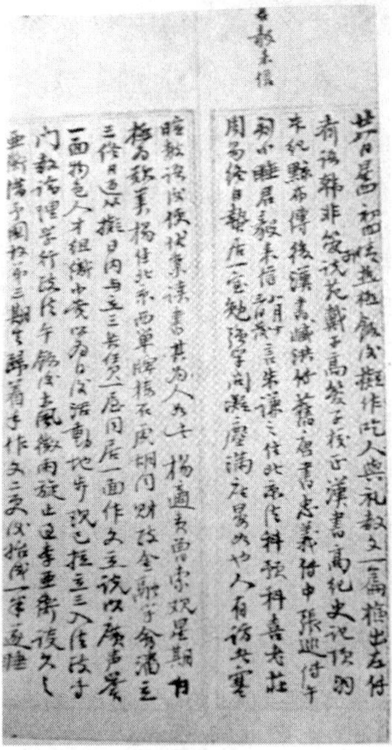

1915年，陈独秀主编的《新青年》创刊。经章士钊、谢无量介绍，吴虞1916年12月将自己新撰《家族制度为专制主义之根据论》，由成都寄给陈独秀，并给陈写了一封信。信中说："不佞自谓孔子自是当时之伟人，然欲坚执其学以笼罩天下后世，阻碍文化之发展，以扬专制之余焰，则不得不攻之者，势也。"① 吴虞表明，孔子是个伟人，他之所以要反孔非儒，是因为封建统治者借此以"扬专制之余焰"。陈独秀对吴虞的观点和文章十分欣赏，很快在1917年2月1日《新青年》第2卷第2号显著位置上刊出。随后，吴虞又连续5期在《新青年》上发表了《读〈荀子〉书后》、《消极革命之老庄》、

图18-3 《吴虞日记》1919年8月28日记述写作《吃人与礼教》一文

---

① 《吴虞文录·吴虞致陈独秀》，四川人民出版社1983年版。

第十八章 多元社会思潮的激荡

《礼论》、《儒家主张阶级制度之害》、《儒家大同主义本于老子说》等文章。

五四运动后，又发表著名论文《道家法家均反对旧道德说》、《吃人的礼教》、《说孝》等。1919年11月，吴虞在《新青年》6卷6号发表《吃人与礼教》一文，对鲁迅小说《狂人日记》的主旨作出了精辟的揭示。文章把"吃人"与"礼教"这两个看来对立的概念醒目地提取出来，并列在一起。他剥去历代家天下独夫民贼礼教刑法的神圣外衣，露出其残酷的本质。在文章的结尾，他大声呼吁道："孔二先生的礼教讲到极点，就非杀人吃人不成功，真是残酷极了——到了如今，我们应该觉悟！我们不是为君主而生的！不是为圣贤而生的！也不是为纲常礼教而生的！甚么'文节公'呀，'忠烈公'呀，都是那些吃人的人设的圈套，来诓骗我们的！我们如今该明白了！吃人的就是讲礼教的！讲礼教的就是吃人的呀！"吴虞的疾呼佐证了《狂人日记》巨大的精神震撼力，这些观点在当时是颇为新颖而深刻的。

在"五四"时期，吴虞与新文化运动领袖陈独秀一道，被公认为对于孔子的攻击最激烈、最有力的两位"健将"。1921年6月，胡适在《吴虞文录·序》中写道："吴先生和我的朋友陈独秀是近年来攻击孔教最有力的两位健将。他们两人，一个在上海，一个在成都，相隔那么远，但精神上很有相同之点……独秀攻击孔丘的许多文章专注重'孔子之道不合现代生活'的一个主要观念，……吴先生非孔的文章，也是'孔子之道不合现代生活的'一个观念……他的非孔文章大体都注重那些根据孔道的种种礼教、法律、制度、风俗。"就是在这篇序文中，胡适把时年50岁的吴虞称之为"中国思想界之清道夫"，"四川省只手打孔家店的老英雄"。①

吴虞是五四时期四川涌现出来的批评儒家最激进的人物，他对儒家思想的评判是多方面的。作为那个时代的思想先驱，他在批判儒家思想方面的主张和贡献是十分突出的。②

首先，他把孔子与儒教加以区分。五四时期，抨击儒教，为一时之风尚，但抨击儒教的目的是什么，则理解各不相同。吴虞认为，我们抨击儒教，目的

---

① 胡适：《吴虞文录·序》卷上。民国25年成都吴氏爱智庐刊行。
② 参见王杰：《儒家文化的人学视野》，附录一：《吴虞对儒家封建礼教的评判》，中共中央党校出版社2000年版。

就是批判它对中华民族的发展所造成的危害性。吴虞不同意那种把儒教与孔子本人混为一谈的做法。他认为，抨击儒教，不必涉及孔子本人人格之高下问题，就是说，"孔子与孔教（即儒教）从根本性质而言是两回事，从道德人格上说，孔子自是当时之伟人"①。他还援引日本久保天随的话说："孔子伟大而多面……故与希腊之大圣梭（苏）格拉底相同，其生活道德之模范也。"② 可见，吴虞对孔子的人格形象给予了高度评价。因此，吴虞对儒家的批判，始终贯穿着这样一条原则：批判的锋芒指向对中华民族及中国国民造成极大危害的孔教，而不是把孔子作为批判对象。

其次，吴虞锋芒所向，重点直指封建宗法制度。他敢于把儒家的伦理学说、政治专制制度与宗法制度，当作三位一体的东西来加以剖析和批判。吴虞强调指出，在封建专制社会里，君主与国家是同一个意思，忠君即是忠国。君父至高无上，是真理的代表，权力的化身。在中国人心目中，只"知有君主而不知有国家，知有个人而不知有群体"③。其结果导致了"家与国无分"，"君与父无异"④的奇异的社会现象。指出，中国封建社会长期延续，不能迅速进入近代化的社会形态，忠孝思想观念以及家—国同质同构体在其中起了十分重要的作用。

再次，他对儒教毒化国民、摧残人性进行了深刻的反省。对中国传统思想的全面反省是五四时期最显著的特征之一。在当时先进的知识分子看来，传统思想（实指儒家思想）的弊端之一就是毒化国民，摧残人性，吴虞也持这种态度。吴虞悲愤地感叹道："吾国自来由六经之理论制成礼法，由礼法之实行而为习俗，风俗既成，则人由之，而不知积非成是，虽已酿成亡国之祸亦不一悟。"⑤ 对这种怯懦的民族性一面，吴虞感慨说，千百年来，中国国民"毕生颠倒于专制之圣贤、经传、帝王威势之下，而认为当然之正义，沉沦于阶级之制度，奴隶之生活，不敢妄想脱其羁绊，殊可悲也！"⑥ 吴虞还指出，封建时代中

---

① 《吴虞文续录·对于祀孔问题之我见》卷上，成都美信印书局1933年版。
② 《吴虞文续录·经疑》卷上，成都美信印书局1933年版。
③ 《吴虞文续录·松冈小史序》，成都美信印书局1933年版。
④ 《吴虞文录·家族制度为专制制度之根据论》卷上，四川人民出版社1983年版。
⑤ 《吴虞文续录·国立四川大学文本科同学录序》卷下，成都美信印书局1933年版。
⑥ 《吴虞文录·驳康有为君主之论不可废说》卷下，四川人民出版社1983年版。

国之国民性如此愚陋保守，视封建伦理纲常为金科玉律，在思想深层必导致夜郎自大、盲目排斥的抵触心理。这种守旧心理正是造成近代中国落后的重要原因之一。

由此可见，吴虞对儒家思想的批判是尖锐而深刻的，又与整个五四时期社会发展的一般思想进程相吻合。他是五四时期激烈的非儒主义思想的代表人物之一。正如当时日本学者青木正儿所说："现代中国底新人物都是反对儒教底旧道德的多，但是像吴氏么热诚来呼号非儒论的一个也没有。"①

吴虞是封建社会向民主社会转型的旧知识分子，身处封建传统根基深厚的四川内陆社会，有着长期"外遭社会之陷害，内被尊长之毒螫"的切身感受，故而能以激进的姿态出现在当时的社会思潮论战之中。这种过激的行为，一方面反映了四川内陆专制复古与民主共和思潮斗争的尖锐程度，同时，也表明吴虞个人处于这一剧烈转型时期思想上的偏激性。他在对儒家思想的批判中，难免会存在许多片面性。历史的局限，使他在五四以后，败下阵来，落伍掉队，最后老死户牖，寂落无闻。

至于他个人的实际生活际遇，则是另外一回事。作为一个非常复杂的历史人物，他的一生充满了许多矛盾的个性，颇具讽刺意味。正如有的论者所指出的："从他身上既可以看到追求民主自由的要求，也有专制恶梦的纠缠，他既鼓励太太写关于妇女革命的檄文，却时常与人贩子打交道，买小妾买仆人、喝花酒；留学日本习政法，但教的却是诸子文及国文；他批评父亲的专制，对女儿却是多苛责；他既是专制的批判者与受害者，又是生活里面专制的维护者。总之，他是非常复杂的人物。"②

三、留法勤工俭学运动高潮迭起

五四运动前后，在中国大地迅速兴起了赴法勤工俭学的热潮。四川虽然僻处内陆，但却开风气之先，不仅成为当时留法勤工俭学运动兴起最早的省份，而且川籍留法勤工俭学学生的人数也高居各省之冠。③ 这一"最早"、"最多"

---

① 《吴虞文录·吴虞底儒教破坏说》，四川人民出版社1983年版。
② 参见《冉云飞解读巴金老师吴虞》，《天府早报》2007年3月25日。
③ 本子目主要参考鲜于浩：《留法勤工俭学运动史稿》（巴蜀书社1994年版）等论著。

的美誉，展现民国初期四川思想文化领域的华彩篇章和有志青年的精神追求。

四川之有留学生，早在20世纪初期就开始了。进入民国后，北洋政府在派遣出国留学的计划中，也有四川的名额。但总的说来，此前的留学活动，多官派性质，人数有限，其对当地社会的影响不大。① 1919年3月17日，89名首届赴法勤工俭学学生乘日船"因蟠丸"从上海远赴法国马赛，由此掀起了留法勤工俭学运动的高潮。此后，来自全国19个省份的赴法勤工俭学学生，便络绎不绝，从四面八方涌入上海，然后乘轮船启程，远赴法国。

图18-4 留法勤工俭学时的陈毅

四川在中国近代史上素以交通困难，经济衰败，战乱频繁而闻名于全国，然而，留法勤工俭学运动却在巴山蜀水之间卷起层层波澜。这场运动在四川开展得既深入又广泛，单是赴法勤工俭学的人数即达538人，名列全国前茅。② 至1921年底，四川留法学生已达511人（其中女生14人），分别来自全省98个县，其中，留法学生最多的是成都县，53人；巴县次之，50人；江津县43人，简阳县17人，合川县、南充县各15人，涪陵县12人，华阳、营山各11人，酉阳、巫溪、洪雅、西昌、巴中等较边远县份也有留法学生。③ 成都又是各地赴法勤工俭学学生成批出发人数最多的城市。从成都留法预备学校培养的两届毕业生，均是在成都市郊集中启程的。据记载，第一届毕业生在东郊沙河铺集合，分乘60余乘滑竿，是时，观者如堵，目送长长的滑竿

图18-5 四川简阳籍留法学生刘子华获巴黎大学博士学位。图为刘子华

---

① 参见何瑞明：《近代留欧美学生与四川教育现代化》，《中华文化论坛》2003年第2期。
② 关于四川赴法勤工俭学人数，众说纷纭。据栗民：《四川青年与留法勤工俭学运动》一文（载《西南交通大学学报》第3卷第3期，2002年9月）统计：四川赴法勤工俭学的人数为538人，其中女生17人，人数居全国前列。
③ 《四川省志·外事志》，巴蜀书社2000年版。

第十八章 多元社会思潮的激荡

队伍缓缓东去。第二届毕业生在望江楼乘船出发,不少家人和亲友前去送行,有的还在望江楼设宴饯行。① 两届成都毕业生赴法,盛况空前,场面感人,蔚为壮观。从人数、声势、影响看,都远远超过了此前的留学活动。

四川之所以在留法勤工俭学运动中走在前列,原因是多方面的。但从思想文化领域的角度来审视,这一巨大的变化,是与五四新文化运动中各种新思潮新观念的冲击,使得广大青年知识分子在人生观、世界观上发生的巨大而深刻的变化有着密切关系的。

图 18-6 四川是留法勤工俭学学生最多的省份。1918 年 3 月在成都爵板街志成法政学校设立留法预备学校。陈毅等在此校毕业后留法。图为该校旧址

首先,新思潮促进留学观念由崇尚日本向崇尚欧美的转变。1915 年开始的新文化运动,高举"科学、民主"的大旗,无情鞭挞封建礼教,鼓吹新思想,给闭塞的巴蜀知识界带来了巨大的冲击和空前深刻的影响,对广大青年思想的解放起了极大的启蒙作用。正如郭沫若所描述的:"统治了中国几千年来的'古先圣王之道',到这时在新兴青年中间真如摧枯拉朽一样,和盘倒溃了下来。"② 反传统思潮打破了中国人封闭心理,在制度、精神、文化各个领域都敞开了向西方开放的大门。于是,一向以坚决反对封建专制,大力鼓吹"自由、

图 18-7 1919 年春,重庆市商会会长汪云松等在夫子庙内创办了留法预备学校。邓希贤(邓小平)等均毕业于此校。图为该校旧址

---

① 鲜于浩:《留法勤工俭学运动史稿》,巴蜀书社 1994 年版,第 49 页。
② 郭沫若:《沫若文集》第 10 卷,人民文学出版社 1959 年版,第 367 页。

第十八章 多元社会思潮的激荡

图18-8 1924年7月，旅欧共产主义青年团部分同志在巴黎合影。前排左一为聂荣臻，左四为周恩来，左六为李富春，左八为傅烈；二排左四为任卓宣。后排左一为穆青，左五为邓希贤（邓小平）

平等、博爱"的法兰西自然就成为进步知识分子心中的楷模。

其次，新思潮通过倡导者给青年知识分子灌输了新的观念。曾经留学日本，在辛亥革命中率先领导成立了荣县革命政权的吴玉章（1878～1966年），是留法勤工俭学的发起人物之一和直接推动者。他早在1912年，即与蔡元培等人一道，开始在北京发起组织留法俭学会。该会开宗明义地阐明了留学欧洲的必要性："改良社会，首重教育。欲输世界文明于国内，必以留学泰西为要图。"[①] 1917年2月，吴玉章回到四川，发起组织留法预备学校。1918年春，成都留法勤工俭学预备学校开学，校址设在志成法政学堂内，课程以教授法文法语为主，兼习代数、几何、物理、美术等课。吴玉章在开学演讲中指出："欲求利国福民之术，非学莫由。国内求学未备，势非留学不可。"他并且强调，之所以要到法国去留学，是"因为法国是欧洲文明中心"，"俄国革命进步最快，是因为俄国有新党主政。俄国党人无不曾历法国"。[②] 吴玉章在民国初年的四川，具有极高

[①] 鲜于浩：《留法勤工俭学运动史稿》，巴蜀书社1994年版，第4页。
[②] 吴玉章：《在北京留法俭学预备学校开学典礼上的讲话》，《留法勤工俭学运动》（一），上海人民出版社1980年版，第299～300页。

第十八章 多元社会思潮的激荡

的社会威望，他登高一呼，社会舆论无不为之景从。他这种思想见解，不仅直接影响了当时参加留法预备学校的四川学生；而且通过当时的报刊，将留法勤工俭学的观念播种到了四川民间。

再次，新思潮促进青年知识分子通过勤工俭学寻找救国方案。五四运动的爆发，开始了一场深刻的人生革命，促使广大青年由轻视劳动转而重视劳动，改变了几千年来的"贵学贱工"的偏见，对"万般皆下品，惟有读书高"，"劳心者治人，劳力者治于人"的传统观念以巨大的冲击和有力的否定。一时间，许多研究新思潮，试验新生活的社团及出版物大量出现。工读互助、边读边工成为知识青年的一种流行思潮。这种思潮也同样波及了四川盆地。

图18-9 邓小平在法国勤工俭学时期的留影

例如四川温江人王光祈，在北大读书期间，结识了李大钊等人，受《新青年》影响，创办《少年中国》、《少年世界》刊物，宣传救国救民方略。他于1919年7月提出建立新农村的设想，即组织一批人到乡村种菜园，每日种菜2小时，读书3小时，译书3小时，劳动所得收入为共同的生活费，其余时间游戏和看报。由于这一方案难以实行，他又主张在城市组织工读互助团，幻想实现"人人做工，人人读书，各尽所能，各取所需"的理想。1920年初，王光祈在成都《星期日》刊物上又发表了《一个社会问题》和工读互助团的章程。宣传"工读互助团是新社会的胎儿，新生活实现理想的第一步"，"若工读互助团成功，'各尽所能，各取所需'的理想逐步实现"，那便可称做"平和的经济革命"。这种具有五四时代特点的中国式的空想社会主义，自然难以实现。但是这种思潮

图18-10 部分川籍赴法勤工俭学学生。图为赵世炎

与勤工俭学也有相同、相通之处,所以在客观上也有助于鼓励巴蜀学子勇于冲破夔门,远赴重洋,前往法国去探索救国之路。

川籍勤工俭学学生赵世炎,在五四时就是北京学生界的领袖之一,五四之后参加了王光祈发起的"少年中国学会"。他当时就称自己笃信工读主义,在其撰写的《工读主义与今日之中学毕业生》中,就论证了工读主义特别适合于正在寻找出路的中学毕业生,号召中学毕业生投身其中。他在北京法文专修馆学习期间,还曾编辑出版过《平民周报》和

图 18—11　聂荣臻

《工读》半月刊,也主张用工与读结合,学问与生计合一的办法来解决脑力劳动与体力劳动的差别,进而改造整个社会。后来,他正是抱着工读的理想于 1920 年 5 月前往法国勤工俭学的。

川籍勤工俭学学生聂荣臻在回忆自己留法勤工俭学的动机时,也坦承是受了当时"工业救国论"思潮的影响:"所有这些发生在我中学时期的兵连祸结的事情,都使我感到苦恼……出路何在?我当时只是把希望寄托在出国学点本事,回来办好工业,使国家富强起来,也许能改变这种局面。军阀混战造成国家贫

图 18—12　赴法勤工俭学的巴蜀青年

穷落后,更增强了我对'工业救国论'的信念。这是我决心去法国勤工俭学的另一方面的原因,也可以说是最重要的原因。"①

四、马克思主义思想广泛传播

马克思主义思想的传播,是民国初期一个划时代的大事。"十月革命一声炮响,给我们送来了马克思主义。"十月革命后,特别是五四以后,中国先进分子有了新的观察社会历史和国家命运的工具,这就是马克思主义。

(一) 创办进步刊物,传播五四精神

马克思主义在四川早期传播,与五四科学精神在四川的深入普及是分不开的。1919年5月4日晚,北京爆发了爱国学生运动。由于当时北京和成都通信不便,电报一般在三四天后才能收到,有关五四运动的详细消息,直到5月17日才刊登在《川报》的头条位置。五四运动的详细通讯传到四川后,学生们立即兴奋响应,并在全川开展了轰轰烈烈的爱国运动,社会文化思想空前活跃。正如当时的参与者李劼人所说:"这样一来,在成都许多人——尤其是前进的含有革命性的知识分子的圈子中,无异是投下了一颗大的炸弹!"②《青岛潮》也对成都地区响应五四爱国运动的状况作了这样的评述:"川人素称爱国,唯近来迭遭兵祸,满目疮痍,且与外界难通。自北京五四运动,至五月下旬始有消息到川。成都学界十分激昂,并与商界联合,拟开国民大会,抵制日货;且要求当道,誓师讨贼。"③ 1924年出版的《重庆商务日报十周年纪念刊》也这样描述道:"当此人心激昂,举国骚动的时候,四川的新闻界,以及一般舆论,也就非常感动鼓舞起来,如服了兴奋剂一般,一变以前沉默态度,而为一种热烈奋发的样子;与各省取一致,为学生以后盾、攻击政府之外交政治,反对日本之侵略行为;提倡文化,鼓吹自治,高唱民权……四川当时新出的日报、月刊、季刊、杂志、不定期刊等出版物,也就风起云涌出现了。"④

四川僻处内陆,交通闭塞,接受新事物、新信息相对落后,但却阻挡不住

---

① 聂荣臻:《聂荣臻回忆录》(上),战士出版社1978年版,第8页。
② 李劼人:《五四运动追忆王光祈》,四川大学出版社1989年版。
③ 《五四爱国运动资料·下篇·学界风潮记》,中国青年出版社1979年版。
④ 转引自陈全、简奕:《四川早期团组织的创建及其特殊历史作用》,载《重庆社会科学》2000年第6期。

新思想的传入。五四以前，马克思主义还未开始在四川传播，新思想主要是通过《新青年》一类进步刊物来获得，四川青年对于马克思主义的了解，是零星的。五四以后，四川地区开始大量创办进步刊物，广泛传播新思潮。当时四川地区最有影响的进步刊物是《星期日》、《四川学生潮》、《威克烈》、《半月报》、《直觉》和《新空气》等。当时，"四川人人羡慕新思想，容纳新思想，要算二十二行省中第一。就以各种出版物说，如《新青年》、《新潮》、《新中国》、《每周评论》，四川一省的销数总都占外省的第一位"。①

其中，由少年中国学会成都分会会员李劼人等创办的《星期日》周报，是在吴虞指导下，四川地区五四后创办最早的宣传新文化的刊物，因每逢星期日出版而得名。它是全国五四时期著名刊物之一，被公认为与《每周评论》、《星期评论》、《湘江评论》齐名。《星期日》创刊的目的是："在落后的四川传播新思潮，开展新文化运动。""《星期日》的目的是光明世界，星期日的希望是人人自觉。"《星期日》刊登的《随感录》把社会主义誉为"人类的福音"，认为"对于我们现在中国的救济，尤为剀切要紧，我们当欢天喜地，争先恐后的欢迎，消除我们往日的'三灾八难'"。还刊登了《俄国革命后的觉悟》、《社会主义的劳动问题》，以及李大钊的《什么是新文学》，毛泽东的《民众大联合》等文章，给巴山蜀水带来了革命的新风。

此外，由四川学生联合会创办的《四川学生潮》16期，刊登了《学生潮的责任和希望》文章，初步宣传了依靠工农联合人民进行武装革命的思想。由吴先忧等人创办的《半月报》19号上，发表的袁诗尧写的《我们应当纪念"五一"运动之理由》一文，宣传俄国十月革命的胜利是"劳动运动之功效"，是"革命的先声"。该报15、16号连续登载了海参崴俄国共产党果尔克氏写的《告远东少年》一文，宣传十月革命道路和科学社会主义。《国民公报》1919年4月23日至27日连续转载渊泉在《北京晨报》副刊上发表的《近代社会主义之鼻祖马克思之奋斗生涯》，介绍了马克思的生平，并高度评价了他为社会主义的献身精神，认为《资本论》是"不朽的名著"，是近代社会主义者的"圣经"。4月29日刊登了渊默写的《我对于反对新青年者之希望》，对反对社会主义、共产主义的谬论进行了回击。5月13日至16日又连续刊登了《布尔什维克主义

---

① 中共重庆市党史工作委员会编《五四运动在重庆》，重庆出版社1984年版，第237页。

第十八章 多元社会思潮的激荡

之解释》，指出"布尔什维克主义就是马克思的社会主义"。5月30日至6月12日，分9天连续刊载了知非撰写的长篇论文《俄国过激派之研究》，介绍了俄国社会民主党的产生、发展和十月革命的胜利，明确指出俄国过激派就是马克思主义派，文章还介绍了科学社会主义的四个特点和马克思的《资本论》，指出资本主义必然灭亡，社会革命"势所必至"。10月24日刊登了《马克思小传》。《川报》1922年9月至12月刊登了《俄国红军的调查》、《庆祝苏俄革命盛会》、《列宁无产阶级革命观》等重要文章。①

应该指出，五四时代这些进步刊物的主编们，并不是马克思主义者，而是爱国的民主主义者。他们不满现实，要求改革，力倡科学民主在时代的潮流中前进。那个时候，新思潮像潮水般涌来，他们分不清、也没有想区分什么是马克思主义，只要是新的，就通通拿过来。尽管他们当时的主张有某种偏差，但随着时代潮流的发展，他们也逐渐修正了自己前进的方向；但就客观效果而论，正是通过这些刊物，才使五四科学精神得以在四川深入普及与弘扬。

五四科学思潮与马克思主义在中国的传播之间有着内在的逻辑关系。前者为后者扫清了道路障碍，提供了相应的思维框架和解释学背景。而要完成这样的任务，不能不落在马克思主义的先驱们的身上。

（二）引进先进思想武器，寻找救国救民真理

五四运动后，先进的中国人为了探寻拯救中国的思想武器，进行了艰苦卓绝的斗争。在这一过程中，四川地区具有初步共产主义思想的知识分子在传播马克思主义思想方面，作出了杰出的贡献。

在清末民初的留学日本与五四运动前后的留法勤工俭学大潮中，四川有大批青年为寻找救国救民真理，不远万里出国留学。在留学期间，接触到社会主义思想，坚定了对马克思主义的信仰。他们回到四川，也带回了科学社会主义和马克思主义；留在外地的先进青年，也通过信函往来传播马克思主义新思想。在传播马克思主义的先进知识分子中，王右木就是其中杰出的一位。

王右木（1887~1924年），江油武都人。1909年怀着"实业救国"的愿望，考入四川师范学堂优级师范科，开始阅读进步书刊。辛亥革命使他踏上追求民族独立、反对封建专制的征途。1913年秋毕业，为追寻救国救民真理，于1914

---

① 岳建功：《马克思主义在成都的传播》，成都市党史网 all rights reserved，2006年9月。

年东渡日本求学。在留学期间，他积极参加留日学生组织的各种爱国运动，接触到社会主义思想，加入了李大钊领导的留学生爱国组织"神州学会"，结识了后来成为中共党组织创始人的李汉俊、李达等人，坚定了走革命道路的信念。1919年王右木回到家乡，断然拒绝家人要他竞选省议员的建议，奔赴成都，应聘到母校成都高等师范学堂担任学监和教员。

1920年8月，陈独秀等在上海成立中国第一个共产主义小组，王右木于这年夏天去过上海，返回成都后，便集中力量从事马克思主义的传播。1920年冬，王右木在成都组建了第一个以青年学生和部分工人参加的"马克思读书会"，并亲自给他们主讲《资本论》、《唯物史观》、《社会主义精髓》等著作中的有关理论。还指导读书会成员学习《共产党宣言》、《阶级争斗》以及《新青年》、《晨报》副刊等进步书刊。据当时读书会会员回忆："王右木发言激昂，鼓动性强，颇能打动听众的思想感情，是一位很好的革命理论宣传家。"[1] 到1924年时，读书会员已发展到90多人。四川地区许多中共的优秀干部都是在读书会中受到王右木的革命启蒙教育后，走上革命道路的。

1922年2月7日，王右木自费创办了四川第一份以马克思主义理论为宣传宗旨的报刊——《人声报》。他在《人声报》第一期刊登《本社宣言》，明确宣布办报方针是："直接以马克思主义的基本要义，解释社会上的一切问题"；"对现实社会的一切罪恶现象，尽力的揭露和批评"；"讨论马克思社会主义之学术及实际问题"。这个宣言，是王右木当时的思想见解的反映，也是四川地区早期的马克思主义者的纲领。《人声报》还介绍俄国十月革命和国际工人运动情况，激励工农组织起来参加爱国运动，为争取自身福利而斗争。《人声报》的出版，给徘徊不前的四川革命运动指明了方向，使青年们知道马克思主义的概要和改革社会的正确的途径。

王右木还带领读书会成员参加教育经费独立斗争，利用休息时间，深入"长机帮"工人中去，启发工人觉悟，组织他们起来与资本家的剥削压迫作斗争，促进了马克思主义理论与工人运动的结合，为成都党团组织的创立奠立了基础。1922年春，在王右木的指导下，四川诞生了第一个社会主义青年团组织。1923年秋，秘密组成中国共产党成都支部。同年冬，王右木被中共中央正

---

[1] 转引自《四川大学史稿》第1卷，四川大学出版社2006年版，第91页。

式任命担任成都党团组织书记职务。1924年,他在广州参加了党的会议后,经贵州步行回川,不幸在土城遇害。王右木不愧是四川马克思主义运动的先驱者,高举共产主义旗帜第一人。①

当时四川,除有王右木这样杰出的四川先进分子传播马克思主义思想外,省外一些先进分子,也纷

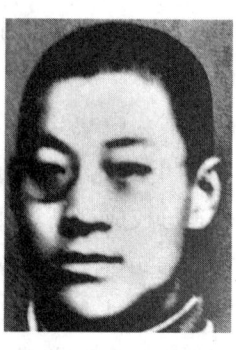

图18—13 入川传播马克思主义并从事建团建党工作的恽代英(左)与萧楚女(右)

纷入川开展宣传活动。从1921年下半年开始,以邓中夏、黄日葵、恽代英、萧楚女为代表的一批中共早期活动家、宣传理论家相继来到四川活动,促进了马克思主义的传播,为四川早期共产主义运动培养了一大批革命的种子。其中,共产主义小组成员邓中夏、黄日葵于1921年夏,应邀来重庆参加"暑期讲演会"进行讲学,在重庆青年学生中激起了强烈的反应。讲学结束后,邓中夏留在重庆,领导了重庆二女师学生反对封建教育的"择师运动",至10月才返回北京。恽代英于1921年10月,应少年中国学会会员陈愚生的聘请,从武汉来到泸县川南师范任教,在他的教育与影响下,川南师范学生于1922年5月5日马克思诞辰日成立了马克思研究会。1922年,萧楚女来到四川,先后在重庆、万县等地开展革命活动,并担任《新蜀报》主笔,经常撰写文章,引导青年革命,在青年学生中产生了重要影响。

在王右木、恽代英的影响下,对马克思主义已有初步信仰的吴玉章,也严肃思考中国革命的出路问题。经童庸生介绍,他与曾在外专任教的杨闇公结识。他们于1924年初组织"中国青年共产党"及成都社会主义研究会,办《赤心评论》,传播马克思主义。在吴玉章、杨闇公的指导下,《赤心评论》旗帜鲜明地宣传马克思主义,影响较大。萧楚女当时曾著文称赞《赤心评论》"是一种激进的青年刊物,介绍列宁很热情"。②

---

① 参见邓寿民:《马克思主义在四川传播第一人——王右木》,《四川党史》2001年第3期;《四川党团组织书记王右木》,《党史天地》2004年第1期。

② 转引自《四川大学史稿》第1卷,四川大学出版社2006年版,第95页。

马克思主义在四川早期传播的历史表明,中国先进分子一开始就不是把马克思主义当作单纯的学术理论来研究,而是把它作为观察国家命运的工具来加以接受的。马克思主义之所以在四川得到广泛传播,是近代中国救亡图存运动在理性世界的必然结果。从邹容的《革命军》,到马克思主义在四川的传播,先进分子无不沿着一条基本主线在运行,这就是寻找先进理论改造四川。这表明,五四一代先进知识分子正是按照"马克思主义是科学,是科学就是真理,就应该接受和坚持"这一思想逻辑来接受和传播马克思主义的。

第二节 多元学术思潮的交融

民国时期是历史上最大规模中西古今学术的整合、调适、创新的时期,学术方法上的交流渗透和融合可谓兴盛。这种背景下四川学术也呈现出中西学术思潮交流、融合的面貌。

一、郭沫若的中西文化互释

五四前后,随着西学的持续输入,随着社会的逐渐转型,传统文化和思维方式在层层解构,崭新的理念、崭新的学术在步步建构。在四川,如果说廖平的经学变易,代表的是一部分固守传统文化的经学家的学术取向与追求,那么,郭沫若的中西文化互释,则代表了一部分年轻的知识分子在学术上所进行的理性探索。

郭沫若(1892~1978年),四川乐山观峨乡沙湾镇人。4岁时开始接受启蒙教育,四书五经是当时的必修课目。1905年初考入高等小学堂,接受最多的是今文经学教育。进小学后,郭沫若的教师是崇尚今文学派的帅平均先生。帅平均是廖平的学生,言必称"吾师井研廖平",郭老自己

图18—14 抗战时期在重庆的郭沫若

说:"事实上帅先生所给我的教益是很不少的。"1907年考进嘉定府中学堂。他因参加了反清、反帝的爱国学生运动,成为运动中的骨干分子而被学校开除。通过从老师那里借到的不少西方翻译书籍的阅读,他开始领悟了资产阶级民主革命时期那种爱国精神。1910年,郭沫若来到成都上学。随着反对清政府封建专制统治、宣传资产阶级民主自由运动的日益高涨,他深信只有革命党人才能拯救中华民族。1911年辛亥革命爆发,他带头剪下自己头上的辫子,庆祝中华民国的诞生。1912年,抱着实业救国的理想,考取了成都高等师范学堂理科。不久,一次偶然机会,他考取了天津陆军军医学校。1914年初,郭沫若被官费派往日本学医。1916年夏,升入九州帝国大学医科学习。①

这期间,他除学习医学之外,还阅读了大量的外国文学。特别是歌德(德国)、泰戈尔(印度)和惠特曼(美国)的诗歌,对他影响很深,使他从中汲取了丰富的文学营养。当时,国内出版的一份《时事新报》,是郭沫若当时最爱看的报纸。该报坚持真理,宣传革命,旗帜鲜明,内容丰富,版面活泼,吸引着不少读者。郭沫若因向该报的副刊《学灯》专栏投稿,得以结识编辑宗白华先生。他开始在《学灯》上以"沫若"的笔名发表诗作,从此,他的文学创作也一发而不可收。

宗白华(1897～1986年),江苏常熟人。五四时期参加少年中国学会,编辑《少年中国》,主编过《时事新报》副刊《学灯》。1920年留学德国。正是在与宗白华的通讯交往中,郭沫若以书信的方式,讨论有关诗学和中西文明的问题,较为系统地阐述了他当时的中西文化互释的学术思想。例如,在1920年3月30日致宗白华信中,他首次提出"自我表现"这一诗学话语:"诗的主要成分总要算是'自我表现'了。所以读一人的诗,非知其人不可。"②

"自我表现"是郭沫若早期心灵诗学的核心命题,这一文艺观的形成及提出,乃是基于早期"唯自我论"的哲学思想。所谓"唯自我论",是将自我主体精神张扬到极致的产物。这种哲学思想,是中国老庄道家哲学、王阳明"心学"、斯宾诺莎"泛神论"、印度古代哲学以及叔本华、柏格森、尼采为代表的

---

① 参见龚济民、方仁念:《郭沫若传》,北京十月文艺出版社1988年版。
② 郭沫若:《三叶集·致宗白华》,《郭沫若全集·文学编》(15),人民文学出版社1990年版,第119页。

西方非理性主义哲学影响化合的结果。在郭沫若致宗白华信之后，于1922年为《少年维特之烦恼》所写的序引中，进一步把这种哲学思想发挥得淋漓尽致，堪称经典。①

1923年5月20日，郭沫若再次致书宗白华，撰写了著名的《论中德文化书》。这是一篇在东西文明的激烈论战中，主张对我国固有文明、对资本主义文明均持分析态度的代表作。② 在这篇文章中，郭沫若首先对各国的文明持分析态度，认为："一国或一民族的文化受年代与环境的影响，本难有绝对纯粹之可言……中国文化与印度文化之不能混同，犹之乎希伯来思想与希腊思想之不能混同一样。"从这一基点出发，作者进一步把佛教传入前的中国文明与印度文明做了比较，论证了中国固有文明是入世的，而非出世的；是动态而非静观的；是进取而非消极的。接着，郭沫若针对文化研究中经常遇见的"科学能诞生于欧洲，能导源于希腊，何以独不能早发生于东亚"的基本问题，他分析说："科学本有在我国发生之可能，并且于历史上曾有发生之事实。"并列举周秦以前我国关于农业、星学知识加以证明，他指出，当时"学者关于实践理性的探讨诚别开一个新面，如道家的反对有神论而提出的本体观，儒家的博大的人生哲学之体系化，在我国思想史上诚达到空前的高潮"。这说明，当时周秦之际的文明远比欧洲为高。然而，后来仅仅因为"于纯粹理性方面则不免有偏枯之憾"，而逐渐落伍掉队，以至被后人误解，以为"纯粹科学自不能诞生便一直到我们现在"。文章还指出，应当把科学本身的价值同资本主义制度利用科学的事，加以区分。既"要唤醒我们固有的文化精神"，又应"吸吮欧洲纯粹科学的甘乳"。在文章中，郭沫若不仅推崇周秦之际我国固有的文明，而且还充分肯定孔子的学说，称颂他是众人"俯仰无愧的圣贤"。文章还鲜明地提出，为了克服资本主义的弊病，"推翻其祸本"，应当以马列为师，得出结论说："马克思与列宁终竟是我辈青年所当钦崇的导师。"

以上两例告诉我们，郭沫若的学术研究，虽然从小深受蜀学经世致用传统的影响，但与廖平一代今文经学大师的走向却完全不同。二者最根本的区别在

---

① 伍世昭、李江山：《中西文化互释中的郭沫若早期诗学》，《文艺研究》2003年第3期。
② 郭沫若：《论中德文化书》，原刊于《创造周报》1923年6月，见《沫若文集》第10卷，人民文学出版社1959年版，第5～13页。本文据陈崧编：《五四前后东西文化问题论战》（中国社会科学出版社1989年版，第582～590页）录文及提要改写。

第十八章 多元社会思潮的激荡

于，郭沫若这代人是在中西方文化激烈碰撞的五四时期登上文化舞台的，留学海外的经历，使他们无一例外地接受了西方文化的大洗礼，必然以一种更加开阔的文化视野观照中国学术传统。国家积弱的现实，深刻的民族忧患，使他们不可避免地用西方文化反思和批判传统。① 以廖平与郭沫若为代表的两代不同文化人中，在学术思想上的差异，树立了两个截然不同的标杆，这正是民国四川学术思想多元化发展格局的体现。

二、兼收并蓄学术思想的传播

辛亥革命后，民国代清，清季曾经较为激烈开展的国粹与欧化之争一度有所减缓。五四运动，以反传统著称的新文化运动，却很快转入"整理国故"之中，并一度被新文化人所认同。但不久，一场关于"整理国故"的争论在北京大学学生之间展开并波及教师。这场争论涉及西方学术分类与国学的学科定位问题。② 在新旧两派的争论中，北大校长蔡元培以新旧调和为目标，于1918年发表文章指出：大学是"共同研究学术之机关。研究也者，非徒输入欧化，而必于欧化之中为更进之发明；非徒保存国粹，而必以科学方法，揭国粹之真相"。1921年，蔡元培在北大开学典礼中又说："我们一方面注意西方文明输入，一方面也应该将我国固有文明输出。"次年，他总结北大办学的宗旨说：在"课程一方面，也是谋贯通中西，如西洋发明的科学，固然用西洋方法来试验；中国的材料，就是中国固有的学问，也要用科学的方法来整理他"。③

正是在这种强调学术兼容的背景下，作为"共同研究学术之机关"——大学，十分自然地承担了当时学术思想交融的前沿阵地和试验窗口。适逢此时，四川正在酝酿创办大学。1926年4月，在川军总司令刘湘的支持下，四川辛亥革命领袖人物之一的张澜（1872~1955年），从南充来到成都，开始筹组国立成都大学。当时的成都大学，"实则与四川大学无异"。当年12月，张澜被北京教育部委任为校长。

---

① 曾加荣：《简论郭沫若与蜀学传统》，《西华大学学报（哲学社会科学版）》，2007年第5期。
② 参见罗志田：《国家与学术：清季民初"国学"的思想论证》，生活·读书·新知三联书店2003年版。
③ 《蔡元培全集》(3) 第210页、(4) 第94~95、296页。转引自罗志田：《国家与学术：清季民初"国学"的思想论证》，第248页。

张澜接任国立成都大学校长后，为了办好大学，他千方百计延聘名师。当时他的用人口号是："打开夔门，广纳英才，欢迎中外学者来川讲学！"他的用人方针是：用人唯才，不拘一格。不管你是"日本帮"、"欧美帮"、"高师帮"，或者哪党哪派，只要学术上确有地位，一律欢迎，礼聘到校。他除了广搜博罗、把四川的"蜀学宿儒"和各方面的学者聘请到学校外，还通过川人举荐，以至派专人到省外聘请国内外知名专家到校讲学和任教。张澜延聘使用教师的特点是：既注意到"蜀学宿儒"，更欢迎像吴虞、吴芳吉、李劼人这样的新派人物。当封建顽固派反对吴虞到校任教时，张澜立即反驳说明："吴虞是有名的反孔英雄，学校正需要这种人。"他重视社会科学人才，更注重自然科学人才；既重视年长的学者，更大胆使用有真才实学的年轻教授；既重视中国本土教授，也注重对留学国外的教授的引进，还聘请了来自各国的许多外国人来校任教。据统计，张澜接任校长时，只有教师 75 名。到 1929 年，国立成都大学共有专任教师 142 人，其中教授、副教授 83 人，讲师 56 人。在当年教职员名册中，有名有姓的外国教师，即有 30 多人。

由于张澜办学仿效蔡元培办北大的目标，实行兼收并蓄的方针，主张学术自由和思想自由，对校内各党各派、各种学说兼容并包。在当时国立成都大学教师中，各种政治派别的人物都有。各派教师通过其主讲课程，宣扬各自的政治观点和学术理论。这对于当时师生认真钻研学问，活跃学术空气，具有积极的推动作用。① 张澜长成大期间（1926～1930 年），国立成都大学人才荟萃，教师阵容整齐，教学质量较高，学术空气活跃，成就显著，令时人刮目相看。通过学校这一人才成长的摇篮，进一步把这种兼收并蓄的学术思想传向巴山蜀水。

---

① 参见《四川大学史稿》第 1 卷，四川大学出版社 2006 年版，第 102～109 页。

第十九章　史学与方志

民国时期，随着地理上封闭格局的打破，社会制度的转型，思想束缚的解放，在学术领域也迎来了一个中西汇流、百家争鸣、异彩纷呈的局面。四川作为晚清至民国学风转移的重要阵地，在史学发展进程中占有重要的地位。在20世纪二三十年代，涌现出了以蒙文通为代表的由经入史、以博通见长的杰出史学家，以郭沫若为代表的以运用马克思主义解剖中国古代社会著称于世的杰出史学家。到了三四十年代，随着主流派史学家的大量入川，蜀中史学风气也发生了巨大的变化。与此同时，以乡邦文献整理见长的四川，在地方志的编纂方面，也取得了可观的成绩。

第一节　四川史学的更新

一、由经入史的杰出学者蒙文通

随着我国近代史学的崛起和传统经学的边缘化，蒙文通由经入史，成为那个转型时代学术思潮最富代表性的学者之一。

蒙文通（1894～1968年），四川盐亭县人，早年毕业于四川存古学堂，曾从今文经学大师廖平、古文经学大师刘师培学习，而尤受廖平学术的影响，成名后又向近代佛学大师欧阳竟无问学，出经入史，转益多师，形成了自己贯通经、史、诸子，旁及佛道二藏、宋明理学的学术风格，成为20世纪少有的国学大师之一。蒙文通素以博通见长，在中国古代史及古代学术文化研究领域中辛勤耕耘，造诣很深，成就甚高，贡献甚多。其涉及范围之广博，论述之精深，令人惊叹，许多论著已经成为20世纪学术领域中最有代表性的篇章。①

（一）首创"古史多元论"学说

引起民国学术界瞩目的《古史甄微》，是蒙文通1927年撰成的成名之作。这部享誉中外的著作，缘起于廖平1915年的一道关键性的习题。古言五帝疆域，"三皇五帝"的传说深入中国人

图19-1 蒙文通

心。蒙文通由于受廖平的影响，最初从辨别今文经学的地域差异入手，开始研讨"三皇五帝"体系的形成和演变；接着，又对上古部落的演化作了跟进深究。正如蒙文通自道："写《古史甄微》时，就靠读书时学过些西洋史，知道点罗马、希腊、印度的古代文明，知道他们在地理、民族、文化上都不同。"② 由此可见，在蒙文通的历史思维中，很早就有了"种族—地理—文化"三元一体的想法。到他撰写《古史甄微》、《周秦少数民族研究》等著作时，这种"种族—地理—文化"三元一体的观念遂得到充分展现。

蒙文通依据"种族—地理—文化"三元一体的观念，建构起了一个关于古代文化的宏大学术体系，这个体系是由古代学术、古代史事与古代民族三个系统组成的。他推论出古代中国文化起因于齐鲁、三晋、楚三方学术之不同；再由三方学术之不同，推论出"古民族显有三系之分"："海岱—泰族"、"河洛—黄族"、"江淮—炎族"三系。在三个族系中，又以居于东方沿海的泰族为最早，中国之文化乃泰、黄、炎三族所共建。在此基础上所发展起来的上古历史，其基本脉络是：上古时代五帝各传数十世，或数百千年，三族更互为王，互有起

---

① 参见吴天墀：《蒙文通先生的治学与为人》、刘复生：《通观明变，百川竞发》，二文均载四川大学历史文化学院编：《蒙文通先生诞辰110周年纪念文集》，线装书局2005年版。

② 蒙文通：《治学杂语》，收入蒙默编：《蒙文通学记》，第2页。

伏，一直到夏代才归于和睦。在此基础上，蒙文通进而提出中国上古民族可分为江汉、海岱、河洛三系，"其分布之地域不同，其生活与文化亦异"。由于文化系统的不同，这三个区域的古史传说有很大差异。进而论夏商周三代的兴替，以及三代文化之异同与统绪，这就把纷繁纠结的上古史理出了一个头绪，使千百年来许多争讼未决的问题豁然而通。

经蒙文通描绘出来的古代中国文化的基本脉络是：第一阶段起于渤海地区，故说"上世华族聚居偏在东北"，汉族原在东北；"至夏定为九州；而东北遂以废弃"。第二阶段盛于山东地区，故齐鲁于上古为军事政治商业之中心，亦遂为最古老之文化发祥地。第三阶段则光大于三河（伊、洛、黄河）地区。蒙文通由此得出结论认为，上世华族聚居偏在东北，故以泰山为天下之中；后来以嵩山为天下之中者，是都三河之事；以华山为天下之中者，是周人宅丰、镐之事也。整个过程是由东向西移，是"以次自东北而西南"，非西北而涉东南。

在蒙文通创立这些学说之前，中国文化发展究竟是自西至东或由东而西的问题一直争论不休，晚清以来，中国"古代文化自西而东"之说甚嚣尘上。蒙文通在《古史甄微》中表示："我华族之自东而西"，日愈向西南进，而且"非惟汉族，即在夷狄亦多自东而西"。蒙文通之说，彻底颠覆了传统的中国文化起源于"三皇五帝"的旧说和华夏中心扩散论体系。他不仅拆散了古代圣王祖孙一系相传的架构，以不同族系之间勾心斗角的故事取代了三代圣君贤相的旧说，使古代的圣君贤臣多在非议之列，而且还说，周文王"率戎以侵中国"，又批评周公对殷人过于惨刻，批评孔子为维护贵族世卿之制等，不一而足。显然，这些论点的震撼力在当时是十分巨大的。

《古史甄微》一书创造性地把古代学术地域化的论旨转化成一种新的论述，宣告一个新的古史多元的理论，已经像标杆一样树立起来了。在近代中国，被认为是最早提出古史多元观的代表人物，是蒙文通和傅斯年。他们一个守旧，一个趋新，但在关于中国文明发源地上所得出的结论基本相近。在1920年代，有两个古史大论述震惊了当时国内学术界：一个是从空间立论，即蒙文通的地域多元化；另一个是从时间立论，即顾颉刚的层累造成说。蒙文通这种将古代学术两系统说转化为古史多元论述，可以说是近代上古区系类型论的滥觞。它不仅开创了我国地域文化研究之先河，其科学性也已为后来的考古学和人类学的新发现所证实。它与徐中舒的《从古书中推测之殷周民族》（1927）、傅斯年的《夷夏东西说》(1934)、徐炳昶的《中国古史的传说时代》(1943)中的三集团说,都是开创性的论述,共同打破了古来一系相承的旧说。①

(二)力倡"大势变迁论"史观

蒙文通作为近代"蜀学"传人,学术风格与20世纪二三十年代在学界占主流地位的"新史学"不同。在民国世人的眼中,以为蒙文通是文化保守主义者。然而,正如当代学者所说:"一般不视为新派的蒙文通'其实他的思想和治学方法都可以说是新而不旧'"②。他的许多学术观点往往与当时的新派思想互相参差,处处展现一种批判的眼光。他的治史思想、主张和方法,是"大势变迁论"史观③

即以揭示史学的时代特征与演变轨迹为己任,不甘落入前人的旧窠,坚持开辟新的途径。正如他所说的,他的撰述"迥异缀拾排比之类,篇篇皆为创作,篇篇皆有新意"。他朝着这样的方向努力,他的成果《中国史学史》④讲义也的确足以自成一家之言。纵观蒙文通的《中国史学史》讲义,他的史观包括以下几个方面,具有几个鲜明的特点:

首先是主通。即对任何事物,强调必须贯通古今、联系起来进行考察,才能把握历史发展的脉络。蒙文通对历史现象的解释,经常扣紧这个观点,主张讨论某一件史事时,总要往前推很长一段时间,以见其波澜起伏曲直。蒙文通"主通"不仅通观古今,还重视不同学术的互相影响。他主张对任何事物,都不可以孤立地看,而必定要联系到社会、政治、文化等各个层面来观察,用他的话说是"事不孤起,必有其邻"。如他对道教的解释,充分掌握发展变化之关系;又如他对李冰建都江堰"深淘滩、低作堰"的原理的理解:必定是长期积累经验而成,而非李冰短期所能提出。再如他讲朱子时,认为一个时代有"离心力"与"向心力"两种力量作用的结果。正是由于从中唐以来离心力强了,所以到南宋向心力增强,这样经元代一直到明代,就把朱子的地位抬高了。

其次是明变。即对任何事物,强调其发展变化之过程,及在这个过程中各

---

① 王汎森:《从经学向史学的过渡——廖平与蒙文通的例子》,《历史研究》2005年第2期。
② 罗志田:《〈山海经〉与近代中国史学》,《中国社会科学》2000年第1期。
③ 本节参照王汎森:《从经学向史学的过渡——廖平与蒙文通的例子》(《历史研究》2005年第2期)、何晓涛:《蒙文通与中国史学史》(《四川大学学报》2004年第3期)综合写成。
④ 蒙文通:《中国史学史》,《蒙文通文集》第三卷《经史抉原》,巴蜀书社1995年版。

第十九章 史学与方志

种分子之间的交互关系。蒙文通指出,只有把握住历史的变化,才能真正把握住历史的全貌,他说:"孟子说:'观水有术,必观其澜。'观史亦然,须从波澜壮阔处着眼。浩浩长江,波涛万里,须能把握住它的几个大转折处,就能把长江说个大概;读史也须能把握历史的变化处,才能把历史发展说个大概。"蒙文通从哲学与史学的关系着眼,以哲学的盛衰影响史学的盛衰作为划分史学发展阶段的标志,将中国史学史划分成晚周至汉、六朝至唐、中唐两宋、明清四个大的阶段,重点突出晚周、六朝和两宋三个时期的史学。这样的划分未必恰当,但分期标准明确,使得上下贯通,脉络清晰;同时又能抓住不同时代史学的某些特点与变化。

再次是贵识。即强调史学的思想性与创造性。蒙文通的《中国史学史》与一般著作的取舍大不相同,他以是否有创造性作为评价标准。他不重"史料"而重"史学"。蒙文通所说的"史料"与"史学"之别,换一种说法,其实就是"记注"与"撰述"的不同。他说之所以将晚周、六朝、两宋作为史学史论述的重点,就在于只有这三个时期才有"撰述"之作。蒙文通认为,撰述与记注有高下之不同,评价史学家也应看其是否懂得撰述之法。他还以思想性、创造性的程度来划分中国史学史的发展阶段,从拘守清人考据之学转而探讨"史学"。

总之,蒙文通的中国史学史研究是值得重视的。他与20世纪三四十年代其他史学史研究者之间的联系与区别,以及他个人学术思想的转变,深刻地反映了史学观念的更新对于中国史学史研究的重要性;[①] 同时,也是民国四川史学更新中的一个见证。

二、马克思主义史学的开创者郭沫若

在中国近代史学中,有几部里程碑式的著作。1902年,梁启超发表《新史学》,将传统的封建史学置于进化论的基础上进行根本改造,从而成为"新史学"的里程碑。1930年,郭沫若出版《中国古代社会研究》,又将中国古史置于唯物史观的基础上进行根本改造,从而成为中国马克思主义史学的里程碑。

郭沫若于1914年归国,1927年大革命失败后,流亡日本。在日本10年中,为了了解中国的现实,他开始在历史唯物主义指导下研究历史。他首先从

---

① 何晓涛:《蒙文通与中国史学史》,《四川大学学报》2004年第3期。

掌握好古文字包括甲骨文入手。在这方面，罗振玉和王国维已领先做了系统研究，郭沫若充分吸收他们的成果，并与社会史研究结合起来，重新进行了梳理。为了借鉴西方先进的科学考古方法，他还进行了理论上的准备，翻译了不少西方考古学的名著和马克思主义的原著，如《德意志意识形态》。在此基础上，他先后在古文字研究领域，撰成《甲骨文研究》、《卜辞通纂》、《殷契粹编》、《两周金文辞大系图录考释》、《金文丛考》、《古代铭刻汇考》等著。到了1930年，郭沫若研究中国古代社会史的第一本著作《中国古代社会研究》终于出版了。

《中国古代社会研究》是一部将新的历史观和方法论与中国古史相结合的力作。他在自序中开门见山地说："对于未来社会的待望逼迫着我们不能不生出清算过往社会的要求。古人说，'前事不忘，后事之师。'认清过往的来程也正好决定我们未来的去向"。他指出，令人遗憾的是"世界文化史的关于中国方面的记载，正还是一片白纸。恩格斯的《家庭、私有制和国家的起源》上没有一句说到中国社会的范围。""在这时中国人是应该自己起来，写满这半部世界文化史上的白页"。因此，他特别申明："本书的性质可以说就是恩格斯的《家庭、私有制和国家的起源》的续篇。"从这篇自序中，可以看到一位

图19-2 1931年现代书局出版的郭沫若史学著作《中国古代社会研究》

30多岁、充满着虎虎生气的马克思主义史学家刚刚登上历史舞台的风采。他以马克思当年写《共产党宣言》的文风，用诗一般的语言写道："谈'国故'的夫子们哟！你们除饱读戴东原、王念孙、章学诚之外，也应该知道还有马克思、恩格斯的著作，没有辩证唯物论的观念，连'国故'都不好让你们清谈"。他这种为回应"对于未来社会的待望"而撰写的书，正是中国马克思主义史学流派真正诞生的标志，也是郭沫若学术原创精神最生动突出的体现，在当时和后来都有着巨大而深远的影响。郭沫若并不是从国外引进历史唯物主义理论的第一人。尽管李大钊、蔡和森、李达在阐发唯物史观的同时，已经结合历史实际作了初步的运用和探求。但是，中国马克思主义史学真正形成，始于郭沫若系统的实证研究，而其集中标志就是《中国古代社会研究》一书的面世。①

---

① 彭邦本：《世纪回眸：郭沫若古史研究特色的几点思考》，《郭沫若学刊》2002年第1期。

第十九章 史学与方志

当然，正如许多学者已指出的那样，这部书毕竟是运用历史唯物主义原理研究中国历史的初创之作，从史料的采用到若干具体论点，都还存在一些幼稚、粗率之处。由于时代的局限，《中国古代社会研究》也确实存在某些缺陷。而对这些缺陷进行最清楚明确的反思，不是出自别人，正是出自郭沫若自己。早在1947年4月，郭沫若在该书的新版《后记》中承认，自己"在材料的鉴别上每每沿用旧说，没有把时代性划分清楚，因而便夹杂了许多错误而且混沌"。1953年11月，他又在《中国古代社会研究》1954年新版引言中自我批评道："主要由于材料的时代性未能划分清楚，却轻率地提出了好些错误的结论"。作者的反思，反映了他谦虚诚实、心胸宽阔的大师风范。比起该书的缺陷，《中国古代社会研究》在史观和方法论上的贡献更值得后人学习，它的价值更值得肯定。

其次，该书在研究方法上为当时提供了一种新的史学范式。正如当时自由派史家张荫麟曾经发表评论所说，该书"例示了研究古史的一条大道"，"有好几种优点"。特别是郭沫若从社会经济基础以及社会发展规律的大背景来阐发历史，是最值得称道的研究方法。

再次，从学术层面考察，《中国古代社会研究》也同样不失为一部优秀著作。该书自序说："只要是一个人体，他的发展，无论红黄黑白，大抵相同。由人所组织的社会也正是一样。"这与钱钟书先生所谓"东海西海，心理攸同；南学北学，道术未裂"具有异曲同工之妙！从写作角度看，该书是当时最富有美学价值的历史著作，既充满激情，又富于意蕴。[①]

三、风格各异的蜀中史家

民国时期，在国内学术潮流和学术风气的影响下，四川除了拥有蒙文通、郭沫若这样杰出的史学家外，还出现了不同学术背景下成长起来的以不同学术风格见长的史家。他们大多集中在成都的几所大学，为四川史学的繁荣和发展作出了不可磨灭的贡献。在民国"外来"学者大规模进入四川之前的蜀中史学流派，大体可以归纳为两种类型。[②]

[①] 李红岩：《正确评价〈中国古代社会研究〉》，《光明日报》2003年1月7日。
[②] 参考四川大学历史文化学院：《川大史学丛书·序》（四川大学出版社2006年版）、王东杰：《学术"中心"与"边缘"互动中的典范融会：四川大学历史学科的发展（1902—1952）》（转引自"儒藏网www.ruzang.net"和《海峡两岸晚清蜀学座谈会论文集》2006年7月）。

(一) 以考据博通见长的近代"蜀学"传人

自 20 世纪 20 年代开始，先后在川大史学系任教的近代蜀学传人有：张森楷、叶秉诚、祝同曾、蒙文通等，在史学系之外还有龚道耕、刘咸炘、庞石帚等。在治学取向上，他们多重视古经、正史等基本典籍的训练，崇尚博通，留意于乡邦文献的搜集整理与研究。他们的这种学术风格，与 20 世纪中国新史学重视新材料扩充、重视问题意识等取向显然有一定的距离。这些学人并非完全守旧，他们也多少受到新史学的影响。其中的代表人物及著述如下：

张森楷（1858~1928），合川人（今属重庆市）。1879 年，张氏尚在锦江书院就读时就开始了学术研究，一生有著述 27 种，包括经学、小学等，而尤以史学为多，其中用力最大的为《二十四史校勘记》337 卷、《通史人表》296 卷、《史记新校注》133 卷等。张氏治史由校勘学入手，曾云："整齐故事，谠正文字，诚治史者入门关键"。《通史人表》参考《史记》、《汉书》表例，"以年为经，以事为纬"。参考书目不下千种，被罗振玉等称为"独创"之作。其《二十四史校勘记》则被中华书局《二十四史》点校本采纳多条。

刘咸炘（1896~1932），双流人，是近代卓有成就的一位史学家。他一生著述甚多，所著《推十书》凡 231 种，计 475 卷，涉及哲学、史学、文艺学、校雠目录等多个学科领域。在担任成大中文系教授的同时，还在公立四川大学教史学。他以"史学"来概括自己的全部学术："吾之学，其对象一言以蔽之，曰：史……此史是广义，非仅指纪传编年，经亦在内；子之言理，乃从史出。周秦诸子，无非史学而已。横说则谓之'社会科学'，纵说则谓之'史学'，质说、括说则谓之'人事学'可也"。[①]

(二) 热衷史学理论引介的非主流派学者

当时在成都的大学里执教的还有第二类人员，他们基本为 20 世纪中国新史学所包纳而又与主流派有疏离的学人。他们或是留学生，或在国内受到较为完整的史学训练，专业化程度较前类学者更高，在当时基本上属于新一代学人（非指年龄而言）。他们的共同之处是：不赞同"新文化运动"对传统文化的否定态度，主张结合传统与现代，而思想资源则更多地来自西学。在史学观念上，

---

① 转引自萧箑父：《〈推十书〉影印本序》，刘咸炘《推十书》，第 1 册，成都古籍书店 1996 年版，第 5 页。

他们强调过去与现在并非渺不相涉,不主张视历史研究的意义仅在对"问题"的解决,而尤其体现为对现实的启示意义。其中的代表人物有何鲁之、刘掞黎、李思纯。

何鲁之(1891~1968)成都华阳人,留学法国巴黎大学,专攻西洋史,曾任巴黎通讯社记者,回国后任职成都大学,于1928年3月为成大史学系代主任,并担任国立四川大学首任史学系主任。所著有《希腊史》(1934年)、《欧洲中古史》(1937年)等。

刘掞黎是所谓"南(京)高(师)学派"的传人,在学术界因对"古史辨"的批评成名。与当时强调实证性问题研究的主流派史家相反,他十分强调"治史所以明过去而知现在,利用过去以了解现在,而谋有以应付现在"①。

图 19-3　何鲁之

李思纯(1893~1960),留法学生,四川大学教授。当时国内西方史学理论,经李思纯翻译的法国史家朗格诺瓦(Ch. V. Langlois)和瑟诺博司(Ch. Seignobos)的《史学原论》而得以广泛传播,在当时产生了不小的影响。所著还有《元史学》(1940年)等。

值得注意的是,上述两派蜀中史家尽管在"社会学"的意义上不无差异,但在文化态度、史学意义的认知上却是非常相近,他们的共通之处,在于均重视史学理论,与中国传统史学颇有相契之处。如李思纯在20年代初即指出,刘知幾、章学诚与西方学人颇能"合轨符辙,无有异致"。而章学诚对于刘咸炘和蒙文通的影响更为学界公认,其中之一即是理论追求和通识眼光。刘咸炘虽以史知名,但"史纂"、"史考"之作并不多,其作"多为史学理论及史学史、历代史学述评之作"。②蒙文通的史学论著则主要以具体的问题研究为主,但其背后亦有更进一层的追求。他说,自己"几十年来,无论是讲课、写文章,都把历史当作哲学在讲,都试图通过讲述历史说明一些理论性问题……丁山说:'你

---

① 刘掞黎:《发刊词》,《史学杂志》等1期,1929年。
② 萧箑父:《〈推十书〉影印本序》,刘咸炘《推十书》,第1册,成都古籍书店1996年版,第5页。

每篇考据文章都在讲哲学.'这里虽显有推崇之意,却也符合实际"。①

四、四川史学风气的巨变

在民国四川史学更新历程上,三四十年代是一个重要的发展阶段。1935年夏,随着国民政府的势力正式控制四川,四川的"地方中央化"政策逐渐落实,川大的"国立化"正式提上日程。发生在三四十年代的"国立化"进程,以及抗日战争时期省外高等院校和研究机构的大量迁川,是促成这一时期四川史学风气转变的重要原因。

(一)"国立化"引进新学术

30年代中期以后,以四川大学史学系为主要阵地的蜀中学术风格,开始有了较大的变化。这一变化与任鸿隽身为"新文化人"而有意识地在川大引进"新学术"有关。

任鸿隽(1886~1961年),生于重庆巴县。1935年8月初,任鸿隽被任命为川大校长。任氏在校内推行了一系列以"国立化"和"现代化"为目标的改革措施。任鸿隽在川大仅仅两年就辞职而去,但是,他所奠定的基本方向仍为后来的校长遵循。

首先,广邀新派学者入川讲学。为了弥补四川"地处偏僻"造成的"风气闭塞","以谋学术上风气的开通",自1936年起,他先后请李济、吴文藻、张熙若、傅斯年、丁燮林、蒋廷黻等到校演讲,要求学生们"要利用这个机会去亲近一下当代的学人"。在任氏邀请的学者中,以人类学著称的李济与以史学著称的傅斯年,乃是当时主流"新史学"的领袖人物。李氏演说的题目叫做《建设中之中国新史学》,介绍了主流派新史家的学术思想与方法。著名社会学家、人类学家、民族学家吴文藻,在川大毕业生典礼上所作的讲演中,则明确指出"毕业大学生应具备之基本条

图19—4　任鸿隽

---

① 蒙文通:《治学杂语》,蒙默编:《蒙文通学记》,生活·读书·新知三联书店1993年版,第6页。

件"之一，也是"致力新历史学"。

其次，刷新人事，聘请名家。任鸿隽利用自己在当时学术界的影响力，在各个学科都聘请到一些成名学者到学校任教。以1936年史学系的人员构成情况为例：教授丁山（北大研究所国学门毕业，中央研究院历史语言研究所专任研究员）、何鲁之、周谦冲、祝同曾、张云波、范祖淹（美国哥伦比亚大学史学硕士、英国伦敦大学研究员）、杨筠如（清华大学研究院毕业），特约教授徐光（美国威斯康星大学文学士，德国海德堡大学博士），讲师郭秀敏（北师大地理系毕业）、谭其骧（美国密歇根大学文学硕士）。经过任鸿隽的人事革新，史学系人员构成最为突出的变化是增加了来自"史语所"、"北大国学门"、"清华研究院"等几个被视为主流派"新史家"大本营单位的学者。

（二）内迁带来新变化

1937年抗战爆发后，全国有48所高等学校迁入四川。当时，全国一流的、有社科系所的中央大学、燕京大学、复旦大学、金陵大学、齐鲁大学、武汉大学、东北大学以及中央研究院历史语言所等机构陆续迁入四川。内迁的学术机构、大学的外省学者和热心人士，在重庆建立了史学会、孔学会、考古学会，领导着新史学的研究，在重庆、成都出版或翻译了几百种历史著作[①]，产生了重大的影响。

其中，由顾颉刚任主任的山东大学国学研究所，于1940年在成都创办《史学季刊》杂志，广泛联络迁来西南的史学家，是为成立史学会的先声。由傅斯年任所长的中央研究院历史语言研究所，于1940年10月辗转迁到南溪县的李庄镇（今属宜宾市翠屏区），下设历史、语言、民族、考古4个研究组，利用过去史语所收藏的、收买来的居延汉简资料、殷墟发掘资料、明清大库所存的奏章、档案资料，在极其艰苦的条件下，进行认真的整理、研究，并对西南和四川的民族、方言进行调查，做出了显著的成绩，贡献出一批凝聚着迁川学者心血的研究成果，涉及历史学、考古学、文学、语言学、民族学、民俗学、人类学等诸多领域。这些全国性学术刊物、著述在四川的出版发行和传播，也为四川史学的繁荣与发展提供了良好的学术氛围，四川史学界的学术风气由此发生了巨大的变化。

---

① 详见《抗日战争时期出版图书联合目录》，四川人民出版社1992年版，第1047~1226页。

首先，表现在社会科学多学科学者的大融会与大交流上。抗战时期，四川省是聚集高校最多的地区。成都接待了8所，其中5所（华西大学、中央大学、金陵大学、齐鲁大学、燕京大学）集中在华西协合大学。当时中国社会科学各个学科的顶尖级知名专家齐聚华西坝。一位外籍博士曾称："可以说，世界上任何地方最著名的大学教授和学术权威们都聚集在成都。"麇集学者之多，是四川历史上前所未有的。著名文科学者如顾颉刚、钱穆、容庚、徐中舒、陈寅恪、吴宓、萧公权、李方桂、蒙文通、吕叔湘、冯友兰、朱少滨、闻在宥、谢霖甫、伍非白、冯汉骥、缪钺、董作宾、任乃强等。[①] 多学科学者的融合交流，有助于打破四川学风的闭塞，促进了四川史学风气的转变。

其次，表现在史学队伍的变化上。根据有关材料，1940~1947 年曾在川大历史系任教的学者有：周谦冲、何鲁之、冯汉骥、徐中舒、祝同曾、蒙文通、吴天墀、楼公凯、黄文弼、罗志甫、杨人楩、胡殿咸、傅吾康（Wolfgang-Franke）、戴蕃豫、闻宥、缪钺、孙次舟、邓少琴、谭英华、李思纯、卢剑波等人。另有胡鉴民、李季谷、萧一山、吴廷璆、任乃强、杨东莼、周传儒、钱穆、柳诒徵等亦曾在此期间任教。这份名单中的绝大部分学者在当时已是成名之士，且多是抗战以后才加入川大史学系的。众多名家云集，给四川不同学术流派在大学校内的相互借鉴、融合提供了机会，同时也为四川史学人才的培养奠定了基础。

再次，表现在学术风格的变化上。一批主流派新史家的进入，对四川史学产生了深远的影响。注重新材料的发掘和利用，是这一学派的突出特点之一。他们的进入为四川史学灌输了新的活力，其对川大历史系的学术风气和在国内的学术地位影响之巨是毋庸置疑的。其中，集中体现在被认为是主流派的新史家徐中舒与冯汉骥身上。

图 19-5 徐中舒

徐中舒（1898~1991 年），初名道威，安徽怀宁（今安庆市）人。1937 年抗日战争爆发后，应中英庚款和四川大学协聘，任四川大学历史系教授。徐氏受

---

① 《四川大学史稿》第 4 卷，四川大学出版社 2006 年版，第 101 页。

学于王国维，二三十年代参加过史语所主持的殷墟发掘和清宫档案整理工作，对新史料的学术意义体会甚深。他在治学方法上，除继承王国维的"二重证据法"外，扩大研究视野，力求掌握全面，尽量利用有关学科的科学知识，联系补充，以体现历史本身的完整性。他熟悉先秦文献，既能得心应手地运用这些资料，又具有宏观素养，善于把田野考古、民族学、人类学、社会学、工艺学诸方面的专业知识结合起来，反复论证，力求其是。在徐中舒的一手培养下，古文字学和先秦史在川大生根结果，获得了举世公认的学术地位。

冯汉骥（1899~1977年），字伯良，湖北宜昌人。1923年毕业于武昌文华大学文科。1931年赴美留学，入哈佛大学研究院人类学系，后转入费城宾夕法尼亚大学人类学系，1936年获人类学哲学博士。1937年回国任四川大学历史系教授，1941年兼四川省博物馆筹备主任。20世纪三四十年代，在冯汉骥的提议和领导下，川大史学系先后主持或参与了四川文物调查和三星堆、汶川石棺墓、前蜀王建墓的发掘等多项工作。在他的引导下，注重田野调查、发掘成为川大考古学的基本精神。这一时期，由于条件所限制，学生几乎很少有参与发掘的机会，但是，实地调查却已成为考古教学乃至课外活动的一个重要内容。

图19-6 1938年，冯汉骥（上）在理县作学术考察

在注重实地调查风气的影响下，一批新的学术领域如人类学、民族学也日益受到重视。1938年夏，冯汉骥为进行"西南人种学及体质人类学调查"，只身前往松潘、理番、茂县、汶川等地考察羌族资料，历时3月之久。胡鉴民也在30年代末40年代初进行了羌族、苗族等民族的调查工作。冯、胡二位均是留学生出身，受过人类学的科班训练，相较而言，任乃强虽近于"自学"成才，

在实地踏勘方面却有其独特的优长。自1929年起，他三次考察西康地区，搜集了大量的一手材料。在此基础上，他先后完成了《西康诡异录》、《西康十一县考察报告》、《西康图经》、《康藏史地大纲》、《吐蕃丛考》等著作。1946年，任乃强在川大发起组织了中国第一个专门从事藏学研究的民间学术团体康藏研究社，出版了《康藏研究月刊》，在国际藏学界赢得了极大声誉。

在蜀地注重乡邦文献整理研究的传统影响下，抗战时期，巴蜀史的研究也一时蔚为风潮。徐中舒是较早对此加以注意的学者。早在20年代四川史学已出现了由"乡邦文献"走向"地方史"的趋势，但相对而言，仍与近代史学的区域研究有不小的距离。40年代以后的巴蜀研究，则已基本上完成了向近代史学的转化。1940~1941年，他先后发表了《古代四川之文化》和《蜀锦》两文。另外，孙次舟的《读古蜀国为蚕国说献疑》等文，也都在当时产生了较大的影响。随着徐中舒、蒙文通、缪钺等学者先后加入到巴蜀史研究中，这一学科得到了空前的大发展。

此外，这一时期设立的另一个对考古学、人类学调查研究起到重要作用的机构是博物馆——国立四川大学博物馆筹备处，也是史学风气变化的一个表征。自1937年8月8日成立四川大学博物馆筹备处以来，至1938年，即收得汉晋画像刻石36件、土俑305件、古陶瓷器1038件、西藏佛像及喇嘛所用法器128件、历代钱币1470件、川边民族文物50余件、汉晋六朝砖45件、宋明墓志10余件。1941年1月，四川省政府会同四川大学博物馆设立了四川省博物馆，由冯汉骥出任馆长。川大博物馆藏品全数移交省博物馆。

综上所述可见，这一时期，以川大历史学科为主要阵地的四川史学，无论在学术观念、研究方法、专业方向和机构设置等方面均呈现焕然一新之相，不但已"预"国内史学之主流，就成绩来看，也已渐跃居前列。①

五、华西史学的特点及贡献

在民国四川史学更新的过程中，作为今日四川大学历史文化学院另一个源头的华西协合大学历史学科，同样值得载入史册。

---

① 王东杰：《学术"中心"与"边缘"互动中的典范融会：四川大学历史学科的发展（1902~1952）》。

第十九章 史学与方志

20世纪初,西方基督教会出于在我国发展传教事业的需要,在中国各地相继成立了教会大学,1910年在成都创办的华西协合大学就是其中的1所。1920年在华大执教的莫尔斯、贺尔德、叶长青、路门、窦姆组织了一次对川西北5土司的探险考察。他们从成都出发,经灌县进入山区,至威州(今汶川),再西行至杂谷脑(今理县)、懋功,然后东翻巴郎山,经灌县回成都。这次考察提高了他们的兴趣,为以后组织边疆探险考察打下了基础。1922年4月21日,对康藏地区进行人文科学考察充满期望的12位学者,正式成立"华西边疆研究会"(West China Border Research Sosiety)。

华西边疆研究会早期是一个以西方学者和传教士为主体,以华西协合大学外籍教授为骨干,以华西协合大学为依托,以成都为基地的国际性民间学术机构。华西边疆研究会成立后,主要进行了两次学术讨论会,并组织了学会会员对川西北和康巴地区少数民族历史文化进行考察,取得了较大成果。1923年初,边疆研究会委派毕启博士负责编辑、出版发行了研究会的会刊《华西边疆研究学会杂志》(Journal of the West China Border Research Sosiety)。到1946年共发行会刊16期,约每2年发行1期,发表了大量西方学者对康藏等民族地区的民族、宗教、历史、习俗等方面的论文。华西边疆研究会、《华西边疆研究学会杂志》等都在国际上享有盛名。

图19-7 《华西边疆学会杂志》封面

华大历史学科早期的领导者主要是葛维汉(David Crockett Graham)等外国学者。自20世纪30年代中期开始,一批既受过现代社会科学训练、又熟悉中国古典文化的中国学者开始取代了他们的地位。1942年,"华西边疆研究所"成立,由人类学家李安宅负实际责任,研究所成员有郑象铣、任乃强、于式玉等。由于成绩突出,成立一两年时间,研究所就被收入《大英百科全书1943年年鉴》。1941年,接任博物馆馆长的郑德坤,还亲自撰写了多种学术著述,其中《四川古代文化史》具有很高的学术价值。该书出版于1946年7月,上溯了史前至汉代四川文化的发展演变形态,是作者早年从事四川古代文化研究的重要成果,同时也是巴蜀文化研究史上第一部专著,迄今仍不失为研究巴蜀文化的必备参考书。①

上述历史表明,华大学者在中国边疆研究、人类学、考古学等领域均有独到之长,学术风格更近于主流派新史家。华大史学的突出特点之一是注重机构建设和"集众研究"。另外,跨学科研究、注重边缘和底层文化均是其特色之一。值得提及的是,在华西大学相对开放的环境里,还培养了一批四川本土的著名史家。其中的代表人物就是蒙思明。

蒙思明(1908~1974年),四川盐亭县人,蒙文通之三弟。1929年考入华西协合大学社会及历史系,1933年毕业后留校任教。1935年至北平,考入燕京大学研究院攻读中国史。1938年,完成学位论文《元代社会阶级制度》,在当年燕京大学学报专号发表,迄今仍不失为治元史的必备参考书。1940年返回成都,在齐鲁大学国学研究所工作,仍兼教华大。在华大主讲"史学方法",认同综合派的史学,对当时"除考据外不谈史学,评文章的以考据为优,倡学风的以考据风气为贵"的现象多有抨击,②体现了华西新派史学传人的特点与风格。

图 19-8 葛维汉

图 19-9 任乃强

第二节 四川方志的编修

地方志作为封建统治者加强统治的一种工具,到了民国时期,随着时代潮流的变化,也不能不在编修观念、体例与内容上发生重大的变化。四川是一个

---

① 霍巍:《温故而知新》,郑德坤《四川古代文化史·代序》,巴蜀书社2004年版。
② 蒙思明:《考据在史学上的地位》,《责善半月刊》,1941年第2期。

第十九章　史学与方志

富有乡邦文献搜集整理研究传统的地区。在民国四川战争频仍、政局不稳、社会很不安定的时代环境中，四川地方志的编修依然高潮迭起。尽管存在着数量多、佳作少的弊病，但是改革传统方志、勇于创新的探索却始终没有停止。

一、重修《四川通志》艰难搁浅

嘉庆《四川通志》刊行后，至民国成立已有百余年未续修省志，出于反映时代变化，保存资料的需要，四川地方当局于民国4年（1915年）6月6日，援引湖北重修通志的成案，向北京政府呈报了关于重修四川通志的立案。呈文讲述了嘉庆四川通志成书百多年间四川社会的变化，提出了重修通志的必要性。指出：民国以来，"举凡郡县赋、军警学校、工商邮传、户口实业，一切人事之变迁，动关国家之得失……若不及早蒐罗，必至终归散佚"；加之四川"地大物博，代远年湮，公是公非，久无定论……极当图国粹之保存"。报告批准后，四川即随之择地开局，预期三年完成。但是由于其后四川当局人事变动，以及随后的川滇、护法之战，直到民国9年（1920年）杨庶堪任四川省长时，"四川通志局"才于5月23日宣告成立，并拟订了县志编写纲要11条，明确规定人物"生存不录，自述生平不录，本家互相标榜不录"，以及将"俗称八景、十景"、"天文星野"等一概删去。同时通函全川各县市依据征采。后因督军熊克武、省长杨庶堪不和，杨庶堪去职，各议俱寝。

1924年，杨森任四川军务督办时，遵前议设立"四川通志局"于成都陕西街，延聘宋育仁为总裁，陈酉生为协理，重修《四川通志》。宋又聘四川名宿龚熙春等十余人为纂修。宋育仁拟订了《重修四川通志序例》，设建置、舆图、官政、食货、礼俗、学校、艺文、人物等八门；其中并阐述了他的修志指导思想，"通史注重朝廷之兴替，通志则注重民事之衰变"；修志"成书不贵多，须载籍极精，而详略适宜"；"通志以地域为纲，不重帝王世系"。① 1926年末，宋又发布《重修四川通志续选文征说例公布启》。自此以后，四川通志编修工作时断时续，直至民国20年（1931年），《重修四川通志稿》方由宋育仁主编完成。全稿共170卷，皆用毛笔缮写，线装成书300余册。其后，因战乱、人事、经费等原因，直到1949年尚未付梓。后来机构不断改属，稿本辗转移交、搬运，散

---

① 《重修四川通志例言》民国26年成都昌福公司本，藏四川省图书馆特藏部。

佚严重。① 只有龚熙春的《四川郡县志》于 1935 年自家木刻问世，是重修《四川通志》中唯一正式刊印的稿本。

1942 年 9 月，张群应张澜、李璜等人所请，批准成立"四川通志馆"，续修四川省志，由李肇甫、舒君实主持修撰工作，1944 年编成约 30 万字的《四川方志简编》。② 此稿是将各县上报资料，按 16 个行政督察区，分别列入沿革、职官、疆域、地形、气候、物产、交通、商业、教育、风俗、人物等门类中，倒也简明扼要，一目了然，仍有参考价值。

二、县志编修高潮迭起

地方志的社会功能为"资政、存史、教化"。各县差异甚大，其在正史及省、府、州志不能登载者，在本县县志、乡土志则能"见之"，因此兴修地方志就成为地方必办之事。民国时期，北洋政府和南京政府曾多次下令各地纂修地方志，并颁行《修志事例概要》，为修志者下达了指导性意见，以求达到地方志的规范化。

民国时期（1911～1949）共修了多少部地方志，由于统计口径不一，数量差别较大。张秀熟《重印清嘉庆〈四川通志〉序》据 1982 年《四川省地方志联合目录》统计，民国时期共修地方志 295 种，没有区别地方志的种类。经我们统计，民国时期修志共 103 种，其中，包括 84 个县 93 种县志，16 种乡土志；再加上 1939 年前后所修《四川省概况》、《西康概况》及各县《县政概况》共 31 种，川康边政资料辑要 29 种，刘赞廷等人所编原西康省 22 个县的图志，以及私家撰史修志 10 余种，如是，则民国时期所修地方志书近 200 种（详见以下甲、乙、丙、丁、戊、己六表）。

---

① 陶元甘：《记四川通志局及四川省通志馆》，《四川文史资料选辑》第 32 辑，第 166 页。
② 此为手稿本，藏四川省图书馆特藏部。

甲　民国县志（＊为两种）

温江	双流	新繁	崇宁	新都	崇庆	华阳	灌县	资州
＊资阳	＊内江	荣县	仁寿	＊简阳	巴县	江津	合川	大足
江北	铜梁	眉山	＊彭山	夹江	＊丹棱	＊邛崃	大邑	名山
乐山	犍为	峨边	南溪	兴文	筠连	江安	长宁	泸县
富顺	古宋	合江	涪州	丰都	南川	万县	云阳	大竹
渠县	梁山	长寿	南充	武胜	遂宁	安岳	乐至	三台
中江	潼南	蓬溪	＊绵阳	德阳	广汉	＊金堂	绵竹	＊安县
什邡	罗江	剑阁	广元	苍溪	阆中	彰明	北川	达县
宜汉	万源	巴中	南江	松潘	汶川	荥经	雅安	芦山
汉源	西昌	理化						

说明：清修民国印行未计入

乙　民国乡土志

懋功屯	崇化屯（今金川县安要镇）		盐边厅	蒲江	略坪（罗江西30里）	
河清乡实录（今绵竹河坝、永兴二场事）				泸县	夹江	青神
彭山	铜梁	垫江	丰都	万县	达县盘石乡	德阳

丙　民国四川县政概况（＊号是两种）

金堂	双流	＊自贡	郫县	崇宁	什邡	新都	蒲江	崇庆
＊彰明	广元	安岳	简阳	宜宾	南溪	珙县	＊仁寿	犍为
永川	黔江	彭水	城口	广安	武胜	汶川	峨边	

丁　民国川康边政资料辑要

西昌	冕宁	越西	会里	宁南	昭觉	盐边	盐源	雷波
马边	屏山	峨边	松潘	理番	汶川	茂县	懋功	康定
泸定	九龙	丹巴	道孚	炉霍	甘孜	瞻化	德格	雅江
理化	巴安							

戊　民国康区"图志"

康定	泸霍	甘孜	瞻化（今新龙）	白玉	德格	石渠	色达
泸定	丹巴	九龙	邓科（今石渠）	雅江	道孚	理化（今理塘）	
定乡（今乡城）	稻城	巴安（今巴塘）	义敦（今巴塘东北）	得荣	木里		
汶川①							

己　私家修志

《西康综览》（李亦人）	《新四川九章》（蒋冬白）
《四川新地志》（郑励俭）	《四川省历史乡土教材》（柳定生）
《四川各县历代沿革表》（丁晫超）	《西康沿革考》（陈志明）
《西康》（梅心如）	《西康图经》（任乃强）
《西康疆域溯古录》（胡吉庐）	

不过，如把统计口径仅限定在县志（不包括州志、乡土志、县政概况、图志），限定在民国所编（不包括重印清代县志、清末编纂民国印行的县志），民国时期实际所编纂的县志则只有79县84部。结合这些县志编纂的背景，其编修经过可以划分为3个阶段：（1）北洋军阀时期（1912～1927年），共完成25部县志；（2）四川军阀统治时期（1928～1935年），共完成36部县志；（3）川政统一时期（1936～1949年），共完成23部县志。

（详见民国时期四川修志县及成书时间统计表）

---

① 《汶川图说》为祝世德所撰。见何金文：《四川方志考》，吉林图书馆协会1985年版，第39页。

民国时期四川修志县及成书时间统计表

阶段	成书时间	修 志 县
北洋军阀时期	1915	潼南 峨边 荥经
	1919	绵竹 犍为
	1921	温江 双流 金堂
	1922	合川 南江 邛崃 江安
	1923	眉山、丹棱
	1924	江津、松潘
	1925	内江、崇宁
	1926	崇庆、阆中
	1927	剑阁、简阳、雅安、丰都、巴中
四川军阀割据时期	1928	长寿、涪陵、苍溪、大竹
	1929	新都、大邑、荣县、合江、什邡、遂宁、乐至、资中、南充
	1930	中江、名山
	1931	富顺、三台、简阳、南川、武胜、宣汉
	1932	富顺、罗江、绵阳、北川、万源、渠县
	1934	华阳、乐山、犍为
	1935	蓬溪、叙永、古宋、夹江、云阳
川政统一时期	1937	南溪
	1938	泸县
	1939	巴县、德阳
	1940	广元
	1941	汉源
	1942	西昌
	1943	兴文、芦山
	1944	长寿、彭山、汶川
	1945	大足、内江、理化
	1946	新繁
	1948	筠连、郫县
	1949	资阳

说明：以上 79 县共修 84 部县志，其中富顺县有两个版本；另有一县多次修志（未计算）。

值得注意的是，连绵不断的战争，使修志缺乏必要的社会环境保障，颇与"盛世修史"的原则不相符合。然而，各派军阀为了粉饰太平，又不惜搜刮民脂民膏，在各自地盘内，竞相提倡编修县志，把县志编修作为维护他们统治的工具。这既是民国四川特殊时代背景下四川县志兴盛的根本原因，同时也是四川地方志发展史上的一个重要特点。

从上述3个阶段的统计数据表明，真正在1935年川政统一后成书印行的县志仅23部，占总数的27%；其余61部，约占总数73%的县志产生于军阀割据和战争之中。也就是说，有三分之二的县志产生于军阀割据时期，其中，又有36部，约占43%的县志产生于四川军阀的防区制割据时代。

由于战争频仍，政局不稳，社会很不安定，财力无以为继，使很多县志都是在十分艰难的条件下勉强完稿，在变乱中刊印的，有的最终也没有刊印。如民国新修《江津县志》，历时三年（1920~1923年）完成于军阀火并之中，以至附跋说：是书"勒成于金戈铁马之中，亦艰矣哉，或疑非时"。人才枯竭是各县所面临的又一个大问题。民国时期，各县的长官（知事、县长）频繁更替，经常易人，继任者或缺乏热情、见识和才能而搁置不理，或抓而不紧，以致县志难以脱稿印行。加之，主持者或参与修志的人，由于制度的限制，任用不当，缺乏必备的修志理论准备和素质修养。

正因为如此，民国四川编修的县志，数量虽多，但佳作不多。有人估计，大约70%为粗制滥造。民国《广安县志题辞》刊载蒲伯英分析民国四川县志难有佳构、大多鄙陋的原因时指出："盖当时风气，志局率为退闲仕宦者设，苟取成书应故事，其意固不在比得佳制，并不省如何为佳与不佳。盖以俗情少见多怪，暗吏鄙儒从而掣肘弄舌，虽有琼识通才，亦终不得独伸己见而罢，偷食而已，不足云著述也。"

民国四川县志除少数佳作之外，普遍存在着以下通病：一是材料不丰富，内容不充实。二是纲目体例不能适应时代变动的需要，局限于旧志体例，少有创新。三是存在许多糟粕，应该加以摒弃。四是缺乏公正的态度，不良现象较为严重。如对于四川军阀战争多有回避，不敢记载这些战争所带来的社会灾难。还有就是借修县志以营私，或作自我宣传，或为自己的亲友歌功颂德、树碑立传等等。

三、探索创新的力作

民国时期，伴随着时代的变化、社会的进步，改革传统方志、创新新志的体例和书写方式成为客观的需求。其间，有志创新的史家也从多方面进行了变革的探索和实践。

四川是一个富有修志传统的地区。出于对乡邦文献的搜集、整理与研究的关注，传统读书人对乡邦文献均有浓厚兴趣，地方志的修纂也常常得到他们的大力支持。特别是民国初期，或由于政治上的失势，或面对西学和新文化的冲击，老一辈的学者正需通过一些学术活动努力维系旧学。恰逢此时，中央和各省重视正史、方志的编修，于是，除少数地方外，老一辈学人遂得以在其中扮演主角。[①] 正是在这种背景下，不仅宋育仁亲自主持重修《四川通志》，在民国所修县志中，也有不少大学问家担任主纂，如向楚修《巴县志》，宋育仁修《富顺县志》、张森楷《新修合川县志》，曾鉴、林思进修《华阳县志》，赵熙修《荣县志》，吴之英倡修《名山县志》等。此外，历任成都师大、川大、华西等校教授如龚道耕（1876~1941）参与拟订了续修《成都县志》的纲目体例，刘咸炘之探讨创新地方志的编修等等，均属最好的例证。

图 19-10　民国《合川县志》主修张森楷

正由于有这些学问家的参与，民国时期四川县志也产生了几部在观念与体例、内容上都有所建树，足可与全国名县志相媲美的上乘之作。概括这些佳志，有以下几个共同特点：

其一是体例创新。如张森楷在新修《合川县志》中，对被清代奉为正宗的章学诚三书方志体例（《志》、《掌故》、《文征》）略加变通，确立了七门四十三目的修志体例。所谓七门就是：图经、谱、掌录、传状、余编、文存、序目。这一体例一方面继承了中国传统方志体例，另一方面又有所创新发展，所分门目，尚能容纳民国初年的事物。又如向楚主持的《巴县志》，在保留传统方志篇目的基础上，颇能适应当时社会经济的发展，新

---

① 桑兵：《民国学界的老前辈》，《历史研究》2005 年第 6 期。

增设了农商、工业、商业、交通、军警、交涉、自治、市政、蜀军革命始末等志，均属创新之作。

其二是内容详尽。新修《合川县志》篇幅浩繁，全书略记在100万字以上，是民国四川县志中篇幅最巨的，其中尤以大事谱最为详尽。大事谱下分年纪、事目、土地、人民、政事、掌故等项，字数约占全志二十分之一，足为他志之法。《巴县志》记载重庆开埠以来与外国交涉有关之重要文献，以及发生在重庆的教案、通商案、开埠案、王家沱日本租界案等事件的始末，为研究中外关系史上不可多得的文献资料。

其三是关注民生。如新修《南充县志》序文说："物产为民生攸赖，故较旧志加详，以冀发达。"故此志对于民国改元以后诸多新事物，对于与民生有关者，调查不厌其详。例如：山则备陈支干，知本即可寻；水则详考旁正，穷原即能竟委；道路详其里数，以为便利交通之基础。其记堰塘凡30亩以上者，共1080口，包括堰名、所在场名、所有权、灌田亩数、附记等，皆一一记录。

其四是特色鲜明。如新修《华阳县志》艺文志颇能突出成都文化繁盛的地方特色，其内容与一般地方收存文人的诗、词、文章等作品不同。而是根据成都地区历来是四川文化中心，特别是有宋一代文人荟萃，作品繁多的特点和实际，从编排体例到收存作品的方式，都独具匠心，采用四库书目分类，书目提要，汇聚有关原始资料的办法加以编纂，很能体现作品的指导思想。又如该志人物志在人物编收的标准上与历史沿革相联系的做法，以及附设氏族表，制作简明，考证精确得体，出有实据，足补前人之缺。该《华阳人物志》在旧县志中影响较大，被视为旧志中编写《人物志》的范本。

图19-11 民国《巴县志》主修向楚

其五是政治倾向鲜明。如《巴县志》较为成功地表达了作者的民主主义政治倾向。其表现形式有三：一是通过叙录表达作者编纂各志的指导思想，一扫前人对于叙录的陈词滥调，把鲜明的政治观点熔铸进去，使叙录耳目一新。如"人民造国，始自辛亥。黄华埋血，路潮继起……述蜀军革命始末第二十二"。二是通过各篇（志）前面的概述，提纲挈领地表达作者的政治倾向。三是通过大事记加以表达。作为《巴县志》的主修，向楚敢于

第十九章 史学与方志

在县志中公开赞扬民主、共和与辛亥革命,对于帝国主义和四川军阀的罪恶,也敢于秉笔直书,加以抨击和揭露,像这样充满强烈的政治色彩的县志,在当时是很少见的。

最后是引进新知。如《南充县志》采取类似招标的办法,注意培养后生,使得县志编修班子中招纳了不少懂得自然科学的大学毕业生,这与民国四川各县中主要依靠举人、贡生形成鲜明对比。如舆地志、物产志·农业,是由长于历史地理和农业科学的北京大学农学系毕业生任乃强纂修,故本志在叙述有关舆地产业时,多能突破旧志的一般记载,而能将新的自然科学的成果和方法引入地方志,使之成为名副其实的社会科学和自然科学的综合著作。

在探索创新地方志编修的过程中,四川大学教授刘咸炘撰写了一部《蜀诵》四卷共29篇论文,用政事、土俗贯通立论,叙述四川地方史古今变迁大势。内容精深,包罗万象,极富价值。他在《蜀诵·绪论》中指出:"一代有一代之时风,一方有一方之土俗。一纵一横,各具面目。史志之作,所以明此也。否则唐与汉同,燕与越类矣。"这表明刘氏已超出通常所谓"地方志"的见解,而有走向"地方史"的趋向。《蜀诵》对方志理论所作的探索创新,其精神十分可贵。蒙文通在《四川方志序》中评论刘咸炘说:"其识已骏骏度骅骝前,为一代之雄,数百年来一人而已。"这个评价可谓精当。

第二十章 文学与艺术

四川自古以来文学名家辈出,文学作品丰硕。在巴蜀文化传统的熏陶之下,在中国现代文学史上,四川涌现出了以郭沫若、巴金、沙汀、艾芜、李劼人为代表的作家群体,作家数量之多,作品质量之高,在全国都是名列前茅的。民国时期,四川在小说、诗歌、戏剧、美术、音乐、艺术等各个领域也异彩纷呈,展现出一种多元文化的发展格局。抗战时期,随着沿海地区和战区大批文艺工作者的内迁,一大批体现时代精神的文学艺术作品大量面世,大众文艺蓬勃发展。来自全国各地的优秀文艺工作者与四川本土作家一道,共同推动了战时四川文学艺术创作的繁荣局面。

第一节 文 学

一、小说

五四运动以来中国小说的创作历程,大体经历了从 20 年代以"个性意识"觉醒为特征,到 30 年代以"乡土"区域人生为特征的发展阶段。在这一过程中,川籍作家不胜枚举,形成一个庞大的作家群体,他们以自己的作品奠定了在中国文学史上的地位。

第二十章 文学与艺术

（一）反叛文学的先锋

在"五四"启蒙运动的影响下，四川有不少觉醒的青年以反叛的姿态，以独立的思想和艺术的才情，毅然走上了文学创作的道路，而其主题的总体倾向又是追求个性自由，反对封建主义。其中，以郭沫若的自传体小说《我的童年》、《反正前后》最具典型性。

写于1928的《我的童年》，记述了传主从"海棠香国"的四川故乡，到远离家乡、跨出国门，最终成为一个爱国志士的漫长过程。写于1929年的《反正前后》，是《我的童年》的续编，记述了传主在1910年到1911年四川辛亥革命风雨岁月中的经历与见闻。在这些作品中，作者以自己的亲身经历，再现了中国近代、现代历史的风云变

图20—1　1941年11月6日，重庆文艺界举行集会，庆贺郭沫若50寿辰和创作生活25周年，并赠给郭沫若一支大毛笔

幻。正如他在《我的童年·前言》中写道："我的童年是封建社会向资本制度转换的时代……我写的只是这样的社会生出了这样的一个人，或者也可以说有过这样的人生在这样的时代。"① 通过自传，对他自己反叛性格作了充分的释放。

（二）文学本土化的骁将

到了30年代，当中国文学开始逐渐转到有意识追求本土化、民族化的时候，以浓郁区域特色见长的四川作家，开始在中国文坛崭露头角，产生影响。其中，主要的作家、作品见下表：

---

① 《郭沫若选集》（一）卷上，四川文艺出版社1994年版，第3页。

表 20-1　主要作家、作品

作　家	作　　品	写作、出版年代
巴金	《家》、《雾》、《电》、《雷》、《雨》等	1931~1937 年
李劼人	《死水微澜》、《暴风雨前》、《大波》等	1935~1937 年
沙汀	《凶手》、《兽道》、《代理县长》等	1935 年
艾芜	《南行记》、《南国之夜》、《漂泊杂记》、《夜景》、《春天》、《芭蕉谷》等	1935~1937 年
阳翰笙	《两个女性》、《活力》、《复兴》、《地泉》等	1930 年
罗淑	《生人妻》、《橘子》、《刘嫂》、《井工》等	1936 年
周文	《分》、《爱》、《在白森镇》、《烟苗季》等	1933~1937 年
陈翔鹤	《不安定的灵魂》、《在阪道上》、《独身者》等	1927~1936 年

上述作家、作品，无论在内容与表现形式上，都呈现出鲜明的巴蜀地域文化特色，很难为其他区域所代替。①

首先，小说故事场景，大多从自身所生活过的特定区域选材。小说通过讲述"特别"的乡土故事，使得四川作家往往是某一生活形态或历史事件独一无二的发现者、记录者。例如：李劼人是保路运动的最杰出的记录者，沙汀是川西北乡镇生活唯一的描绘者，罗淑是沱江流域盐工与橘农生活最成功的表现者，周文是川康边地生活唯一的刻画者，刘盛亚是川东城镇生活与船工生活最优秀的揭示者。而巴金在创作中并没有刻意突出乡土特色，但他对四川在特定历史条件下的生存氛围的表现却也是独一无二的。

其次，小说叙事的表述方式，大多从龙门阵中吸取营养。这种叙事方式与茶馆中的说书人说书相似，在不破坏叙述故事脉络的前提下，同时使用穿插的手段，将故事向着前后左右的方向扩展开来，以丰富受众的见闻。当读者在读到现代四川作家这些丰富异常的故事时，完全就像是坠入了一个气氛热烈的龙门阵中。这正是巴蜀社会与巴蜀文化留在他们作品中的烙印。

再次，巴蜀调笑传统的继承与发扬。巴蜀历史自来就有善于调笑的传统。无论是"凤歌笑孔丘"的李白，还是恃才傲物的杨慎、李调元都是以爱开玩笑、善开玩笑而著称，苏轼的幽默更是举世闻名。浓厚的调笑传统和生活氛围，给

---

① 以下文字参考李怡：《现代四川文学的巴蜀文化阐释》，湖南教育出版社 1995 年版。

了四川作家以喜剧智慧，为他们的创作提供了丰富的材料。现代四川作家都比较注意在生活中寻找笑料，但在笑料的使用上往往只是切取某一个细小的片段，甚至点到即止，而把更多的空间留给读者自己去填充，作出调笑的理性思考。因此，较之活跃于当时文坛上的"京派"讽刺和"左联"讽刺，四川文学作品中的讽刺，因为有取诸生活的巴蜀调笑，显得更加丰富、更加富有"本色"。

最后，方言土语的运用。20世纪30年代，随着大众化运动意识的普及，现代白话作家对于方言土语的运用也越来越多，越来越得心应手。在四川作家中，李劼人最早在创作中启用四川方言，把四川方言使用得出神入化的也数李劼人。

李劼人（1891~1962年），原名李家祥，曾用笔名老懒、菱乐等。四川成都人。早年曾从事文学翻译和短篇小说创作。1935年至1937年间，把主要精力投入写作《死水微澜》、《暴风雨前》和《大波》3部连续性长篇小说中，以四川为背景，描写从甲午战争到辛亥革命前后20年的广阔社会画面，使史诗性质与世态人情的描摹高度结合。据统计，在李劼人《死水微澜》、《暴风雨前》、《大波》三部曲中，共有200多条注释，其中专为方言作注的有195条。作为一个极富地方特色的作家，李劼人在

图20-2 李劼人

运用方言口语方面取得了独特的成就。方言口语与人物个性的结合，产生了特殊的艺术效果，使他的语言艺术明显地不同于现代文学史上其他任何一个作家。

此外，沙汀、艾芜、罗淑、周文等作家，也在作品中为读者讲述了大量四川下层群众或基层实力派人物的故事，这些川人常常以大嗓门呼三喝四，口中全是粗朴甚至粗野的谈吐，乃至于七嘴八舌的群骂。至于给人物取"外号"，在词汇、句子中大量使用比喻，通过"展言子"来将抽象的意义转化为具体物象，这也是四川方言魅力之所在。

总之，30年代四川作家群体通过本土化作品所展现出来的区域意识，带有鲜明的巴蜀文化特色，是十分独特的。正如郭沫若评价说，李劼人作品中的某

些内容"必然是有莫大的效果为局外人所不能领略"。① 李劼人评价沙汀作品说:"老沙的东西,四川人读起来特别感觉有味,外省人读,恐怕就要差一点啦。"② 茅盾通过周文小说认识了"这个'天下未乱蜀先乱'的古怪地方的面目"。③

(三) 燃烧青春与生命的文学巨匠

在20世纪中国现代文学史上,巴金是一位从巴蜀走向世界的文学巨匠和跨世纪的世界级大师。他以异常丰富的创作实绩树立了伟大的丰碑,尤其是在家族小说方面的成就,奠定了他在文学史上的地位。

巴金(1904~2005年),四川成都人。原名李尧棠,字芾甘,笔名佩竿、余一、王文慧等。1920年入成都外国语专门学校。五四运动中接受民主主义和无政府主义思潮。1923年从封建家庭出走,就读于上海和南京的中学。1927年初赴法国留学,写成了处女作长篇小说《灭亡》,将炽热的激情与酣畅的笔墨融合一处,使作品弥漫着浓郁的悲愤气氛和悲壮的进取精神,显示了巴金的艺术才华。这部以巴金署名的作品,一经问世,就引起了强烈的反响,巴金从此登上文坛,一举成名。

图20-3 巴金

此后,在漫长的文学生涯中,巴金创作了大量的文学作品,主要有中长篇小说《新生》,"爱情三部曲"(《雾》、《雨》、《电》),"激流三部曲"(《家》、《春》、《秋》),"抗战三部曲"(亦称"火"三部曲),以及《憩园》、《第四病室》、《寒夜》等。巴金最优秀的作品是那些以家庭为题材的文学作品。在20世纪中国现代文学史上,巴金无疑是抨击封建家族制度与封建礼教最为激烈的作家之一。在巴金的《家》之前,也出现了一些家庭题材的小说,渲染"五四"新家庭危机,涉及的范围较为广泛,也不乏艺术上的佳作,但因都是短篇小说,在一定程度上制约着作品的气势,难以展开纵横深广的史诗性描写。只是在巴

---

① 郭沫若:《中国左拉之待望》,见《李劼人选集》,四川人民出版社1980年版,第11页。
② 陈翔鹤:《李劼人同志二三事》,《陈翔鹤选集》,四川人民出版社1980年版,第411页。
③ 茅盾:《〈烟苗季〉和〈在白森镇〉》,载1931年5月《工作与学习丛刊》之三《收获》,转引自李怡:《现代四川文学的巴蜀文化阐释》,湖南教育出版社1995年版,第181页。

金的长篇创作中,家庭的丰富多彩画面才得以展现出来,由此影响了其后的家庭小说的创作。因此,巴金是家庭小说的真正开拓者,40年代家庭小说的繁荣兴旺与巴金作品的影响与带动是密不可分的。①

巴金笔下"激流三部曲"中的故事,发生在20年代初期,描写了一个四世同堂的大家庭的没落和分化,反映出封建宗法制度的崩溃和革命潮流在青年一代中的激荡。作家以满腔热情揭露封建势力的罪恶,歌颂了青年知识分子的觉醒、抗争并与家庭决裂。"激流三部曲"是继鲁迅小说之后,把抨击封建专制主义及封建家族制度这一主题推向深入的重要作品,成为新文学史上这类题材的一座丰碑。作品在思想上的进步性与时代意义,是举世公认的。

巴金描写家庭生活、抨击旧式大家庭的腐朽与罪恶的系列创作,是以"激流三部曲"的第一部《家》为起点的。早在1928年巴金赴法国的游船上,他就开始酝酿一部新的小说,打算用自己的笔,把所熟悉的一个个被封建制度窒息的年轻人的命运,传达给这个世界。他将小说命名为《春梦》。现存于现代文学馆的中篇小说《春梦》残稿,即当年《家》的雏形。《家》在艺术上取得了众所周知的成就,它结构宏伟严谨,事件繁复,波澜起伏;人物众多,性格鲜明,线索纷繁。但是巴金写来却有条不紊,举重若轻,没有刻意追求。既有纵向情节的发展,又有横向场面的架构,纵横交错,将一个大家庭的衰亡过程展示得清清楚楚,许多场面描写通过情节发展与人物的内心世界加以勾连,形成一个有机的艺术整体,从而使故事张弛结合,跌宕起伏,逼真地展现出特定情境中人物复杂变化的心态和情感。加之行文中饱含着深沉而强烈的内心感受,语言真挚、流畅、单纯、明朗,富有感情色彩,更增加了作品的艺术感染力,尤其最能引起青年人的共鸣。据统计,从1933年到1951年,开明版《家》共再版33次,成为中国新文学中最为畅销的作品之一,成为享誉中外的不朽名著。

巴金是一个注重抒发自我热情的作家。他最看重的是作家个人的情感在作品中的真诚流露,追求"艺术的最高境界是无技巧"。巴金曾这样回忆当时的写作情景:

> 每天每夜热情在我的身体内燃烧起来,好像一根鞭子在抽我的心,眼

---

① 杜秀华:《巴金的家庭小说及其影响》,《辽宁师范大学学报》1998年第4期。

前是无数惨痛的图画,大多数人的受苦和我自己的受苦,它们使我的手颤动。我不停地写着。环境永远是这样单调:在一个空敞的屋子里,面前是堆满书报和稿纸的方桌,旁边是那几扇送阳光进来的玻璃窗,还有一张破旧的沙发和两个小圆凳。我的手不能制止地迅速在纸上移动,似乎许多、许多人都借着我的手来倾诉他们的痛苦。我忘了自己,忘了周围的一切。我变成了一架写作的机器。我时而蹲在椅子上,时而把头俯在方桌上,或者又站起来走到沙发前面坐下激动地写字。我就这样地写完我的长篇小说《家》和其他的中篇小说。①

巴金始终在自己的作品中充满激情地奔走呼号,从而使他的创作达到一个忘情忘我的纯真境界。这是巴金作品得以感人至深的魅力之所在。巴金不愧是燃烧青春与生命的"人民作家"。

二、诗歌

民国时期是诗歌风格多元化发展时期。其间,既有传统诗词的承续,也有新诗流派的探寻。在这一时期的四川,从事传统诗词创作的,既有受传统诗词影响的文人学者,也有有较高文化修养的革命将帅。从事新诗流派探寻的,主要是充满激情和青春气息的青年俊杰。

(一) 赵熙的古典诗词写作

赵熙(1867~1948)字尧生,荣县人。世代务农,幼随父读,光绪十七年(1891)举于乡,次年中进士,授翰林院编修、御史等职。民国以来从政、从教时间不长,致力于调解政治、军事派别间矛盾和从事诗词写作。调解无功而诗词却有上佳作品传世,尤以民国五六年间写的《香宋词》二卷最为有名。1916年端午次日袁世凯病死北京时,撰有《台城路·蛇衣端午翊日作》一首,表现他对复辟的愤懑。

图 20-4 赵熙

---

① 转引自江沂:《史料中关于〈家〉的记忆》,《中国档案》2005年第11期。

添足求工,残麟换世,身价今轻于纸。焚灰化水,怎医遍金疮,虫沙万队,蛇子蛇孙,祖龙新秽史。①

赵熙在抗战时期,还写了《不寐》七绝一首,抒发爱国深忧之情。

(二)新诗流派的探寻

1. 新诗奠基人郭沫若

新诗作为一种用白话写作,表现新时代、新生活、新思想感情的长短句式的诗体,在五四前就诞生了。新诗最早的倡导者和尝试者是胡适,但他的《尝试集》始终未能摆脱旧体诗词的格调、体式和韵味,都不足以表达五四时代的变革精神和激昂的情绪。闻一多曾描述说:五四时期的青年"心里只塞满了叫不出的苦,喊不尽的哀。他们的心也快塞破了。忽地一个人用海涛的音调,雷霆的声响替他们全盘唱出来了,这个人便是郭沫若"。②

1919年五四运动爆发后,郭沫若一直在寻找宣泄郁积在心底的"民族郁结"。1921年8月,郭沫若在上海出版第一部诗集《女神》。《女神》是郭沫若的第一部诗歌集,也是中国新诗发轫时期最重要的一部诗集。《女神》共收作品57篇,分为三辑。第一辑是三个诗剧:《女神之再生》、《湘累》、《棠棣之花》;第二辑分量最重,包括《凤凰涅槃》、《天狗》、《炉中煤》、《晨安》等代表性诗篇;第三辑大部分是小诗,并且多为诗人早期的作品。

《女神》标志着白话诗已经完全挣脱了旧体诗的藩篱,开始进入了创造自己的经典化成熟作品的历史阶段。就题材看,诗人不像五四初期胡适等白话诗人那样仅仅在身边日常生活小景致中发掘诗意,他感兴趣的是令人惊心动魄的壮丽图景、辉煌的事业、杰出的英雄和绚丽缤纷的传说。在这些诗作中,几乎到处可见"无限"这样的字样,"无限的太平洋","无限的大自然","茫茫的宇宙"……而在这宏伟景象之间,屹立着"人"。从结构看,诗人突破旧体诗词的表现形式,如在《凤凰涅槃》中,采取了诗剧的形式,由"序曲"、"凤歌"、"凰歌"、"群鸟歌"、"凤凰更生歌"五个部分组成,类似于交响乐的几个乐章,逐渐把诗剧推向高潮。最终以壮烈场面展现了凤凰的自焚,欢呼凤凰在烈火中

---

① 《赵熙集》,巴蜀书社1996年版,第1023页。
② 闻一多:《〈女神〉之时代精神》。

更生。从表现形式看，是崭新的自由体形式的运用。《女神》五十余首诗作，几乎每一首都有自己的形式，少有重复。但另一方面，郭沫若又注重诗歌内在情绪的节奏和每一首诗作自身的韵律，因此，每一首诗词又都给人以齐整、和谐的统一感。从思想意义上，"五四"时期能与《女神》相媲美的只有鲁迅的《呐喊》。①

郭沫若的诗歌风格既是多元化的，也是多变的。继《女神》之后，1923年，郭沫若又出版了《星空》，其中诗歌《冬景》、《吴淞堤上》、《献诗》、《大鹜》等，虽然依然以地球、大海、太阳为题材，但却不复见《女神》阶段的昂扬上进，大多数诗作反映了苦闷、低回的情绪。而1925年写的《瓶》，更使《女神》式爱情火花与《星空》诸诗中的苦涩情绪搅混在一起，令读者更感到诗人丰富的想像力和诗作的运用自如，他的"奠基人"地位更加稳固。新诗的艺术形式和追求个性自由的格式被确定下来，并被更多的青年所崇拜。同时，诗人经历的政治风波，耳濡目染的白色恐怖，使他在1928年1月创作的《恢复》诗中，怒斥当政者的残酷，呐喊："要杀你们就尽管杀吧！你们杀了一个要增加百个，我们的身上都有孙悟空的毫毛，一吹便变成无数的新我。"② 此后，郭沫若告别了"五四"时期所代表的创作风格，文学史上的郭沫若诗歌时代渐趋终结。

2．"白屋诗人"吴芳吉

吴芳吉（1896~1932），字碧柳，号白屋，四川江津县人，为20世纪二十年代中国著名诗人。诗作有《婉容词》、《两父女》、《护国岩词》、《巴人歌》等。1929年出版自编的《白屋吴生诗稿》，解放后出版有《白屋诗选》、《吴芳吉全集》。

吴芳吉跨入诗界之时，正值"五四"文学革命兴起。他在诗歌创

图20-5 吴芳吉与《白屋吴生诗稿》

① 程光炜等：《中国现代文学史》（第二版），中国人民大学出版社2007年版，第115页。
② 《郭沫若诗》，浙江文艺出版社2000年版，第359页。

作中提出了自己独特的见解,论战"新旧文学观"。对诗界全部否定传统诗歌的"突变论"、全盘欧化的"另植论"、死守陈规的"保守论"都进行了批判。吴芳吉的诗具有中西融合、古今贯通的特点,形式内容都是新鲜的。它又不脱离传统,具有西洋诗的特质,语言基本上都是白话,形式不拘一格,都反映了社会现实,具有时代新精神和表现出一种可贵的探索、创新的精神。其代表作《婉容词》,描写了一位善良贤惠的农家女子婉容被出国留学丈夫抛弃的爱情悲剧。他采用白描的手法,句式长短不拘,具有节奏美。语言上融入了大量的现代口语,雅俗共赏,全诗90余句,读来荡气回肠,悲怨之气扑面而来,酸楚之泪盈满眼眶。诗一发表就引起文学界的震惊,全国读者争相传诵,并被选入中小学教材作为新诗范文。

吴芳吉的很多诗作蕴含着体恤人民生计困苦,鞭挞当政者贪暴,歌颂抗日正义事业的感情。他的《巴人歌》最为典型,不仅讴歌淞沪军民悲壮抗日的英雄气概,而且句句掷地有声,能唤起人民的同情与觉醒,充分发挥了新诗的战斗作用。歌词:

> 巴人自古擅歌词,我亦巴人爱"竹枝",
> 巴俞(渝)虽俚有深意,巴水东流无尽时……
> 吁嗟沪滨三万好男儿,方为民族苦斗作牺牲。
> 此际安知壕堑里,几人血肉溅淋漓……
> 荡涤行看一扫空,还我主权兮还我哀。
> 和平奋斗救中国,紫金山下葬孙公。①

吴芳吉是中国现代文学史上一个比较特殊的诗人,一般被认为介于新旧诗人之间。实际上他是一位以才情奇崛、身世飘零著称,以生命热血书写诗歌的"愤怒"诗人,在当时新文化领域产生过重大的影响。毛泽东1920年曾赞扬吴芳吉的诗:"才思奇捷,落笔非凡,芳吉知春,芝兰其香。"周恩来在新中国成

---

① 《吴芳吉集》第337页。

立后，曾对吴芳吉长子吴汉骧说："你父亲的诗很好，我喜欢。"①

3. 何其芳的早期诗作

何其芳（1912~1977），幼名永芳，万县市人，是30年代"新诗"抒情风格的奠基人之一。其诗作以爱情诗歌居多，如《恋曲》（1933年）、《给我梦中的人》（1933年）等。他的诗不落俗套，无淫声荡语，无矫揉造作，只有纯洁和真诚，只有天真和祝愿，如《细语》一首：

图20-6　何其芳

　　淡淡地笑一笑吧，一个淡笑
　　就会使无数日子的暗影
　　从你眉间轻轻地掉下：
　　它现在是浓重地压在你的眉头，
　　甚至压阴郁了你的目光。②

（三）巴蜀革命将帅的英雄史诗

在20世纪中国文学发展史上，四川还有一些为中国社会发展，为中华民族的伟大复兴作出了不朽贡献的革命将帅，秉承巴山蜀水之灵异，继承巴蜀文化的优秀传统，长于传统诗词创作，成为20世纪革命将帅诗人的主体。他们的诗作，在巴蜀文学史及中国文学史上闪烁着瑰丽的光芒。其中的佼佼者有朱德、陈毅、张爱萍等。③

1. 朱德的战争诗歌

朱德（1886~1976），四川仪陇人。共和国第一元帅、人民军队的总司令。他不仅以叱咤风云的军事家闻名于世，同时还是一位热情而真挚的诗人。

朱德在投笔从戎之前，是一个有着中华传统文化功底的青年学人。深厚的

---

① 庞国翔：《白屋诗人吴芳吉》，《重庆晚报》2006年4月23日。转引自张放：《飘零的身世，奇崛的才情——吴芳吉先生的价值》，《西南民族大学学报》2007年第4期。
② 《何其芳佚诗三十首》第41页。
③ 本子目据郑家治：《二十世纪巴蜀革命将帅诗词研究》，巴蜀书社2006年版。

第二十章 文学与艺术

儒学传统与古典诗词功底，使他在后来戎马倥偬的岁月里，常常能以诗词来抒情言志。据估计，他一生中共留下600多首诗词。

朱德的诗词，题材广泛，主要是关于战争的诗歌与写景纪游的诗歌。朱德的战争诗歌，跳动着强烈的时代音符。我们可以从中听到辛亥革命起义的号角声，闻到反对袁世凯的护国战争的炮火硝烟，看到革命者为了民族独立、人民解放而战斗的英姿，感受到他们那炽热的爱国主义、革命英雄主义的伟大情怀。在这些战争诗歌中，他以近体诗歌的形式，抒发了自己的豪情壮志和革命乐观主义情怀。如在《寄蜀中父老》（1939年）中，作者写道：

伫马太行侧，十月雪飞白。
战士仍衣单，夜夜杀倭贼。

这既是寄语家乡父老，同时也是写给全国人民的诗。诗歌风格明显受中国古代战争及边塞诗歌传统的影响。诗歌虽然描写重大题材，但描述朴实通达，没有过分夸饰。

朱德诗词对仗工稳，格律严谨精妙，除《寄蜀中父老》一首仄韵五绝外，其余全是七言律诗和绝句。七言律绝是格律诗歌中句式最长，表现力最强，格律也最严格的体式。纵观朱德的七言律诗，无论是自命题的诗歌，还是和韵诗歌，都能运用灵活，达到格律严谨的目的。尤其是和韵诗，在和答原诗时，也能驾轻就熟，运用自如，做到步韵格律严谨，丝毫不逊于原诗的艺术水平，堪称20世纪将帅战争诗歌的佳作。

2. 陈毅的战争诗歌

陈毅（1901～1972），四川乐至县人。字仲弘（也写作仲宏），原名陈世俊，小名秋江。自幼爱好文学，具有扎实的古典诗词基本功，深受"五四"新文学的影响，早年曾有"文艺救国"的愿望。在投身革命前，陈毅曾参加新文学团体，创造并发表了一批白话诗歌、小说、散文、评论及翻译作品。1919年夏天，他在赴法勤工俭学途经夔门时的《抒怀》中写道："走遍天下路，闯过万涛滩。为碎旧世界，拨云见新天。"他当时的诗作水平，在今天看来都算是较高的。1925年以后，他主要从事革命工作，但在战斗间隙和政务之余创作了大量思想性、艺术性俱佳的革命诗词，被尊为"元帅诗人"。由于在战争环境中散失，今存陈毅诗作约 357 篇，700 余首。

作为才华横溢的诗人将军或将军诗人，陈毅诗词中最精彩的部分，当数反映战争的篇章。这些诗词或纪实，或咏物写景，或感事咏怀，从宏观微观两个方面真切地表现了他参与并领导的土地革命战争、抗日战争和解放战争。作为战争诗词，它词中有史，史中有词。尤其是描写作者所亲身经历的艰难困苦的游击生活的诗词，是革命战争的史诗，在中国诗歌史上无疑是空前的，也可能是绝后的。如他的名作《梅岭三章》，写于 1936 年冬。当时，陈毅正领导赣粤边区游击队不断发展壮大，不料敌军发起大清剿。陈毅因腿部负伤又加罹病行动不便，在梅岭被敌人围困于丛莽间达 20 天之久，在苦虑不得脱身的生死关头，他慷慨陈词，写下了《梅岭三章》藏于衣底，作为自己的绝命诗。诗云：

断头今日意如何？创业艰难百战多。此去泉台招旧部，旌旗十万斩阎罗。
南国烽烟正十年，此头须向国门悬。后死诸君多努力，捷报飞来当纸钱。
投身革命即为家，血雨腥风应有涯。取义成仁今日事，人间遍种自由花。

《梅岭三章》是陈毅在生死存亡关头所写下的一曲气壮山河的革命正气歌。这三首诗虽在内容上各有侧重，可单独成篇示人，但在基本题旨上又具有内在统一性，它们从不同侧面表现了作者视死如归、誓与敌人血战到底的英雄气概，以及对革命事业的必胜信念和崇高理想。

陈毅战争诗词情感高昂豪放，气贯长虹，语言既脱俗又脱古，十分清新质朴，具有很强的艺术感染力。他的诗词体式很全，对古体、格律诗、长短句都进行了有益的尝试，都有名篇佳作。他在继承的基础上自创新体，许多诗作不愧是近体诗自由化的典范。

3. 张爱萍的战争诗歌

张爱萍（1910~2003），四川省达县人。他少年时主要受新式教育，但有很深的诗词艺术修养。自从参加革命起便以诗词来纪事抒情，有诗集传世，是 20 世纪将军诗人中的佼佼者。

张爱萍 1929 年在上海因组织学生游行示威被捕入狱，在狱中写下了著名的《狱中有感》："三峡逐浪走申江，南京路上少年狂……牢笼砸开铁锁链，刀枪杀回斩豺狼。"抒发了少年革命志士的豪情壮志，诗歌语言质朴平易而又精炼准确,风格飘逸灵动而又气势豪壮。1929年加入中国工农红军,开始了浴血奋战的戎马生涯,写下了不少战争诗词。他的诗歌多是近体诗词,描写战争军事及时事,感情豪迈雄放深沉而又朴素真挚,富有英雄主义情怀与理想主义精神。如他在1935年2月初遵义会议期间所写的《渔家傲·抢夺娄山关》云:

回首征程赤水远,铁流北上复转南。万仞插天中一线,依地险,"小猴"剪径双枪杆。山路崎岖残夜暗,滂沱那顾泥泞溅。天降飞兵板桥畔,惊敌胆,娄山关上红旗展。

此词语言流畅平易而又幽默风趣,风格豪迈而又飘逸,表现了作者的豪情壮志与乐观主义精神,不失为一首描述具体战斗攻守的佳作。

总之,朱德、陈毅、张爱萍的战争诗歌,是20世纪中国革命战争的英雄史诗,也是20世纪中国革命军人的心灵史,它以其独特的思想内涵与美学风格在巴蜀文学,乃至在中国文学史上具有独特的历史地位,值得永远载入史册。

三、散文

新文化运动开始以来,现代散文横空出世,取得了丰硕的成果,在杂感小品、"杂文"以及抒情"美文"等每一个领域,都涌现了成就斐然的散文名家。如鲁迅之于杂文,周作人之于小品文,朱自清、冰心、郁达夫等之于抒情散文,都是十分突出的例证。其间,巴蜀作家也以自己的名篇佳构极大地丰富了中华散文的艺术宝库,郭沫若、何其芳就是其中杰出的代表。以撰写《厚黑学》著称一世的李宗吾,则是一位被长期忽视的另一种类型的杂文作家。

(一)李宗吾的《厚黑学》

李宗吾(1879~1943)原名世全、世铨、宗儒。自幼好学,举凡四书五经、诸子百家、历朝史书无不涉猎。民国初年在成都《公论日报》逐日登载《厚黑学》单篇杂文,并引起社会轰动。1938年,集二十多年发表的《厚黑丛话》、《心理与力学》、《厚黑教主传》等杂文,辑为《厚黑学》一书而面市。李宗吾自述其

图20-7 李宗吾

行文特点是:"生平好写滑稽文字,或用杂文体,或用小说体,无一篇不是嬉笑怒骂,语含讽刺……他不仅讽刺世人,有时也讽刺自己。不过当他讽刺自己的时候,更是恶毒地讽刺世人,这是他一贯的伎俩"。①

李宗吾的杂文具有鲜明的思想性,它的锋芒直指社会的种种丑恶时弊以及官场的贪腐。作者以其孤思独行的学术特质,在清末民初的特定社会环境中敏锐地察觉,社会的种种丑恶和寡廉鲜耻已在吞噬着我们民族的肌体,他对此痛心疾首,焦虑万分。而要根治,必先揭露,挖出脓血剔除腐肉,痛下针砭。为了让国民猛醒,需要拿出惊世骇俗的奇谈怪论,在昏睡的民族心灵上猛击一掌。于是,他使出了巴蜀文化传统中善于"文刺"这一招,用"一把辛酸泪,满纸荒唐言"的方式,"反话正说"(《宗吾家世》)、"借骂世人"(《怕老婆的哲学》),进而"为古今的官场言论绘出一逼真的写照"(《古文体之厚黑学》)。明白了这个写作出发点,方才可以理解,作者为什么在《厚黑丛话》中,那么痛恨官场的厚黑人事:"现在许多官吏刮取人民的金钱,即是把小孩时夺取母亲口中糕饼那种良知良能扩充出来"。

李宗吾的杂文极具讽刺意味,思想见解突奇不凡,语言表达轻松诙谐,行文中常常夹带有古今中外逸闻典故,以轻蔑嘲弄的态度看待古代圣君贤相,启迪思想,笑趣横生,把巴蜀文化传统中的调笑风格发挥到了极致。但他的讽刺不是简单的噱头,也不是浅薄的油滑,更不是玩弄文字取笑。他的讽刺往往是在板着面孔讲往事的幌子下进行的,把严肃的话题当作一个笑料来展开,这本身就是够讽刺的了。以至有人说:"黑主(李宗吾)在世,是天地间的一大讽刺。"

李宗吾的《厚黑学》发表于辛亥革命第二年,上距李宝嘉的《官场现形记》、刘鹗的《老残游记》仅几年时间,尽管在艺术形式和表现手法上各有不同,但其反映社会黑暗腐败,揭露官场龌龊卑鄙等方面是一致的。李宗吾的《厚黑学》及其以后许多作品,也多以关注国家民族命运,倾心社会民生,揭露官场丑态,剖析国民灵魂,医治国人痼疾为要旨,具有一定的现实意义。② 李

---

① 李宗吾:《怕老婆的哲学》,《厚黑学》,求实出版社1989年版,第197页。
② 孙自筠:《一把辛酸泪,满纸荒唐言——李宗吾及其〈厚黑学〉评说》,《自贡师专学报》1994年第4期。

宗吾《厚黑学》的核心是"自由思想，独立精神"。学术界对于他长期忽略，原因是多重的，一方面是他的思想看起来不那么"正统"，另一方面，李宗吾不是学院里的学者，没有众多的弟子传承他的思想。①

李宗吾的《厚黑学》虽然被海内外视为"奇书"，但作为杂文作家，他只能归入另类。这是因为，李宗吾并非把"厚黑学"作为杂文的写作题材来发挥，而是作为一个题目，苦心求证，一心一意要去营建一个阐释世界、关照历史、匡世济众的学说。由于立论失当，牵强附会，他即使借助生花妙笔，也难掩其理论的破绽。结果，被他包装起来的厚黑学问，到头来造成了有违他初衷的负面效应。李宗吾"厚黑学说"的全部阐述，依托于两块理论基石："揭恶"和"劝善"。他的本意是劝善，但是作品中对"用厚黑以为善"这一方面的论说实在是苍白无力；而反之，作者对于人世习恶的概括则生动精辟。再加之，他正话反说的表达方式，很容易成为世人揣度模仿的样本。以至"厚黑"说传世之后，世人竟反其道而行之，舍"善"如流，而趋"恶"若鹜，几将《厚黑学》等作品视为立身真诀乃至处世秘器。② 这样的后果，显然是违背李宗吾的本意的。

（二）郭沫若的讨蒋檄文

在20世纪20年代中国现代散文创作的第一个高峰期中，郭沫若在散文诗和回忆性散文方面作出了开拓性的贡献。其间最为有名的是1924年12月至1925年11月"以小品六章"为总题发表在《晨报副刊》的6篇散文诗，即《路畔的蔷薇》、《墓》、《白发》、《山茶花》、《水墨画》和《夕暮》。贯注在这6篇作品中的，是久离故土的抒情主体一种深深的漂流感，并在整体上形成了一种凝练、含蓄、淡远的艺术风格。这些作品有力地显示了作者初创的散文诗已达到相当的艺术高度，并对散文诗这一新兴文体的建设具有重要的开拓意义。

在"小品六章"之外，郭沫若对20世纪20年代散文的又一开拓性贡献是记叙性散文创作，这方面的名篇是他在血雨腥风中写成的《请看今日之蒋介石》和《脱离了蒋介石以后》，其中，前者是一篇在当时几乎震撼了整个中国的讨伐檄文。

---

① 陈远：《被忽略的大师（李宗吾新传）》，中国档案出版社2006年版。
② 徐雁：《"厚黑"是非论到今——〈厚黑学〉及其读法》，《书屋》1996年第5期。

1927年3月6日，蒋介石指使国民党右派反动势力在赣州杀害赣州总工会委员长陈赞贤，制造震惊全国的赣州惨案，接着又在安庆制造惨案。这使郭沫若认清了蒋介石的反动面目，激起了他对蒋介石的无比愤恨。3月30日，郭沫若到了南昌，在朱德家中奋笔疾书，草成讨蒋檄文《请看今日之蒋介石》。3月31日发表在武汉《民国日报》上。

讨伐檄文是中国古代散文的一大脉流，其特点是夹叙夹议，文采飞扬，颇多骈文体式，具有较强的政论色彩和煽情作用，并往往出于大家名人之手。如唐代骆宾王所写的《讨武曌檄》，就是曾使被讨伐对象深深震撼并历来为人称道的范例。在这篇讨蒋檄文里，郭沫若用自己亲历所见的事实揭露了蒋介石策划屠杀共产党人和革命群众，背叛中国革命和中山先生遗志的劣迹罪行，文中不断穿插抒情议论，直接表现出作者那种至悲至痛的心理情绪。他在檄文中一针见血地指出"蒋介石就是背叛国家、背叛民众、背叛革命的罪魁祸首"，响亮地提出了"打倒蒋介石"的口号。

> 打倒背叛革命，屠杀民众的蒋介石！
> 铲除一切国贼！
> 惩办各地惨杀事变的凶手！
> 以革命的手段向白色恐怖复仇！

在当时记叙性散文领域中，像《请看今日之蒋介石》这类直击当时重大政治事件且战斗性极强的金刚怒目之作，极少有人为之。正是在这种背景下，郭沫若的讨蒋檄文，自然便成了巴蜀作家对当时和后来重大政治题材散文创作的开拓性贡献。①

（三）何其芳与《画梦录》

在中国现代散文作家中，何其芳是最有个人特色的一位，他和朱自清、冰心、郁达夫等散文大家一起，为处在幼年时期的中国白话散文的发展和走向成熟作出了重要的贡献。

在20世纪30年代的散文创作中，不少作家散文创作的主体意识和文体意

---

① 陶德宗：《论巴蜀三杰对百年中华散文的开拓性贡献》，《重庆社会科学》2006年第9期。

第二十章 文学与艺术

识更加强烈,并在抒情散文等方面取得了相当可观的成就,从而在主流文学之外成功构筑了一道迷人的散文风景线,何其芳的《画梦录》便是其中之一。他凭借此作,与曹禺的《日出》、芦焚的《谷》一起获得了1936年《大公报》的文艺金奖,受到了由朱自清、巴金、叶圣陶、沈从文等名家组成的评委的高度赞赏,他本人也以该散文集而登上文坛。

《画梦录》作为何其芳精心打造的散文精品,有16篇精心营造的散文,如同16个白日梦。在30年代诗情画意的散文中,就文字之美,当首推《画梦录》。《画梦录》在抒情美文方面取得了开拓性的成就。首先,表现在明显的诗化倾向上。《画梦录》与其说是抒情性散文,倒不如说是精美的散文诗。正如有的评论者所指出的:"他把若干情境揉在一起,仿佛万盏明灯,交相辉映;又像江河,群流汇注,回荡复环;又像西岳华山,峰峦迭起,但见神往,不见险峻。"其次,表现在他对独语体散文范式的成功创造。《画梦录》中所收作品无一不是耽于幻想刻意画梦之作。作为《画梦录》各篇中核心意象的"我",既非叙述者自身,也非何其芳本人,而是一个与作品中万物同一的拟人化意象。同时也是其他物象的观照者。例如,《黄昏》的开篇云:

> 马蹄声,孤独又忧郁地自远至近,洒落在沉默的街上如白色的小花朵。我立住。一乘古旧的黑色马车,空无乘人,纡徐地从我身侧走过,疑惑是载着黄昏,沿途散下它阴暗的影子,遂又自近至远的消失了。

这种与世俗迥异的人生态度,也正是通过对话式独语得到生动体现。《画梦录》就这样凭借着对独语体范式的成功创造与灵活运用,成为中国现代独语体散文家族不争的杰出代表。再次,表现在象征性描写上。何其芳在《画梦录》中,成功地采用了贯穿性象征、局部性象征和整体性象征的模式,通过写实性的描景叙事,为读者带来一个形象生动、优美凄冷的可视性画面;又为之提供一个含意幽深、扑朔迷离的意会性天地,以便让读者思索领悟并用想象去填补。这些都使得《画梦录》成为继鲁迅《野草》之后又一部象征主义的艺术精品。[①]

《画梦录》所抒发的这种唯美情怀,在30年代的知识分子中曾经风靡一时,

---

① 陶德宗:《论巴蜀三杰对百年中华散文的开拓性贡献》,《重庆社会科学》2006年第9期。

颇有共鸣,但它很容易转化成为对美的迅速放弃。所以,到了后来,何其芳也认为先前"由于孤独,只听见自己的青春的呼声,不曾震惊于辗转在饥寒死亡之中的无边的呻吟"。① 自从40年代撰写《还乡记》开始,何其芳的散文风格发生了巨大的转变,内容多写现实,文字也转为朴素了。

四、战时文学创作的繁盛

抗战时期,全国各地聚集在重庆的著名作家就有茅盾、张恨水、胡风、叶以群、田汉、张秀亚、徐许、陈衡哲,诗人有艾青、臧克家等。至1943年上半年,在重庆的全国性文艺团体约有35个,聚集了全国绝大部分优秀的文艺工作者。迁入的作家与四川本土的新老作家携手合作,同心协力,促进了战时四川文学创作空前繁荣局面的形成,使得文学创作形式丰富多样,文学作品异彩纷呈。

在诗歌创作方面,反映时代精神、讴歌抗战伟业的新诗大量涌现。正如诗人艾青所说:"全国的作家几乎都用诗的情感来接收战争,许多小说家和理论家(如:巴金、郑振铎、老舍、王统照、胡风、陈学昭……)都写了许多纯然是真情流露的诗篇;许多沉默已久的诗人(如:郭沫若、冯乃超、姚蓬子、王平陵、高长虹、黄药眠……)也都重新开始唱歌了。"② 在重庆,各种诗歌座谈会、讨论会、朗诵会频繁召开,各种专门的诗刊,如《诗歌垦地》、《诗丛》、《中国诗艺》、《诗歌月刊》、《诗生活》、《诗报》等相继出现,掀起了诗歌创作的热潮。

当时最流行的是朗诵诗。光未然、臧云远和冯乃超都是朗诵诗运动的推行者和创作者。光未然还组织过诗歌朗诵队,在文艺界的聚会和专门举办的诗歌晚会上朗诵诗歌,既收到了宣传教育、增长知识的效果,又起到了娱乐的作用。除朗诵诗外,其他体裁的诗也是很多的。艾青的《向太阳》和老舍的《剑北篇》,虽然风格不同,但都不失为时代的乐章。在重庆,艾青还写了《死难者的画像》、《夜》、《播种者》和长篇叙事诗《溃灭》等诗作。阿垅在重庆写了《纤夫》,在成都写了《琴的献祭》等。绿原写有《哑者》、《雾季》、《颤抖的钢铁》等。鲁煤的《牢狱篇》、路翎的《致中国》,方敬的《雨景》,许伽的《左城,我

---

① 何其芳:《〈刻意集〉序》,《何其芳文集》(二),人民文学出版社1982年版,第120页。
② 艾青:《抗战以来的中国新诗》,《中苏文化》第9卷,第1期,1941年7月25日。

爱你》，都不失为优秀之作。

　　这一时期，老诗人郭沫若写有《蜩塘集》，其中有不少新诗和旧体诗。臧克家写有诗集《泥土的歌》和一些长篇叙事诗及政治讽刺诗。袁水拍写有抒情诗集《人民》、《向日葵》、《冬天冬天》。沙鸥写有四川方言诗集《农村的歌》、《化雪夜》。沙鸥于1944年先后到巴县马王场和万县白羊坪山区农村访贫问苦，搜集农民方言。沙鸥的方言诗因语言的乡土化，诗情表现的生活化和强烈的现实针对性，在重庆多家文学期刊和报纸副刊陆续发表，引起了文艺界和读者的广泛兴趣。一时间，沙鸥——方言诗，方言诗——沙鸥，几乎成为同义词。① 此外，王要平、臧云远、方敬、任钧、戈茅等老诗人和一批新诗人也都有诗集和诗作发表。一时间四川的诗歌运动蔚成风气。

　　诗人何其芳抗战爆发时在成都教书育人，与方敬、朱光潜等人创办进步刊物《工作》，发表了宣传抗日的杂文、散文和诗歌。1938年6月发表了诗作名篇《成都，让我把你摇醒》：

<blockquote>
象盲人的眼睛终于睁开，
从黑暗的深处我看见光明，
那巨大的光明呵，
向我走来，
向我的国家走来……
然而我在成都
这里有着享乐，懒惰的风气，
和罗马衰亡时代一样讲究着美食，
而且因为污秽、陈腐、罪恶
把它无所不包的肚子装饱
它在阳光灿烂的早晨还睡着觉，
虽然也曾有过游行的火炬的燃烧，
虽然也曾有过惨厉的警报。
让我打开你的窗子，你的门，
</blockquote>

---

① 刘静：《抗战时期的重庆诗坛》，《江西社会科学》2005年第3期。

成都，让我把你摇醒，
在这阳光灿烂的早晨！①

这首真诚动人的诗歌，真的把成都人摇醒了，在追求曙光和黎明的青年人群中广为流传。②

在报告文学领域也是创作高潮迭起。战时这一领域创作队伍之庞大、作品之丰富，是战前无法比拟的。许多作家通过这种短小精悍的形式，把战时的经历和见闻写出来，不同程度反映了抗战烽火下的现实生活和军民抗战的壮举，为人们留下了许多珍贵的素材。1939年5月，日机对重庆进行大轰炸后，内迁作家老舍的《五四之夜》、宋之的的《从仇恨生长出来的》、秋江的《血染的雨天》以报告文学形式，有力地控诉了日寇野蛮轰炸的罪行，更写出了对敌人仇恨中产生的抗战到底的决心和必胜的信念。

在小说创作方面，二三十年代即已开始自抗战爆发以来就中断了的现代小说创作，到40年代又得以重新恢复起来。抗日战争时期，外省市入川的和本省的主要著名作家有：茅盾、巴金、老舍、沙汀、艾芜、吴祖缃、张恨水、碧野、路翎、姚雪垠、靳以、罗家伦、林语堂、杨邨人、端木露西。抗战初期，由于战争急迫，作家辗转流徙，又忙于救亡活动，没有充裕的时间写小说。到抗战中后期，不少搁笔有年的老作家重新拿起笔来，一些青年作家也加入这一行列，开始撰写长篇小说，以至一时间出现了为人瞩目的长篇小说"创作热"。

这一时期和后来引人注目的中长篇小说，有茅盾的《第一阶段的故事》、《霜叶红似二月花》、《腐蚀》。巴金的《憩园》、《寒夜》，抗战三部曲《火》写于1940年至1943年，其中第二部写于重庆。老舍的《火车集》、《贫血集》，1943年写出首部抗战长篇小说《火葬》，次年又开始写长篇《四世同堂》，其第一部《惶惑》、第二部《偷生》都完成于重庆。沙汀在四川写的《淘金记》、《困兽记》、《还乡记》，都是以暴露国统区社会的黑暗、刻画各有个性特点的地主官绅和乡镇保甲长等欺压百姓的群丑形象而著称的优秀讽刺小说。艾芜抗战时期主

---

① 《何其芳选辑》（一），四川人民出版社1979年版，第28页。
② 参见《南方局党史资料·文化工作》（六），重庆出版社1990年版，第117～118页；《抗战时期西南的文化事业》，成都出版社1990年版，第231～232页。

要不在四川，但他的长篇《故乡》的五、六两部完成于重庆，《丰饶的原野》第二部《落花时节》也写于重庆。他的《秋收》一书，细致地描写农民姜老太婆一家，对帮助自己收割庄稼的国民党伤兵，"由疑惧到欣喜的思想变化，这是抗日高潮骤起时人们关系发生变化的一个侧面"。①

张恨水是著名的章回小说大家，他在四川写有暴露国统区政治腐败、社会黑暗的批判谴责小说《魍魉世界》、《八十一梦》、《第二条路》、《蜀道难》等，表现出鲜明的现实主义倾向。碧野、路翎等作家也都写了一些较好的小说。此外还有林语堂的《京华烟云》、罗家伦的《疾风》、黄尧的《一个中国兵》、梅林的《疯狂》、杨邨人的《新鸳鸯谱》、杨家骆的《三十六梦》等等。

图 20-8　张恨水

总之，抗战时期，诞生在巴蜀这块热土上的文学创作，无论是诗歌、报告文学、小说、杂文、散文等，成果都是十分丰硕的，它进一步展示了这一时期四川文学气象万千的繁盛局面。

第二节　艺　术

一、戏剧

（一）话剧的流行

话剧是来自欧洲的艺术表现形式。中国的话剧始于清末，其创始人为成都人曾孝谷及欧阳予倩、李叔同等。他们在日本东京组成春柳社，于1907年在日本上演了曾孝谷据美国小说改编的《黑奴吁天录》。在"五四"新文化运动的推动下，成渝等地的学生还多次演出话剧（当时称"文明戏"），宣扬新思想，反对旧制度，"专以说白传情，绝无歌调，声口以动合理趣为贵，以事完首止为

---

① 《中国现代文学三十年》，北京大学出版社1998年版，第492页。

佳，描写社会，刺时讽俗"。① 如1921年前后成立的"一九剧社"，在成都演出过《徐锡麟刺恩铭》、《彭家珍炸良弼》、《张文祥刺马》、《安重根刺伊藤博文》、《玉梨魂》及莎士比亚名剧《威尼斯商人》等。② 满族白超脱在辛亥后，与陈攸序、徐兴亚、赵华章等组成新剧团，在少城公园万春茶园和锦新舞台等处演出《洪宪梦》、《黑奴魂》等剧。③ 从20世纪30年代中期成渝两地已有数十个民间话剧演出团体，如早期由曾孝谷创办的成都春柳剧社，重庆的群益剧社，后来成都的摩登剧社，重庆的怒吼剧社等都演过文明戏。

抗战初期，为适应蓬勃发展的抗日救亡运动宣传的需要，各抗日救亡团体和各部门都自编自演许多街头剧、活报剧，这就为四川话剧运动的发展初步提供了阵地，锻炼了人才。1937年10月，刘湘资助，由其侍从室副官王少燕与中共党员吴雪、戴碧湘等组成的"四川旅外抗敌宣传队"成立，王任队长，吴任副队长，主持话剧演出事项。1938年1月入川，至1939年初，先后演出《塞上风云》、《古城怒吼》、《中华民族的子孙》、《渡黄河》、《放下你的鞭子》、《抓壮丁》等数十种话剧、街头剧、活报剧，向四川数十县、市军民宣传抗日救国，特别将话剧"京话"改为四川方言，更受百姓喜爱，而喜剧演员陈戈的加盟，使演出效果甚好，是"川旅队"艺术造诣最成功的年代。后来由于受到执政党的政治迫害，才撤退到延安，与西北青年救国会总剧团合并，"旅外剧队的历史到此结束"。④

从1937年10月至1939年1月，又先后有以白杨、陈白尘为首的"上海影人

图20-9 孩子剧团的小团员

---

① 民国《巴县志》卷5。
② 《成都早期话剧活动》，《四川文史资料集粹》（四），四川人民出版社1996年版，第188页。
③ 刘显之：《四川的满蒙族》，《四川文史资料集粹》（五），四川人民出版社1996年版，第617页。
④ 戴碧湘：《忆四川旅外剧人抗敌演剧队》，《四川文史资料集粹》（四），四川人民出版社1996年版，第154页。

图 20—10　重庆怒吼剧社演员渡江前往弹子石演出

剧团"，由熊佛西主持的"农村抗战剧团"，以赵丹、魏鹤龄为首的"上海业余剧人协会"，余上沅率领的"国立艺术专科学校"，中国电影制片厂所属的"怒潮剧社"，中国电影摄制场所属的"中电剧团"，政治部第三厅所率的"孩子剧团"以及"川旅队"，共计8个话剧团队从上海、南京、武汉、香港等地入川，到重庆、成都、川东、川南等地进行演出活动，给四川从事话剧活动者增添了许多观摩、学习的机会，而入川话剧团队的许多名演员、导演和编剧又是四川话剧创作、演出和人才培养的坚强后盾，四川原有的话剧人才和入川的优秀话剧人才相结合，推动了四川话剧运动的大发展。

1938年6月4日，剧协重庆分会成立。同年10月10日，中国第一届戏剧节在重庆举行，[①] 历时22天，有1500名专业和业余团体的戏剧工作者参加演出，参演剧团（不包括曲艺）20个，公演剧目40个，观众达10万人次。还有25个街头演剧队，如怒吼剧社、国立剧校、华北宣传队等等，进行了为期3天的大规模街头剧演出，盛况空前。许多话剧，如《逃难到四川》（根据《放下你的鞭子》改编）、《我们的国旗》、《自强》、《我们的游击队》、《抗战进行曲》、《打鬼子去》、《王道》、《戴天之仇》等，都很感人，对进行爱国主义教育，动员

---

① 1937年12月31日中华全国戏剧界抗敌协会在汉口成立时，决定每年10月10日为戏剧节。1943年国民政府又下令改为11月10日。

群众抗日起了很好的作用,尤其是话剧界联合公演的四幕国防剧《全民总动员》(《黑字二十八》)把戏剧节推向了高潮。该剧的演出充分体现出在第二次国共合作的团结气氛中,话剧界团结一致,进行抗日救亡的决心和力量。①

(二)历史剧的创作

1941年1月的"皖南事变"后,国民党当局发动第二次反共高潮,实施政治和文化高压政策,抗战前期蓬勃发展的救亡戏剧受到挫折。特定的国际国内环境,使得历史题材的话剧创作形式成了特殊战场上的特殊战斗武器。正是在这种背景下,抗战后期历史剧的创作蔚然成风,甚至出现了一个历史剧运动。在当时历史剧群星闪烁的星空,有两颗被称为"双子星座"的巨星,那就是郭沫若的"战国史剧"《屈原》和阳翰笙的"天国史剧"《天国春秋》。

1. 郭沫若与《屈原》

从1941年底至1943年初,郭沫若在重庆连续写下了《棠棣之花》(1941)、《屈原》(1942)、《虎符》(1942)、《高渐离》(1942)、《孔雀胆》(1942)、《南冠草》(一名《金风剪玉衣》,1943)六部历史剧。这些作品的问世,标志着中国现代历史剧创作高潮的到来。《屈原》是郭沫若历史剧的主要代表作,同时也标志着近代文学史上历史剧创作的最高成就,至今仍有着不朽的艺术生命力。

《屈原》全剧分五幕六场。该剧取材于战国时代楚国爱国诗人屈原一生的事迹,集中展示了以屈原为代表的爱国力量与以楚怀王、南后为代表的卖国统治集团之间尖锐的矛盾冲突,揭示了屈原联齐抗秦、统一中国的理想顺

图20-11 郭沫若新编历史剧《屈原》在重庆公演,盛况空前。图为《屈原》剧照

应民心合乎民意,而南后之流的卖国行径违背民心的历史真相,通过古今对比,将古代人民主张团结、反对分裂的斗争与抗战时期抗日反蒋斗争有机衔接起来。该剧通过对屈原的赞美,热情赞美中华民族,对国民党当局卖国投降罪行是一

---

① 参见孙晓芬:《抗战时期的四川话剧运动》,四川大学出版社1989年版,第18~21页。

个无情的揭露和鞭挞。

2. 阳翰笙与《天国春秋》

阳翰笙（1902~1993），复姓欧阳，名本义，字继修。四川高县人。1941年9月，"皖南事变"发生后，阳翰笙怀着满腔怒火创作了他的重要代表作《天国春秋》。六幕历史剧《天国春秋》，通过太平天国"杨韦事件"，以宏大的气魄描写了太平天国内外错综复杂的矛盾，揭示了农民革命的历史教训。该剧反映了1856年太平天国的"杨韦事件"，描述了东王杨秀清执掌文武大权，遭到阴谋家、野心家韦昌辉等人的谗毁，引起天王洪秀全的猜忌，最后导致韦昌辉杀害杨秀清、屠戮数万太平军战士的悲惨结局。作家通过历史事件提炼出血的教训：只有维护事业的利益，团结一致，才能取得革命的胜利；如果让野心家得逞，内部自相残杀，必将导致革命的失败。由于剧本忠于历史，故人物形象真实可信。作者通过历史事件以古喻今，间接揭露了蒋介石在国内搞分裂破坏抗日的罪行。该剧上演后产生了轰动效果，每当剧中人洪宣娇在觉醒后惊呼："大敌当前，我们不该自相残杀"时，观众席中就会立即爆发出雷鸣般的掌声。

（三）川剧

川剧在明清时代，特别是清末已成为四川民间普遍流行的地方戏。进入民国以后，川剧借助于各种艺术团体的组建，得以继续发扬光大。

1. "三庆会"的艺术历程

1912年，在成都成立的"三庆会"，是一个集演出、教育、研究为一体的旨在改革川剧的团体。演员180多人，行当齐全，人才荟萃。"三庆会"提出的口号是："与辛亥革命共休戚"，充满民主思想，决心冲破封建牢笼。这是川剧历史上第一个艺人自己管理自己、民主经营的川剧班社，具有历史的开创性。以康子林为代表的"三庆会"，善于营造内部和谐的艺术环境，注意吸取其他姊妹艺术的优势，大力培养接班人，积极进行川剧改革，对川剧的繁荣发展作出了不可取

图20-12 "戏圣"康子(芷)林

代的贡献。①

在"三庆会"的推动影响下,川剧演出和人才培养活动在全川各地蓬蓬勃勃地开展起来,川剧班社有如雨后春笋般成立,从而一改此前川剧的不景气局面。据不完全统计,川剧班社团体遍及全川各地(见下表)。

表20-2 民国年间部分川戏科班表

科班名称	成立时间	地点	备注
三庆会	1912	成都	集资创班,选杨素兰、康子林、萧楷成为正副会长
志字科班	1912	泸州	周玉春出资,首招70人,陈艳卿主持
桂华科班	1912	射洪	赵桂亭创,首招30人,连办11届近500人
禅泰科班	1912	南充	杨金山集资,以弹戏为主,首召30余人
钧字科班	1912	叙府	商人李弼臣创,招50人,重高腔
升平堂科班	1913	成都	三庆会出资,萧楷成负责,招40余人
永遇乐	1915	成都	商人邓辅臣出资主办,有李明扬、饶玉山等名艺人
新民科班	1915	大邑	张新安创
三益科班	1915	西充	培养出名演员当头棒(刘成基)
群众科班	1917	合川	刘怀叙等集资,招数十人
裕民科班	1917	重庆	傅三乾等发起,招80余人
玉清科班	1915	广汉连山镇	侯国权集资,招两科共60余人
昆玉科班		蓬溪	名旦黄佩莲8岁就在此习艺
金兰科社	1922	彭县	名旦"筱桐凤"阳友鹤即出于此科社
新又新	1931	成都	吴晓雷、刘成基在此任教,培养出谢文新等一大批名艺人

"三庆会"成立后的30多年间,广纳昆、高、胡、弹、灯等诸种声腔,有意识地在管理体制及分配制度、剧目创作及艺术风格等方面进行改良与变革。不仅为全川戏曲班社树立了榜样,同时为川剧的繁荣、发展奠定了基础。

2. 重庆川剧的演出活动

重庆是川剧发展的一大源头,尤其是在抗战时期,它更成为川剧改革的中心。1940年10月,郭沫若领导的文工会成立后,多次邀请川剧、京剧、汉剧、

---

① 唐思敏:《川剧生态环境的历史启示——从"三庆会"艺术历程生态链说起》,载四川省民俗学会等编《川剧文化研究》,四川人民出版社2007年版,第95~96页。

楚剧界的艺术家们座谈讨论改革地方戏以适应抗日宣传的需要。在重庆的川剧名流张德成、傅三乾、当头棒（刘成基）、筱桐凤（阳友鹤）、魏香庭、胡漱芳等应邀参加。川剧演员一致表示积极响应抗日民族统一战线的号召，投身于抗日救亡戏剧演出活动，服务于抗日战争的需要。1942年春，在张德成等的倡议下，在重庆苍坪街（现邹容路）又新大戏院（今重庆剧场）成立了"川剧演员协会"，由张德成任主席，刘成基任组织委员，阳友鹤任宣传委员。当日与会者近千人，郭沫若、田汉、阳翰笙等都亲自到场祝贺并演讲。此后张德成等川剧艺术家慎重选择剧目，积极加工、修改、新编并上演了不少适应抗日宣传需要的优秀剧目。如魏香庭的《李秀成殉国》、《弦高犒师》（即《商人爱国》），当头棒的《乞儿爱国》，周裕祥的《双拾黄金》，以及《滕县殉国记》、《爱国魂》，张德成与李大中合编的《扬州恨》等等。特别是《扬州恨》更是久演不衰，川北、川南、下川东等地的剧团都相继学演，社会效益经济效益都好，被誉为宣传抗日救国新戏的代表作。

为了宣传抗战，普及川剧，川剧界还编演了一大批以抗战为题材的"时装川戏"，如《卢沟桥头姐妹花》、《热血青年》、《背父从征》、《枪毙韩复榘》、《台儿庄大捷记》、《八百孤军》、《殷汝耕》等，效果都很好。

（四）其他剧种

京剧是四川地区最大的外来剧种，大体上在清末传入四川。民国初年已不断有京剧班社到成都、重庆演出。20世纪20年代成渝两地相继出现有春熙大舞台、华瀛大舞台、乾坤大舞台、瀛寰大舞台等专演京剧的戏园。抗战时期一批批省外京剧社团流转入川，其中著名的社团有厉家班、刘家班、富顺班、山东省立京剧院、醉丽君班、大风剧社、夏声剧社等。[1] 1938年10月，不少京剧班社还参加了在重庆举办的全国第一届戏剧节，演出了许多好节目。

民国时期，四川各地除有上述话剧、川剧、京剧等主要剧种的演出外，抗战期间还有楚剧、评剧、汉剧、昆曲以及歌舞剧先后进入四川，其演出也很活跃。如歌舞剧的剧目多以抗战、爱国为内容，同时在形式上也较注重民族化的探索。

综观民国时期，特别是抗战时期四川的戏曲舞台，真称得上是：名优人才

---

[1] 参见《四川省志·文化艺术志》，四川人民出版社2000年出版，第90页。

辈出,群星璀璨,异彩纷呈。

二、音乐

(一) 民族音乐学的奠基人

王光祈(1891~1936),字润玙,笔名若愚,成都市温江西郊天府乡小河村人,民国时期著名音乐学家。1920年赴德国留学,研习政治经济学,1923年转学音乐。1927年入柏林大学专攻音乐学,1934年以《论中国古典歌剧》一文获波恩大学博士学位。他的研究开东方民族音乐研究之先河。代表作有《东方民族之音乐》、《欧洲音乐进化论》、《论中国古典歌剧》等。

王光祈在客居德国的十多年中,在生活十分艰苦的情况下,致力于音乐学研究,在音乐方面涉猎广泛,

图20-13 王光祈

学过小提琴、钢琴、音响学、乐律学、和声、对位等音乐理论。此外,他还跟世界乐器学权威、德国著名音乐学家萨克斯学乐器学。作为音乐家的王光祈,他陆续写成音乐专著18本、论文40余篇,在音乐学研究方面取得了卓越的成就。他一方面积极研究中国音乐史,把中国音乐文化介绍到国外,另一方面又广泛研究西方音乐,并把它介绍到国内。为了沟通中西音乐文化并借鉴外来经验,王光祈通过译著,比较全面、系统地向国内介绍西方音乐文化,用当时德国新兴的比较音乐学方法,写成《东西乐制之研究》、《东方民族之音乐》、《千百年间中国音乐与西方音乐的关系》、《德国人之音乐生活》、《欧洲音乐进化论》、《西洋音乐史纲要》、《西洋名曲解说》等著作,为我国"比较音乐学"的研究奠定了基础,成为中国比较音乐学的开创者。

王光祈在德国的留学生活十分艰苦。他既未享受公费待遇,又无家庭资助,全靠卖文为生。因而积劳成疾,1936年1月12日,王光祈突发脑溢血病逝于德国波恩医院,终年44岁。波恩大学为他举行了追悼会。噩耗传回国内,南京、上海、成都等地和他的故乡温江县都为他举行了隆重的追悼会。在南京追悼会上,蔡元培致悼词,徐悲鸿为王光祈画了遗像。成都各报发表了悼念文章。1938年,王光祈的骨灰由其生前好友从波恩辗转运回成都。1941年冬,李劼人将王光祈骨灰葬于成都东郊沙河堡菱角堰侧。中国音乐家协会主席吕骥在《王

光祈在音乐学上的贡献》一文中指出："王光祈是我国五四运动前后到抗日战争之前的近20年中文化界一位著名的爱国主义著作家,卓越的音乐学家。""将东西方之音律,东方各民族之音律进行比较研究,始创于王光祈,这无疑是我国音乐学上一大贡献。"1985年人民音乐出版社出版的《中国音乐词典》之"王光祈"条目中明确写道:"他是我国民族音乐学的先驱者。"1986年,在温江公园内修建了"王光祈纪念馆"。后人编有《王光祈音乐论著选集》。成都王光祈墓碑为省级文物保护单位。①

(二)战时救亡音乐活动

1937年抗战爆发后,省外的大批音乐家、音乐团体入川,推动了四川音乐事业的发展,掀起了群众性抗日救亡歌咏活动的高潮,抗战歌声响彻城乡。专业音乐创作、音乐表演、音乐教育也进一步发展,产生了《嘉陵江上》、《长城谣》等著名抗日歌曲,在重庆成立了第一个国立交响乐团——中华交响乐团,兴办了首家国立高等音乐学院——国立音乐学院,创办了《新音乐》、《乐风》等音乐刊物。

抗战时期,成渝两地还举办过多次音乐演奏会。如1942年7月4日至6日,成都音乐界为募捐慰劳出国远征军,在国民党省党部礼堂举行音乐会。1946年1月5、6日重庆文化界为纪念冼星海逝世,在江苏同乡会举行演奏会。会前,周恩来、陶行知、郭沫若讲话,节目有冼星海的《生产大合唱》等遗作18首。同年10月,重庆文化界举行冼星海逝世一周年纪念会,会后由育才学校等单位演唱了《黄河大合唱》、《茶馆小调》等。这些音乐会演出场面都较大,内容也很丰富。20世纪40年代,音乐家们还创作有一些抒情歌曲,如张文纲的《牧羊女》、刘鹤云的《船上》、江定仙的《农家忙》、陈田鹤的《春归何处》。40年代创作的抗战歌曲及抒情曲,都能紧扣时代,写作技术水平也比30年代有很大提高,具有较强的感染力和鼓舞力。

1945年3月,国立音乐学院作曲组主编的《中国民歌》第一辑(油印简谱本)出版。4月,经过改编、加工并配有钢琴伴琴的五线谱油印本《中国民歌选》出版,其中有《康定情歌》(江定仙编)、《绣荷包》(谢功成编)等。这种对民歌的加工、改编具有开创性,使中国民歌艺术价值得以提高并走向音乐舞

---

① 四川文艺网(iterature.artsc.com.cn/Famous/ViewFamous.asp?FamousID=191)

台,同时对中国歌曲创作的民族化探索产生了深远影响。抗战胜利后,随着外省入川的音乐家和音乐团体相继离川,四川的音乐创作趋于停滞,音乐演出活动也很少了。①

三、电影

电影于清末传入,"其风盖自沪汉始倡",民国始传入四川。

四川第一家电影院是1918年初在重庆开业的涵墟电影场,重庆"电影行而羊皮灯影废"②。1925年秋四川才开始有摄制影片的活动。当时留学法国的吴特生和卢丕漠在重庆拍摄《革命阵亡将士》等无声新闻短片。这时放映和摄制的都是无声电影,1932年重庆才开始放映有声电影。1932年重庆还筹组过西南爱国影片公司,但未摄制出影片,机构就解体了。③

抗战期间,中央电影制片厂和中央电影摄影场迁到重庆,大批电影工作者也汇集重庆,促进了四川电影事业迅猛发展。成都和重庆的电影院数也有增加。1939年7月1日军事委员会政治部还在重庆市成立了电影放映总队部,由郭沫若兼任总队长,但广大农村仍没有普及电影。这时四川不仅电影放映业较发展,而且重庆已能摄制电影了。"中制"和"中电"在积极开展话剧运动的同时,还先后在四川摄制了《保家乡》、《好丈夫》、《塞上风云》和《克复台儿庄》等故事片、新闻片、纪录片和科教片。④

特别是抗日战争进入相持阶段后,以重庆的"中制"、"中电"为代表的大后方抗战新闻纪录片创作进入了一个相当繁荣的时期。从1939年到1941

图20-14 蒋介石视察中国电影制片厂

---

① 参见《四川省志·文化艺术志》,四川人民出版社2000年出版,第154、155、162、163、171页。
② 民国《巴县志》卷5,第47~48页。
③ 参见《四川省志·文化艺术志》,四川人民出版社2000年版,第408页。
④ 《抗战时期在重庆拍摄的电影》、《抗战时期在重庆的电影家》,载《抗战电影回顾》,重庆文化局等1985年8月印。

年,"中制"拍摄了《抗战特辑第 6 集》、《电影新闻第 48—56 号》和《民族万岁》等新闻片和纪录片。"中电"摄制了《二十八年五月三四日敌机滥炸重庆》、《成吉思汗移灵》和《胜利的前奏》、《抗战中国》、《西藏巡礼》、《新阶段》、《第二代》等新闻片和纪录片,其中《民族万岁》和《西藏巡礼》,可认为是大后方纪录片热潮中涌现出来的代表作品。①

与之相适应,电影放映业在四川蓬勃地发展起来。重庆、成都等较大的城市都新建了一些电影院。1941 年重庆还先后出版了《中国电影》和《电影与戏剧》两种杂志,登载电影评介文章,传播电影知识。四川的电影事业是在抗战时期省外电影工作者和制片厂家迁入四川的特殊条件下迅速发展起来的,抗战胜利后,"中制"、"中电"和大批电影工作者东迁原地,四川的电影制作业即告结束。

四、美术

(一) 国画

1. "虎痴"张善子

五四运动后,中国画一直是美术界争论的话题。有"新思想"的人把中国画视为古董,加以否定;但是完全加以肯定的人也不少。因争论不休,国画发展很迟缓。战时国画得到了发展。在四川把国画运用于宣传抗日,而且收到很好的效果的,是内江人、著名画家张善子和张大千两兄弟。张善子善画虎,为了能随时观察虎的形态、习性,便于对虎写生、描画,他曾在家里精心养了一只虎,所以有"虎痴"之称。张大千善画仕女、山水,后来是名满全球的大画家。

武汉失守后,张善子全家迁重庆。在日机对重庆狂轰滥炸的日子里,他画了一幅猛虎扑

图 20—15 张善子画作《双虎图》

---

① 汪太伟:《重庆抗战时期的电影艺术》,《重庆社会科学》2005 年第 4 期。

日图，图上是28只斑斓猛虎，奔腾跳跃，正扑向一丝落日。老虎象征着当时中国的28个行省，生气勃勃；落日代表日本，奄奄一息。此画题为"怒吼吧，中国！"并在画的左下角题道："雄大王风，一致怒吼；威撼河山，势吞小丑！"充分表达了全国人民坚决打败日本帝国主义的气概和决心，是一幅很好的宣扬民族精神，鼓舞抗战士气的优秀国画。

1938年年底，张善子在周恩来、林森、许世英等人的赞助下，带着自己和其弟张大千的作品共180多件出国举办画展，募集抗日捐款。先后在法国、美国展出，前后约两年，举办100多次画展，共募得捐款达20余万美元，全部寄回国内支援抗战。

2. 国画大师张大千

张大千（1899～1983），原名张正权，后名张爰，字大千，别号大千居士，其画室名"大风堂"。幼年承家学，随母、姊、兄学习绘画。青年时曾赴日本学习染织，回国后在上海拜曾农髯、李瑞清学习书法，对石涛等人之书画钻研尤深，其仿作确能乱真，被时人誉为"诗书画三绝"和"今日石涛"。在师古人的基础上，张大千又师法自然，奔波于全国名山大川，探微写生，于山水、花鸟、人物等画无所不工，笔路之广，见者莫不折服。因此他被称

图20-16　张大千

为中国画坛的"南张北溥（儒）"、"当代黄山画派始祖"，并被徐悲鸿誉为"五百年来第一人"，曾被徐聘为南京中央大学艺术系教授。

抗战爆发后，张大千誓死不做亡国奴，冒死从沦陷区逃回了大后方，旋上青城山居住了三年，创作出优秀作品不下千幅，"其中以一枝红叶、一只蝴蝶、一根野藤为主题的作品，更为人们所喜爱。"① 为了追寻中国绘画的发展源流，1941年，他自费往敦煌考察，不顾艰辛，面壁三载，临摹了敦煌石窟壁画约三百幅，随即在各地举办了声势浩大的张大千临摹敦煌壁画展览，轰动全国，使敦煌艺术走向世界。张大千的艺术也由此一变，再上层楼，他被尊为"画中李白"和"中国画仙"。

---

① 萧建初、张心瑞：《父亲张大千的画业》，《四川文史资料集粹》（4），第79页。

3. 其他国画家的成就

抗战时期省外国画家黄宾虹、齐白石、徐悲鸿、吴作人、吴一峰、张书旂、傅抱石、赵少昂、李可染、吕凤子、陈之佛、关良等先后来川，参加四川美术教育和国画创作，带动影响了不少青年。抗战胜利后，少数留川的国画家如岑学恭、吴一峰、苏葆桢、孙竹篱等与一批川籍中青年国画家冯建吴、李琼久、伍瘦梅等，对四川国画的发展作出了贡献。

（二）漫画

抗战前漫画很少。抗战时期，许多画家都以犀利尖锐、感染力强的漫画为武器，积极投入抗日救亡运动。在重庆，郭沫若领导的第三厅下面有一个漫画宣传队，经常深入各地用漫画进行抗日宣传活动。1939年9月在中山公园举行单幅漫画展，轰动一时。1940年元旦，举办街头漫画展览宣传周，后又在郊区及江津等地流动展出，对抗日宣传起了很好的作用。1945年3月15日，漫画家叶浅予、张光宇、余所亚、廖冰兄、丁聪、特伟、张文元、沈同衡等联合在重庆中苏文协举办"漫画联展"，展出作品100余幅，无情地揭露了日本法西斯的侵华罪行和国民党顽固派的黑暗腐败，参观者非常踊跃，6天展览中达1万多人。不久，也在重庆中苏文协，由汪子美、高龙生两位漫画家合作举办了《幻想曲画展》，大部分是彩色作品，参观的人很多。这两次漫画展社会影响很大。同年，《丰子恺漫画全集》也在重庆出版。

1938年1月15日，四川漫画社在成都春熙路基督教青年会举办了一次"救亡漫画展"，共展出160余幅作品，内容有打击日本侵略军的，揭露汉奸的，讽刺醉生梦死的，嘲弄发"国难财"的，还有反法西斯主义的；形式也多种多样，有木刻、水彩、水粉、素描等。全部作品标价义卖，所得的钱捐助入川难童。抗战后期，由于国民党政府反共之声甚嚣尘上，四川漫画社才被迫停止活动。

（三）木刻

木刻是版画的一种，是我国的传统艺术。抗战以前四川的旧木刻作品，主要是绵竹等地的年画，如门神、财神之类。旧木刻画的制作是刻工与艺术家分离，而现代木刻的画、刻、印是合而为一的，是由艺术家从头到尾亲手完成的。这种现代木刻是鲁迅30年代在上海所介绍提倡的，是左翼文艺运动的一部分。

四川报刊上最早刊登的木刻画，是1936年7月4日在《新蜀报》纪念高尔基逝世专页上发表的《高尔基像》。这是当时的木刻爱好者丰中铁作的。1937年初，丰中铁、刘鸣寂、严叶语、谢又仙（谢代）、胡黻辛（胡夏畦）等组成"重庆木刻研究会"，互相切磋技艺。

抗战期间，省外不少木刻家来川，在重庆成立了全国木刻协会。四川的木刻运动集中在重庆，发表木刻画的主要园地有《新华日报》副刊的《木刻阵线》、《救亡日报》副刊的《抗日木刻》、《新蜀报》副刊的《半月木刻》、《国民公报》副刊的《木刻研究》，都由"全木协"或重庆"木协会"主编。重庆木刻家丰中铁编写了《木刻版画概况》等书，卢鸿基、丁正献、王琦等还合办了木刻刊物《战斗美术》杂志。这些木刻书刊，对进一步联系木刻工作者，繁荣木刻作品的创作，探讨和建立木刻理论，推进木刻运动和抗日宣传都起了很大的作用。

1945年12月28日，在重庆中苏文协举办了重庆木刻界和延安木刻界的木刻联展，展出有沃查、胡一川、刘岘、陈烟桥、刘铁华、古元、力群等26人的作品，共300余幅。这次展出的两地的作品，是通过周恩来往返重庆、延安开会时捎带交流的。内容丰富的展出使延安和重庆的木刻运动汇流到了一起，相互交流、促进，对后来全国的木刻运动产生了深远影响。

（四）油画

西方的油画是17－18世纪随着西方传教士传入中国的。19世纪末20世纪初，中国人到外国留学，习油画者也逐渐增多。成都人曾延年（孝谷）1903年赴日本东京美术学校西画科学习，毕业后回成都，传播油画。南充人常玉，早年去日本学画，后入法国巴黎高等美术学校研习油画，其作品多次参加沙龙举办的画展。1949年前，四川一些艺术院校设有西画科，学习水彩、水粉画的较多，学油画的较少。因此，四川没有油画名作。①

（五）雕塑

随着近代城市的发展，一种装点城市景观的造型艺术——雕塑，开始风靡全国。我国杰出的美术教育家、新中国雕塑奠基者、著名雕塑大师刘开渠，在民国时期曾经为成都留下了七项大型城市雕塑。其中有建于东大街城门口的抗日无名英雄像；有建于闹市区春熙路的中国民主主义革命先行者孙中山像；有

---

① 参见《四川省志·文化艺术志》，四川人民出版社2000年版，第325页。

第二十章 文学与艺术

建于原少城公园（人民公园）内的王铭章和尹仲锡像；有建于北较场内的蒋介石像；有建于原中山公园（劳动人民文化宫）内的饶国华像。这些雕塑造像，或屹立于街头，或矗立于公园广场，聚焦着成都在民国时期的历史风云，折射出成都在抗日战争历史时期中的政治、经济、军事、文化等多个侧面。刘开渠先生以巧妙的构思、精湛的技艺，把中国传统的雕塑艺术创作手法与巴黎塞纳河等地的西方雕塑艺术创作手法相结合，创造出这些优秀的城市雕塑作品，为成都近代城市建设带来了新的文明。①

在以上七件作品中，以抗日无名英雄纪念碑、孙中山塑像最为有名。

竖立于春熙路的孙中山坐式铜像，是刘开渠在成都保存至今的又一杰作。该处原有孙中山立式铜像一座，因造像工艺粗糙，比例不合，由刘开渠于民国37年（1948年）重新规划，设计中改立式为坐式铜像。座像通高6.1米，像高1.9米，像座1.8米，基座2.4米。坐像蓄短发，浓眉深目，身着短衫长袍，端坐花椅，脚置踏板，左手展卷宪法草案，形神兼备，展现了一代革命先行者的悠悠情怀。

图20-17 成都春熙路孙中山铜像

刘开渠的弟子王炳照，1938年8月在四川璧山考入艺术专科学校雕塑系，专攻雕塑。毕业后留校任教。1944年8月，在刘开渠工作室当助手。他边学习，边实践，边创作，在雕塑艺术上有了飞跃。这段时间，他协助刘开渠大师创作了几尊成功的塑像（包括成都的孙中山铜像）。1945年，他在赴四川峨眉山参观考察时，结识了郭沫若，为郭沫若雕了一尊塑像。这尊塑像深得郭老家人偏爱，一直小心翼翼地保留在身边。事隔40年后，郭沫若的女儿在看望王炳照时，专门送了一张出自他本人之手的郭沫若塑像照片。此外，王炳照

---

① 乔荫南：《刘开渠与成都近代雕塑》，《成都新建设》第843期，2006年12月31日。

还为李宗仁、冯玉祥等名人作过塑像。全国解放后,王炳照被调入中央美术学院任教,参与首都人民英雄纪念碑雕塑创作,是"金田起义"浮雕的作者。他是一位不该被遗忘的雕塑家。①

五、建筑

19世纪末到20世纪初,随着西方传教士深入四川传教,西式建筑传入中国。传教士把西方教堂建筑的图纸带来照样修建教堂;也有一些传教士根据西方建筑风格,自行设计,或请建筑师设计,修建教堂和教会办的医院、学校等。于是西方诸国在四川的宗教性建筑,遍及全省129个府、州、县,西方教会在川拥有地产17000余亩,建教堂、医院、学校等846所,形成与四川传统民用建筑风格截然不同的新的建筑体系。

四川早期的西式建筑,多系根据西方教会带来的欧洲18世纪的建筑图纸仿建而成。以立柱式、肋脊、交叉拱尖、飞扶壁、花格窗、高耸尖屋顶等为其立面造型的主要特征;以卷廊式的砖木、砖石结构为其主要结构形式。后期的西式建筑,慑于四川人民迭起的反洋教斗争,同时也出于适应四川民俗、气候等原因的考虑,则在西式建筑的某些部分,吸收了四川民居的一些特色。有的教堂、医院、学校建筑,还采用了中国式的小青瓦屋面和四合院布局。

自1890年重庆开埠以后,应西方各国商人来重庆经商之需要,重庆地区的西式建筑剧增,其数量和覆盖面为全川之冠。重庆接受近代建筑技术也最早,因而重庆的近代建筑在四川具有代表性。在建筑设计造型及建筑用材、建筑施工技术等方面,重庆"得风气之先",成都、宜宾、泸州等地继而效法。

民国期间,成都的西式洋房不多,但有少量西式建筑的工厂及商贸店铺以及"中西合璧"的新式公馆一度兴起,使成都建筑的功能、造型、材料发生了新的变化,开始打破成都古建筑一统天下的格局,使相沿两三千年的传统建筑得以向近代建筑潜移默化地转变,为后来引进、采用新式建筑积累了一定的经验。

四川的近代建筑,初期多为国外工程技术人员设计监造,进入20世纪后,部分四川的土木建筑技术留学人员和四川大学、重庆大学等高等学校土木建筑

---

① 刘传功:《王炳照:不该被遗忘的雕塑家》,《纵横》2004年第4期。

图20—18 武胜宝箴寨

专业的毕业生，开始组建了自己的建筑设计、监造机构。1938年南京基泰工程公司迁渝，并在成都设建筑师事务所，吸收成渝的建筑师参加，成都始有专职的建筑设计机构。重庆、成都的建筑师，在重庆、成都等地，以西方建筑设计和结构设计的理论为指导，建造了一批"中西合璧"、"川洋混合"的商贸金融、交通邮电等建筑，从建筑结构的演变看，大体经历了砖（石）木结构、砖混结构（砖墙或石墙，钢筋混凝土柱、梁，木或钢屋架）、钢筋混凝土结构等，这些新式结构与大量存在的四川传统民用建筑相比，其量虽不及万分之一，但突破了传统民用建筑土、木、竹、石等用材的局限性，提供了大跨、高耸、悬挑、轻型、耐火、抗震等新颖的结构方式。

应新颖的西式建筑发展的要求，1936年宁芷村、徐宗涑在重庆南岸开办了四川水泥公司，年产水泥4.5万吨，用湿法生产"川牌"400号普通硅酸盐水泥。这是四川最早的水泥厂家。1938年重庆华一机制砖瓦厂首建一座18门哈夫轮窑，烧制黏土砖瓦，这是四川第一次用机器制砖瓦。水泥和砖瓦的供应，为西式建筑的发展提供了条件。

抗日战争期间，四川近代建筑进入了重要发展阶段。随着国民政府迁渝，许多工厂、学校、机关、商贸机构也迁入四川，建筑业大兴旺，到处都在修厂房和机关学校。全国不少知名的土木建筑工程师、建筑师云集四川，从各地带来了建筑技艺，建成了一批近代西式建筑，促进了四川建筑业的发展。

大邑刘氏庄园则是中国近现代社会的重要史迹和代表性建筑之一。刘氏庄园最初建于清末，是刘氏家族祖居的地方。原先只有二三十间小房子，20世纪二三十年代，刘湘、刘文辉先后控制了川康两省，刘氏家族因此暴富，刘文彩成为全国闻名的大地主。刘氏庄园就是在这个时期扩建起来的。刘氏庄园占地70余亩，整个建筑面积约5.8万余平方米，房屋三百五十余间，分老公馆、新公馆两处。老公馆建于1931年，重门叠巷，院庭棋布，共有天井

图20-19　大邑刘氏庄园新公馆

27个，房间约180间，花园3处，庄门7道。新公馆始建于1938年，距旧公馆300多米，由两个部分组成，各有大中小3个四合院，房间约170间。外侧各建有仓房、网球场；内侧建有望月台、花园，是中西合璧的近代庄园建筑。庄园四周风火墙高达两丈余。整个庄园重墙夹巷，建筑十分奢豪，有长方形、方形、梯形、菱形等各种造型，处处楼阁亭台，雕梁画栋；各种格子窗栅，雕花门镂刻飞禽走兽、奇花异草、吉祥博古图案等艺术装饰，多达数百种。保存完好的庄园建筑群及庄园遗存的大量实物和文献资料，加上独具特色的庄园陈列，构成了一个有机整体，为认识和研究中国半封建、半殖民地社会经济、四川军阀史、川西民俗学提供了重要文物实证；同时，从刘氏庄园也可看出外来文化对中国建筑的影响。[①]

[①] 参见张先进、杨青娟：《从大邑刘氏庄园看外来文化对中国建筑的影响》，《华中建筑》2001年第2期。

第二十一章 教育与文化事业

民国时期是一个多种历史事件交织，跌宕起伏的时代。每一次社会变革所带来的政治观念、文化取向的转换，都必然反映到敏感的教育制度中来。在这种时代环境下，四川的教育也随时代变化而发生变化。抗战全面爆发后，中国教育界内迁西部，四川是主要的集中分布区。中国教育事业和知识精英的大转移，为中国教育事业的延续，也为迁入地尤其是四川地区教育事业的进步作出了重要的贡献，四川教育事业因此进入了一个全面发展的时期。与此同时，作为现代公共文化事业如新闻出版业、图书馆、博物馆、公园等，在这一时期也竞相兴建起来。

第一节 教育事业

一、抗战前四川教育概况

（一）高等教育

1912年中华民国临时政府陆续公布了《教育宗旨令》、《学校系统令》、《师范教育令》等（史称"壬子癸丑学制"），着手进行教育改革。临时政府教育改革措施中，取消了"经学"，与以研经为主的旧教育体制彻底决裂，标志着近代教育体制在全国普遍推行。"经学"从此只作为学术史、历史学、哲学、思想史研究中的引用资料,走俏两千年的中国经学也完成了它的历史使命。作为民国第一个学制,其高等教育部分,反映了资产阶级的需求和社会的需要。但是,由于其主要模仿日本与德国,没有从本国实际出发,不适应日益发展的社会、政治、经济的需要。1922年,北洋政府又对原学制进行了修改,史称"新学制"。"新学制"是中国近代教育史上的一座里程碑。其高等教育制度方面,除进行局部调整以外,一直沿用到新中国成立。①

图21-1 民国元年(1912年)冬,成都四川高等学堂自修室中,学生们正在读书、写作或探讨问题

四川省从1913年起,着手对清末留下的高等教育进行改革,将原通省师范学堂改称四川高等师范学校。1916年,又与四川高等学堂合并,改名成都高等师范学校,直属教育部管理,跻身于全国著名高等六大师范学校行列,师生人数仅次于北京高师(即今北师大)。② 1918年在校学生388人,师资、校舍、图书设备都名列前茅。

图21-2 30年代国立四川大学皇城大校门

1924年,成都高师改名成都大学。第一批招大学预科生143名,分别办有教育、中文、英文、历史、政治、经济、地理、数学、物理、化学、生物等十个专业,这是四川现代高等教育体系最为完备的系科设置,堪称西南一流综合性大学。1927年,成都原有

---

① 参见薛二勇:《中国近代高等教育的制度变迁分析》,《高等农业教育》2006年第5期。
② 1912年,蔡元培任教育总长时,把全国划分为北京、南京、武汉、广东、沈阳、成都六大国立高等师范区。

四川五大专门学堂，改组公立四川大学，"校址在成都城内，新建校舍在东门外望江楼侧"。1931年11月，国立成都大学、国立成都师范大学、公立四川大学三所大学合并，组成国立四川大学。至抗日战争前统计，国立四川大学"分文学、法学、理学、农学四院，共计十一系"，全校原有学生854人，战区借读生310人，共计1164人，男生占79.9%，女生占20.1%。①

1929年夏，重庆大学在菜园坝成立，1933年迁到沙坪坝。抗战前夕重大已有很大发展。1940年由晏阳初倡办的私立乡村建设育才学院在重庆建立，多收战时保育院学生，1945年改为四川省立乡村建设学院，1946年改名为四川省立教育学院。

图21-3　30年代始建于沙坪坝的重庆大学理学院

华西协合大学为教会私立学校，创于清末，最初设文、理、法3科，1914年添设医科，1917年增设牙科，一切均按西方教育体系办学，成为四川最早的综合性大学。1933年，教育部批准其注册申请，在系科、课程设置上接受教育部门的监督，并申明不再强迫学生接受宗教教育，允许中国人担任校董和进入学校管理层。抗战前，"该校有校董13人，教职员147人，历年毕业生总计371人，内以医科、牙科人数为多"。②

据四川省教育厅1936年度统计，四川专科以上学校共有101个学级，其中，理科有35级，占34.7%；文学院为31级，占30.7%；次为医学院，再次为工学院、法学院，以农学院为最少，仅有3级，占2.9%。高等教育共有大学生1309人，文学院计487人，占36.7%；次为理学院335人，占26.7%，再次为法学院，医学院，工学院；农学院最少，仅有61人，占4.6%。各大学共有教职员464人，总经费1497589元。国立四川大学有教职员210人，占

---

① 《四川省概况》"教育概况"第32页，民国28年版。
② 《四川省概况》"教育概况"第32页，民国28年版。

45.2%，经费 677589 元，占 45.3%；私立华西协合大学有教职员 152 人，占 32.8%，经费 42000 元，占 28%；重大有教职员 102 人，占 22%，经费 400000 元，占 26.7%。①

（二）中等教育

中等教育包括高中、初中、职业学校、师范学校四类。民国新学制规定，中学分为省立、县立、私立三种，修业年限由五年改为四年。1913 年四川将原府属官立中学改为联合县立中学②，计有成都、邛崃、重庆、绥定、忠州、酉阳、夔州、泸州、叙州、绵州、龙安、雅安、宁远、嘉定、眉州、保宁、顺庆、潼川、资州等 19 所中学。1913 年首先在省城开办省立第一中学，1914 年又拨款分别在江油中坝、江安（校址设南溪）、涪陵开办三校，依次定名为省立第二、第三、第四中学；成都省立第一女子师范学校中还附设女子中学班。1914 年全省共有中学 63 所（省立 4 所及女师附设中学班，联合县立 16 所，县立 36 所，私立 6 所），学生 9827 人（其中女生 73 人），平均每校约 156 人，学校所数及规模都较清末（51 所，每校 106 人）有一定发展和壮大。

据 1935 年统计，全省共有中等学校 265 所，其中普通中学 197 所，学生 41800 人；师范 37 所，学生 3042 人；教职员共 5013 名，③ 与民初比较，各项数字都增加四倍以上，可以说现代普通中学教育体制已普遍建立，这是四川教育史上一大进步。

（三）小学教育

民国成立以后，四川教育主管部门着手恢复各县初等教育，并通饬各地改良私塾教育。1912 年四川军政府令："前清小学教科书，凡有尊儒崇满清及不合共和宗旨等课，分别订正。"9 月又饬废止读经，禁用清朝会典律系等为教科书。高初等小学校加授缝纫课，高小改中国文为国文，中国史为本国史，格致课改为理科，增设英语，又饬注意体操、音乐、图画、手工等科。1915 年明定修身、国文、算术、体操为小学主要科目，使小学现代化教育大大向前推进。1922 年四川虽然颁布《义务教育推行计划纲要》，规定儿童自满 6 岁起入学。

---

① 《四川省概况》"教育概况"第 34 页。
② 旧制，府属官学经费由所属各州、县筹措，废府州县建置后，改称联合县立××中学。
③ 《四川省概况》"教育概况"第 21~22 页。

但由于经费、师资、校舍跟不上，义务教育"鲜有成效"。

据1936年统计，四川全省有小学21793堂，47234个级，男女学生1336870名，教师43696人。即在民国25年之后，小学增加9000多所，学生增加近100万，教师增加20809人。① 另据1935年88县市私塾统计，全省共有私塾18469所，学生246874名，塾师14044人，②"已改良者，计五千一百四十二所，占百分之二十七点八，未改良者一万三千三百二十七所，占百分之七十二点二，平均每县一百六十五所"。③ 未改良的私塾与清末私塾一样，以《三字经》、《千字文》、《百家姓》、《增广》等启蒙教育为主旨，一些私塾也用小学新式教材。抗战前，四川学龄儿童为6445207人，占全省人口数的13.1%；就学儿童为1322713人，④ 占20.5%；失学儿童计5122494人，占79.5%。⑤ 犍为"全县共有文盲十万零九千余人，已入学者，占文盲总数百分之八"。⑥

（四）社会教育

社会教育亦称民众教育，是指以广大社会成年人为主要施教对象，通过业余、脱产或半脱产的途径进行的教育。抗战前，四川社会教育的实施发展大体上可以分为以下几种类型：

1. 通俗教育。1916年，四川设立通俗教育讲演所37所，巡回宣讲团44所。此后因战乱动荡，通俗教育馆（所）在多数地方名存实亡。成立于1924年8月的成都通俗教育馆办得较好，内设博物、图书、体育、讲演、出版、游览、事务等8部。凡遇纪庆日，如元旦、春节、夏节、秋节、国庆等，均特请名人演讲，并表演新剧、武术、游艺和放电影等招待来宾，寓教于乐。平时每月之中，也

图21-4 成都市立通俗教育馆出版发行的《通俗教育》创刊号

---

① 《四川省概况》（25～26年度）"教育概况"第12～13页，民国28年版。
② 《四川省概况》"教育概况"第20页，表109。
③ 《四川省概况》"教育概况"第13页。
④ 省联立小学及师范附小学生数未列入。
⑤ 《四川省概况》"教育概况"第13页。
⑥ 民国《四川省方志简编》（手写本）第五区"教育"栏。

定期举行讲演及各种展览会、音乐会、运动会等，颇受市民欢迎，亦增长了市民的知识。1925年以后，通俗教育馆、通俗讲演所逐渐为民众教育馆所代替。

2. 平民教育。1923年四川丰都县通俗教育社率先在城关书院街、丁字街各设平民教育读书处一处，入学学生95人，这是四川开办最早的平民学校。之后，相继开办的县计有射洪、仁寿等61县，共设平民教育读书处336处，入学学生18689人。1924年3月，在成都正式成立中华平民教育促进会四川分会，随即在成都发起平民教育运动。据当年统计，共组织平民读书处241处，教以《平民千字课》，受教学生11342人，毕业6750人。

3. 民众教育。1938年1月，四川省立第一所民众教育馆在南充成立。该馆主要致力于乡村建设，以领导民众、组织民众、训练民众为活动方式，并肩负干部、人民培训与省民众教育辅导之使命。但因四川战乱频繁，社会动荡，民众教育"只有个别之点缀，并无统一之计划与扩大之运动"。1935年川政统一后，四川省政府将成都、重庆、万县三市定为励行区，率先推广民众教育，以期教育普及，减少文盲。但有些县因师资缺乏，经费困难，致使民众学校无法推广。据1938年统计，全省特设民众学校5911所，附设民众学校1994所，共7905所，受教育的民众计男399346人，女155241人，合计554457人。

二、抗战时期高校内迁四川

抗战全面爆发前，全国共有专科以上学校108所，主要分布在东部沿海地区。其中，分布在京、津、沪三地即有46校，占总数的42.59%，学生占总学生数的2/3以上。[1] 抗战爆发后，东部沿海沿江地区首当其冲，平、津、沪、宁相继陷落。为了高等教育事业的延续发展，为了保存民族文化命脉，乃在政府当局安排与资助下，纷纷向西南大后方撤退，于是，战时中国出现了史无前例的高校大迁移。[2]

战时高校迁移的区域非常广泛，迁移的地点随战局不断变化，先后形成四个相对集中的分布区域。即以重庆、成都、昆明、贵阳为中心的西南地区；以

---

[1] 魏宏运：《抗战时期高等学校的内迁》，《档案史料学研究》，1996年第4期。

[2] 本子目参考张根福：《抗战时期的人口迁移——兼论对西部开发的影响》，第89～100页，光明日报出版社2006年版。

广西、湘西、湘南、粤西、粤北为中心的中南地区南部山区；以赣中、赣南、浙西、浙南、闽中、闽西为中心的华东南部丘陵山区；以陕西、关中、陇东为中心的西北地区。① 据研究，四川、云南、贵州三省共接收内迁高校 64 所，占内迁高校总数的 47%，是战时高校内迁最大集中地。其中四川省接收的高校达 52 所，占总数的 37%，其接收对象主要是平、津、沪、宁、苏、杭和湖北等地的高校，其中以国立和知名的私立学校包括教会大学为多。②

抗日战争爆发后，外省高等学校迁川，大体经历了 3 个阶段。第一阶段自 1937 年至 1939 年，南京、上海和武汉等地高校迁川复课的有 31 所；第二阶段自 1940 年下半年至 1943 年春，太平洋战争爆发前后，华南岌岌可危，原迁上海租界及东南各省的高校，又有 11 所迁川；第三阶段自 1944 年夏到抗战胜利，这段时间，因日本侵略军进行打通大陆交通线的战役，深入华南和贵州，因此原迁广西和云贵的 6 所高校，又再迁重庆复校。

这些迁川的学校，因国民政府有关部门无通盘的搬迁计划，不少学校都是自行决定搬迁的，因此，在交通运输、经费等方面都遇到了不少困难。有的学校是经过几次转迁才入川的。如国立同济大学由上海先后迁浙江金华、江西、赣州、吉安、广西八步、云南昆明等地，凡 6 迁始入川。国立杭州艺术专科学校先后迁浙江

图 21-5 北碚东阳镇复旦大学旧址

---

① 徐国利：《抗战时期高校内迁概述》，《天津师范大学学报》，1996 年第 1 期。张根福：《抗战时期的人口迁移——兼论对西部开发的影响》，第 99 页。

② 覃红霞：《抗日战争时期高校内迁探析》，西南师范大学硕士论文，未刊稿。转引自张根福：《抗战时期的人口迁移——兼论对西部开发的影响》，第 99 页。按：传统说法为迁川高校 48 所，此说与之有异。

诸暨、江西贵溪、湖南沅陵、云南昆明、云南呈贡,凡5迁始入川。私立复旦大学先由上海迁江西庐山,行课1月,因战局变化,又再迁重庆北碚,后改为国立。国立北平艺术专科学校先后迁江西庐山、湖南沅陵,与杭州艺术学校合并为国立艺专后,又迁云南昆明,最后再迁到四川璧山复校,1943年又迁至重庆盘溪。

迁川的大部分学校的师生是用车船运输入川的,也有少数学校的师生是组织起来长途步行入川的。迁移过程中,广大师生虽然历尽千辛万苦,但仍弦歌不绝,体现了知识分子崇高的爱国主义精神。广大师生迁居四川,教学生活条件十分简陋,多数只能借用旧庙宇、祠堂、会馆作校舍。如武汉大学曾借用乐山文庙、崇圣祠、三清观、大佛寺、乌尤寺等处;东北大学借用三台草堂寺等旧址;同济大学曾借用南溪李庄东岳庙、南华宫等处。各校长途辗转搬迁,师生流失,图书仪器设备毁损都较严重。其中,山东大学所受损失最大,师生沿途散失殆尽,不得不在渝宣布停办。北平朝阳及燕京两校都只有数十人入川,而光华、沪江、之江、吴淞、两江、东亚、上海法学院等校,都仅有少数师生来川复校,几乎完全另起炉灶。即使搬迁较完整、损失较少的武汉大学与中央大学两校师生亦分别减少1/2与1/3。

战时迁入云、贵、川三省的高校有64所,其中迁入四川的著名高校有:中央大学、复旦大学、交通大学、上海医学院、江苏医政学院、上海沪江大学、中央政治大学、国立艺术专科学校、湘雅医学院、金陵大学、齐鲁大学、武汉大学、同济大学等。高校内迁,极大地改变了四川高等教育分布不平衡的状况。抗战前,四川高校数量只有4所,主要集中在成都,重庆次之。战时内迁学校数量剧增,主要集中在重庆地区,高校分布范围不断扩大,使许多县乡第一次出现了高等学校。迁川的高等学校所在地如下:迁重庆的有25所(至1944年增加至31所①)、迁成都7所、迁璧山3所、迁乐山2所、迁万县2所、迁江津2所、迁三台1所、迁南溪1所、迁金堂1所、迁江安1所、迁巴县1所、迁泸县1所,以上共计47所高等学校在川复校复课。另外,国立山东大学迁入四川后,因剩下的师生太少,奉令停办,学生并入中央大学有关院系学习(见附表)。

---

① 周勇主编:《重庆通史》第3卷《近代史》(下),重庆出版社2003年版,第1291页。

表 21-1 抗战时期迁川大专学校表

重庆及附郭		成都及其他县
国立中央大学（沙坪坝）	国立音乐学院（复兴关）	私立金陵大学（华西坝）
中央政治学校（南温泉）	国立艺术专科学校（盘溪）	私立光华大学（光华村）
国立交通大学（九龙坡）	国立杭州艺专校（盘溪）	私立齐鲁大学（华西坝）
私立复旦大学（北碚）	国立国术体专校（北碚）	私立燕京大学（华西坝和陕西街）
私立武昌中华大学（南岸）	国立东方语文专科学校（新开）	私立金陵文理学院（华西坝）
私立沪江大学（磁器口）	国立北平大学劳作专修科（沙坪坝）	国立牙医专科学校（华西坝）
国立上海医学院（歌乐山）	私立武昌文华图书馆学专科学校（江北）	江苏省立教育学院（璧山）
江苏省立医政学院（北碚）	私立两江女子体专校（南岸）	国立武汉大学（乐山）
私立东吴大学法学院（市区）	私立立信会计专科学校（北碚）	江苏省立蚕专校（乐山）
私立朝阳学院（兴隆场）	私立华侨工商学院（江津）	清华大学航空研究所（成都）
私立南通学院医科（北碚）	私立武昌艺专校（江津）	山东医专校（万县）
蒙藏学校（巴县）	北平艺专校（璧山）	国立东北大学（三台）
私立之江文理学院（市区）	杭州艺专校（璧山）	国立同济大学（南溪）
国立医学专科学校（歌乐山）	唐山土木工程学院（璧山）	私立铭贤学院（金堂）
国立中央工业职业学校（沙坪坝）	北平铁道管理学院（璧山）	国立戏剧学校（江安）
吴淞商船学校（江北）	私立上海法学院（万县）	私立东亚体专校（泸县）

除上述内迁高校外,抗战中四川又新创办了 5 所高等学校(1940 年在成都创办了省立艺术专科学校和私立川康农工学院;1943 年又在成都创办了省立会计专科学校和省立体育专科学校;1944 年创办自贡市工业专科学校)。至此,到抗战后期在四川的各类高等学校数至少已达 56 所,为战前四川高校数的 14 倍,居全国各省之冠,使整个四川成为全国文化教育的重心。

抗战胜利后,内迁高校虽然多数迁回原地,但给西部地区带来的影响却是深远的。国民政府注意到战后高校合理布局问题,决定"国立专科以上学校,一部分迁回收复区,一部分留设后方,另一部分因战争停留者予以恢复"。这就为日后高校在四川的继续发展创造了条件。例如内迁女教授劳君展等创办的国立女子师范学院,后与四川教育学院合并为西南师范学院;由内迁著名乡村教育家晏阳初先生创办并任院长的私立乡村建设学院,及由知名学者梁漱溟创办的勉仁文学院等,以后都留下来并入西南师范学院。其他如复旦大学校友在复旦西迁旧址上建成了相辉学院,光华大学设于成都的分校成为四川的光华大学,东北大学返迁后留下的川北大学等等,都成为战后四川的高等院校。[①]

抗战时期高校内迁,为四川培养了大批专门人才。据统计,1937~1945 年间,全国专科以上学校共有毕业生 86854 人。他们中的相当部分是由西迁高校培养,并留在西部工作的。其中,据当时四川省教育厅不完全的统计,1938 年上学期,迁川的 16 所高等学校共有学生 4647 人。到 1942 年,迁川高等学校增至 30 所,共有学生 13510 人。据 1940 年国民政府教育部不完全的统计,迁川各校先后在川 26 所,学校毕业生共有 1826 人;1942 年 30 所学校毕业生共有 3000 人左右。这批受过高等教育的毕业生,无论对于当时和日后四川甚至全国的各项建设事业,都作出了巨大的贡献。[②] 另据复旦、浙大等校统计,川籍学生与外省学生的比例约各占一半。[③] 1938 年,全国国立高等院校统一招生考试,四川考生最多,录取数占应考数的 46.77%(应考生 2489 人,录取 1164 人),居全国前列。

内迁学校为四川人才的培养,还体现在开办各种应用性短训班上。在整个

---

① 张根福:《抗战时期的人口迁移——兼论对西部开发的影响》,第 262 页。
② 参见四川省教育志编辑组:《抗战中 48 所高等院校迁川梗概》及附表,《四川文史资料选辑》第 13 辑,四川省政协、省志办编印,1964 年版。
③ 张根福:《抗战时期的人口迁移——兼论对西部开发的影响》,第 262~263 页。

第二十一章 教育与文化事业

抗日战争期间，不少高等学校为适应当时的政治、边政、经济、文教各方面的需要，大力加强应用型人才培养，开办或加办了不少短期专修科、训练班或附属训练机构。如：中央政治学校的蒙、藏、印等语文专修科、公务员训练等班；蒙藏学校的边疆教育行政、卫生教育、畜牧兽医、边疆政治专修科及边疆师范专修科；朝阳学院的司法、监狱、书记官专修科；复旦大学的会计、银行、垦殖、茶叶等专修科；光华大学的会计、土木工程等专修科；金陵大学的电化教育、农业、汽车、图书馆等专修科及建教人员训练班；同济大学的医事检验、机械专修科及护士职业学校；江苏医学院的医学、卫生教育专修科及护士职业、护士助理职业学校等。此外，尚有一部分学校先后在川增办战区学生补习班（东北大学）、大学先修班（东北）、侨生先修班（复旦）、附属医院（同济、上海及江苏医学院）、附属中学（中央、光华、同济）等。铭贤学院师生还结合金堂县的实际，开展金堂的柳叶烟、柑橘、棉花种植和加工的研究，取得了较大成绩，促进了金堂工农业生产的发展。

三、抗战时期四川教育大发展概况

抗战时期，随着学校的迁移，许多学有专长、学术造诣精深的学者、教授，也千里跋涉，来到后方。据研究，约有2000多名高级知识分子参加了这场西迁，几乎囊括了当时全国科技文化界的杰出学者。大批文化、教育机构和学者的内迁，新的教育思想也随之传入，使西部地区的教育观念得到很大的改变，办学积极性空前提高，办学蔚然成风。[①] 四川在抗战时期推行国民教育上的成效，就是最好的明证。

1938年，四川省教育厅通令学校实施"战时教育"，计划自1940年8月至1945年7月止为实施国民教育第一期，达到每个乡（镇）设有中心学校，每个保设有国民学校，全省有90%以上的学龄儿童入学的目标。据1941年统计，全省（不含西康省和重庆市）改设和新设中心学校3679所，国民学校26131所，另有私立完全小学300所，私立初级小学1220所，共计31330所，入学儿童2196060人。[②] 到1944年新增学校也基本设置完成，国民教育比战前有很大

---

① 张根福：《抗战时期的人口迁移——兼论对西部开发的影响》，第265~266页。
② 参见《四川省志·教育志》（上册），方志出版社2000年版，第95~98页。

发展。（附表）

表 21-2　1937 年度和 1944 年度四川省国民教育发展概况比较表①

各项数据	年度	1937	1944
学校数	合计	20303	47341
	幼稚园	165	128
	保国民学校（或初级小学）	15157	42183
	中心国民学校（或小学）	1673	5030
	简易小学	20	
	短期小学	3286	
学级数	合计	43189	98642
	幼稚园	265	555
	保国民学校（或初级小学）	27776	63328
	中心国民学校（或小学）	9930	84759
	简易小学	20	
	短期小学	5198	
学生数	合计	1350996	3536874
	幼稚园	11377	19928
	保国民学校（或初级小学）	730749	2289830
	中心国民学校（或小学）	364130	1227116
	简易小学	644	
	短期小学	235096	

① 此表各统计项目及数字采编自《抗战时期之四川教育》所附《二十六年度至三十三年度四川省国民教育概况表》及其续表。四川省政府教育厅编印，1945 年 9 月。四川省档案馆藏，案卷顺序号：17。

续表

年度 各项数据		1937	1944
教职员数	合计	40007	119500
	幼稚园	306	771
	保国民学校（或初级小学）	21902	65270
	中心国民学校（或小学）	14101	53459
	简易小学	20	
	短期小学	3678	
人口数		50438224	46893780
学龄儿童数		5043822	4689378
入学儿童数		1103879	3516946
入学儿童占学龄儿童之百分数		21.89	75.00
备注	1. 人口数量根据省民政厅发表的数量抄列。2. 学龄儿童数是按照人口数10%计算的。3. 1944年的各项统计数中未包括当时重庆市和西康省。		

当时行政院直辖市重庆的国民教育发展成效更为突出。抗战前重庆的小学教育缺乏基本统计材料，到1940年全市有市立小学5所，中心小学12所，国民基础学校25所，共计42所，入学儿童为17692人。1941年创办乡镇中心小学27所，保国民学校45所，代用中心学校4所，私立小学60所，共计136所，入学儿童44740人，教师1296人。到1944年又创办区中心国民学校57所，保国民学校104所，代用中心国民学校3所，连同迁建区小学12所，私立小学108所，共计284所，入学儿童为73947人，教师3316人。扫除文盲的识字教育也搞得较好。战前重庆市的文盲数无记载。1938年底，重庆成立了战时民众补习教育推行委员会，负责扫盲工作。1939年重庆市共有文盲7万多人，其中男性29860人，女性43257人，平均每百户为429人。1941年有文盲15800人，进入两个月一期的识字短训班，后经测验合格者为12340人。到1944年止，有约5万文盲经过扫盲短训班学习，使重庆市的文盲数量显著减少。①

---

① 见《第二次中国教育年鉴》第三章重庆市一节。转引自《抗日战争中的重庆》，第90～91页，西南师范学院出版社1986年版。

在内迁师生的推动下，地方政府、社会各界采取各种措施，促进教育事业的发展，在一些边远的少数民族地区也兴办起了不少的现代学校。据1942年统计，在战时第5区的雷波、马边、屏山、峨边与第16区的松潘、理番、茂县、懋功、汶川、靖化等10县，都设有中心学校和保国民学校。在深山、老林、草原中没有纳入保甲组织的"边民"地区，属于推行"边教"之范围，也在1937年以后陆续建立了边民小学，以资收容"边生"。各边县推行国民教育，是以识字教育为中心，旨在培养边民的国家民族观念，改善其生活习惯，提高其文化程度。至于边生所需书籍，自1942年起每年均由省教育厅免费发给。① 在四川各少数民族杂居的边区县，尤其是懋功、靖化等地区，抗战前无学校可言，儿童也无书可读，只有寺庙里的小和尚可以学点文化，山野村民被称为"化外之民"。抗战中各级政府和热心教育的人士在这些边县初创一些边民小学，推行国民教育，这对发展少数民族地区的文化教育事业功勋显著。松潘县"蒙春辉、字煦斋……主讲岷山书院，造就人才甚多，创办小学校数十所，实为松属新教育发轫之始"。②

内迁高校积极为西部地区培养和培训了大批中小学师资力量，组织"西部教师服务团"，为西部地区基础教育作出了重大贡献。这些服务团既是一支宣传动员民众抗战的力量，也是推动西部地区基础教育的重要力量。例如，1937年11月至1940年5月，国民政府先后组建了10个中小学教师服务团。其中第三服务团团员人数362人，驻地在江津白沙；第六服务团219人，驻地在三台。驻在这些地方的中小学教师服务团，开展了一系列支援当地办学和教学的工作。例如，第三服务团下辖5个分团，分布于北碚、永川、江津和重庆市区，帮助永川办理国民学校100所；在北碚办理小学3所，在江北等地办理小学3所、国民小学13所；与重庆各地合办小学40余所，招收学生3000余人；在江津白沙镇办附设中学班10班，学生470余人；半中学班63班，收容学生2564人，安置教师207人……③

正是在上述背景下，抗战时期四川才迎来了中、小学教育的快速发展时期。

---

① 参见《抗战时期之四川教育》第19~20页，四川省政府教育厅1945年9月，四川省档案馆藏，案卷顺序号：17。
② 民国《四川省方志简编》（手写本）第16区"人物"栏。
③ 《抗战时期重庆的教育》，重庆出版社1994年版，第89~90页。

第二十一章 教育与文化事业

抗战中四川的中学数量，除内迁的国立中学 15 所、私立中学 24 所外，四川（不包括重庆、西康）中学的发展概况见下表：

表 21-3 四川中学发展概况表① (1937~1945)

年度	学校数	学级数	学生数	备注
1937	196	1006	63637	此表摘自（1937~1944年）《四川省统计年鉴》的《历年中等学校比较表》中学部分；1945年度摘自《四川省统计总报告》
1938	174	1380	74671	
1939	193	1532	84454	
1940	227	1976	105639	
1941	252	2278	111132	
1942	320	3228	154602	
1943	366	3615	170502	
1944	429	4263	182453	
1945	521	3812	203420	

此外，1938 年，宁（西昌）、雅（雅安）14 县划归新建的西康省，计有中学 9 所，其中省立 3 所，县立 5 所，私立 1 所，共 49 班，2168 名学生。至 1945 年中学发展到 24 所，139 班，5300 名学生。重庆直辖市 1939 年有公立中学 20 所，以后增至 50 多所。

在中学教育的发展过程中，以私立中学数量增长最大、发展最快。至 1946 年，全省中学发展到 549 所（不包括西康、重庆），其中省立 25 所、市立 2 所、县立 230

图 21-6 40 年代成都树德中学集中考试现场

---

① 摘录自《四川省志·教育志》上册，方志出版社 2000 年版，第 170 页。

所、私立292所。这时私立中学所数已超过公立中学，但规模较小，故其学级、学生数仍略低于公立中学，同时存在"收生太滥，收费太杂"等商业化倾向，以致当局多次发布法令法规，以整顿和限制私立中学的发展。尽管如此，私立中学在抗战期间仍从73所发展到292所，净增219所。其中尤以成渝两市最集中，各占30余所。成都的树德中学、重庆的南开中学、自贡的蜀光中学就是当时私立中学中办得好而有名者。在当时省拨经费不足以维持公立中学正常办学需要，中学发展极度受限的情况下，私立中学的兴起，为发展四川基础教育作出了重要贡献。

抗战期间，四川小学数量也有所发展。1939年四川省各类小学共有25481所，在校学生204.5万人，教职员52465人。入学儿童约占学龄儿童总数的44%。1941年全省（不含西康省和重庆市）改设和新设中心学校3679所，国民学校26131所，另有私立完全小学300所，私立初级小学1220所，共计31330所，入学儿童2196060人。①

在内迁学校的推动下，为适应战时各项建设发展事业对于各种技术人才的需要，四川的职业教育也得到了较为广阔的发展空间。据1945年统计，四川省的职业学校增加到69所，491个班，学生12197人（高级6777人，初级5420人），教职员1901人。其中，省立职业学校22所，学生4915人；县立职业学校27所，学生4657人；私立职业学校20所，学生2625人。同年，西康省有职业学校7所，30班，学生701人，教职员169人；重庆市（行政院直辖市）有职业学校24所，179班，学生4358人，教职工694人。上述三省市合计，1945年职业学校的学校数、学生数分别为1937年的3.1倍和4.2倍。设于四川、重庆、西康境内的国立职业学校较多，占总数的60%左右。②

抗战时期是四川教育全面发展的时期。除大、中、小、职业教育外，四川的幼儿教育、保育院也得到了明显的进步。抗战前，四川的幼儿教育处于起步阶段。至1945年，全省幼稚园发展到367所，在园幼儿2.1万人，是自辛亥革命以来幼儿教育发展达到的最高年份。

---

① 参见《四川省志·教育志》（上册），方志出版社2000年版，第95~98页。
② 参见《四川省志·教育志》（上册），方志出版社2000年版，第222页。

四、著名的教育家

（一）陶行知

陶行知（1891～1946）原名文濬，后改知行，又改行知，安徽歙县人。1914年毕业于南京金陵大学，后留学美国，获伊利诺大学文科硕士学位，回国后辞去待遇优厚的教育行政领导工作，一头扎进平民教育、社会教育的行动中，创办乡村师范学校、工学团，以扩大平民教育的声势。他提倡以"教育革命"配合孙中山"真三民主义"的"政治革命"，坚持"教学做合一"，主张"行是知之始，知是行之成"，知识首先来源于实践。是故，他经常奔波在农民、工人等人群中，吸取知识，并倾力对他们施以教育。

图21-7　陶行知塑像及毛泽东题写的"伟大的人民教育家陶行知先生"

1939年，陶行知在重庆北碚开办育才学校，并设管家巷分校。学生主要是从各战时儿童保育院中挑选的有兴趣爱好和艺术才能的难童，共有200多名，年龄最小为八九岁，最大十五六岁，经费由陶行知向各界募集，生活十分清苦，但民主教学办得有声有色，很多民主人士和作家纷纷来学校参观、讲演和授课。学校所分文学、戏剧、自然、社会、音乐、绘画六个组，都由名人担任组长，贯彻育才学校"以发扬学校民主、学生民主自治为己任"。① 在学习和生活、劳动诸方面，均由学生自己管理。1940年，周恩来到育才学校作报告，讲关于抗日战争形势、国共两党合作、坚持打击投降分裂活动、扩大抗日民族统一战线诸问题，400多师生聆听了报告，受到很大教育。1941年，苏德战争爆发，重庆国民党散布失败主义情绪，陶行知组织国际形势大辩论，并邀请社会名流莅会指导，育才学生以苏联的抗战是正义战争为辩论核心论点，得出苏联必胜，德国法西斯必败的结论，受到到会的冯玉祥夫妇的高度赞扬。这就是陶行知先生反对读死书、提倡"生活教育"思

---

① 《四川文史资料集粹》第四卷，四川人民出版社1996年版，第634页。

想的体现。

1946年1月，陶行知又在重庆开办社会大学，这是陶行知教育思想又一闪光亮点。该校分政治经济、文学、教育、新闻四系，其教育方针为人格教育、知识教育、组织教育、技术教育，以提高广大的在职不在职青年员工的文化程度，更好地为社会培养人才。教学方法以"民主讲座"形式，邀请重庆名人于每晚上课。社会大学实际是一所夜大学，实行"自学为主，教授为辅"，强调学生集体座谈、讨论的主动精神，贯彻"实践"出真知的教育思想，紧紧联系当前国际国内政治、经济形势，史学、文学、哲学研究动态，以提高学生的全面素质。

陶行知在重庆创办的育才学校、社会大学，与一般公立学校有完全不同的教学理念、教学方法和民主管理制度，为中国教育界带进了西方另一种先进的教育模型，把课堂教育与生活教育紧密地结合起来。特别是陶先生投入抗日实践活动，坚持争取民主、反对独裁的斗争，并紧紧与共产党、民主势力站在同一战线，鼓励他的学生明辨是非，始终成为当时一支进步的社会力量，陶行知所作所为更值得尊敬和钦佩。

（二）晏阳初

晏阳初（1890～1990），四川巴中县人。10岁时已读完了"四书五经"，并考入由内地会传教士威廉·艾提斯创办的阆中教会小学堂，17岁时在成都一所高中毕业后，随英国人詹姆斯·司徒华到香港读大学，1917年又转学美国耶鲁大学，从前美国总统、现耶大教授塔夫脱学习宪法学，并与其子查理斯结为好友，接触到美国民主制

图21-8　1943年5月，晏阳初（右）与爱因斯坦（左）等膺选为"现代世界最具革命性贡献的十大伟人"时，与主持人沙普列博士（中）合影

度的方方面面。1918年从耶鲁大学毕业后，已是基督教徒的晏阳初接受基督教青年会的邀请，赴法国参与协约国对华工的管理工作。这些为第一次世界大战作出贡献的华工，为英法联军做后勤运输、服务等工作，生活相当艰苦，被称为Coolie，恰与中文"苦力"同音同义，晏阳初十分同情这些华工，开办第一

第二十一章 教育与文化事业

个海外中国农民劳工识字班,选出600个常用汉字,经过4个月的培训,有35名华工成绩合格,领到了结业证。嗣后,要求识字的华工人数迅速增加,引起法国政府官员的注意和褒扬。中国的"苦力"形象,深深触动了晏先生灵魂深处之痛,更加坚定了"平民教育"理念,并为其奋斗终生。

1921年晏先生回国,参与编写了《民众千字文读本》,并选定长沙作为他开展平民教育的第一个实验基地,第一期就有967人结业,湖南省长亲自颁发"中华民国识字公民证书"。① 1922年又在烟台创办了第二个平民教育基地,有1466名男性和633名妇女获得结业证书。1926年,晏阳初又设立普及农业科学院,选定河北定县为重点,从事农业科学普及,创办36所实验学校,向472个贫困落后村提供农业技术辅导,使定县农村落后面貌发生了显著的变化,而在定县创办的乡村建设育才院也为乡村教育培养了一批师资。此后,"定县模式"向国内外推广,湖南衡山实验县也取得了惊人的成绩。

1935年初,蒋介石电请晏阳初赴川推行平民教育和乡村改造工作。同时,四川省政府主席刘湘亦电请晏来川协助四川建设工作。晏与平民教育总会商定这是推行"省单位实验"的大好良机,晏阳初提出省政府应设立"设计委员会","由政府负责人与平教总会代表共同组成,主持全省建设工作的一切设计,并监督其进行",② 省属各单位、学校均要密切配合。刘湘同意了这个意见,并于1936年10月2日,正式成立四川省政府设计委员会,刘湘任委员会委员长,晏阳初任副委员长,实际主持一切。并于1937年开始以新都县为实验区,推行定县实践经验,在赋税、治安、教育、卫生、改良农业品种方面都取得一些成绩,特别在全县各保设立农民讲习班,在使农民识字、掌握农业科技诸方面都有一定成效,这是晏阳初生计教育在四川取得的成果。同时,这一平民教育计划也在江西、陕西、甘肃等省铺开。

由于抗战已经开始,平民教育总会已由湖南迁到成都,衡山实验县一批干部也随之迁川,不少人还担任四川实验县县长或干事,晏阳初则奔走于成渝两地。1940年初,晏阳初拟在重庆创办乡村建设学院,作为全国培养乡村建设人

---

① [美]约翰·赫尔塞:《晏阳初——向愚昧贫穷开火的斗士》,《四川文史资料集粹》第5卷,第679页。
② 詹一之、李国英:《一项为和平与发展奠基工程——平民教育之父晏阳初评介》,四川教育出版社1994年版。

图 21-9　乡建学院部分学生从事社会调查行经北温泉的留影

才的最高学府,经全国乡村建设学会理事会通过,然后邀请社会名流张群、翁文灏、张治中、黄炎培、张伯苓、卢作孚、梁漱溟(理事长)、甘乃光、晏阳初等担任董事,公推张群为董事长,晏阳初为董事会书记兼院长,卢作孚担任总管会计。

学院设在巴县歇马场,由于经费困难,教育部只批准先建教育、农业、农业经济3个专修科。1940年10月23日私立中国乡村建设育才院正式开学,其四条办学指导思想与六大培养目标,完全概括了晏阳初抗日救国实施平民教育的理念;其自习、自给、自强、自治"四自教育"的教育管理办法,更使一般大学相形见绌。晏先生自撰的《乡建生力军歌》亦能体现其平民教育思想,歌词云:

　　向前进!向前进!大家向前进!我们是乡建的生力军。不怕道路的崎岖,不怕工作的艰辛。开发民力,建设乡村,除尽文盲,作新民。培养创造大气魄,发扬宗教真精神。

　　向前进!向前进!大家向前进!我们是乡建的生力军。威胁加身我不

第二十一章 教育与文化事业

屈，富贵于我如浮云。斗争到底，杀身成仁，再接再厉，有志竟成。建设民主新中国，促进世界大同。①

1942年初，乡建学院又新设水利工程及社会行政两专修科。1945年秋，乡村建设学院四专修科改为四系，即乡村教育、农学、农田水利、社会学。教师和学生还要到实验区实习，择定乡村建设课题进行研究，把教学和实验紧密地结合起来，这是乡建学院最有代表性的教学方法，最能体现晏阳初创办乡建学院的教育思想。

晏阳初是一位热爱祖国的平民教育家，他的平民教育思想在亚洲、非洲都有传播，并都取得显著的实践效果，1943年，他与爱因斯坦、杜威等十人被选为"现代世界最具革命性贡献的伟人"。他是美籍华人中最优秀和最有影响力的代表。1987年10月，美国总统里根在办公室亲自为晏阳初颁发"终止饥饿终身成就奖"。1985年、1987年晏阳初两次应邀回国参观访问，受到国家领导人邓颖超、万里、周谷成、许德珩的接见和肯定。

第二节 新闻报刊业

一、新闻报刊

（一）报刊、通讯社

报刊作为近代城市化进程中的公共文化事业，早在清末即已出现。当时四川有报刊十余种，内容以转抄《京报》为主，新闻的内容受官府控制，很难逾越，新闻时效性极差，京沪新闻传到四川，往往要迟到十天半月，变成了"旧闻"。

辛亥革命后，在重庆和成都新政权的支持下，各级政府机关、各党派、各群众团体和个人竞相办报，作为替自己宣传的舆论阵地。民国初年四川掀起了一股政党办报热。四川报业出现前所未有的繁荣，呈现出报刊数量大、种类多、范围广等特点。

---

① 詹一之、李国英：《一项为和平与发展奠基工程——平民教育之父晏阳初评介》，四川教育出版社1994年版，第252页。

据统计，从辛亥革命兴起到五四运动前夕，四川先后办报达150多家。这些报纸中，以林林总总的政治类报纸数量最大、种类最多。它包括新政权的各级机关办的报纸10多家、各党派办的报纸30多家、军阀办的8家、群众团体和个人办的10多家。品种繁多的政治类报刊成为各种政治思想表演的舞台。①

其中，《四川军政官报》是政府机关办的各种报纸中最重要的一家。办报业务发展得最好的是统一党办的《公论日报》。该报由孙少荆主办，聘吴虞、刘申叔、谢无量、张梦余等人担任主笔。1912年，该报开创了四川省向省外派特派员和从交通部领电报执照的先例。与此同时，该报还与英国路透社建立了联系，由路透社向该报发送国际新闻专电，成为四川最早购买外国通讯社电稿的一家报纸。群众团体和个人办的报纸中，《四川公报》是深受人们喜爱的一种。由于该报增加了一种文艺杂志——《娱闲录》，专门刊登小说和娱乐文章，文字以警世、爱国、讽世的内容为主，形式新颖、内容丰富，受到人们的热烈欢迎。李劼人主办的《川报》，及时传播新的信息，广泛宣传新文化、新思想，与陈独秀等人在北京掀起的新文化运动遥相呼应，在众多报纸当中独树一帜，深受人民群众特别是知识分子的喜爱，是五四前夕四川很有影响力的报纸之一。此外，还有商务与国事的经济类报纸，以及推进思想解放的文教思想类报纸。

民国初年报业的发展，在政治上起到了舆论监督的作用，新闻记者可以到政府机关采访，参政会召开要在报纸上刊登会议的各种事项；在经济上及时提供市场信息，为本省的经济发展出谋划策；在文化上为优秀人才的成长提供了平台。随着报界势力的增强，1912年初，在成都还出现了四川第一个报人组织——"成都报界公会"。民国初年的报业发展范围，除在成都和重庆外，泸州、宜宾亦分别办了4家报纸。这表明随着舆论开放观念的流行与深入，作为舆论传播工具的报纸，其发行范围已经逐渐扩大，所产生的影响作用也越来越广泛。

防区时期，四川大小军阀都办报，有的军阀往往办好几家报纸、刊物。此外，还设立通讯社。特别是"九·一八事变"以后，军阀办理的新闻机构占据统治地位，如刘湘的二十一军有《大中华报》、《济川日报》、《万州日报》等。刘湘二十一军还拥有《革命周报》、《革命画报》等7种刊物。通讯社有：重庆

---

① 参见彭红碧：《民国初年四川报业的发展》，《成都纺织专科学校学报》第21卷第4期，2004年10月。

第二十一章 教育与文化事业

新生命通讯社、重庆革新通讯社、重庆新川康通讯社等6家。刘文辉在成都办有《四川日报》、《新四川日刊》、《新川报》，在重庆办有《川康日报》，刊物有《军人周刊》等5种。通讯社有成都新闻社、华西电讯社、协进通讯社、事实通讯社。邓锡侯、田颂尧等军阀也都拥有自己的新闻机构。

抗战爆发后，重庆成为战时陪都，"沦陷区各大报纷纷迁来重庆出版，全国许多新闻记者和文化界人士都来到重庆，1941年太平洋战争爆发，港、澳更有大批文化人来到内地，重庆成为全国政治、经济、文化和舆论的中心"。① 据统计，当时重庆的报社、通讯社就达200家以上，约占全国的一半。② 抗战时期很多中央级报刊和外省报刊都迁至重庆续办，不少文化人入川后又新办了一些报刊，加上四川原有的报刊，就使在四川出版的各类报纸达到近200种，刊物约1600种。这是四川报刊史上空前的纪录，也是全国报刊史上所罕见的。其中具有全国影响的大型报刊，集中在重庆和成都两大城市，中小型报刊则分布在全省各地区。

战时重庆的报纸总数约70家，大致有三种情况：一是抗战前就在重庆出版的，如《商务日报》、《新蜀报》等。二是抗战开始后由沦陷区陆续迁来的，如南京《新民报》、上海《时事新报》、《南京晚报》、《中央日报》等。三是抗战时期在重庆新创办的有45家，日报有《星渝日报》、《西南日报》、《重庆各报联合版》、《中央日报扫荡报联合版》、《工商新闻》（重庆版）等等。这些报纸，除日报外，其余均为4开版小型报，出版时间一般都不长。

战时重庆的刊物达到900种以上，数量之多，品种之多，在全国居首位。主要刊物有国民党创办的《中央周刊》、《民意》、《妇女运动》等。共产党亦办有《群众》周刊等，实际是中共中央南方局的机关刊物。

抗战时期，重庆的主要通讯社有国民党的中央社，还有新声通讯社等。一些世界著名的外国通讯社、报刊社也纷纷向重庆派驻新闻机构和记者，如英国的路透社，美国的美联社、合众社，法国的哈瓦斯社，德国的海通社，苏联的塔斯社以及英国的《泰晤士报》，美国的《纽约时报》、《时代周刊》，法国的

---

① 姚江屏：《抗战时期重庆新闻界的统一战线》，《抗日战争时期的中国新闻界》，重庆出版社1987年版，第304页。
② 周勇主编：《重庆通史》第三卷《近代史》（下），重庆出版社2003年版，第1319页。

《巴黎日报》，苏联的《消息报》等。在报道中国抗战进程、宣传战时首重庆方面都发挥了独特的作用。①

战时成都出版的报纸总数约50家，可分为三种情况：一是原在成都出版的，如《成都快报》、《新新新闻》等；二是外地迁成都出版的，如《新中国日报》、《中央日报》（成都版）等；三是在成都新创办的日报，如《兴中日报》、《建国日报》、《成都中央日报》和《成都英文日报》等。晚报有《时事新刊》、《成都晚报》等；此外还有三日刊4家，周报8家。

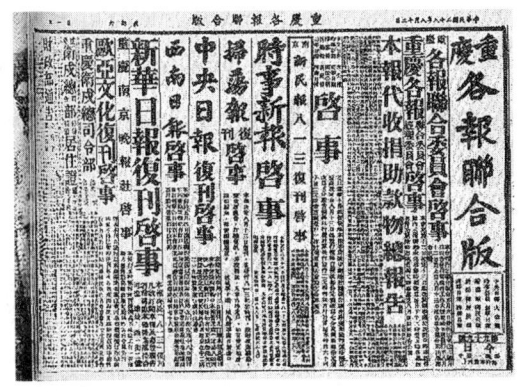

图21-10 1939年重庆出版发行的《重庆各报联合版》，是战时中国新闻界团结奋斗、共同对敌的象征

战时成都的刊物总数在400种以上，其中大部分是国民党系统的刊物，有国民党驻蓉单位办的，如《黄埔周刊》、《黄埔季刊》、《广播周刊》等；有省政府各厅司、部门办的，如《新四川》月刊、《县政》月刊、《政教旬刊》等。共产党支持的刊物则有《大声周刊》、《星芒周报》、《救亡周报》等。《大声周刊》始创于1937年1月，由车耀先主办，"撰稿人有韩天石、胡绩伟、张宣、冯诗云"等②。其他宣传抗日的期刊还有《救亡》、《抗战星期刊》、《抗战先锋》、《图存》等。

此外，在许多中等城市和小县城里也创办有不少报刊，最少的两三种，较多的如万县等有10来种。③

图21-11 抗战时期四川的主要刊物

---

① 周勇主编：《重庆通史》第三卷《近代史》（下），重庆出版社2003年版，第1320页。
② 《成都文史资料选辑》第12辑，第158页。
③ 参见向纯武：《抗日时期的四川报刊》、《抗战时期西南的文化事业》，成都出版社1990年版。

第二十一章 教育与文化事业

以上所述表明，抗战时期是四川省报刊业发展的全盛时期，在不少市县甚至较偏远的市县，所办报刊的数量，至少也有一二份。各报刊从业人员克服经费和条件的限制，想方设法办好报刊，为宣传抗日、促进四川经济和文化的发展起了巨大的作用。

（二）广播

四川的无线电广播发展缓慢。1932年刘湘在重庆开始筹建广播电台，1934年建成播音。当时仅播新闻、川戏、歌曲等节目。抗日战争爆发后，国民政府的中央广播事业指导委员会和中央广播事业管理处迁到重庆，独家垄断了广播事业。1938年3月，中央广播电台迁到重庆，原重庆广播电台遂被撤销。中央广播电台办有新闻、一周大事、评论、教育、音乐以及儿童、家庭等栏目。1939年2月，国民政府在重庆建成短波广播电台，开始播音。1940年初改名为国际广播电台，其节目以新闻和时事述评为主。播音分国语和外语两大类。①1946年中央广播电台迁返南京，又恢复重庆广播电台，同年9月开播。

1934年国民政府为控制四川局势，令交通部在成都筹建广播电台和国际电台成都支台。1936年9月，成都广播电台建成播音。1940年，在日军向西南进逼的形势下，国民政府又在西昌筹建西康广播电台，1943年5月建成开播，其广播范围包括四川、西康、西藏和亚洲西部地区。抗日战争进入决定性胜利阶段，国民政府为适应盟军的需要，按联合国在华设立临时军用无线电台办法，于1944年10月在重庆白市驿设置50瓦广播电台一座；1945年又分别在成都、泸县设置广播电台各一座，专为美军服务，对盟军在亚洲战场的胜利有过贡献。

20世纪40年代，重庆先后出现私营广播电台，为各自经营的商业服务。1943年，复亚、华记行、行功3个私营广播电台相继开展短时广播业务。1947~1949年，谷声、陪都、万国3个私营广播电台一度兴盛。②

二、图书出版

清末，成、渝、泸都有集印刷、出版于一身的"书坊"③，并有成、渝商务

---

① 参见周勇主编：《重庆·一个内陆城市的崛起》，重庆出版社1989年版，第470页。
② 参见《四川省志·广播电视志》，四川科学技术出版社1996年版，第1~2页。
③ 参见本丛书第六册清代文化"新闻出版"子目。

印书馆等新式印书局从事出版和印刷业务，天主、基督教会印制出版宗教印刷品，供教徒使用，穆斯林经文学校也出版经文书籍，供回民子弟读书之用。

民国以来，成都盐市口附近古卧龙桥街一带有一些私人旧书店（局），用"四书"、"五经"等旧书木雕版印书；成渝两地商务印书馆分馆也出版一些平装书籍，作为正式出版物，有价销售；重庆、泸州等地旧书坊仍身兼出版、印刷；宗教出版物仍照常印制，销售或赠予。

全面抗战爆发后，国民政府军事委员会发布命令，确定重庆、桂林、西安、金华、兰州五处设立文化驿站，"主要任务是输送、运递、宣传书报。"五处驿站中，四处设在西部地区，尤其是重庆，在战时成为全国的出版中心。抗战期间，随着国民政府迁都重庆，沿海各省市的一些出版社和书店也陆续迁川；同时，一些有爱国

图 21-12　位于成都祠堂街的成都战时出版社

心的文化人和出版商，为了宣传抗日，促进文化事业的发展，也先后在重庆、成都、自贡、万县等地新建了一批出版社和书店，致使四川以重庆为中心的图书出版业出现了空前繁荣的局面。

在重庆较大的出版社以商务印书馆、中华书局、正中书局、大东书局、开明书店、世界书局、文通书局闻名全国。除上述较大的出版社外，其他还有以国民党和共产党为背景的，以及学者创办的较小的出版社和书局约 30 余家。据统计，抗战期间，经国民政府图书审查处注册行文审批的出版、发行机构共404 家，加上未登记注册而出版的单位，共 644 家，出书 8000 余种。[①] 抗战期间在重庆被查禁的图书竟达 2000 余种，期刊 200 余种（文章则难计其数），占出版的书、刊 20% 左右。许多宣传马克思主义和进步思想的书刊都被查禁。

---

① 唐慎翔：《抗战期间重庆的出版发行机构及图书业》，《抗战时期西南的文化事业》，成都出版社1990 年版，第 436 页。

第二十一章 教育与文化事业

1937年12月，热心藏学的张怡荪教授在成都建立"西陲文化院"，专门从事《汉藏大辞典》的编辑工作。此前，张教授于1928年就在清华大学开始此书的编辑工作，已编成了《藏汉集词论》、《藏汉语对勘》二部，由于日本发动侵华战争，张先生来到香港，缺藏文字模，他就手写数月，于1937年由大东书局香港印刷厂石印成书。"西陲文化院"购置了全套汉文铅字，浇铸了一整套藏文铅字，"委托明光印刷厂代培汉、藏文排字工"，① 在"西陲文化院"内附设了印刷厂。1938年7～8月，印出《藏文书牍轨范》、《汉藏语汇》两书，1939年又印出《藏汉译名大词汇》、《西康省分县地图集》。1945年，张教授编成《藏汉大辞典资料本》十大册，由于各种原因未能出版，这个巨大的编辑出版印刷系统工程到解放后始得实现。而"西陲文化院"印刷厂为四川印刷藏文书籍作出了卓越的贡献。

第三节 公共文化事业

一、图书馆

清末，全国图书馆已有十几家。宣统三年（1911），四川提学使刘嘉琛请建图书馆，此议未复，因清室倾废而作罢。1912年10月，四川援引京师图书馆创建先例，始建四川省图书馆，馆址在成都少城公园内，首任馆长为林山腴。其基本藏书即取自四川都督府接收提学使衙门学务局所存图书。图书馆遂成为收藏各类典籍文献的主要场所。从此，图书馆事业才在四川逐步兴起。

1927年，四川省图书馆因经费困难，难以维持馆务，便划归成都市政公所管理，仍称省图书馆。1928年成都市政公所改组成立成都市政府，遂将四川省图书馆更名为成都市图书馆。省图书馆另行组建。1940年1月，四川省立图书馆筹备成立，到4月10日正式成立四川省立图书馆，馆址在城守东大街，从单纯收藏典籍到与流通并重，开办阅览和借阅业务。到1949年12月，该馆共藏有书刊89624册，另有其他文献若干。

重庆最早的图书馆是1912年建立的巴县图书馆，馆址在文昌宫，后迁到临

---

① 黄显铭：《西陲文化书院》，《成都文史资料》第26辑，第168页。

江门横街。馆藏图书二万余册,由教育会长周家祯等筹集,并负担图书馆常年开支。该馆"分参考部、通俗阅览部,阅书者日恒至百余人"。① 1921年重庆建立有青年会图书馆,1929年又建立万国藏书楼。

成都图书馆1928年由省图书馆更名而来,到1933年并入成都市通俗教育馆,1943年又恢复独立建制,1946年更名为成都市立中心图书馆。

乐山图书馆成立于1928年,馆址原在公园内,1936年迁至嘉定府中学堂英语教师楼,其"经费由地方财政支出"。②

抗战时期重庆图书馆事业有了较快的发展。1938年2月国立中央图书馆迁渝,设有6个阅览室,并开辟有儿童阅览室。每逢周日,成人读者有400多人,儿童读者亦在90~200人之间。1938年8月,原重庆市通俗图书馆奉令改为重庆市立图书馆,比原来有较大扩展。到1939年藏书近4万册,有10名工作人员。

随着重庆图书馆事业的发展,成立了中华图书馆协会,1945年又成立了以研究图书馆学术、发展图书馆事业为宗旨的初级图书馆学术机关——中国图书馆学社。1946年筹建的国立罗斯福图书馆也选址重庆,1947年5月10日正式开馆。此馆为联合国资料收藏馆。③

图21-13 1947年5月,重庆国立罗斯福图书馆正式开馆。图为图书馆大门

县区图书馆最早的是1912年设立的石柱县立图书馆。20世纪20年代以后,各县陆续设立图书馆。1934年已有40所图书馆,到1943年全川建县(区)图书馆74所,为民国时期县区图书馆最多的时期。1944年因实施省教育

---

① 民国《巴县志》卷7,第33页。
② 《乐山市市中区志》,巴蜀书社2003年版,第822页。
③ 《四川省志·文化艺术志》,四川人民出版社2000年版,第538、566页。

第二十一章 教育与文化事业

厅《本省社教机关改进办法》，有36所县图书馆并入民众教育馆，使县区图书馆数量锐减。到1949年全省有省级（含西康省）和成渝两地市级图书馆9所，县、区立图书馆除并入民众教育馆的以外，因经费困难，无法维持，大部分名存实亡。

民国时期，四川各地还有大小不等的私立图书馆数十所，成为图书馆的一种重要类型。其中较有影响的如：成都市中区图书馆、成都四川女子图书馆、成都草堂图书馆、成都四川中山图书馆、重庆瞻秋图书馆、万县道生图书馆、北泉图书馆、北碚图书馆等等。[①] 岳池县的"朴园书藏""除供本地人阅读外，还接待远道而来的读者，颇受学人称道"[②]，国民党元老林森、于右任等还为之题字题诗。

四川不断发展的图书馆事业，对开启民智、传播文化、服务科研和教学，提高读者知识水平、繁荣出版事业等，都起到了巨大作用。

二、博物馆

1914年成立的华西大学博物馆，是四川最早建立的博物馆。1932年，美国燕京哈佛学社开始重视华西大学博物馆建设，派遣才学兼长的葛维汉博士来成都担任华西大学博物馆馆长。在任职的十多年中，他广泛收集文物标本，丰富馆藏；亲自主持了四川及西南地区的考古学、民族学等方面的多项田野考察，使华西大学博物馆不仅资料数量大增，而且更为科学、系统。华大博物馆在当时即已成为中国西南最著名的博物馆之一。尤其是在他主持下，组织了对广汉三星堆遗址的首次考古发掘，使这个遗址的重要性引起了当时国内外学术界的广泛关注。正是由于这一开创性的发掘，并经过其后历次考古调查与再发掘，才使三星堆这个灿烂辉煌的古蜀文明中心遗址得以呈现在世人面前。[③] 1941年，博物馆馆长由郑德坤接任，在他的主持下，博物馆建设得以加强，继续组织了汉墓、唐墓、王建永陵、文庙旧址等的考古发掘。这时华西协合大学博物馆通过发掘、采集，各类古文物藏品约有6万件。

---

① 有关图书馆的史实、机构、数据等阐述参见《四川省志·文化艺术志》第十篇中的"图书馆"。四川人民出版社2000年版。
② 《民国社会大观》，福建人民出版社1991年版，第958页。
③ 四川大学历史文化学院：《川大史学丛书·序》，四川大学出版社2006年版。

图 21-14 中国西部科学博物馆开馆典礼

1940年由四川省政府和四川大学共同筹办的四川博物馆,1941年3月正式成立,馆长冯汉骥。1942年至1943年由吴金鼎、冯汉骥主持发掘成都前蜀王建墓,这是西南地区的首次考古发掘,也是全国考古的重要工程之一。出土的王建谥宝、玉哀册、玉大带等重要文物收藏于四川省博物馆内。

抗战前夕,原重庆北碚的峡区博物馆改名民众博物馆,后并入民众教育馆。1942年10月,在北碚成立了北温泉博物馆,馆内收藏古文物3000多件。1943年,中国西部科学院联络中央研究院动植物研究所、经济部中央地质调查所、中国科学社等13个学术机关筹办北碚科学陈列馆,后定名中国西部科学博物馆,1945年改名为北碚科学博物馆,1946年更名为中国西部博物馆。该馆事务概由著名专家学者主持,馆内设生物、农林、工矿、地理、地质、医药卫生6个陈列馆,陈列品最多时达10万余件。生物馆分动物、植物两部分,有植物标本5万余件、动物标本2000只、昆虫标本3万余只。该馆对外开放,参观人数较多,是重庆较早而颇具规模的自然博物馆。①

---

① 参见周勇:《重庆通史》第三卷,重庆出版社2002年版,第1327~1328页。

第二十一章 教育与文化事业

不少博物馆在举办展览和开展研究工作中都取得了较好的成绩。四川博物馆成立后，即参与了成渝两地出土文物展览。1943年与1945年，还与华西协合大学博物馆联合，在成都皇城明远楼举办了峨眉山伏虎寺书画展和西南地区出土文物展，观众达2万多人次。1922~1947年华西协合大学博物馆参与编辑、出版、发行学术刊物《华西边疆研究会杂志》共24期。四川博物馆除办有《四川博物馆专刊》外，还于王建墓发掘后发表研究论文30多篇。①

三、学术社团机构

20世纪30年代，四川大学、华西协合大学、重庆大学都设有理科和较少的研究机构，但数量有限。抗战爆发后，随着大批高校内迁，学术机构和团体开始大量涌现，学术科研社团作为一种新兴的研究实体，在四川兴盛起来。其中，既有社会科学研究机构和团体，也有自然科学的研究机构和团体；既有公立性质，也有私人创办的；既有中国人办的，也有中外合作开设的。

以成都为例，抗战中相继出现的著名学术机构有：清华大学张怡荪创办的西陲文化学院，何其芳、朱光潜等为理事的"文协"成都分会，叶圣陶为馆员的四川省立教育科学馆，史学家钱穆主持的华西大学研究部，吕叔湘等受聘的华西大学文化研究所等。此外，还有金陵大学的农科研究所、化学研究部、金陵女子大学的儿童福利试验所以及清华大学航空研究所等。②

在自然科学研究机构和团体中，除四川地质矿产调查委员会、四川中心工业试验所和川大、华大、重大的理工学院等外，省外的大批重要工矿、交通企业、高等院校以及国民政府经济部所属的中央水工试验所、矿冶研究所、中央工业实验所、中央地质调查所和中央研究院等单位也先后迁入四川。科研机构和工矿企业的增多，大大推进了四川自然科学的研究和工业技术的进步。

卢作孚在北碚创办的中国西部科学院是中国西南部独一无二的民办高级自然科学研究机构。卢作孚1929年就任川江管理处处长后，拟进一步将重庆北碚建成现代化的工业区、文化区和旅游区，并在南京中央研究院（1928）、国立北

---

① 参见《四川省志·文化艺术志》，四川人民出版社2000年版，第595、600页。
② 李挺：《抗战时期中国高等院校内迁研究》，西北大学硕士论文，未刊稿，第41页。转引自张根福：《抗战时期的人口迁移——兼论对西部开发的影响》，第265页。

平研究院（1929）成立的启迪下，萌发出创建科学研究机构的设想。这个设想得到刘湘、杨森等的支持，国民政府官员及学术界人士蔡元培、翁文灏、王尧臣、黄炎培等都积极赞许。1930年初，卢作孚集资15万元，并带领大批考察人员到东北、北平、青岛、南京、上海等地考察并取得经验后，于同

图21-15　1930年创办于重庆北碚的中国西部科学院是全国重点文物保护单位。图为中国西部科学院旧址"惠宇"

年10月正式成立"中国西部科学院"①。刘湘任西部科学院董事会董事长，杨森捐巨资建科研大楼，取名"惠宇"（杨森字子惠）。

西部科学院下设理化、农业、生物、地质四个研究所，并配备博物馆、图书馆；还开办"兼善"中、小学两所。1937年，卢作孚担任四川省建设厅长以后，又开办蚕桑改良场、家畜保育所、柑橘试验场、稻麦改进所等，以理论研究、应用研究相结合的方法，并重应用效能，提出"到野外去获取自然知识"的见解，多次组成多学科考察队，分赴西康、贵州、青海、甘肃、云南及省内各地调查动植物及地下矿藏分布，并采集各类标本和写出众多调查报告，其中以地质研究所常隆庆主任撰《宁属七县地质矿产》报告最有价值，常先生"成为第一个发现攀枝花奥秘的人"。②生物研究所动物部主任施白南筹建中国第一个大熊猫研究机构，由中国人亲手制作了第一个大熊猫标本。③中国西部科学院通过不断的科学考察，发现了川东綦江、南川间的煤矿和铁矿，雷马屏峨地区的铁及有色金属矿；另在动植物标本收集、制作和储藏，建立四川地震学研究机构方面，都开创了中国西部的先河。私立西部科学院的建立在民国四川历史上无疑是惊人的创举，展现了川人培养人才的长远规划，并反映出四川精英

---

① 朱珠：《卢作孚与中国西部科学院》，《四川文史资料集粹》（4），第767页。
② 《卢作孚与中国西部科学院》，《四川文史资料集粹》（4），第772页。
③ 现仍藏北碚自然博物馆。

第二十一章 教育与文化事业

科学兴川的重要性和前瞻性。

在当时林林总总的研究机构中,创办于1942年的"中英科学合作馆",是由英国学者李约瑟受英国对外文化关系委员会和英国生产部的资助,在重庆建立的。在建馆后的3年内,供应约7000多册图书及期刊的微缩胶片等;"推荐国内学者的研究论文138篇给欧美著名杂志,有86%被发表;资助或邀请中国学者赴英国研究考察,共送留学生67名,访问教授36名,并延聘英国专家来华讲学"。[①] 中英科学合作馆对促进中国和英国以及欧洲的科技交流起了积极作用。

四、城市公园

中国过去只有官家或私家园林,公园这一公共旅游娱乐活动空间完全是近代西方文明的产物。上海是近代中国公园的发源地,大量外侨在此居住,各类公园数目为全国之冠,先后建成外滩公园、华人公园、法国公园、昆山公园、虹口公园、汇山公园等。四川也是全国最早开辟城市公园的地区之一。第一座供民众享用的城市公园,是建于1911年的成都少城公园。

清宣统三年(1911),驻防成都的将军玉昆,为解决因朝廷筹备立宪,废除旗米供给制度,使旗民生活日渐窘迫之困境,与四川省劝业道道台周善培于祠堂街兴建公园。他认为成都是天府中心,"岂能无供老百姓游憩之地,以遗外人之讥"。[②] 于是,同意开放只有旗人才能进出的少城(满城),作为条件交换,唯许旗民于园内开业谋生,并收门票,任人游观。遂于祠堂街关帝庙后侧的水田、荒地,正蓝旗前厅、马厩、仓房、柴薪库以及附近旗人居住的永顺、

图21—16 民国时期成都少城公园
(今人民公园)大门

---

① 《四川省志·科学技术志》(上),四川科学技术出版社1998年版,第28~29页。
② 刘国源:《成都的第一座公园》,载《成都文史资料》第30辑,四川人民出版社1997年版,第356页。

永清、永济三条胡同拆迁的空地，用半年时间栽花种树，修建迎禧楼、观稼楼、松韵楼、湖心亭等，面积 50 余亩。由于公园位处当时的少城，市民约定俗成称之为"少城公园"。1914 年扩建公园，又自通顺桥凿渠引金水河入园，绕鹤鸣茶社、荷花亭（今湖心岛）东流入半边桥。

民国建立以后，公园成为各地市政建设的重要内容，许多城市都建有数个乃至 10 个以上公园，甚至一般县城都有公园。新政府为发展新市政，以扩大公共旅游娱乐空间，遂直接开放或改造后开放前清遗留的皇宫及部分官署、官员花园，这不仅让公众感受到政府的惠民之政，而且可以节约大笔市政公用事业经费，而这些原来的禁区或私密性区域本身就可以满足旅游者猎奇的心理。除少城公园"可供游人憩息"外，另辟"提督衙门，改建中山公园"①。重庆市则将富商杨氏之别墅改建为南山公园，有的私有园林虽仍为私产性质，但也向公众开放。

对近现代中国旅游娱乐空间影响最大的，是政府投资修建的城市公园。四川城市公园建设的高潮出现于 20 世纪二三十年代。1921 年重庆市动工修建了一座规模宏大的城市公园——中央公园。《巴县志》记述其开设缘由云：重庆以人口、地大计之，虽然"略逊成都"，但却远过于叙府、泸州，"论工商，则直冠全川，此亦西南一大都会也"。然而，"市廛栉比，街巷迫窄，地价既高，故无隙地以种花木，空气之恶，亦遂为全川之最"。为了"为渝人开轩豁敞朗之域"，由时任重庆商埠督办的杨森发起，在堆垃圾之地后伺坡动工修建公园。1926 年 10 月潘文华继为商务督办，继续前任未了工程，并将巴县衙后隙地一并划入，于 1929 年全部落成，并定名为"中央公园"。园内"杂莳花木，兼畜鸟兽，以供游人赏眺，焕然一新"。②

在 20 世纪二三十年代，修建公园的热潮遍及全川，可以归纳为四种类型：

（1）配合市政建设，由政府出面新建的城市公园，如重庆中央公园（1921）、三台县的中山公园（1927）、自贡釜溪公园（1927）、重庆北碚公园（1930）、绵阳川西北第一公园（1930）、崇宁县唐昌公园（1933）、万县西山公

---

① 周芷颖：《新成都》，复兴书局 1943 年版，第 216 页。
② 民国《巴县志》卷 18。

园（1934）等①；

（2）由政府出面，利用寺庙、名胜古迹改辟的公园，如成都辟望江楼为望江公园，新都辟杨升庵故居为桂湖公园（1927），眉山辟三苏祠为三苏公园（1928），三台县辟琴泉寺为琴泉公园（1930）、辟东山寺为东山公园（1930）、辟文庙为大成公园（1931），郫县辟三圣庙为新民路公园（1927）、辟关帝庙为沧溪公园（1933）等；

图21-17 望江公园大门（2009年）

（3）依托乡镇开辟的"乡村公园"②，如三台县的太兴公园（即旧日龙兴观）、云台公园（即旧日云台观）、灵峰公园（即旧日灵峰寺），以及简阳县的洛带公园（1928）等。

（4）定期向公众开放的私园，如重庆城南的"生百世会"为汪氏私产，内有网球场、游泳池等设备，夏季对公众开放。③

以上各种类型的公园，具有作为供市民享用的户外空间的共同特点：一是公共性。公园对外开放，平民百姓均可享用。二是园林性。公园环境优美，空间开敞轩朗，大多"系名胜地方，风景绝佳"。

公园作为舶来品，在本土化过程中与西方发生了较大差异。西方公园是提供人们呼吸新鲜空气与休闲活动的场所，而中国的公园则强调园林之外还有多种认知功能：（1）"游学"一体化功能。如成都少城公园、重庆北碚平民公园"园内附设动物院"即属此类。（2）寓教于乐，健身强体功能。如1924年杨森主理川政，邀著名实业家卢作孚任教育厅长，卢在成都少城公园建通俗教育馆（后改为民众教育馆）、陈列馆、博物馆、图书馆、音乐演奏室、游艺场、运动场；重庆中山公园设有阅报室、网球场、儿童游戏场；三台中山公园设有公共运动场、图书馆、阅报室、会议厅、音乐厅、佛学社等。（3）意识形态的渗透功能。如将政治符号通过公园向民间传输，最为典型的例子莫过于"中山公园"

---

① 《四川省志·城建环保志》，四川科技出版社1999年版，第278～296页。
② 民国《三台县志》卷1。
③ 陆思红：《新重庆》，中华书局1939年版，第106页。

的大量出现。据统计,全国在民国时期建成的中山公园总计140多座,在四川也有多处,如成都改提督衙门为中山公园,三台新建中山公园,重庆中央公园、郫县新民路公园建孙中山铜像等。

二三十年代四川各地之所以出现如此数量众多、分布面广的户外空间供市民享用,绝非偶然。分析起来,原因有三:(1)随着城市建设的展开,属于市民物质及精神需要的城市公园,作为城市的重要组成部分,也相继提上各县的议事日程。(2)自由、平等观念深入人心,倡导社会风尚的变迁,保障百姓应有的休闲、娱乐的权益,革除不良社会陋习等舆论,日益为社会所接受认同。(3)所在地驻军首长、执政长官大力倡导,士绅、民众积极响应支持。尤其是当时四川实行防区制,驻军首长为了粉饰太平,竞相在辖区内修建"政绩工程",则是其重要原因。以三台县为例,在1927至1931年间,三台县共建各种类型的公园7座。其时,正值二十九军驻防三台。由二十九军军长田颂尧倡建的中山公园,选址在县城西门外牛头山下,历时12月才建成。修建公园费用不足,田颂尧还实行"以兵代工"的方式,命令驻扎三台的军队共同协作。同时,又倡导军政职员及各机关法团出资捐修,或出工出料。他之所以这样不遗余力地在辖区内倡建公园,自然有与其他防区拼实力,为自己树碑立传的用意。方于彬撰写的《三台公园记》透露,田颂尧倡导修建中山公园的初衷,其一是为市政事业所必需。"市政事业在谋市民物质上及精神上之幸福,而辟置公园,尤为环境所切需"。其二是提倡正当娱乐。主张"人生为社会服务,终日勤劬,应有休息消遣之余暇,以恢复工作之疲劳"。其三是有利于改正旧习。"旧时恶习,宜改谋正当娱乐。以三台人口之繁庶,对于强体益智之需要如此殷切,则公园之建立,又岂可缓哉!"(4)草创公园只是熏陶民智的一个开端。"所以熏陶民智,倡导体育者,不过略具规模……各种城市设备,次第推行,市政日臻完美,将以是为嚆矢,岂直拘拘一园而已哉"。①

总之,到民国时期,公园已成为城市比较普及的旅游娱乐场所,这是近代旅游娱乐空间变化最明显的表征,由此也折射出在西方文化影响及现代市政运动文化内涵层面的拓展。②

---

① 民国《三台县志》卷1。
② 参见陈蕴茜:《论清末民国旅游娱乐空间的变化:以公园为中心的考察》,《史林》2004年第5期。

第二十二章 宗 教

1912年，中华民国临时政府颁布《临时约法》，规定公民"一律平等，无种族、阶级、宗教之区别"，人民有信仰自由。孙中山宣布废除僧官制度，取而代之的宗教管理机构随即成立，一些社团组织也随着宗教活动的需要应运而生。民国时期的宗教，一方面在管理上出现了法制化取向，体现了封建帝制结束后，中国开始了真正由中世纪向现代社会转变的特点。① 另一方面，一些宗教界人士为适应社会变迁的需要，也积极吸纳新文化、新思想、新事物，出现了"入世达变"的趋势。② 在这种背景下，民国时期各地各宗教的消长状况不一，与社会发展相结合的努力程度有别，与政治活动的紧密关系相异。四川宗教作为一种地域宗教，也在这一背景下展现出自己的特点。

第一节 道 教

一、民国四川道教一般状况

民国初年，由于孙中山对道教颇多指责，国民政府宣布废除道教世袭"天

---

① 参见王业兴：《民国时期宗教管理的法制化取向》，《广东省社会主义学院学报》2002年第2期。
② 参见李少兵：《民国宗教"入世达变"问题研究》，《史学月刊》2002年第11期。

师"封号，割断了道教与国家政权的依存关系，各地又大肆"废寺兴学"，使道教的宫观和道士迅速减少。1928年又颁《神祠存废标准》，明令规定道教可以保留太上老君、元始天尊、吕祖、关帝、土地等神，废除日、月、水、火、五岳、四渎、龙王、城隍、送子娘娘、财神、瘟神、狐仙诸俗神。因此，道教继续在全国呈衰微趋势，除个别教派如全真道外，普遍不太活跃。四川作为全真道派的主要基地，也只能固守青城山、青羊宫道脉。不过，道教在少数民族地区的传播，却是民国四川道教的一大收获与特点。

1916年四川只有道士35856人。军阀防区制时期，道教的房地产被大量提卖，充作军费及地方团防费。抗战时期，一些宫观辟为学校、机关驻地，田产提作教育经费，道教的经济自立能力大为削弱，道士星散。1943年重庆举行"世界宗教联谊会"，道教发源地的四川竟无代表参加。到1949年，四川只有道士4177人，约占1916年全川道士总数的11%，只有宫观78座。足见四川道教已严重衰落了。

民国时期，四川的道教多为全真道龙门派碧洞宗。成都市的青羊宫和青城山的主要道观均为全真龙门派丹台碧洞宗传人的住持丛林，从清代传至民国时期已有23代。四川还有较少一部分道教为正一道。四川正一道的道士大都分散居住在农村，可娶妻生子，以从事农业生产劳动为主，同时应约与符箓派一样为民间丧事做道场，降妖驱鬼，祈福禳灾等法事活动。川东"羽流居道观者，以正一龙门二派为最多"。①

四川省道教徒的最高组织是1913年5月31日成立的四川省道教分会，直接受北京白云观"中国全国道教总会"领导。1943年2月召开了道教会员代表会议，出席代表20人。这

图22-1 青城山上清宫。"上清宫"由蒋介石题写

---

① 民国《巴县志》卷5。

次会议将四川省道教分会改为四川省道教会支部,选举赵永安(青羊宫住持)为会长,申宗筠(二仙庵住持)为副会长。1946年5月5日在成都青羊宫召开了第一次会员代表大会,出席会议的有各县分会代表13人,会员85人,还有成都市各机关来宾。大会通过了《四川省道教会章程》,将四川省道教会支部改为四川省道教会。

1947年6月17日,四川省道教会第二次全体代表大会在成都二仙庵方丈堂举行,到会的各县分会代表100余人。四川省道教会第三次会员代表大会于1948年10月13日亦在二仙庵方丈堂举行,到会的42县代表共46人。大

图22—2 民国初年披挂整齐的道士

会通过《道教宣言》和表决提案。选举王伏阳为理事长。四川道教会会址设于成都市青羊宫。道教会的宗旨是:阐扬道教学术,整饬教规,排除邪异,提倡文化建国。负责道教经典书籍的搜集、储备;道教学术文化之研究、发明;教义之宣扬;道教徒情况之厘定及会员的进修训练;道教宫观法器之依法保护;道教徒之生产福利。

民国时期四川道教有不少革命和爱国的义举。1936年灌县李洁如等4名道士投身革命,参加了工农红军。1937年青城山等48家道庙组织抗日军事训练班,训练队员104人。抗战期间青城山的道众积极支持沦陷区的学校内迁,私立荫堂中学即长驻长生宫。1940年青羊宫划出庙产修建青羊宫小学。1941年常道观当家彭椿仙得到青城山各宫观当家同意,在宫观每年的收入中提取一定的经费物资补助抗日军属。彭椿仙还保护了成都文艺界抗战协会领导人、中共党员杨波和《华西晚报》进步记者杨槐的安全。他不愧为清末民国时期四川道教界的表率。

二、青城山常道观主持彭椿仙

彭椿仙（1983~1942），字至周，贵州毕节人，清末，不满清朝廷腐败，离开云南讲武学堂只身到青城山常道观（即今天师洞）出家。由于他诚实能干，不数年就被推为住持。省劝业道周孝怀为推广蚕桑，规定寺庙宫观必须到方外班学习种桑养蚕，才能保住宫观土地。彭椿仙亲自赴学，毕业后，带领青城山道友栽桑养蚕、种茶、种树，大片茶树桑树更使青城山绿荫成林，幽雅入玄。1919年，四川省长杨庶堪颁给常道观"道在养生"匾额，以兹表扬。

常道观始建于隋，历朝都有重修记载，最后一次重修于清嘉庆二十二年（1817），距今已百余年，且原址狭小，不具备大宫观气派。彭椿仙对道教宫观的贡献莫过于对常道观的扩建工程，从1919年重修建斋堂起，至1941年，重建、重修楼堂殿阁十余处，费时22年，耗银近5万元，"青城山常道观重楼叠阁，宏伟壮观，今日所见宏大格局，是由彭椿仙当家苦心经营形成的"。① 而且此笔庞大修建费用，全由道众集资和庙产收入支付，"本洞并无道众在外募化"。于右任、张大千、宋育仁、谢无量、林山腴等在参观三清大殿、灵祖殿等建筑时，都留有墨宝和诗词、绘画。山区儿童无钱上学，彭道长筹资兴办学校，今日的青城山一小、二小皆为他当年所创办。

民国31年（1942），彭道长积劳仙逝，他的衣钵由弟子易兴滢继承，为龙门派碧洞宗第二十二代传人，但不久因观内矛盾而出走。

天师洞经彭椿仙、易兴滢师徒40年的辛勤维修和装饰，成为四川道观中一颗明珠，也使青城山成为全国道教研究的中心，为"问道青城山"、"青城山道行天下"定调打下了坚实的基础。

三、道教在四川少数民族地区的传播

清代以后，道教逐渐衰微，但在四川省内仍然为部分汉族群众和部分羌、藏、彝、满、苗、土家等少数民族群众信奉。道教在四川少数民族地区传播的最显著的特点，是以各种方式与佛教融合，并与四川各民族的原始宗教信仰交

---

① 刘若西：《彭椿仙》，《四川近现代人物传》（六）第593页。

叉混杂，体现出鲜明的民族特点和地方特点。①

例如在岷江上游及杂谷脑河沿岸的羌族聚居区，在许多村寨供奉的神灵中，就包括了玉皇大帝、火神等道教神祇。在这一地区内，还有许多老君庙、文昌帝君、城隍庙，以及由进入羌族地区的汉族政治势力修建的道教宫观。如创建于道光十三年（1833）的汶川县绵池真武宫，是阿坝境内至今保存最为完整的道教宫观，民国年间仍是羌民举行祭祀和庙会的场所。松潘县黄龙寺，据说是黄龙真人修道处。民国时期，寺改为佛寺。观内既供奉十八罗汉，又供奉黄龙真人，是少数民族地区寺观中佛道融合的典型。在小金县营盘街观音阁，也称观音庙，其前身是小金县城佛庙观音阁的分寺。因游散在当地的道士住进寺内，渐渐与寺内僧人"相好共处"，进而于1937年将其发展为道观。此观占地645平方米，每逢九月的观音节日，进香者多达千人。民国时期香火最盛，主持者为水磨沟黄龙观道士张永平。在甘孜藏族地区也建有许多供奉道教神祇的神庙与神坛。据民国时期调查，在康定，神坛主要分布在汉族较为集中的炉城和瓦斯沟。信徒基本上是汉族，也有少数民族。在炉城设有金玉、万善、德备3个坛，信徒分别为3000、2000、1500余人。其中德备坛的主要建筑仿成都青羊宫八角亭建造，是炉城典型的道教建筑，至"文革"中方被拆毁。

在平武县白马乡的"白马藏人"信奉本民族自己的宗教"白莫"——一种山川崇拜的原始巫术，祭祀山川、土地和森林，念咒驱鬼。在当地，道教影响显而易见。夺簸人的"白莫"就被直呼为"道士"。在当地木座寨有高约一米的石质《师道碑》，碑上画着道教符咒，有"师道碑"和"除邪正宅"七个汉字。民国年间，川南地区的苗族因受道教影响，有的端公（民间原有的巫师）也成了阴阳道士。20世纪30年代美国学者D. C. 葛维汉在《川苗的宗教习俗》一书中，就记录了苗族端公驱鬼常用的器物之一，是"一个刻有汉文的铁印，也是汉人端公、和尚和道士常使用的"。此外，在成都的满族后裔中，民国年间也有信奉道教的。在石柱县的土家族经常朝拜的三教庵中，与佛祖释迦牟尼像供奉在一起的就有玉皇大帝、通天教祖、原始天尊、太上老君等道教神灵，是典型的儒释道三教合一的寺庙。

---

① 本节参考杨健吾：《道教在四川少数民族地区的传播》，《宗教学研究》1999年第4期。

第二节 佛 教

一、四川省佛教总会的成立

辛亥革命推翻清王朝的统治后，使佛教（主要是汉地佛教）失去了近两千年来历代王朝的政治支持，陷入了空前的危机之中。佛教被政府冷遇和限制，佛寺和财产被军政强人侵占。四川佛教乃至全中国佛教不得不对自身实施改造，以便在新的社会环境中生存和发展。

1912年中国佛教总会成立，四川佛教各大丛林根据总会的指示，立即组建了"中华佛教总会四川支部"（后改为支会、分会），各县也相继建立了佛教支部，这是四川历史上佛教界的第一次大联合，佛教居士也踊跃参加进来。1914年，居士齐洙源、龚辑熙等率先组建了成都佛学社。接着，省内先后组建了重庆佛学社、四川居士林、维摩精舍等一批居士团体。1915年袁世凯政府强令解散各地佛教会。四川佛教界拒绝执行命令，并聚众抗议。在四川军阀争战时期，大小军阀放肆掠夺寺庙财产，各地佛教组织与之进行了不懈抗争。1927年国民政府颁布《寺庙管理条例》，引起全国佛教徒的强烈反对。四川佛教界由圣钦、禅安、尹昌衡等数十名僧人、居士、学者发起抗议，有128个佛教会和众多寺庙以及数十个佛教社团通电支持。

为了发展佛教，四川佛教界注重办佛学教育。1924年成都文殊院办起了佛学院，嗣后在四川汉族地区还办有空林佛学院、地藏庵尼校、峨眉山佛学院、重庆天台教理学院等数十处佛学院校。四川各地还创办了一批佛教刊物，以《四川佛教月刊》、《大雄月刊》等较著名。民国时期，四川省的峨眉山仍是中国佛教的圣地，是全国佛教4大名山之一。到1947年峨眉山有大小庙宇73座，僧尼600余人。其他如成都的文殊院、昭觉寺和新都宝光寺，都是四川的著名寺庙，香火不断。

抗日战争时期，国画大师张大千避寇返蜀，在昭觉寺绿荫深处的御书楼上居住达五年之久。其间课徒作画，绘出不少丹青珍品。民国34年（1945），他在一块长110厘米、宽60厘米、厚8厘米的汉白玉石料的两面，用刚劲流畅的铁线游丝描笔法绘成释迦如来像和南无阿弥陀佛像各一幅。刻石后，置于说法

图 22-3 文殊院大殿

堂后面的玉佛殿内。佛像以敦煌莫高窟及五代人所绘壁画为蓝本，端庄慈祥，栩栩如生。现尚立于普同塔院内，为古刹之宝。当年张大千居士作画、用餐的直径 2 米的土漆楠木大圆桌，今仍保存于寺内。

二、重庆成为大后方佛教的中心

抗日战争期间，太虚法师、章嘉活佛等佛教界领导人在重庆设立中国佛教会临时办事处，后又设立佛教整理委员会，负责抗战大后方的佛教事务。四川佛教事业因此发展较快，实际上成为大后方佛教的中心。四川佛教界积极参加了许多抗日爱国活动。成都、重庆等地寺庙和佛教社团纷纷组织僧伽参加抗日救亡运动。四川佛教会开办了僧伽救护训练班，重庆慈云寺等大丛林组织了僧伽救护队，奔赴战区开展救护工作。四川佛教界还广泛开展了抗日救亡的法事活动。

1938 年底，重庆缙云山慈云寺住持、汉藏佛学教理院院长太虚法师率中国佛教国际访问团，从重庆经昆明，赴缅甸、印度、锡兰、菲律宾、泰国、越南等国家进行访问，历时约半年。访问团受到各国寺庙僧众和当地华人以及中国驻该国使节的热烈欢迎。访问团朝拜、参观了各国著名的佛寺、佛塔，出席了僧伽和华人分别举行的欢迎会。访问团一行也进行了许多佛事活动，宣讲佛法，并呼吁抵制日军侵略，保卫世界和平。1939 年 6 月初，访问团返回重庆。6 月 12 日，日机轰炸重庆，炸毁古长安寺和罗汉寺。太虚法师痛恨日寇的侵略暴行，于 13 日以中国佛教国际访问团名义，特电缅、印、泰、越各国佛教徒，呼吁共同制裁日军侵略。

抗战期间佛教学院与著名大学和学者之间也常进行文化学术交流。1937 年 12 月，佛教教育家欧阳渐（字竟无）将支那内学院和金陵刻经处迁到四川江津县，继续讲学和刻经。著名学者如蒙文通、刘恒如、王恩阳、唐德风等都曾是支那内学院的弟子。国内高僧、居士、佛教团体云集，四川许多著名学者常到各佛学院讲学，内迁的金陵大学、武汉大学、光华大学等也邀请佛教界人士任教。抗日战争胜利后，许多佛教团体和高僧、居士纷纷离川回原籍，加之全面内战爆发，社会动荡，四川佛教也随即冷清下来了。

图 22-4　佛教教育家欧阳渐居士

1949 年国民政府从重庆撤退前夕，四川各地兵匪横行，许多寺庙被散兵和土匪占据，致使僧尼大量逃散，寺庙的大量财产、文物被抢掠破坏，使四川佛教界遭受前所未有的损失。

三、太虚法师与汉藏教理院

太虚法师（1890～1947）俗姓吕，名沛林，浙江崇德人。幼年失怙，家贫甚，受祖母信佛影响，16 岁剃度出家，镇海奘年大和尚赐法号——太虚。民初曾与不少政治名人有交往。曾提出教理革命、教制革命和教产革命，倡导佛法复兴运动，并认为佛教三大革命与三民主义相印证，虽"证据"、"名声"大，而和者寡。1918 年在上海组成佛教社团——"觉社"，此后，多数年月是

图 22-5　太虚大师

第二十二章 宗　教

讲经、云游、创办佛学院，① 二三十年代之交云游四川各寺庙。

由于清末民初佛教僧侣研经者少，禅讲不兴，却热衷于超度佛事诸务，太虚对此忧心忡忡。1932年，太虚法师在重庆向刘湘建议创办汉藏教理院，招收汉藏族学员，旨在"培养佛学人材，沟通汉藏文化，联络汉藏感情，巩固西陲边防，保全中国领土"。② 刘湘同意他的意见，并由刘文辉、潘文华、甘绩镛、卢作孚等21人为院董，太虚为院长。同年秋天开学，院址选在缙云山下。1938年，增设编译处，历年编译书刊40余种，即《西藏民族政教史》、《现代西藏》、《汉藏合璧读书》、《藏文文法》、《藏文读本》等，其中《西藏民族政教史》至今仍是研究西藏历史和藏传佛教教义的经典著作。

其时，英国有觊觎西藏野心，国内有识之士均建议固藏，太虚筹建汉藏教理院，并请西藏高僧前来讲课，康定罗桑呼图克图也被请来教授藏文和佛学。毕业生有派往西藏哲蚌寺、色拉寺、噶丹寺深造的，师资、生员相互交流，有益于藏汉民族团结，"使外人无隙可乘"，可见太虚法师卓越的政治见识和深厚的爱国情怀。冯玉祥在参观缙云山汉藏教理院时留下一首诗作：

　　西藏关系重，藏文宜先通。革命四十载，边疆成化外。
　　外人得侵凌，国权遭损害。政府应力助，训练好人才。
　　已派往藏者，生活须善待。边疆事大振，外人莫可奈。③

汉藏教理院分四年制普通科和二年制专修科两种。普通科以藏文文法为主，专修科以藏文佛学为主。两科兼授汉文佛学、文学、史地、哲学等课程，1939年后增设气象学，以便于藏族学员回藏后掌握气象学基本知识，并能拥有在藏区建立气象站的技能。

重庆亦因汉藏教理院的设置，"喇嘛来渝者，前后络绎不绝"，佛学界"以言声势之隆，要以密宗为最"。④ 此为重庆盛行密宗之状，而昔日僧尼持禅宗、

---

① 1922年创武昌佛学院、1925年创闽南佛学院（在厦门）；1930年创柏林佛学院（在北京），1945年在西安创巴利三藏院。见《太虚思想研究》，中国社会科学出版社1997年版，第7页。
② 《四川文史资料集粹》（五），四川人民出版社1996年版，第456页。
③ 《四川文史资料集粹》（五），四川人民出版社1996年版，第457页。
④ 民国《巴县志》卷5。

净土宗双修的法统，又受到显密宗的挑战。

太虚法师办汉藏教理院，采取开放式教育，请不同观点的社会名流给学生讲课，其中有国民党元老戴传贤、于右任、居正等，还有在重庆的社会名流马寅初、梁漱溟、王礼锡、老舍、郭沫若、林语堂等，使学生思想开朗，融入抗日战争的大环境中，不拘泥于单纯的佛经教育。太虚又派学生参加"七七"抗战纪念大会，张贴抗日标语，发表抗日演说。同时，还允许学生参加三青团主办的夏令营，并加入三青团。而三青团也从此在汉藏教理院建立基层区队组织。太虚法师的初意是"使学僧见闻增广，处理问题应变自如"，但三青团的介入使僧院带上浓厚的政治色彩。1945年抗日战争胜利后，汉藏教理院原有教师大多数离院东下，1947年太虚法师圆寂于上海玉佛寺，学院由院长法尊法师和教务主任正果法师维持百多名学员的教学和生活。一直到1950年，大部分学僧回到原来寺院，另有一部分参加了西南革大，重庆汉藏教理院完成了自己的历史使命。

四、康区藏传佛教

清末和民国前期，西藏地方政府受英国侵略势力的拉拢和挑拨，同我国中央政府的矛盾日深，分裂倾向明显，长期影响四川康区寺庙，并使各教派和寺庙之间形成复杂局面。抗日战争时期，康南理塘寺的香根二世活佛（1909～1949年）很有政治眼光，他掌权后实行的"亲汉近藏"，协调汉藏关系方针，得到了西康军政首脑刘文辉的赞赏。1938年刘文辉任命香根二世活佛为乡城、稻城、雅江、理塘佛教会会长。1942年又任命他为西康省佛教整理委员会副主任及雅江、理塘、乡城、稻城、巴塘、义敦、得荣、白玉、瞻化（今新龙）九县的佛教宣化师。1944年刘文辉又在理塘寺建汉僧院，招收汉族僧人学习藏语系佛教，并派往拉

图22-6 甘孜的喇嘛寺

萨学习，促进了藏汉关系以及藏传佛教与汉地佛教的关系。

民国时期，四川藏族地区仍然以格鲁派势力最大，宁玛、萨迦、噶举诸派在康区少数寺庙流传；苯教在大小金川等地也有信徒。但是许多地方的教派、寺庙之间的矛盾很深，不断地进行武装械斗。其中历时较长、给当地藏民带来深重苦难的械斗有炉霍县觉日寺（属格鲁巴派）与木娘寺（属宁玛派）为争夺僧源、领地，从1860年到1950年长达90年的械斗；还有若尔盖县的格尔底寺与相邻的青海色赤寺发生的武装械斗，从清代乾隆四十年（1775年）开始，直到1952年才得以解决。

四川汉地佛教和藏传佛教的交流，在辛亥革命以后进入了一个新时期。1924年四川僧人大勇在北京创办佛教藏文学院，次年率学僧赴藏，抵康定与先期到达的能海、法尊、永光等组织藏文学院。除大勇因病滞留康定（1929年病逝）外，能海等人于1928年到达拉萨，学习两年后回到成都，开创了四川汉族人习传藏语系佛教的先声。1931年，四川军政要人刘文辉、邓锡侯等邀请康定僧人多杰觉巴格西在成都主持"西南和平法会"，嗣后陆续在四川内地传法或任教。在佛学院任教的藏族僧人还有东本、悦西、贡噶、智噶、喜饶嘉措、诺拉等。1938年能海在成都近慈寺首创内地藏传佛教格鲁派的根本道场，成为汉族地区传播藏语系佛教的中心。其间能海、法尊等对藏传佛教的经典还作了翻译和介绍，逐步形成了一个支派。

第三节　伊斯兰教

辛亥革命后，四川穆斯林户数、人数都有减少，仅以重庆为例，清末穆斯林有800余户，"入民国寖减，今仅六百余户，人口约一万二千余"。[①] 1912年在北京成立了中国回教俱进会，这是中国穆斯林第一个民间文化团体。同年在成都建立了该会的四川支部，省内各县陆续成立分部达70余处。1938年，中国回民救国协会（后称回教救国协会）迁到重庆。国内知名阿訇王静斋、马松亭、达浦生、哈德成，学者白寿彝和大批沦陷区的穆斯林内迁重庆和省内其他

---

① 民国《巴县志》卷5。

图 22-7 成都皇城清真寺照壁

市县。同时一些伊斯兰教刊物也迁到重庆出版。同年在成都成立了回教救国协会四川分会，省内各县市建立支会和区会达 70 余个，宣传群众，踊跃抗日，服务社会，支援前方。

抗战时期，成都、重庆、西昌、万县、泸州等地的一些伊斯兰教组织和著名阿訇如虎世文、马松亭、叶增辉、马受田等，积极从事伊斯兰教教务活动，翻译《古兰经》、《圣训》，著书立说、办学校，以及宣谕教众，进行抗日救亡活动等，宗教活动内容很丰富。1943 年回教救国协会总会改为中国回教协会。1948 年四川分会举行第二届代表会议，选举了新的理事会和监事会。

到 1949 年，四川伊斯兰教内部分为格底目、苏菲主义门宦（赫哲林耶、戛迪林耶）、伊赫瓦尼派。各教派之间理论分歧不大，都属于逊尼派的哈乃裴教法学派。各派别在基本信仰、教义上是相同的，只是在某些教律和礼仪细节上有所区别，并且都不同程度地受中国传统文化的影响，特别是受汉文化的影响很深。各教派的教众都互相尊重，各行其是，和睦相处。

民国时期，四川伊斯兰教也有一些较著名的清真寺。如成都市皇城坝、鼓楼南街清真寺，阆中老寺，灌县南街清真寺等。四川的清真寺在全盛时期有

190多座，20世纪40年代末还有清真寺160座。①

第四节 天主教

一、抗战前天主教"中国化"措施

辛亥革命推翻清王朝后，天主教通过传教方法的调整并利用民国初年动荡的政治局面以及国民政府的亲西方政策，使教会势力在20世纪的头30年里得到了很大发展。到1929年，天主教在清代所建四川四大教区的基础上，调整为8个教区，即：川南、川西、川东、宁远（今西昌）、打箭炉（今康定）、雅州（今雅安）、顺庆（今南充）、万县教区。教徒人数从20世纪初的约10万人增至约16万人。1930年，四川就有中国籍神甫201人，修士1人，修女193人。

"五四"运动后，天主教采取了使该教"中国化"的措施：其一，使天主教教义儒学化，以适应中国的习俗；其二，尽快培养中国的神职人员。为了实施天主教"中国化"的措施，教皇庇护十一年先后于1922年和1932年两次派钦差到中国，要求尽快实现天主教的"中国化"。为达到此目的，意大利法西斯政府首脑墨索里尼于1924年签署命令，拨给在华天主教各修会1000万里拉作为这一年使天主教"中国化"的活动经费。教皇还采取许多措施把中国籍的神甫推到第一线，让他们担任教区大主教等要

图22-8 成都的天主教堂

---

① 《四川省志·宗教志》，第三编《伊斯兰教》，四川人民出版社1998年版。

职。到1936年中国籍主教已增加到23名。到1946年，四川有中国神甫268人，修士4人，修女254人。成立了雅州、顺庆、万县3个中国籍主教区。抗战以后，"中国化"措施取得更新的成功，中国籍神甫又较战前增加接近一倍，达到2700人。①

二、抗战时和抗战后的四川天主教

抗日战争爆发后，四川许多爱国天主教人士反对日本侵略中国。南充教区主教王文成反对罗马教廷驻中国代表蔡宁的《劝谕书》，② 提出教友应当抗日，为国效力，并捐钱捐物。1938年到1939年，中国神甫伍极诚和骆裴然等在成都圣修医院和5个教堂及修院内成立约百人的救护队，抢救伤员。1941年4月11日，四川天主教信徒战时服务团在成都成立，各县市信徒代表400余人参加，选举伍极诚为团长。其宗旨是："奉总理遗教及总裁训示，本基督博爱之道，作一切有利于抗战之工作。"全川各教区成立分支团，进行宣传、劝募、救护、救济、慰劳等工作。

随着国民政府迁都重庆，南京教区主教于斌在川期间，三次出访欧美，都作抗日圣道之宣传，不断与美国政府与民间人士交换意见，向华侨宣传中国军人的抗日壮举，使不少原来听信日本宣传的欧美人士转变了看法，表示支持中国抗日。于斌还曾赴前线慰劳抗日官兵，领导各地天主教会救护伤兵工作。

1938年，比利时人雷鸣远（VinvontLebba，1927年加入中国籍）从武汉来川，在万县、重庆、成都为"华北战地督导民众服务团"招募60多名青年参加抗日救亡工作。当时万县、南充、成都的不少神甫、修士和教徒都报名并被录取。随后只有少数人因身体不适回了原籍，其余均随雷鸣远到华北敌后的国民党军队中做抗日救护工作。

但是，在抗日战争胜利后，内战爆发时期，四川天主教会却按照天主教罗马教廷驻华公使黎培里的布置，安排了一系列反共的、超出了宗教范围的所谓

---

① 穆启蒙：《中国天主教史》第136页。
② 1939年3月14日，蔡宁在日军占领下的北平向中国主教发出"劝谕"，要求中国天主教徒及神职人员，"常以明智和忍耐，埋头于神圣职务，不偏右，不偏左，即表面上的行动也当避免。"《公教教育丛刊》（拉丁文本），1939年5月号，454页。

"应变"活动。①

第五节 基督教

一、民国初期基督教在川情况

辛亥革命前后，在以孙中山为首的国民党人中就有不少基督信徒。中华民国成立后，在政府中任职的基督信徒更不乏其人。民国以来，基督教各差会也以办学校和各种慈善事业来改变中国人对教会的憎恨心理。1917年，广汉成立圣公教会，"求洗礼者至达百余名"。②到1920年，各差会在四川51个城镇开辟了76个总堂。四川已有礼拜堂369个，发展了教徒12954人（其中男8230人，女4724人）。在四川各地教会工作的外国人有543人（女339人），其中牧师91人，外国传教士人数仅次于江苏、河北、广东三省。中国传教士490人，其中牧师35人，传道员455人（男366人，女59人）。各差会创办大学1所，中学15所（当时四川省有国立中学63所），初级小学408所，高级小学59所，在校学生18386人，教职工884人。教会办的医院有29所，有床位10413张，医生63人。截至1935年统计，入川差会教士多达1000余人，对基督教的传播及其慈善事业的开展具有促进作用。

此外，在20世纪20年代，还成立了民国中期成都唯一一家与基督教新教有关的慈善机构——成都中西组合慈善会（1921～1940）。该慈善机构规模虽不大，但曾一度成为民国时期成都慈善事业中办理最有成效者，在内地的基督教慈善事业中具有一定代表性。③

二、四川基督教自立运动

1906年，上海基督徒俞宗周发起中国基督教自立会，创办机关报《圣报》，宣传自立运动。20世纪20年代，四川的基督教爱国教徒也参加了自立运动。

---

① 《四川省志·宗教志》第四篇"天主教"，四川人民出版社1998年版。
② [英]汉明灯:《广汉县志略》手抄本第30页，藏四川省图书馆特藏部。
③ 谭绿英:《民国时期基督教在华慈善事业——以成都中西组合慈善会为例（1921～1940）》，《宗教学研究》2003年第1期。

1920年自贡市教会以魏希仁为首的十二位教徒成立自立教会,"他们自聘牧师,实行自治、自传、自养"。① 1921年5月9日,内地会泸县教徒崔仁师、江安教徒林义田等人,在泸县大河街内地会福堂集会,正式成立"中国耶稣教自立会泸县分会"。后以泸县为中心成立的四川泸县自立会川南联合会,推举崔仁师为联合会主席,教徒共1000余人。但各地自立会受到英籍传教士云登等人的强烈反对,又得不到地方官员的支持,更遭其他教派的排斥和反对,因而束缚了其自身的发展。

图22-9 民国时期修建的成都基督教青年会会所

四川基督教的另一个自立教会组织是中华基督教改进会,由车耀先创办。车耀先于1921年在简阳美以美福音堂受洗,成为一名基督教徒。1927年车耀先以四川教徒代表的身份出席在上海召开的"基督教东亚和会"。在会上,中国、朝鲜、日本代表提出的意见受到白种人传教士歧视而不能被通过,车耀先愤而退出会场。1928年车耀先返川后与好友饶惠民、陶宗伯、马文卿等人共同发起改革教会运动,成立了"中华基督教改进会"。"主张由中国人自办教会,不让外国人插手"②"改进会"曾发展会员260多人,轰动成都各教会。1922年全(中)国基督教大会发表的《教会的宣言》,正式提出建立"本色教会"。《宣言》称:"自己制定教会的礼节和仪式,教会的组织和系统,以及教会布道及推广的方法。务求一切都能辅导现在的教会,成为中国本色教会。"③ 于是四川不少基督教派更换名称,加拿大美道会在1931年改名为"中华基督教会四川协会",冠以"中华"二字,突出教会本色

---

① 《四川基督教》,巴蜀书社1992年版,第489页。
② 《四川基督教》,巴蜀书社1992年版,第490页。
③ 穆德:《基督教全国大会报告书》,1922年。

化。教会还将部分权力移交给中国人。1927年，四川公谊会年会通过一个决议，"建议外国布道会将执行总部现在管辖的教产主权，交给四川公谊会年会直接管辖"。英国浸礼会从1923年开始由中国牧师黄宗之任四川浸礼会执行干事。1928年四川浸礼会举行年会时，"华大教授周忠信（美国人）发表演说，要求差会多将教会的工作交给中国人负责"。① 英国中华圣公会也于1929年提升中国牧师古鹤龄为东川教会副会督。同时内地会在1928年曾发布《内地会促进自立教会政策宣言》，宣布将教会领导职位和教产交给地方教会，让地方教会自立，并负担起自养的经费。②

三、抗战中的四川基督教

1937年抗日战争爆发后，全国性的教会团体、机构、教会学校和沦陷区的教徒大量迁入四川，使四川成为全国基督教的中心，四川的基督教徒大量增加。广大教牧人员和教徒积极参加抗日救国运动，成立许多抗日组织。成、渝两市成立了救济委员会，募集经费，救济沦陷区来川读书的学生和难民。成都基督教女青年会与成都妇女会等12个妇女团体组织抗日宣传队，到场镇农村宣传动员群众参加抗日救亡活动。重庆基督教区与重庆基督教青年会，联络各界组织重庆红十字会救护委员会，组织医疗、医护4个队开赴前线第九战区（江西修水、武宁等县）工作。重庆教会还组织寒衣募赈会、抗日宣传队、负伤战士服务处等，进行抗日救国活动。

1945年抗日战争胜利后，全国性和外省教会团体、学校迁回原地，四川基督教人士减少。但从1946年起由于内战日益激烈，华北、华东、华中等地又有19个教会进入四川，中外传教人员和教徒又有所增加。到1949年四川基督教会共有教堂346所（不包括支堂、祈祷所），共有教徒5万余人。

基督教自1876年传入四川到1949年底，先后共建立教堂（包括分堂）611个，分布在四川、西康两省的147个市县；有1807个外国传教士入川；有中国籍会督、牧师204人，传道员310人；办有各类学校91所，医院、诊所50个，孤儿（老）院、幼儿园36个。

---

① 《四川基督教》，巴蜀书社1992年版，第491页。
② 《四川基督教》，巴蜀书社1992年版，第492页。

图 22—10　成都基督教恩光堂

此外，成立于 1922 年的重庆基督教青年会，在市区和附郭县城开展了教育、救济、体育、文娱活动，成绩卓著。[①] 抗战时，该会举办抗日画展，赴乡村进行抗日宣传，组织救护班，进行防空、防毒知识宣传，与重庆各差会修建避难通道临时招待所，与红十字会合作修建平民村、贫儿福利社等。1944 年 6 月 6 日世界青年会百年大庆时，受到国民政府主要官员赞誉，《新华日报》等数十家报纸都发表消息。成立于 1910 年的成都中华基督教青年会，在办理学校、提倡体育、德育、科学等方面，都做了很多有益的工作。[②] 抗日战争开始后，创办抗日战争事迹展览，鼓舞抗战情绪；1943 年，募集捐款，救济贫困学生。成立于 20 年代的成、渝两地的基督教女青年会，在开展妇女儿童教育、救济、赈灾募捐等方面做出很多成绩。1938 年底，召开妇女青年讲座，还请邓颖超"就持久战的意义、青年在抗战救国中的任务等七个问题作了讲话"。[③] 还组织抗属制鞋生产合作社，接待湘、桂来渝难民，办妇女职业托儿所等等，为抗战服务。

---

①《四川基督教》，巴蜀书社 1992 年版，第 231～234 页。
②《四川基督教》，巴蜀书社 1992 年版，第 220～221 页。
③《四川基督教》，巴蜀书社 1992 年版，第 252 页。

第二十三章 社会风尚与民俗文化

民国时期的四川，随着"自由、平等、博爱"思想在更大范围内深入人心，社会各阶层都在倡言"独立、民主、自由"的字眼，由此必然给人们的思想观念带来巨大的冲击，乃至引起人们生活方式发生前所未有的变化。社会的风俗习惯与以前时代不同了，受此制约和影响，长期在民间传承的民俗文化也随之发生了变化。

第一节 社会风尚的变迁

一、社会风尚变迁的过程

民国《大足县志》对近代以来，尤其是民国以来四川社会风尚的变化历程，作了这样的阶段划分：（1）清末民初，"欧风东渐，人争趋时，一切交际、衣著之属，咸以规摹泰西为荣"。（2）五四运动以后，"新学家更倡为平等、自由、妇女解放，诸说波澜壮阔，风靡一时。于是，父兄不能自己率其子弟，夫妇动辄离婚，视为故常，无足怪也"。（3）"及二十六年（1937年）抗战发生，风俗又为之一变。男子多应征赴敌，妇女即生活无依，健良者搴裳赤足，从事农耕；

狡黠者朝楚暮秦，以婚嫁为职业，盖亦大时代中无可奈何也。"① 这一划分大体把握了民国以来四川社会风尚的发展趋势，值得进一步加以阐释。

（一）辛亥革命后的变化

辛亥革命后，一股改革不适应民主共和制度的社会习俗的潮流蔚然成风。民国政府颁布了一系列礼制改革措施，试图通过礼制改革，在传统礼制与民国社会之间找到结合点，并以此作为规范民众行为的准则，将民众引向现代文明以巩固其统治。概括起来，这些移风易俗的具体措施，包括以下七个方面：（1）历法改革；（2）强制剪辫；（3）劝禁缠足；（4）衣食住行的改造；（5）婚嫁礼俗改革；（6）丧葬礼俗改革；（7）节日和纪念日的改革与创新。

四川虽然地处内陆，但是改革社会风俗，移风易俗的社会潮流仍然席卷巴蜀大地的各个角落。在四川地方志中，就记载了各地推行这些措施的过程及其变化。

例如：在巴县，民国"厘定婚丧诸礼，其要旨在矫正奢侈，消弭诈伪，破除迷信，提倡质朴，并酌

图 23-1 民国时期的婚轿。（1923年法国汉学家拉蒂格拍摄的四川老照片）

采可以保存之旧制"。婚礼改革，也在废除买卖婚姻，以当事人之意识为基础，期与法律相符合。② 南川县根据民国元年《礼制馆草案》规定，改革旧制，推行"脱帽鞠躬"礼，免去跪拜礼。当地认为，这样做有三大优点：一、"不过屈卑幼之人，使匍匐地下"；二、"既不席地，地多不洁，礼不跪，免污衣服及冠饰失仪"；三、"年老人筋力已衰，免仆仆答拜，或至颠踬"。③ 在绵阳县，"八月十五日为中秋节……民国改此日为秋节。禁止庆贺，亦难遽革。二十七日，

---

① 民国《重修大足县志》卷3。
② 民国《巴县志》卷23。
③ 民国《南川县志》卷6。

第二十三章 社会风尚与民俗文化

孔子诞辰，各学校及私塾陈牲醴致祭，放假欢宴，今改孔诞，依国历八月二十七日，典礼亦备。国历十月十日，为国庆日，各法团学校悬旗申庆，学生放假"。① 在广元县，交际风俗的变易"似随时势而变。酬酢前烦今简，往还昔厚今薄……令节之馈遗，各称以情，相尚以礼。前重仪式，今略繁文；昔情有余，今仅及礼。乃时会之遞降，亦人情迁移。俗本因时，风由运转，前之酬酢不能已者，今多废之。昔之往还密者，今每疏之。虽军兴礼杀，亦人事隆替之大关键也。"② 由此可见，辛亥革命的胜利不仅是政权的更替，也带来了社会风尚的巨大变化，使原有的社会风俗随之发生深刻的变化。这种变化从城市到乡村，渗透进生活的方方面面。

（二）"五四"运动后的变化

"五四"运动以后，一股反封建传统的潮流席卷全川，平等、自由、妇女解放诸说风靡一时。19世纪，在成都市还不允许妇女进入公共活动范围，到20世纪初开始有越来越多的成都妇女出现在只有男人出入的场所，如茶馆、戏园等，经过五四运动之后，到了20世纪二三十年代，妇女在公开场合露面不再新奇，公众也逐渐增加了对妇女的接受度。再则，自主意识渗透到婚姻、家庭生活之中，以夫权、父权为象征的传统家庭生活受到新潮流的猛烈冲击。新式婚姻、服饰、发型的变易，率先在青年男女中，尤其是在城市青年与在校学生中流行开来。

图 23-2 民国 35 年（1947）出版发行的《四川妇女》杂志

（三）抗战时期的变化

抗日战争期间，随着国民政府的迁都重庆，大量军政机构、企业以及教育、科研、文化机构迁入四川，使城市民众的社会生活发生了不同程度的变化，主要表现为衣食住行等生活方式的变革。"这些变革，最终影响了西南市民平和、

---

① 民国《绵阳县志》卷1。
② 民国《重修广元县稿》第4编，第15卷。

宽容的社会心态的形成,在西南现代化进程中具有不可或缺的作用"。①

首先,突如其来的战争打乱了人们原有的生活方式及礼仪风俗,使人们不得不重新构筑自己的生活方式和消费观念。正如著名社会学家孙本文所说:"抗战期间,生活上一切因陋就简,可以省却许多平时的繁文缛节,我国社会上不少风俗礼仪可因此而得合理化与简单化的机会。"

其次,战争引发了移民西迁的浪潮,随着大量外来人口的涌入,风格各异的生活习惯也纷至沓来,猛烈冲击着西南社会,成为西南市民生活习俗变迁的生动示范。孙本文在谈到移民影响时说道,今东部各省人民移入西部,使东西两部风俗习惯,得接触的机会。不仅使一般人民知道全国风俗的不同,而且因互相观摩,而得融和改良的利益;此次大移民来自各省各县。一则安土重迁的人民,不远数千里跋涉而遍历风土人情大不相同的各城市乡村;一则从未出乡的居民,得见来自各地风土人情大不相同的人民,而与之发生各方面的接触。如此交互影响,不仅可以增加双方人民的见闻交际,而且可以渐渐破除历来根底甚深的地域观念。"

以重庆为例,抗战开始后,大量"下江人"纷纷拥至重庆,由于他们经济势力雄厚,文化也较发达,因此,当他们将当时以江浙沪一带为中心的主流文化传递至四川时,很快便能在当地社会生活中产生巨大的影响。重庆居民由此有机会直接感受外来事物,接受新事物的影响,以至当时无论在饮食、娱乐、商业、市容、建筑、交通、习俗、行为习惯等方面,无不渐趋于"下江化"。作家张

图23-3 成都街边的豆花担子

---

① 参见徐杨:《试论抗战时期西南城市民众生活习俗的变迁》,《贵州师范大学学报》2004年第3期。

恨水 1939 年撰文道："自去年十月起，脚底下人与脚底下货，充溢重庆市上。市招飘展，不书南京，即书上海。而小步五支衢头，南北方言，溢洋盈耳，客主之势既移，上下江之别，殆亦维持不易矣。"① 随着下江人与本地人的互相融合，重庆市民深受外来移民一些先进、文明生活方式的影响，这对革除川省原有的一些陋习，如吸毒、卖淫、赌博、偷窃等起到了一定的促进作用。② 除重庆外，成都以及四川内地也不同程度受到长江下游风气的影响，所以，"近年来妇女多下江妆束，前留（刘）海也，画眉毛也，短袖口也"。③

例如在饮食方面，抗战期间，全国各地的名厨大批迁入四川各大城市，粤菜、湘菜、鲁菜、浙菜、京菜、苏菜等菜系相继进入，大大丰富了四川地区的饮食文化。在重庆，西餐馆从抗战初期的 5 家，增至 1943 年的 30 多家，在成都，战时餐馆发展到 3000 多家，平均 130 个人就有一家。粤菜馆津上和供应广式茶早点的冠生园等，都是在这一时期开设的。如在重庆沙坪坝地区食俗也有较大的变化。"早上吃干饭的人日少，代之以豆浆、油条、点心，学生早上吃稀饭，中晚两餐仍食大米，也有的吃面条。场镇上除川菜馆外，还有江浙馆、广东馆、北方馆，饮食结构趋于多样化"。④

二、社会风尚变迁的特点

民国时期四川正经历着由封闭走向开放的过程，社会新风尚出现的时间明显晚于东南沿海地区，对于旧有社会风俗的冲击程度也大大小于沿海地区，因此，四川社会风尚演变必然呈现出有别于沿海地区的特点。⑤

（一）"城追西俗，乡染市风"，崇洋之风盛行

民国以来，在四川各地明显地滋生出"崇洋"心理，以模仿城市人生活为

---

① 张恨水：《重庆旅感录》，《旅行杂志》1939 年第 13 期。
② 参见朱丹彤、徐晓旭：《抗战时期国民政府迁都对重庆市民生活的影响》，《四川师范大学学报》第 31 卷第 3 期，2004 年 5 月。
③ 转引自王笛：《街头文化——成都公共空间、下层民众与地方政治，1870～1930》，中国人民大学出版社 2006 年版，第 182 页。
④ 重庆市沙坪坝区志编纂委员会：《重庆市沙坪坝区志》，四川人民出版社 1995 年版，第 855 页。
⑤ 参见肖军、赵可：《近代四川生活习俗的演变趋势及特征》（《成都大学学报》2002 年第 2 期）、郑维宽：《清代民国时期四川社会风气演变的过程及特点》（《成都大学学报》2004 年第 4 期）、赵先明等：《试论民国时期四川社会风尚变化的原因》（《中共成都市委党校学报》第 13 卷第 3 期，2005 年 6 月）、赵先明等：《试述民国四川社会风尚变化的特点》（《西昌学院学报》第 17 卷第 2 期，2005 年 6 月）。

时尚的社会风气。"崇洋"之风,首先由上海、武汉传到重庆,然后再由重庆影响川内其他地区,由城市辐射到乡村。民国《巴县志》将其概括为:"城追西俗,乡染市风。"①

重庆开埠最早,得风气之先,成为全川新潮流、新时尚的引领者。随着观念的变化,重庆人衣着"多喜外物,轻国货",以穿西装、皮鞋、高跟鞋为美。饮食以吃西餐、洋酒、雪茄烟为时尚,"甚至鄙夷国产,重视洋货,以为非舶来无以显其尊贵"。据1936年4月对城市11个餐馆调查显示,当月共食用中餐1440席,西餐742席,参加宴会人数13497人,加上饮酒、吸烟消费,总共耗费14314元有奇。至于11个餐馆之外,其他中等以下者,还没有计算在内。仅此"饮食一端",足见"奢风日靡"。②与重庆一衣带水的合江县,也受到这股风气的影响,出现了"士民趋新逐异"的现象:"奢侈日增,一食亿钱,一衣千金,异饰奇装,穷奢极欲,安之若素,恬不为怪。"③在重庆近邻的江津县,"邑俗年来渐趋奢靡,绸丝国货视为寻常,短袂窄襟,装尤妖艳"④。在大足县,"人争趋时,一切交际、衣著之属,咸以规摩泰西为荣"。⑤由此可见,当时在一些城市,市民推崇洋货已经达到"非舶来无以显其尊贵"的境地,"崇洋"倾向直接助长了铺张浪费的社会奢华风气。

(二)城乡不平衡,中西新旧风俗并存,社会习俗斑驳陆离

民国时期正处于新旧递嬗的过渡转型阶段,旧的封建制度虽已打破,但新的道德风尚还未完全形成,各种思潮在中国社会中交相激荡。因此,新风尚习俗的传播,明显地表现出城乡不平衡,以及新旧、中西风俗并存杂糅,从而使民国四川社会习俗呈现出斑驳陆离的奇异景象。

民国四川社会风俗的不平衡性,首先体现在城乡之间与不同地区之间。大体上城市社会风俗变易较快,乡村生活习俗变化较慢;交通便利的地方社会风俗变易较快,越是偏僻的地方生活习俗变化较慢,有些地区甚至根本就没有变化。例如,以开风气之先的重庆,社会风尚演变较快,新风一起,旧俗即废。

---

① 民国《巴县志》卷5。
② 民国《巴县志》卷5。
③ 民国《合江县志》卷2。
④ 民国《江津县志》卷4。
⑤ 民国《重修大足县志》卷3。

"自流（留）音机行，而傀儡废；自电影剧行，而羊皮灯影废；自胡琴、琵琶、风琴、军乐行，而国乐亦废。自年来播电收音机大行，而丝竹满城"。① 与此形成鲜明对照的是，在一些偏僻的农村，风俗的变化则明显缓慢得多。例如，地处川东北边的万源县，"开辟最迟，风气闭塞，文化落后，无可讳言"。乡民"认新学制为洋学，目各科书为洋书，相率不肯入学，而一班旧学先生亦不甚赞成，所以青年人才寥若晨星；下至僻壤穷乡，粗识文字者亦不可多得"。②

而在全川大部分地区，则是新风与旧俗并存。辛亥革命之后，政府禁止男子留辫、妇女缠足，结果是"令行城市"，不见男子辫发，也无"弓鞋"；但在江津农村，"虽有天足会之提倡，而实行解放者寥寥，多数女童仍在苦海，断筋折骨，彻髓痛心，昼行扶壁，夜梦吞声"。③ 三台县"郡城妇女放足者渐多，乡僻锢闭犹昔"。④ 南川县也是这样，城里"通行解放，以缠足者亦变更履式，惟乡间尚未普及"。⑤ 在服饰方面，尽管安县近代服式样多变，然而"乡居妇女仍旧式者居多"。⑥ 与成都毗邻的崇庆县，"近城男女衣著，类皆冬裘夏葛，楚楚鲜明，仿佛有省垣风度。惟少远村庄及西北山中，取足蔽体御寒而已"。⑦

民国四川社会风俗的不平衡性，不仅体现在城乡和地区差别上，更主要体现在贫富差别上。所谓"纵别之为城乡，横断之为贫富"。⑧ 大体上士绅、商人、地主等阶层率先受到新的社会风气的熏染，而广大农民、工人、手工业者则因为生活条件等限制，对新的社会风气反应迟缓。就生活习俗而言，在合江县，"大抵乡民朴素，赤足缠头，衣布最多。惟士人、商贾多着帽袜，服丝货也"。⑨ 就服饰而言，"苟家寒城民难期华饰，若资富则里居亦好艳冶"。⑩ 同在一县之内，知识分子一般容易接受新风尚，文化程度低一些则保留的旧俗较多。如《安县志》描述说："近三十年内，人民思想较前发达，无知之流固不知世界

---

① 民国《巴县志》卷5。
② 民国《万源县志》卷5。
③ 民国《江津县志》卷11。
④ 民国《三台县志》卷25。
⑤ 民国《南川县志》卷6。
⑥ 民国《安县志》卷4。
⑦ 民国《崇庆县志》卷5。
⑧ 民国《重修广元县稿》第4编，第15卷。
⑨ 民国《合江县志》卷4。
⑩ 民国《重修广元县稿》第4编，第15卷。

为何世界，社会为何社会，而安土重迁，仍其旧俗；惟知识分子，其思想随潮流而进步，非复昔日之状态矣。"① 正因为不同人群在社会风气演变中的作用不一样，这才导致民国时期四川社会风气的多样性和复杂性。

民国四川社会风尚的演变，既呈现出新旧风俗相交并存的状况，同时更表现出中西杂糅的特征。这主要体现在服饰、婚俗以及娱乐生活方面（详下）。值得注意的是，一些文明、进步的新风传入后，未能得到健康成长，却与旧习结合，立即成为社会流弊。这在文化娱乐方面表现得尤为突出。吸食鸦片和赌博是流传已久的社会恶习，巴县"供人娱乐者，旧尚烟、赌。今人尝言：咸、同以前之人嗜酒，光绪时代之人嗜烟，清末民初之交嗜赌。然从前烟盛而赌衰，晚近赌兴而烟不替"。② 赌博方式亦不断变化，除传统的赌具麻将风行外，来自欧美的扑克牌也被用于赌博。抗战以来，大足县"贩夫走卒动致万金，轻罗为衣，千金一食。尤好赌博，一掷巨万……更有畜养禽类，订期以博斗为赌者"。③ 民国年间已见于新繁县的西洋留音机，这时却成为传播"猥语蝶词"④、诲淫诲盗等不良剧目的工具，起着败坏社会风气的作用。

（三）义利观念发生变化，追逐名利羡慕虚荣成为时尚

民国以来，在追逐时尚的潮流中，人们的价值观念发生了深刻的变化。随着崇洋奢靡之风的兴起，人们在心理上日益滋生出以"利"为本位的取向。羡慕虚荣、唯利是图的观念已经深入社会各个阶层之中。见于四川地方志的记载有云："自由平等之说兴，而俗又一变。极而至于民国，冠婚祭事尚开通，以愈奢侈为愈文明……士农工商不安本分，以愈诡诈为愈高明。无识者见其愈欺心愈得计之侥幸，且群相效慕。"⑤ 以士风而论，大足县的读书人过去素以"耕读并重，竞尚气节"为荣。进入民国以后，"学生一入学校，多耽都市繁华，而厌薄农村生活。一遇达官名人过境，学校当局立率学生结队欢迎，并停课延请讲演"。一般青年原本纯洁无瑕，"见达官名人声势之煊赫，及当局者逢迎之恒态"，心理不免为所熏染，以致在校时，"已切于富贵，视朴学之士为废物"。而

---

① 民国《安县志》卷4。
② 民国《巴县志》卷5。
③ 民国《重修大足县志》卷3。
④ 民国《新繁县志》卷4。
⑤ 民国《遂宁县志》卷2。

一旦卒业,"惟利是趋,罔所忌惮,恬不知耻……足为世道人心之忧矣"。① 由此可见,随着世道人心的变易,一种追逐名利、贪慕暂时荣华富贵的心理,已经深入一般平民百姓之中。

第二节 民俗文化的变迁

一、衣冠服饰习俗的变迁

(一)废除妇女缠足

在物质生活中,衣冠服饰是衣食住行之首。在衣冠变革中,以妇女放足启动最早。早在鸦片战争以后,一些先进知识分子痛感民智不开是中国积弱的一个重要原因。而欲启民智,必先革除恶风陋习对人民的禁锢,其中尤以吸鸦片和裹足为摧残民体,被认为是有辱国格的两大公害,故遭到口诛笔伐。尽管清末以来有不少禁止妇女裹足的政令颁布,但在民间推行起来却成效不大。

辛亥革命后,随着民主共和观念的深入人心,废除摧残妇女的缠足鞋、弓鞋,提倡女性解放的潮流势不可当,这才把在清末以来进展缓慢的妇女放足运动推向高潮。民国以来,社会舆论继续提倡妇女放足,各县纷纷成立"放足会",县政府得力指导,推行强制措施,禁锢妇女的缠足习俗逐渐废除。以三台县为例,妇女放足习俗改革大体经历了以下三个阶段:(1)清季早就有邑人首创天足会,并定有章程,"提倡最力"。推行结果,初见成效:"郡城妇女放足者渐多,乡僻锢闭犹昔。"(2)民国17年,公署令县属各乡成立"执行放足委员会","认真劝导"。"违者,议罚其家长"。(3)民国19年,县长重申禁令:"凡妇女缠足及着尖头小鞋",强行"解放"。"违则拏案惩办一二,以示儆"。至此,成效终于显著:"城乡妇女皆知缠足之害,天足之利,争相解放,非如曩日之顽固矣。"② 全川各地执行情况与三台县类似,于是,在全川范围内妇女缠足的陋习得以革除,从此,"此风渐绝"。③

---

① 民国《重修大足县志》卷3。
② 民国《三台县志》卷25。
③ 民国《新繁县志》卷4。

（二）废除男子蓄辫

与妇女放足相比，民国初年的男子剪辫运动，则进展较为顺利。这是因为，清初用暴力手段强制汉人剃发留辫，在汉人中留下刻骨铭心的记忆，成为一种耻辱的标志。因此，清季以来，断发易服一直成为点燃人民大众反清斗争的火种。在辛亥革命前夕，报端上就不断有以剪辫易服为契机，批判封建主义的檄文出现，从而无形中使人们提前受到了一次断发易服的普及教育。

武昌起义前，一些爱国的青年就自发地割掉辫子，脱下清装，剪辫成为一种革命的标志，"革命，革命，剪掉辫子反朝廷"成为当时流行歌谣。许多省宣布独立之时，老老少少争先恐后地剪辫子，剪辫子成为中国人的盛大节日。在巴县，辛亥年十月二日，"士大夫于廷众间公然剪发"，至今"不见男子辫发"。① 郭沫若曾经以分外狂喜的心情，描写了1911年11月25日四川独立前夜的情形，及其在成都学堂的经历。当时所做的第一件事就是"把辫子剪了"：

> 我们最大的喜兴是等不到独立的宣布，在头一天晚上便把辫子剪了。在这时，我们拿着辫子去强迫一些怕事的学生和首鼠两端的老教员们，我们赶得他们鸡飞狗跳……我们拿着四五把剪子把他们包围着，弄得他们无处可逃，终竟在谈笑之间把他们的辫子的支配权和平授受下来。②

帝制被推翻后，民国政府发出《剪辫令》，明令剪辫以扫除陋习。不过，剪辫也曾经遭到抵制。因此，在一个时期人们仍可见到五花八门的发式，有的剪辫，有的留辫，有的既不剪也不留；有的回复古式，有的用布包头；有的戴遮阳帽，有的戴西洋帽。但是，保留辫子一般会受到社会的指责。1912年《通俗画报》上的一

图23-4　1912年《通俗画报》刊登的警世画《有毛辫的遭殃》

---

① 民国《巴县志》卷5。
② 郭沫若：《反正前后》，《郭沫若选集》（一）卷上，四川文艺出版社1994年版，第216页。

幅"警世画",标题叫做"有毛辫的遭殃"。画中人们能轻易抓住男子的辫子;在左上角,一个人的辫子卷进了一台机器;在右边,另一个人的辫子缠到了马腿上,被马拖着走。这幅画生动描绘了辫子给人们带来的噩运。这些各式各样的辫子和发式,其实也是当时社会变迁过程的缩影和真实写照。①

(三) 变易服色冠履

按照民国初年改革冠服制度的《服饰条例》规定,男子服装分为礼服和常服两种。官服为礼服,采用西洋式,配以革履。常服分为两种:甲种为西洋式,博士帽(黑色圆顶帽,帽檐呈椭圆形)、革履。乙种为纯中国式,蓝色袍,罩青色外褂对襟,靴高及胫,帽与甲种同。衣服皆用中国丝织品。由于服制变了,原来的拜跪礼也不能不改为脱帽鞠躬礼,由此礼俗也就随之发生了变易。

民国建立后,服式选择更趋于简便和实用,民众的穿着打扮不再受国家禁令的约束,从此进入自由穿着的时代。对于穿什么、怎样穿却各行其是、五花八门。同时,在衣服装饰上,所有人一律平等,"皆不分贵贱,惟力是视,旧时上下等差之辨,不复存矣"。② 这表明随着服饰的变更,旧有的服色等级观念已经彻底废除了。

在民国各种服装中,以洋装、中山服最受欢迎。和全国一样,四川的官员和知识分子都很喜欢穿西装,只不过西装在四川流行比沿海大城市稍晚一些,也没有那么普及。例如在川西的新繁县,"近年服公务者多用西装短制、中山服,年老者犹用中国式之服焉。"③ 在川东的巴县,"西装短制、中山服,今士大夫、学生、工人及公家服务四十五岁以下者尚焉"。④ 当时洋装之所以脱颖而出,受到民众的欢迎,这固然有官员率先穿上西装革履的示范效应,各种报刊宣传的影响;更因为洋装的轻便、简洁,与臃肿、拖沓的清代服装相比有明显的优越性。除此之外,当时洋装被夸大为西方文明的象征,这种崇洋心态也在某种程度上扩大了洋装的流行范围。

中山装因民国元勋孙中山创制而得名,这是孙中山改造英国式猎装制定的。

---

① 王笛:《街头文化——成都公共空间、下层民众与地方政治,1870~1930》,中国人民大学出版社 2006 年版,第 337 页。
② 民国《合江县志》卷 4。
③ 民国《新繁县志》卷 4。
④ 民国《巴县志》卷 5。

其样式为翻领、对襟、五纽，前胸左右各缀一个方形凸袋，有软盖；正面下方左右也各缀一个长方形凸袋，有软盖。20世纪20年代末，国民政府重新颁布的《服制条例》中，礼服改定为中山装，同时还规定：夏季用白色；春、秋、冬季用黑色。于是，穿中山装的人日渐增多。不过，这种服装主要在官场中流行，一般人很少穿着。

图23—5　重庆女二师学生剪发后合影

20世纪30~40年代，省内一些地区曾一度统一中小学校的学生服。常见的学生服饰有：小学、初中学生穿黄色或草绿色的童子军服；女生不论冬夏，多穿黑色裙子；高中学生，男生穿麻色制服，腰扎皮带，打黑绑腿；女生穿蓝色旗袍。大学生没有统一学生服，自由穿着，有穿西服的，也有穿中式长衫、马褂的。据一位传教士观察记录：在成都街上，"遇到的学生尽管来自不同的学校，穿着不同的校服，但无一例外的都是高帽、长靴、西式长裤和制服。制服上通常带有黄铜扣子、金色穗带、银色领口和左袖上绣着的代表不同学校的龙，亮灿灿的，很是耀眼"。①

抗战时期，省外迁来四川的大学较多，学生穿着五花八门。成都几所著名大学的学生在穿着打扮上有"五气"之说。即：华西协合大学——洋气，四川大学——土气，光华大学——苕气，京陵大学——神气（以神学为主），京陵女

---

① 王笛：《街头文化——成都公共空间、下层民众与地方政治，1870~1930》，中国人民大学出版社2006年版，第183页。

大——妖气（女生穿着较开放）。另外还有"川大烤烘笼，华大打领带"之说，意即川大学生多穿长袍、马褂，冬天还在长袍下面烤竹烘笼，华西大学的学生则是多穿西装打领带。

至于帽子的样式风格，也趋于多样化。《通俗画报》1912年第40号刊登了流行于成都的不同风格的帽子，共有"二十四"派，即24款之多。图中的帽子和男女服装，使我们了解到一些20世纪早期成都"人们的新形象"。而在一些边远县城，例如在名山县，"反正以来，服色不定，时节庆吊，士子率袭旧日便服，而市井游民，仿效异服，长短无度，阔狭靡常。十余年中，更变奇邪，不堪胪列。有识羞之，而逐时尚者，恬不知怪，此敝俗也"。①

衣冠服饰，除了有御寒作用之外，还有装饰、标识、遮羞、护体等多种功能，因此它不仅是人类文明的标志，同时也代表着一定的文化形态。民国时期，服饰的演变实际上正反映了文化形态，特别是文化深层的社会心理、审美情趣等的变迁和社会经济的发展水平。②

（四）妇女装束的变化

在服饰民俗变易的过程中，妇女往往起着引领时尚的作用，尤其是城市妇女最为敏锐、超前。"究其变化，实以妇女最为敏捷，推及趋时，城妇效奢"。③

民国初年妇女服装一般仍保持着上衣下裙的形制，同清代服装没有多大区别。只是有些青年女子由于受日本女装的影响，穿窄而修长的高领衫袄和黑色长裙，时称"文明新装"。在西方文化的影响下，中国妇女逐渐领悟"曲线美"的道理，因此改变了胸、肩、臀部完全呈平直状态的传统服装的造型，将衣服裁制得更加称身合体。经过一个时期的演变，从20世纪20年代开始，社会上就流行起一种叫旗袍的服饰，既适合我国妇女穿着，又容易吸收西方服装优点。此后，旗袍已盛极一时，并完全脱离了原来的形式，演变成为一种具有独特风格的女子服装样式。自此时起，旗袍几乎成了中国妇女的标准服装，民间妇女、学生、工人、达官贵人的小姐、太太，无不穿着，并成为交际场合和外交活动时的礼服。

---

① 民国《名山县新志》卷10。
② 参见《四川省志·民俗志》第三篇第一章《服饰》，四川人民出版社2000年版。
③ 民国《重修广元县稿》第4编，第15卷。

四川妇女也不例外地盛行穿旗袍，成、渝的一些妇女穿得更为开放和时尚一些。例如，成都民间画家俞子丹20年代创作的一幅漫画便描绘了这样一个女孩形象：她穿着一套流行的旗袍服装，袖短及肘，留着"最新式的"又短又卷的发型，颈项上披着一条丝巾，坐在一辆人力车上挥舞着一束桃花。在重庆，"服质多喜外物，轻国货。妇女服长袍，女学生一衣一裙，有短袖者"。①在新繁县，"青年妇女则纯用长衫短裤，不逮膝，露腿赤胫，争趋时髦"。②在成、渝之间的内江，"青年妇女渐着旗袍，长短、肥瘦时有变化，抗日战争时期开始，青年妇女着旗袍者穿长袜，衣岔不现裤……着高跟鞋者日益见多"。③

图23-6 风俗画：坐洋车的时髦女孩

20世纪30年代以来，妇女在服饰上审美观念发生了深刻变化。一种大胆开放、充分展示自己个性特点的审美观念开始普遍流行起来。受西方短裙风的影响，短裙在中国女界风靡一时，旗袍的衩越开越高，几近臀下。在成都，"省外人士来蓉日众，西服旗袍时时翻新。成都人性固乐新异，男女服装遂日新月异，今昔相较，迥然不同。一般时髦仕女，亦有以电影时装姿为模范者，服装更不统一"。④有人回忆，当年华西坝的女大学生，只要有人哪天穿出一种新衣服，第二天就会在同学中出现复制品；再一天，市民中必定有了。而且彼此争奇斗艳，几乎天天更新。⑤

但是，妇女们这种追逐新潮服饰的日子，很快就被所谓"新生活运动"的呼声所淹没。1934年2月19日，蒋介石在南昌行营扩大纪念周上演讲《新生

---

① 民国《巴县志》卷5。
② 民国《新繁县志》卷4。
③ 邹作圣：《内江往昔采风录》，《四川文史资料集粹》（六），四川人民出版社1996年版，第360页。
④ 周芷颖编：《新成都》，成都复兴书局1943年版，第144页。
⑤ 转引自张丽萍、郭勇：《抗战时期成都华西坝的港澳学子》，《文史杂志》2004年第3期。

第二十三章 社会风尚与民俗文化

活运动之要义》，标志着新生活运动正式开始。新生活运动将人们的个人生活纳入了行政法规。而当时妇女们的"奇异"装束，被视为一种奢侈浪费、伤风败俗的表现，很快成了这场运动的直接打击对象。于是，成、渝两地因此而发生了一场取缔奇装异服的风波。

1934年5月，重庆、成都先后发起了新生活运动。在重庆推行新生活运动过程中，官方首先注意到的就是妇女们的新潮服饰问题。刘湘的二十一军军部下达禁令，把妇女"裸膝露肘"归入"有乖风化"之"陋习"，接着发生了重庆警士在街头动手剪"着奇装异服"妇女的裤子的事件，甚至对她们采取"责打手心"的处罚措施。据统计，"被处罚者，平均每天至少在百人以上"。

1934年6月，四川地方当局根据蒋介石命令江西省政府拟定的《取缔妇女奇装异服办法》，也相应推出了四川省的《取缔妇女奇装异服办法》。办法限定：妇女旗袍最长须高脚背一寸，袖长最短须过两肘关节前一二寸，左右开衩旗袍其衩子不得过膝盖以上三寸，裙子最短须过膝四寸以下，衣长须过臀部以下三寸……不过，四川省"对奇装异服"的禁止却未如期收到较好的效果。直到1942年，成都当局仍在为着市面上屡屡出现的身着奇异服饰的妇女而无计可施。在以后的官方文件及新闻报道中，很少再提及取缔妇女奇装异服的问题。这表明妇女追逐着装时尚的潮流是阻挡不住的。妇女装束的变化，是她们审美观念、生活习惯发生变化的结果，是时代发展的产物；若用行政手段横加干涉，只能以失败收场。①

随着人们着装的变化，妇女们的发型也进行了相应的革新。20世纪20年代以前，中国妇女的发饰主要是把头发盘成发髻，发髻分为前发髻和后发髻，或在脑后梳成长长的一条发辫。20年代以后，齐耳的短发取代了盘髻和长辫，并风行一时。

图 23-7 风俗画：上海派之美人头。

---

① 参见袁家菊：《民国时期四川新生活运动与妇女奇装异服》，《文史杂志》2006年第2期。

20 年代末期妇女烫发开始出现。在《成都竹枝词》中有对成都妇女烫发的描写："踏遍春熙路几条，莲船飞动似推桡"；"短发蓬蓬不着钗，身披毛帕逛通街"。1912 年《通俗画报》第 22 号刊登了一幅题为"公母人"的讽刺画，嘲笑留短发的"新潮"妇女"不男不女"，表明当时的市民对于女子的短发型还不能接受。进入 30 年代，剪发不再时髦，取而代之的是烫发。在四川，新繁县"近年妇女剪发、烫发，又效而成俗矣"。① 巴县妇女也是"不惜重金烫发，矫揉旋卷，以趋势时髦"。四川省政府也多次下达了禁止妇女烫发的命令，试图以行政命令的方式杜绝妇女们的烫发行为，但并没有取得多大成效，其原因有两方面。一方面是，人们的生活方式和生活观念是难以通过行政命令来强行加以改变的。另一方面，从这一禁令具体在四川的执行情况可知，"权势"当道，即一般达官贵人的太太小姐，对取缔之令每多"相应不理"。这也是禁令在推行过程中成效不大的一个重要原因。②

妇女装束的变化，其实是一种蕴涵着丰富时代特征的社会现象。它一方面反映出人们刚从等级森严的封建服饰制度下解放出来，要尽情地宣泄自己长期受压抑的审美情趣，力图通过服装、发型和佩饰的多样性与追逐新潮来展现自己的独立人格；另一方面也反映出，在新旧文明以及新旧时尚交替之际，人们行为上正处于一种无所适从的彷徨状态。③

二、婚姻生活习俗的变迁

婚姻习俗是人生礼仪中头等大礼而备受社会关注。作为四川人社会生活的重要方面的婚姻习俗，在民国时期也发生了重大而深刻的变化。④

清末民初之际，随着妇女解放运动的展开，男女交往的藩篱逐渐撤去，日益社会化、公开化、多样化的男女交往活动，使婚姻自主要求成为可能。不过，新式婚礼在四川实行起来却并非易事。民国建立后，政府曾经颁布新的结婚仪

---

① 民国《新繁县志》卷 4。
② 袁家菊：《民国时期四川省政府对妇女烫发的干预》，《文史天地》2007 年第 9 期。
③ 参见肖军、赵可：《近代四川生活习俗的演变趋势及特征》，《成都大学学报》2002 年第 2 期。
④ 参见郑维宽：《清代、民国时期四川（重庆）婚姻习俗特征研究》（《四川三峡学院学报》第 14 卷，1998 年第 2 期）；毛文君、赵可：《近代四川婚姻礼俗变动趋势及特征述略》（《成都大学学报》2003 年第 1 期）；冯静、陆铭宁：《略论民国时期四川社会婚姻礼俗的变化》（《西昌学院学报》第 17 卷第 1 期，2003 年 3 月）。

第二十三章 社会风尚与民俗文化

式，提倡自由恋爱、自由结婚，但在四川收效甚微。以至民国15年（1926年）编修的《简阳县志》还说："民国以来，男女自由恋爱之说，虽朝夕簧鼓，县中尚无此风。"① 直到民国17年（1928年）国民政府颁布新婚礼草案后，四川各地城乡才逐渐有人采用新式婚礼。

新式婚礼又称为"文明结婚"，② 与旧式包办婚姻最根本的不同在于，新式婚姻中非常强调婚姻自主，"期在废除买卖婚姻，以当事人之意思为基础"。③ 民国《婚礼草案》规定，新式结婚分为四节：第一节订婚；第二节通告；第三节结婚；第四节谒见。其中，第三节中的结婚关系，分为介绍人、主婚人、证婚人、司仪。过程中，有证婚人分别讯问新郎、新娘是否同意；新郎、新妇盖章或签字；证婚人、介绍人、主婚人依次盖章或签字等仪程。这些仪式，充分体现了"以当事人之意思为基础"的新式婚姻特征，与"隔着口袋买猫儿"的旧式包办婚姻形成鲜明对比。加之新式婚礼还规定，订婚信物为双方交换订婚帖，"各种聘礼一概免除"，"各种礼品一概革除"；婚礼的场所，可以在家中，也可以在公共礼堂。这样，新式婚姻就省去了旧式婚礼的繁缛程序和经费开销，显示出"礼简而费亦省"的优点。④

民国17年以后，这种"文明婚姻"的方式逐渐得到社会的认同，并随之普及全川各地。如新繁县"婚礼亦改用新式，其仪视旧为简，为费亦较省，吾县有行之者矣"⑤。泸县"自欧风东渐，颇有以旧时父母包办婚姻，不取男女同意，易成怨偶，为人生之不幸；而实行自由婚姻者，其仪节简而易行，用费亦少，谓之文明婚礼，不必举行于家而在公共场所矣。"⑥ 在合江县，"自欧风东渐，颇有以旧时亲权过于专制，以致婚姻道苦而实行自由结婚者，已复有人"。⑦ 江津"近则间有用新式婚礼者"，"男女经介绍人之传达，互得同意后，乃各告于父母，为之主婚；或由父母直接提起者，亦并经男女自身许可，盖主

---

① 民国《简阳县志》卷21。
② 民国《南川县志》卷6。
③ 民国《巴县志》卷5。
④ 民国《合江县志》卷4。
⑤ 民国《新繁县志》卷4。
⑥ 民国《泸县志》卷3。
⑦ 民国《合江县志》卷4。

张婚姻自由也"。① 万源"县城风俗,有随时局为转移者。女子剪发、读书,选择婚姻,亦有溺于自由之说,不尽遵父母之命者"。②

另有一些坚持自主择偶的青年男女照顾到传统习俗,先和家长协商征得同意后再订婚,因此出现较为温和的协商式婚姻。如新繁县"民国以来,婚姻虽属自主,然必得父母之同意而后行"。③ 在这一套仪式和新式婚礼的影响下,旧式婚礼也朝着简捷化方向改良。如叙永的婚俗在民国之后发生较大变化,"民元以前,有迎宾(新郎亲送书束)、亲迎、谢媒、酬送屏联诸礼今已省去。从前宴客至三四日,今只二日"。④

不过,从总体而论,民国四川的婚礼改革成效甚微,往往仅局限于城市,新式婚礼仍不为四川大多数人所接受。如长寿县"亦偶有行新式结婚礼者。新式婚礼传自西人,称为文明结婚,本地亦间有仿行者,不过于成婚日略采仪式"。⑤ 民国时期新式结婚在四川推行缓慢,与传统婚俗在巴蜀大地根深蒂固是分不开的。正如民国《叙永县志》所载:"旧式婚礼究不若新式婚礼简而费省,行之者特鲜,以相沿日久故也。"⑥

当然,新式婚礼在四川一些经济比较发达的大城市也还是有相当的市场,文明结婚为时髦之举。如重庆市在接受沿海风尚的基础上,出现了独有的新式婚俗"集团结婚"。集团结婚的方式出现于30年代上海、北平等大都市,抗战爆发后,由国民政府主办的集团结婚被迫中断,但在大后方四川却反而有了进一步的发展。据统计,重庆市集团结婚从1936年3月至1949年9月,前后共举行了52届。第一、二届只有9对、5

图23-8 30年代的结婚照片

---

① 民国《江津县志》卷11。
② 民国《万源县志》卷5。
③ 民国《新繁县志》卷4。
④ 民国《叙永县志》卷4。
⑤ 民国《长寿县志》卷4。
⑥ 民国《叙永县志》卷4。

第二十三章 社会风尚与民俗文化

对,第 49 届参加者竟达 91 对,可见人们婚姻观念的改变。①

婚姻自主还表现在解除婚姻的自由度增加。民国时期,随着男女自主婚姻风潮的兴起,离婚也成为极平常之事。据《新新新闻》报道:"安县风气原极闭塞,自民元以来,日受新潮波荡,一般青年,对婚姻问题,遂倡绝对自由,而为家庭包办之已婚者,亦往往因其它事件,辄提起离婚,平均计之,诉诸县府离婚者,月必数见,其年龄尤以廿至廿五岁之青年男女为数最多。"② 一个风气原本闭塞的安县,居然每月都有数起离婚事件,全川离婚之普遍可想而知。难怪民国《三台县志》所云:"民国十七年,妇女宣传自由解放,结婚自由者尚少,离婚自由者又渐多矣。"③ 抗战时期,四川地区随着婚恋自由度的提高,离婚率也有所上升。据统计,1937 年重庆离婚案只有 17 起,至 1943、1944 年,在《大公报》上刊登的离婚启事案件,已分别达到 265 起和 244 起。离婚原因中,除妇女没有生育、虐待、遗弃、重婚外,意见不合、反对包办婚姻占有主要比例。④ 这表明随着时代的变化,市民价值观和生活方式也发生了改变。

民国四川同时还存在着种种畸形婚姻的陋习。其一是财礼婚盛行。财礼婚的特点是婚礼重财,女家重聘礼多少,男家重嫁资奁具之丰美,由此可见婚礼的奢靡之风。例如长寿县,民国时"风气渐趋奢靡,物价奇昂,以数百金嫁一女殊不足道,视前辈饶裕之家至多以二百金为限者,且数倍矣。"⑤ 其二是童养婚盛行。清代以来盛行于四川的童养婚,到民国依然流行。童养婚盛行的主要原因是由贫穷所致。清末民国时期,四川人民生活日趋艰难,人民贫穷日益加深,加之社会动荡,使童养媳现象比以往各个时期更加增多。正如《资州志》所说:民国以来"童养之媳始多,并不待諏定之吉,草率嫁娶者。其原因半为军事发生,半为匪祸蔓延"。⑥ 其三是纳妾风盛行。民国以来原本兴盛自由恋爱,但后来随着婚姻观念中追逐势利之风流行,于是,在一部分贪慕虚荣的女

---

① 参见朱丹彤、徐晓旭:《抗战时期国民政府迁都对重庆市民生活的影响》,《四川师范大学学报》第 31 卷第 3 期,2004 年 5 月。
② 《新新新闻》民国 21 年 4 月 23 日。转引自冯静、陆铭宁:《略论民国时期四川社会婚姻礼俗的变化》,《西昌学院学报》第 17 卷第 1 期,2003 年 3 月。
③ 民国《三台县志》卷 25。
④ 朱丹彤:《抗战时期重庆的婚姻问题初探》,《西南师范大学学报》,2004 年第 5 期。
⑤ 民国《长寿县志》卷 4。
⑥ 《资中县续修资州志》卷 8。

子中，便出现了以嫁给阔人、军人做姨太太为荣的现象。例如在蓬溪县，"男女之防或弛，念虚荣、势力，良家子女甘心为势豪军阀作妾婢，希图沾其余光，已风靡一时，县属渐亦或染此等新潮恶习"。① 另据《蜀评杂志》第九期《耳雷鼻火》一文统计："四川之军官，由连长至团长、旅长、师长、军长，与支队长，司令督办，省长（拥有军队，故亦算军人）等，计有小老婆的，属十之八九，多则八九个，以至十余个，少亦两三个，而所谓小老婆之出身，又以女学生居其多数，甚至在女子师范毕业之学生，亦有贪慕军官之虚荣，而丢掉人格，甘心做姨太太者，是真可怜，亦复可鄙也。"②

三、文化娱乐习俗的变迁

社会生活的变迁，不仅体现在人们的物质生活状态，也体现在精神生活状态的变化上。随着西方文化娱乐生活方式的传入，民国时期，作为供下层民众休闲、消遣、娱乐的文化娱乐生活方式，由此日益走向西化、多样化和现代化的变迁过程。

民国《巴县志》在概述民国时期重庆传统风俗变化的原因时指出："物极而移，制度变而风俗随之，交通变，文化进，而风俗又随之。其变也有自，其进也有渐，大兴大革，一也；厌故喜新，二也；趋风逐末，三也；审美改良，四也。"③ 在西方文化娱乐生活方式的冲击下，"城追西俗，乡染市风"潮流之所以势不可当，究其原因，无不与人们的"厌故喜新"、"趋风逐末"心理以及审美观念的变化有关。受此驱动，作为社会经济、文化、民俗的综合表现形式的文化娱乐方式也不能不随之发生变迁。那么，近代中国城市文化娱乐生活方式究竟发生了一些什么变迁？④ 这里，仅结合四川情况作简要介绍：

（一）电影成为典型的大众文化娱乐方式

作为近代科学技术和表演艺术结合物的电影，在19世纪末进入中国。抗战

---

① 民国《蓬溪县志》卷7。
② 《耳雷鼻火》，见《蜀评杂志》（1925年），第九期。转引自赵先明等：《试论民国时期四川社会风尚变化的原因》，《中共成都市委党校学报》第13卷第3期，2005年6月。
③ 民国《巴县志》卷5。
④ 参见扶小兰：《论近代中国城市文化娱乐生活方式之变迁》，《西南交通大学学报》第5期，2007年10月。

期间，中央电影制片厂和中央电影摄影场迁到重庆，大批电影工作者也汇集重庆，在四川摄制了不少故事片、新闻片、纪录片和科教片，促进了四川电影事业迅猛发展。① 成都和重庆的电影院数也有增加。20世纪二三十年代的四川电影业从某种程度上反映了社会的变迁，使那个年代四川市民的娱乐生活得以生动地呈现在我们面前，其所产生的影响是多方面的：它不仅冲击了某些旧有的文化娱乐方式，使之趋于衰落，如在重庆"自电影行，而羊皮灯影废"；② 同时也增加了城市文化娱乐方式，促进了城市的文化娱乐消费；更重要的是满足了市民的猎奇心理，通过"睁眼看世界"，促使他们看到了从未见过的外部世界，了解到了西方文明，这对于人们的价值观念、行为方式和生活方式的转变产生了一定的影响和作用。

（二）话剧成为崭新的大众娱乐方式

源自西洋的话剧，因不同于传统戏曲的表现形式，故称为"新剧"。这种戏剧在五四运动后传到四川，因宣扬新思想，反对旧制度，故民间又称之为"文明戏"。话剧特色鲜明，富有时代感，与"以唱为工"的传统地方戏相比较，它"专以说白传情，绝无歌调，声、口以动合理趣为贵，以事完首止为佳。描写社会，刺时讽俗"。③ 话剧传到四川后，深受广大城市观众的喜爱，是四川城乡居民喜闻乐见的一种公众娱乐形式。早在20世纪30年代中期，成渝两地已有数十个民间话剧演出团体。抗战时期，随着上海、南京、香港等地的文艺家入川，深入各地进行话剧巡回演出，更推进了话剧的流行与普及。话剧作为一种新的公众娱乐方式，不仅为城市民众的文化娱乐生活增添了一道光彩，而且为中国戏剧注入了新鲜血液。辛亥革命后开始的京剧改良运动，对秦腔、河北梆子、川剧、粤剧等地方剧种的改革、发展产生了很大的影响。在新剧的冲击影响下，致力于川剧改良的"三庆会"，为迎合市民逐渐变化的生活需求，满足市民不断变化的审美情趣、价值观念和不断提高的思想文化素质，对本剧种适时地进行了改革和创新。而在四川城乡长期传承的一些民间赛会以及节庆游戏活动，从此日渐衰落。如在泸县，清末以来逢有节会，即上演"木偶剧"，"每会必唱戏

---

① 《抗战时期在重庆拍摄的电影》、《抗战时期在重庆的电影家》，载《抗战电影回顾》，重庆文化局等1985年8月印。
② 民国《巴县志》卷5。
③ 民国《巴县志》卷5。

剧数十日……前具仪仗，鸣钲喝道，箫鼓杂剧随之。更有少年玩友，竞赛锣鼓追逐其后，观者如堵，尤极一时之盛"。但这种现象，"民国后斯风寝杀"。①

(三) 西洋体育成为重要的休闲娱乐活动

伴随列强而来的西方体育活动，对中国城市来说完全是新鲜、稀奇之物，追新逐异的人们逐渐接受和仿行西方体育运动项目。20世纪初，以上海、江苏等地为中心掀起一股倡导体育的热潮，并逐渐波及全国各地。民国时期，作为"娱乐游戏之闲"的体育项目，明确沿自"欧风"而在重庆流行的有："蹴鞠、弹子、游泳之戏，方法之属于动者也，足以炼体健生"。② 而在全川开展最为普遍的项目则是：

1. 武术。辛亥革命以后，武术活动开始公开化。1918年起，成都青羊宫每年花会期间，都组织"打擂"式武术比赛。1929年9月，四川省国术馆在成都少城公园内成立。1937年5月，省国术馆在成都筹办了"四川省国术第一届省会国术比赛大会"。抗日战争时期，随着国民政府迁都重庆，南北各路武林高手也纷纷入川传授技艺，使全国许多武术流派的精湛武技注入四川，并将四川武术带到全国各地，形成了"国内拳种四川有，四川拳种省外亦可见"的局面。

2. 田径。现代田径运动20世纪初传入四川后，随即在求精、广益、华美、华英等一些教会中学以课外活动的方式开展起来。1910年华西协合大学成立后，每学期都要举行一次田径运动会。成都基督教青年会建立后，推动田径运动更广泛地开展起来。民国时期田径运动逐渐普及，成为各类运动会的主要竞技项目，参加者有学生、军人、教师、店员等。1948年举行的第七届全运会上，四川代表队只有杨淑君获女子铅球第4名。

3. 球类。20世纪20年代以来，在成都、重庆和四川一些学校、部队、团体中广泛开展的球类项目有足球、篮球和排球。此外，在成都、重庆等一些大中城市和大中学校，还开展了网球、羽毛球、乒乓球和滑翔、跳伞运动，但规模较小，也不够普及。

4. 棋牌。民初以来，四川城乡各地"娱乐之事，有博有弈"。博弈可以开发智力，消遣娱乐，属正当的大众娱乐方式。博弈的工具，既有中国传统的棋

---

① 民国《泸县志》卷3。
② 民国《巴县志》卷5。

第二十三章 社会风尚与民俗文化

牌，也有来自欧美的扑克。所谓"弈有围棋、象棋；博有骨牌、花牌、字牌。民国以来始有麻雀牌、扑克，而盛行者为麻雀牌与字牌"。① 但是，后来有人以此作为职业，通过赌博来计较输赢，则已"非娱乐之本意也"。②

（四）中西音乐丰富了市民的文化娱乐生活

20世纪初，大量的西洋乐器和器乐作品传入中国。1912年成都府中学堂（石室中学的前身）已开设音乐课。同年留学日本学习西洋音乐的成都人叶伯和学成归来，带回西洋乐理、音乐史、钢琴、小提琴，并撰写了中国第一部《中国音乐史》。1914年，四川省高等师范学校设置了音乐专修学校，这是全川乃至全国开办现代专业音乐教育的首举。20世纪20年代，随着五四新文化运动的发展，学堂乐歌已普遍演唱，新型的儿童歌舞曲在小学中流行。上个世纪20至30年代之交，四川许多地方的音乐活动日趋频繁，经常举办各种性质的音乐会和演唱、演奏会，音乐艺术水平进一步提高。1937年抗战爆发后，省外的大批音乐家、音乐团体入川，推动了四川音乐事业的发展。由此西方音乐较前大为普及，四川城市文化生活的曲谱中又增添了一个音符。西洋音乐在四川流行的同时，中国的民族音乐也有了新的发展，与西洋音乐相映成趣，使城市文化娱乐生活呈现出中西杂糅的格局。正如有的地方志所描绘的："近来学校盛用西洋风琴，而俗间庆典、吊事，惟通用胡琴、箫笛，与粗俗之锣鼓唢呐而已。"③ "自胡琴、琵琶、风琴、军乐行而国乐亦废，自年来播电收音机大行而丝竹满城。昔人有云：廛闬扑地，歌吹沸天，真今日巴渝空前之俗也"。④

（五）西方交谊舞成为都市中上层人士的重要娱乐方式

舞会是西方人的一种娱乐和交际方式。晚清传入中国城市，并逐渐为人们所认同，进而追求之。随之渐渐流行于都市中上阶层，成为其重要的娱乐生活方式。到20世纪20年代初，跳舞之风在北京、上海等大城市兴起。至迟20年代末，跳舞之风已经传到重庆。20年代后期，在成都的跳舞补习社也修建了培训交谊舞的舞厅，男女分开学习。从《巴县志》转载的国民政府民国二十年"查禁营业跳舞场"的抄文推知，在全国查禁营业跳舞场所的背景下，当时重庆、成

---

① 民国《泸县志》卷3。
② 民国《合江县志》卷4。
③ 民国《合江县志》卷4。
④ 民国《巴县志》卷5。

都的营业跳舞之风亦盛。不过,当时社会还未将其视为"良善之娱乐"项目。

(六) 多元现代民众文化娱乐生活新方式的出现

20世纪初后,随着新式学堂的广泛建立,市民的文化素质不断提高,不少人更加注重文化娱乐生活的质量,逐渐开始在闲暇时间通过阅读书籍和报纸杂志、进公共图书馆、收听广播等来获取现代知识和信息,以充实和提高自己。为了满足市民求知的需要,四川各地除开始积极筹办图书馆外,同时还在城市公园内开设图书馆、阅览室和阅报亭。日益兴起的公众文化教育场所,也成为市民充实精神世界、提高文化生活的不可或缺的途径。

随市民心理的日益开放以及生活视野和认知空间的拓宽,民国以来,四川城乡满足市民户外旅游、消闲需求,还开展了形式多样的大众娱乐项目。如在泸州,"灯谜、觞咏、射覆、猜诗,乃文人赏心乐事;唱歌、演剧、泅泳、旅行,为学校课余生活;以及弋猎、渔钓、盘鱼、笼鸟、放鸽子、斗画眉,种种无谓之消遣,县人亦乐为之"。① 在合江县,"赏心乐事有:习书、作画、觞咏、灯谜、诗钟、诗猜,非文人莫办。近来学校有图画、游戏、唱歌、演剧、泅泳、旅行等。而弋猎、渔钓、养蟋蟀、饲画眉、鸽子、竹鸡、黄腹雀,尤于乡村为多,至奔走乡人,填巷而观者"。②

总之,民国时期,在西方文化娱乐生活方式的冲击下,四川传统的文化娱乐生活方式及习俗随之发生变化,传统的娱乐方式和习俗,有的逐渐衰微、消亡了,有的因增添了新内容而发生变异,从此,人们的文化娱乐生活变得比从前更加丰富多彩。

(七) 茶馆取代会馆成为新的娱乐公共生活空间

民国以来,市民文化娱乐生活发生了很大的变化,不仅表现在娱乐方式的变化上,还表现在人们娱乐活动的载体上,即人们的娱乐公共生活空间的变化上。

近代四川是一个移民社会色彩十分浓厚的省区。在清初以来湖广等省移民迁居四川、重建四川社会的过程中,整个社会形成了一种特殊的结构体系。建立在血缘关系基础之上的宗祠、建立在地缘关系基础之上的会馆、建立在宗教

---

① 民国《泸县志》卷3。
② 民国《合江县志》卷4。

第二十三章 社会风尚与民俗文化

信仰基础之上的寺庙，成为支撑这个社会下层最为重要的支柱。遍及全省城乡的一个个宗祠、会馆与寺庙，承载着各自所连接的小社会中的日常生活，同时还在移民大社会中扮演着整合与协调发展的重要角色。于是，宗祠、会馆与寺庙便成了下层民众生活中不可或缺的公共空间。这一空间展示着大众文化的多种功能，它既是商业空间、日常生活空间、节日庆典空间，当然也是供下层民众休闲、消遣、娱乐的空间。

民国建立之后，"共和"观念深入人心，"中国人"的观念逐步改变狭隘的地域、乡党、宗族的观念。随着经济、教育的发展，社会关系和人群的组织方式有所改变，会馆作用及其文化现象逐渐淡化。与此同时，茶馆作为另一种公共空间在平民社会生活中发挥着日益重要的作用，尤其在城市和场镇，几乎是唯一的平民公共空间。

茶馆取代会馆成为新的公共生活空间，发挥着多种功能和作用。议事、交际功能是茶馆的基本功能。在20世纪初期公共空间演变的过程中，茶馆与各种行帮、协会、袍哥等公共组织有着极深的关系。辛亥革命前，囊括了士农工商各阶层的袍哥组织，在特殊环境中发挥了一定政治作用，从而为它迅速崛起创

图23-9 成都少城公园内的鹤鸣茶馆，至今仍很热闹

造了条件。辛亥革命后，成都各条街道被各码头划分为一个个势力范围，纷纷成立"公口"，"公口"办理的一切事务都在茶馆进行。于是，茶馆成为袍哥组织或商业帮会聚会、办公之地。从军阀时期的"防区制"到解放前夕，成都许多大、中茶馆几乎全是各家袍哥组织的聚集点。

茶馆也是平民百姓娱乐的场所。民国时期的川西社会，供人娱乐和社会交往的公共空间十分有限，茶馆往往成为市民的"社会俱乐部"，如操练箭术的"射德会"把少城公园（今人民公园）作为会址；中山街茶馆靠近鸽市，就成为养鸽人的聚会处；"百老汇"茶馆地处鸟市，便当然成为雀雀儿俱乐部。其他如弈棋、唱"围鼓"（川剧坐唱）形成的俱乐部在茶馆也很常见。

茶馆更是民间曲艺的演出场所。晚清民初，川剧、评书、扬琴、竹琴、清音等民间曲艺，没有专门的演出场所，没有专门的舞台戏院，它们的演出都在茶园。当时以演戏出名的茶馆有悦来茶园（至今存在，仍有川剧演出）、大观茶园、万春茶园、锦江茶园四家。成都第一个川剧团体"三庆会"就是在悦来茶园成立的。大多数吃书茶的是些中下层市民，小生意人、小公务员、手艺人、拉黄包车（人力车）的。40年代，成都有一位出名的竹琴艺人贾树三，人称贾瞎子，当时的《国民公报》主笔谭创之曾为他题联："唱罢离合悲欢，回首依然贾瞎子；拍开风花雪月，伤心谁问李龟年。"贾瞎子在锦春茶楼坐唱，他的竹琴、邹麻子堂倌的参茶绝技和司胖子的花生并称锦春楼"三绝"，名动成都，连名人冯玉祥、巴金、胡愈之、谢添等都慕名前往。

茶馆还是某些小商贩的主要营业场所。川西茶馆内的小商贩之多、经营项目之特别，在中国茶馆中别具一格。在茶馆卖叶子烟和水烟的，掏耳朵的，卖瓜子的，卖药的，卖报的，卖各种零食的，卖针头线脑的小贩，以及测字算命的术士，修脚、剃头的小手艺人等，不时在茶馆出没。各种业态服务应有尽有，由此构成一幅下层社会的"人生百态"图。

茶馆也是民事纠纷调解的场所。这种功能，江浙俗称"吃讲茶"，川西民间也有的叫"判公道"，川东叫"付茶钱"。由于古代民事法律发育极不完善，一般百姓有纠纷不愿涉官。在成都，民间冲突由社会调解是不成文的规定。冲突双方加上共同请来的地方上的"公事人"、保甲长或有威望的长者、"码头"上的"关火匠"（舵把子之类有力的人），一起进茶馆，一人一碗茶入座，堂倌此时只是点报茶的碗数，先不收钱，而平常都是先收茶钱的。这是因为"吃讲茶"

第二十三章 社会风尚与民俗文化

有一条不成文而人人遵守的规定,那就是讲完理、裁决后由输理的一方支付双方的茶钱。

最后,茶馆还能满足普通百姓的一些日常生活需要。民国初年,成都有些烧柴之家不能终日举火,需要开水时,花二文钱,在附近的茶社买一壶水,价钱即使是贫苦人家也能承担。下苦力的劳动人民在茶馆不仅能歇歇脚,还能听评书"冲壳子",身心需求都得到满足;而吃早茶的老茶客,甚至在茶馆洗脸漱口,在小贩处买早点吃,或者叫茶馆老板去附近小吃店叫外卖,也都是家常便饭。

四川茶馆在民国社会中,实际承担着民间交往中心、城市公共空间的作用,从早期的祠庙到会馆到茶馆,有一条自相传承的基本脉络,即在民众的生活世界中,它们都是人际社会交往的场所,是交往行为实现的载体。① 正因为如此,所以民国时代,四川茶馆数量之多,一度达到鼎盛。据统计,成都茶馆的数量从晚清的454家,发展到1931年的620家。另有估计,在1949年前,成都有茶馆1000多家。② 以至茶馆成为民国成都的一道文化风景线,到访成都的名人,无不为此留下深刻记忆。例如,30年代薛绍铭撰文道:"住在成都的人家,有很多是终日不举火,他们的饮食问题,是靠饭馆、茶馆来解决。在饭馆吃罢饭,必再到茶馆去喝茶,这是成都每一个人的生活程序。饭吃得还快一点,喝茶是一坐三四个钟点。成都饭馆、茶馆之多,是中国任何城市都比不上,而且每个饭馆、茶馆,迟早都是挤得满满的。"40年代张恨水也撰文说:"北平任何一个十字街口,必有一家油盐杂货铺……而在成都不是这样,是一家很大的茶馆,代替了一切。""有少数茶馆里,也添有说书或弹唱之类的杂技,但那是因有茶馆而生的并不是因演杂技而产生茶馆……苏州茶馆也多,似乎仍有小巫大巫之别。"③

---

① 参见王笛:《二十世纪初的茶馆与中国城市社会生活——以成都为例》,《历史研究》2001年第5期;王笛:《街头文化——成都公共空间、下层民众与地方政治,1870~1930》,中国人民大学出版社2006年版;吕卓红:《川西茶馆:作为公共空间的生成与变迁》,《民间文化论坛》2005年第6期。
② 贾大泉、陈一石:《四川茶业史》,巴蜀书社1988年版,第366页。
③ 见曾智中、尤德彦:《文化人视野中的老成都》,四川文艺出版社1999年版,第222~223、281~282页。

大事年表

1911年

11月22日　重庆独立，建立蜀军政府，张培爵为都督。

11月27日　入川鄂军在资州起义，捕杀清廷入川赴任的四川总督端方。同日，四川总督赵尔丰被迫交出政权。成都独立，建立大汉四川军政府，蒲殿俊为都督。

12月8日　尹昌衡平息成都兵变。次日，改组大汉四川军政府，尹昌衡任都督。

12月22日　尹昌衡捕杀赵尔丰。

1912年

3月　成渝两军政府合并，成立中华民国四川都督府，尹昌衡、张培爵为正副都督。

7月　袁世凯任命胡景伊为护理四川都督，尹昌衡任征藏军总司令，带兵西征。

1913年

3月　四川第一届省议会在成都成立。

8月　熊克武、杨庶堪等在重庆通电讨袁，响应"二次革命"。

1915年

12月　袁世凯宣布实行帝制，护国战争爆发，云南护国军入川。

1916年

7月 蔡锷任四川督军兼省长,护国战争结束。

1917年

4月 川军刘存厚与滇军罗佩金在成都爆发"刘罗之战",滇军退出成都。成都市民深受其害。

10月 护法战争爆发。

1919年

4月 四川督军熊克武公布"四川靖国军各军驻防区域表",四川军阀防区割据制形成。

1921年

2月10日 四川省议会宣告四川自治。开始四川省自治运动,于1923年3月流产。

1922年

5月 川军第二军刘湘被迫辞去总司令兼省长职,将第二军总司令职交杨森接任。7月,一军熊克武击败第二军,刘湘下野逃回老家,杨森逃往宜昌,史称"一、二军"之战。

同年,中国共产党开始在四川建立组织。

1923年

3月24日 炉霍、道孚发生7.25级大地震,震中强度10级。

1925年

4月 督理四川善后事宜的杨森发动武力统一全川之战,10月兵败,随即逃往汉口。

10月 四川第一条公路——成灌公路通车,从规划到完成历时12年。

1926年

中共发动的泸州、顺庆起义失败。

1927年

3月31日 刘湘在重庆制造"三·三一"惨案。

1932年

3月 刘湘、刘文辉争夺四川统治权的"二刘战争"爆发。历时近一年,刘文辉战败,刘湘基本统一全川。

同年，红四方面军入川建立川陕革命根据地。

1933年

8月25日　茂县、叠溪发生7.5级大地震，叠溪古城及附近20个羌寨全部毁灭。

9月　成渝公路全线通车。

10月　刘湘"六路围攻"川陕革命根据地，历时十个月以失败告终。

1935年

1月　蒋介石参谋团入川。

2月　四川省政府主席刘湘废除防区制，实现川政统一。

3月28日　红四方面军主动撤离川陕根据地，西渡嘉陵江接应中央红军。随后红四方面军亦参加长征。

1936年

四川发生旱灾，延续至1937年春夏，全省100余县受灾，灾民3000万，通江、巴中等地出现吃人肉现象。

1937年

11月16日　蒋介石在南京宣布迁都重庆的决定。

11月　首批川军出川抗日。四川省主席、川康绥靖公署主任刘湘出川赴南京就任第七战区司令长官。

1938年

1月　刘湘病逝武汉。

4月　王缵绪继任四川省主席。

10月　国民政府正式迁都重庆。中共中央代表团、八路军驻渝办事处和《新华日报》迁至重庆。

12月　汪精卫逃离重庆，飞赴河内，发表"艳电"降日。

1939年

1月　西康省政府成立，省会康定。

1月　中共中央南方局成立，周恩来任书记。

5月3、4日　大批日机轰炸重庆，造成震惊全国的"重庆大轰炸"惨案。

9月　蒋介石兼任四川省主席。

1940年

11月　张群接任四川省长。

1941年

9月　四川田赋改征实物，本年度征购任务1200万市石稻谷。

12月8日　太平洋战争爆发

1942年

1月3日　中美英三国组成中国战区，蒋介石为最高统帅，史迪威为参谋长，指挥中国、越南、泰国、缅甸对日作战。

抗战期间由于大批工商企业内迁四川，据经济部统计，到该年底，全川合符工厂法标准的厂矿已由1937年的115家增至1654家（包括官办的165家），占国统区厂家总数的44.01%。

1943年

12月至1945年5月　在成都附近修建供B-29轰炸机使用的机场，征调29县民工共55万余人。

1945年

6月　中美联合空军飞机从成都起飞首次开始对日本本土实施轰炸。

8月15日　日本宣布无条件投降，抗日战争结束。

8月28日　毛泽东应蒋介石之邀，赴重庆参加国共谈判。

10月10日　国共双方签订"双十协定"。

1946年

1月10日　政治协商会议在重庆召开。

1月12日　国民党制造重庆"沧白堂事件"。

2月10日　国民党制造重庆"较场口事件"。

4月22日　公开的中共四川省委成立。

5月5日　国民政府还都南京。

5月3—18日　周恩来、董必武率中共中央代表团和重庆局同志飞赴南京。

8月　八路军驻重庆办事处撤回延安。

9月　邓锡侯代理四川省主席。

1947年

2月　《新华日报》社和中共驻渝联络人员撤回延安。

5月　全川学生开展"反饥饿、反内战、反迫害"运动，以声援南京

"五·二〇"血案受害学生。

6月1日　国民党反动派为镇压学生运动，在成渝进行大逮捕。

7月　邓锡侯被正式任命为四川省主席。

1948年

3月　王陵基被任命为四川省主席。

4月9日　成都学生组织"反饥饿、反内战"游行，遭国民党镇压，发生"四·九"血案。

1949年

8月19日　二野刘邓首长下达"川黔作战基本命令"，解放军挺进四川。

10月14日　国民政府从广州再迁都重庆，妄图固守西南，对抗解放。

11月30日　凌晨，蒋介石急从重庆飞逃成都。当天重庆解放。

11月30日　蒋介石飞到成都后，下午召开高级军事会议，决定进行"川西决战"。

12月2日　中央人民政府任命刘伯承为西南军政委员会主席，邓小平、贺龙为副主席；陈锡联、曹荻秋为重庆市正、副市长。

12月7日　贺龙、李井泉命令第十八兵团由陕南迅速南下四川，会同二野主力解放成都。

12月9日　川康军队将领刘文辉、邓锡侯、潘文华在彭县通电起义，随即西康和平解放，不少国民党将领纷纷起义。

12月10日　蒋介石由成都仓皇飞逃台湾。

12月23日　国民党军"川西决战"总指挥胡宗南从新津秘密飞逃海南岛。

12月27日　贺龙指挥第十八兵团解放成都。

12月31日　解放军成都市军管会成立，李井泉为主任。

1950年

2月1日　解放军雅安军管会成立，廖志高为主任。

3月27日　解放军从南北两路解放西昌，国民党军队在大陆最后一个据点被拔除。

后 记

《四川通史》民国卷是在四川省社会科学院副院长罗鸣同志直接领导下开展编写工作的。罗鸣同志对本卷的编写工作提出了许多宝贵的指导意见,并参加了编写体例、章节设置的讨论。主编最后确定了编写体例、章、节和完成全书的统稿、审订工作。各章执笔人为:

前言、后记、大事记:贾大泉;第1章:吴康零、贾大泉;第2—7章:贾大泉;第8、9章:贾大泉、周琪;第10、11章:吴康零;第12—17章:张学君、张莉红;第18、23章:陈世松;第19—22章:张力。吴康零、胡越英、张学君参加了图片的收集工作。本书所配图片主要来源如下:(1)民国时期国内学者以及来华的西方传教士、探险家、学者等拍摄的反映四川风土人情的历史文化照片;(2)档案馆、博物馆、研究机构、高校图书馆收藏的历史图片;(3)由师友提供的部分文物及古建筑图片。按全书统一标准,本书所配图片未能分幅署明来源,我们在此一并表示感谢。

王庭科、徐英、唐海涛、杨宗平、陈世松、吴康零等同志参加了本卷政治部分各章提纲的讨论,提出了宝贵意见。特别是四川大学王庭科教授对政治部分的书稿仔细地进行了审核,提出了许多具体的修改、补充意见。温贤美同志提供了全书的初稿(其中有两章为马宣伟同志编写),对本卷的编写起了一定的参考作用。此外,我们在编写过程中还吸收了同仁的研究成果,在此一一致谢。

贾 大 泉

2008年3月30日